U0216161

吉林人民出版社

简体字本二十六史

汉书

卷三八——卷七二

（三）

［汉］班固 撰

［唐］颜师古 注

宋超等 标点

汉书卷三八
列传第八

高五王

齐悼惠王肥　　赵隐王如意
赵幽王友　　赵共王恢　　燕灵王建

　　高皇帝八男:吕后生孝惠帝,曹夫人生齐悼惠王肥,薄姬生孝文帝,戚夫人生赵隐王如意,赵姬生淮南厉王长,诸姬生赵幽王友、赵共王恢、燕灵王建。①淮南厉王长自有传。

　　①郑氏曰:“诸,姬姓也。”张晏曰:“非一之称也。”师古曰:“诸姬,总言在姬妾之列者耳。其知姓位者,史各具言之。不知氏族及秩次者,则云诸姬也。而赵幽以下三王非必同母,盖以皆不知其所生之姬姓,故总言之。《文三王传》云‘诸姬生代孝王参、梁怀王揖’,《景十三王传》云‘属诸姬子于栗姬’,此意皆同。张云非一,近得之矣。《春秋左氏传》曰‘诸子仲子、戎子’,‘诸子鬻姒’,此其例也。岂以诸为姓乎?郑说非矣。共,读曰恭。其下类此。”

　　齐悼惠王肥,其母高祖微时外妇也。①高祖六年立,食七十余城。诸民能齐言者皆与齐。②孝惠二年,入朝。帝与齐王燕饮太后前,置齐王上坐,如家人礼。③太后怒,乃令人酌两卮鸩酒置前,④令齐王为寿。齐王起,帝亦起,欲俱为寿。太后恐,自起反卮。⑤齐王怪之,因不敢饮,阳醉去。问知其鸩,乃忧,自以为不得脱长安。⑥内史士曰：⑦"太后独有帝与鲁元公主，今王有七十余城，而公主乃食数城。王诚以一郡上太后为公主汤沐邑，太后必喜，王无患矣。"于是齐王献城阳郡以尊公主为王太后。⑧吕太后喜而许之。乃置酒齐邸，乐饮，遣王归国。后十三年薨，子襄嗣。

①师古曰："谓与旁通者。"

②孟康曰："此时流移，故使齐言者还齐也。"师古曰："欲其国大，故多封之。"

③师古曰："以兄弟齿列，不从君臣之礼，故曰家人也。坐，音材卧反。"

④应劭曰："鸩鸟黑身赤目，食蝮蛇野葛，以其羽画酒中，饮之立死。"

⑤师古曰："反，音幡。"

⑥师古曰："脱，免也。言死于长安，不得更至齐国也。脱，音吐活反。"

⑦师古曰："内史，王官。士者，其名也。"

⑧师古曰："为齐王太后也。言以母礼事之，所以自媚也。解具在《惠纪》。"

赵隐王如意，九年立。①四年，高祖崩，②吕太后征王到长安，鸩杀之。无子，绝。

①师古曰："高祖之九年也。他皆类此。"

②师古曰："赵王之四年。"

赵幽王友，十一年立为淮阳王。赵隐王如意死，孝惠元年，徙友王赵，凡立十年。友以诸吕女为后，不爱，爱它姬。诸吕女怒去，谗之于太后曰："王曰：'吕氏安得王？①太后百岁后，吾必击之。'"太后怒，以故召赵王。赵王至，置邸不见，令卫围守之，不得食。其群臣或窃馈之，辄捕论之。赵王饿，乃歌曰："诸吕用事兮，刘氏微；迫胁王侯兮，强授我妃。我妃既妒兮，诬我以恶；②谗女乱国兮，上曾不寤。我无忠臣兮，何故③弃国？快中野兮，苍天与直！④于嗟不可悔兮，宁早自贼！⑤为王饿死兮，谁者怜之？吕氏绝理兮，托天报仇！"遂幽死。以民礼葬之长安。

①师古曰："安，犹焉也。"

②师古曰："恶，音一故反。"

③师古曰:"谓不能明白之也。"

④师古曰:"天色苍苍,故曰苍天。言己之理直,冀天临监之。"

⑤师古曰:"贼,害也。悔不早弃赵国而快意自杀于田野之中,今乃被幽饿也。"

高后崩,孝文即位,立幽王子遂为赵王。二年,有司请立皇子为王。上曰:"赵幽王幽死,朕甚怜之。已立其长子遂为赵王,遂弟辟强及齐悼惠王子朱虚侯章、东牟侯兴居有功,皆可王。"于是取赵之河间立辟强,是为河间文王。文王立十三年薨,子哀王福嗣。一年薨,无子,国除。

赵王遂立二十六年,孝景时,晁错以过削赵常山郡,诸侯怨,吴楚反,遂与合谋起兵。其相建德、内史王悍谏,不听,遂烧杀德、悍,①发兵住其西界,欲待吴楚俱进,北使匈奴与连和。汉使曲周侯郦寄击之,赵王城守邯郸,相距七月。吴楚败,匈奴闻之,亦不肯入边。栾布自破齐还,并兵引水灌赵城。城坏,王遂自杀,国除。景帝怜赵相、内史守正死,皆封其子为列侯。

①师古曰:"上云其相建德、内史王悍,下云烧杀德、悍,是为相姓建名德也。而《景武功臣侯表》云'遽侯横父建德,以赵相死事,子侯',则是不知其姓。表传不同,疑后人转写此传,误脱去一建字也。"

赵共王恢。十一年,梁王彭越诛,立恢为梁王。十六年,赵幽王死,吕后徙恢王赵,恢心不乐。太后以吕产女为赵王后,王后从官皆诸吕也,内擅权,微司赵王,王不得自恣。王有爱姬,王后鸩杀之。王乃为歌诗四章,令乐人歌之。王悲思,六月自杀。太后闻之,以为用妇人故自杀,无思奉宗庙礼,废其嗣。

燕灵王建。十一年,燕王卢绾亡入匈奴,明年,立建为燕王。十五年薨,有美人子,①太后使人杀之,绝后。

①师古曰:"王之美人生子也。"

　　齐悼惠王子前后凡九人为王:太子襄为齐哀王,次子章为城阳景王,兴居为济北王,将闾为齐王,志为济北王,辟光为济南王,①贤为菑川王,卬为胶西王,雄渠为胶东王。

　　①师古曰:"辟,音壁,又读曰闢。"

　　齐哀王襄,孝惠六年嗣立。明年,惠帝崩,吕太后称制。元年,以其兄子郦侯吕台为吕王,①割齐之济南郡为吕王奉邑。②明年,哀王弟章入宿卫于汉,高后封为朱虚侯,以吕禄女妻之。后四年,封章弟兴居为东牟侯,皆宿卫长安。高后七年,割齐琅邪郡立营陵侯刘泽为琅邪王。是岁,赵王友幽死于邸。三赵王既废,高后立诸吕为三王,擅权用事。

　　①师古曰:"郦,音敷。"

　　②师古曰:"奉,音扶用反。他皆类此。"

　　章年二十,有气力,忿刘氏不得职。尝入侍燕饮,高后令章为酒吏。章自请曰:"臣,将种也,请得以军法行酒。"高后曰:"可。"酒酣,章进歌舞,已而曰:"请为太后言耕田。"①高后儿子畜之,②笑曰:"顾乃父知田耳,③若生而为王子,安知田乎?"④章曰:"臣知之。"太后曰:"试为我言田意。"章曰:"深耕概种,立苗欲疏;⑤非其种者,锄而去之。"⑥太后默然。顷之,诸吕有一人醉,亡酒,⑦章追,拔剑斩之而还,报曰:"有亡酒一人,臣谨行军法斩之。"太后左右大惊。业已许其军法,亡以罪也。因罢酒。自是后,诸吕惮章,虽大臣皆依朱虚侯。刘氏为强。⑧

　　①师古曰:"欲申讽喻也。"

　　②师古曰:"比之于子也。"

　　③师古曰:"顾,念也。乃,汝也。汝父,谓高帝也。"

　　④师古曰:"若,亦汝也。"

　　⑤师古曰:"概,稠也。概种者,言多生子孙也。疏立者,四散置之,令为藩　　　辅也。概,音冀。"

　　⑥师古曰:"以斥诸吕也。"

　　⑦师古曰:"避酒而逃。"

　　⑧师古曰:"为,音于伪反。"

其明年,高后崩。赵王吕禄为上将军,吕王产为相国,皆居长安中,聚兵以威大臣,欲为乱。章以吕禄女为妇,知其谋,乃使人阴出告其兄齐王,欲令发兵西,①朱虚侯、东牟侯欲从中与大臣为内应,以诛诸吕,因立齐王为帝。

①师古曰:"西诣京师。"

齐王闻此计,与其舅驷钧、郎中令祝午、中尉魏勃阴谋发兵。齐相召平闻之,①乃发兵入卫王宫。魏勃绐平曰:②"王欲发兵,非有汉虎符验也。而相君围王,固善。勃请为君将兵卫卫王。"③召平信之,乃使魏勃将。勃既将,以兵围相府。召平曰:"嗟乎! 道家之言'当断不断,反受其乱'。"遂自杀。于是齐王以驷钧为相,魏勃为将军,祝午为内史,悉发国中兵。使祝午绐琅邪王曰:"吕氏为乱,齐王发兵欲西诛之。齐王自以儿子,年少,不习兵革之事,愿举国委大王。大王自高帝将也,④习战事。齐王不敢离兵,⑤使臣请大王幸之临菑,见齐王计事,并将齐兵以西平关中之乱。"琅邪王信之,以为然,乃驰见齐王。齐王与魏勃等因留琅邪王,而使祝午尽发琅邪国而并将其兵。

①师古曰:"召,读曰邵。"

②师古曰:"绐,诳也。"

③师古曰:"谓将兵及卫守之具,以禁卫王,令不得发也。"

④师古曰:"言自高帝之时已为将也。"

⑤服虔曰:"不敢离其兵而到琅邪。"

琅邪王刘泽既欺,不得反国,乃说齐王曰:"齐悼惠王,高皇帝长子也,推本言之,大王高皇帝適长孙也,①当立。今诸大臣狐疑未有所定,而泽于刘氏最为长年,大臣固待泽决计。今大王留臣无为也,不如使我入关计事。"齐王以为然,乃益具车送琅邪王。

①师古曰:"適,读曰嫡。"

琅邪王既行,齐遂举兵西攻吕国之济南。于是齐王遗诸侯王书曰:"高帝平定天下,王诸子弟。悼惠王薨,惠帝使留侯张良立臣为齐王。惠帝崩,高后用事,春秋高,听诸吕擅废帝更立,又杀三赵王,灭梁、赵、燕,以王诸吕,分齐国为四。①忠臣进谏,上或乱不听。今高后崩,皇帝春秋富,②未能治天下,固待大臣诸侯。今诸吕又擅自尊官,聚兵严威,劫列侯忠臣,挢制以令天下,③宗庙以危。寡人帅兵入诛不当为王者。"

①师古曰:"本自齐国,更分为济南、琅邪、城阳,凡为四也。"

②师古曰:"言年幼也。比之于财,方未匮竭,故谓之富。"

③师古曰:"挢,托也。托天子之制诏也。挢,音矫。"

汉闻之,相国吕产等遣大将军颍阴侯灌婴将兵击之。婴至荥阳,乃谋曰:"诸吕举兵关中,欲危刘氏而自立,今我破齐还报,是益吕氏资也。"乃留兵屯荥阳,使人谕齐王及诸侯,与连和,①以待吕氏之变而共诛之。齐王闻之,乃屯兵西界待约。

①师古曰:"谕,谓晓告也。"

吕禄、吕产欲作乱,朱虚侯章与太尉勃、丞相平等诛之。章首先斩吕产,太尉勃等乃尽诛诸吕。而琅邪王亦从齐至长安。

大臣议欲立齐王,皆曰:"母家驷钧恶戾,虎而冠者也。①访以吕氏,故几乱天下,②今又立齐王,是欲复为吕氏也。代王母家薄氏,君子长者,且代王高帝子,于今见在最为长。以子则顺,以善人则大臣安。"于是大臣乃谋迎代王,而遣章以诛吕氏事告齐王,令罢兵。

①张晏曰:"言钧恶戾,如虎著冠。"

②如淳曰:"访,犹方也。"师古曰:"几,音巨依反。"

灌婴在荥阳,闻魏勃本教齐王反,既诛吕氏,罢齐兵,使使召责问魏勃。勃曰:"失火之家,岂暇先言丈人后救火乎!"①因退立,股战而栗。②恐不能言者,终无他语。灌将军孰视,笑曰:"人谓魏勃勇,妄庸人耳,何能为乎!"乃罢勃。③勃父以善鼓琴见秦皇帝。及勃少时,欲求见齐相曹参,家贫无以自通,乃常独早埽齐相舍人门外。舍人怪之,以为物而司之,得勃。④勃曰:"愿见相君无因,故为子埽,欲以求见。"于是舍人见勃,曹参因以为舍人。壹为参御言事,以为贤,言之悼惠王。王召见,拜为内史。始悼惠王得自置二千石。及悼惠王薨，哀王嗣，勃用事重于相。

①师古曰："言以社稷将危，故举兵以匡之，不暇待有诏命也。"
②师古曰："股，脚也。战者，惧之甚也。"
③师古曰："放令去。"
④师古曰："物，谓鬼神。司者，察视之。"

齐王既罢兵归，而代王立，是为孝文帝。

文帝元年，尽以高后时所割齐之城阳、琅邪、济南郡复予齐，而徙琅邪王王燕。益封朱虚侯、东牟侯各二千户，黄金千斤。

是岁，齐哀王薨，子文王则嗣。十四年薨，无子，国除。

城阳景王章，孝文二年以朱虚侯与东牟侯兴居俱立。二年薨。子共王喜嗣。孝文十二年，徙王淮南，五年，复还王城阳，凡立三十四年薨。子顷王延嗣，二十六薨。子敬王义嗣，九年薨。子惠王武嗣，十一年薨。子荒王顺嗣，三十六年薨。子戴王恢嗣，八年薨。子孝王景嗣，二十四薨。子哀王云嗣，一年薨，无子，国绝。成帝复立云兄俚为城阳王，①王莽时绝。

①师古曰："俚，音里。"

济北王兴居，初以东牟侯与大臣共立文帝于代邸，曰："诛吕氏，臣无功，请与太仆滕公俱入清宫。"①遂将少帝出，迎皇帝入宫。

①师古曰："滕公，夏侯婴也。"

始诛诸吕时，朱虚侯章功尤大，大臣许尽以赵地王章，尽以梁地王兴居。及文帝立，闻朱虚、东牟之初欲立齐王，故黜其功。①二年，王诸子，乃割齐二郡以王章、兴居。章、兴居意自以失职夺功。岁余，章薨，而匈奴大入边，汉多发兵，丞相灌婴将击之，文帝亲幸太原。兴居以为天子自击胡，遂发兵反。上闻之，罢兵归长安，使棘蒲侯柴将军②击破，虏济北王。王自杀，国除。

①师古曰："不赏之。"
②张晏曰："柴武。"

文帝悯济北王逆乱以自灭，明年，尽封悼惠王诸子罢军等七人为列侯。①至十五年，齐文王又薨，无子。时悼惠王后尚有城阳王在，文帝怜悼惠王適嗣之绝，②于是乃分齐为六国，尽立前所封悼惠王子列侯见在者六人为王。齐孝王将闾以杨虚侯立，济北王志以安都侯立，菑川王贤以武成侯立，胶东王雄渠以白石侯立，胶西王卬以平昌侯立，济南王辟光以扐侯立。③孝文十六年，六王同日俱立。

　　①师古曰："罢，音皮彼反，又读曰疲。"
　　②师古曰："适，读曰嫡。"
　　③服虔曰："扐，音勒。扐，平原县也。"

　　立十一年，孝景三年，吴楚反，胶东、胶西、菑川、济南王皆发兵应吴楚。欲与齐，①齐孝王狐疑，城守不听。三国兵共围齐，②齐王使路中大夫告于天子。③天子复令路中大夫还报，告齐王坚守，汉兵今破吴楚矣。路中大夫至，三国兵围临菑数重，无从入。三国将与路中大夫盟曰："若反言汉已破矣，④齐趣下三国，不且见屠。"⑤路中大夫既许，至城下，望见齐王，曰："汉已发兵百万，使太尉亚夫击破吴楚，方引兵救齐，齐必坚守无下！"三国将诛路中大夫。

　　①师古曰："与之同反。"
　　②张晏曰："胶西、菑川、济南也。"
　　③张晏曰："姓路，为中大夫。"
　　④师古曰："若，汝也。反，谓反易其辞也。"
　　⑤张晏曰："趣，读曰促。"

　　齐初围急，阴与三国通谋，约未定，会路中大夫从汉来，其大臣乃复劝王无下三国。会汉将栾布、平阳侯等兵至齐，①击破三国兵，解围已，后闻齐初与三国有谋，将欲移兵伐齐。齐孝王惧，饮药自杀。而胶东、胶西、济南、菑川王皆伏诛，国除。独济北王在。

　　①师古曰："平阳侯曹襄。"

　　齐孝王之自杀也，景帝闻之，以为齐首善，①以迫劫有谋，非其罪也，召立孝王太子寿，是为懿王。二十三年薨，子厉王次昌嗣。

　　①师古曰："言其初首无逆乱之心。"

　　其母曰纪太后。太后取其弟纪氏女为王后，王不爱。纪太后欲其家重宠，①令其长女纪翁主入王宫，②正其后宫，无令得近王，欲令爱纪氏女。王因与其姊翁主奸。

①师古曰:"重,音直用反。"

②师古曰:"诸王女曰翁主,而纪氏所生,故谓之纪翁主。"

　　齐有宦者徐甲,①入事汉皇太后。②皇太后有爱女曰修成君,修成君非刘氏子,③太后怜之。修成君有女娥,太后欲嫁之于诸侯。宦者甲乃请使齐,必令王上书请娥。皇太后大喜,使甲之齐。时主父偃知甲之使齐以取后事,亦因谓甲:"即事成,幸言偃女愿得充王后宫。"甲至齐,风以此事。④纪太后怒曰:"王有后,后宫备具。且甲,齐贫人,及为宦者入事汉,初无补益,乃欲乱吾王家!且主父偃何为者?乃欲以女充后宫!"甲大穷,还报皇太后曰:"王已愿尚娥,⑤然事有所害,恐如燕王。"燕王者,与其子昆弟奸,坐死。⑥故以燕感太后。⑦太后曰:"毋复言嫁女齐事。"事寖淫闻于上。⑧主父偃由此与齐有隙。

①师古曰:"宦者,奄人。"

②张晏曰:"皇太后,武帝之母。"

③苏林曰:"皇太后前嫁金氏所生。"

④师古曰:"风,读曰讽。"

⑤师古曰:"尚,配也。"

⑥师古曰:"《燕王定国传》云'与其子女三人奸'。子昆弟者,言是其子女
　　又长幼非一,故云子昆弟也。一曰,子昆弟者,定国之姊妹也。言定国奸
　　其子女及其姊妹。"

⑦师古曰:"言齐王与其姊妹奸,终当坐之致死,不足嫁女与之。"

⑧师古曰:"寖,古浸字也。寖淫,犹言渐染也。"

　　偃方幸用事,因言:"齐临菑十万户,市租千金,①人众殷富,巨于长安,②非天子亲弟爱子,不得王此。今齐王于亲属益疏。"乃从容言吕太后时齐欲反,③及吴楚时孝王几为乱。④今闻齐王与其姊乱。于是武帝拜偃为齐相,且正其事。偃至齐,急治王后宫宦者为王通于姊翁主所者,辞及王。王年少,惧大罪为吏所执诛,乃饮药自杀。

①师古曰:"收一市之租,直千金也。"

②师古曰:"巨,大也。"

③师古曰:"从,音千容反。"

④师古曰:"几,音巨依反。"

是时赵王惧主父偃壹出败齐,恐其渐疏骨肉,乃上书言偃受金及轻重之短,①天子亦因囚偃。公孙弘曰:"齐王以忧死,无后,非诛偃无以塞天下之望。"②偃遂坐诛。

①师古曰:"轻重,谓用心不平。"

②师古曰:"塞,满也。"

厉王立四年,国除。

济北王志,吴楚反时初亦与通谋,后坚守不发兵,故得不诛,徙王菑川。元朔中,齐国绝。

悼惠王后唯有二国:城阳、菑川。地比齐,①武帝为悼惠王冢园在齐,乃割临菑东圜悼惠王冢园邑尽以予菑川,②令奉祭祀。

①师古曰:"比,近也,音频二反。"

②师古曰:"圜,谓周绕之。"

志立三十五年薨,是为懿王。子靖王建嗣,二十年薨。子顷王遗嗣,三十五年薨。子思王终古嗣。五凤中,青州刺史奏终古使所爱奴与八子及诸御婢奸,①终古或参与被席,②或白昼使裸伏,犬马交接,③终古亲临观。产子,辄曰:"乱不可知,使去其子。"④事下丞相御史,奏终古位诸侯王,以令置八子,秩比六百石,所以广嗣重祖也。而终古禽兽行,乱君臣夫妇之别,悖逆人伦,⑤请逮捕。有诏削四县。二十八年薨。子考王尚嗣,五年薨。子孝王横嗣,三十一年薨。子怀王交嗣,六年薨。子永嗣,王莽时绝。

①如淳曰:"八子,妾号。"

②师古曰:"与,读曰豫。"

③师古曰:"裸者,露形体也,音郎果反。"

④师古曰:"去,除也,音丘吕反。"

⑤师古曰:"悖,乖也,音步内反。"

赞曰:悼惠之王齐,最为大国。以海内初定,子弟少,激秦孤立亡藩辅,①故大封同姓,以填天下。②时诸侯得自除御史大夫群卿以下众官，如汉朝，汉独为置丞相。自吴楚诛后，稍夺诸侯权，左官附益阿党之法设。③其后诸侯唯得衣食租税，贫者或乘牛车。

①师古曰："激，感发也，音工历反。"

②师古曰："填，音竹刃反。"

③张晏曰："诸侯有罪，傅相不举奏，为阿党。"师古曰："皆新制律令之条也。左官，解在《诸侯王表》。附益，言欲增益诸侯王也。"

汉书卷三九
列传第九

萧何　曹参

萧何,沛人也。以文毋害为沛主吏掾。①高祖为布衣时,数以吏事护高祖。高祖为亭长,常佑之。②高祖以吏繇咸阳,③吏皆送奉钱三,何独以五。④

①服虔曰:"为人解通,无嫉害也。"应劭曰:"虽为文吏,而不刻害也。"苏林曰:"无害,若言无比也。一曰,害,胜也,无能胜害之者。"晋灼曰:"《酷吏传》赵禹为丞相亚夫吏,府中皆称其廉,然亚夫不任,曰:'极知禹无害,然文深,不可以居大府。'苏说是也。"师古曰:"害,伤也,无人能伤害之者。苏、晋两说皆得其意,服、应非也。"

②师古曰:"佑,助也。言居家时为何所护,及为亭长,何又拥助也。"

③师古曰:"繇,读曰徭。徭,役也。"

④师古曰:"出钱以资行,他人皆三百,何独五百。奉,音扶用反。"

秦御史监郡者,与从事辨之。①何乃给泗水卒史②,事弟一。③秦御史欲入言征何,何固请,得毋行。④

①张晏曰:"何与共事备辨,明何素有方略也。"苏林曰:"辟何与从事也。秦时无刺史,以御史监郡。"师古曰:"二说皆同。"

②师古曰:"泗水郡,沛所属也。何为郡卒史。"

③师古曰:"课最上。"

④孟康曰:"当还入相秦事,故召何也。"师古曰:"此说非也。御史以何明辨,欲因入奏事之次,言于朝廷,征何用之。何心不愿,以情固请,而御史止,故得不行也。"

　　及高祖起为沛公,何尝为丞督事。①沛公至咸阳,诸将皆争走金帛财物之府分之,②何独先入收秦丞相御史律令图书臧之。沛公具知天下陀塞,户口多少,强弱处,民所疾苦者,以何得秦图书也。

　　①师古曰:"督,谓监视之也。何为沛丞,专督众事。"

　　②师古曰:"走,谓趣向之。走,音奏。"

　　初,诸侯相与约,先入关破秦者王其地。沛公既先定秦,项羽后至,欲攻沛公,沛公谢之得解。羽遂屠烧咸阳,与范增谋曰:"巴蜀道险,秦之迁民皆居蜀。"乃曰:"蜀汉亦关中地也。"故立沛公为汉王,而三分关中地,王秦降将以距汉王。汉王怒,欲谋攻项羽。周勃、灌婴、樊哙皆劝之,何谏之曰:"虽王汉中之恶,不犹愈于死乎?"①汉王曰:"何为乃死也?"何曰:"今众弗如,百战百败,不死何为?《周书》曰'天予不取,反受其咎'。②语曰'天汉',其称甚美。③夫能诎于一人下,而信于万乘之上者,汤武是也。④臣愿大王王汉中,养其民以致贤人,收用巴蜀,还定三秦,天下可图也。"汉王曰:"善。"乃遂就国,以为丞相。何进韩信,汉王以为大将军,说汉令引兵东定三秦。语在《信传》。

　　①师古曰:"愈,胜也。"

　　②师古曰:"《周书》者,本与《尚书》同类,盖孔子所删百篇之外,刘向所奏有七十一篇。"

　　③孟康曰:"语,古语也。言地之有汉,若天之有河汉,名号休美。"臣瓒曰:"流俗语云'天汉',其言常以汉配天,此美名也。"师古曰:"瓒说是也。天汉,河汉也。"

　　④师古曰:"信,读曰伸,古通用字。"

　　何以丞相留收巴蜀,填抚谕告,①使给军食。汉二年,汉王与诸侯击楚,何守关中,侍太子,治栎阳。为令约束,立宗庙、社稷、宫室、县邑,辄奏,上可许以从事;②即不及奏,辄以便宜施行,上来以闻。③计户转漕给军,汉王数失军遁去,何常兴关中卒,辄补缺。上以此剸属任何关中事。④

　　①师古曰:"填,音竹刃反。"

　　②师古曰:"可其所奏,许其所请,依以行事。"

③应劭曰："上来还,乃以所为闻也。"

④师古曰："刬,读与专同,又音章阮反。此即言专声之急上者也,又俗语
犹然。他皆类此。属,音之欲反。"

汉三年,与项羽相距京、索间,①上数使使劳苦丞相。②鲍生谓
何曰:③"今王暴衣露盖,数劳苦君者,有疑君心。为君计,莫若遣君
子孙昆弟能胜兵者悉诣军所,上益信君。"于是何从其计,汉王大
说。④

①师古曰："索,音山客反。"

②师古曰："劳,音来到反。次下亦同。"

③师古曰："鲍生,当时有识之士,姓鲍,而为诸生也。"

④师古曰："说,读曰悦。"

汉五年,已杀项羽,即皇帝位,论功行封,群臣争功,岁余不决。
上以何功最盛,先封为酂侯,①食邑八千户。功臣皆曰:"臣等身被
坚执兵,多者百余战,少者数十合,攻城略地,大小各有差。今萧何
未有汗马之劳,徒持文墨议论,不战,顾居臣等上,何也?"②上曰:
"诸君知猎乎?"曰:"知之。""知猎狗乎?"曰:"知之。"上曰:"夫猎,
追杀兽者狗也,而发纵指示兽处者人也。③今诸君徒能走得兽耳,
功狗也;至如萧何,发纵指示,功人也。且诸君独以身从我,多者三
两人;萧何举宗数十人皆随我,功不可忘也!"群臣后皆莫敢言。

①文颖曰："音赞。"师古曰："先封何者,谓诸功臣旧未爵者,何最在前封
也。酂,属南阳,解在《高纪》。"

②师古曰："顾犹反也。"

③师古曰："发纵,谓解绁而放之也。指示者,以手指示之,今俗言故狗。
纵,音子用反,而读者乃为踪迹之踪,非也。书本皆不为踪字。自有逐
踪之狗,不待人发也。"

列侯毕已受封,奏位次,皆曰:"平阳侯曹参身被七十创,攻城
略地,功最多,宜第一。"上已桡功臣,多封何,①至位次未有以复难
之,然心欲何第一。关内侯鄂秋时为谒者,进曰:"群臣议皆误。夫
曹参虽有野战略地之功,此特一时之事。夫上与楚相距五岁,失军
亡众,跳身遁者数矣,②然萧何常从关中遣军补其处。非上所诏令

召,而数万众会上乏绝者数矣。夫汉与楚相守荥阳数年,军无见粮,③萧何转漕关中,给食不乏。陛下虽数亡山东,萧何常全关中待陛下,此万世功也。今虽无曹参等百数,何缺于汉?④汉得之不必待以全。奈何欲以一旦之功加万世之功哉!萧何当第一,曹参次之。"上曰:"善。"于是乃令何第一,赐带剑履上殿,入朝不趋。上曰:"吾闻进贤受上赏,萧何功虽高,待鄂君乃得明。"于是因鄂秋故所食关内侯邑二千户,封为安平侯。是日,悉封何父母兄弟十余人,皆食邑。乃益封何二千户,"以尝繇咸阳时何送我独赢钱二也。"⑤

①应劭曰:"桡,屈也。"师古曰:"音女教反。"

②师古曰:"跳身,谓轻身走出也。"

③师古曰:"无见在之粮。"

④师古曰:"数,音所具反。"

⑤师古曰:"赢,余也。二,谓二百也。众人送皆三百,何独五百,故云赢二也。"

　　陈豨反,上自将,至邯郸。而韩信谋反关中,吕后用何计诛信。语在《信传》。上已闻诛信,使使拜丞相为相国,益封五千户,令卒五百人一都尉为相国卫。诸君皆贺,召平独吊。①召平者,故秦东陵侯。秦破,为布衣,贫,种瓜长安城东,瓜美,故世谓"东陵瓜",从召平始也。平谓何曰:"祸自此始矣。上暴露于外,而君守于内,非被矢石之难,而益君封置卫者,以今者淮阴新反于中,有疑君心。夫置卫卫君,非以宠君。②愿君让封勿受,悉以家私财佐军。"何从其计,上说。③

①师古曰:"召,读曰邵。"

②师古曰:"恐其为变,故守卫之。"

③师古曰:"说,读曰悦。"

　　其秋,黥布反,上自将军击之,数使使问相国何为。①曰:"为上在军,拊循勉百姓,悉所有佐军,如陈豨时。"②客又说何曰:"君灭族不久矣。夫君位为相国,功第一,不可复加。然君初入关,本得百姓心,十余年矣,皆附君,尚复孳孳得民和。③上所谓数问君,畏君

倾动关中。今君胡不多买田地,贱贳贷以自污?上心必安。"④于是
何从其计,上乃大说。⑤

　　①师古曰:"问其居守,何所营为。"

　　②师古曰:"悉,尽也,尽所有粮食资用出以佐军也。"

　　③师古曰:"孳字与孜同。孜孜,言不怠也。"

　　④师古曰:"贳,赊也。贷,音土得反。"

　　⑤师古曰:"说,读曰悦。"

　　上罢布军归,民道遮行,①上书言相国强贱买民田宅数千人。
上至,何谒。上笑曰:"今相国乃利民!"民所上书皆以与何,曰:"君
自谢民。"后何为民请曰:"长安地狭,上林中多空地,弃,愿令民得
入田,毋收稿为兽食。"②上大怒曰:"相国多受贾人财物,为请吾
苑!"乃下何廷尉,械系之。数日,王卫尉侍,③前问曰:"相国胡大
罪,陛下系之暴也?"④上曰:"吾闻李斯相秦皇帝,有善归主,有恶
自予。今相国多受贾竖金,为请吾苑,以自媚于民。⑤故系治也。"王
卫尉曰:"夫职事苟有便于民而请之,真宰相事也。陛下奈何乃疑相
国受贾民钱乎!且陛下距楚数岁,陈豨、黥布反时,陛下自将往,当
是时,相国守关中,关中摇足则关西非陛下有也。相国不以此时为
利,乃利贾人之金乎?且秦以不闻其过亡天下,夫李斯之分过,又何
足法哉!陛下何疑宰相之浅也!"上不怿。⑥是日,使使持节赦出何。
何年老,素恭谨,徒跣入谢。上曰:"相国休矣!⑦相国为民请吾苑不
许,我不过为桀纣主,而相国为贤相。吾故系相国,欲令百姓闻吾
过。"

　　①师古曰:"在道上遮天子行。"

　　②师古曰:"稿,禾秆也。言恣人田之,不收其稿税也。稿,音工老反。秆,
　　　音工旱反。"

　　③如淳曰:"《百官公卿表》'卫尉王氏',无名字。"师古曰:"史失之也。侍,
　　　谓侍天子也。"

　　④师古曰:"前问,谓进而请也。胡,何也。"

　　⑤师古曰:"媚,爱也,求爱于民。"

　　⑥师古曰:"怿,悦也。感卫尉之言,故惭悔而不悦也。"

⑦师古曰："令出外自休息。"

高祖崩，何事惠帝。何病，上亲自临视何疾，因问曰："君即百岁后，谁可代君？"对曰："知臣莫若主。"帝曰："曹参何如？"何顿首曰："帝得之矣。何死不恨矣！"

何买田宅必居穷辟处，①为家不治垣屋。②曰："令后世贤，师吾俭；不贤，毋为势家所夺。"

①师古曰："辟，读曰僻。僻，隐也。"

②师古曰："垣，墙也。"

孝惠二年，何薨，谥曰文终侯。子禄嗣，薨，无子。高后乃封何夫人同为酂侯，小子延为筑阳侯。①孝文元年，罢同，更封延为酂侯。薨，子遗嗣。薨，无子。文帝复以遗弟则嗣，有罪免。景帝二年，制诏御史："故相国萧何，高皇帝大功臣，所与为天下也。②今其祀绝，朕甚怜之。其以武阳县户二千封何孙嘉为列侯。"嘉，则弟也。薨，子胜嗣，后有罪免。武帝元狩中，复下诏御史："以酂户二千四百封何曾孙庆为酂侯，布告天下，令明知朕报萧相国德也。"庆，则子也。薨，子寿成嗣，坐为太常牺牲瘦免。宣帝时，诏丞相御史求问萧相国后在者，得玄孙建世等十二人，复下诏以酂户二千封建世为酂侯。传子至孙获，坐使奴杀人减死论。成帝时，复封何玄孙之子南绖长喜为酂侯。③传子至曾孙，王莽败乃绝。

①师古曰："酂及筑阳皆南阳县也。今其地并属襄州。筑，音逐。"

②师古曰："为，治也。一曰，共造其功业。"

③苏林曰："绖，音人足挛躄之挛，巨鹿县名也。"师古曰："喜为此县之长。"

曹参，沛人也。秦时为狱掾，而萧何为主吏，居县为豪吏矣。①高祖为沛公也，参以中涓从。②击胡陵、方与，③攻秦监公军，大破之。④东下薛，击泗水守军薛郭西。复攻胡陵，取之。徙守方与。方与反为魏，击之。丰反为魏，攻之。赐爵七大夫。北击司马欣军砀东，取狐父、祁善置。⑤又攻下邑以西，至虞，击秦将章邯车骑。攻辕

戚及亢父,⑥先登。迁为五大夫。北救东阿,击章邯军,陷陈,追至濮
阳。攻定陶,取临济。南救雍丘,击李由军,破之,杀李由,虏秦候一
人。章邯破杀项梁也,沛公与项羽引兵而东。楚怀王以沛公为砀郡
长,将砀郡兵。于是乃封参执帛,⑦号曰建成君。迁为戚公,属砀
郡。⑧

①师古曰:"言参及萧何并为吏之豪长也。"

②如淳曰:"中涓,如中谒者也。"师古曰:"涓,洁也,言其在中主知洁清洒
　埽之事,盖亲近左右也。"

③师古曰:"音房豫。"

④孟康曰:"监,御史监郡者。公,名也。"晋灼曰:"案《高纪》名平也。秦一
　郡置守尉监三人。"师古曰:"公者,时人尊称之耳。晋说是也。"

⑤文颖曰:"善置,置名也。"晋灼曰:"祁,音坻。"师古曰:"狐父、祁,二县
　名也。祁,音巨夷反,又音十夷反。父,音甫。置,若今之驿也。"

⑥师古曰:"亢父,音抗甫。"

⑦郑氏曰:"楚爵。"张晏曰:"孤卿。"

⑧师古曰:"为戚县之令。"

　　其后从攻东郡尉军,破之成武南。击王离军成阳南,又攻杠里,
大破之。追北,西至开封,击赵贲军,破之,①围赵贲开封城中。西击
秦将杨熊军于曲遇,②破之,虏秦司马及御史各一人。迁为执珪。③
从西攻阳武,下轘辕、缑氏,绝河津。击赵贲军尸北,破之。④从南攻
犨,与南阳守齮战阳城郭东,⑤陷陈,取宛,虏齮,定南阳郡。⑥从西
攻武关、峣关,取之。⑦前攻秦军蓝田南,又夜击其北军,大破之,遂
至咸阳,破秦。

①师古曰:"贲,音奔。"

②师古曰:"曲,音丘羽反。遇,音颙。"

③张晏曰:"侯伯执珪,以朝位比之。"如淳曰:"《吕氏春秋》'得五员者位
　执珪',古爵名也。"

④孟康曰:"尸乡之北。"

⑤应劭曰:"今堵阳。"

⑥师古曰:"《高纪》言'南阳守齮,降封为殷侯',而此传言虏齮,纪传不

同,疑传误。"

　　⑦师古曰:"峣,音尧。"

　　项羽至,以沛公为汉王。汉王封参为建成侯,从至汉中,迁为将军。从还定三秦,攻下辨、故道、①雍、斄。②击章平军于好畤南,破之,围好畤,取壤乡。③击三秦军壤东及高栎,破之。④复围章平,平出好畤走。因击赵贲、内史保军,破之。东取咸阳,更名曰新城。参将兵守景陵二十三日,⑤三秦使章平等攻参,出击,大破之。赐食邑于宁秦。⑥以将军引兵围章邯废丘;以中尉从汉王出临晋关。至河内,下修武,度围津,⑦东击龙且、项佗定陶,破之。⑧东取砀、萧、彭城。击项籍军,汉军大败走。参以中尉围取雍丘。王武反于外黄,程处反于燕,⑨往击,尽破之。柱天侯反于衍氏,进破取衍氏。击羽婴于昆阳,追至叶。⑩还攻武强,⑪因至荥阳。参自汉中为将军、中尉,从击诸侯及项王,败,还至荥阳。⑫

　　①邓展曰:"武都二县也。"

　　②苏林曰:"右扶风二县也。斄,音胎。"

　　③文颖曰:"壤,地名也。"

　　④师古曰:"栎,音历。"

　　⑤孟康曰:"县名也。"

　　⑥苏林曰:"今华阴。"

　　⑦师古曰:"在东郡。"

　　⑧师古曰:"且,音子余反。佗,音徒何反。"

　　⑨服虔曰:"皆汉将。"师古曰:"燕东郡之县,故南燕国。音一千反。"

　　⑩师古曰:"叶,南阳县也,音式涉反。"

　　⑪师古曰:"武强城在阳武。"

　　⑫师古曰:"败,谓战彭城而败。"

　　汉二年,拜为假左丞相,入屯兵关中。月余,魏王豹反,以假丞相别与韩信东攻魏将孙遬东张,①大破之。因攻安邑,得魏将王襄。击魏王于曲阳,追至东垣,生获魏王豹。取平阳,得豹母妻子,尽定魏地,凡五十二县。赐食邑平阳。因从韩信击赵相国夏说军于邬东,②大破之,斩夏说。韩信与故常山王张耳引兵下井陉,击成安君

陈余,而令参还围赵别将戚公于邬城中。戚公出走,追斩之。乃引
兵诣汉王在所。韩信已破赵,为相国,东击齐,参以左丞相属焉。攻
破齐历下军,遂取临淄。还定济北郡,收著、漯阴、平原、鬲、卢。③已
而从韩信击龙且军于上假密,④大破之,斩龙且,虏亚将周兰。⑤定
齐郡,凡得七十县。得故齐王田广相田光,其守相许章,及故将军田
既。⑥韩信立为齐王,引兵东诣陈,与汉王共破项羽,而参留平齐未
服者。

①苏林曰:"东张,属河东。"师古曰:"遬,古速字。"

②苏林曰:"邬,大原县也。"师古曰:"说,读曰悦。邬,音一户反,又音乙据
反。"

③师古曰:"五县名也。时未有济北郡,史追书之耳。著,音竹庶反,又音直
庶反。漯,音它合反。鬲,与隔同。"

④文颖曰:"或以为高密。"

⑤师古曰:"亚将,次将也。"

⑥师古曰:"守相,为相居守者。"

　　汉王即皇帝位,韩信徙为楚王。参归相印焉。高祖以长子肥为
齐王,而以参为相国。高祖六年,与诸侯剖符,赐参爵列侯,食邑平
阳万六百三十户,世世勿绝。

　　参以齐相国击陈豨将张春,破之。黥布反,参从悼惠王将军骑
十二万,与高祖会击黥布军,大破之。南至蕲,还定竹邑、相、萧、
留。①

①师古曰:"四县名。"

　　参功:凡下二国,县百二十二,得王二人,相三人,将军六人,大
莫嚣、郡守、司马、候、御史各一人。①

①如淳曰:"嚣,音敖。"张晏曰:"莫敖,楚卿号也。时近六国,故有令尹、莫
敖之官。"

　　孝惠元年,除诸侯相国法,更以参为齐丞相。参之相齐,齐七十
城。天下初定,悼惠王富于春秋,参尽召长老诸先生,问所以安集百
姓。而齐故诸儒以百数,①言人人殊,参未知所定。闻胶西有盖
公,②善治黄老言,③使人厚币请之。既见盖公,盖公为言治道贵清

静而民自定,推此类具言之。参于是避正堂,舍盖公焉。④其治要用黄老术,故相齐九年,齐国安集,大称贤相。

①师古曰:"数,音所具反。"

②师古曰:"盖,音古盍反。"

③张晏曰:"黄帝、老子之书。"

④师古曰:"舍,止也。"

萧何薨,参闻之,告舍人趣治行,①"吾且入相。"居无何,使者果召参。参去,属其后相②曰:"以齐狱市为寄,慎勿扰也。"后相曰:"治无大于此者乎?"参曰:"不然。夫狱市者,所以并容也,今君扰之,奸人安所容乎? 吾是以先之。"③

①师古曰:"舍人,犹家人也。一说,私属官主家事者也。趣,读曰促,谓速也。治行,谓修治行装也。"

②师古曰:"属,音之欲反。"

③孟康曰:"夫狱市者,兼受善恶,若穷极奸人,奸人无所容窜,久且为乱。秦人极刑而天下畔,孝武峻法而狱繁,此其效也。"师古曰:"《老子》云:'我无为,民自化;我好静,民自正。'参欲以道化为本,不欲扰其末也。"

始参微时,与萧何善,及为宰相,有隙。①至何且死,所推贤唯参。参代何为相国,举事无所变更,壹遵何之约束。②择郡国吏长大,③讷于文辞,谨厚长者,即召除为丞相史。吏言文刻深,欲务声名,辄斥去之。④日夜饮酒。卿大夫以下吏及宾客见参不事事,⑤来者皆欲有言。至者,参辄饮以醇酒,⑥度之欲有言,复饮酒,醉而后去,⑦终莫得开说,⑧以为常。

①师古曰:"参自以战斗功多,而封赏每在何后,故怨何也。"

②师古曰:"举,皆也,言凡事皆无变改。"

③孟康曰:"取年长大者。"

④师古曰:"斥,却也。"

⑤如淳曰:"不事丞相之事。"

⑥师古曰:"醇酒不浇,谓厚酒也。"

⑦师古曰:"度,音大各反。饮,音于禁反。"

⑧如淳曰:"开,谓有所启白也。"

相舍后园近吏舍,吏舍日饮歌呼。①从吏患之,无如何,②乃请参游后园。闻吏醉歌呼,从吏幸相国召按之。乃反取酒张坐饮,③大歌呼与相和。

①师古曰:"呼,音火故反。其下同也。"

②师古曰:"从吏,吏之常从相者也。从,音材用反。"

③师古曰:"张设坐席而饮也。坐,音才卧反。"

参见人之有细过,掩匿覆盖之,府中无事。

参子窋为中大夫。①惠帝怪相国不治事,以为"岂少朕与?"②乃谓窋曰:"女归,试私从容问乃父③曰:'高帝新弃群臣,帝富于春秋,君为相国,日饮无所请事,何以忧天下?'然无言吾告女也。"窋既洗沐归,时间,自从其所谏参。④参怒而答之二百,曰:"趣入侍,⑤天下事非乃所当言也。"至朝时,帝让参⑥曰:"与窋胡治乎?⑦乃者我使谏君也。"⑧参免冠谢曰:"陛下自察圣武孰与高皇帝?"上曰:"朕乃安敢望先帝!"参曰:"陛下观参孰与萧何贤?"上曰:"君似不及也。"参曰:"陛下言之是也。且高皇帝与萧何定天下,法令既明具,陛下垂拱,参等守职,遵而勿失,不亦可乎?"惠帝曰:"善。君休矣!"⑨

①师古曰:"窋,音张律反。"

②师古曰:"言岂以我为年少故也。与,读曰欤。"

③师古曰:"乃,汝也。"

④师古曰:"间,谓空隙也。自从其所,犹言自出其意也。"

⑤师古曰:"趣,读曰促。"

⑥师古曰:"让,责也。"

⑦师古曰:"胡,何也。言共窋为何治也。治,音丈吏反。"

⑧师古曰:"乃者,犹言曩者。"

⑨师古曰:"且令出休息。"

参为相国三年,薨,谥曰懿侯。百姓歌之曰:"萧何为法,讲若画一;①曹参代之,守而勿失。载其清靖,民以宁壹。"②

①文颖曰:"讲,或作较。"师古曰:"讲,和也。画一,言整齐也。"

②师古曰:"载,犹乘也。"

窋嗣侯，高后时至御史大夫。传国至曾孙襄，武帝时为将军，击匈奴，薨。子宗嗣，有罪，完为城旦。至哀帝时，乃封参玄孙之孙本始为平阳侯，二千户，王莽时薨。子宏嗣，建武中先降河北，封平阳侯。至今八侯。

赞曰：萧何、曹参皆起秦刀笔吏，①当时录录未有奇节。②汉兴，依日月之末光，③何以信谨守管籥，参与韩信俱征伐。④天下既定，因民之疾秦法，顺流与之更始，二人同心，遂安海内。淮阴、黥布等已灭，唯何、参擅功名，位冠群后，声施后世，⑤为一代之宗臣，⑥庆流苗裔，盛矣哉！

①师古曰："刀所以削书也，古者用简牒，故吏皆以刀笔自随也。"

②师古曰："录录，犹鹿鹿，言在凡庶之中也。"

③师古曰："《易·文言》云'圣人作而万物睹'，又曰'见龙在田，天下文明'。赞言何、参值汉初兴，故以日月为喻耳。"

④师古曰："高祖出征，何每居守，故言守管籥。"

⑤师古曰："冠，谓居其首。"

⑥师古曰："言为后世之所尊仰，故曰宗臣也。"

汉书卷四〇
列传第一〇

张良　陈平　王陵　周勃
子亚夫

张良字子房,其先韩人也。大父开地,①相韩昭侯、宣惠王、襄哀王。父平,相釐王、②悼惠王。悼惠王二十三年,平卒。卒二十岁,秦灭韩。良少,未宦事韩。韩破,良家僮三百人,弟死不葬,悉以家财求客刺秦王,为韩报仇,以五世相韩故。③

①应劭曰:"大父,祖父;开地,名也。"

②师古曰:"釐,读曰僖。"

③师古曰:"从昭侯至悼惠王,凡五君。"

良尝学礼淮阳,东见仓海君,①得力士,为铁椎重百二十斤。秦皇帝东游,至博狼沙中,②良与客狙击秦皇帝,③误中副车。④秦皇帝大怒,大索天下,⑤求贼急甚。良乃更名姓,亡匿下邳。⑥

①晋灼曰:"海神也。"如淳曰:"东夷君长也。"师古曰:"二说并非。盖当时贤者之号也。良既见之,因而求得力士。"

②服虔曰:"河南阳武南地名也,今有亭。"师古曰:"狼,音浪。"

③师古曰:"狙,谓密伺之,音千豫反,字本作覰。"

④师古曰:"副,谓后乘也。"

⑤师古曰:"索,搜也。索,音山客反。"

⑥师古曰:"更,改也。"

良尝闲从容步游下邳圯上,①有一老父,衣褐,至良所,②直堕其履圯下,③顾谓良曰:"孺子,下取履!"④良愕然,欲欧之。⑤为其老，乃强忍下取履，因跪进。父以足受之，笑去。良殊大惊。父去里所，复还，⑥曰："孺子可教矣。后五日平明，与我期此。"良因怪，跪曰："诺。"五日明，良往。父已先在，怒曰："与老人期，后，何也？去，后五日复蚤会。"⑦五日，鸡鸣往。父又先在，复怒曰："后，何也？去，后五日复蚤来。"五日，良夜半往。有顷，父亦来，喜曰："当如是。"出一编书，⑧曰："读是则为王者师。后十年兴。十三年，孺子见我，济北谷城山下黄石即我已。"⑨遂去不见。旦日视其书，乃《太公兵法》。良因异之，常习读诵。

①服虔曰："圯，音颐，楚人谓桥曰圯。"应劭曰："沂水之上也。"文颖曰："沂水上桥也。"师古曰："下邳之水，非沂水也，又非沂水。服说是矣。"

②师古曰："褐制若裘，今道士所服者是。"

③师古曰："直犹故也，一曰正也。"

④师古曰："孺，幼也。"

⑤师古曰："愕，惊貌也。殴，击也，音一口反。"

⑥师古曰："行一里许而还来。"

⑦师古曰："放良令去，戒以后会也。其下亦同。蚤，音早。"

⑧师古曰："编，谓联次之也。联简牒以为书，故云一编。编，音鞭。"

⑨师古曰："已，语终之辞。"

居下邳，为任侠。项伯尝杀人，从良匿。

后十年，陈涉等起，良亦聚少年百余人。景驹自立为楚假王，在留。良欲往从之，行道遇沛公。沛公将数千人略地下邳，遂属焉。沛公拜良为厩将。①良数以《太公兵法》说沛公，沛公喜，常用其策。为它人言，皆不省。②良曰："沛公殆天授。"③故遂从不去。

①服虔曰："官名也。"

②师古曰："省，视也。"

③师古曰："殆，近也。"

沛公之薛，见项梁，共立楚怀王。良乃说项梁曰："君已立楚后，韩诸公子横阳君成贤，可立为王，益树党。"①项梁使良求韩成，立为韩王。以良为韩司徒，与韩王将千余人西略韩地，得数城，秦辄复取之，往来为游兵颍川。

①师古曰："广立六国之后,共攻秦也。"

　　沛公之从雒阳南出轘辕,良引兵从沛公,下韩十余城,击杨熊军。沛公乃令韩王成留守阳翟,与良俱南,攻下宛,西入武关。沛公欲以二万人击秦峣关下军,①良曰："秦兵尚强,未可轻。臣闻其将屠者子,贾竖易动以利。②愿沛公且留壁,使人先行,为五万人具食,益张旗帜诸山上,为疑兵,③令郦食其持重宝啖秦将。"④秦将果欲连和俱西袭咸阳,⑤沛公欲听之,良曰："此独其将欲叛,士卒恐不从。不从必危,不如因其解击之。"⑥沛公乃引兵击秦军,大破之。逐北至蓝田,再战,秦兵竟败。遂至咸阳,秦王子婴降沛公。

①师古曰："峣,音尧。"
②师古曰："商贾之人志无远大,譬犹僮竖,故云贾竖。"
③师古曰："皆所以表己军之多,夸示敌人。帜,音式志反。"
④师古曰："啖,音徒滥反,解在《高纪》。"
⑤师古曰："欲与汉王和而随汉兵袭咸阳。"
⑥师古曰："解,读曰懈。"

　　沛公入秦,宫室帷帐狗马重宝妇女以千数,意欲留居之。樊哙谏,沛公不听。良曰："夫秦为无道,故沛公得至此。为天下除残去贼,宜缟素为资。①今始入秦,即安其乐,此所谓'助桀为虐'。且'忠言逆耳利于行,毒药苦口利于病',愿沛公听樊哙言。"沛公乃还军霸上。

①晋灼曰："资,质也。欲令沛公反秦奢泰,服俭素以为资。"师古曰："缟,白素也,音工老反。"

　　项羽至鸿门,欲击沛公,项伯夜驰至沛公军,私见良,欲与俱去。良曰："臣为韩王送沛公,今事有急,亡去不义。"乃具语沛公。沛公大惊,曰："为之奈何?"良曰："沛公诚背项王邪?"沛公曰："鲰生说我距关毋内诸侯,①秦地可王也,故听之。"良曰："沛公自度能却项王乎?"②沛公默然,曰："今为奈何?"良因要项伯见沛公,沛公与伯饮,为寿,结婚,令伯具言沛公不敢背项王,所以距关者,备它盗也。项羽后解,语在《羽传》。

①服虔曰："鲰,音七垢反。鲰,小人也。"臣瓒曰："《楚汉春秋》鲰姓。"师古

曰:"服说是也。音才垢反。"

②师古曰:"却,音丘略反。"

汉元年,沛公为汉王,王巴蜀,赐良金百溢,①珠二斗,良具以献项伯。汉王亦因令良厚遗项伯,使请汉中地。②项王许之。汉王之国,良送至褒中,遣良归韩。良因说汉王烧绝栈道,③示天下无还心,以固项王意。乃使良还。行,烧绝栈道。④良归至韩,闻项羽以良从汉王故,不遣韩王成之国,与俱东,至彭城杀之。时汉王还定三秦,良乃遗项羽书曰:"汉王失职,欲得关中,如约即止,不敢东。"又以齐反书遗羽,曰:"齐与赵欲并灭楚。"项羽以故北击齐。

①服虔曰:"二十两曰溢。"师古曰:"秦以溢名金,若汉之论斤也。"

②服虔曰:"本不尽与汉中,故请求之。"

③师古曰:"栈道,阁道也。"

④师古曰:"还,谓归还韩。且行且烧,所过之处皆烧之也。"

良乃间行归汉。汉王以良为成信侯,从东击楚。至彭城,汉王兵败而还。至下邑,①汉王下马踞鞍而问曰:"吾欲捐关已东等弃之,谁可与共功者?"②良曰:"九江王布,楚枭将,③与项王有隙,彭越与齐王反梁地,此两人可急使。而汉王之将独韩信可属大事,当一面。④即欲捐之,捐之此三人,楚可破也。"汉王乃遣随何说九江王布,而使人连彭越。⑤及魏王豹反,使韩信特将北击之,⑥因举燕,伐齐、赵。然卒破楚者,此三人力也。

①师古曰:"梁国之县也,今属宋州。"

②师古曰:"捐关以东,谓不自有其地,将以与人,令其立功,共破楚也。"

③师古曰:"枭,谓最勇健也。"

④师古曰:"属,委也,音之欲反。"

⑤师古曰:"与相连结也。"

⑥师古曰:"特,独也。专任之使将也。"

良多病,未尝特将兵,常为画策臣,时时从。

汉三年,项羽急围汉王于荥阳,汉王忧恐,与郦食其谋桡楚权。①郦生曰:"昔汤伐桀,封其后杞;武王诛纣,封其后宋。今秦无道,伐灭六国,无立锥之地。陛下诚复立六国后,此皆争戴陛下德

义,愿为臣妾。德义已行,南面称伯,②楚必敛衽而朝。"③汉王曰:
"善。趣刻印,先生因行佩之。"④

①师古曰:"桡,弱也,音女教反,其字从木。"

②师古曰:"伯,读曰霸。"

③师古曰:"衽,衣襟也。"

④师古曰:"趣,读曰促。佩,谓授与六国使带也。"

郦生未行,良从外来谒汉王。汉王方食,曰:"客有为我计桡楚
权者。"具以郦生计告良,曰:"于子房如何?"良曰:"谁为陛下画此
计者?陛下事去矣。"汉王曰:"何哉?"良曰:"臣请借前箸以筹之。①
昔汤武伐桀纣封其后者,度能制其死命也。②今陛下能制项籍死命
乎?其不可一矣。武王入殷,表商容闾,③式箕子门,④封比干墓,今
陛下能乎? 其不可二矣。发巨桥之粟,⑤散鹿台之财,⑥以赐贫穷,
今陛下能乎? 其不可三矣。殷事以毕,偃革为轩,⑦倒载干戈,示不
复用,今陛下能乎? 其不可四矣。休马华山之阳,示无所为,今陛下
能乎? 其不可五矣。息牛桃林之野,⑧天下不复输积,今陛下能乎?
其不可六矣。且夫天下游士,离亲戚,弃坟墓,⑨去故旧,从陛下者,
但日夜望咫尺之地。今乃立六国后,唯无复立者,⑩游士各归事其
主,从亲戚,反故旧,陛下谁与取天下乎?其不可七矣。且楚唯毋强,
六国复桡而从之,⑪陛下焉得而臣之?其不可八矣。诚用此谋,陛下
事去矣。"汉王辍食吐哺,骂曰:"竖儒,几败乃公事!"⑫令趣销
印。⑬

①张晏曰:"求借所食之箸用指画也。或曰,前出汤武箸明之事,以筹度今
　　时之不若也。"师古曰:"或说非也。箸,音直庶反。"

②师古曰:"度,音大各反。"

③师古曰:"商容,殷贤人也。里门曰闾。表,谓显异之。"

④师古曰:"式,亦表也。一说,至其门而抚车式,所以敬之。"

⑤服虔曰:"巨桥,仓名也。"师古曰:"许慎云巨鹿之大桥,有漕粟也。"

⑥臣瓒曰:"鹿台,台名,今在朝歌城中。"师古曰:"刘向云鹿台大三里,高
　　千尺也。"

⑦苏林曰:"革者,兵车革辂。轩者,朱轩也。"如淳曰:"偃武备而治礼乐

也。"

⑧晋灼曰:"在弘农阌乡南谷中。"师古曰:"《山海经》云'夸父之山,北有林焉,名曰桃林,广围三百里',即谓此也。其山谷今在阌乡县东南,湖城县西南,去湖城三十五里。"

⑨师古曰:"离者,言其乖避而委离之,以从汉也。"

⑩师古曰:"既立六国后,土地皆尽,无以封功劳之人,故云无复立者。唯,发语之辞。"

⑪服虔曰:"唯当使楚无强,强则六国弱而从之。"晋灼曰:"当今唯楚大,无有强之者,若复立六国,国皆桡而从之,陛下焉得而臣之乎?"师古曰:"服说是也。"

⑫师古曰:"辍,止也。哺,食在口中者也。几,近也。哺,音捕。几,音巨依反。"

⑬师古曰:"趣,读曰促。"

后韩信破齐,欲自立为齐王,汉王怒。良说汉王,汉王使良授齐王印。语在《信传》。

五年冬,汉王追楚至阳夏南,①战不利,壁固陵,诸侯期不至。良说汉王,汉王用其计,诸侯皆至。语在《高纪》。

①师古曰:"夏,音工雅反。"

汉六年,封功臣,良未尝有战斗功,高帝曰:"运筹策帷幄中,决胜千里外,子房功也。自择齐三万户。"良曰:"始臣起下邳,与上会留,此天以臣授陛下。陛下用臣计,幸而时中,臣愿封留足矣,不敢当三万户。"乃封良为留侯,与萧何等俱封。

上已封大功臣二十余人,其余日夜争功而不决,未得行封。上居雒阳南宫,从复道望见诸将①往往数人偶语。上曰:"此何语?"良曰:"陛下不知乎?此谋反耳。"上曰:"天下属安定,何故而反?"②良曰:"陛下起布衣,与此属取天下,今陛下已为天子,而所封皆萧、曹故人所亲爱,而所诛者皆平生仇怨。今军吏计功,天下不足以遍封,此属畏陛下不能尽封,又恐见疑过失及诛,故相聚谋反耳。"上乃忧曰:"为将奈何?"良曰:"上平生所憎,群臣所共知,谁最甚者?"上曰:"雍齿与我有故怨,数窘辱我,③我欲杀之,为功多,不忍。"良曰:"今急先封雍齿,以示群臣,群臣见雍齿先封,则人人自坚矣。"
于是上置酒,封雍齿为什方侯,④而急趣丞相御史定功行封。⑤群
臣罢酒,皆喜曰:"雍齿且侯,我属无患矣。"

①师古曰:"复,读曰複。"

②师古曰:"属,近也,言近始安。属,音之欲反。"

③服虔曰:"未起之时与我有故怨也。"师古曰:"每以勇力困辱高祖。"

④苏林曰:"汉中县也。"师古曰:"《地理志》属广汉,非汉中也。今则属益
　　州。什,音十。"

⑤师古曰:"趣,音促。"

　　刘敬说上都关中,上疑之。左右大臣皆山东人,多劝上都雒阳:
"雒阳东有成皋,西有崤黾,①背河乡雒,其固亦足恃。②良曰:"雒
阳虽有此固,其中小,不过数百里,地薄,四面受敌,此非用武之国。
夫关中左崤函,右陇蜀,沃野千里,③南有巴蜀之饶,北有胡苑之
利,④阻三面而固守,独以一面东制诸侯。诸侯安定,河、渭漕挽天
下,西给京师;⑤诸侯有变,顺流而下,足以委输。此所谓金城千里,
天府之国。⑥刘敬说是也。"于是上即日驾,西都关中。

①师古曰:"崤,山也。黾,池,音湎。"

②师古曰:"乡,读曰向。"

③师古曰:"沃者,溉灌也,言其土地皆有溉灌之利,故云沃野。"

④师古曰:"谓安定、北地、上郡之北与胡相接之地,可以畜牧者也。养禽
　　兽谓之苑。"

⑤师古曰:"挽,引也。挽,音晚。"

⑥师古曰:"财物所聚谓之府。言关中之地物产饶多,可备赡给,故称天府
　　也。"

　　良从入关,性多疾,即道引不食谷,①闭门不出岁余。

①孟康曰:"服辟谷药而静居行气。道,读曰导。"

　　上欲废太子,立戚夫人子赵如意。大臣多争,未能得坚决也。吕
后恐,不知所为。或谓吕后曰:"留侯善画计,上信用之。"吕后乃使
建成侯吕泽劫良,曰:"君常为上谋臣,今上日欲易太子,①君安得
高枕而卧?②良曰:"始上数在急困之中,幸用臣策;今天下安定,

以爱欲易太子,骨肉之间,虽臣等百人何益!"吕泽强要曰:"为我画计。"良曰:"此难以口舌争也。顾上有所不能致者四人。③四人年老,皆以上嫚娒士,④故逃匿山中,义不为汉臣。然上高此四人。今公诚能毋爱金玉璧帛,令太子为书,卑辞安车,因使辩士固请,宜来。⑤来,以为客,时从入朝,令上见之,则一助也。"于是吕后令吕泽使人奉太子书,卑辞厚礼,迎此四人。四人至,客建成侯所。

①师古曰:"言日日欲易之。"

②师古曰:"安,焉也。"

③师古曰:"顾,念也。四人,谓园公、绮里季、夏黄公、角里先生,所谓四皓也。"

④师古曰:"嫚,与慢同。娒,古侮字。"

⑤师古曰:"宜应得其来。"

汉十一年,黥布反,上疾,欲使太子往击之。四人相谓曰:"凡来者,将以存太子。太子将兵,事危矣。"乃说建成侯曰:"太子将兵,有功即位不益,①无功则从此受祸。且太子所与俱诸将,皆与上定天下枭将也,今乃使太子将之,此无异使羊将狼,皆不肯为用,其无功必矣。臣闻'母爱者子抱',今戚夫人日夜侍御,赵王常居前,上曰'终不使不肖子居爱子上',明其代太子位必矣。君何不急请吕后承间为上泣②言:'黥布,天下猛将,善用兵,今诸将皆陛下故等夷,③乃令太子将此属,莫肯为用,且布闻之,鼓行而西耳。④上虽疾,强载辎车,卧而护之,⑤诸将不敢不尽力。上虽苦,强为妻子计。'"于是吕泽夜见吕后。吕后承间为上泣而言,如四人意。上曰:"吾惟之,竖子固不足遣,⑥乃公自行耳。"⑦于是上自将而东,群臣居守,皆送至霸上。良疾,强起至曲邮,⑧见上曰:"臣宜从,疾甚。楚人剽疾,愿上慎毋与楚争锋。"⑨因说上令太子为将军监关中兵。上谓:"子房虽疾,强卧傅太子。"是时叔孙通已为太傅,良行少傅事。

①师古曰:"太子嗣君,贵已极矣,虽更立功,位无加益矣。"

②师古曰:"因空隙之时。"

③师古曰:"夷,平也,言故时皆齐等。"

④师古曰:"击鼓而行,言无所畏。"

⑤师古曰："辒车,衣车也。护,谓监领诸将。"

⑥师古曰："惟,思也。"

⑦师古曰："乃公,汝父也。"

⑧师古曰："在新丰西,今俗谓之邮头。"

⑨师古曰："剟,音匹妙反。"

汉十二年,上从破布归,疾益甚,愈欲易太子。良谏,不听,因疾不视事。叔孙太傅称说引古,以死争太子。上阳许之,犹欲易之。及宴,置酒,太子侍。四人者从太子,年皆八十有余,须眉皓白,衣冠甚伟。①上怪,问曰:"何为者?"四人前对,各言其姓名。上乃惊曰:"吾求公,避逃我,今公何自从吾儿游乎?"四人曰:"陛下轻士善骂,臣等义不辱,故恐而亡匿。今闻太子仁孝,恭敬爱士,天下莫不延颈愿为太子死者,故臣等来。"上曰:"烦公幸卒调护太子。"②

①师古曰："所以谓之四皓。"

②师古曰："调,谓和平之;护,谓保之。"

四人为寿已毕,趋去。上目送之,①召戚夫人指视曰:②"我欲易之,彼四人为辅,羽翼已成,难动矣。吕氏真乃主矣。"③戚夫人泣涕,上曰:"为我楚舞,吾为若楚歌。"④歌曰:"鸿鹄高飞,一举千里。⑤羽翼以就,横绝四海⑥横绝四海,又可奈何!虽有矰缴,尚安所施!"⑦歌数阕,⑧戚夫人歔欷流涕。⑨上起去,罢酒。竟不易太子者,良本招此四人之力也。

①师古曰："以目瞻之讫其出也。"

②师古曰："视,读曰示。"

③师古曰："乃,汝也。"

④师古曰："若,亦汝也。"

⑤师古曰："鹄,音胡督反。"

⑥师古曰："就,成也。绝,谓飞而直度也。"

⑦师古曰："缴,弋射也。其矢为矰。矰,音增。缴,音之若反。"

⑧师古曰："阕,尽也。曲终为阕,音曰穴反。"

⑨师古曰："歔,音虚。欷,音稀,又音许气反。"

良从上击代,出奇计下马邑,及立萧相国,①所与从容言天下事甚众，②非天下所以存亡，故不著。③良乃称曰："家世相韩，及韩灭，不爱万金之资，为韩报仇强秦，天下震动。今以三寸舌为帝者师，封万户，位列侯，此布衣之极，于良足矣。愿弃人间事，欲从赤松子游耳。"④乃学道，欲轻举。⑤高帝崩，吕后德良，乃强食之，⑥曰："人生一世间，如白驹之过隙，⑦何自苦如此。"良不得已，强听食。后六岁薨。谥曰文成侯。

　①服虔曰："何时未为相国，良劝高祖立之。"
　②师古曰："从，音千容反。"
　③师古曰："著，谓书之于史。著，音竹助反。"
　④师古曰："赤松子，仙人号也。神农时为雨师，服水玉，教神农能入火自烧。至昆山上，常止西王母石室，随风雨上下。炎帝少女追之，亦得仙俱去。"
　⑤师古曰："道，谓仙道。"
　⑥师古曰："食，读曰饲。"
　⑦师古曰："解在《魏豹传》。"

　　良始所见下邳圯上老父与书者，后十三岁从高帝过济北，果得谷城山下黄石，取而宝祠之。及良死，并葬黄石。每上冢伏腊祠黄石。

　　子不疑嗣侯。孝文三年，坐不敬，国除。

　　陈平，阳武户牖人也。①少时家贫，好读书，治黄帝老子之术。有田三十亩，与兄伯居。伯常耕田，纵平使游学。平为人长大美色，人或谓平："贫何食而肥若是？"其嫂疾平之不亲家生产，曰："亦食糠覈耳。②有叔如此，不如无有！"伯闻之，逐其妇弃之。

　①师古曰："阳武，县名，属陈留。户牖者，其乡名。"
　②孟康曰："覈，麦糠中不破者也。"晋灼曰："覈，音纥。京师人谓粗屑为纥头。"

　　及平长，可取妇，富人莫与者，贫者平亦愧之。久之，户牖富人张负有女孙，五嫁夫辄死，人莫敢取，平欲得之。邑中有大丧，平家贫侍丧，以先往后罢为助。张负既见之丧所，独视伟平，①平亦以故后去。负随平至其家,家乃负郭穷巷,②以席为门,然门外多长者车辙。张负归,谓其子仲曰:"吾欲以女陈平。"仲曰:"平贫不事事,③一县中尽笑其所为,独奈何予之女?"负曰:"固有美如陈平长贫者乎?"卒与女。为平贫,乃假贷币以聘,④予酒肉之资以内妇。负戒其孙曰:"毋以贫故,事人不谨,事兄伯如事乃父,嫂如事乃母。"⑤平既取张氏女,资用益饶,游道日广。

①师古曰:"视而悦其奇伟。"

②师古曰:"负,谓背也。"

③师古曰:"不事产业之事。"

④师古曰:"贷,音土戴反。"

⑤师古曰:"乃,汝也。"

里中社,平为宰,①分肉甚均。里父老曰:"善,陈孺子之为宰!"平曰:"嗟乎,使平得宰天下,亦如此肉矣!"

①师古曰:"主切割肉也。"

陈涉起王,使周市略地,立魏咎为魏王,与秦军相攻于临济。平已前谢兄伯,①从少年往事魏王咎,为太仆。说魏王,王不听。人或谗之,平亡去。

①服虔曰:"谢语其兄伯,往事魏也。"

项羽略地至河上,平往归之,从入破秦,赐爵卿。①项羽之东王彭城也,汉王还定三秦而东。殷王反楚,项羽乃以平为信武君,将魏王客在楚者往击,殷降而还。项王使项悍拜平为都尉,②赐金二十溢。居无何,③汉攻下殷。项王怒,将诛定殷者。平惧诛,乃封其金与印,使使归项王,而平身间行杖剑亡。度河,船人见其美丈夫,独行,疑其亡将,要下当有宝器金玉,目之,欲杀平。平心恐,乃解衣裸而佐刺船。④船人知其无有,乃止。

①张晏曰:"礼秩如卿,不治事。"

②师古曰:"悍,音下旦反。"

③师古曰:"无何,犹言无几时。"

④师古曰:"自露其形,示无所怀挟。"

平遂至修武降汉,因魏无知求见汉王,汉王召入。是时,万石君石奋为中涓,受平谒。平等十人俱进,赐食。王曰:"罢,就舍矣。"平曰:"臣为事来,所言不可以过今日。"于是汉王与语而说之,①问曰:"子居楚何官?"平曰:"为都尉。"是日拜平为都尉,使参乘,典护军。诸将尽讙,②曰:"大王一日得楚之亡卒,未知高下,而即与共载,使监护长者!"汉王闻之,愈益幸平,遂与东伐项王。至彭城,为楚所败,引师而还。收散兵至荥阳,以平为亚将,属韩王信,军广武。

①师古曰:"说,读曰悦。"

②师古曰:"讙嚣而议也。"

绛、灌等或谗平曰:①"平虽美丈夫,如冠玉耳,其中未必有也。②闻平居家时,盗其嫂;③事魏王不容,亡而归楚;归楚不中,又亡归汉。④今大王尊官之,令护军。臣闻平使诸将,金多者得善处,金少者得恶处。平,反覆乱臣也,愿王察之。"汉王疑之,以让无知,问曰:"有之乎?"无知曰:"有。"汉王曰:"公言其贤人何也?"对曰:"臣之所言者,能也;陛下所问者,行也。今有尾生、孝己之行,⑤而无益于胜败之数,陛下何暇用之乎?今楚汉相距,臣进奇谋之士,顾其计诚足以利国家耳。⑥盗嫂受金,又安足疑乎?"汉王召平而问曰:"吾闻先生事魏不遂,事楚而去,⑦今又从吾游,信者固多心乎?"平曰:"臣事魏王,魏王不能用臣说,故去事项王。项王不信人,其所任爱,非诸项即妻之昆弟,虽有奇士不能用。臣居楚闻汉王之能用人,故归大王。裸身来,不受金无以为资。诚臣计画有可采者,愿大王用之;使无可用者,大王所赐金具在,请封输官,得请骸骨。"汉王乃谢,厚赐,拜以为护军中尉,尽护诸将。诸将乃不敢复言。

①师古曰:"旧说云,绛,绛侯周勃也,灌,灌婴也。而《楚汉春秋》高祖之臣别有绛灌,疑昧之文,不可据也。"

②孟康曰:"饰冠以玉,光好外见,中非所有也。"

③师古曰:"盗,犹私也。"

④师古曰:"中,音竹仲反。"

⑤如淳曰:"孝己,高宗之子,有孝行。"师古曰:"尾生,古之信士,一说即微生高。"

⑥师古曰:"顾,念也。"

⑦师古曰："遂,犹竟。"

其后,楚急击,绝汉甬道,围汉王于荥阳城。汉王患之,请割荥阳以西和。项王弗听。汉王谓平曰："天下纷纷,何时定乎?"平曰："项王为人,恭敬爱人,士之廉节好礼者多归之。至于行功赏爵邑,重之,①士亦以此不附。今大王嫚而少礼,士之廉节者不来;然大王能饶人以爵邑,士之顽顿耆利无耻者亦多归汉。②诚各去两短,集两长,天下指麾即定矣。然大王资侮人,③不能得廉节之士。顾楚有可乱者,④彼项王骨鲠之臣亚父、钟离眜、龙且、周殷之属,⑤不过数人耳。大王能出捐数万斤金,行反间,间其君臣,以疑其心,⑥项王为人意忌信谗,必内相诛。汉因举兵而攻之,破楚必矣。"汉王以为然,乃出黄金四万斤予平,恣所为,不问出入。

①师古曰："言爱惜之。"

②如淳曰："顽顿,谓无廉隅也。"师古曰："顿,读曰钝。耆,读曰嗜。"

③师古曰："资,谓天性也。侮,古侮字。"

④师古曰："顾,念也。"

⑤师古曰："眜,音秣。且,音子间反。"

⑥师古曰："间,音居苋反。"

平既多以金纵反间于楚军,宣言诸将钟离眜等为项王将,功多矣,然终不得列地而王,欲与汉为一,以灭项氏,分王其地。项王果疑之,使使至汉。汉为太牢之具,举进,见楚使,①即阳惊曰："以为亚父使,乃项王使也!"复持去,以恶草具进楚使。②使归,具以报项王,果大疑亚父。亚父欲急击下荥阳城,项王不信,不肯听亚父。亚父闻项王疑之,乃大怒曰："天下事大定矣,君王自为之! 愿乞骸骨归!"归未至彭城,疽发背而死。③

①师古曰："举鼎俎而来。"

②服虔曰："去肴肉,更以恶草之具。"

③师古曰："疽,痈疮也,音千余反。"

平乃夜出女子二千人荥阳东门,楚因击之。平乃与汉王从城西门出去。遂入关,收聚兵而复东。

明年,淮阴侯信破齐,自立为假齐王,使使言之汉王。汉王怒而骂,平蹑汉王。①汉王寤,乃厚遇齐使,使张良往立信为齐王。于是封平以户牖乡。用其计策,卒灭楚。

①孟康曰:"蹑,谓蹑汉王足。"

汉六年,人有上书告楚王韩信反。高帝问诸将,诸将曰:"亟发兵坑竖子耳。"①高帝默然。以问平,平固辞谢,曰:"诸将云何?"上具告之。平曰:"人之上书言信反,人有闻知者乎?"曰:"未有。"曰:"信知之乎?"曰:"弗知。"平曰:"陛下兵精孰与楚?"②上曰:"不能过也。"平曰:"陛下将用兵有能敌韩信者乎?"上曰:"莫及也。"平曰:"今兵不如楚精,将弗及,而举兵击之,是趣之战也,③窃为陛下危之。"上曰:"为之奈何?"平曰:"古者天子巡狩,会诸侯。南方有云梦,④陛下弟出,伪游云梦,⑤会诸侯于陈。陈,楚之西界,信闻天子以好出游,其势必郊迎谒。⑥而陛下因禽之,特一力士之事耳。"高帝以为然,乃发使告诸侯会陈,"吾将南游云梦"。上因随以行。行至陈,楚王信果郊迎道中。高帝豫具武士,见信即执缚之。语在《信传》。

①师古曰:"亟,急也,音居力反。"

②师古曰:"与,如也。"

③师古曰:"趣,读曰促。"

④师古曰:"楚泽名。梦,音莫风反,又读如本字。"

⑤师古曰:"弟,但也,语声急也。它皆类此。"

⑥师古曰:"出其郊远迎谒也。"

遂会诸侯于陈。还至雒阳,与功臣剖符定封,封平为户牖侯,世世勿绝。平辞曰:"此非臣之功也。"上曰:"吾用先生计谋,战胜克敌,非功而何?"平曰:"非魏无知臣安得进?"上曰:"若子可谓不背本矣!"①乃复赏魏无知。

①师古曰:"若,如也。"

其明年,平从击韩王信于代。至平城,为匈奴围,七日不得食。高帝用平奇计,使单于阏氏解,围以得开。①高帝既出,其计秘,世莫得闻。

①师古曰:"阏氏,音焉支。"

　　高帝南过曲逆，①上其城，望室屋甚大，曰："壮哉县！吾行天下，独见雒阳与是耳。"顾问御史："曲逆户口几何？"对曰："始秦时三万余户，间者兵数起，多亡匿，今见五千余户。"于是诏御史，更封平为曲逆侯，尽食之，除前所食户牖。

　　①孟康曰："中山蒲阴县。"

　　平自初从，至天下定后，常以护军中尉从击臧荼、陈豨、黥布。凡六出奇计，辄益邑封。奇计或颇秘，世莫得闻也。

　　高帝从击布军还，病创，徐行至长安。燕王卢绾反，上使樊哙以相国将兵击之。既行，人有短恶哙者，①高帝怒曰："哙见吾病，乃几我死也！"②用平计，召绛侯周勃受诏床下，曰："陈平乘驰传载勃代哙将，③平至军中，即斩哙头！"二人受诏，驰传未至军，行计曰："樊哙，帝之故人，功多，④又吕后弟吕须夫，有亲且贵，帝以忿怒故欲斩之，即恐后悔，宁囚而致上，令上自诛之。"未至军，为坛，以节召樊哙。哙受诏，即反接，⑤载槛车诣长安，而令周勃代将兵定燕。

　　①师古曰："陈其短失过恶于上，谮毁之。它皆类此。"

　　②孟康曰："几，幸我死也。几，音冀。"

　　③师古曰："传，音张恋反。"

　　④师古曰："行计，谓于道中且计也。"

　　⑤师古曰："反缚两手也。"

　　平行闻高帝崩，①平恐吕后及吕须怒，乃驰传先去。逢使者诏平与灌婴屯于荥阳，平受诏，立复驰至宫，哭殊悲，因奏事丧前。吕后哀之，曰："君出休矣！"平畏谗之就，②因固请之，得宿卫中。太后乃以为郎中令，曰傅教帝。③是后吕须谗乃不得行。樊哙至，即赦复爵邑。

　　①师古曰："未至京师，于道中闻高帝崩。"

　　②师古曰："就，成也。言畏谗毒己者得其成计。"

　　③如淳曰："傅，相之。"

　　惠帝六年，相国曹参薨，安国侯王陵为右丞相，平为左丞相。

　　王陵，沛人也。始为县豪，高祖微时兄事陵。及高祖起沛，入咸阳,陵亦聚党数千人,居南阳,不肯从沛公。及汉王之还击项籍,陵乃以兵属汉。项羽取陵母置军中,陵使至,则东乡坐陵母,欲以招陵。①陵母既私送使者,泣曰:"愿为老妾语陵,善事汉王。汉王长者,毋以老妾故持二心。妾以死送使者。"遂伏剑而死。项王怒,亨陵母。陵卒从汉王定天下。以善雍齿,雍齿,高祖之仇,陵又本无从汉之意,以故后封陵,为安国侯。

①师古曰:"乡,读曰向。"

陵为人少文任气,好直言。为右丞相二岁,惠帝崩。高后欲立诸吕为王,问陵。陵曰:"高帝刑白马而盟曰:'非刘氏而王者,天下共击之。'今王吕氏,非约也。"太后不说。①问左丞相平及绛侯周勃等,皆曰:"高帝定天下,王子弟;今太后称制,欲王昆弟诸吕,无所不可。"太后喜。罢朝,陵让平、勃曰:"始与高帝唼而盟,诸君不在邪?②今高帝崩,太后女主,欲王吕氏,诸君纵欲阿意背约,何面目见高帝于地下乎!"平曰:"于面折廷争,臣不如君;③全社稷,定刘氏后,君亦不如臣。"陵无以应之。于是吕太后欲废陵,乃阳迁陵为帝太傅,实夺之相权。陵怒,谢病免,杜门竟不朝请,④十年而薨。

①师古曰:"说,读曰悦。"

②师古曰:"唼,小歃也,音所甲反。"

③师古曰:"廷争,谓当朝廷而谏争。"

④师古曰:"杜,塞也,闭塞其门也。请,音才性反。杜,字本作歝,音同。"

陵之免,吕太后徙平为右丞相,以辟阳侯审食其为左丞相。①食其亦沛人也。汉王之败彭城西,楚取太上皇、吕后为质,食其以舍人侍吕后。其后从破项籍为侯,幸于吕太后。及为相,不治,②监宫中,如郎中令,公卿百官皆因决事。

①师古曰:"食其,音异基。"

②郑氏曰:"不立治处,使止宫中也。"李奇曰:"不治丞相职事也。"师古曰:"李说是也。"

吕须常以平前为高帝谋执樊哙,数谮平曰:"为丞相不治事,日饮醇酒,戏妇人。"平闻,日益甚。吕太后闻之,私喜。面质吕须于平前,①曰:"鄙语曰'儿妇人口不可用',顾君与我何如耳,无畏吕须之谮。"②

①师古曰:"质,对也。"

②师古曰:"顾,念也。"

吕太后多立诸吕为王,平伪听之。①及吕太后崩,平与太尉勃合谋,卒诛诸吕,立文帝,平本谋也。审食其免相,文帝立,举以为相。②

①师古曰:"谓且顺从之,不乖忤也。"

②如淳曰:"举,犹皆也。众人之议皆以为勃、平功多矣。"师古曰:"言文帝以平、勃俱旧臣,有功,皆欲以为相。"

太尉勃亲以兵诛吕氏,功多,平欲让勃位,乃谢病。文帝初立,怪平病,问之。平曰:"高帝时,勃功不如臣;及诛诸吕,臣功亦不如勃。愿以相让勃。"于是乃以太尉勃为右丞相,位第一;平徙为左丞相,位第二。赐平金千斤,益封三千户。

居顷之,上益明习国家事,朝而问右丞相勃曰:"天下一岁决狱几何?"①勃谢不知。问"天下钱谷一岁出入几何?"勃又谢不知,汗出洽背,②愧不能对。上亦问左丞相平。平曰:"有主者。"上曰:"主者为谁乎?"平曰:"陛下即问决狱,责廷尉;问钱谷,责治粟内史。"上曰:"苟各有主者,而君所主何事也?"平谢曰:"主臣!③陛下不知其驽下,使待罪宰相。④宰相者,上佐天子理阴阳,顺四时,下遂万物之宜,⑤外填抚四夷诸侯,内亲附百姓,使卿大夫各得任其职也。"上称善。勃大惭,出而让平曰:"君独不素教我乎!"平笑曰:"君居其位,独不知其任邪?且陛下即问长安盗贼数,又欲强对邪?"于是绛侯自知其能弗如平远矣。居顷之,勃谢免相,而平颛为丞相。⑥

①师古曰:"临朝问也。几,音居岂反。"

②师古曰:"洽,沾也。"

③文颖曰:"惶恐之辞也,犹今言死罪也。"孟康曰:"主臣,主群臣也,若今言人主。"晋灼曰:"主,击也。臣,服也。言其击服惶恐之辞也。"师古曰:

"文、晋二说是也。"

④师古曰:"驽,凡马之称,非骏者也,故以自喻。驽,音奴。"

⑤师古曰:"遂,申也。"

⑥师古曰:"颛,与专同。"

孝文二年,平薨,谥曰献侯。传子至曾孙何,坐略人妻弃市。王陵亦至玄孙,坐酎金国除。辟阳侯食其免三岁而为淮南王所杀,文帝令其子平嗣侯。淄川王反,辟阳近淄川,平降之,国除。

始平曰:"我多阴谋,道家之所禁。①吾世即废,亦已矣,不能复起,以吾多阴祸也。"其后曾孙陈掌以卫氏亲戚贵,②愿得续封之,然终不得也。

①师古曰:"此平谓陈平。"

②师古曰:"掌妻,卫子夫之姊。"

周勃,沛人也。其先卷人也,①徙沛。勃以织薄曲为生,②常以吹箫给丧事,③材官引强。④

①师古曰:"卷,县名也,《地理志》属河南,音丘权反。其下亦同。"

②苏林曰:"薄,一名曲。《月令》曰'具曲植'。"师古曰:"许慎云苇薄为曲也。"

③师古曰:"吹箫以乐丧宾,若乐人也。"

④服虔曰:"能引强弓弩官也。"孟康曰:"如今挽强司马也。"师古曰:"强,音其两反。"

高祖为沛公初起,勃以中涓从攻胡陵,下方与。①方与反,与战,却敌。攻丰。击秦军砀东。还军留及萧。复攻砀,破之。下下邑,先登。赐爵五大夫,攻兰、虞,取之。击章邯车骑殿。②略定魏地。攻辕戚、东缗,以往至栗,③取之。攻啮桑,先登。击秦军阿下,破之。追至濮阳,下蒹城。攻都关、定陶,袭取宛朐,得单父令。④夜袭取临济,攻寿张,以前至卷,破李由雍丘下。攻开封,先至城下,为多。⑤后章邯破项梁,沛公与项羽引兵东如砀。自初起沛还至砀,一岁二月。楚怀王封沛公号武安侯,为砀郡长。沛公拜勃为襄贲令。⑥从沛公定魏地,攻东郡尉于成武,破之。攻长社,先登。攻颍阳、缑氏,绝

河津。击赵贲军尸北。⑦南攻南阳守齮,破武关、峣关。攻秦军于蓝
田。至咸阳,灭秦。

①师古曰:"音房豫。"

②师古曰:"殿之言填也,谓镇军后以捍敌。勃击破章邯之殿兵也。殿,音
　丁见反。"

③师古曰:"缯,音昏。"

④师古曰:"音善甫。"

⑤文颖曰:"勃士卒至者多也。"如淳曰:"《周礼》'战功曰多'。"师古曰:
　"多,谓功多也。"

⑥师古曰:"贲,音肥。"

⑦师古曰:"贲,音奔。尸即尸乡。"

项羽至,以沛公为汉王。汉王赐勃爵为威武侯。从入汉中,拜
为将军。还定三秦,赐食邑怀德。攻槐里、好畤,最。①北击赵贲、内
史保于咸阳,最。北救漆。②击章平、姚卬军。西定汧。③还下郿、频
阳。④围章邯废丘,破之。西击益已军,破之。⑤攻上邽。⑥东守峣
关。击项籍。攻曲遇,最。⑦还守敖仓,追籍。籍已死,因东定楚地泗
水、东海郡,凡得二十二县。还守雒阳、栎阳。赐与颍阴侯共食钟离。
以将军从高祖击燕王臧荼,破之易下。所将卒当驰道为多。⑧赐爵
列侯,剖符世世不绝。食绛八千一百八十户。

①如淳曰:"于将率之中功为最也。"

②师古曰:"漆,扶风县。"

③师古曰:"汧亦扶风县,音口肩反。"

④师古曰:"郿即岐州郿县也。频阳在栎阳东北。郿,音媚。"

⑤如淳曰:"章邯将也。"

⑥师古曰:"邽,音圭。"

⑦师古曰:"曲,音丘禹反。遇,音颙。"

⑧师古曰:"当高祖所行之前。"

以将军从高帝击韩王信于代,降下霍人。以前至武泉,①击胡
骑,破之武泉北。转攻韩信军铜鞮,破之。还,降太原六城。击韩信
胡骑晋阳下,破之,下晋阳。后击韩信军于砀石,②破之,追北八十

里。还攻楼烦三城,因击胡骑平城下,所将卒当驰道为多。

①孟康曰:"县属云中也。"

②应劭曰:"砮,音沙。"孟康曰:"地名也。"齐恭曰:"砮,音赤坐反。"师古
　曰:"齐音是也。"

勃迁为太尉。击陈豨,屠马邑。所将卒斩豨将军乘马降。①转击
韩信、陈豨、赵利军于楼烦,破之,得豨将宋最、雁门守圂。②因转攻
得云中守遫、丞相箕肆、将军博。③定雁门郡十七县,云中郡十二
县。因复击豨灵丘,破之。斩豨丞相程纵、将军陈武、都尉高肆。定
代郡九县。

①师古曰:"姓乘马,名降也。乘,音食孕反。"

②师古曰:"圂者,雁门守之名,音下顿反。"

③师古曰:"遫,古速字也。肆,音弋二反。博者,亦豨将之名也。"

燕王卢绾反,勃以相国代樊哙将,击下蓟,①得绾大将抵、丞相
偃、守陉、②太尉弱、御史大夫施屠浑都。③破绾军上兰,后击绾军
沮阳。④追至长城,定上谷十二县,右北平十六县,辽东二十九县,
渔阳二十二县。最从高帝得相国一人,⑤丞相二人,将军、二千石各
三人;别破军二,下城三,定郡五,县七十九,得丞相、大将各一人。

①师古曰:"即幽州蓟县也,音计。"

②张晏曰:"卢绾郡守,陉其名也。"师古曰:"陉,音刑。"

③师古曰:"姓施屠,名浑都。浑,音胡昆反。"

④服虔曰:"沮,音阻。"师古曰:"县名,属上谷。"

⑤师古曰:"最者,凡也。总言其攻战克获之数。"

勃为人木强敦厚,①高帝以为可属大事。②勃不好文学,每召
诸生说士,东乡坐,责之:③"趣为我语。"④其椎少文如此。⑤

①师古曰:"木,谓质朴。强,音其两反。"

②师古曰:"属,委也,音之欲反。"

③如淳曰:"勃自东向,责诸生说士,不以宾主之礼也。"师古曰:"乡,读曰
　向。"

④苏林曰:"音趣舍。"臣瓒曰:"令直言物称经也。"师古曰:"二说皆非也。
　趣,读曰促,谓令速言也。"

⑤服虔曰:"谓讷钝也。"应劭曰:"今俗名拙语为椎储。"师古曰:"椎,谓朴
　钝如椎也。音直推反。"

勃既定燕而归,高帝已崩矣,以列侯事惠帝。惠帝六年,置太尉
官,以勃为太尉。十一年,高后崩,吕禄以赵王为汉上将军,吕产以
吕王为相国,秉权,欲危刘氏。勃与丞相平、朱虚侯章共诛诸吕。语
在《高后纪》。

于是阴谋以为"少帝及济川、淮阳、恒山王皆非惠帝子,吕太后
以计诈名它人子,杀其母,养之后宫,令孝惠子之,立以为后,用强
吕氏。今已灭诸吕,少帝即长用事,吾属无类矣,①不如视诸侯贤者
立之。"遂迎立代王,是为孝文皇帝。

①师古曰:"云被诛灭无遗种。"

东牟侯兴居,东虚侯章弟也,曰:"诛诸吕,臣无功,请得除宫。"
乃与太仆汝阴滕公入宫。滕公前谓少帝曰:"足下非刘氏,不当立。"
乃顾麾左右执戟,皆仆兵罢。①有数人不肯去,宦者令张释谕告,亦
去。②滕公召乘舆车载少帝出。少帝曰:"欲持我安之乎?"③滕公
曰:"就舍,舍少府。"乃奉天子法驾,迎皇帝代邸,报曰:"宫谨除。"
皇帝入未央宫,有谒者十人持戟卫端门,④曰:"天子在也,足下何
为者?"不得入。太尉往喻,乃引兵去,皇帝遂入。是夜,有司分部诛
济川、淮阳、常山王及少帝于邸。

①师古曰:"仆,顿也。仆,音赴。"
②师古曰:"《荆燕吴传》云张择,今此作释,参错不同,未知孰是也?"
③师古曰:"言往何所也。"
④师古曰:"端门,殿之正门。"

文帝即位,以勃为右丞相,赐金五千斤,邑万户。居十余月,人
或说勃曰:"君既诛诸吕,立代王,威震天下,而君受厚赏处尊位以
厌之,则祸及身矣。"①勃惧,亦自危,乃谢请归相印。上许之。岁余,
陈丞相平卒,上复用勃为相。十余月,上曰:"前日吾诏列侯就国,或
颇未能行,丞相朕所重,其为朕率列侯之国。"乃免相就国。

①师古曰:"厌,谓当之也。言既有大功,又受厚赏而居尊位,以久当之不
　去,即祸及矣。厌,音一涉反,又音乌狎反。"

岁余,每河东守尉行县至绛,绛侯勃自畏恐诛,常被甲,令家人持兵以见。其后人有上书告勃欲反,下廷尉,逮捕勃治之。勃恐,不知置辞。① 吏稍侵辱之,勃以千金与狱吏,狱吏乃书牍背示之,② 曰"以公主为证"。公主者,孝文帝女也,勃太子胜之尚之,③ 故狱吏教引为证。初,勃之益封,尽以予薄昭。及系急,薄昭为言薄太后,太后亦以为无反事。文帝朝太后,以冒絮提文帝,④ 曰:"绛侯绾皇帝玺,将兵于北军,⑤ 不以此时反,今居一小县,顾欲反邪!"⑥ 文帝既见勃狱辞,乃谢曰:"吏方验而出之。"于是使持节赦勃,复爵邑。勃既出,曰:"吾尝将百万军,安知狱吏之贵也!"

① 师古曰:"置,立也。辞,对狱之辞。"

② 李奇曰:"吏所执簿也。"师古曰:"牍,木简,以书辞也,音读。"

③ 师古曰:"尚,配也,解在《张耳传》。"

④ 应劭曰:"陌额絮也。"晋灼曰:"《巴蜀异志》谓头上巾为冒絮。"师古曰:
"冒,覆也,老人所以覆其头。提,掷也。提,音徒计反。"

⑤ 应劭曰:"言勃诛诸吕,废少帝,手贯国玺时尚不反,况今更有异乎?"师古曰:"绾,谓引其组,音乌版反。"

⑥ 师古曰:"顾,犹倒也。"

勃复就国,孝文十一年薨,谥曰武侯。子胜之嗣,尚公主不相中,① 坐杀人,死,国绝。一年,文帝乃择勃子贤者河内太守亚夫复为侯。

① 如淳曰:"犹言不相合当也。"师古曰:"意不相可也。中,音竹仲反。"

亚夫为河内守时,许负相之:① "君后三岁而侯。侯八岁,为将相,持国秉,② 贵重矣,于人臣无二。后九年而饿死。"亚夫笑曰:"臣之兄以代父侯矣,有如卒,子当代,我何说侯乎? 然既以贵如负言,又何说饿死? 指视我。"③ 负指其口曰:"从理入口,此饿死法也。"④ 居三岁,兄绛侯胜之有罪,文帝择勃子贤者,皆推亚夫,乃封为条侯。⑤

① 应劭曰:"许负,河内温人,老妪也。"

② 师古曰:"秉,音彼命反。"

③ 师古曰:"视,读曰示。"

④师古曰:"从,竖也,音子容反。"

⑤师古曰:"县在勃海。《地理志》作蓨字,其音同耳。"

文帝六年,匈奴大入边。以宗正刘礼为将军军霸上,祝兹侯徐厉为将军军棘门,以河内守亚夫为将军军细柳,以备胡。上自劳,至霸上及棘门军,直驰入,将以下骑出入送迎。已而之细柳军,军士吏被甲,锐兵刃,彀弓弩,持满。①天子先驱至,不得入。②先驱曰:"天子且至!"军门都尉曰:"军中闻将军之令,不闻天子之诏。"有顷,上至,又不得入。于是上使使持节诏将军曰:"吾欲劳军。"亚夫乃传言开壁门。壁门士请车骑曰:"将军约,军中不得驱驰。"于是天子乃按辔徐行。至中营,将军亚夫揖,曰:"介胄之士不拜,请以军礼见。"③天子为动,改容式车。④使人称谢;⑤"皇帝敬劳将军。"成礼而去。既出军门,群臣皆惊。文帝曰:"嗟乎,此真将军矣!乡者霸上、棘门如儿戏耳,⑥其将固可袭而虏也。至于亚夫,可得而犯邪!"称善者久之。月余,三军皆罢。乃拜亚夫为中尉。

①师古曰:"彀,张也,音遘。"

②师古曰:"先驱,导驾者也,若今之武侯队矣。"

③应劭曰:"礼,介者不拜。"

④师古曰:"古者立乘,凡言式车者,谓俯身抚式,以礼敬人。式,车前横木也。"

⑤师古曰:"谢,告也。"

⑥师古曰:"乡,读曰向。"

文帝且崩时,戒太子曰:"即有缓急,周亚夫真可任将兵。"文帝崩,亚夫为车骑将军。

孝景帝三年,吴楚反。亚夫以中尉为太尉,东击吴楚。因自请上曰:"楚兵剽轻,难与争锋。①愿以梁委之,绝其食道,乃可制也。"上许之。②

①师古曰:"剽,音匹妙反。"

②师古曰:"《吴王传》云亚夫至淮阳,问邓都尉,为画此计,亚夫乃从之。今此云自请而后行。二传不同,未知孰是。"

亚夫既发,至霸上,赵涉遮说亚夫曰:"将军东诛吴楚,胜则宗

庙安,不胜则天下危,能用臣之言乎?"亚夫下车,礼而问之。涉曰:
"吴王素富,怀辑死士久矣。①此知将军且行,必置间人于殽黾陀狭
之间。且兵事上神密,将军何不从此右去,走蓝田,②出武关,抵雒
阳,③间不过差一二日,④直入武库,击鸣鼓。诸侯闻之,以为将军
从天而下也。"⑤太尉如其计。至雒阳,使吏搜殽黾间,果得吴伏兵。
乃请涉为护军。

①师古曰:"辑,与集同。"

②师古曰:"右,谓少西去也。走,音奏。"

③师古曰:"抵,至也。"

④师古曰:"谓右去行迟止一二日也。"

⑤师古曰:"不意其猝至。"

亚夫至,会兵荥阳。①吴方攻梁,梁急,请救。亚夫引兵东北走
昌邑,②深壁而守。梁王使使请亚夫,亚夫守便宜,不往。梁上书言
景帝,景帝诏使救梁。亚夫不奉诏,坚壁不出,而使轻骑兵弓高侯等
绝吴楚兵后食道。吴楚兵乏粮,饥,欲退,数挑战,终不出。夜,军中
惊,内相攻击扰乱,至于帐下。亚夫坚卧不起。顷之,复定。吴奔壁
东南陬,③亚夫使备西北。已而其精兵果奔西北,不得入。吴楚既
饿,乃引而去。亚夫出精兵追击,大破吴王濞。吴王濞弃其军,与壮
士数千人亡走,保于江南丹徒。汉兵因乘胜,遂尽虏之,降其县,购
吴王千金。月余,越人斩吴王头以告。凡相守攻三月,而吴楚破平。
于是诸将乃以太尉计谋为是。由此梁孝王与亚夫有隙。

①师古曰:"会,集也。"

②师古曰:"走,音奏。"

③如淳曰:"陬,隅也。"师古曰:"音子侯反,又音邹。"

归,复置太尉官。五岁,乃为丞相,景帝甚重之。上废栗太子,
亚夫固争之,不得。上由此疏之。而梁孝王每朝,常与太后言亚夫
之短。

窦太后曰:"皇后兄王信可侯也。"上让曰:"始南皮及章武先帝
不侯,①及臣即位,乃侯之,信未得封也。"窦太后曰:"人生各以时

行耳。②窦长君在时，竟不得侯，死后，乃其子彭祖顾得侯。③吾甚
恨之。帝趣侯信也！"④上曰："请得与丞相计之。"与丞相计之。亚夫
曰："高帝约'非刘氏不得王，非有功不得侯。不如约，天下共击之'。
今信虽皇后兄，无功，侯之，非约也。"上默然而沮。⑤

①师古曰："南皮窦彭祖，太后弟长君之子。章武，太后母弟广国。"

②师古曰："言富贵当及己身也。"

③师古曰："顾，反也。"

④师古曰："趣，读曰促。"

⑤师古曰："沮者，止坏之意也，音才与反。"

其后匈奴徐卢等五人降汉，①上欲侯之以劝后。亚夫曰："彼背
其主降陛下，陛下侯之，即何以责人臣不守节者乎？"上曰："丞相议
不可用。"乃悉封徐卢等为列侯。亚夫因谢病免相。

①师古曰："《功臣表》云唯徐卢。"

顷之，上居禁中，召亚夫赐食。独置大胾，①无切肉，又不置箸。
亚夫心不平，顾谓尚席取箸。②上视而笑曰："此非不足君所乎？"③
亚夫免冠谢上。上曰："起。"亚夫因趋出。上目送之，曰："此鞅鞅，
非少主臣也！"

①师古曰："胾，大脔，音侧吏反。"

②应劭曰："尚席，主席者也。"

③孟康曰："设胾无箸者，此非不足满于君所乎？嫌恨之也。"如淳曰："非
　故不足君之食具，偶失之也。"师古曰："孟说近之。帝言赐君食而不设
　箸，此由我意于君有不足乎？"

居无何，亚夫子为父买工官尚方甲楯五百被可以葬者。①取庸
苦之，不与钱。②庸知其盗买县官器，怨而上变告子，事连污亚夫。
书既闻，上下吏。吏簿责亚夫，③亚夫不对。上骂之曰："吾不用
也。"④召诣廷尉。廷尉责问曰："君侯欲反何？"亚夫曰："臣所买器
乃葬器也，何谓反乎？"吏曰："君纵不欲反地上，即欲反地下耳。"吏
侵之益急。初，吏捕亚夫，亚夫欲自杀，其夫人止之，以故不得死，遂
入廷尉，因不食五日，欧血而死。国绝。

①如淳曰："工官，官名也。"张晏曰："被，具也。五百具甲楯也。"师古曰：

"被,音皮义反。"

②师古曰:"庸,谓赁也。苦,谓极苦使也。"

③如淳曰:"簿,音主簿之簿。簿问其辞情。"师古曰:"簿问者,书之于簿,一二问之也。"

④孟康曰:"言不用汝对,欲杀之也。"如淳曰:"恐狱吏畏其复用事,不敢折辱也。"师古曰:"孟说是也。一云,帝责此吏云不胜其任,吾不用汝,故召亚夫令诣廷尉也。"

一岁,上乃更封绛侯勃它子坚为平曲侯,续绛侯后。传子建德,为太子太傅,坐酎金免官。后有罪,国除。

亚夫果饿死。死后,上乃封王信为盖侯。至平帝元始二年,继绝世,复封勃玄孙之子恭为绛侯,千户。

赞曰:闻张良之智勇,以为其貌魁梧奇伟,①反若妇人女子。故孔子称"以貌取人,失之子羽"。②学者多疑于鬼神,③如良受书老父,亦异矣。高祖数离困陀,良常有力,④岂可谓非天乎!陈平之志,见于社下,倾侧扰攘楚、魏之间,卒归于汉,而为谋臣。及吕后时,事多故矣,⑤平竟自免,以智终。王陵廷争,杜门自绝,亦各其志也。周勃为布衣时,鄙朴庸人,至登辅佐,匡国家难,诛诸吕,立孝文,为汉伊周,⑥何其盛也! 始吕后问宰相,高祖曰:"陈平智有余,王陵少戆,可以佐之;⑦安刘氏者必勃也。"又问其次,云"过此以后,非乃所及"。⑧终皆如言,圣矣夫!

①应劭曰:"魁梧,丘虚壮大之意也。"苏林曰:"梧,音悟。"师古曰:"魁,大貌也。梧者,言其可惊悟,今人读为吾,非也。"

②师古曰:"子羽,孔子弟子澹台灭明字,貌恶而行善,故云然也。"

③师古曰:"谓无鬼神之事也。"

④师古曰:"离,遭也。"

⑤师古曰:"故,谓中屯难也。"

⑥师古曰:"处伊尹、周公之任。"

⑦师古曰:"戆,愚也,旧音下绀反,今读音竹巷反。"

⑧师古曰:"乃,汝也。言汝亦不及见也。"

《张良传》云"良尝从容步游下邳圯上"。服虔曰："圯，音颐，楚人谓桥曰圯。"应劭曰："圯水之上也。"文颖曰："沂水上桥也。"颜师古曰："下邳之水，非圯水也，又非沂水。服说是。"佖按：从水，乃《诗》云"江有汜"，及今有汜水县，字音详里切。据许慎《说文》云，东楚谓桥为坦，在土部，本从土，传写盖误从氵，合从土，作颐音。下文直堕其履圯下，并作坦字校定。

汉书卷四一
列传第一一

樊哙　郦商　夏侯婴　灌婴
傅宽　靳歙　周𦽏

　　樊哙，沛人也，以屠狗为事。①后与高祖俱隐于芒砀山泽间。

　　①师古曰："时人食狗亦与羊豕同，故哙专屠以卖。"

　　陈胜初起，萧何、曹参使哙求迎高祖，立为沛公。①哙以舍人从攻胡陵、方与，②还守丰，击泗水监丰下，破之。③复东定沛，破泗守薛西。④与司马尸战砀东，⑤却敌，斩首十五级，赐爵国大夫。⑥常从，沛公击章邯军濮阳，攻城先登，斩首二十三级，赐爵列大夫。⑦从攻阳城，先登。下户牖，⑧破李由军，斩首十六级，赐上闻爵。⑨后攻围都尉、东郡守尉于成武，⑩却敌，斩首十四级，捕虏十六人，⑪赐爵五大夫。从攻秦军，出亳南，⑫河间守军于杠里，破之。⑬击破赵贲军开封北，⑭以却敌先登，斩候一人，首六十八级，捕虏二十六人，⑮赐爵卿。从攻破扬熊于曲遇。⑯攻宛陵，先登，斩首八级，捕虏四十四人，赐爵封号贤成君。⑰从攻长社、轘辕，绝河津，东攻秦军尸乡，南攻秦军于犫。破南阳守𪪍于阳城，东攻宛城，先登。西至郦，⑱以却敌，斩首十四级，捕虏四十人，赐重封。⑲攻武关，至霸上，斩都尉一人，首十级，捕虏百四十六人，降卒二千九百人。

　　①师古曰："高祖时亡在外，故求而迎之。"

　　②师古曰："皆县名。方，音房。与，音豫。"

　　③师古曰："泗水，郡名。监，谓御史监郡者也，破之于丰县下。"

④师古曰："破郡守于薛县之西。"

⑤师古曰："秦将,章邯之司马也。厄,读与夷同。"

⑥文颖曰："即官大夫也,爵第六级。"

⑦文颖曰："即公大夫也,爵第七级。"

⑧师古曰："阳武县之乡。"

⑨张晏曰："得径上闻也。"如淳曰："《吕氏春秋》曰'魏文侯东胜齐于长
　　城,天子赏文侯以上闻'。"晋灼曰："名通于天子也。"

⑩师古曰："圉,即陈留圉县。"

⑪师古曰："生获曰虏。"

⑫郑氏曰："亳,成汤封邑,今河南偃师汤亭是。"

⑬师古曰："杠,音江。"

⑭师古曰："贲,音奔。"

⑮师古曰："既斩候一人,又更斩它首六十八。"

⑯师古曰："曲,音丘羽反。遇,音颙。"

⑰张晏曰："食禄比封君而无邑也。"臣瓒曰："秦制,列侯乃有封爵。"师古
　　曰："瓒说非也。楚汉之际,权设宠荣,假其位号,或得邑地,或空受爵,
　　此例多矣。约以秦制,于义不通。"

⑱师古曰："南阳之县也,音直益反。"

⑲张晏曰："益禄也。"如淳曰："正爵名也。"臣瓒曰："增封也。"师古曰:
　　"诸家之说皆非也。重封者,加二号耳。"

　　项羽在戏下,欲攻沛公。沛公从百余骑因项伯面见项羽,谢无
有闭关事。项羽既飨军士,中酒,①亚父谋欲杀沛公,令项庄拔剑舞
坐中,欲击沛公,项伯常屏蔽之。时独沛公与张良得入坐,樊哙居营
外,闻事急,乃持盾入。初入营,营卫止哙,②哙直撞入,立帐下。③
项羽目之,问为谁。张良曰："沛公参乘樊哙也。"项羽曰："壮士。"赐
之卮酒彘肩。哙既饮酒,拔剑切肉食之。项羽曰："能复饮乎?"哙曰:
"臣死且不辞,岂特卮酒乎!且沛公先入定咸阳,暴师霸上,以待大
王。④大王今日至,听小人之言,与沛公有隙,臣恐天下解,心疑大
王也。"项羽默然。沛公如厕,麾哙。既出,沛公留车骑,⑤独骑马,哙
等四人步从,从山下走归霸上军,而使张良谢项羽。羽亦因遂已,⑥
无诛沛公之心。是日微樊哙奔入营谯让项羽,沛公几殆。⑦

①张晏曰：“酒酣也。”师古曰：“饮酒之中也。不醉不醒，故谓之中。中，音
　竹仲反。”
②师古曰：“营卫，谓营垒之守卫者。”
③师古曰：“谓以盾撞击人。撞，音丈江反。”
④师古曰：“时项羽未为王，故《高纪》云‘以待将军’。此言大王，史迫书
　耳。”
⑤师古曰：“沛公所乘之车及从者之骑。”
⑥师古曰：“已，止也。”
⑦师古曰：“微，无也。谯，责也。殆，危也。谯，音才笑反。几，音巨依反。”

　　后数日，项羽入屠咸阳，立沛公为汉王。汉王赐哙爵为列侯，号
临武侯。迁为郎中，从入汉中。

　　还定三秦，别击西丞白水北，①雍轻车骑雍南，破之。从攻雍、
斄城，先登。②击章平军好畤，攻城，先登陷阵，斩县令丞各一人，首
十一级，虏二十人，迁为郎中骑将。从击秦车骑壤东，③却敌，迁为
将军。攻赵贲，下郿、槐里、柳中、咸阳；④灌废丘，最。⑤至栎阳，赐
食邑杜之樊乡。⑥从攻项籍，屠煮枣，⑦击破王武、程处军于外黄。
攻邹、鲁、瑕丘、薛。项羽败汉王于彭城，尽复取鲁、梁地。哙还至荥
阳，益食平阴二千户，以将军守广武一岁。⑧项羽引东，从高祖击项
籍，下阳夏，⑨虏楚周将军卒四千人。⑩围项籍陈，大破之。⑪屠胡
陵。

①服虔曰：“西丞，县名也。”晋灼曰：“白水，今广平魏县也。《地理志》无西
　丞，似秦将名也。”师古曰：“二说并非也。西，谓陇西郡西县也。白水，水
　名，经西县东南流而过。言击西县之丞于白水之北。”
②师古曰：“斄，读与邰同，县名，即后稷所封，今武功故城是，音胎。”
③师古曰：“地名也。”
④师古曰：“柳中，即细柳地名也，在长安西。”
⑤李奇曰：“以水灌废丘也。”张晏曰：“最，功第一也。”晋灼曰：“京辅治华
　阴灌北也。”师古曰：“《高纪》言‘引水灌废丘’，李说是也。或者云汉王
　自彭城败还始灌废丘，此时未也。此说非也。彭城还，更灌废丘，始平定
　之，无废丘。此时已当灌矣。”
⑥师古曰：“杜县之乡也，今曰樊川。”

⑦晋灼曰:"《地理志》无也。清河有煮枣城,《功臣表》有煮枣侯。"师古曰:
　"既云攻项籍,屠煮枣,则其地当在大河之南,非清河之城明矣,但未详
　其处耳。"

⑧师古曰:"即荥阳之广武。"

⑨师古曰:"夏,音工雅反。"

⑩师古曰:"周殷。"

⑪师古曰:"于陈县围之。"

项籍死,汉王即皇帝位,以哙有功,益食邑八百户。其秋,燕王
臧荼反,哙从攻虏荼,定燕地。楚王韩信反,哙从至陈,取信,定楚。
更赐爵列侯,与剖符,世世勿绝,食舞阳,号为舞阳侯,除前所食。以
将军从攻反者韩王信于代。自霍人以往至云中,与绛侯等共定之,
益食千五百户。因击陈豨与曼丘臣军,战襄国,破柏人,先登,降之
定清河、常山凡二十七县,残东垣,①迁为左丞相。破得綦母卬、尹
潘军于无终、广昌。②破豨别将胡人王黄军代南,因击韩信军参合。
军所将卒斩韩信,击豨胡骑横谷,斩将军赵既,虏代丞相冯梁、守孙
奋、大将王黄、将军大将一人、太仆解福等十人。与诸将共定代乡邑
七十三。后燕王卢绾反,哙以相国击绾,破其丞相抵蓟南,③定燕县
十八,乡邑五十一。益食千三百户,定食舞阳五千四百户。从斩首
百七十六级,虏二百八十七人。别,破军七,下城五,定郡六,县五十
二,得丞相一人,将军十三人,二千石以下至三百石十二人。

①张晏曰:"残,有所毁也。"臣瓒曰:"残,谓多所杀伤也。"师古曰:"瓒说
　是。"

②师古曰:"姓綦母,名卬也。綦,音其。"

③师古曰:"抵,至也。一说,抵者,其丞相之名也,音丁礼反。"

哙以吕后弟吕须为妇,生子伉,①故其比诸将最亲。先黥布反
时,高帝尝病,②恶见人,卧禁中,诏户者无得入群臣。群臣绛、灌等
莫敢入。十余日,哙乃排闼直入,③大臣随之。上独枕一宦者卧,哙
等见上,流涕曰:"始陛下与臣等起丰沛,定天下,何其壮也!今天下
已定,又何惫也!④且陛下病甚,大臣震恐,不见臣等计事,顾,独与
一宦者绝乎?⑤且陛下独不见赵高之事乎?"⑥高帝笑而起。

①师古曰："伉,音抗,又音刚。"

②师古曰："黥布未反之前。"

③师古曰："闼,宫中小门也。一曰,门屏也。音土曷反。"

④师古曰："惫,力极也,音蒲拜反。"

⑤师古曰："顾,犹反也。"

⑥师古曰："谓始皇崩,赵高矫为诏命,杀扶苏而立胡亥。"

其后卢绾反,高帝使哙以相国击燕。是时高帝病甚,人有恶哙党于吕氏,①即上一日宫车晏驾,则哙欲以兵尽诛戚氏、赵王如意之属。高帝大怒,乃使陈平载绛侯代将,而即军中斩哙。②陈平畏吕后,执哙诣长安。至则高帝已崩,吕后释哙,③得复爵邑。

①师古曰："恶,谓毁谮,言其罪恶也。"

②师古曰："即,就也。"

③师古曰："释,解也,解免其罪。"

孝惠六年,哙薨,谥曰武侯,子伉嗣。而伉母吕须亦为临光侯,高后时用事颛权,①大臣尽畏之。高后崩,大臣诛吕须等,因诛伉,舞阳侯中绝数月。孝文帝立,乃复封哙庶子市人为侯,复故邑。薨,谥曰荒侯。子佗广嗣。六岁,其舍人上书言:"荒侯市人病不能为人,②令其夫人与其弟乱而生佗广,佗广实非荒侯子。"下吏,免。平帝元始二年,继绝世,封哙玄孙之子章为舞阳侯,邑千户。

①师古曰："颛,与专同。"

②师古曰："言无人道也。"

郦商,高阳人也。①陈胜起,商聚少年得数千人。沛公略地六月余,商以所将四千人属沛公于岐。从攻长社,先登,赐爵封信成君。从攻缑氏,绝河津,破秦军雒阳东。从下宛、穰,定十七县。别将攻旬关,②西定汉中。③

①师古曰："郦,音历。"

②师古曰："汉中旬水上之关也,今在洵阳县。"

③师古曰："先言攻旬关,定汉中,然后云沛公为汉王,是则沛公从武关、蓝田而来,商时别从西道平定汉中。"

　　沛公为汉王，赐商爵信成君，以将军为陇西都尉。别定北地郡，破章邯别将于乌氏、枸邑、泥阳，[①]赐食邑武城六千户。从击项籍军，与钟离眜战，受梁相国印，[②]益食四千户。从击项羽二岁，攻胡陵。

　　①师古曰："乌氏，安定县也。枸邑今在豳州。泥阳，北地县。氏，音支。枸，音荀。"

　　②师古曰："汉以梁相国印授之。"

　　汉王即帝位，燕王臧荼反，商以将军从击荼，战龙脱，[①]先登陷陈，破荼军易下，[②]却敌，迁为右丞相，赐爵列侯，与剖符，世世勿绝，食邑涿郡五千户。别定上谷，因攻代，受赵相国印。[③]与绛侯等定代郡、雁门，得代丞相程纵、守相郭同、[④]将军以下至六百石十九人。还，以将军将太上皇卫一岁。十月，以右丞相击陈豨，残东垣。又从击黥布，攻其前垣，[⑤]陷两陈，得以破布军，更封为曲周侯，食邑五千一百户，除前所食。凡别破军三，降定郡六，县七十三，得丞相、守相、大将各一人，小将二人，二千石以下至六百石十九人。

　　①孟康曰："地名也。"

　　②师古曰："今易县。"

　　③师古曰："初受梁相国印，今又受赵相国印。"

　　④师古曰："守相，谓为相而居守者。"

　　⑤李奇曰："前锋坚蔽若垣墙也。或曰，军前以大车自障若垣也。"师古曰："二说皆非也。谓攻其壁垒之前垣。"

　　商事孝惠帝、吕后。吕后崩，商疾不治事。[①]其子寄，字况，与吕禄善。及高后崩，大臣欲诛诸吕，吕禄为将军，军于北军，太尉勃不得入北军，于是乃使人劫商，令其子寄给吕禄。吕禄信之，与出游，而太尉勃乃得入据北军，遂以诛诸吕。商是岁薨，谥曰景侯。子寄嗣。天下称郦况卖友。

　　①文颖曰："商有疾病，不能治官事。"

　　孝景时，吴、楚、齐、赵反，上以寄为将军，围赵城，七月不能下。栾布自平齐来，乃灭赵。孝景中二年，寄欲取平原君为夫人，[①]景帝怒，下寄吏，免。上乃封商它子坚为缪侯，[②]奉商后。传至玄孙终根，武帝时为太常，坐巫蛊诛，国除。元始中，赐高祖时功臣自郦商以下子孙爵皆关内侯，食邑凡百余人。

①苏林曰："景帝王皇后母臧儿也。"

②师古曰："缪，所封邑名。"

　　夏侯婴，沛人也。为沛厩司御，每送使客，还过泗上亭，与高祖语，未尝不移日也。婴已而试补县吏，与高祖相爱。高祖戏而伤婴，人有告高祖。高祖时为亭长，重坐伤人，①告故不伤婴，②婴证之。移狱覆，婴坐高祖系岁余，掠笞数百，终脱高祖。

①如淳曰："为吏伤人，其罪重。"

②苏林曰："自告情故，不伤婴也。"

　　高祖之初与徒属欲攻沛也，①婴时以县令史为高祖使。上降沛一日，②高祖为沛公，赐爵七大夫，以婴为太仆，常奉车。③从攻胡陵平，婴与萧何降泗水监平，④平以胡陵降，赐婴爵五大夫。从击秦军砀东，攻济阳，下户牖，破李由军雍丘，以兵车趣攻战疾，破之，⑤赐爵执帛。从击章邯军东阿、濮阳下，以兵车趣攻战疾，破之，赐爵执圭。从击赵贲军开封，扬熊军曲遇。婴从捕虏六十八人，降卒八百五十人，得印一匮。⑥又击秦军雒阳东，以兵车趣攻战疾，赐爵封，转为滕令。⑦因奉车⑧从攻定南阳，战于蓝田、芷阳，⑨至霸上。沛公为汉王，赐婴爵列侯，号昭平侯，复为太仆，从入蜀汉。

①师古曰："谓始亡在外，未被樊哙召时。"

②师古曰："谓父老开城门迎高祖时也。"

③师古曰："为沛公御车。"

④张晏曰："胡陵，平所止县，何尝给之，故与降。"

⑤师古曰："趣，读曰促，谓急速也。次下亦同。"

⑥师古曰："时自相署置官之印。"

⑦邓展曰："今沛郡公丘县。"

⑧师古曰："因此又每奉车从攻战，以至霸上。"

⑨师古曰："芷阳，后为霸陵县。"

　　还定三秦，从击项籍。至彭城，项羽大破汉军。汉王不利，驰去。

见孝惠、鲁元，载之。汉王急，马罢，虏在后，①常蹑两儿弃之，②婴常收载行，面雍树驰。③汉王怒，欲斩婴者十余，卒得脱，而致孝惠、鲁元于丰。

①师古曰："罢，读曰疲。"

②服虔曰："蹑，音拔。"晋灼曰："音足跛物之跋。"师古曰："服音是。"

③服虔曰："高祖欲斩之，故婴围树走，面向树也。"应劭曰："古者立乘，婴恐小儿堕坠，各置一面拥持之。树，立也。"苏林曰："南方人谓抱小儿为雍树。面者，以面首向临之也。"师古曰："面，偝也。雍，抱持也。言取两儿，令面背已，而抱持之以驰，故云面雍树驰。服言围树而走，义尤疏越。雍，读曰拥。"

汉王既至荥阳，收散兵，复振，赐婴食邑沂阳。①击项籍下邑，追至陈，卒定楚。至鲁，益食兹氏。②

①师古曰："沂，音鱼衣反。"

②师古曰："兹氏，县名，《地理志》属太原。"

汉王即帝位，燕王臧荼反，婴从击荼。明年，从至陈，取楚王信。更食汝阴，剖符，世世勿绝。从击代，至武泉、云中，益食千户。因从击韩信军胡骑晋阳旁，大破之。追北至平城，为胡所围，七日不得通。高帝使使厚遗阏氏，冒顿乃开其围一角。高帝出欲驰，婴固徐行，弩皆持满外乡，①卒以得脱。②益食婴细阳千户。③从击胡骑句注北，大破之。击胡骑平城南，三陷陈，功为多，赐所夺邑五百户。④从击陈豨、黥布军，陷陈却敌，益千户，定食汝阴六千九百户，除前所食。

①师古曰："故示闲暇，所以固士卒心，而令敌不测也。乡，读曰向。"

②师古曰："卒，终也。"

③师古曰："益其邑使食之。"

④孟康曰："时有罪过夺邑者，以赐之。"

婴自上初起沛，常为太仆，竟高祖。以太仆事惠帝，惠帝及高后德婴之脱孝惠、鲁元于下邑间也，乃赐婴北第第一，①曰"近我"，以尊异之。惠帝崩，以太仆事高后。高后崩，代王之来，婴以太仆与东牟侯入清宫，废少帝，以天子法驾迎代王代邸，与大臣共立文帝，复为太仆。八岁薨，谥曰文侯。传至曾孙颇，②尚平阳公主，坐与父御婢奸，自杀，国除。

①师古曰："北第者，近北阙之第，婴最第一也。故张衡《西京赋》云'北阙甲第，当道直启'。"

②师古曰："颇，音普河反。"

初，婴为滕令奉车，故号滕公。及曾孙颇尚主，主随外家姓，号孙公主，故滕公子孙更为孙氏。

灌婴，睢阳贩缯者也。①高祖为沛公，略地至雍丘，章邯杀项梁，而沛公还军于砀，婴以中涓从击破东郡尉于成武及秦军于杠里，疾斗，赐爵七大夫。又从攻秦军亳南、开封、曲遇，战疾力，②赐爵执帛，号宣陵君。从攻阳武以西至雒阳，破秦军尸北。北绝河津，南破南阳守齮阳城东，遂定南阳郡。西入武关，战于蓝田，疾力，至霸上，赐爵执圭，号昌文君。

①师古曰："缯者，帛之总名。"

②孟康曰："攻战速疾也。"师古曰："疾，急速也。力，强力也。"

沛公为汉王，拜婴为郎中，从入汉中，十月，拜为中谒者。从还定三秦，下栎阳，降塞王。还围章邯废丘，未拔。从东出临晋关，击降殷王，定其地。击项羽将龙且、魏相项佗军定陶南，疾战，破之。赐婴爵列侯，号昌文侯，食杜平乡。①

①师古曰："杜县之平乡。"

复以中谒者从降下砀，以至彭城。项羽击破汉王，汉王遁而西，婴从还，军于雍丘。王武、魏公申徒反，①从击破之。攻下外黄，西收军于荥阳。楚骑来众，汉王乃择军中可为骑将者，皆推故秦骑士重泉人李必、骆甲②习骑兵，今为校尉，可为骑将。汉王欲拜之，必、甲曰："臣故秦民，恐军不信臣，臣愿得大王左右善骑者傅之。"③婴虽少，然数力战，乃拜婴为中大夫，令李必、骆甲为左右校尉，将郎中骑兵击楚骑于荥阳东，大破之。受诏别击楚军后，绝其馕道，④起阳武至襄邑。击项羽之将项冠于鲁下，破之，所将卒斩右司马、骑将各

一人。⑤击破柘公王武军燕西,⑥所将卒斩楼烦将五人,⑦连尹一
人。⑧击王武别将桓婴白马下,破之,所将卒斩都尉一人。以骑度河
南,送汉王到雒阳,从北迎相国韩信军于邯郸。还至敖仓,婴迁为御
史大夫。

①张晏曰:"故秦将,降为公,今反。"

②师古曰:"重泉,县名也,《地理志》属左冯翊。"

③如淳曰:"傅,音附,犹言随从者。"

④师古曰:"饟,古饷字。"

⑤张晏曰:"主右方之马,左亦如之。"晋灼曰:"下所谓左右千人之骑。"

⑥师古曰:"柘,县名。公者,柘之令也。王武,其人姓名也。燕亦县名,古
　南燕国也。音一千反。"

⑦李奇曰:"楼烦,县名,其人善骑射,故名射士为楼烦,取其称也。"师古
　曰:"解在《项羽传》。"

⑧苏林曰:"楚官也。"

　　三年,以列侯食邑杜平乡。受诏将郎中骑兵东属相国韩信,击
破齐军于历下,所将卒虏车骑将华毋伤①及将吏四十六人。降下临
淄,得相田光。追齐相田横至嬴、博,②击破其骑,所将卒斩骑将一
人,生得骑将四人。攻下嬴、博,破齐将军田吸于千乘,斩之。东从
韩信攻龙且、留公于假密,③卒斩龙且,④生得右司马、连尹各一
人,楼烦将十人,身生得亚将周兰。⑤

①师古曰:"华,音下化反。"

②师古曰:"二县名。"

③师古曰:"留,县名。公,留令也。攻龙且及留令于假密。"

④师古曰:"婴所将之卒也。其下亦同。"

⑤师古曰:"亚,次也。"

　　齐地已定,韩信自立为齐王,使婴别将击楚将公杲于鲁北,破
之。转南,破薛郡长,①身虏骑将入。攻博阳,前至下相以东南僮、取
虑、徐,②度淮,尽降其城邑,至广陵。③项羽使项声、薛公、郯公复
定淮北,婴度淮击破项声、郯公下邳,斩薛公,下下邳、寿春。击破楚
骑平阳,④遂降彭城。虏柱国项佗,⑤降留、薛、沛、酂、萧、相。⑥攻

苦、谯，⑦复得亚将。与汉王会颐乡。从击项籍军陈下，破之。所将卒斩楼烦将二人，虏将八人。赐益食邑二千五百户。

①师古曰："长，亦如郡守也，时每郡置长。"

②师古曰："僮及取虑及徐，三县名也。取，音趋，又音秋。虑，音庐。"

③苏林曰："别将兵屯广陵也。"师古曰："此说非也。谓从下相以东南尽降城邑，乃至广陵皆平定。"

④师古曰："此平阳在东郡。"

⑤师古曰："佗，音徒何反。"

⑥师古曰："凡六县也。鄸，音才何反。"

⑦师古曰："二县也。"

项籍败垓下去也，婴以御史大夫将车骑别追项籍至东城，破之。所将卒五人共斩项籍，皆赐爵列侯。降左右司马各一人，卒万二千人，尽得其军将吏。下东城、历阳。度江，破吴郡长吴下，①得吴守，遂定吴、豫章、会稽郡。还定淮北，凡五十二县。

①如淳曰："雄长之长也。"师古曰："此说非也。吴郡长，当时为吴郡长，婴破之于吴下。"

汉王即帝位，赐益婴邑三千户。以车骑将军从击燕王荼。明年，从至陈，取楚王信。还，剖符，世世勿绝，食颍阴二千五百户。

从击韩王信于代，至马邑，别降楼烦以北六县，斩代左将，破胡骑将于武泉北。复从击信胡骑晋阳下，所将卒斩胡白题将一人。①又受诏并将燕、赵、齐、梁、楚车骑，击破胡骑于硰石，②至平城，为胡所困。

①服虔曰："胡名也。"

②师古曰："硰，音千坐反。"

从击陈豨，别攻豨丞相侯敞军曲逆下，破之，卒斩敞及特将五人。①降曲逆、卢奴、上曲阳、安国、安平。攻下东垣。

①师古曰："卒，谓所将之卒也。特，独也，各独为将。"

黥布反，以车骑将军先出，攻布别将于相，破之，斩亚将楼烦将三人。又进击破布上柱国及大司马军。又进破布别将肥铢。婴身生得左司马一人，所将卒斩其小将十人，追北至淮上。益邑二千五百户。布已破，高帝归，定令婴食颍阴五千户，除前所食邑。凡从所得二千石二人，别破军十六，降城四十六，定国一，郡二，县五十二，得将军二人，柱国、相各一人，二千石十人。

婴自破布归，高帝崩，以列侯事惠帝及吕后。吕后崩，吕禄等欲为乱。齐哀王闻之，举兵西。吕禄等以婴为大将军往击之。婴至荥阳，乃与绛侯等谋，因屯兵荥阳，风齐王以诛吕氏事，[1]齐兵止不前。绛侯等既诛诸吕，齐王罢兵归。婴自荥阳还，与绛侯、陈平共立文帝。于是益封婴三千户，赐金千斤，为太尉。

[1]师古曰："风，读曰讽。"

三岁，绛侯勃免相，婴为丞相，罢太尉官。是岁，匈奴大入北地，上令丞相婴将骑八万五千击匈奴。匈奴去，济北王反，诏罢婴兵。后岁余，以丞相薨，谥曰懿侯。传至孙强，有罪，绝。武帝复封婴孙贤为临汝侯，奉婴后，后有罪，国除。

傅宽，以魏五大夫骑将从，为舍人，起横阳。从攻安阳、杠里，赵贲军于开封，及击杨熊曲遇、阳武，斩首十二级，赐爵卿。从至霸上。沛公为汉王，赐宽封号共德君。[1]从入汉中，为右骑将。定三秦，赐食邑雕阴。[2]从击项籍，待怀。[3]赐爵通德侯。从击项冠、周兰、龙且，所将卒斩骑将一人敖下，[4]益食邑。

[1]师古曰："共，读曰恭。"

[2]孟康曰："县名，属上郡。"

[3]服虔曰："待高帝于怀。怀，县名也。"师古曰："《地理志》属河内，即今怀州。"

[4]师古曰："敖，地名。敖仓盖取此名也。《左氏传》曰'敖、鄗之间'。"

属淮阴，[1]击破齐历下军，击田解。属相国参，残博，[2]益食邑。因定齐地，剖符，世世勿绝，封阳陵侯，二千六百户，除前所食。为齐右丞相，备齐。[3]五岁为齐相国。

[1]张晏曰："韩信也。信时为相国，云淮阴者，终言之也。"

[2]师古曰："参，曹参也。博，太山县也。"

[3]张晏曰："时田横未降，故设屯备。"

四月,击陈豨,属太尉勃,以相国代丞相哙击豨。一月,徙为代相国,将屯。①二岁,为丞相,将屯。孝惠五年薨,谥曰景侯。传至曾孙偃,谋反,诛,国除。

①如淳曰:"既为相国,有警则将卒而屯守也。"师古曰:"此说非也。时代国常有屯兵以备边寇,宽为代相,兼将此屯兵也。"

靳歙以中涓从,起宛朐。①攻济阳。破李由军。击秦军开封东,斩骑千人将一人,②首五十七级,捕虏七十三人,赐爵封临平君。又战蓝田北,斩车司马二人,③骑长一人,④首二十八级,捕虏五十七人。至霸上,沛公为汉王,赐歙爵建武侯,迁骑都尉。

①师古曰:"歙,音翕。宛,音于元反。朐,音其于反。"
②如淳曰:"骑将率号为千人。《汉仪注》边郡置部都尉、千人、司马、候也。"
③张晏曰:"主车也。"
④张晏曰:"骑之长。"

从定三秦。别西击章平军于陇西,破之,定陇西六县,所将卒斩车司马、候各四人,骑长十二人。从东击楚,至彭城。汉军败还,保雍丘,击反者王武等。略梁地,别西击邢说军菑南,破之,①身得说都尉二人,司马、候十二人,降吏卒四千六百八十人。破楚军荥阳东。食邑四千二百户。

①师古曰:"菑,县名也,后为考城。说,读曰悦。"

别之河内,击赵贲军朝歌,破之,所将卒得骑将二人,车马二百五十匹。从攻安阳以东,至棘蒲,下十县。别攻破赵军,得其将司马二人,候四人,降吏卒二千四百人。从降下邯郸。别下平阳,身斩守相,所将卒斩兵守郡一人,①降邺。从攻朝歌、邯郸,及别击破赵军,降邯郸郡六县。还军敖仓,破项籍军成皋南,击绝楚饷道,起荥阳至襄邑。破项冠鲁下。略地东至郚、郯、下邳,南至蕲、竹邑。击项悍济阳下。还击项籍军陈下,破之。别定江陵,降柱国、大司马以下八人,身得江陵王,致雒阳,②因定南郡。从至陈,取楚王信。剖符,世世勿绝,定食四千六百户,为信武侯。

①李奇曰："或以为郡守也,字反耳。"晋灼曰："将兵郡守也。"师古曰："当
　　言兵郡守一人也。"

②师古曰："江陵王,谓共敖之子共尉也,得而送致于雒阳。"

　　以骑都尉从击代,攻韩信平城下,还军东垣。有功,迁为车骑将
军,并将梁、赵、齐、燕、楚车骑,别击陈豨丞相敞,破之,①因降曲
逆。从击黥布有功,益封,定食邑五千三百户。凡斩首九十级,虏百
四十二人,别破军十四,降城五十九,定郡国各一,县二十三,得王、
柱国各一人,二千石以下至五百石三十九人。

①师古曰："侯敞。"

　　高后五年,薨,谥曰肃侯。子亭嗣,有罪,国除。

　　周缫,沛人也。①以舍人从高祖起沛。至霸上,西入蜀汉,还定
三秦,常为参乘,赐食邑池阳。②从东击项羽荥阳,绝甬道,从出度
平阴,遇韩信军襄国,战有利不利,终亡离上心。上以缫为信武
侯,③食邑三千三百户。

①师古曰："缫,音息列反。"

②师古曰："即冯翊池阳县。"

③师古曰："以其忠信,故加此号。"

　　上欲自击陈豨,缫泣曰："始秦攻破天下,未曾自行,今上常自
行,是亡人可使者乎?"上以为"爱我",赐入殿门不趋。

　　十二年,更封缫为郦城侯,①孝文五年薨,谥曰贞侯。子昌嗣,
有罪,国除。景帝复封缫子应为郫侯,②薨,谥曰康侯。子仲居嗣,坐
为太常有罪,国除。

①服虔曰："音菅蒯之蒯。"苏林曰："音簿催反。"晋灼曰："《功臣表》属长
　　沙。"师古曰："此字从崩,从邑,音蒯,非也。吕忱音陪,而《楚汉春秋》
　　作凭城侯。陪、凭声相近,此其实也。又音普肯反。"

②苏林曰："音多,属沛国。"

　　赞曰:仲尼称"犁牛之子骍且角,虽欲勿用,山川其舍诸。"①言
士不系于世类也。语曰："虽有兹基,不如逢时。"②信矣!樊哙、夏侯

婴、灌婴之徒,方其鼓刀仆御贩缯之时,③岂自知附骥之尾,④勒功帝籍,庆流子孙哉?当孝文时,天下以郦寄为卖友。夫卖友者,谓见利而忘义也。若寄,父为功臣而又执劫,⑤虽摧吕禄,以安社稷,谊存君亲,可也。

①师古曰:"《论语》载孔子为弟子仲弓发此言也。犁,杂色;骍,赤色也。舍,置也。言牛色纯而角美,堪为牺牲,虽以其母犁色而不欲用,山川宁肯置之?喻父虽不材,不害子之美。"

②张晏曰:"兹基,锄也。言虽有田具,值时乃获。"

③师古曰:"鼓刀,谓屠狗。"

④师古曰:"盖以蚊虻为喻,言托骥之尾,则涉千里。"

⑤师古曰:"周勃等劫其父而令寄行说。"

汉书卷四二
列传第一二

张苍　周昌　赵尧　任敖
申屠嘉

　　张苍,阳武人也,好书律历。秦时为御史,主柱下方书。①有罪,亡归。及沛公略地过阳武,苍以客从攻南阳。苍当斩,解衣伏质,②身长大,肥白如瓠,时王陵见而怪其美士,乃言沛公,赦勿斩。遂西入武关,至咸阳。

　　①如淳曰:“方,板也,谓事在板上者也。秦置柱下史,苍为御史,主其事。或曰,主四方文书也。”师古曰:“下云苍自秦时为柱下御史,明习天下图书计籍,则主四方文书是也。柱下,居殿柱之下,若今侍立御史矣。”

　　②师古曰:“质,锧也。”

　　沛公立为汉王,入汉中,还定三秦。陈余击走常山王张耳,耳归汉,汉以苍为常山守。从韩信击赵,苍得陈余。赵地已平,汉王以苍为代相,备边寇。已而徙为赵相,相赵王耳。耳卒,相其子敖。复徙相代。燕王臧荼反,苍以代相从攻荼有功,封为北平侯,食邑千二百户。

　　迁为计相,①一月,更以列侯为主计四岁。②是时萧何为相国,而苍乃自秦时为柱下御史,明习天下图书计籍,又善用算律历,故令苍以列侯居相府,领主郡国上计者。黥布反,汉立皇子长为淮南王,而苍相之。十四年,迁为御史大夫。

　　①文颖曰:“以能计,故号曰计相。”师古曰:“专主计籍,故号计相。”

②张晏曰："以列侯典校郡国簿书。"如淳曰："以其所主，因以为官号，与计相同。时所卒立，非久施也。"师古曰："去计相之名，更号主计。"

　　周昌者，沛人也。其从兄苛，①秦时皆为泗水卒史。及高祖起沛，击破泗水守监，于是苛、昌以卒史从沛公，沛公以昌为职志，②苛为客。③从入关破秦。沛公立为汉王，以苛为御史大夫，昌为中尉。

①师古曰："苛，音何。"

②应劭曰："掌主职也。"郑氏曰："主旗志也。"师古曰："志，与帜同，音式异反。"

③张晏曰："为帐下宾客，不掌官也。"

　　汉三年，楚围汉王荥阳急，汉王出去，而使苛守荥阳城。楚破荥阳城，欲令苛将，苛骂曰："若趣降汉王！不然，今为虏矣！"①项羽怒，亨苛。汉王于是拜昌为御史大夫。常从击破项籍。六年，与萧、曹等俱封，为汾阴侯。苛子成以父死事，封为高景侯。

①师古曰："若，汝也。趣，读曰促。"

　　昌为人强力，敢直言，自萧、曹等皆卑下之。①昌尝燕入奏事，②高帝方拥戚姬，③昌还走。④高帝逐得，骑昌项上，问曰："我何如主也？"昌仰曰："陛下即桀纣之主也。"于是上笑之，然尤惮昌。及高帝欲废太子，而立戚姬子如意为太子，大臣固争莫能得，上以留侯策止。而昌庭争之强，上问其说，昌为人吃，⑤又盛怒，曰："臣口不能言，然臣期期知其不可。陛下欲废太子，臣期期不奉诏。"⑥上欣然而笑，即罢。昌后侧耳于东箱听，⑦见昌，为跪谢曰："微君，太子几废。"⑧

①师古曰："下，音胡驾反。"

②孟康曰："以上宴时入奏事。"师古曰："燕，谓安闲之居也。"

③师古曰："拥，抱也。"

④师古曰："还，谓却退也。"

⑤师古曰："吃，言之难也，音讫。"

⑥师古曰："以口吃，故每重言期期。"

⑦师古曰："正寝之东西室皆曰箱，言似箱箧之形。"

⑧师古曰："微，无也。几，音巨依反。"

是后，戚姬子如意为赵王，年十岁，高祖忧万岁之后不全也。赵尧为符玺御史，赵人方与公①谓御史大夫周昌曰："君之史赵尧，年虽少，然奇士，君必异之，是且代君之位。"昌笑曰："尧年少，刀笔吏耳，何至是乎！"居顷之，尧侍高祖，高祖独心不乐，悲歌，群臣不知上所以然。尧进请问曰："陛下所为不乐，非以赵王年少，而戚夫人与吕后有隙，备万岁之后而赵王不能自全乎？"高祖曰："我私忧之，不知所出。"②尧曰："陛下独为赵王置贵强相，及吕后、太子、群臣素所敬惮者乃可。"高祖曰："然。吾念之欲如是，而群臣谁可者？"尧曰："御史大夫昌，其人坚忍伉直，自吕后、太子及大臣皆素严惮之。独昌可。"高祖曰："善。"于是召昌谓曰："吾固欲烦公，③公强为我相赵。"④昌泣曰："臣初起从陛下，陛下独奈何中道而弃之于诸侯乎？"高祖曰："吾极知其左迁，⑤然吾私忧赵，念非公无可者。公不得已强行！"⑥于是徙御史大夫昌为赵相。

①孟康曰："方与，县名。公，其号也。"师古曰："音房豫。"

②师古曰："不知计所出。"

③师古曰："固，必也，言必欲劳烦公。"

④师古曰："强，音其两反。次下亦同。"

⑤师古曰："是时尊右而卑左，故谓贬秩位为左迁。佗皆类此。"

⑥师古曰："已，止也。"

既行久之，高祖持御史大夫印弄之，曰："谁可以为御史大夫者？"孰视尧曰："无以易尧。"①遂拜尧为御史大夫。尧亦前有军功食邑，及以御史大夫从击陈豨有功，封为江邑侯。

①师古曰："言尧可为之，余人不能胜也。易，代也。"

高祖崩，太后使使召赵王，其相昌令王称疾不行。使者三反，昌曰："高帝属臣赵王，①王年少，窃闻太后怨戚夫人，欲召赵王并诛之。臣不敢遣王，王且亦疾，不能奉诏。"太后怒，乃使使召赵相。相至，谒太后，太后骂昌曰："尔不知我之怨戚氏乎？而不遣赵王！"昌既征，高后使使召赵王。王果来，至长安月余，见鸩杀。昌谢病不朝见,三岁而薨,谥曰悼侯。传子至孙意,有罪,国除。景帝复封昌孙左车为安阳侯,有罪,国除。

①师古曰:"属,委也,音之欲反。"

初,赵尧既代周昌为御史大夫,高祖崩,事惠帝终世。高后元年,怨尧前定赵王如意之画,①乃抵尧罪,以广阿侯任敖为御史大夫。

①师古曰:"画,谓画策令周昌为相。"

任敖,沛人也,少为狱吏。高祖尝避吏,吏系吕后,遇之不谨。任敖素善高祖,怒,击伤主吕后吏。及高祖初起,敖以客从为御史,守丰二岁。高祖立为汉王,东击项羽,敖迁为上党守。陈豨反,敖坚守,封为广阿侯,食邑千八百户。高后时,为御史大夫,三岁免。孝文元年薨,谥曰懿侯。传子至曾孙越人,坐为太常庙酒酸不敬,国除。

初,任敖免,平阳侯曹窋代敖为御史大夫。①高后崩,与大臣共诛诸吕。后坐事免,以淮南相张苍为御史大夫。苍与绛侯等尊立孝文皇帝,四年,代灌婴为丞相。

①师古曰:"窋,音竹律反。"

汉兴二十余年,天下初定,公卿皆军吏。苍为计相时,绪正律历。①以高祖十月始至霸上,故因秦时本十月为岁首,不革。②推五德之运,以为汉当水德之时,上黑如故。吹律调乐,入之音声,及以比定律令。③若百工,天下作程品。④至于为丞相,卒就之。⑤故汉家言律历者本张苍。苍凡好书,无所不观,无所不通,而尤邃律历。⑥

①文颖曰:"绪,寻也,谓本其统绪而正之。"

②师古曰:"革,改也。"

③如淳曰:"比,音比次之比。谓五音清浊,各有所比,不相错入,以定十二律之法令于乐官,使长行之。或曰,比,谓比方之比,音必履反。"臣瓒曰:"谓以比故取类,以定法律与条令也。"师古曰:"依如氏之说,比,音频二反。"

④如淳曰："若，顺也。百工为器物皆有尺寸斤两斛斗轻重之宜，使得其法，此之谓顺。"晋灼曰："若，豫及之辞。"师古曰："言吹律调音以定法令，及百工程品，皆取则也。若，晋说是。"

⑤师古曰："卒，终也。就，成也。"

⑥师古曰："邃，深也，音先遂反。"

苍德安国侯王陵，①及贵，父事陵。陵死后，苍为丞相，洗沐常先朝陵夫人上食，然后敢归家。

①师古曰："以救其死刑故也。"

苍为丞相十余年，鲁人公孙臣上书，陈终始五德传，①言汉土德时，其符黄龙见，当改正朔，易服色。事下苍，苍以为非是，罢之。其后黄龙见成纪，于是文帝召公孙臣以为博士，草立土德时历制度，②更元年。苍由此自绌，谢病称老。苍任人为中候，③大为奸利，上以为让，④苍遂病免。孝景五年薨，谥曰文侯。传子至孙类，有罪，国除。

①师古曰："传，谓传次也，音直恋反。"

②张晏曰："以秦水德，汉土胜之。"晋灼曰："草，创始也。"

③张晏曰："所选举保任也。按中候，官名。"师古曰："苍有所保举，而其人为中候之官。"

④师古曰："用此事责苍。"

初，苍父长不满五尺，苍长八尺余，苍子复长八尺，及孙类长六尺余。苍免相后，口中无齿，食乳，女子为乳母。①妻妾以百数，尝孕者不复幸。年百余岁乃卒。著书十八篇，言阴阳律历事。

①师古曰："言每就饮之。"

申屠嘉，梁人也。以材官蹶张①从高帝击项籍，迁为队率。②从击黥布，为都尉。孝惠时，为淮阳守。孝文元年，举故以二千石从高祖者，悉以为关内侯，食邑二十四人，而嘉食邑五百户。十六年，迁为御史大夫。张苍免相，文帝以皇后弟窦广国贤有行，欲相之，曰："恐天下以吾私广国。"久念不可，而高帝时大臣余见无可者，③乃以御史大夫嘉为丞相，因故邑封为故安侯。

①如淳曰："材官之多力,能脚踏强弩张之,故曰蹶张。律有蹶张士。"师古曰："今之弩,以手张者曰擘张,以足蹋者曰蹶张。蹶,音厥。擘,音布麦反。"

②师古曰："一队之率也,音所类反。"

③师古曰："见,谓见在之人。"

嘉为人廉直,门不受私谒。是时太中大夫邓通方爱幸,赏赐累巨万。文帝常燕饮通家,其宠如是。是时嘉入朝,而通居上旁,有怠慢之礼。嘉奏事毕,因言曰："陛下幸爱群臣则富贵之,至于朝廷之礼,不可以不肃!"①上曰："君勿言,吾私之。"②罢朝坐府中,嘉为檄召通诣丞相府,③不来,且斩通。通恐,入言上。上曰："汝弟往,④吾今使人召若。"⑤通至诣丞相府,免冠,徒跣,顿首谢嘉。嘉坐自如,⑥弗为礼,责曰："夫朝廷者,高皇帝之朝廷也。通小臣,戏殿上,大不敬,当斩。史今行斩之!"⑦通顿首,首尽出血,不解。上度丞相已困通,⑧使使持节召通,而谢丞相:"此吾弄臣,君释之。"邓通既至,为上泣曰:"丞相几杀臣。"⑨

①师古曰："肃,敬也。"

②师古曰："言欲私戒教之。"

③师古曰："檄,木书也,长二尺。"

④师古曰："弟,但也。"

⑤师古曰："若,亦汝也。"

⑥师古曰："如其故。"

⑦如淳曰："嘉语其史曰:'今便行斩之。'"

⑧师古曰："度,音徒各反。"

⑨师古曰："几,音巨依反。"

嘉为丞相五岁,文帝崩,孝景即位。二年,晁错为内史,贵幸用事,诸法令多所请变更,议以適罚侵削诸侯。①而丞相嘉自绌,②所言不用,疾错。错为内史,门东出,不便,更穿一门,南出。南出者,太上皇庙埂垣也。③嘉闻错穿宗庙垣,为奏请诛错。客有语错,错恐,夜入宫上谒,自归上。④至朝,嘉请诛内史错。上曰："错所穿非真庙垣,乃外埂垣,故冗官居其中,⑤且又我使为之,错无罪。"罢朝,嘉谓长史曰:"吾悔不先斩错乃请之,⑥为错所卖。"至舍,因欧血而死。谥曰节侯。传子至孙则,有罪,国除。

①师古曰:"適,读曰谪。"

②师古曰:"绌,退也。"

③服虔曰:"宫外垣余地也。"如淳曰:"堧音畏懦之懦。"师古曰:"堧,音如椽反,解在《食货志》。"

④师古曰:"归首于天子。"

⑤师古曰:"冗,谓散辈也,如今之散官,音如勇反。"

⑥师古曰:"言先斩而后奏。"

自嘉死后,开封侯陶青、桃侯刘舍及武帝时柏至侯许昌、平棘侯薛泽、武强侯庄青翟、商陵侯赵周,皆以列侯继踵,龊龊廉谨,①为丞相备员而已,无所能发明功名著于世者。

①师古曰:"龊龊,持整之貌也。龊,音初角反。"

赞曰:张苍文好律历,为汉名相,①而专遵用秦之《颛顼历》,何哉?②周昌,木强人也。③任敖以旧德用。④申屠嘉可谓刚毅守节,然无术学,殆与萧、曹、陈平异矣。⑤

①师古曰:"文好律历,犹言名为好律历也。"

②张晏曰:"不考经典,专用《颛顼历》,何哉?"师古曰:"何哉,何为其然哉?"

③师古曰:"言其强质如木石然。强,音其两反。"

④张晏曰:"谓伤辱吕后吏。"

⑤师古曰:"殆,近也,言其识见不如萧、曹等也。"

汉书卷四三
列传第一三

郦食其　陆贾　朱建　娄敬
叔孙通

郦食其,陈留高阳人也。①好读书,家贫落魄,无衣食业。②为里监门,然吏县中贤豪不敢役,③皆谓之狂生。

①师古曰:"食,音异;其,音基。"

②郑氏曰:"魄,音薄。"应劭曰:"志行衰恶之貌也。"师古曰:"落魄,失业无次也。郑音是。"

③师古曰:"吏及贤者豪者皆不敢使役食其。"

及陈胜、项梁等起,诸将徇地过高阳者数十人,①食其闻其将皆握龊好荷礼②,自用不能听大度之言,食其乃自匿。后闻沛公略地陈留郊,沛公麾下骑士适食其里中子,③沛公时时问邑中贤豪。骑士归,食其见,谓曰:"吾闻沛公嫚易人,有大略,此真吾所愿从游,莫为我先。④若见沛公,⑤谓曰'臣里中有郦生,年六十余,长八尺,人皆谓之狂生,自谓我非狂'。"骑士曰:"沛公不喜儒,⑥诸客冠儒冠来者,沛公辄解其冠,溺其中。⑦与人言,常大骂。未可以儒生说也。"食其曰:"第言之。"⑧骑士从容言食其所戒者。⑨

①师古曰:"徇亦略也,音辞峻反。"

②应劭曰:"握龊,急促之貌。"师古曰:"荷,与苛同。苛,细也。龊,音初角反。"

③服虔曰:"食其里中子适会作沛公骑士。"

④师古曰:"先,谓绍介也。"

⑤师古曰:"若,汝也。"

⑥师古曰:"喜,好也,音许吏反。"

⑦师古曰:"溺,读曰尿,音乃钓反。"

⑧师古曰:"第,但也。"

⑨师古曰:"从,音千容反。"

沛公至高阳传舍,①使人召食其。食其至,入谒,沛公方踞床令两女子洗,②而见食其。食其入,即长揖不拜,曰:"足下欲助秦攻诸侯乎? 欲率诸侯破秦乎?"沛公骂曰:"竖儒!③夫天下同苦秦久矣,故诸侯相率攻秦,何谓助秦?"食其曰:"必欲聚徒合义兵诛无道秦,不宜踞见长者。"于是沛公辍洗,起衣,④延食其上坐,谢之。食其因言六国从衡时。⑤沛公喜,赐食其食,问曰:"计安出?"食其曰:"足下起瓦合之卒,⑥收散乱之兵,不满万人,欲以径入强秦,此所谓探虎口也。夫陈留,天下之冲,四通五达之郊也,⑦今其城中又多积粟。臣知其令,⑧今请使,令下足下。⑨即不听,足下举兵攻之,臣为内应。"于是遣食其往,沛公引兵随之,遂下陈留。号食其为广野君。

①师古曰:"传舍者,人所止息,前人已去,后人复来,转相传也。一音张恋反,谓传置之舍也,其义两通。它皆类此。"

②师古曰:"洗足也,音先典反。"

③师古曰:"言其贱劣如僮竖。"

④师古曰:"辍,止也。起衣,著衣也。"

⑤师古曰:"从,音子容反。衡,横也。"

⑥师古曰:"瓦合,谓如破瓦之相合,虽曰聚合而不齐同。"

⑦如淳曰:"四面往来通之,并数中央,凡五达也。"臣瓒曰:"四通五达,言无险阻也。"

⑧师古曰:"素与其县令相知。"

⑨师古曰:"下,降也。"

食其言弟商,使将数千人从沛公西南略地。食其尝为说客,驰使诸侯。

汉三年秋,项羽击汉,拔荥阳,汉兵遁保巩。楚人闻韩信破赵,

彭越数反梁地,则分兵救之。①韩信方东击齐,汉王数困荥阳、成
皋,计欲捐成皋以东,屯巩、雒以距楚。食其因曰:"臣闻之,知天之
天者,王事可成;不知天之天者,王事不可成。王者以民为天,而民
以食为天。夫敖仓,天下转输久矣,臣闻其下乃有臧粟甚多。楚人
拔荥阳,不坚守敖仓,乃引而东,令適卒分守成皋,②此乃天所以资
汉。方今楚易取而汉反却,自夺便,③臣窃以为过矣。且两雄不俱
立,楚汉久相持不决,百姓骚动,海内摇荡,农夫释耒,红女下机,④
天下之心未有所定也。愿足下急复进兵,收取荥阳,据敖庾之粟,⑤
塞成皋之险,杜太行之道,⑥距飞狐之口,⑦守白马之津,以示诸侯
形制之势,⑧则天下知所归矣。方今燕、赵已定,唯齐未下。今田广
据千里之齐,田间将二十万之众军于历城,诸田宗强,负海岱,阻河
济,⑨南近楚,齐人多变诈,足下虽遣数十万师,未可以岁月破也。
臣请得奉明诏说齐王,使为汉而称东藩。"上曰:"善。"

①师古曰:"救赵及梁。"
②师古曰:"適,读曰谪。谪卒,谓卒之有罪谪者,即所谓谪戍。"
③师古曰:"不图进取,是为自夺便利也。却,音丘略反。"
④师古曰:"耒,手耕曲木也,音卢对反。红,读曰工。"
⑤师古曰:"敖庾即敖仓。"
⑥师古曰:"太行,山名,在河内野王之北,上党之南。行,音胡刚反。"
⑦如淳曰:"上党壶关也。"臣瓒曰:"飞狐在代郡西南。"师古曰:"瓒说是。
　　壶关无飞狐之名。"
⑧师古曰:"以地形而制服。"
⑨师古曰:"负,背也。岱,泰山也。"

乃从其画,复守敖仓,而使食其说齐王,曰:"王知天下之所归
乎?"曰:"不知也。"曰:"知天下之所归,则齐国可得而有也;若不知
天下之所归,即齐国未可保也。"齐王曰:"天下何归?"食其曰:"天
下归汉。"齐王曰:"先生何以言之?"曰:"汉王与项王戮力西面击
秦,约先入咸阳者王之,项王背约不与,而王之汉中。项王迁杀义
帝,汉王起蜀汉之兵击三秦,出关而责义帝之负处,收天下之兵,立
诸侯之后。降城即以侯其将,得赂则以分其士,与天下同其利,豪英

贤材皆乐为之用。诸侯之兵四面而至，蜀汉之粟方船而下。①项王
有背约之名，杀义帝之负；于人之功无所记，于人之罪无所忘；②战
胜而不得其赏，拔城而不得其封；非项氏莫得用事；③为人刻印，玩
而不能授；④攻城得赂，积财而不能赏。天下畔之，贤材怨之，而莫
为之用。故天下之士归于汉王，可坐而策也。夫汉王发蜀汉，定三
秦；涉西河之外，援上党之兵；⑤下井陉，诛成安君；破北魏，⑥举三
十二城：此黄帝之兵，非人之力，天之福也。今已据敖庾之粟，塞成
皋之险，守白马之津，杜太行之陀，距飞狐之口，天下后服者先亡
矣。王疾下汉王，齐国社稷可得而保也；不下汉王，危亡可立而待
也。"田广以为然，乃听食其，罢历下兵守战备，与食其日纵酒。⑦

①师古曰："方，并也。"
②师古曰："言项羽吝爵赏而念旧恶。"
③师古曰："言唯任同姓之亲。"
④孟康曰："刻断无复廉锷也。"臣瓒曰："项羽吝于爵赏，玩惜侯印，不能
　以封人。"师古曰："《韩信传》作刓，此作玩，其义各通。孟说非也。"
⑤师古曰："援，引也，音爰。"
⑥师古曰："谓魏豹也。梁地既有魏名，故谓此为北。"
⑦师古曰："日纵意而饮酒。"

　　韩信闻食其冯轼下齐七十余城，①乃夜度兵平原袭齐。齐王田
广闻汉兵至，以为食其卖己，②乃亨食其，引兵走。

①师古曰："冯，读曰凭。凭，据也。轼，车前横板隆起者也。云凭轼者，言
　但安坐乘车而游说，不用兵众。"
②师古曰："言其与韩信通谋。"

　　汉十二年，曲周侯郦商以丞相将兵击黥布，有功。高祖举功臣，
思食其。食其子疥①数将兵，上以其父故，封疥为高梁侯。后更食武
阳，卒，子遂嗣。三世，侯平有罪，国除。

①师古曰："疥，音介。"

　　陆贾，楚人也。以客从高祖定天下，名有口辩，①居左右，常使
诸侯。

①师古曰："时人皆谓其口辩。"

时中国初定，尉佗平南越，因王之。①高祖使贾赐佗印为南越王。贾至，尉佗魋结箕踞见贾。②贾因说佗曰："足下中国人，亲戚昆弟坟墓在真定。今足下反天性，弃冠带，③欲以区区之越与天子抗衡为敌国，④祸且及身矣。夫秦失其正，诸侯豪桀并起，⑤唯汉王先入关，据咸阳。项籍背约，自立为西楚霸王，诸侯皆属，可谓至强矣。然汉王起巴蜀，鞭笞天下，劫诸侯，遂诛项羽。五年之间，海内平定，此非人力，天之所建也。天子闻君王王南越，而不助天下诛暴逆，将相欲移兵而诛王，天子怜百姓新劳苦，且休之，遣臣授君王印，剖符通使。君王宜郊迎，北面称臣，⑥乃欲以新造未集之越⑦屈强于此。⑧汉诚闻之，掘烧君王先人冢墓，夷种宗族，⑨使一偏将将十万众临越，即越杀王降汉，如反覆手耳。⑩

①师古曰："佗，音徒河反。"
②服虔曰："魋，音椎，今兵士椎头髻也。"师古曰："结，读曰髻。椎髻者，一撮之髻，其形如椎。箕踞，谓伸其两脚而坐。亦曰箕踞其形似箕。"
③师古曰："俏父母之国，无骨肉之恩，是反天性也。"
④师古曰："区区，小貌。"
⑤师古曰："正亦政也。"
⑥师古曰："郊迎，谓出郊而迎。"
⑦师古曰："集犹成也。"
⑧师古曰："屈，音其勿反。屈强，谓不柔服也。"
⑨师古曰："夷，平也，谓平除其种族。"
⑩师古曰："言其易。"

于是佗乃蹶然起坐，①谢贾曰："居蛮夷中久，殊失礼义。"因问贾曰："我孰与萧何、曹参、韩信贤？"②贾曰："王似贤也。"复问曰："我孰与皇帝贤？"贾曰："皇帝起丰沛，讨暴秦，诛强楚，为天下兴利除害，继五帝三王之业，统天下，理中国。中国之人以亿计，地方万里，居天下之膏腴，人众车舆，万物殷富，政由一家，自天地剖判未始有也。③今王众不过数万，皆蛮夷，崎岖山海间，④譬若汉一郡，王何乃比于汉！"佗大笑曰："吾不起中国，故王此。使我居中国，何

遽不若汉？"⑤乃大说贾，⑥留与饮数月。曰："越中无足与语，至生
来，令我日闻所不闻。"⑦赐贾橐中装直千金，⑧它送亦千金。⑨贾
卒拜佗为南越王，令称臣奉汉约。归报，高帝大说，⑩拜贾为太中大
夫。

①师古曰："蹶然，惊起之貌也，音厥。"

②师古曰："与，如也。"

③师古曰："言自开辟以来，未尝有也。"

④师古曰："崎，音丘宜反。岖，音区。"

⑤师古曰："言有何迫促而不如汉也。遽，音其庶反。"

⑥师古曰："说，读曰悦，谓爱悦之。"

⑦师古曰："言素所不闻者，日闻之。"

⑧张晏曰："珠玉之宝也。装，裹也。"如淳曰："明月珠之属也。"师古曰：
　　"有底曰囊，无底曰橐。言其宝物质轻而价重，可入囊橐以旅行，故曰
　　橐中装也。"

⑨苏林曰："非橐中物，故曰它送也。"师古曰："它，犹余也。"

⑩师古曰："说，读曰悦。"

　　贾时时前说称《诗》《书》。高帝骂之曰："乃公居马上得之，安事
《诗》《书》！"贾曰："马上得之，宁可以马上治乎？且汤武逆取而以顺
守之，文武并用，长久之术也。昔者吴王夫差、智伯极武而亡；①秦
任刑法不变，卒灭赵氏。②乡使秦以并天下，行仁义，法先圣，陛下
安得而有之？"③高帝不怿，④有惭色，谓贾曰："试为我著秦所以失
天下，吾所以得之者，⑤及古成败之国。"贾凡著十二篇。每奏一篇，
高帝未尝不称善，左右呼万岁，称其书曰《新语》。⑥

①师古曰："夫差，吴王阖闾子也，好用兵，卒为越所灭。智伯，晋卿荀瑶
　　也，贪而好胜，率韩、魏共攻赵襄子，襄子与韩、魏约，反而丧之。夫，音
　　扶。差，音楚宜反。"

②郑氏曰："秦之先造父封于赵城，其后以为姓。"张晏曰："庄襄王为质于
　　赵，还为太子，遂称赵氏。"师古曰："据《秦本纪》，郑说是。"

③师古曰："乡，读曰向。安，焉也。"

④师古曰："怿，和乐也。"

⑤师古曰："著，明也，谓作书明言之。"

⑥师古曰："其书今见存。"

　　孝惠时，吕太后用事，欲王诸吕，畏大臣及有口者。①贾自度不能争之，②乃病免。以好畤田地善，往家焉。③有五男，乃出所使越橐中装，卖千金，分其子，子二百金，令为生产。贾常乘安车驷马，从歌鼓瑟侍者十人，宝剑直百金，谓其子曰："与女约：过女，女给人马酒食极欲，十日而更。④所死家，得宝剑车骑侍从者。一岁中以往来过它客，率不过再，⑤数击鲜，毋久溷女为也。"⑥

①师古曰："有口，谓辩士。"

②师古曰："度，音徒各反。"

③师古曰："好畤，即今雍州好畤县。"

④师古曰："又改向一子处。"

⑤师古曰："非徒至诸子所，又往来经过它处为宾客，率计一岁之中，每子不过再过至也。上过，音工禾反。"

⑥服虔曰："溷，辱也。吾常行，数击新美食，不久辱汝也。"师古曰："鲜，谓新杀之肉也。溷，乱也。言我至之时，汝宜数数击杀牲牢，与我鲜食，我不久住，乱累汝也。数，音所角反。溷，音下困反。"

　　吕太后时，王诸吕，诸吕擅权，欲劫少主，危刘氏。右丞相陈平患之，力不能争，恐祸及己。平尝燕居深念。①贾往，不请，直入坐，②陈平方念，不见贾。③贾曰："何念深也？"平曰："生揣我何念？"④贾曰："足下位为上相，食三万户侯，可谓极富贵无欲矣。然有忧念，不过患诸吕、少主耳。"陈平曰："然。为之奈何？"贾曰："天下安，注意相；天下危，注意将。将相和，则士豫附；⑤士豫附，天下虽有变，则权不分。权不分，为社稷计，在两君掌握耳。臣常欲谓太尉绛侯，⑥绛侯与我戏，易吾言。⑦君何不交欢太尉，深相结？"为陈平画吕氏数事。平用其计，乃以五百金为绛侯寿，厚具乐饮太尉，⑧太尉亦报如之。两人深相结，吕氏谋益坏。陈平乃以奴婢百人，车马五十乘，钱五百万，遗贾为食饮费。贾以此游汉廷公卿间，⑨名声籍甚。⑩及诛吕氏，立孝文，贾颇有力。

①师古曰："念，思也。以国家不安，故静居独虑，思其方策。"

②师古曰："言不因门人将命，而径入自坐。"

③师古曰:"思虑之际,故不觉贾至。"

④孟康曰:"揣,度也。"韦昭曰:"揣,音初委反。"

⑤师古曰:"豫,素也。"

⑥师古曰:"谓者,与之言。"

⑦师古曰:"言绛侯与我相戏狎,轻易其言耳。"

⑧师古曰:"厚为共具,而与太尉乐饮。"

⑨师古曰:"廷,谓朝廷。"

⑩孟康曰:"言狼籍甚盛。"

孝文即位,欲使人之南越,丞相平乃言贾为太中大夫,往使尉佗,去黄屋称制,①令比诸侯,皆如意指。语在《南越传》。陆生竟以寿终。

①师古曰:"黄屋,谓车上之盖也。黄屋及称制,皆天子之仪,故令去之。"

朱建,楚人也。故尝为淮南王黥布相,有罪去,后复事布。布欲反时,问建,建谏止之。布不听,听梁父侯,遂反。①汉既诛布,闻建谏之,高祖赐建号平原君,家徙长安。

①如淳曰:"遂者,布臣也。"臣瓒曰:"布用梁甫侯之计而遂反。"师古曰:"瓒说是也。"

为人辩有口,刻廉刚直,行不苟合,义不取容。辟阳侯行不正,得幸吕太后,①欲知建,②建不肯见。及建母死,贫未有以发丧,方假贷服具。③陆贾素与建善,乃见辟阳侯,贺曰:"平原君母死。"辟阳侯曰:"平原君母死,何乃贺我?"陆生曰:"前日君侯欲知平原君,平原君义不知君,以其母故。④今其母死,君诚厚送丧,则彼为君死矣。"辟阳侯乃奉百金祮,⑤列侯贵人以辟阳侯故,往赙凡五百金。⑥

①师古曰:"审食其。"

②师古曰:"欲与相知。"

③师古曰:"贷,音土得反。"

④张晏曰:"相知当同恤灾危,以母在,故义不知君也。"

⑤师古曰:"赠终者之衣被祮。言以百金为衣被之具。祮,音式芮反,其字

从衣。"

⑥师古曰:"布帛曰赙。"

久之,人或毁辟阳侯,惠帝大怒,下吏,欲诛之。太后惭,不可言。①大臣多害辟阳侯行,欲遂诛之。辟阳侯困急,使人欲见建。建辞曰:"狱急,不敢见君。"建乃求见孝惠幸臣闳籍孺,②说曰:"君所以得幸帝,天下莫不闻。③今辟阳侯幸太后而下吏,④道路皆言君谗,欲杀之。今日辟阳侯诛,旦日太后含怒,亦诛君。君何不肉袒为辟阳侯言帝?⑤帝听君出辟阳侯。太后大欢。两主俱幸君,君富贵益倍矣。"于是闳籍孺大恐,从其计,言帝,帝果出辟阳侯。辟阳侯之囚,欲见建,建不见,辟阳侯以为背己,大怒。及其成功出之,大惊。

①师古曰:"不可自言之。"

②师古曰:"《佞幸传》云高祖时则有籍孺,孝惠有闳孺,斯则二人皆名为孺,而姓各别。今此云闳籍孺,误剩籍字,后人所妄加耳。"

③师古曰:"言不以材德进。"

④师古曰:"下,音胡嫁反。他皆类此。"

⑤师古曰:"肉袒,谓脱其衣袖而见肉。肉袒者,自挫辱之甚,冀见哀怜。"

吕太后崩,大臣诛诸吕,辟阳侯与诸吕至深,①卒不诛。计画所以全者,皆陆生、平原君之力也。

①如淳曰:"辟阳侯与诸吕相亲信,为罪宜诛者至深也。"师古曰:"直言辟阳侯与诸吕相知,情义至深重耳。如说非也。"

孝文时,淮南厉王杀辟阳侯,以党诸吕故。孝文闻其客朱建为其策,使吏捕欲治。闻吏至门,建欲自杀。诸子及吏皆曰:"事未可知,何自杀为?"建曰:"我死祸绝,不及乃身矣。"①遂自刭。文帝闻而惜之,曰:"吾无杀建意也。"乃召其子,拜为中大夫。使匈奴,单于无礼,骂单于,遂死匈奴中。

①师古曰:"乃,汝也。"

娄敬,齐人也。汉五年,戍陇西,过雒阳,高帝在焉。敬脱挽辂,①见齐人虞将军曰:"臣愿见上言便宜。"虞将军欲与鲜衣,敬曰:"臣衣帛,衣帛见,②衣褐,衣褐见,③不敢易衣。"虞将军入言上，上召见，赐食。

①苏林曰："辂，音冻洛之洛。一木横遮车前，二人挽之，一人推之。"孟康
曰："辂，音胡格反。"师古曰："二音同声也。"

②师古曰："衣，著也。帛，谓缯也。"

③师古曰："此褐谓织毛布之衣。"

　　已而问敬，敬说曰："陛下都雒阳，岂欲与周室比隆哉？"上曰：
"然。"敬曰："陛下取天下与周异。周之先自后稷，尧封之邰，①积德
絫善十余世。②公刘避桀居豳。大王以狄伐故，去豳，杖马箠去居
岐，③国人争归之。及文王为西伯，断虞芮讼，④始受命，吕望、伯夷
自海滨来归之。⑤武王伐纣，不期而会孟津上八百诸侯，遂灭殷。成
王即位，周公之属傅相焉，乃营成周都雒，以为此天下中，⑥诸侯四
方纳贡职，道里钧矣，有德则易以王，无德则易以亡。凡居此者，欲
令务以德致人，不欲阻险，令后世骄奢以虐民也。及周之衰，分而为
二，⑦天下莫朝周，周不能制。非德薄，形势弱也。今陛下起丰沛，收
卒三千人，以之径往，卷蜀汉，定三秦，与项籍战荥阳，大战七十，小
战四十，使天下之民肝脑涂地，父子暴骸中野，不可胜数，哭泣之声
不绝，伤夷者未起，⑧而欲比隆成康之时，臣窃以为不侔矣。⑨且夫
秦地被山带河，四塞以为固，卒然有急，百万之众可具。⑩因秦之
故，资甚美膏腴之地，此所谓天府。⑪陛下入关而都之，山东虽乱，
秦故地可全而有也。夫与人斗，不搤其亢，拊其背，未能全胜。⑫今
陛下入关而都，按秦之故，此亦扼天下之亢而拊其背也。"

①师古曰："邰，邑名也，即今武功故城是其处，音吐材反。"

②师古曰："絫，古累字。"

③师古曰："箠，马策也。杖，谓柱之也。云杖马箠者，示无所携持也。箠
音止蕊反。"

④文颖曰："二国争田，见文王之德而自和也。"师古曰："虞，今虞州是也。
芮，今芮城县是也。"

⑤师古曰："滨，涯也，音宾，又音频。"

⑥师古曰："中，音竹仲反。"

⑦师古曰："谓东周君、西周君。"

⑧师古曰:"夷,创也,音痍。"

⑨师古曰:"侔,等也。"

⑩师古曰:"卒,读曰猝。"

⑪师古曰:"府,聚也,万物所聚。"

⑫张晏曰:"亢,喉咙也。"师古曰:"搤,与扼同,谓捉持之也。亢,音冈,又音下郎反。"

　　高帝问群臣,群臣皆山东人,争言周王数百年,秦二世则亡,不如都周。上疑未能决。及留侯明言入关便,即日驾西都关中。

　　于是上曰:"本言都秦地者娄敬,娄者,刘也。"赐姓刘氏,拜为郎中,号曰奉春君。①

①张晏曰:"春,岁之始,以其首劝都关中。"

　　汉七年,韩王信反,高帝自往击。至晋阳,闻信与匈奴欲击汉,上大怒,使人使匈奴。匈奴匿其壮士肥牛马,①徒见其老弱及赢畜。使者十辈来,皆言匈奴易击。上使刘敬复往使匈奴,还报曰:"两国相击,此宜夸矜见所长。②今臣往,徒见赢瘠老弱,③此必欲见短,伏奇兵以争利。愚以为匈奴不可击也。"是时汉兵以逾句注,三十余万众,④兵已业行。上怒,骂敬曰:"齐虏,以舌得官,乃今妄言沮吾军。"⑤械系敬广武。⑥遂往,至平城,匈奴果出奇兵围高帝白登,七日然后得解。高帝至广武,赦敬,曰:"吾不用公言,以困平城。吾已斩先使十辈言可击者矣。"乃封敬二千户,为关内侯,号建信侯。

①师古曰:"匿,藏也。"

②师古曰:"见,示也。"

③师古曰:"瘠,音渍,谓死者之肉也。一说,瘠,读曰瘠。瘠,瘦也。"

④师古曰:"句注,山名,在雁门。"

⑤师古曰:"沮,谓止坏也,音材汝反。"

⑥师古曰:"械,谓桎梏也。广武,县名,属雁门。"

　　高帝罢平城归,韩王信亡入胡。当是时,冒顿单于兵强,控弦四十万骑,①数苦北边。上患之,问敬。敬曰:"天下初定,士卒罢于兵革,②未可以武服也。冒顿杀父代立,妻群母,以力为威,未可以仁义说也。独可以计久远子孙为臣耳,然陛下恐不能为。"上曰:"诚可,何为不能! 顾为奈何?"③敬曰:"陛下诚能以適长公主妻单于,④厚奉遗之,彼知汉女送厚,蛮夷必慕,以为阏氏,生子必为太子,代单于。何者? 贪汉重币。陛下以岁时汉所余彼所鲜数问遗,⑤使辩士风谕以礼节。⑥冒顿在,固为子婿;死,外孙为单于。岂曾闻孙敢与大父亢礼哉? 可毋战以渐臣也。若陛下不能遣长公主,而令宗室及后宫诈称公主,彼亦知不肯贵近,无益也。"⑦高帝曰:"善。"欲遣长公主。吕后泣曰:"妾唯以一太子、一女,⑧奈何弃之匈奴!"上竟不能遣长公主,而取家人子为公主,妻单于。⑨使敬往结和亲约。

①师古曰:"控,引也,谓皆引弓也,音口弄反。"
②师古曰:"罢,读曰疲。"
③师古曰:"顾,思念也。"
④师古曰:"適,读曰嫡,谓皇后所生。"
⑤师古曰:"鲜,少也。问遗,谓饷馈之也。鲜,音息善反。遗,音弋季反。"
⑥师古曰:"风,读曰讽。"
⑦师古曰:"近,音其靳反。"
⑧师古曰:"言唯以此自慰。"
⑨师古曰:"于外庶人之家取女而名之为公主。"

　　敬从匈奴来,因言"匈奴河南白羊、楼烦王,①去长安近者七百里,轻骑一日一夕可以至。②秦中新破,③少民,地肥饶,可益实。夫诸侯初起时,非齐诸田,楚昭、屈、景莫与。④今陛下虽都关中,实少人。北近胡寇,东有六国强族,一日有变,陛下亦未得安枕而卧也。臣愿陛下徙齐诸田,楚昭、屈、景,燕、赵、韩、魏后,及豪桀名家,且实关中。无事,可以备胡;诸侯有变,亦足率以东伐。此强本弱末之术也。"上曰:"善。"乃使刘敬徙所言关中十余万口。⑤

①张晏曰:"白羊,匈奴国名也。"
②师古曰:"言匈奴欲来为寇者。"
③师古曰:"秦中,谓关中,故秦地也。新破,谓经兵革之后未殷实。"
④师古曰:"皆二国之王族。"
⑤师古曰:"今高陵、栎阳诸田,华阴、好畤诸景,及三辅诸屈、诸怀尚多,

皆此时所徙。"

　　叔孙通，薛人也。①秦时以文学征，待诏博士。②数岁，陈胜起，
二世召博士诸儒生问曰："楚戍卒攻蕲入陈，于公何如？"博士诸生
三十余人前曰："人臣无将，将则反，罪死无赦。③愿陛下急发兵击
之。"二世怒，作色。④通前曰："诸生言皆非。夫天下为一家，毁郡县
城，铄其兵，视天下弗复用。⑤且明主在上，法令具于下，吏人人奉
职，四方辐辏，⑥安有反者！此特群盗鼠窃狗盗，⑦何足置齿牙间
哉？郡守尉今捕诛，何足忧？"二世喜，尽问诸生，诸生或言反，或言
盗。于是二世令御史按诸生言反者下吏，非所宜言。诸生言盗者皆
罢之。乃赐通帛二十匹，衣一袭，⑧拜为博士。通已出，反舍，⑨诸生
曰："生何言之谀也？"通曰："公不知，我几不免虎口！"⑩乃亡去之
薛，薛已降楚矣。

　　①晋灼曰："《楚汉春秋》名何。"师古曰："薛，县名，属鲁国。"
　　②师古曰："于博士中待诏。"
　　③臣瓒曰："将，谓为逆乱也。"师古曰："将有其意。"
　　④师古曰："不许其言陈胜为反。作色，谓变动其色。"
　　⑤师古曰："铄，销也。视，读曰示。"
　　⑥师古曰："辏，聚也，言如车辐之聚于毂也。字或作凑，并音千豆反。"
　　⑦师古曰："如鼠之窃，如狗之盗。"
　　⑧师曰："一袭，上下皆具也，今人呼为一副也。"
　　⑨师古曰："还其所居也。"
　　⑩师古曰："几，音巨依反。"

　　及项梁之薛，通从之。败定陶，从怀王。怀王为义帝，徙长沙，
留事项王。汉二年，汉王从五诸侯入彭城，通降汉王。
　　通儒服，汉王憎之，乃变其服，服短衣，楚制。①汉王喜。
　　①师古曰："制，谓裁衣之形制。"

　　通之降汉，从弟子百余人，然无所进，剸言诸故群盗壮士进
之。①弟子皆曰："事先生数年，幸得从降汉，今不进臣等，剸言大
猾，何也？"②通乃谓曰："汉王方蒙矢石争天下，③诸生宁能斗乎？

故先言斩将搴旗之士。④诸生且待我,我不忘矣。"汉王拜通为博士,号稷嗣君。⑤

①师古曰:"钊,与专同,又音之兖反。此则言专声之急上者耳。"

②师古曰:"狡猾之人。"

③师古曰:"蒙犹被也,冒也。"

④师古曰:"搴,拔取,音蹇。"

⑤张晏曰:"后稷佐唐,欲令复如之。"

汉王已并天下,诸侯共尊为皇帝于定陶,通就其仪号。①高帝悉去秦仪法,为简易。群臣饮争功,醉或妄呼,②拔剑击柱,上患之。通知上益厌之,说上曰:"夫儒者难与进取,可与守成。臣愿征鲁诸生,与臣弟子共起朝仪。"高帝曰:"得无难乎?"通曰:"五帝异乐,三王不同礼。礼者,因时世人情为之节文者也。故夏、殷、周礼所因损益可知者,谓不相复也。③臣愿颇采古礼与秦仪杂就之。"上曰:"可试为之,令易知,度吾所能行为之。"④

①师古曰:"就,成也。"

②师古曰:"呼,音火故反。"

③师古曰:"复,重也,因也,音扶目反。"

④师古曰:"度,音徒各反。"

于是通使征鲁诸生三十余人。①鲁有两生不肯行,曰:"公所事者且十主,皆面谀亲贵。今天下初定,死者未葬,伤者未起,又欲起礼乐。礼乐所由起,百年积德而后可兴也。②吾不忍为公所为。公所为不合古,吾不行。公往矣,毋污我!"通笑曰:"若真鄙儒,不知时变。"③

①师古曰:"通为使者,而征诸生。"

②师古曰:"言行德教百年,然后可定礼乐也。"

③师古曰:"若,汝也。鄙,言不通。"

遂与所征三十人西,①及上左右为学者②,与其弟子百余人为绵蕞野外。③习之月余,通曰:"上可试观。"上使行礼,曰:"吾能为此。"乃令群臣习肄,④会十月。

①师古曰:"西入关。"

②师古曰:"左右,谓近臣也。为学,谓素有学术。"

③应劭曰:"立竹及茅索营之,习礼仪其中也。"如淳曰:"谓以茅剪树地,为纂位尊卑之次也。《春秋传》曰'置茅蕝'。"师古曰:"蕝,与蕞同,并子悦反。如说是。"

④师古曰:"肄亦习也,音弋二反。"

汉七年,长乐宫成,诸侯群臣朝十月。①仪:②先平明,③谒者治礼,引以次入殿门,廷中陈车骑戎卒卫官,设兵,张旗志。④传曰"趋"。⑤殿下郎中侠陛,陛数百人。⑥功臣列侯诸将军军吏以次陈西方,东乡;文官丞相以下陈东方,西乡。⑦大行设九宾,胪句传。⑧于是皇帝辇出房,百官执戟传警,⑨引诸侯王以下至吏六百石以次奉贺。自诸侯王以下莫不震恐肃敬。至礼毕,尽伏,置法酒。⑩诸侍坐殿上皆伏抑首,⑪以尊卑次起上寿。斛九行,谒者言"罢酒"。御史执法举不如仪者辄引去。竟朝置酒,无敢讙哗失礼者。于是高帝曰:"吾乃今日知为皇帝之贵也。"拜通为奉常,⑫赐金五百斤。

①师古曰:"适会七年十月,而长乐宫新成也。汉时尚以十月为正月,故行朝岁之礼,史家追书十月。"

②师古曰:"欲叙其下仪法,先言仪如此也。"

③师古曰:"未平明之前。"

④师古曰:"志,与帜同,音式饵反。"

⑤师古曰:"传声教入者皆令趋,谓疾行为敬也。"

⑥师古曰:"侠与挟同。挟其两旁,每陛皆数百人也。"

⑦师古曰:"乡,皆读曰向。"

⑧苏林曰:"上传语告下为胪,下告上为句也。"韦昭曰:"大行掌宾客之礼,今之鸿胪也。九宾则《周礼》九仪也。谓公、侯、伯、子、男、孤、卿、大夫、士也。"师古曰:"胪,音庐。"

⑨师古曰:"传声而唱警。"

⑩师古曰:"法酒者,犹言礼酌,谓不饮之至醉。"

⑪师古曰:"抑,屈也。谓依礼法不敢平坐而视。"

⑫师古曰:"解在《百官公卿表》。后改为太常也。"

通因进曰:"诸弟子儒生随臣久矣,与共为仪,愿陛下官之。"高帝悉以为郎。通出,皆以五百金赐诸生。诸生乃喜曰:"叔孙生圣人,知当世务。"

　　九年，高帝徙通为太子太傅。十二年，高帝欲以赵王如意易太子，通谏曰："昔者晋献公以骊姬故，废太子，立奚齐，晋国乱者数十年，为天下笑。秦以不早定扶苏，胡亥诈立，自使灭祀，此陛下所亲见。今太子仁孝，天下皆闻之；吕后与陛下攻苦食啖，①其可背哉！陛下必欲废適而立少，②臣愿先伏诛，以颈血污地。"高帝曰："公罢矣，吾特戏耳。"③通曰："太子天下本，本壹摇天下震动，奈何以天下戏！"高帝曰："吾听公。"及上置酒，见留侯所招客从太子入见，上遂无易太子志矣。

　　①如淳曰："食无菜茹为啖。"师古曰："啖，当作淡。淡，谓无味之食也。言
　　　　共攻击勤苦之事，而食无味之食也。淡，音大敢反。"
　　②师古曰："適，读曰嫡。"
　　③师古曰："特，但也。"

　　高帝崩，孝惠即位，乃谓通曰："先帝园陵寝庙，群臣莫习。"徙通为奉常，①定宗庙仪法。及稍定汉诸仪法，皆通所论著也。惠帝为东朝长乐宫，②及间往，③数跸烦民，④作复道，方筑武库南，⑤通奏事，因请间，⑥曰："陛下何自筑复道高帝寝，衣冠月出游高庙？⑦子孙奈何乘宗庙道上行哉！"惠帝惧，曰："急坏之。"通曰："人主无过举。⑧今已作，百姓皆知之矣。愿陛下为原庙⑨渭北，衣冠月出游之，益广宗庙，大孝之本。"上乃诏有司立原庙。

　　①师古曰："又重为之也。"
　　②孟康曰："朝太后于长乐宫。"
　　③师古曰："非大朝时，中间小谒见。"
　　④师古曰："妨其往来也。"
　　⑤如淳曰："作复道，方始筑武库南也。"师古曰："复，音方目反。"
　　⑥师古曰："请空隙之时，不欲对众言之。"
　　⑦服虔曰："持高庙中衣，月旦以游于众庙，已而复之。"应劭曰："月旦出
　　　　高帝衣冠，备法驾，名曰游衣冠。"如淳曰："高祖之衣冠藏在宫中之寝，
　　　　三月出游，其道正值今之所作复道下，故言乘宗庙道上行也。"晋灼曰：
　　　　"《黄图》高庙在长安城门街东，寝在桂宫北。服言衣藏于庙中，如言宫

中,皆非也。"师古曰:"诸家之说皆未允也。谓从高帝陵寝出衣冠,游于
高庙,每月一为之,汉制则然。而后之学者不晓其意,谓以月出之时而
夜游衣冠,失之远也。"

⑧师古曰:"举事不当有过失。"

⑨师古曰:"原,重也。先以有庙,今更立之,故云重也。"

惠帝常出游离宫,通曰:"古者有春尝果,方今樱桃孰,可献,①
愿陛下出,因取樱桃献宗庙。"上许之。诸果献由此兴。

①师古曰:"《礼记》曰'仲夏之月,羞以含桃,先荐寝庙',即此樱桃也。今
所谓朱樱者是也。樱,音于耕反。"

赞曰:高祖以征伐定天下,而缙绅之徒骋其知辩,并成大业。语
曰"廊庙之材非一木之枝,帝王之功非一士之略",①信哉!刘敬脱
挽辂而建金城之安,叔孙通舍枹鼓而立一王之仪,②遇其时也。郦
生自匿监门,待主然后出,犹不免鼎镬。③朱建始名廉直,既距辟
阳,不终其节,亦以丧身。陆贾位止大夫,致仕诸吕,④不受忧责,从
容平、勃之间,⑤附会将相以强社稷,身名俱荣,其最优乎!

①师古曰:"缙绅,儒者之服也,解在《郊祀志》。"师古曰:"此语本出《慎
子》。"

②师古曰:"枹者鼓椎,所以击鼓也。舍枹鼓者,言新罢战阵之事,别创汉
代之礼,故云一王之仪也。枹,音桴,其字从木。"

③师古曰:"鼎大而无足曰镬,音胡郭反。"

④师古曰:"以诸吕僭差,托病归家。"

⑤师古曰:"谓和辑陈平、周勃以安汉朝也。从,音七容反。"

汉书卷四四
列传第一四

淮南厉王长　　衡山王赐
济北贞王勃

　　淮南厉王长,高帝少子也,其母故赵王张敖美人。高帝八年,从东垣过赵,赵王献美人,厉王母也,幸,有身。赵王不敢内宫,①为筑外宫舍之。②及贯高等谋反事觉,并逮治王,尽捕王母兄弟美人,系之河内。厉王母亦系,告吏曰:"日得幸上,有子。"③吏以闻,上方怒赵,未及理厉王母。厉王母弟赵兼因辟阳侯言吕后,吕后妒,不肯白,辟阳侯不强争。厉王母已生厉王,恚,即自杀。吏奉厉王诣上,上悔,④令吕后母之,而葬其母真定。真定,厉王母家县也。

　　①师古曰:"不敢更内之于宫中。"

　　②师古曰:"舍,止也。"

　　③师古曰:"日,谓往日。"

　　④师古曰:"悔不理其母。"

　　十一年,淮南王布反,上自将击灭布,即立子长为淮南王。王早失母,常附吕后,孝惠、吕后时以故得幸无患,然常心怨辟阳侯,不敢发。及孝文初即位,自以为最亲,①骄蹇,数不奉法。②上宽赦之。三年,入朝,甚横。③从上入苑猎,与上同辇,常谓上"大兄"。厉王有材力,力扛鼎,④乃往请辟阳侯。辟阳侯出见之,即自袖金椎椎之,⑤命从者刑之。⑥驰诣阙下,肉袒而谢曰:"臣母不当坐赵,时辟阳侯力能得之吕后,不争,罪一也。赵王如意子母无罪,吕后杀之,辟阳侯不争,罪二也。吕后王诸吕,欲以危刘氏,辟阳侯不争,罪三也。臣谨为天下诛贼,报母之仇,伏阙下请罪。"文帝伤其志为亲,故不治,赦之。

①师古曰:"时高帝子唯二人在。"
②师古曰:"蹇,谓不顺也。"
③师古曰:"横,音胡孟反。"
④师古曰:"扛,举也,音江。"
⑤师古曰:"褒,古袖字也。谓以金椎藏置袖中,出而椎之。"
⑥如淳曰:"刻其形体,备五刑也。"师古曰:"直断其首,非五刑也。事见《史记》。"

当是时,自薄太后及太子诸大臣皆惮厉王。厉王以此归国益恣,不用汉法,出入警跸,称制,自作法令,数上书不逊顺。①文帝重自切责之。②时帝舅薄昭为将军,尊重,上令昭予厉王书谏数之,曰:③

①师古曰:"数,音所角反。"
②如淳曰:"重,难也。"
③师古曰:"数,音所具反。"

窃闻大王刚直而勇,慈惠而厚,贞信多断,是天以圣人之资奉大王也甚盛,不可不察。今大王所行,不称天资。皇帝初即位,易侯邑在淮南者,①大王不肯。皇帝卒易之,②使大王得三县之实,甚厚。大王以未尝与皇帝相见,求入朝见,未毕昆弟之欢,③而杀列侯以自为名。皇帝不使吏与其间,④赦大王,甚厚。汉法,二千石缺,辄言汉补,大王逐汉所置,而请自置相、二千石。皇帝骫天下正法而许大王,甚厚。⑤大王欲属国为布衣,守冢真定。⑥皇帝不许,使王毋失南面之尊,甚厚。⑦大王宜日夜奉法度,修贡职,以称皇帝之厚德,今乃轻言恣行,以负谤于天下,甚非计也。

①晋灼曰:"侯邑在淮南者,更易以它郡地封之,不欲使错在王国。"
②师古曰:"卒,终也。"
③师古曰:"毕,尽也。"

④师古曰："与,读曰豫,谓不令吏干豫治其事。"

⑤苏林曰："不从正法,听王自置二千石。"师古曰："猷,古委字。猷谓曲也。"

⑥师古曰："属,谓委弃之也,音之欲反。"

⑦师古曰："毋失,不失也。南面之尊,谓王位也。"

夫大王以千里为宅居,以万民为臣妾,此高皇帝之厚德也。高帝蒙霜露,沐风雨,①赴矢石,野战攻城,身被创痍,②以为子孙成万世之业,艰难危苦甚矣。大王不思先帝之艰苦,日夜怵惕,修身正行,养牺牲,丰粢盛,奉祭祀,以无忘先帝之功德,而欲属国为布衣,甚过。且夫贪让国土之名,轻废先帝之业,不可以言孝。父为之基,而不能守,不贤。不求守长陵,而求之真定,先母后父,不谊。数逆天子之令,不顺。言节行以高兄,无礼。③幸臣有罪,大者立断,小者肉刑,不仁。④贵布衣一剑之任,贱王侯之位,不知。不学问大道,触情妄行,不祥。⑤此八者,危亡之路也,而大王行之。弃南面之位,奋诸、贲之勇,⑥常出入危亡之路,臣之所见,高皇帝之神必不庙食于大王之手,明白。

①师古曰："沬亦颒字也。蒙,冒也。沬,洗面也,音胡内反,字从午未之未。"

②师古曰："痍,音夷。"

③郑氏曰："淮南王呼帝为大兄也。"师古曰："郑说非也。谓请守母冢,自为名节而表异行,用此矜高于兄耳。"

④师古曰："断,谓斩也。"

⑤师古曰："任情意所欲则行之妄行。行,音下更反。"

⑥应劭曰："吴专诸、卫孟贲也。"师古曰："贲,音奔。"

昔者,周公诛管叔,放蔡叔,以安周;齐桓杀其弟,以反国;①秦始皇杀两弟,迁其母,以安秦;②项王亡代,高帝夺之国,以便事;③济北举兵,皇帝诛之,以安汉。④故周、齐行之于古,秦、汉用之于今,大王不察古今之所以安国便事,而欲以亲戚之意望于太上,不可得也。⑤亡之诸侯,游宦事人,及舍匿者,论皆有法。⑥其在王所,吏主者坐。⑦今诸侯子为吏者,御史主;⑧为军吏者,中尉主;客出入殿门者,卫尉大行主;诸从蛮夷来归谊及以亡名数自占者,内史县令主。相欲委下吏,无与其祸,不可得也。⑨王若不改,汉系大王邸,论相以下,为之奈何?夫堕父大业,退为布衣所哀,⑩幸臣皆伏法而诛,为天下笑,以羞先帝之德,⑪甚为大王不取也。

①韦昭曰:"子纠兄也,言弟者讳也。"

②应劭曰:"始皇母与嫪毐私通,生二子,事觉诛毐,并杀二弟,迁其母于咸阳宫也。"

③应劭曰:"顷王,高帝兄仲也。匈奴入代不能守,走归京师。高帝夺其国,通为邻阳侯,以便国法也。"师古曰:"便,音频面反。"

④应劭曰:"济北王兴居与大臣共诛诸吕,自以功大,怨其赏薄,故反。"

⑤如淳曰:"太上,天子也。"

⑥师古曰:"舍匿,谓容止而藏隐也。"

⑦师古曰:"言各有所主,而坐其罪。"

⑧如淳曰:"主御史也。自此以下至县令主皆谓王官属。"

⑨师古曰:"言诸侯王之相欲委罪于在下小吏,而身不干豫之,不可得也。与,读曰豫。"

⑩师古曰:"堕,毁也。布衣,贫贱之人。王既伏法,则贫贱之人反哀怜之。堕,音火规反。"

⑪师古曰:"羞,辱也。"

　　宜急改操易行,上书谢罪,曰:"臣不幸早失先帝,少孤,吕氏之世,未尝忘死。①陛下即位,臣怙恩德骄盈,行多不轨。②追念罪过,恐惧,伏地待诛不敢起。"皇帝闻之必喜。大王昆弟欢欣于上,群臣皆得延寿于下;上下得宜,海内常安。愿孰计而疾行之。行之有疑,祸如发矢,不可追已。③

①服虔曰:"常恐畏死也。"

②师古曰:"轨,法也。"

③师古曰:"发矢,喻速也。已,语终辞。"

王得书不说。①六年,令男子但等七十人与棘蒲侯柴武太子奇

谋,以辇车四十乘反谷口,②令人使闽越、匈奴。事觉,治之,乃使使
召淮南王。

　　①师古曰:"说,读曰悦。"

　　②孟康曰:"谷口在长安北,故县也,处多险阻。"师古曰:"辇车,挽行以载
　　　兵器也。"

　　王至长安,丞相张苍、典客冯敬行御史大夫事,与宗正、廷尉杂
奏:"长废先帝法,不听天子诏,居处无度,为黄屋盖拟天子,①擅为
法令,不用汉法。及所置吏,以其郎中春为丞相,收聚汉诸侯人及有
罪亡者,匿与居,为治家室,赐与财物爵禄田宅,爵或至关内侯,奉
以二千石所当得。②大夫但、③士伍开章等七十人④与棘蒲侯太子
奇谋反,欲以危宗庙社稷,谋使闽越及匈奴发其兵。事觉,长安尉奇
等往捕开章,长匿不予,与故中尉蕑忌谋,杀以闭口,⑤为棺椁衣
衾,葬之肥陵,⑥谩吏曰'不知安在'。⑦又阳聚土,树表其上曰'开
章死,葬此下'。⑧及长身自贼杀无罪者一人;令吏论杀无罪者六
人;为亡命弃市诈捕命者以除罪;⑨擅罪人,无告劾系治城旦以上
十四人;赦免罪人死罪十八人,城旦舂以下五十八人;赐人爵关内
侯以下九十四人。前日长病,陛下心忧之,使使者赐枣脯,长不肯见
拜使者。南海民处庐江界中者反,淮南吏卒击之。陛下遣使者赍帛
五十匹,以赐吏卒劳苦者。长不欲受赐,谩曰'无劳苦者'。南海王
织上书献璧帛皇帝,忌擅燔其书,不以闻。⑩吏请召治忌,长不遣,
谩曰'忌病'。长所犯不轨,当弃市,臣请论如法。"

　　①师古曰:"拟,比也。"

　　②如淳曰:"赐亡畔来者,如赐其国二千石也。"臣瓒曰:"奉畔者以二千石
　　　之秩禄也。"师古曰:"瓒说是也。奉,音扶用反。"

　　③张晏曰:"大夫,姓也,上云'男子但',明其本姓大夫也。"如淳曰:"但,
　　　大夫名也。"师古曰:"既曰大夫但,又士伍开章,明其为大夫也。上言
　　　男子但等者,总谓反人耳,不妨但为大夫也。"

　　④如淳曰:"律,有罪失官爵,称士伍也。开章,名。"

　　⑤师古曰:"姓蕑,名忌。蕑,音奸。《严助传》作间字,音同耳。今流俗书本
　　　此蕑字或有作简者,非也,盖后人所改。既杀开章,所有口语皆无端绪,

故云闭口。"

⑥师古曰:"肥陵,地名,在肥水之上。"

⑦师古曰:"谩,诳也。实葬肥陵,诳云不知处。谩,音慢,又音莫连反。次
　下亦同。"

⑧师古曰:"表者,竖木为之,若柱形也。"

⑨晋灼曰:"亡命者当弃市,而王藏之。诈捕不命者而言命,以脱命者之
　罪。"师古曰:"为,音于伪反。"

⑩文颖曰:"忌,茴忌也。"

　　制曰:"朕不忍置法于王,其与列侯吏二千石议。"列侯吏二千
石臣婴等四十三人议,皆曰:"宜论如法。"制曰:"其赦长死罪,废勿
王。"有司奏请:"处蜀严道邛邮,①遣其子、子母从居,②县为筑盖
家室,皆日三食,给薪菜盐炊食器席蓐。"③制曰:"食长,给肉日五
斤,④酒二斗。令故美人材人得幸者十人从居。"⑤于是尽诛所与谋
者。乃遣长,载以辒车,⑥令县次传。

①张晏曰:"严道,蜀郡县也。邛,邮置名也。"师古曰:"邮,行书之舍,音
　尤。"

②师古曰:"子母者,所生子之姬妾。"

③师古曰:"炊器,釜鬲之属。食器,杯碗之属。"

④师古曰:"食,音饲。"

⑤师古曰:"上言子母,则有子者令从之。今此云美人材人,则无子者则亦
　令从之。"

⑥师古曰:"辒,衣车也,音甾。"

　　爰盎谏曰:"上素骄淮南王,不为置严相傅,以故至此。且淮南
王为人刚,今暴摧折之,臣恐其逢雾露病死,陛下有杀弟之名,奈
何!"上曰:"吾特苦之耳,令复之。"①淮南王谓侍者曰:"谁谓乃公
勇者?吾以骄不闻过,故至此。"乃不食而死。县传者不敢发车封。②
至雍,③雍令发之,以死闻。上悲哭,谓爰盎曰:"吾不从公言,卒亡
淮南王。"盎曰:"淮南王不可奈何,愿陛下自宽。"上曰:"为之奈
何?"曰:"独斩丞相、御史以谢天下乃可。"上即令丞相、御史逮诸县
传淮南王不发封馈侍者,④皆弃市。乃以列侯葬淮南王于雍,置守

冢三十家。

　①师古曰："暂困苦之,令其自悔,即追还也。复,音扶目反。"

　②孟康曰："槛车有封也。"

　③师古曰："雍,扶风雍县。"

　④师古曰："逮,追捕之也。馈,亦馈字耳。"

　　孝文八年,怜淮南王,王有子四人,年皆七八岁,乃封子安为阜陵侯,子勃为安阳侯,子赐为阳周侯,子良为东城侯。

　　十二年,民有作歌歌淮南王曰："一尺布,尚可缝;一斗粟,尚可舂。兄弟二人,不相容!"①上闻之曰:"昔尧舜放逐骨肉,周公杀管蔡,②天下称圣,不以私害公。天下岂以为我贪淮南地邪?"乃徙城阳王王淮南故地,而追尊淮南王为厉王,置园如诸侯仪。

　①孟康曰:"尺帛斗粟犹尚不弃,况于兄弟而更相逐乎!"臣瓒曰:"一尺帛
　　可缝而共衣,一斗粟可舂而共食,况以天下之广,而不相容也。"师古
　　曰:"瓒说是。"

　②师古曰:"鲧及共工皆尧舜之同姓,故云骨肉。"

　　十六年,上怜淮南王废法不轨,自使失国早夭,乃徙淮南王喜复王故城阳,而立厉王三子王淮南故地,三分之:阜陵侯安为淮南王,安阳侯勃为衡山王,阳周侯赐为庐江王。东城侯良前薨,无后。

　　孝景三年,吴楚七国反,吴使者至淮南,王欲发兵应之。其相曰:"王必欲应吴,臣愿为将。"王乃属之。①相已将兵,因城守,不听王而为汉。汉亦使曲城侯将兵救淮南,②淮南以故得完。吴使者至庐江,庐江王不应,而往来使越;至衡山,衡山王坚守无二心。孝景四年,吴楚已破,衡山王朝,上以为贞信,乃劳苦之③曰:"南方卑湿。"徙王王于济北以褒之。及薨,遂赐谥为贞王。庐江王以边越,数使使相交,④徙为衡山王,王江北。

　①师古曰:"属,谓以兵委之也。属,音之欲反。"

　②晋灼曰:"《功臣表》虫达也。"师古曰:"晋说非。此虫达之子耳,名捷。达
　　已先薨也。"

　③师古曰:"劳,音来到反。"

　④师古曰:"边越者,边界与越相接。"

淮南王安为人好书，鼓琴，不喜弋猎狗马驰骋，①亦欲以行阴德拊循百姓，流名誉。招致宾客方术之士数千人，作为《内书》二十一篇，《外书》甚众，又有《中篇》八卷，言神仙黄白之术，②亦二十余万言。时武帝方好艺文，以安属为诸父，③辩博善为文辞，甚尊重之。每为报书及赐，④常召司马相如等视草乃遣。⑤初，安入朝，献所作《内篇》新出，上爱秘之。使为《离骚传》，⑥旦受诏，日食时上。又献《颂德》及《长安都国颂》。每宴见，谈说得失及方技赋颂，昏暮然后罢。

①师古曰："喜，音许吏反。"
②张晏曰："黄，黄金；白，白银。"
③师古曰："安于天子服属为从父叔父。"
④师古曰："赐，赐书也。"
⑤师古曰："草，谓为文之藳草。"
⑥师古曰："传，谓解说之，若《毛诗传》。"

安初入朝，雅善太尉武安侯，①武安侯迎之霸上，与语曰："方今上无太子，王亲高皇帝孙，行仁义，天下莫不闻。宫车一日晏驾，非王尚谁立者！"淮南王大喜，厚遗武安侯宝赂。其群臣宾客，江淮间多轻薄，以厉王迁死感激安。建元六年，彗星见，淮南王心怪之。或说王曰："先吴军时，彗星出，长数尺，然尚流血千里。今彗星竟天，天下兵当大起。"王心以为上无太子，天下有变，诸侯并争，愈益治攻战具，积金钱赂遗郡国。游士妄作妖言，阿谀王，王喜，多赐予之。

①师古曰："田蚡。"

王有女陵，慧有口。①王爱陵，多予金钱，为中诇长安，②约结上左右。元朔二年，上赐淮南王几杖，不朝。后荼爱幸，③生子迁为太子，取皇太后外孙修成君女为太子妃。④王谋为反具，畏太子妃知而内泄事，乃与太子谋，令诈不爱，三月不同席。王阳怒太子，闭使与妃同内，终不近妃。妃求去，王乃上书谢归之。后荼、太子迁及女陵擅国权，夺民田宅，妄致系人。⑤

①师古曰："性慧了而口辩。"

②孟康曰：“诇，音侦。西方人以反间为诇。王使其女为侦于中也。”如淳
　曰：“诇，音朽政反。”师古曰：“诇，有所候伺也。如音是矣。侦者，义与诇
　同，然音则异。音五政反。”

③师古曰：“荼者，后名也，音涂。”

④服虔曰：“武帝异姓姊之女也。”应劭曰：“修成君，王太后先适金氏女
　也。”

⑤师古曰：“致，至也，牵引而致之。”

太子学用剑，自以为人莫及，闻郎中雷被巧，①召与戏。被壹再
辞让，误中太子。②太子怒，被恐。此时有欲从军者辄诣长安，被即
愿奋击匈奴。太子数恶被，③王使郎中令斥免，欲以禁后。④元朔五
年，被遂亡之长安，上书自明。事下廷尉、河南。河南治，⑤逮淮南太
子。⑥王、王后计欲毋遣太子，⑦遂发兵。计未定，犹与十余日。⑧会
有诏即讯太子，⑨淮南相怒寿春丞留太子逮不遣，⑩劾不敬。王请
相，相不听。王使人上书告相，事下廷尉治。从迹连王，⑪王使人候
司。⑫汉公卿请逮捕治王。王恐，欲发兵。太子迁谋曰：“汉使即逮
王，令人衣卫士衣，持戟居王旁，有非是者，即刺杀之，臣亦使人刺
杀淮南中尉，乃举兵，未晚也。”是时上不许公卿，而遣汉中尉宏即
讯验王。⑬王视汉中尉颜色和，问斥雷被事耳，自度无何，⑭不发。
中尉还，以闻。公卿治者曰：“淮南王安雍阏求奋击匈奴者雷被等，
格明诏，⑮当弃市。”诏不许。请废勿王，上不许。请削五县，可二县。
使中尉宏赦其罪，罚以削地。中尉入淮南界，宣言赦王。王初闻公
卿请诛之，未知得削地，闻汉使来，恐其捕之，乃与太子谋如前计。
中尉至，即贺王，王以故不发。其后自伤曰：“吾行仁义见削地，寡人
甚耻之。”为反谋益甚。诸使者道长安来，⑯为妄言，言上无男，即
喜；言汉廷治，有男，即怒，⑰以为妄言，非也。⑱

①师古曰：“被，音皮义反。巧者，善用剑也。”

②师古曰：“中，音竹仲反。”

③师古曰：“谓谮毁之于王也。”

④师古曰：“令后人更不敢效之。”

⑤师古曰：“章下廷尉及河南，令于河南杂治其事。”

⑥师古曰："追赴河南也。"

⑦师古曰："王与王后共计也。"

⑧师古曰："与,读曰豫。"

⑨师古曰："即,就也。讯,问也。就淮南问之,不逮,诣河南。"

⑩如淳曰："丞顺王意,不遣太子应逮书。"

⑪师古曰："从,读曰踪。"

⑫师古曰："入京师候司其事。"

⑬师古曰："即亦就也。"

⑭师古曰："自计度更无罪。度,音徒各反。"

⑮师古曰："雍,读曰壅。格,音阁,谓攱阁不行之。"

⑯师古曰："道,从也。"

⑰师古曰："汉廷治者,朝廷皆治理也。治,音丈吏反。"

⑱师古曰："云治及有男皆妄言耳,非真实也。"

　　日夜与左吴等按舆地图,①部署兵所从入。王曰："上无太子,宫车即晏驾,大臣必征胶东王,不即常山王,诸侯并争,吾可以无备乎!且吾高帝孙,亲行仁义,陛下遇我厚,吾能忍之;万世之后,吾宁能北面事竖子乎!"

　　①苏林曰："舆犹尽载之意。"

　　王有孽子不害,最长,①王不爱,后、太子皆不以为子兄数。②不害子建,材高有气,常怨望太子不省其父。③时诸侯皆得分子弟为侯,④淮南王有两子,一子为太子,而建父不得为侯。阴结交,⑤欲害太子,以其父代之。太子知之,数捕系笞建。建具知太子之欲谋杀汉中尉,即使所善寿春严正上书天子曰："毒药苦口利病,忠言逆耳利行。今淮南王孙建材能高,淮南王后荼、荼子迁常疾害建。建父不害无罪,擅数系,欲杀之。今建在,可征问,具知淮南王阴事。"书既闻,上以其事下廷尉、河南治。是岁元朔六年也。故辟阳侯孙审卿善丞相公孙弘,怨淮南厉王杀其大父,阴求淮南事而构之于弘。弘乃疑淮南有畔逆计,深探其狱。⑥河南治建,辞引太子及党与。

　　①师古曰："孽,庶也。"

②如淳曰："后不以为子,太子不以为兄秩数。"

③服虔曰："不省录著兄弟数中也。"

④师古曰："分国邑以封之。"

⑤师古曰："与外人交通为援。"

⑥张晏曰："探穷其根原。"

　　初,王数以举兵谋问伍被,被常谏之,以吴楚七国为效。①王引陈胜、吴广,被复言形势不同,必败亡。及建见治,王恐国阴事泄,欲发,复问被,被为言发兵权变。语在《被传》。于是王锐欲发,②乃令官奴入宫中,作皇帝玺,丞相、御史大夫、将军、吏中二千石、都官令、丞印,及旁近郡太守、都尉印,汉使节法冠。③欲如伍被计,使人为得罪而西,④事大将军、丞相;一日发兵,即刺大将军卫青,⑤而说丞相弘下之,如发蒙耳。⑥欲发国中兵,恐相、二千石不听,王乃与伍被谋,为失火宫中,相、二千石救火,因杀之。又欲令人衣求盗衣,⑦持羽檄从南方来,⑧呼言曰"南越兵入",⑨欲因以发兵。乃使人之庐江、会稽为求盗,未决。

①师古曰："言反事不成。"

②师古曰："王意欲发兵如锋刃之锐利,故云锐也。"

③师古曰："法冠,御史冠也。本楚王冠,秦灭楚,以其君冠赐御史。"

④苏林曰："诈作得罪人而西也。"师古曰："为得罪之状而去也。西,谓如京师也。"

⑤师古曰："发兵,谓王发兵反。"

⑥如淳曰："以物蒙覆其头,而为发去之,则其人欲之耳。"晋灼曰："如发去物上之蒙,直取其易也。"师古曰："晋说是。"

⑦师古曰："求盗,卒之掌逐捕贼盗者。"

⑧师古曰："羽檄,征兵之书也,解在《高纪》。"

⑨师古曰："呼,音火故反。"

　　廷尉以建辞连太子迁闻,上遣廷尉监与淮南中尉逮捕太子。至,淮南王闻,与太子谋召相、二千石,欲杀而发兵。召相,相至;内史以出为解。①中尉曰："臣受诏使,不得见王。"王念独杀相,而内史、中尉不来,无益也,即罢相。②计犹与未决。③太子念所坐者谋

杀汉中尉,所与谋杀者已死,以为口绝,乃谓王曰:"群臣可用者皆
前系,今无足与举事者。王以非时发,恐无功,臣愿会逮。"④王亦愈
欲休,即许太子。太子自刑,不殊。⑤伍被自诣吏,具告与淮南王谋
反。吏因捕太子、王后,围王宫,尽捕王宾客在国中者,索得反具以
闻。⑥上下公卿治,所连引与淮南王谋反列侯、二千石、豪桀数千
人,皆以罪轻重受诛。

①师古曰:"不应召而云已出也。解者,解说也,若今言分疏矣。"

②师古曰:"遣出去。"

③师古曰:"与,读曰豫。"

④师古曰:"会,谓应逮书而往也。"

⑤晋灼曰:"不殊,不死也。"师古曰:"殊,绝也,虽自刑杀,而身首不绝
也。"

⑥师古曰:"索,搜也,音山客反。"

　　衡山王赐,淮南王弟,当坐收。有司请逮衡山王,上曰:"诸侯各
以其国为本,不当相坐。与诸侯王列侯议。"赵王彭祖、列侯让等四
十三人皆曰:"淮南王安大逆无道,谋反明白,当伏诛。"胶西王端议
曰:"安废法度,行邪僻,①有诈伪心,以乱天下,营惑百姓,②背畔
宗庙,妄作妖言。《春秋》曰'臣毋将,将而诛'。安罪重于将,谋反形
已定。臣端所见,其书印图及它逆亡道事验明白,当伏法。论国吏
二百石以上及比者,③宗室近幸臣不在法中者,不能相教,当免,④
削爵为士伍,毋得官为吏者。其非吏,它赎死金二斤八两,⑤以章安
之罪,⑥使天下明知臣子之道,毋敢复有邪僻背畔之意。"丞相弘、
廷尉汤等以闻,上使宗正以符节治王。未至,安自刑杀。后、太子诸
所与谋皆收夷。国除为九江郡。⑦

①师古曰:"僻,读曰僻。下皆类此。"

②师古曰:"营,谓回绕之。"

③师古曰:"谓真二百石及秩比二百石以上。"

④师古曰:"若本有重罪,自从其法,纵无反状者,亦皆免。"

⑤苏林曰:"非吏故曰它。"师古曰:"为近幸之人,非吏人者。"

⑥师古曰:"章,明也。"

⑦师古曰:"夷,谓诛灭之。"

　　衡山王赐,后乘舒生子三人,长男爽为太子,次女无采,少男孝。姬徐来生子男女四人,美人厥姬生子二人。淮南、衡山相责望礼节,间不相能。①衡山王闻淮南王作为畔逆具,亦心结宾客以应之,恐为所并。

①师古曰:"兄弟相责故有嫌。"

　　元光六年入朝,谒者卫庆有方术,欲上书事天子,王怒,故劾庆死罪,强榜服之。①内史以为非是,却其狱。②王使人上书告内史,内史治,言王不直。③又数侵夺人田,坏人冢以为田。有司请逮治衡山王,上不许,为置吏二百石以上。④衡山王以此恚,与奚慈、张广昌谋,求能为兵法候星气者,日夜纵臾王谋反事。⑤

①师古曰:"榜,击也。击笞之,令其自服死罪也。榜,音彭。"

②师古曰:"却,退也,音丘略反。"

③师古曰:"内史被治而具言王之意状。"

④如淳曰:"《汉仪注》吏四百石已下自除国中。今以王之恶,天子皆为置。"

⑤如淳曰:"臾,读曰勇。纵臾,犹言勉强也。"师古曰:"纵,音子勇反。纵臾,谓奖劝也。"

　　后乘舒死,立徐来为后,厥姬俱幸。两人相妒,厥姬乃恶徐来于太子,①曰"徐来使婢蛊杀太子母。"太子心怨徐来。徐来兄至衡山,太子与饮,以刃刑伤之。后以此怨太子,数恶之于王。女弟无采嫁,弃归,②与客奸。太子数以数让之,③无采怒,不与太子通。后闻之,即善遇无采及孝。孝少失母,附后,后以计爱之,④与共毁太子,王以故数系笞太子。元朔四年中,人有贼伤后假母者,⑤王疑太子使人伤之,笞太子。后王病,太子时称病不侍。孝、无采恶太子:"实不病,自言,有喜色。"王于是大怒,欲废太子而立弟孝。后知王决废太子,又欲并废孝。后有侍者善舞,王幸之,后欲令与孝乱以污之,欲并废二子而以己子广代之。太子知之,念后数恶己无已时,⑥欲与

乱以止其口。后饮太子，太子前为寿，因据后股求与卧。后怒，以告
王。王乃召，欲缚笞之。太子知王常欲废己而立孝，乃谓王曰："孝
与王御者奸，无采与奴奸，王强食，请上书。"即背王去。王使人止
之，莫能禁，王乃自追捕太子。太子妄恶言，王械系宫中。

①师古曰："恶，谓谗毁之也。下皆类此。"

②师古曰："为夫所弃而归也。"

③师古曰："上数，音所角反。下数，音所具反。"

④师古曰："非心实慈念，但以事计须抚之。"

⑤师古曰："继母也。一曰，父之旁妻。"

⑥师古曰："已，止也，数见谗谮无休止。"

孝日益以亲幸。王奇孝材能，乃佩之王印号，曰将军，令居外
家，多给金钱，招致宾客。宾客来者，微知淮南、衡山有逆计，皆将养
劝之。①王乃使孝客江都人枚赫、陈喜作輣车锻矢，刻天子玺，将、
相、军吏印。王日夜求壮士如周丘等，②数称引吴楚反时计画约束。
衡山王非敢效淮南王求即天子位，畏淮南起并其国，以为淮南已
西，发兵定江淮间而有之，望如是。

①师古曰："将，读曰奖。"

②师古曰："下邳人，吴王反时请得汉节下下邳者。"·

元朔五年秋，当朝，六年，过淮南。淮南王乃昆弟语，①除前隙，
约束反具。②衡山王即上书谢病，上赐不朝。乃使人上书请废太子
爽，立孝为太子。爽闻，即使所善白嬴之长安上书，言衡山王与子谋
逆，言孝作兵车锻矢，与王御者奸。至长安未及上书，即吏捕嬴，以
淮南事系。③王闻之，恐其言国阴事，即上书告太子，以为不道。事
下沛郡治。元狩元年冬，有司求捕与淮南王谋反者，得陈喜于孝家。
吏劾孝首匿喜。④孝以为陈喜雅数与王计反，⑤恐其发之，闻律先
自告除其罪，又疑太子使白嬴上书发其事，即先自告所与谋反者枚
赫、陈喜等。廷尉治，事验，请逮捕衡山王治。上曰："勿捕。"遣中尉
安、大行息即问王，⑥王具以情实对。吏皆围王宫守之。中尉、太行
还，以闻。公卿请遣宗正、大行与沛郡杂治王。王闻，即自杀。孝先
自告反，告除其罪。⑦孝坐与王御婢奸，及后徐来坐蛊前后乘舒，及

太子爽坐告王父不孝，皆弃市。诸坐与王谋反者皆诛。国除为郡。

> ①师古曰："为相亲爱之言。"
> ②师古曰："共契约为反具。"
> ③师古曰："汉有司捕系之。"
> ④师古曰："为头首而藏匿之。"
> ⑤师古曰："数，音所角反。"
> ⑥师古曰："就问之。"
> ⑦师古曰："先告有反谋，又告人与己反，而自得除反罪。"

　　济北贞王勃者，景帝四年徙。徙二年，因前王衡山，凡十四年薨。子式王胡嗣，五十四年薨。子宽嗣。十二年，宽坐与父式王后光、姬孝儿奸，悖人伦，①又祠祭祝诅上，有司请诛。上遣大鸿胪利召王，王以刃自刭死。国除为北安县，属泰山郡。

> ①师古曰："悖，乱也，音布内反。"

　　赞曰：《诗》云"戎狄是膺，荆舒是惩"，①信哉是言也！淮南、衡山亲为骨肉，疆土千里，列在诸侯，不务遵蕃臣职，以丞辅天子，而剸怀邪辟之计，②谋为畔逆，仍父子再亡国，③各不终其身。此非独王也，亦其俗薄，臣下渐靡使然。④夫荆楚剽轻，好作乱，乃自古记之矣。⑤

> ①师古曰："此《鲁颂·閟宫》之章也。膺，当也。惩，艾也。荆，楚也。舒，群舒也。言北有戎狄，南有荆舒，土俗强犷，好为寇乱，常须以兵膺当而惩艾也。"
> ②师古曰："剸，与专同，音职专之反。"
> ③师古曰："仍，频也。"
> ④师古曰："靡，谓相随从。"
> ⑤师古曰："剽，音匹妙反。"

汉书卷四五
列传第一五

蒯通　伍被　江充　息夫躬

　　蒯通，范阳人也，①本与武帝同讳。②楚汉初起，武臣略定赵地，号武信君。通说范阳令徐公曰："臣，范阳百姓蒯通也，窃闵公之将死，故吊之。虽然，贺公得通而生也。"徐公再拜曰："何以吊之？"通曰："足下为令十余年矣，杀人之父，孤人之子，断人之足，黥人之首，甚众。慈父孝子所以不敢事刃于公之腹者，畏秦法也。③今天下大乱，秦政不施，④然则慈父孝子将争接刃于公之腹，以复其怨而成其名。⑤此通之所以吊者也。"曰："何以贺得子而生也？"曰："赵武信君不知通不肖，使人候问其死生，通且见武信君而说之，⑥曰：'必将战胜而后略地，攻得而后下城，臣窃以为殆矣。⑦用臣之计，毋战而略地，不攻而下城，传檄而千里定，可乎？'彼将曰：'何谓也？'⑧臣因对曰：'范阳令宜整顿其士卒以守战者也，怯而畏死，贪而好富贵，故欲以其城先下君。先下君而君不利之，则边地之城皆将相告曰"范阳令先降而身死"，必将婴城固守，⑨皆为金城汤池，不可攻也。⑩为君计者，莫若以黄屋朱伦迎范阳令，使驰骛于燕赵之郊，⑪则边城皆将相告曰"范阳令先下而身富贵"，必相率而降，犹如阪上走丸也。⑫此臣所谓传檄而千里定者也。'"徐公再拜，具车马遣通。通遂以此说武臣。武臣以车百乘，骑二百，侯印迎徐公。燕赵闻之，降者三十余城，如通策焉。

　　①师古曰："涿郡之县也，旧属燕。通本燕人，后游于齐，故高祖云齐辩士

　　蒯通。"

②师古曰："本名为彻,其后史家追书为通。"

③李奇曰："东方人以物画地中为事。"师古曰："事,音侧吏反。字本作傳,
　　《周官·考工记》又作菑,音皆同耳。"

④师古曰："施,设也,立也。"

⑤师古曰："复犹报也,音扶目反。"

⑥师古曰："今将欲见之。"

⑦师古曰："殆,危也。"

⑧师古曰："彼,谓武信君也。"

⑨孟康曰："婴,以城自绕。"

⑩师古曰："金以喻坚,汤喻沸熟不可近。"

⑪师古曰："令众皆见。"

⑫师古曰："言乘势便易。"

　　后汉将韩信虏魏王,破赵、代,降燕,定三国,引兵将东击齐。未
度平原,闻汉王使郦食其说下齐,信欲止。通说信曰："将军受诏击
齐,而汉独发间使下齐,宁有诏止将军乎?①何以得无行!且郦生一
士,伏轼掉三寸舌,下齐七十余城,②将军将数万之众,乃下赵五十
余城。为将数岁,反不如一竖儒之功乎!"于是信然之,从其计,遂度
河。齐已听郦生,即留之纵酒,罢备汉守御。信因袭历下军,遂至临
菑。齐王以郦生为欺己而亨之,因败走。信遂定齐地,自立为齐假
王。汉方困于荥阳,遣张良即立信为齐王,以安固之。项王亦遣武
涉说信,欲与连和。

①师古曰："间使,谓使人伺间隙而单行。"

②师古曰："掉,摇也,音徒钓反。"

　　蒯通知天下权在信,欲说信令背汉,乃先微感信曰："仆尝受相
人之术,相君之面,不过封侯,又危而不安;相君之背,贵而不可
言。①信曰："何谓也?"通因请间,②曰："天下初作难也,俊雄豪桀
建号壹呼,③天下之士云合雾集,鱼鳞杂袭,④飘,至风起。⑤当此
之时,忧在亡秦而已。⑥今刘、项分争,使人肝脑涂地,流离中野,不
可胜数。汉王将数十万众,距巩、雒,岨山河,一日数战,无尺寸之

功,折北不救,⑦败荥阳,伤成皋,⑧近走宛、叶之间,此所谓智勇俱困者也。楚人起彭城,转斗逐北,至荥阳,乘利席胜,威震天下,⑨然兵困于京、索之间,⑩迫西山而不能进,三年于此矣。⑪锐气挫于崄塞,粮食尽于内藏,百姓罢极无所归命。⑫以臣料之,⑬非天下贤圣,其势固不能息天下之祸。当今之时,两主县命足下。足下为汉则汉胜,与楚则楚胜。臣愿披心腹,堕肝胆,⑭效愚忠,恐足下不能用也。方今为足下计,莫若两利而俱存之,参分天下,鼎足而立,其势莫敢先动。夫以足下之贤圣,有甲兵众,据强齐,从燕、赵,出空虚之地以制其后,因民之欲,西乡为百姓请命,⑮天下孰敢不听!足下案齐国之故,有淮泗之地,怀诸侯以德,深拱揖让,⑯则天下君王相率而朝齐矣。盖闻'天与弗取,反受其咎;时至弗行,反受其殃。'愿足下孰图之。"

①张晏曰:"言背者,云背畔则大贵。"

②师古曰:"不欲显言,故请间隙而私说。"

③师古曰:"建号者,自立为侯王。呼,音火故反。"

④师古曰:"杂袭犹杂沓,言相杂而累积。"

⑤师古曰:"飘,读曰猋,谓疾风,音必遥反。"

⑥师古曰:"志灭秦,所忧者唯此。"

⑦师古曰:"折,挫也。北,奔也。不救,谓无援助也。"

⑧师古曰:"于成皋战伤胸也。"

⑨师古曰:"席,因也,若人之在席上。"

⑩师古曰:"索,音山客反。"

⑪师古曰:"至今已三年。"

⑫师古曰:"罢,读曰疲。"

⑬师古曰:"料,量也。"

⑭师古曰:"堕,毁也,音火规反。"

⑮师古曰:"乡,读曰向。齐国在东,故曰西向。止楚汉之战斗,士卒不死亡,故云请命。"

⑯师古曰:"深拱,犹高拱。"

信曰:"汉遇我厚,吾岂可见利而背恩乎!"通曰:"始常山王、成安君故相与为刎颈之交,及争张黡、陈释之事,①常山王奉头鼠窜,以归汉王。②借兵东下,战于鄗北,成安君死于泜水之南,③头足异处。此二人相与,天下之至欢也,而卒相灭亡者,何也?患生于多欲而人心难测也。今足下行忠信以交于汉王,必不能固于二君之相与也,而事多大于张黡、陈释之事者,故臣以为足下必汉王之不危足下,过矣。④大夫种存亡越,伯句践,⑤立功名而身死。语曰:'野禽殚,走犬亨;⑥敌国破,谋臣亡。'故以交友言之,则不过张王与成安君;以忠臣言之,则不过大夫种。此二者,宜足以观矣。愿足下深虑之。且臣闻之,勇略震主者身危,功盖天下者不赏。足下涉西河,虏魏王,禽夏说,⑦下井陉,诛成安君之罪,以令于赵,胁燕定齐,南摧楚人之兵数十万众,遂斩龙,且西乡以报,⑧此所谓功无二于天下,略不世出者也。⑨今足下挟不赏之功,戴震主之威,归楚,楚人不信;归汉,汉人震恐。足下欲持是安归乎?⑩夫势在人臣之位,而有高天下之名,切为足下危之。"信曰:"生且休矣,吾将念之。"⑪

①师古曰:"黡,音一黚反。"

②师古曰:"言其迫窘逃亡,如鼠之藏窜。"

③师古曰:"鄗,音呼各反。泜,音祗,又音丁计反。"

④师古曰:"过,犹误也。"

⑤师古曰:"令句践致霸功也。伯,读曰霸。"

⑥师古曰:"殚,尽也,音单。"

⑦师古曰:"说,读曰悦。"

⑧师古曰:"且,音子余反。乡,读曰向。"

⑨师古曰:"言其计略奇异,世所希有。"

⑩师古曰:"安,焉也。此下亦同。"

⑪师古曰:"念犹思也。"

　　数日,通复说曰:"听者,事之候也;①计者,存亡之机也。夫随厮养之役者,失万乘之权;守儋石之禄者,阙卿相之位。②计诚知之,而决弗敢行者,百事之祸也。故猛虎之犹与,不如蜂虿之致螫;③孟贲之狐疑,不如童子之必至。④此言贵能行之也。夫功者难成而易败,时者难值而易失。'时乎时,不再来。'⑤愿足下无疑臣之计。"信犹与不忍背汉,又自以功多,汉不夺我齐,遂谢通。⑥通说不听,惶恐,乃阳狂为巫。

①师古曰:"谓能听善谋也。"

②应劭曰:"齐人名小罂为儋,受二斛。"晋灼曰:"石,斗石也。"师古曰:"儋,音都滥反。或曰,儋者,一人之所负担也。"

③师古曰:"与,读曰预。虿,蝎也。蘁,毒也。虿,音丑界反。蘁,音呼各反。"

④师古曰:"孟贲,古之勇力士。贲,音奔。"

⑤师古曰:"此古语,叹时之不可失。"

⑥师古曰:"告令罢去。"

天下既定,后信以罪废为淮阴侯,谋反被诛,临死叹曰:"悔不用蒯通之言,死于女子之手!"高帝曰:"是齐辩士蒯通。"乃诏齐召蒯通。通至,上欲亨之,曰:"若教韩信反,何也?"①通曰:"狗各吠非其主。当彼时,臣独知齐王韩信,非知陛下也。且秦失其鹿,②天下共逐之,高材者先得。天下匈匈,争欲为陛下所为,顾力不能,③可殚诛邪!"④上乃赦之。

①师古曰:"若,汝也。"

②张晏曰:"以鹿喻帝位。"

③师古曰:"顾,念也。"

④师古曰:"殚,尽也。"

至齐悼惠王时,曹参为相,礼下贤人,请通为客。

初,齐王田荣怨项羽,谋举兵畔之,劫齐士,不与者死。①齐处士东郭先生、梁石君在劫中,强从。及田荣败,二人丑之,②相与入深山隐居。客谓通曰:"先生之于曹相国,拾遗举过,显贤进能,齐国莫若先生者。先生知梁石君、东郭先生世俗所不及,何不进之于相国乎?"通曰:"诺。臣之里妇,与里之诸母相善也。里妇夜亡肉,姑以为盗,怒而逐之。妇晨去,过所善诸母,语以事而谢之。③里母曰:'女安行,④我今令而家追女矣。'⑤即束缊请火于亡肉家,⑥曰:'昨莫夜,犬得肉,争斗相杀,请火治之。'⑦亡肉家遽追呼其妇。⑧故里母非谈说之士也,束缊乞火非还妇之道也,然物有相感,事有适可。臣请乞火于曹相国。"乃见相国曰:"妇人有夫死三日而嫁者,有幽居守寡不出门者，足下即欲求妇，何取？"曰："取不嫁者。"通曰："然则求臣亦犹是也，彼东郭先生、梁石君，齐之俊士也，隐居不嫁，未尝卑节下意以求仕也。愿足下使人礼之。"曹相国曰："敬受命。"皆以为上宾。

①师古曰："劫而取之，不从则杀也。"

②师古曰："自耻从乱，以为丑恶也。"

③师古曰："谢，谓告辞也。"

④师古曰："安，徐也。"

⑤师古曰："而，亦汝。"

⑥师古曰："缊，乱麻，音于粉反。"

⑦师古曰："治，谓烆治死犬。烆，音似廉反。"

⑧师古曰："遽，速也。"

通论战国时说士权变，亦自序其说，凡八十一首，号曰《隽永》。①

①师古曰："隽，音字兖反。隽，肥肉也。永，长也。言其所论甘美，而义深长也。"

初，通善齐人安其生，安其生尝干项羽，羽不能用其策。而项羽欲封此两人，两人卒不肯受。

伍被，楚人也。①或言其先伍子胥后也。被以材能称，为淮南中郎。是时，淮南王安好术学，折节下士，招致英俊以百数，被为冠首。②

①师古曰："被，音皮义反。"

②师古曰："最居其上也。"

久之，淮南王阴有邪谋，被数微谏。①后王坐东宫，召被欲与计事，呼之曰："将军上。"被曰："王安得亡国之言乎？昔子胥谏吴王，吴王不用，乃曰'臣今见麋鹿游姑苏之台也。'②今臣亦将见宫中生荆棘，露沾衣也。"于是王怒，系被父母，囚之三月。

①师古曰："私谏之。"

②张晏曰："吴台名也。"师古曰："《吴地记》云因山为名，西南去国三十五

里。"

王复召被曰："将军许寡人乎？"被曰："不，臣将为大王画计耳。臣闻聪者听于无声，明者见于未形，[1]故圣人万举而万全。文王壹动而功显万世，列为三王，所谓因天心以动作者也。"王曰："方今汉庭治乎？乱乎？"被曰："天下治。"王不说，[2]曰："公何以言治也？"被对曰："被窃观朝廷，君臣父子夫妇长幼之序也，皆得其理，上之举错遵古之道，[3]风俗纪纲未有所缺。重装富贾，周流天下，道无不通，交易之道行。南越宾服，羌、僰贡献，东瓯入朝，[4]广长榆，[5]开朔方，匈奴折伤。虽未及古太平时，然犹为治。"王怒，被谢死罪。

①师古曰："言智虑通达，事未形兆，皆预见。"

②师古曰："说，读曰悦。"

③师古曰："错，音千故反。"

④师古曰："僰，西南夷也，音蒲北反。"

⑤如淳曰："广，谓斥大之也。长榆，塞名，王恢所谓树榆以为塞者也。"师
　　古曰："长榆在朔方，即《卫青传》所云榆溪旧塞是也。或谓之榆中。"

王又曰："山东即有变，汉必使大将军将而制山东，公以为大将军何如人也？"被曰："臣所善黄义，从大将军击匈奴，言大将军遇士大夫以礼，与士卒有恩，众皆乐为用。骑上下山如飞，材力绝人如此，数将习兵，未易当也。及谒者曹梁使长安来，言大将军号令明，当敌勇，常为士卒先；须士卒休，乃舍；穿井得水，乃敢饮；军罢，士卒已逾河，乃度。皇太后所赐金钱，尽以赏赐。虽古名将不过也。"王曰："夫蓼太子[1]知略不世出，非常人也，以为汉廷公卿列侯皆如沐猴而冠耳。"被曰："独先刺大将军，乃可举事。"

①服虔曰："淮南太子也。"文颖曰："食菜于此，或言外家姓也。"师古曰：
　　"蓼自地名，而王之太子岂以食地为号？文言外家姓，近为得之，亦犹
　　汉之栗太子也。"

王复问被曰："公以为吴举兵非邪？"被曰："非也。夫吴王赐号为刘氏祭酒，[1]受几杖而不朝，王四郡之众，地方数千里，采山铜以为钱，煮海水以为盐，伐江陵之木以为船，国富民众，行珍宝，赂诸侯，与七国合从，举兵而西，破大梁，败狐父，[2]奔走而还，为越所

禽,死于丹徒,③头足异处,身灭祀绝,为天下戮。④夫以吴众不能成功者,何也?诚逆天违众而不见时也。"王曰:"男子之所死者一计耳。⑤且吴何知反?汉将一日过成皋者四十余人。⑥今我令缓先要成皋之口,⑦周被下颍川兵塞轘辕、伊阙之道,陈定发南阳兵守武关,河南太守独有雒阳耳,⑧何足忧?然此北尚有临晋关、河东、上党与河内、赵国界者通谷数行。⑨人言'绝成皋之道,天下不通'。据三川之险,招天下之兵,公以为何如?"被曰:"臣见其祸,未见其福也。"

① 应劭曰:"礼,饮酒必祭,示有先也,故称祭酒,尊之也。"如淳曰:"祭祠时唯尊长者以酒沃酹。"师古曰:"如说是也。"

② 师古曰:"在梁、砀之间也。父,音甫。"

③ 师古曰:"即今润州丹徒县也。"

④ 师古曰:"天下之人皆共戮之。一曰,天下之大戮也。"

⑤ 张晏曰:"不成即死,一计耳。"臣瓒曰:"或有一言,云以死报也。"师古曰:"二说死并非也。言男子感气,相许一言,不顾其死。或曰,一言之恨,不顾危亡,以此致死也。"

⑥ 师古曰:"言不知塞成皋口,而令汉将得出之,是不知反计也。"

⑦ 韦昭曰:"淮南臣名也。"师古曰:"缓者,名也,不言其姓。今流俗书本于缓上妄加楼字,非也。"

⑧ 师古曰:"如此计,则汉河南郡唯有雒阳在耳,余皆不属。"

⑨ 如淳曰:"言此北尚崄阻,其溪谷可得通行者有数处。"

　　后汉逮淮南王孙建,系治之。王恐阴事泄,谓被曰:"事至,吾欲遂发。天下劳苦有间矣,①诸侯颇有失行,皆自疑,我举兵西乡,必有应者;②无应,即还略衡山。势不得不发。"被曰:"略衡山以击庐江,有寻阳之船,守下雉之城,③结九江之浦,绝豫章之口,强弩临江而守,以禁南郡之下,东保会稽,南通劲越,屈强江淮间,④可以延岁月之寿耳,未见其福也。"王曰:"左吴、赵贤、朱骄如皆以为什八九成,⑤公独以为无福,何?"被曰:"大王之群臣近幸素能使众者,皆前系诏狱,余无可用者。"王曰:"陈胜、吴广无立锥之地,百人之聚,起于大泽,奋臂大呼,天下嚮应,⑥西至于戏而兵百二十万。

今吾国虽小,胜兵可得二十万,公何以言有祸无福?"被曰:"臣不敢避子胥之诛,愿大王无为吴王之听。往者,秦为无道,残贼天下,杀术士,燔《诗》《书》,灭圣迹,弃礼义,任刑法,转海濒之粟,致于西河。⑦当是之时,男子疾耕不足于粮馈,⑧女子纺绩不足于盖形。遣蒙恬筑长城,东西数千里。暴兵露师,常数十万,死者不可胜数,僵尸满野,流血千里。于是百姓力屈,⑨欲为乱者十室而五。又使徐福入海求仙药,多赍珍宝,童男女三千人,五种百工而行。⑩徐福得平原大泽,止王不来。于是百姓悲痛愁思,欲为乱者十室而六。又使尉佗逾五岭,攻百越,⑪尉佗知中国劳极,止王南越。⑫行者不还,往者莫返,于是百姓离心瓦解,欲为乱者十室而七。兴万乘之驾,作阿房之宫,收太半之赋,发闾左之戍。⑬父不宁子,兄不安弟,⑭政苛刑惨,民皆引领而望,倾耳而听,悲号仰天,叩心怨上,⑮欲为乱者十室而八。客谓高皇帝曰:'时可矣。'高帝曰:'待之,圣人当起东南。'间不一岁,陈、吴大呼,⑯刘、项并和,天下嚮应,⑰所谓蹈瑕衅,因秦之亡时而动,百姓愿之,若枯旱之望雨,故起于行陈之中,以成帝王之功。今大王见高祖得天下之易也,独不观近世之吴楚乎!当今陛下临制天下,壹齐海内,泛爱蒸庶,⑱布德施惠。口虽未言,声疾雷震;令虽未出,化驰如神。心有所怀,威动千里;下之应上,犹景嚮也。⑲而大将军材能非直章邯、扬熊也。王以陈胜、吴广论之,被以为过矣。⑳且大王之兵众不能什分吴楚之一,天下安宁又万倍于秦时。愿王用臣之计。臣闻箕子过故国而悲,作《麦秀》之歌,㉑痛纣之不用王子比干之言。故孟子曰,纣贵为天子,死曾不如匹夫。是纣先自绝久矣,非死之日天去之也。今臣亦窃悲大王弃千乘之君,将赐绝命之书,为群臣先,㉒身死于东宫也。"㉓被因流涕而起。

①如淳曰:"言天下劳苦,人心有间隙,易动乱。"师古曰:"此说非也。有间,犹言中间已有也。故谓此者乃为间也。"

②师古曰:"乡,读曰向。"

③孟康曰:"下雉,江夏县名。"师古曰:"雉,音羊氏反。"

④师古曰："屈,音具勿反。"

⑤师古曰："吴ゝ贤、骄如,王之三臣也。"

⑥师古曰："呼,音火故反。嚣,读曰响。"

⑦师古曰："濒,涯也。海濒,谓缘海涯之地。濒,音频,又音宾。"

⑧师古曰："馈,亦馈字也。"

⑨师古曰："屈,尽也,音其勿反。"

⑩师古曰："五种,五谷之种也。"

⑪师古曰："五岭,解在《张耳传》。"

⑫师古曰："《南越传》云南海尉任嚣谓赵佗曰'闻陈胜等作乱,豪桀叛秦相立',即被佗书行南海尉事。嚣死后,佗始自为王。今此乃言尉佗先王,陈胜乃反,此盖伍被一时对辞,不究其实也。"

⑬师古曰："间左,解在《食货志》。"

⑭师古曰："言不能相保。"

⑮师古曰："叩,击也。"

⑯师古曰："中间不经一岁也。呼,音火故反。"

⑰师古曰："和,音胡卧反。嚣,读曰响。"

⑱师古曰："泛,普也。蒸亦众也。泛,音敷剑反。"

⑲师古曰："言如影之随形,响之应声。嚣,读曰响。"

⑳师古曰："过,误也。"

㉑张晏曰："箕子将朝周,过殷故都,见麦及禾黍,心悲,乃作歌曰:'麦秀之渐渐兮,黍苗之绳绳兮,彼狡童兮,不与我好兮。'狡童,谓纣也。"

㉒师古曰："在群臣先死。"

㉓如淳曰："王时所居也。"

　　后王复召问被："苟如公言,不可以徼幸邪?"①被曰："必不得已,被有愚计。"王曰："奈何?"被曰："当今诸侯无异心,百姓无怨气。朔方之郡土地广美,民徙者不足以实其地。可为丞相、御史请书,②徙郡国豪桀及耐罪已上,以赦令除,家产五十万以上者,皆徙其家属朔方之郡,③益发甲卒,急其会日。④又为左右都司空上林中都官诏狱书,⑤逮诸侯太子及幸臣。⑥如此,则民怨,诸侯惧,即使辩士随而说之,党可以徼幸。"⑦王曰："此可也。虽然,吾以不至若此,专发而已。"⑧后事发觉,被诣吏自告与淮南王谋反踪迹如此。天子以伍被雅辞多引汉美,欲勿诛。张汤进曰:"被首为王画反计,罪无赦。"遂诛被。

①师古曰:"徼,要也。幸,非望之福也。"

②师古曰:"谓诈为此文书,令徙人也。"

③师古曰:"以赦令除,谓遇赦免罪者。"

④师古曰:"促其期日。"

⑤晋灼曰:"《百官表》宗正有左右都司空,上林有水司空,皆主囚徒官也。"师古曰:"中都官,京师诸官府。"

⑥师古曰:"追对狱。"

⑦师古曰:"党,读曰傥。"

⑧师古曰:"言不须为此诈,直自发兵而已。"

江充字次倩,赵国邯郸人也。①充本名齐,有女弟善鼓琴歌舞,嫁之赵太子丹。齐得幸于敬肃王,为上客。

①师古曰:"倩,音千见反。"

久之,太子疑齐以己阴私告王,与齐忤,①使吏逐捕齐,不得,收系其父兄,按验,皆弃市。齐遂绝迹亡,西入关,更名充。诣阙告太子丹与同产姊及王后宫奸乱,交通郡国豪猾,攻剽为奸,②吏不能禁。书奏,天子怒,遣使者诏郡发吏卒围赵王宫,收捕太子丹,移系魏郡诏狱,与廷尉杂治,法至死。

①师古曰:"言相乖。"

②师古曰:"剽,劫也,音频妙反。"

赵王彭祖,帝异母兄也,上书讼太子罪,言"充逋逃小臣,苟为奸谲,激怒圣朝,①欲取必于万乘以复私怨。②后虽亨醢,计犹不悔。臣愿选从赵国勇敢士,③从军击匈奴,极尽死力,以赎丹罪。"上不许,竟败赵太子。④

①师古曰:"谲,古诡字也。"

②师古曰:"取必,谓必取胜也。复,报也,音扶目反。"

③师古曰:"选取勇敢之士以自随。"

④张晏曰:"虽遇赦,终见废也。"

　　初,充召见犬台宫,①自请愿以所常被服冠见上。②上许之。充衣纱縠禅衣,③曲裾后垂交输,④冠禅纚步摇冠,飞翮之缨。⑤充为人魁岸,容貌甚壮。⑥帝望见而异之,谓左右曰:"燕赵固多奇士。"既至前,问以当世政事,上说之。

　　①晋灼曰:"《黄图》上林有犬台宫,外有走狗观也。"师古曰:"今书本犬台有作太壹字者,误也。汉无太壹宫也。"

　　②师古曰:"被,音皮义反。"

　　③师古曰:"纱縠,纺丝而织之也。轻者为纱,绉者为縠。禅衣,制若今之朝服中禅也。《汉官仪》曰武贲中郎将衣纱縠禅衣。禅,音单,字从衣。次下亦同。"

　　④张晏曰:"曲裾者,如妇人衣也。"如淳曰:"交输,割正幅,使一头狭若燕尾,垂之两旁,见于后,是《礼·深衣》'续衽钩边'。贾逵谓之'衣圭'。"苏林曰:"交输,如今新妇袍上挂全幅缯角割,名曰交输裁也。"师古曰:"如、苏二说皆是也。"

　　⑤服虔曰:"冠禅纚,故行步则摇,以鸟羽作缨也。"苏林曰:"析翠鸟羽以作蕤也。"臣瓒曰:"飞翮之缨,谓如蝉翼者也。"师古曰:"服说是也。纚,织丝为之,即今方目纱是也。纚,音山尔反。摇,音弋招反。"

　　⑥师古曰:"魁,大也。岸者,有廉棱如崖岸之形。"

　　充因自请,愿使匈奴。诏问其状,充对曰:"因变制宜,以敌为师,事不可豫图。"上以充为谒者使匈奴,还,拜为直指绣衣使者,督三辅盗贼,禁察逾侈。贵戚近臣多奢僭,充皆举劾,奏请没入车马,令身待北军击匈奴。①奏可。充即移书光禄勋中黄门,逮名近臣侍中诸当诣北军者,移劾门卫,禁止无令得出入宫殿。于是贵戚子弟惶恐,皆见上叩头求哀,愿得入钱赎罪。上许之,令各以秩次输钱北军,凡数千万。上以充忠直,奉法不阿,所言中意。②

　　①文颖曰:"令贵戚身待于北军也。"

　　②师古曰:"中,当也。"

　　充出,逢馆陶长公主行驰道中。①充呵问之,公主曰:"有太后诏。"充曰:"独公主得行,车骑皆不得。"②尽劾没入官。③

　　①师古曰:"武帝之姑,即陈皇后母也。"

②师古曰："从公主之车骑也。"

③如淳曰："令乙，骑乘车马行驰道中，已论者，没入车马被具。"

　　后充从上甘泉，①逢太子家使②乘车马行驰道中，充以属吏。③太子闻之，使人谢充曰："非爱车马，诚不欲令上闻之，以教敕亡素者。④唯江君宽之！"充不听，遂白奏。上曰："人臣当如是矣。"大见信用，威震京师。

①师古曰："甘泉在北山，故言上也。他皆类此。"

②师古曰："太子遣人之甘泉请问者也。使，音山吏反。"

③师古曰："属，音之欲反。"

④师古曰："言素不教敕左右。"

　　迁为水衡都尉，宗族知友多得其力者。久之，坐法免。

　　会阳陵朱安世告丞相公孙贺子太仆敬声为巫蛊事，连及阳石、诸邑公主，贺父子皆坐诛。语在《贺传》。后上幸甘泉，疾病，充见上年老，恐晏驾后为太子所诛，因是为奸，奏言上疾祟在巫蛊。①于是上以充为使者治巫蛊。充将胡巫掘地求偶人，②捕蛊及夜祠，视鬼，染污令有处，③辄收捕验治，烧铁钳灼，强服之。④民转相诬以巫蛊，吏辄劾以大逆亡道，坐而死者前后数万人。

①师古曰："祟，谓祸咎之征也，音息遂反。故其字从出从示。示者，鬼神所以示人也。"

②张晏曰："胡者，言不与华同，故充任使之。"

③张晏曰："充捕巫蛊及夜祭祠祝诅者，令胡巫视鬼，诈以酒酹地，令有处也。"师古曰："捕夜祠及视鬼之人，而充遣巫污染地上为祠祭之处，以诬其人也。"

④师古曰："以烧铁或钳之，或灼之。钳，镊也。灼，炙也。钳，音其炎反。"

　　是时，上春秋高，疑左右皆为蛊祝诅，有与亡，莫敢讼其冤者。充既知上意，因言宫中有蛊气，先治后宫希幸夫人，以次及皇后，遂掘蛊于太子宫，得桐木人。①太子惧，不能自明，收充，自临斩之。骂曰："赵虏！前乱乃国王父子不足邪！②乃复乱吾父子也！"太子繇是遂败。③语在《戾园传》。④后武帝知充有诈，夷充三族。

①师古曰："《三辅旧事》云充使胡巫作而埋之。"

②师古曰："乃,汝也。"

③师古曰："繇,读与由同。"

④师古曰："即《武五子传》也,其中叙戾太子。后加谥,置园邑,故云戾园。"

息夫躬字子微,河内河阳人也。少为博士弟子,受《春秋》,通览记书。①容貌壮丽,为众所异。

①师古曰："传记及诸家之书。"

哀帝初即位,皇后父特进孔乡侯傅晏与躬同郡,相友善,躬繇是以为援,交游日广。①先是,长安孙宠亦以游说显名,免汝南太守,②与躬相结,俱上书,召待诏。是时哀帝被疾,始即位,而人有告中山孝王太后祝诅上,太后及弟宜乡侯冯参皆自杀,其罪不明。是后无盐危山有石自立,开道。③躬与宠谋曰:"上亡继嗣,体久不平,关东诸侯,心争阴谋。今无盐有大石自立,闻邪臣托往事,以为大山石立而先帝龙兴。④东平王云以故与其后日夜祠祭祝诅上,欲求非望。⑤而后舅伍宏反因方术以医技得幸,出入禁门。霍显之谋将行于杯杓,⑥荆轲之变必起于帷幄。事势若此,告之必成;察国奸,诛主仇,取封侯之计也。"躬、宠乃与中郎右师谭,⑦共因中常侍宋弘上变事告焉。上恶之,下有司案验,东平王云、云后谒及伍宏等皆坐诛。⑧上擢宠为南阳太守,谭颍川都尉,弘、躬皆光禄大夫左曹给事中。是时侍中董贤爱幸,上欲侯之,遂下诏云:"躬、宠因贤以闻,封贤为高安侯,宠为方阳侯,躬为宜陵侯,食邑各千户。赐谭爵关内侯,食邑。"丞相王嘉内疑东平狱事,⑨争不欲侯贤等,语在《嘉传》。嘉固言董贤泰盛,宠、躬皆倾覆有佞邪材,恐必挠乱国家,⑩不可任用。嘉以此得罪矣。

①师古曰："繇,读与由同。"

②师古曰："为太守免而归也。"

③服虔曰："山开自成道也。"张晏曰："从石立之下道径自通也。"

④师古曰："言邪人有此私议也。"

　⑤师古曰:"言求帝位也。"

　⑥师古曰:"枴,所以杕挹也,字与勺同,音上灼反。"

　⑦张晏曰:"右师,姓。谭,名也。"

　⑧师古曰:"谒者,后之名也。"

　⑨师古曰:"疑不实也。"

　⑩师古曰:"挠,搅也。挠,音呼高反。"

　　躬既亲近,数进见言事,论议亡所避。众畏其口,见之仄目。①躬上疏历诋公卿大臣,②曰:"方今丞相王嘉健而蓄缩,不可用。③御史大夫贾延堕弱不任职。左将军公孙禄、司隶鲍宣皆外有直项之名,内实呆不晓政事。④诸曹以下仆逨足数。⑤卒有强弩围城,长戟指阙,⑥陛下谁与备之? 如使狂夫噪呼于东崖,⑦匈奴饮马于渭水边,竟雷动,四野风起,⑧京师虽有武蜂精兵,未有能窥左足而先应者也。⑨军书交驰而辐凑,羽檄重迹而押至,⑩小夫懀臣之徒愦眊不知所为。⑪其有犬马之决者,仰药而伏刃,⑫虽加夷灭之诛,何益祸败之至哉!"

　①师古曰:"仄,古侧字也。"

　②师古曰:"诋,谓毁訾也,音丁礼反。"

　③师古曰:"蓄缩,谓吝于事也。"

　④师古曰:"呆,愚也,音五骇反。"

　⑤师古曰:"仆逨,凡短之貌也。仆,音步木反。逨,古速字。"

　⑥师古曰:"卒,读曰猝。"

　⑦师古曰:"东崖,谓东海之边也。噪,古叫字。呼,音火故反。"

　⑧师古曰:"竟,读曰境。"

　⑨苏林曰:"窥,音跬。"师古曰:"跬,半步也,言一举足也,音口婢反。"

　⑩文颖曰:"押,音狎习之狎。"师古曰:"押至,言相因而至也。羽檄,檄之插羽者也,解在《高纪》。"

　⑪师古曰:"愦,心乱也。眊,目暗也。愦,音工内反。眊,音莫报反。"

　⑫师古曰:"仰药,仰首而饮药。"

　　躬又言:"秦开郑国渠以富国强兵,今为京师,土地肥饶,可度地势水泉,广溉灌之利。"①天子使躬持节领护三辅都水。躬立表,欲穿长安城,引漕注太仓下以省转输。议不可成,乃止。

①师古曰:"度,音徒各反。"

　　董贤贵幸日盛,丁、傅害其宠,孔乡侯晏与躬谋,欲求居位辅政。会单于当来朝,遣使言病,愿朝明年。躬因是而上奏,以为"单于当以十一月入塞,后以病为解,①疑有他变。乌孙两昆弥弱,卑爰疐强盛,②居强煌之地,③拥十万之众,东结单于,遣子往侍,如因素强之威,循乌孙就屠之迹,④举兵南伐并乌孙之势也。乌孙并,则匈奴盛,而西域危矣。可令降胡诈为卑爰疐使者来上书曰:'所以遣子侍单于者,非亲信之也,实畏之耳。唯天子哀,⑤告单于归臣侍子,愿助戊已校尉保恶都奴之界。'因下其章诸将军,令匈奴客闻焉。则是所谓'上兵伐谋,⑥其次伐交'者也。"⑦

①师古曰:"自解说云病。"

②苏林曰:"疐,音咳嚏之嚏。"晋灼曰:"音《诗》载'疐其尾之疐'。"师古曰:"以字言之,晋音是,音竹二反。而《匈奴传》服虔乃音献捷之捷,既已失之。末俗学者又改疐字为庚,以应服氏之音,尤离真矣。"

③臣瓒曰:"是其国所都地名。"

④孟康曰:"乌孙先王也。"

⑤师古曰:"谓闵念之。"

⑥服虔曰:"谋者,举兵伐解之也。"师古曰:"此说非也。言知敌有谋者,则以事而应之,沮其所为,不用兵革,所以为贵耳。"

⑦师古曰:"知敌有外交连结相援者,则间误之,令其解散也。"

　　书奏,上引见躬,召公卿将军大议。左将军公孙禄以为"中国常以威信怀伏夷狄,躬欲逆诈造不信之谋,不可许。且匈奴赖先帝之德,保塞称蕃。今单于以疾病不任奉朝贺,遣使自陈,不失臣子之礼。臣禄自保没身不见匈奴为边竟忧也。"①躬掎禄曰:②"臣为国家计,几先谋将然,③豫图未形,④为万世虑。而左将军公孙禄欲以其犬马齿保目所见。臣与禄异议,未可同日语也。"上曰:"善。"乃罢群臣,独与躬议。

①师古曰:"竟,读曰境。"

②师古曰:"掎,从后引之也,谓引蹋其言也,音居绮反。"

③张晏曰:"几,音冀。"师古曰:"先谋将然者,谓彼欲有其事,则为谋策以

坏之。"

④师古曰:"图,谋也,未有形兆而谋之。"

因建言:"往年荧惑守心,太白高而芒光,又角星弗于河鼓,①其法为有兵乱。是后讹言行诏筹,经历郡国,天下骚动,恐必有非常之变。可遣大将军行边兵,敕武备,②斩一郡守以立威,震四夷,因以厌应变异。"③上然之,以问丞相。丞相嘉对曰:"臣闻动民以行不以言,应天以实不以文。下民微细,犹不可诈,况于上天神明而可欺哉!天之见异,所以救戒人君,④欲令觉悟反正,推诚行善。民心说而天意得矣。⑤辩士见一端,或妄以意傅著星历,⑥虚造匈奴、乌孙、西羌之难,谋动干戈,设为权变,非应天之道也。守相有罪,⑦车驰诣阙,交臂就死,恐惧如此,而谈说者云,动安之危,⑧辩口快耳,⑨其实未可从。夫议政者,苦其谲诡谀倾险辩慧深刻也。⑩谲谀则主德毁,倾险则下怨恨,辩慧则破正道,深刻则伤恩惠。昔秦缪公不从百里奚、蹇叔之言,⑪以败其师,⑫悔过自责,疾诖误之臣,思黄发之言,⑬名垂于后世。唯陛下观览古戒,反覆参考,无以先入之语为主。"⑭

①师古曰:"弗,读与孛同。"

②师古曰:"敕,整也。行,音下更反。"

③师古曰:"厌,音一涉反。"

④师古曰:"见,谓显示也。"

⑤师古曰:"说,读曰悦。"

⑥师古曰:"傅,读曰附。著,音治略反。"

⑦邓展曰:"郡守、诸侯相。"

⑧师古曰:"之,往也,言摇动安全之计,往就危殆也。"

⑨师古曰:"苟快听者之耳。"

⑩师古曰:"谲,古诡字。"

⑪师古曰:"缪,读曰穆。"

⑫师古曰:"谓败于殽。"

⑬师古曰:"语在《秦誓》。"

⑭师古曰:"先入,谓躬先为此计入于帝耳。"

　　上不听,遂下诏曰:"间者灾变不息,盗贼众多,兵革之征,或颇著见。①未闻将军恻然深以为意,简练戎士,缮修干戈。②器用盬恶,③孰当督之!④天下虽安,忘战必危。将军与中二千石举明习兵法有大虑者各一人,将军二人,诣公车。"⑤就拜孔乡侯傅晏为大司马卫将军,阳安侯丁明又为大司马票骑将军。

　　①师古曰:"谓玄象。"

　　②师古曰:"缮,补也。"

　　③邓展曰:"盬,不坚牢也。"师古曰:"音公户反。"

　　④师古曰:"督,视察也。"

　　⑤师古曰:"堪为将军者,凡举二人。"

　　是日,日有食之,董贤因此沮躬、晏之策。后数日,收晏卫将军印绶,而丞相御史奏躬罪过。上繇是恶躬等,①下诏曰:"南阳太守方阳侯宠,素亡廉声,有酷恶之资,毒流百姓。左曹光禄大夫宜陵侯躬,虚造诈谖之策,②欲以诖误朝廷。皆交游贵戚,趋权门,为名。其免躬、宠官,遣就国。"

　　①师古曰:"繇,读与由同。"

　　②师古曰:"谖,诈辞也,音虚远反。"

　　躬归国,未有第宅,寄居丘亭。①奸人以为侯家富,常夜守之。②躬邑人河内掾贾惠往过躬,教以祝盗方,以桑东南指枝为匕,③画北斗七星其上,躬夜自被发,立中庭,向北斗,④持匕招指祝盗。⑤人有上书言躬怀怨恨,非笑朝廷所进,候星宿,视天子吉凶,与巫同祝诅。上遣侍御史、廷尉监逮躬,系雒阳诏狱。欲掠问,躬仰天大谑,⑥因僵仆。吏就问,云咽已绝,⑦血从鼻耳出。食顷,死。党友谋议相连下狱百余人。⑧躬母圣,坐祠灶祝诅上,大逆不道。圣弃市,妻充汉与家属徙合浦。躬同族亲属素所厚者,皆免,废锢。⑨哀帝崩,有司奏:"方阳侯宠及右师谭等,皆造作奸谋,罪及王者骨肉,虽蒙赦令,不宜处爵位,在中土。"皆免宠等,徙合浦郡。

　　①张晏曰:"丘亭,野亭名。"师古曰:"此说非也。丘,空也。"

　　②师古曰:"谓欲盗之,伺其便。"

③师古曰:"桑东南出之枝。"

④师古曰:"被,音皮义反。"

⑤师古曰:"或招或指,所以求福排祸也。"

⑥师古曰:"谭,古呼字,音火故反。"

⑦师古曰:"咽,喉咙,音一千反。"

⑧师古曰:"亲党及朋友。"

⑨师古曰:"终身不得仕。"

初,躬待诏,数危言高论,自恐遭害,著绝命辞曰:"玄云泱郁,将安归兮!①鹰隼横厉,鸾俳徊兮!②矰若浮猋,动则机兮!③丛棘栈栈,曷可栖兮!④发忠忘身,自绕罔兮!冤颈折翼,庸得往兮!⑤涕泣流兮萑兰,⑥心结愲兮伤肝。⑦虹霓曜兮日微,⑧孽杳冥兮未开。⑨痛入天兮鸣呼,冤际绝兮谁语!⑩仰天光兮自列,招上帝兮我察。⑪秋风为我唫,浮云为我阴。⑫嗟若是兮欲何留,⑬抚神龙兮揽其须。⑭游旷迥兮反亡期,⑮雄失据兮世我思。"⑯后数年乃死,如其文。

①师古曰:"泱郁,盛貌。泱,音乌朗反。"

②师古曰:"厉,疾飞也。鸾,神鸟也,赤灵之精,赤色,五采,鸡形,鸣中五音。俳徊,谓不得其所也。"

③师古曰:"矰,弋射矢也。猋,疾风也。言矰弋张设,其疾若风,动则机发。猋,音必遥反。"

④师古曰:"栈栈,众盛貌,音仕巾反。"

⑤应劭曰:"虽冤颈折翼,庸得不往也。"张晏曰:"陷于逸人之网,何用得去也。"师古曰:"冤,屈也。张说是。"

⑥张晏曰:"萑兰,草名也。蔓延于地,有所依凭则起。躬怨哀帝不用己为大臣以置治也。"臣瓒曰:"萑兰,泣涕阑干也。"师古曰:"瓒说是。萑,音桓。"

⑦师古曰:"结愲,乱也。"孟康曰:"愲,音骨。"

⑧张晏曰:"虹霓,邪阴之气,而有照曜,以蔽日月。云逸言流行,忠良浸微也。"

⑨如淳曰:"虹霓覆日光明谓之孽。"师古曰:"孽,邪气也,音牛列反。"

⑩张晏曰:"躬自以被逸枉而与君绝也。"师古曰:"鸣呼者,以鸟自喻也。"

谁语,言无所告语也。呼,音火故反。语,音牛助反。”

⑪张晏曰:“上帝,天也。招,呼也。”师古曰:“列,谓陈列其本心。”

⑫师古曰:“唅,古吟字。”

⑬师古曰:“言变故如是,何用久留而生。”

⑭师古曰:“揽,与擥同,谓执持之。”

⑮师古曰:“言一死不可复生。”

⑯师古曰:“雄,谓君上也。据,谓尊位也。言上失所据,乃思我耳。”

　　赞曰:仲尼“恶利口之覆邦家”,①酈通一说而丧三俊,②其得不亨者,幸也。伍被安于危国,身为谋主,忠不终而诈雠,③诛夷不亦宜乎!《书》放四罪,④《诗》歌《青蝇》,⑤《春秋》以来,祸败多矣。昔子翚谋桓而鲁隐危,⑥栾书构郤而晋厉弑。⑦竖牛奔仲,叔孙卒;⑧郈伯毁季,昭公逐;⑨费忌纳女,楚建走;⑩宰嚭谮胥,夫差丧;⑪李园进妹,春申毙;⑫上官诉屈,怀王执;⑬赵高败斯,二世缢;⑭伊戾坎盟,宋痤死;⑮江充造蛊,太子杀;息夫作奸,东平诛:皆自小覆大,繇疏陷亲,可不惧哉!可不惧哉!⑯

①师古曰:“事见《论语》。”

②应劭曰:“亨郦食其,败田横,骄韩信也。”

③李奇曰:“诈为王画策,而雠见纳也。”师古曰:“雠,读曰售。谓被初忠于汉,而不能终,为王画诈伪之策,而见纳也。”

④师古曰:“谓流共工,放驩兜,窜三苗,殛鲧也。事见《虞书》。”

⑤师古曰:“《小雅·青蝇》之诗也。其首章曰:‘营营青蝇,止于樊,恺悌君子,无信谗言。’盖蝇之为虫,毁污白黑,以喻佞人变乱善恶。”

⑥应劭曰:“公子翚谓隐公曰:‘吾将为君杀桓公,以我为太宰。’公曰:‘为其少故,今将授之矣。’翚惧,反谮隐公而杀之。”

⑦应劭曰:“栾书使楚公子茷语厉公曰:‘鄢陵之战,郤至以为必败,欲奉孙周以代君也。’公信之而灭三郤。栾书因是反,弑厉公。”

⑧张晏曰:“牛,叔孙穆子之孽子也。仲,正妻子也。牛谗仲,叔孙怒而逐之,奔齐。叔孙病,牛饿杀之。”

⑨张晏曰:“郈昭伯毁季平子于昭公,昭公伐平子不胜,因出奔齐。”

⑩应劭曰:"楚平王为太子建娶于秦。无忌曰秦女美甚,劝王自纳之,因而构焉,云其怨望,今将畔,令王杀之。"

⑪应劭曰:"吴将伐齐,子胥谏之。宰嚭曰:'伍胥自以先王谋臣,心常鞅鞅,临事沮大众,冀国之败。'夫差大怒,赐之属镂之剑。其明年,越灭吴。"

⑫张晏曰:"李园,春申君之舍人也,进其妹于春申君。已有身,使妹谓春申君曰:'楚王无子,百年之后,将立兄弟。君用事日久,多失礼于王之兄弟。兄弟诚立,祸将及身。今妾有子,人莫知。若进妾于王,后若生男,则君之子为王也。'春申君乃言之王,召入之,遂生男,立为太子。后孝烈王薨,李园害春申君之宠,乃刺杀之。"

⑬张晏曰:"屈平忠而有谋,为上官子兰所谮,见放逐。后秦昭诱怀王会于武关,遂执以归,卒死于秦。"

⑭张晏曰:"赵高谮杀李斯而代其位,乃使其婿阎乐攻二世于望夷宫,乞为黔首,不听,乃缢而死。"

⑮李奇曰:"伊戾为太子傅,无宠,欲败太子,言与楚客盟谋宋,诈歃血加盟书以证之,公以故杀痤。"师古曰:"痤,音在戈反。"

⑯师古曰:"覆,音芳福反。繇,与由同。"

汉书卷四六
列传第一六

石奋　卫绾　直不疑　周仁
张欧

　　万石君石奋,其父赵人也。赵亡,徙温。① 高祖东击项籍,过河内,时奋年十五,为小吏,侍高祖。高祖与语,爱其恭敬,问曰:"若何有?"② 对曰:"有母,不幸失明。家贫。有姊,能鼓瑟。"高祖曰:"若能从我乎?"曰:"愿尽力。"于是高祖召其姊为美人,以奋为中涓,受书谒。③ 徙其家长安中戚里,④ 以姊为美人故也。

　　①师古曰:"温,河内之县。"
　　②师古曰:"若,汝也。有何戚属?"
　　③师古曰:"中涓,官名,主居中而涓洁者也。外有书谒,令奋受之也。涓,音蠲。"
　　④师古曰:"于上有姻戚者,则皆居之,故名其里为戚里。"

　　奋积功劳,孝文时官至太中大夫。无文学,恭谨,举无与比。① 东阳侯张相如为太子太傅,免。选可为傅者,皆推奋为太子太傅。及孝景即位,以奋为九卿。迫近,惮之,② 徙奋为诸侯相。奋长子建,次甲,次乙,次庆,③ 皆以驯行孝谨,④ 官至二千石。于是景帝曰:"石君及四子皆二千石,人臣尊宠乃举集其门。"凡号奋为万石君。⑤

　　①张晏曰:"举朝无比也。"师古曰:"举,皆也。"
　　②张晏曰:"以其恭敬履度,故难之。"
　　③师古曰:"史失其名,故云甲乙耳,非其名。"

④师古曰:"驯,顺也,音巡。"

⑤师古曰:"集,合也。凡,最计也。总合其一门之计,五人为二千石,故号万石君。"

孝景季年,万石君以上大夫禄归老于家,以岁时为朝臣。①过宫门阙必下车趋,见路马必轼焉。②子孙为小吏,来归谒,万石君必朝服见之,不名。子孙有过失,不谯让,为便坐,③对案不食。然后诸子相责,因长老肉袒固谢罪,改之,乃许。子孙胜冠者在侧,虽燕必冠,申申如也。④僮仆䜣䜣如也,⑤唯谨。⑥上时赐食于家,必稽首俯伏而食,如在上前。其执丧,哀戚甚。⑦子孙遵教,亦如之。万石君家以孝谨闻乎郡国,虽齐鲁诸儒质行,皆自以为不及也。⑧

①师古曰:"豫朝请。"

②师古曰:"路马,天子路车之马。轼,谓抚轼,盖为敬也。"

③师古曰:"便坐于便侧之处,非正室也。"

④师古曰:"申申,整敕之貌。"

⑤晋灼曰:"许慎云古欣字也。"师古曰:"晋说非也。此䜣读与闒闒同,谨敬之貌也,音牛巾反。"

⑥师古曰:"唯以谨敬为先。"

⑦师古曰:"执丧,犹言持丧服也。《礼记》曰'执亲之丧'。"

⑧师古曰:"质,重也。"

建元二年,郎中令王臧以文学获罪皇太后。①太后以为儒者文多质少,今万石君家不言而躬行,乃以长子建为郎中令,少子庆为内史。

①张晏曰:"窦太后。"

建老白首,万石君尚无恙。①每五日洗沐归谒亲,②入子舍,③窃问侍者,取亲中裙厕牏,身自浣洒,④复与侍者,不敢令万石君知之,以为常。建奏事于上前,即有可言,屏人乃言极切;⑤至廷见,如不能言者。⑥上以是亲而礼之。

①师古曰:"恙,忧病。"

②文颖曰:"郎官五日一下。"

③师古曰:"入诸子之舍,自其所居也,若今言诸房矣。"

④服虔曰："亲身之衣也。"苏林曰："牏，音投。贾逵解《周官》云'牏，行清也'。"孟康曰："厕，行清；牏，中受粪函者也。东南人谓凿木空中如曹谓之牏。"晋灼曰："今世谓反门小袖衫为侯牏。"师古曰："亲，谓父也。中裙，若今言中衣也。厕牏者，近身之小衫，若今汗衫也。苏音晋说是矣。洒，音先礼反。"

⑤师古曰："有可言，谓有事当奏谏。"

⑥师古曰："廷见，谓当朝而见时。"

万石君徙居陵里。①内史庆醉归，入外门不下车。万石君闻之，不食。庆恐，肉袒谢请罪，不许。举宗及兄建肉袒，万石君让曰：②"内史贵人，入闾里，里中长老皆走匿，而内史坐车中自如，固当！"③乃谢罢庆。④庆及诸子入里门，趋至家。

①师古曰："茂陵邑中之里。"

②师古曰："让，责也。"

③师古曰："此深责之也，言内史贵人，正固当尔。"

④师古曰："告令去。"

万石君元朔五年卒，建哭泣哀思，杖乃能行。岁余，建亦死。诸子孙咸孝，然建最甚，甚于万石君。

建为郎中令，奏事下，①建读之，惊恐曰："书'马'者与尾而五，②今乃四，不足一，获谴死矣！"其为谨慎，虽他皆如是。

①师古曰："建有所奏上而被报下也。下，音胡亚反。"

②服虔曰："作马字下曲者而五，建时上书误作四。"师古曰："马字下曲者为尾，并四点为四足，凡五。"

庆为太仆，御出，①上问车中几马，庆以策数马毕，举手曰："六马。"庆于兄弟最为简易矣，然犹如此。出为齐相，齐国慕其家行，不治而齐国大治，②为立石相祠。

①师古曰："为上御车而出。"

②师古曰："不治，言无所治罚。"

元狩元年，上立太子，选群臣可傅者，庆自沛守为太子太傅，七岁迁御史大夫。元鼎五年，丞相赵周坐酎金免，制诏御史："万石君先帝尊之，子孙至孝，其以御史大夫庆为丞相，封牧丘侯。"是时汉方南诛两越,东击朝鲜,北逐匈奴,西伐大宛,中国多事。天子巡狩海内,修古神祠,封禅,兴礼乐。公家用少,桑弘羊等致利,王温舒之属峻法,兒宽等推文学,九卿更进用事,①事不关决于庆,庆醇谨而已。②在位九岁,无能有所匡言。尝欲请治,上近臣所忠、九卿咸宣,③不能服,反受其过,赎罪。

①师古曰:"更,互也,音工衡反。"

②师古曰:"醇,专厚也,音纯。"

③服虔曰:"咸,音减损之减。"师古曰:"治所忠及咸宣二人。"

元封四年,关东流民二百万口,无名数者四十万,①公卿议欲请徙流民于边以適之。②上以为庆老谨,不能与其议,③乃赐丞相告归,而案御史大夫以下议为请者。庆惭不任职,上书曰:"臣幸得待罪丞相,疲驽无以辅治。城郭仓廪空虚,民多流亡,罪当伏斧质,上不忍致法。愿归丞相侯印,乞骸骨归,避贤者路。"

①师古曰:"名数,若今户籍。"

②师古曰:"適,读曰谪。"

③师古曰:"与,读曰豫。"

上报曰:"间者,河水滔陆,①泛滥十余郡,堤防勤劳,弗能堙塞,②朕甚忧之。是故巡方州,③礼嵩岳,通八神,以合宣房。④济淮江,历山滨海,⑤问百年民所疾苦。惟吏多私,征求无已,⑥去者便,居者扰,故为流民法,以禁重赋。⑦乃者封泰山,皇天嘉况,神物并见。⑧朕方答气应,未能承意,⑨是以切比闾里,知吏奸邪。⑩委任有司,然则官旷民愁,盗贼公行。⑪往年觐明堂,赦殊死,无禁锢,咸自新,与更始。今流民愈多,计文不改,⑫君不绳责长吏,而请以兴徙四十万口,摇荡百姓,⑬孤儿幼年未满十岁,无罪而坐率,⑭朕失望焉。今君上书言仓库城郭不充实,民多贫,盗贼众,请入粟为庶人。⑮夫怀知民贫而请益赋,⑯动危之而辞位,⑰欲安归难乎?⑱君其反室!"⑲

①晋灼曰:"滔,漫也。"师古曰:"高平曰陆。漫,音莫干反。"

②师古曰:"堙,填也,音因。"

③张晏曰："四方之州也。"师古曰："东方诸州。"

④孟康曰："八神，《郊祀志》八神也，于宣房宫合祀之。"师古曰："此说非
　也。自言致礼中岳，通敬八神耳。合宣房者，于宣房塞决河也，事见《沟
　洫志》。"

⑤师古曰："滨海者，循海涯而行也。滨，音宾，又音频。"

⑥师古曰："惟，思也。已，止也。"

⑦师古曰："言百姓去其本土者则免于吏征求，在旧居者则见烦扰，故朝
　廷特为流人设法，又禁吏之重赋也。一曰，去者，谓吏出使而侵扰居人
　以自便也。"

⑧师古曰："况，赐也。见，显示也。"

⑨师古曰："言自修整，以报瑞应，恐未承顺上天之意。"

⑩师古曰："比，校考也，音频寐反。"

⑪师古曰："旷，空也。人不举职，是空其官。"

⑫苏林曰："校户口文书不改减也。"如淳曰："郡上计文书，自文饰，不改
　正也。"师古曰："如说是。"

⑬师古曰："荡，动也。"

⑭服虔曰："率，坐刑法也。"如淳曰："率，家长也。"师古曰："幼年无罪，坐
　为父兄所率而并徙。如说近之。"

⑮服虔曰："庆自以居相位不能理，请入粟赎己罪，退为庶人。"

⑯师古曰："怀此心也。"

⑰师古曰："摇动百姓，使其危急，而自欲去位。"

⑱师古曰："以此危难之事，欲归之于何人。"

⑲师古曰："若此自谓理当然者，可还家。"

　　庆素质，见诏报反室，自以为得许，欲上印绶。掾史以为见责甚
深，而终以反室者，丑恶之辞也。或劝庆宜引决。①庆甚惧，不知所
出，遂复起视事。

　　①师古曰："令自杀。"

　　庆为丞相，文深审谨，无他大略。后三岁余薨，谥曰恬侯。中子
德，庆爱之。上以德嗣，后为太常，坐法免，国除。庆方为丞相时，诸
子孙为小吏至二千石者十三人。及庆死后，稍以罪去，孝谨衰矣。

卫绾，代大陵人也，以戏车为郎，事文帝，①功次迁中郎将，醇谨无它。②孝景为太子时，召上左右饮，而绾称病不行。③文帝且崩时，属孝景曰："绾长者，善遇之。"及景帝立，岁余，不孰何绾，④绾日以谨力。⑤

　　①服虔曰："力士能扶戏车也。"应劭曰："能左右超乘。"师古曰："二说皆非也。戏车，若今之弄车之技。"

　　②师古曰："无它余志念也。"

　　③张晏曰："恐文帝谓豫有二心事太子。"

　　④服虔曰："不问也。"李奇曰："孰，谁也。何，呵也。"师古曰："何，即问也。不谁何者，犹言不借问耳。"

　　⑤师古曰："自勉力为谨慎，日日益甚。"

　　景帝幸上林，诏中郎将参乘，还而问曰："君知所以得参乘乎？"①绾曰："臣代戏车士，幸得功次迁，待罪中郎将，不知也。"上问曰："吾为太子时召君，君不肯来，何也？"②对曰："死罪，病。"上赐之剑，绾曰："先帝赐臣剑凡六，不敢奉诏。"上曰："剑，人之所施易，独至今乎？"③绾曰："具在。"上使取六剑，剑常盛，未尝服也。④

　　①师古曰："言何以得参乘？"

　　②师古曰："言以此特识之。"

　　③如淳曰："施，读曰移。言剑者人所好，故多数移易贸换之也。"师古曰："施，读曰貤。貤，延也，音弋豉反。"

　　④师古曰："盛，谓在削室之中也。盛，音成。削，音先召反。"

　　郎官有谴，常蒙其罪，①不与它将争；有功，常让它将。上以为廉，忠实无它肠，②乃拜绾为河间王太傅。吴楚反，诏绾为将，将河间兵击吴楚有功，拜为中尉。三岁，以军功封绾为建陵侯。

　　①师古曰："蒙，谓覆蔽之。"

　　②师古曰："心肠之内无他恶。"

　　明年，上废太子，诛栗卿之属。①上以绾为长者，不忍，乃赐绾告归，而使郅都治捕栗氏。既已，上立胶东王为太子，召绾拜为太子太傅，迁为御史大夫。五岁，代桃侯舍为丞相，②朝奏事如职所奏。③然自初宦以至相，终无可言。④上以为敦厚可相少主，尊宠之,赏赐甚多。

①师古曰:"太子废为临江王,故诛其外家亲属。"

②师古曰:"刘舍。"

③师古曰:"言守职分而已。"

④师古曰:"不能有所兴建及废罢。"

　　为丞相三岁,景帝崩,武帝立。建元中,丞相以景帝病时诸官囚多坐不辜者,而君不任职,①免之。后薨,谥曰哀侯。子信嗣,坐酎金,国除。

①师古曰:"天子不亲政,则丞相当理之,而绾不申其冤。"

　　直不疑,南阳人也。为郎,事文帝。其同舍有告归,误持其同舍郎金去。已而同舍郎觉,亡意不疑,①不疑谢有之,②买金偿。后告归者至而归金,亡金郎大惭,以此称为长者。稍迁至中大夫。朝,廷见,人或毁不疑③曰:"不疑状貌甚美,然特毋奈其善盗嫂何也!"④不疑闻,曰:"我乃无兄。"然终不自明也。

①师古曰:"疑其盗取。"

②师古曰:"告云实取。"

③师古曰:"当于阙廷大朝见之时,而人毁之。"

④师古曰:"盗,谓私之。"

　　吴楚反时,不疑以二千石将击之。景帝后元年,拜为御史大夫。天子修吴楚时功,封不疑为塞侯。①武帝即位,与丞相绾俱以过免。

①师古曰:"塞,音先代反。"

　　不疑学《老子》言。其所临,为官如故,唯恐人之知其为吏迹也。不好立名,称为长者。薨,谥曰信侯。传子至孙彭祖,坐酎金,国除。

　　周仁,其先任城人也。以医见。①景帝为太子时,为舍人,积功迁至太中大夫。景帝初立,拜仁为郎中令。

①师古曰:"见于天子。"

　　仁为人阴重不泄。①常衣弊补衣溺裤,期为不洁清,②以是得幸,入卧内。于后宫秘戏,仁常在旁,终无所言。③上时问人,④仁曰："上自察之。"然亦无所毁,如此。⑤景帝再自幸其家。家徙阳陵。
上所赐甚多,然终常让,不敢受也。诸侯群臣赂遗,终无所受。武帝
立,为先帝臣重之。⑥仁乃病免,以二千石禄归老,子孙咸至大官。

①服虔曰："质重不泄人之阴谋也。"张晏曰："阴重不泄,下湿,故溺裤,是
以得比宦者,得入后宫也。仁有子孙,先未得此疾时所生也。"师古曰:
"张、服二说皆非也。阴,密也。为性密重不泄人言也。霍去病少言不泄,
亦其类也。"

②师古曰："故为不洁清之事而弊败其衣服也。溺,读曰尿。尿裤者,为小
裤,以藉其尿。"

③师古曰："是不泄也。"

④师古曰："问以他人之善恶。"

⑤师古曰："虽知其恶,不欲言毁之,故云上自察之。"

⑥师古曰："重,谓敬难之。"

　　张欧字叔,①高祖功臣安丘侯说少子也。②欧孝文时以治刑名
侍太子,③然其人长者。景帝时尊重,常为九卿。至武帝元朔中,代
韩安国为御史大夫。欧为吏,未尝言案人,剸以诚长者处官。④官属
以为长者,亦不敢大欺。上具狱事,有可却,却之;⑤不可者,不得
已,为涕泣,面而封之。⑥其爱人如此。

①孟康曰："欧,音驱。"

②师古曰："说,读曰悦。"

③师古曰："刘向《别录》云申子学号曰刑名。刑名者,循名以责实,其尊君
卑臣,崇上抑下,合于六经。说者云,刑,刑家,名,名家也,即太史公所
论六家之二也。此说非。"

④师古曰："剸,与专同,又音之兖反。"

⑤师古曰："退令更平幡之。"

⑥如淳曰："不正视,若不见者也。"晋灼曰："面对囚读而封之,使其闻见,
死而无恨也。"师古曰："二说皆非也。面,谓俏之也,言不忍视之,与吕
马童面之同义。"

　　老笃,请免,天子亦宠以上大夫禄,归老于家。家阳陵。子孙咸
至大官。

　　赞曰：仲尼有言"君子欲讷于言而敏于行"，①其万石君、建陵侯、塞侯、张叔之谓与？②是以其教不肃而成，不严而治。至石建之浣衣，周仁为垢污，君子讥之。

　　①师古曰："《论语》载孔子之言也。讷，迟也。敏，疾也。"

　　②师古曰："与，读曰欤。"

汉书卷四七
列传第一七

文三王

梁孝王武　代孝王参　梁怀王揖

孝文皇帝四男：窦皇后生孝景帝、梁孝王武，诸姬生代孝王参、梁怀王揖。①

> ①师古曰："不得其姓氏，故曰诸姬，言在诸姬之列者也。解在《高五王传》。"

梁孝王武以孝文二年与太原王参、梁王揖同日立。武为代王，四年徙为淮阳王，十二年徙梁，自初王通历已十一年矣。①

> ①师古曰："总数其为王之年。"

孝王十四年，入朝。十七年，十八年，比年入朝，留。①其明年，乃之国。二十一年，入朝。二十二年，文帝崩。二十四年，入朝。二十五年，复入朝。是时，上未置太子，与孝王宴饮，从容言曰：②"千秋万岁后传于王。"王辞谢。虽知非至言，然心内喜。太后亦然。

> ①师古曰："比，频也。留，谓留在京师。"
> ②师古曰："从，音千容反。"

其春，吴、楚、齐、赵七国反，先击梁棘壁，①杀数万人。梁王城守睢阳，②而使韩安国、张羽等为将军以距吴、楚。吴、楚以梁为限，不敢过而西，与太尉亚夫等相距三月。吴、楚破，而梁所杀虏略与汉中分。③

①文颖曰："地名。"

②师古曰："据睢阳城而自守。"

③孟康曰："梁所虏吴、楚之捷略与汉同。"

明年，汉立太子。梁最亲，有功，又为大国，居天下膏腴地，北界泰山，西至高阳，①四十余城，多大县。孝王，太后少子，爱之，赏赐不可胜道。②于是孝王筑东苑，方三百余里，广睢阳城七十里，③大治宫室，为复道，自宫连属于平台三十余里。④得赐天子旌旗，从千乘万骑，出称警，入言趓，⑤儗于天子。⑥招延四方豪桀，自山东游士莫不至，齐人羊胜、公孙诡、邹阳之属。⑦公孙诡多奇邪计，初见日，王赐千金，官至中尉，号曰公孙将军。多作兵弩弓数十万，而府库金钱且百巨万，⑧珠玉宝器多于京师。

①苏林曰："陈留北县。"

②师古曰："道，谓言。"

③师古曰："更广大之也。《晋太康地记》云城方十三里，梁孝王筑之。鼓倡节枠而后下和之者称《睢阳曲》，今踵以为故。今之乐家《睢阳曲》是其遗音。"

④如淳曰："平台在大梁东北，离宫所在也。"晋灼曰："或说在城中东北角。"师古曰："今其城东二十里所有故台基，其处宽博，土俗云平台也。复，音方目反。"

⑤师古曰："警者，戒肃也。趓，止行人也。言出入者，互文耳。出亦有趓。《汉仪注》皇帝辇动，左右侍帷幄者称警，出殿则传跸，止人清道也。"

⑥师古曰："儗，比也，音拟。"

⑦师古曰："言皆游梁。"

⑧师古曰："巨万，百万也。有百万者言凡百也。"

二十九年十月，孝王入朝，景帝使使持乘舆驷，迎梁王于关下。①既朝，上疏，因留。以太后故，入则侍帝同辇，出则同车游猎上林中。梁之侍中、郎、谒者著引籍出入天子殿门，②与汉宦官亡异。

①邓展曰："但持驷马往也。"臣瓒曰："称乘舆驷，则车马皆往。言四，不驾六马耳。天子副车驾四马。"师古曰："舆，即车也。瓒说是。"

②师古曰："著，音竹略反。"

十一月，上废栗太子，太后心欲以梁王为嗣。大臣及爰盎等有所关说于帝，太后议格，①孝王不敢复言太后以嗣事。②事秘，世莫知，乃辞归国。

①服虔曰："格，音格斗。"张晏曰："止也。"苏林曰："音阁。"师古曰："苏音张说是。"

②师古曰："不敢更以此事言于太后。"

其夏，上立胶东王为太子。梁王怨爰盎及议臣，乃与羊胜、公孙诡之属谋，阴使人刺杀爰盎及他议臣十余人。贼未得也。于是天子意梁，①逐贼，果梁使之。遣使冠盖相望于道，覆案梁事。捕公孙诡、羊胜，皆匿王后宫。使者责二千石急，梁相轩丘豹②及内史安国③皆泣谏王，王乃令胜、诡皆自杀，出之。上由此怨望于梁王。④梁王恐，乃使韩安国因长公主谢罪太后，然后得释。

①师古曰："意，疑也。"

②师古曰："姓轩丘，名豹。"

③师古曰："即韩安国。"

④师古曰："望，谓责而怨之。"

上怒稍解，因上书请朝。既至关，茅兰说王，①使乘布车，②从两骑入，匿于长公主园。汉使迎王，王已入关，车骑尽居外，外不知王处。太后泣曰："帝杀吾子!"帝忧恐。于是梁王伏斧质，之阙下谢罪。然后太后、帝皆大喜，相与泣，复如故。悉召王从官入关。然帝益疏王，不与同车辇矣。

①服虔曰："茅兰，孝王大夫也。"

②张晏曰："布车降服，自比丧人也。"

三十五年冬，复入朝。上疏欲留，上弗许。归国，意忽忽不乐。北猎梁山，有献牛，足上出背上，孝王恶之。六月中，病热，六日薨。①

①张晏曰："足当处下，所以辅身也。今出背上，象孝王背朝而干上也。北者，阴也，又在梁山，明为梁也。牛者，丑之畜，冲在六月。北方数六，故六月六日王薨也。"

　　孝王慈孝,每闻太后病,口不能食,常欲留长安侍太后。太后亦爱之。及闻孝王死,窦太后泣极哀,不食,曰:"帝果杀吾子!"帝哀惧,不知所为。与长公主计之,乃分梁为五国,尽立孝王男五人为王,女五人皆令食汤沐邑。奏之太后,太后乃说,为帝壹餐。①

　　①师古曰:"说,读曰悦。餐,古飡字。"

　　孝王未死时,财以巨万计,不可胜数。及死,藏府余黄金尚四十余万斤,他财物称是。

　　代孝王参初立为太原王。四年,代王武徙为淮阳王,而参徙为代王,复并得太原,都晋阳如故。①五年一朝,凡三朝。十七年薨,子共王登嗣。②二十九年薨,子义嗣。元鼎中,汉广关,以常山为阻,③徙代王于清河,是为刚王。并前在代凡立四十年薨,子顷王汤嗣。二十四年薨,子年嗣。

　　①师古曰:"如文帝在代时。"
　　②师古曰:"共,读曰恭。"
　　③师古曰:"依山以为关。"

　　地节中,冀州刺史林奏年为太子时与女弟则私通。及年立为王后,则怀年子,其婿使勿举。①则曰:"自来杀之。"婿怒曰:"为王生子,自令王家养之。"则送儿顷太后所。②相闻知,禁止则,令不得入宫。③年使从季父往来送迎则,④连年不绝。有司奏年淫乱,年坐废为庶人,徙房陵,与汤沐邑百户。立三年,国除。

　　①师古曰:"不养也。"
　　②师古曰:"顷王之后,年之太后,故曰顷太后。"
　　③师曰:"相者,王之相。"
　　④师古曰:"宗室诸从也。"

　　元始二年,新都侯王莽兴灭继绝,白太皇太后,立年弟子如意为广宗王,奉代孝王后。莽篡位,国绝。

　　梁怀王揖,文帝少子也。好《诗》《书》,帝爱之,异于他子。五年一朝,凡再入朝,因堕马死,立十年薨。无子,国除。明年,梁孝王武徙王梁。

梁孝王子五人为王。太子买为梁共王,①次子明为济川王,彭离为济东王,定为山阳王,不识为济阴王,皆以孝景中六年同日立。

①师古曰:"共,读曰恭。"

梁共王买立七年薨,子平王襄嗣。

济川王明以垣邑侯立。七年,坐射杀其中尉,有司请诛,武帝弗忍,废为庶人,迁房陵。国除。

济东王彭离立二十九年。彭离骄悍,①昏暮私与其奴亡命少年数十人行剽,②杀人取财物以为好。③所杀发觉者百余人,国皆知之,莫敢夜行。所杀者子上书告言,有司请诛,武帝弗忍,废为庶人,徙上庸,国除,为大河郡。

①师古曰:"悍,勇也。"

②师古曰:"剽,劫也,音频妙反。"

③如淳曰:"以是为好喜之事也。"师古曰:"好,音呼到反。"

山阳哀王定立九年薨。亡子,国除。

济阴哀王不识立一年薨。亡子,国除。

孝王支子四王,皆绝于身。①

①师古曰:"支子,谓非正嫡也。"

梁平王襄,母曰陈太后。恭王母曰李太后。李太后,亲平王之大母也。①而平王之后曰任后,任后甚有宠于襄。

①师古曰:"大母,祖母也。恭王即李太后所生,故云亲祖母也。"

初,孝王有罍尊,①直千金,戒后世善宝之,毋得以与人。②任后闻而欲得之。李太后曰:"先王有命,毋得以尊与人。他物虽百巨万,犹自恣。"任后绝欲得之。王襄直使人开府取尊赐任后,又王及母陈太后事李太后多不顺。有汉使者来,李太后欲自言,王使谒者中郎胡等遮止,闭门。李太后与争门,措指,③太后啼呼,④不得见汉使者。李太后亦私与食官长及郎尹霸等奸乱,王与任后以此使人风止李太后。⑤李太后亦已，⑥后病薨。病时，任后未尝请疾；⑦薨，又不侍丧。

　　①应劭曰："《诗》云'酌彼金罍'。罍，画云雷之象，以金饰之也。"郑氏曰："上盖刻为山云雷之象。"师古曰："郑说是也。罍，古雷字。"

　　②师古曰："宝，谓爱守也。"

　　③晋灼曰："许慎云'措，置'。字借以为笮耳。"师古曰："音壮客反，谓为门扉所笮。"

　　④师古曰："呼，音火故反。"

　　⑤师古曰："风，读曰讽。止者，止其自言也。"

　　⑥师古曰："已，止也。"

　　⑦张晏曰："请，问也。"

　　元朔中，睢阳人犴反，①人辱其父，而与睢阳太守客俱出同车。犴反杀其仇车上，亡去。睢阳太守怒，以让梁二千石。二千石以下求反急，执反亲戚。反知国阴事，乃上变告梁王与大母争尊状。时相以下具知之，欲以伤梁长史，书闻。天子下吏验问，有之。公卿治，奏以为不孝，请诛王及太后。②天子曰："首恶失道，任后也。朕置相吏不逮，③无以辅王，故陷不谊，不忍致法。"削梁王五县，夺王太后汤沐成阳邑，枭任后首于市，中郎胡等皆伏诛。梁余尚有八城。

　　①师古曰："犴，姓；反，名也。犴，音岸。"

　　②师古曰："陈太后。"

　　③师古曰："逮，及也，言其材知不及。"

　　襄立四十年薨，子顷王无伤嗣。十一年薨，子敬王定国嗣。四十年薨，子夷王遂嗣。六年薨，子荒王嘉嗣。十五年薨，子立嗣。

　　鸿嘉中，太傅辅奏："立一日至十一犯法，臣下愁苦，莫敢亲近，不可谏止。愿令王，非耕、祠，法驾毋得出宫，尽出马置外苑，收兵杖藏私府，毋得以金钱财物假赐人。"事下丞相、御史，请许。①奏可。后数复敺伤郎，②夜私出宫。傅相连奏，坐削或千户，或五百户，如是者数焉。

　　①师古曰："许太傅所奏。"

　　②师古曰："敺，棰击，音一口反。"

　　荒王女弟园子为立舅任宝妻，宝兄子昭为立后。数过宝饮食，报宝曰："我好翁主，①欲得之。"宝曰："翁主，姑也，法重。"立曰："何能为！"②遂与园子奸。

　　①师古曰："诸王女皆称翁主，言其父自主婚也。"

　　②师古曰："言罪不能至重也。"

　　积数岁，永始中，相禹奏立对外家怨望，有恶言。有司案验，因发淫乱事，奏立禽兽行，请诛。太中大夫谷永上疏曰："臣闻'礼，天子外屏，不欲见外'也。①是故帝王之意，不窥人闺门之私，听闻中冓之言。②《春秋》为亲者讳。《诗》云'戚戚兄弟，莫远具尔'。③今梁王年少，颇有狂病，始以恶言按验，既亡事实，而发闺门之私，非本章所指。王辞又不服，猥强劾立，傅致明之事，④独以偏辞成罪断狱，亡益于治道，污蔑宗室，⑤以内乱之恶披布宣扬于天下，非所以为公族隐讳，增朝廷之荣华，昭圣德之风化也。臣愚以为王少，而父同产长，年齿不伦；梁国之富，足以厚聘美女，招致妖丽；父同产亦有耻辱之心。⑥案事者乃验问恶言，⑦何故猥自发舒？⑧以三者揆之，殆非人情，疑有所迫切，过误失言，文吏蹑寻，不得转移。萌牙之时，加恩勿治，上也。⑨既已案验举宪，宜及王辞不服，诏廷尉选上德通理之史，更审考清问，著不然之效，定失误之法，⑩而反命于下吏，⑪以广公族附疏之德，为宗室刷污乱之耻，⑫甚得治亲之谊。"天子由是寝而不治。

　　①师古曰："屏，谓当门之墙，以屏蔽者也。外屏，于门外为之。"

　　②应劭曰："中冓，材构在堂之中也。"晋灼曰："《鲁诗》以为夜也。"师古曰："冓，谓舍之交积材木也。应说近之。冓，音工豆反。"

　　③师古曰："《小雅·行苇》之诗也。戚戚，内相亲也。尔，近也。言王之族亲，情无疏远，皆昵近也。"

　　④师古曰："傅，读曰附。"

　　⑤孟康曰："蔑，音漫。"师古曰："蔑，音袜，谓涂染也。"

　　⑥师古曰："言其姑亦当自耻，必不与奸。"

　　⑦师古曰："本所问者，怨望朝廷之言耳。"

　　⑧师古曰："猥，曲也。"

⑨如淳曰："覆盖之，则计之上。"

⑩师古曰："著，明也。"

⑪师古曰："使者还反，以清白之状付有司也。"

⑫师古曰："刷，谓拭刷除之也，音所劣反。"

居数岁，元延中，立复以公事怨相掾及睢阳丞，使奴杀之，杀奴以灭口。凡杀三人，伤五人，手殴郎吏二十余人。上书不拜奏。谋篡死罪囚。①有司请诛，上不忍，削立五县。

①师古曰："逆取曰篡。"

哀帝建平中，立复杀人。天子遣廷尉赏、大鸿胪由持节即讯。①至，移书傅、相、中尉曰："王背策戒，②悖暴妄行，③连犯大辟，毒流吏民。比比蒙恩，不伏重诛，④不思改过，复贼杀人。幸得蒙恩，丞相长史、大鸿胪丞即问。王阳病抵谰，置辞⑤骄嫚，不首主令，与背畔亡异。⑥丞相、御史请收王玺绶，送陈留狱。明诏加恩，复遣廷尉、大鸿胪杂问。今王当受诏置辞，恐复不首实对。《书》曰：'至于再三，有不用，我降尔命。'⑦傅、相、中尉皆以辅正为职，'虎兕出于匣，龟玉毁于匮中，是谁之过也？'⑧书到，明以谊晓王。敢复怀诈，罪过益深。傅、相以下，不能辅导，有正法。"

①师古曰："就问也。"

②师古曰："初封时策书有戒敕之言。"

③师古曰："悖，乖也，音布内反。"

④师古曰："比，犹频也。"

⑤师古曰："抵，距也。谰，诬讳也。抵，音丁礼反。谰，音来亶反。"

⑥师古曰："不首，谓不伏其罪也。主令者，于法令之条与背畔无异也。首，音失救反。次下亦同。"

⑦师古曰："此《周书·多方篇》之辞也。言我教汝至于再三，汝不能用，则我下罚黜汝命也。"

⑧师古曰："此《论语》孔子责冉有、季路之辞也。言虎兕出于槛，龟玉毁于椟匮，岂非典守者之过邪？喻辅相人者，当能持危扶颠也。"

立惶恐，免冠对曰："立少失父母，孤弱处深宫中，独与宦者婢妾居，渐渍小国之俗，加以质性下愚，有不可移之姿。①往者，傅相

亦不纯以仁谊辅翼立,大臣皆尚苛刻,刺求微密。谗臣在其间,左右
弄口,积使上下不和,更相眣伺。②宫殿之里,毛氅过失,亡不暴陈。
当伏重诛,以视海内,③数蒙圣恩,得见贳赦。④今立自知贼杀中郎
曹将,冬月迫促,贪生畏死,即诈僵仆阳病,⑤徼幸得逾于须臾。⑥
谨以实对,伏须重诛。"⑦时冬月尽,其春大赦,不治。

　①师古曰:"言不从化也。《论语》称孔子曰'唯上智与下愚不移'。"

　②师古曰:"更,音工衡反。"

　③师古曰:"视,读曰示。"

　④师古曰:"贳,谓宽其罪。"

　⑤师古曰:"僵仆,倒地也。僵,音姜。仆,音赴。"

　⑥师古曰:"冀得逾冬月而减罪也。"

　⑦师古曰:"须,待也。"

　　元始中,立坐与平帝外家中山卫氏交通,新都侯王莽奏废立为
庶人,徙汉中。立自杀。二十七年,国除。后二岁,莽白太皇太后立
孝王玄孙之曾孙沛郡卒史音为梁王,奉孝王后。莽篡,国绝。

　　赞曰:梁孝王虽以爱亲故王膏腴之地,①然会汉家隆盛,百姓
殷富,故能殖其货财,广其宫室车服。然亦僭矣,怙亲亡厌,牛祸告
罚,卒用忧死,悲夫!

　①师古曰:"太后爱子,而帝亲弟,故曰爱亲。"

汉书卷四八
列传第一八

贾　谊

　　贾谊，雒阳人也，年十八，以能诵诗书属文称于郡中。①河南守吴公闻其秀材，召置门下，②甚幸爱。文帝初立，闻河南守吴公治平为天下第一，③故与李斯同邑，而尝学事焉，④征以为廷尉。廷尉乃言谊年少，颇通诸家之书。文帝召以为博士。

　　①师古曰："属，谓缀辑之也，言其能为文也。属，音之欲反。"
　　②师古曰："秀，美也。"
　　③师古曰："治平，言其政治和平也。"
　　④师古曰："事之而从其学也。"

　　是时，谊年二十余，最为少。每诏令议下，①诸老先生未能言，谊尽为之对，人人各如其意所出。诸生于是以为能。文帝说之，②超迁，岁中至太中大夫。

　　①师古曰："谓有诏令出下及遣议事。"
　　②师古曰："说，读曰悦。"

　　谊以为汉兴二十余年，天下和洽，宜当改正朔服色制度，定官名，兴礼乐。乃草具其仪法，①色上黄，数用五，为官名悉更，奏之。②文帝谦让未皇也。③然诸法令所更定，及列侯就国，其说皆谊发。于是天子议以谊任公卿之位。绛、灌、东阳侯、冯敬之属尽害之，④乃毁谊曰："雒阳之人，年少初学，专欲擅权，纷乱诸事。"于是天子后亦疏之，不用其议，以谊为长沙王太傅。

　　①师古曰："草，谓创造之。"

②师古曰:"更,改也。"

③师古曰:"皇,暇也。自以为不当改制。"

④师古曰:"绛,绛侯周勃也。灌,灌婴也。东阳侯,张相如也。冯敬,时为
　　御史大夫。"

　　谊既以適去,①意不自得,及度湘水,②为赋以吊屈原。屈原,
楚贤臣也,被谗放逐,作《离骚赋》,③其终篇曰:"已矣! 国亡人,莫
我知也。"遂自投江而死。谊追伤之,因以自谕。④其辞曰:

①师古曰:"適,读曰谪。其下亦同。"

②师古曰:"湘水出零陵阳海山,北流入江也。"

③师古曰:"离,遭。忧动曰骚。遭忧而作此辞。"

④师古曰:"谕,譬也。"

　　　　恭承嘉惠兮,①俟罪长沙。②仄闻屈原兮,自湛汨罗。③造
托湘流兮,敬吊先生。④遭世罔极兮,乃陨厥身。⑤乌虖哀哉
兮,逢时不祥。⑥鸾凤伏窜兮,鸱鸮翱翔。⑦阘茸尊显兮,谗谀
得志。⑧贤圣逆曳兮,方正倒植。⑨谓随、夷溷兮,⑩谓跖、蹻
廉;⑪莫邪为钝兮,⑫铅刀为铦。⑬于嗟默默,生之亡故兮! ⑭
斡弃周鼎,⑮宝康瓠兮。⑯腾驾罢牛,骖蹇驴兮;⑰骥垂两耳,
服盐车兮。⑱章父荐屦,渐不可久兮;⑲嗟若先生,独离此咎
兮! ⑳

①师古曰:"恭,敬也。嘉惠,谓诏命也。

②师古曰:"俟,古俟字。俟,待也。"

③师古曰:"仄,古侧字。汨,水名,在长沙罗县,故曰汨罗。湛,读曰沉。汨,
　　音莫历反。"

④师古曰:"造,至也。言至湘水而因托其流也。造,音千到反。"

⑤张晏曰:"谗言罔极。"师古曰:"罔,无也。极,中也。无中正之道。一曰,
　　极,止也。"

⑥师古曰:"虖,读曰呼。"

⑦师古曰:"鸱,鸱鸮,怪鸟也。鸮,恶声之鸟也。鸱,音尺夷反。鸮,音于骄
　　反。鸮,音休。"

⑧师古曰:"阘茸,下材不肖之人也。阘,音吐盍反。茸,音人勇反。"

⑨师古曰:"植,立也,音值。"

⑩应劭曰:"随,卞随,汤时廉士,汤以天下让而不受。夷,伯夷也,不食周粟,饿于首阳之下。"师古曰:"涸,浊也,音胡困反。"

⑪李奇曰:"跖,秦大盗也。楚之大盗为庄跻。"师古曰:"跖,音之石反。跻,音居略反。庄周曰,盗跖,柳下惠之弟,盖寓言也。"

⑫应劭曰:"莫邪,吴大夫也,作宝剑,因以冠名。"

⑬晋灼曰:"世俗谓利为铦彻。"师古曰:"言弋占反。"

⑭应劭曰:"默默,不得意也。"邓展曰:"言屈原无故遇此祸也。"师古曰:"生,先生也。"

⑮师古曰:"斡,转也,音管。"

⑯郑氏曰:"康瓠,瓦盆底也。《尔雅》曰:'康瓠谓之甈。'"师古曰:"甈,音五列反。"

⑰师古曰:"罢,读曰疲。蹇,跛也。"

⑱师古曰:"驾盐车也。"

⑲师古曰:"章父,殷冠名也。言冠乃居下,屦反在上也。父,读曰甫。"

⑳应劭曰:"嗟,咨嗟也。劳苦屈原遇此难也。"师古曰:"离,遭也。"

　　讯曰:①已矣!国其莫吾知兮,②子独壹郁其谁语?③凤缥缥其高逝兮,夫固自引而远去。④袭九渊之神龙兮,⑤沕渊潜以自珍;⑥偭蟂獭以隐处兮,⑦夫岂从虾与蛭螾?⑧所贵圣之神德兮,远浊世而自臧。使麒麟可系而羁兮,岂云异夫犬羊?般纷纷其离此邮兮,⑨亦夫子之故也!⑩历九州而相其君兮,何必怀此都也?⑪凤皇翔于千仞兮,览德辉而下之;⑫见细德之险微兮,遥增击而去之。⑬彼寻常之污渎兮,岂容吞舟之鱼!⑭横江湖之鳣鲸兮,固将制于蝼蚁。⑮

①李奇曰:"讯,告也。"张晏曰:"讯,《离骚》下章乱也。"师古曰:"讯,音碎。"

②师古曰:"一国之人不知我也。"

③师古曰:"壹郁,犹怫郁也。"

④师古曰:"缥缥,轻举貌,音匹遥反。"

⑤邓展曰:"袭,重也。"师古曰:"九渊,九旋之川,言至深也。"

⑥邓展曰:"沕,音昧。"张晏曰:"潜,藏也。"

⑦服虔曰:"蝯,音枭。"应劭曰:"蝯獭,水虫害鱼者也。価,背也。欲舍蝯獭从神龙游也。"师古曰:"価,音面。"

⑧服虔曰:"蛭,水虫。螾,今之蠸螾也。"孟康曰:"言龙自绝于蝯獭,况从虾与蛭螾也。"师古曰:"虾亦水虫也,音遐。蛭,音质。螾字与蚓同,音引,今合韵,当音弋人反。蠸,音丘谨反。"

⑨苏林曰:"般,音槃。"孟康曰:"般,音班。般,反也。"纷纷,构谗意也。师古曰:"般,孟音是也。字从丹青之丹。离,遭也。邮,过也。"

⑩李奇曰:"亦夫子不如麟凤之故,离此咎也。"师古曰:"此说非也。贾谊自言今之离邮,亦犹屈原耳。"

⑪师古曰:"言往长沙为傅,不足哀伤,何用苟怀此之都邑,盖亦谊自宽广之言。"

⑫师古曰:"八尺曰仞。千仞,言其极高。"

⑬师古曰:"增,重也。言见苛细之人,险厄之证,故重击其羽而高去。"

⑭应劭曰:"八尺曰寻,倍寻曰常。"师古曰:"水不泄为污,音一胡反,又音一故反。"

⑮如淳曰:"鳣、鲸,皆大鱼也。"臣瓒曰:"鳣鱼无鳞,口在腹下。鲸鱼长者长数里。"晋灼曰:"小水不容大鱼,而横鳣鲸于污渎,必为蝼蚁所制。以况小朝主暗,不容受忠逆之言,亦为谗贼小臣所害。"师古曰:"鳣,音竹连反,字或作鲟。鲟,亦大鱼也,音淫,又音寻。蝼,音楼,谓蝼蛄也。"

谊为长沙傅三年,有服飞入谊舍,止于坐隅。①服似鸮,②不祥鸟也。谊既以適居长沙,长沙卑湿,谊自伤悼,以为寿不得长,乃为赋以自广。其辞曰:

①师古曰:"坐,音才卧反。"

②晋灼曰:"《异物志》曰'有鸟小鸡,体有文色,土俗因形名之曰服,不能远飞,行不出域'也。"

单阏之岁,四月孟夏,①庚子日斜,服集余舍,②止于坐隅,貌甚閒暇。③异物来崒,私怪其故,④发书占之,谶言其度。⑤曰"野鸟入室,主人将去。"问于子服:"余去何之?⑥吉虖告我,凶言其灾。淹速之度,语余其期。"⑦

①应劭曰:"太岁在卯为单阏。"师古曰:"阏,音一葛反。"

②孟康曰:"日斜,日映时。"

③师古曰:"閒,读曰闲。"

④孟康曰:"崒,音萃。萃,聚集也。"

⑤师古曰:"讖,验也,有征验之书也。讖,音初禁反。"

⑥师古曰:"子服者,言加其美称也。"

⑦师古曰:"淹,迟也。"

　　服乃太息,举首奋翼,口不能言,请对以意。①万物变化,固亡休息。斡流而迁,或推而还。②形气转续,变化而嬗。③沕穆亡间,胡可胜言!④祸兮福所倚,福兮祸所伏;⑤忧喜聚门,吉凶同域。⑥彼吴强大,夫差以败;粤栖会稽,句践伯世。⑦斯游遂成,卒被五刑;⑧傅说胥靡,乃相武丁。⑨夫祸之与福,何异纠缥!⑩命不可说,孰知其极?⑪水激则旱,矢激则远。⑫万物回薄,震荡相转。云蒸雨降,纠错相纷。大钧播物,块扎无垠。⑬天不可与虑,道不可与谋。迟速有命,乌识其时?⑭

①师古曰:"意字合韵,宜音亿。"

②师古曰:"斡,音管。斡,转也。还,读曰旋。"

③服虔曰:"嬗,音如蝉,谓变蜕也。"苏林曰:"相传与也。"师古曰:"此即禅代字,合韵故音婵耳。苏说是也。"

④师古曰:"沕穆,深微貌。胡,何也。言其理深微,不可尽言。沕,音勿。"

⑤师古曰:"此老子《德经》之言也。倚,音于绮反。"

⑥师古曰:"言祸福相因,吉凶不定。"

⑦师古曰:"会稽,山名也。句践避吴之难,保于此山,故曰栖也。句,音钩。伯,读曰霸。"

⑧应劭曰:"李斯西游于秦,身登相位,二世时为赵高所谮,身伏五刑。"

⑨张晏曰:"胥靡,刑名也。傅说被刑,筑于傅岩,武丁以为己相。"师古曰:"胥靡,相随之刑也,解在《楚元王传》。"

⑩应劭曰:"祸福相为表里,如纠绳索相附会也。"臣瓒曰:"纠,绞也。缥,索也。"师古曰:"缥,音墨。"

⑪师古曰:"极,止也。"

⑫师古曰:"言水之激疾,则去尽,不能浸润。矢之激发,则去远。"

⑬如淳曰:"陶者作器于钧,上此以造化为大钧也。"应劭曰:"其气块扎,非有限齐也。"师古曰:"今造瓦者,谓所转者为钧,言造化为人,亦犹陶

之造瓦耳。块，音乌朗反。扎，音于黠反。"

⑭师古曰："乌，犹何也。"

　　且夫天地为炉，造化为工；阴阳为炭，万物为铜，①合散消息，安有常则？千变万化，未始有极。忽然为人，何足控揣；②化为异物，又何足患！③小智自私，贱彼贵我；达人大观，物亡不可。贪夫徇财，列士徇名；④夸者死权，品庶每生。⑤怵迫之徒，或趋西东；⑥大人不曲，意变齐同。愚士系俗，僒若囚拘；⑦至人遗物，独与道俱。众人惑惑，好恶积意；⑧真人恬漠，独与道息。⑨释智遗形，超然自丧；⑩寥廓忽荒，与道翱翔。⑪乘流则逝，得坎则止；⑫纵躯委命，不私与己。其生兮若浮，其死兮若休。⑬澹乎若深渊之靓，泛乎若不系之舟。⑭不以生故自保，养空而浮。⑮德人无累，知命不忧。细故蒂芥，何足以疑！⑯

①师古曰："以冶铸为喻。"

②孟康曰："控，引也。揣，持也。言人生忽然，何足引持自贵惜也。"如淳曰："控，引也。揣，音团。控持，玩弄爱生之意也。"师古曰："如说是。"

③师古曰："患，合韵音环。"

④臣瓒曰："以身从物曰徇。"

⑤臣瓒曰："谓夸泰也。庄子曰'权势不尤，则夸者悲'。"孟康曰："每，贪也。"师古曰："品庶，犹庶品也。"

⑥孟康曰："怵，为利所诱怵也。迫，迫贫贱，东西趋利也。"师古曰："诱怵之怵则音戌。或曰，怵，怵惕也，音丑出反，其义两通。而说者欲改字为怵，盖穿凿耳。"

⑦李奇曰："僒，音块。"苏林曰："音人肩伛僒尔。音欺全反。"师古曰："苏音是。"

⑧李奇曰："惑惑，东西也。所好所恶，积之万亿也。"臣瓒曰："言众怀好恶，积之心意也。"师古曰："瓒说是也。意，合韵音于力反。"

⑨师古曰："恬，安也。漠，静也。"

⑩服虔曰："绝圣弃智，而亡其身也。"师古曰："丧，合韵音先郎反。"

⑪服虔曰："荒，音呼广反。"

⑫孟康曰："《易》'坎为险'，遇险难而止也。"张晏曰："谓夷易则仕，险难

　则隐也。"

⑬师古曰:"休,息也。"

⑭师古曰:"澹,安也,音徒滥反。靓,与静同。泛,音敷剑反。"

⑮服虔曰:"道家养空虚若浮舟也。"

⑯师古曰:"蒂芥,小鲠也。蒂,音丑芥反。"

　　后岁余,文帝思谊,征之。至,入见,上方受釐,坐宣室。①上因感鬼神事,而问鬼神之本。谊具道所以然之故。至夜半,文帝前席。②既罢,曰:"吾久不见贾生,自以为过之,今不及也。"乃拜谊为梁怀王太傅。怀王,上少子,爱,而好书,故令谊傅之,数问以得失。③

①苏林曰:"宣室,未央前正室也。"应劭曰:"釐,祭余肉也。《汉仪注》祭天地五畤,皇帝不自行,祠还致福。釐,音禧。"师古曰:"禧,福也。借釐字为之耳,言受神之福也。"

②师古曰:"渐,促近谊,听说其言也。"

③师古曰:"汉朝问以国家之事。"

　　是时,匈奴强,侵边。天下初定,制度疏阔。诸侯王僭儗,地过古制。①淮南、济北王皆为逆诛。谊数上疏陈政事,多所欲匡建,②其大略曰:

①师古曰:"儗,比也。上比于天子。儗,音拟。"

②师古曰:"匡,正也,正其失也。建,立也,立制节也。"

　　　臣窃惟事势,可为痛哭者一,可为流涕者二,可为长大息者六,若其它背理而伤道者,难遍以疏举。①进言者皆曰天下已安已治矣,②臣独以为未也。曰安且治者,非愚则谀,③皆非事实知治乱之体者也。夫抱火厝之积薪之下而寝其上,④火未及燃,因谓之安,方今之势,何以异此!本末舛逆,首尾衡决,国制抢攘,⑤非甚有纪,⑥胡可谓治! 陛下何不壹令臣得孰数之于前,因陈治安之策,试详择焉!

①师古曰:"言不可尽条记也。"

②师古曰:"进言者,谓陈说于天子前者也。治,音直吏反。此下并同。"

③师古曰:"实谓治安,则是愚也;知其不尔而假言之,是谀谀也。"

④师古曰:"厝,置也,音千故反。"

⑤苏林曰:"枪,音济济跄跄,不安貌也。"晋灼曰:"枪,音伧。吴人骂楚人
曰伧。伧攘,乱貌也。"师古曰:"晋音是。伧,音仕庚反。攘,音女庚反。"

⑥师古曰:"纪,理也。"

夫射猎之娱,与安危之机孰急?①使为治劳智虑,苦身体,
乏钟鼓之乐,勿为可也。乐与今同,而加之诸侯轨道,兵革不
动,②民保首领,匈奴宾服,四荒乡风,③百姓素朴,狱讼衰息。
大数既得,则天下顺治,海内之气,清和咸理,生为明帝,没为
明神,名誉之美,垂于无穷。《礼》祖有功而宗有德,使顾成之庙
称为太宗,上配太祖,与汉亡极。建久安之势,成长治之业,以
承祖庙,以奉六亲,至孝也;④以幸天下,以育群生,至仁也;立
经陈纪,轻重同得,后可以为万世法程,⑤虽有愚幼不肖之嗣,
犹得蒙业而安,至明也。以陛下之明达,因使少知治体者得佐
下风,致此非难也。⑥其具可素陈于前,愿幸无忽。⑦臣谨稽之
天地,⑧验之往古,案之当今之务,日夜念此至孰也,虽使禹舜
复生,为陛下计,亡以易此。⑨

①师古曰:"言二事之中,何者为急。"

②师古曰:"轨道,言遵法制也。"

③师古曰:"乡,读曰向也。"

④应劭曰:"六亲,父母兄弟妻子也。"

⑤师古曰:"程,式也。"

⑥师古曰:"少知治体者,谊自谓也。"

⑦师古曰:"忽,息忘也。"

⑧师古曰:"稽,考也。"

⑨师古曰:"易,改也。"

夫树国固必相疑之势,①下数被其殃,上数爽其忧,②甚
非所以安上而全下也。今或亲弟谋为东帝,③亲兄之子西乡而
击,④今吴又见告矣。⑤天子春秋鼎盛,⑥行义未过,⑦德泽有
加焉,犹尚如是,况莫大诸侯,⑧权力且十此者虖!⑨

①郑氏曰:"今建立国泰大,其势必固相疑也。"臣瓒曰:"树国于险固,诸

侯强大,则必与天子有相疑之势也。"师古曰:"郑说是也。"

②如淳曰:"奭,忒也。"

③应劭曰:"淮南厉王长。"

④如淳曰:"谓齐悼惠王子兴居而为济北王反,欲击取荥阳也。"师古曰:
"乡,读曰向。"

⑤如淳曰:"时吴王又不修汉法,有告之者。"

⑥应劭曰:"鼎,方也。"

⑦师古曰:"行,音下更反。"

⑧师古曰:"莫大,谓无有大于其国者,言最大也。"

⑨师古曰:"十倍于此。"

　　然而天下少安,何也?大国之王幼弱未壮,汉之所置傅相
方握其事。数年之后,诸侯之王大抵皆冠,①血气方刚,汉之傅
相称病而赐罢,彼自丞尉以上偏置私人,如此,有异淮南、济北
之为邪!此时而欲为治安,虽尧舜不治。

①师古曰:"大抵,犹言大略也,音丁礼反。其下亦同。"

　　黄帝曰:"日中必熭,操刀必割。"①今令此道顺而全安,甚
易,不肯早为,已乃堕骨肉之属而抗刭之,②岂有异秦之季世
虖!夫以天子之位,乘今之时,因天之助,尚惮以危为安,以乱
为治,假设陛下居齐桓之处,将不合诸侯而匡天下乎?臣又知
陛下有所必不能矣。假设天下如曩时,③淮阴侯尚王楚,黥布
王淮南,彭越王梁,韩信王韩,张敖王赵,贯高为相,卢绾王燕,
陈豨在代,令此六七公皆亡恙,④当是时而陛下即天子位,能
自安乎?臣有以知陛下之不能也。天下淆乱,高皇帝与诸公并
起,⑤非有仄室之势以豫席之也。⑥诸公幸者,乃为中涓,其次
廑得舍人,⑦材之不逮至远也。高皇帝以明圣威武即天子位,
割膏腴之地以王诸公,多者百余城,少者乃三四十县,惠至渥
也,⑧然其后十年之间,反者九起。陛下之与诸公,非亲角材而
臣之也,⑨又非身封王之也,自高皇帝不能以是一岁为安,故
臣知陛下之不能也。然尚有可诿者,曰疏,⑩臣请试言其亲者。
假令悼惠王王齐,元王王楚,中子王赵,幽王王淮阳,共王王

梁，⑪灵王王燕，厉王王淮南，六七贵人皆亡恙，当是时陛下即位，能为治虖？臣又知陛下之不能也。若此诸王，虽名为臣，实皆有布衣昆弟之心，⑫虑亡不帝制而天子自为者。⑬擅爵人，赦死罪，⑭甚者或戴黄屋，⑮汉法令非行也。虽行不轨如厉王者，令之不肯听，召之安可致乎！⑯幸而来至，法安可得加！动一亲戚，天下圜视而起，⑰陛下之臣虽有悍如冯敬者，⑱适启其口，匕首已陷其匈矣。⑲陛下虽贤，谁与领此？⑳故疏者必危，亲者必乱，已然之效也。其异姓负强而动者，汉已幸胜之矣，又不易其所以然。同姓袭是迹而动，㉑既有征矣，㉒其势尽又复然。㕥觙之变，未知所移，㉓明帝处之尚不能以安，后世将如之何！

① 孟康曰："熭，音卫。日中盛者，必暴熭也。"臣瓒曰："太公曰：'日中不熭，是谓失时；操刀不割，失利之期。'言当及时也。"师古曰："此语见《六韬》。熭，谓暴晒之也。晒，音所智反，又音所懈反。"

② 应劭曰："抗其头而到之也。"师古曰："堕，毁也。抗，举也。到，割颈也。堕，音火规反。到，音工鼎反。"

③ 师古曰："曩，久也，谓昔时。"

④ 师古曰："无恙，言无忧病也。"

⑤ 师古曰："淆，杂也。并，音步鼎反。"

⑥ 应劭曰："礼，卿大夫之支子为侧室。席，大也。"臣瓒曰："席，藉也。言非有侧室之势为之资藉也。"师古曰："瓒说是也。"

⑦ 师古曰："廑，与仅同。廑，劣也，言才得舍人。"

⑧ 师古曰："悳，古德字。渥，厚也，音握。"

⑨ 师古曰："角，校也，竞也。"

⑩ 孟康曰："诿，累也。以疏为累，言不以国也。"蔡谟曰："诿者，托也。尚可托言信、越等以疏故反，故其下句曰'臣请试言其亲者'。亲者亦恃强为乱，明信等不以疏也。"师古曰："蔡说是矣。诿，音女瑞反。"

⑪ 师古曰："共，读曰恭。"

⑫ 师古曰："自以为于天子为昆弟，而不论君臣之义。"

⑬ 师古曰："虑，大计也。言诸侯皆欲同皇帝之制度，而为天子之事。"

⑭ 师古曰："擅，专也。"

⑮师古曰："天子车盖之制。"

⑯师古曰："不轨,谓不修法制也。致,至也。"

⑰应劭曰："圛,精正视也。"师古曰："言惊愕也。"

⑱如淳曰："冯无择子,名忠直,为御史大夫,奏淮南厉王诛之。"师古曰：
　　"悍,勇也。"

⑲师古曰："始欲发言节制诸侯王,则为刺客所杀。"

⑳师古曰："领,理也。"

㉑师古曰："易其所以然,改其法制使不然。"

㉒师古曰："征,证验也。"

㉓师古曰："祅,古祸字。"

　　屠牛坦一朝解十二牛,①而芒刃不顿者,②所排击剥割,
皆众理解也。③至于髋髀之所,非斤则斧。④夫仁义恩厚,人主
之芒刃也;权势法制,人主之斤斧也。今诸侯王皆众髋髀也,释
斤斧之用,而欲婴以芒刃,⑤臣以为不缺则折。胡不用之淮南、
济北? 势不可也。⑥

①苏林曰："孔子时人也。"师古曰："坦,屠牛者之名也。事见《管子》。"

②师古曰："芒刃,谓刃之利如豪芒也。顿,读曰钝。"

③师古曰："解,支节也,音胡懈反。"

④师古曰："髀,股骨也。髋,髀上也。言其骨大,故须斤斧也。髋,音宽。髀,
　　音陛,又音必尔反。"

⑤师古曰："婴,绕也。"

⑥晋灼曰："二国皆反诛。何不施之仁恩? 势不可故也。"

　　臣窃迹前事,①大抵强者先反。淮阴王楚最强,则最先反;
韩信倚胡,则又反;②贯高因赵资,则又反;陈豨兵精,则又反;
彭越用梁,则又反;③黥布用淮南,则又反;卢绾最弱,最后反。
长沙乃在二万五千户耳,功少而最完,势疏而最忠,非独性异
人也,亦形势然也。曩令樊、郦、绛、灌据数十城而王,今虽以残
亡可也;④令信、越之伦列为彻侯而居,虽至今存可也。⑤然则
天下之大计可知已。⑥欲诸王之皆忠附,则莫若令如长沙王;
欲臣子勿菹醢,则莫若令如樊、郦等;欲天下之治安,莫若众建

诸侯而少其力。力少则易使以义，国小则亡邪心。⑦令海内之
势如身之使臂，臂之使指，莫不制从，诸侯之君不敢有异心，辐
凑并进而归命天子，虽有细民，且知其安，故天下咸知陛下之
明。割地定制，令齐、赵、楚各若干国，⑧使悼惠王、幽王、元王
之子孙毕以次各受祖之分地，⑨地尽而止，及燕、梁它国皆然。
其分地众而子孙少者，建以为国，空而置之，须其子孙生者，举
使君之。⑩诸侯之地其削颇入汉者，为徙其侯国及封其子孙
也，⑪所以数偿之；一寸之地，一人之众，天子亡所利焉，⑫诚
以定治而已，故天下咸知陛下之廉。地制壹定，宗室子孙莫虑
不王，⑬下无倍畔之心，上无诛伐之志，⑭故夫下咸知陛下之
仁。法立而不犯，令行而不逆，贯高、利几之谋不生，柴奇、开章
之计不萌，⑮细民乡善，大臣致顺，⑯故天下咸知陛下之义。卧
赤子天下之上而安，植遗腹，朝委裘，而天下不乱，⑰当时大
治，后世诵圣。⑱壹动而五业附，陛下谁惮而久不为此？⑲

①师古曰："寻前事之踪迹。"
②师古曰："倚，依也，音于绮反。"
③晋灼曰："用，役用之也。"
④晋灼曰："事势可亡也。"师古曰："襄，亦谓昔时也。"
⑤晋灼曰："事势可存。"
⑥师古曰："已，语终辞。"
⑦师古曰："使以义，使之遵礼义也。"
⑧师古曰："若干，豫设数也。解在《食货志》。"
⑨师古曰："分，音扶问反。次下亦同。"
⑩师古曰："须，待也。"
⑪师古曰："徙其侯国，列侯国邑在诸侯王封内而犬牙相入者，则正其疆
　　界，令其隔绝也。封其子孙者，分诸侯王之国邑，各自封其子孙，而受封
　　之人若有罪黜，其地皆入于汉，故云颇入也。"
⑫师古曰："偿者，谓所正列侯疆界，有侵诸侯王者，则汉偿之。"
⑬师古曰："虑，计也。"
⑭师古曰："倍，读曰偝。"

⑮应劭曰:"柴奇、开章,皆与淮南王谋反者也。"

⑯师古曰:"乡,读曰向。"

⑰服虔曰:"言天下安,虽赤子遗腹在位,犹不危也。"应劭曰:"置遗腹,朝
　　委裘,皆未有所知也。"孟康曰:"委裘,若容衣,天子未坐朝,事先帝裘
　　衣也。"师古曰:"应、孟二说皆是。"

⑱师古曰:"称诵其圣明。"

⑲师古曰:"惮,畏难也,音徒旦反。"

　　天下之势方病大瘇。①一胫之大几如要,一指之大几如
股,②平居不可屈信,③一二指搐,身虑亡聊。④失今不治,必
为锢疾,⑤后虽有扁鹊,不能为已。⑥病非徒瘇也,又苦跖
盭。⑦元王之子,帝之从弟也;⑧今之王者,从弟之子也。惠王,
亲兄子也;今之王者,兄子之子也。⑨亲者或亡分地以安天
下,⑩疏者或制大权以偪天子,⑪臣故曰非徒病瘇也,又苦跖
盭。可痛哭者,此病是也。

①如淳曰:"肿足曰瘇。"师古曰:"音上勇反。"

②师古曰:"几,并音巨依反。"

③师古曰:"信,读曰伸。"

④师古曰:"搐,谓动而痛也。聊,赖也。搐,音丑六反。"

⑤师古曰:"锢疾,坚久之疾。"

⑥师古曰:"扁鹊,良医也。为,治也。已,语终辞。"

⑦师古曰:"跖,古蹠字也,音之石反。足下曰蹠,今所呼脚掌是也。盭,古
　　戾字,言足蹠反戾,不可行也。"

⑧师古曰:"楚元王,高帝之弟,其子于文帝为从弟。"

⑨师古曰:"惠王,齐悼惠王。"

⑩师古曰:"广立蕃屏,则天下安,故曰以安天下。"

⑪师古曰:"偪,古逼字。"

　　天下之势方倒县。凡天子者,天下之首,何也?上也。蛮
夷者,天下之足,何也?下也。今匈奴嫚娒侵掠,至不敬也,①为
天下患,至亡已也,②而汉岁致金絮采缯以奉之。夷狄征令,是
主上之操也;③天子共贡,是臣下之礼也。④足反居上,首顾居

下，⑤倒县如此，莫之能解，犹为国有人乎？⑥非亶倒县而已，⑦又类辟，且病痱。⑧夫辟者一面病，痱者一方痛。今西边北边之郡，虽有长爵不轻得复，⑨五尺以上不轻得息，⑩斥候望烽燧不得卧，⑪将吏被介胄而睡，⑫臣故曰一方病矣。医能治之，而上不使，⑬可为流涕者此也。

①师古曰："媖，古侮字。"

②师古曰："亡已，言不可止也。"

③师古曰："征，召也。令，号令也。操，谓主上之所操持也。操，音千高反。"

④师古曰："共，读曰恭。"

⑤师古曰："顾，亦反也。言如人反顾然。"

⑥师古曰："颠倒如此，而不能解救，岂谓国有明智之人乎？"

⑦师古曰："亶，读曰但。"

⑧服虔曰："病癖，不能行也。"师古曰："辟，足病。痱，风。辟，音壁。痱，音肥。"

⑨张晏曰："长爵，高爵也。虽受高爵之赏，犹将御寇，不得复除逸豫也。"苏林曰："轻，易也。不易得复除，言难也。"师古曰："复，音方目反。"

⑩如淳曰："五尺，谓小儿也。言无小大皆当自为战备。"

⑪文颖曰："边方备胡寇，作高土橹，橹上作桔皋，桔皋头兜零，以薪草置其中，常低之，有寇即火然举之以相告，曰烽。又多积薪，寇至即然之，以望其烟，曰燧。"张晏曰："昼举烽，夜燔燧也。"师古曰："张说误也。昼则燔燧，夜则举烽。"

⑫师古曰："被，音皮义反。"

⑬师古曰："医者，谊自谓。"

　　陛下何忍以帝皇之号为戎人诸侯，势既卑辱，而祸不息，长此安穷！①进谋者率以为是，固不可解也，亡具甚矣。②臣窃料匈奴之众，③不过汉一大县，以天下之大困于一县之众，其为执事者羞之。陛下何不试以臣为属国之官以主匈奴？行臣之计，请必系单于之颈而制其命，伏中行说而笞其背，④举匈奴之众唯上之令。⑤今不猎猛敌而猎田彘，不搏反寇而搏畜菟，玩细娱而不图大患，非所以为安也。德可远施，威可远加，而直数百里外威令不信，⑥可为流涕者此也。

① 师古曰："言长养此患，将何所穷极也。"

② 师古曰："无治安之具。"

③ 师古曰："料，量也，音聊。"

④ 郑氏曰："说，奄人也，汉使送公主妻匈奴，说不肯行，强之，因以汉事告
　　匈奴也。"师古曰："中行，姓也。说，名也。行，音胡刚反。说，读曰悦。中
　　行说事具在《匈奴传》。"

⑤ 师古曰："听天子之命。"

⑥ 师古曰："信，读曰伸。"

　　今民卖僮者，①为之绣衣丝履偏诸缘，②内之闲中，③是
古天子后服，所以庙而不宴者也，④而庶人得以衣婢妾。白縠
之表，薄纨之里，缘以偏诸，⑤美者黼绣，⑥是古天子之服，今
富人大贾嘉会召客者以被墙。⑦古者以奉一帝一后而节适，⑧
今庶人屋壁得为帝服，倡优下贱得为后饰，然而天下不屈者，
殆未有也。⑨且帝之身自衣皂绨，⑩而富民墙屋被文绣；天子
之后以缘其领，庶人孽妾缘其履；⑪此臣所谓舛也。夫百人作
之不能衣一人，⑫欲天下亡寒，胡可得也？一人耕之，十人聚而
食之，欲天下亡饥，不可得也。饥寒切于民之肌肤，欲其亡为奸
邪，不可得也。国已屈矣，⑬盗贼直须时耳，⑭然而献计者曰
"毋动"，⑮为大耳。⑯夫俗至大不敬也，至亡等也，⑰至冒上
也，⑱进计者犹曰"毋为"，可为长太息者此也。

① 如淳曰："僮，谓隶妾也。"

② 服虔曰："如牙条以作履缘。"师古曰："偏诸，若今之织成以为要襻及襟
　　领者也。古谓之车马裙，其上为乘车及骑从之象也。"

③ 服虔曰："闲，卖奴婢阑。"

④ 师古曰："入庙则服之，宴处则不著，盖贵之也。"

⑤ 晋灼曰："以偏诸缕著衣也。"师古曰："缕，音妾，谓以偏诸缀著之也。
　　缕，音步千反。"

⑥ 师古曰："黼者，织为斧形。绣者，刺为众文。"

⑦ 师古曰："被，音皮义反。"

⑧师古曰:"得其节而合宜。"

⑨师古曰:"屈,谓财力尽也,音其勿反。"

⑩师古曰:"绨,厚缯也,音徒奚反。"

⑪师古曰:"孽,庶贱者。"

⑫师古曰:"衣,音于既反。"

⑬师古曰:"屈,音其勿反。"

⑭师古曰:"言待时而发。"

⑮师古曰:"言天下安,不可动摇。"

⑯如淳曰:"好为大语者。"

⑰师古曰:"无尊卑之差。"

⑱师古曰:"冒,犯也。"

商君遗礼义,弃仁恩,①并心于进取,行之二岁,秦俗日败。故秦人家富子壮则出分,家贫子壮则出赘。②借父耰锄,虑有德色;③母取箕帚,立而谇语。④抱哺其子,与公并倨;⑤妇姑不相说,则反唇而相稽。⑥其慈子耆利,不同禽兽者亡几耳。⑦然并心而赴时,犹曰蹶六国,兼天下。⑧功成求得矣,⑨终不知反廉愧之节,仁义之厚。⑩信并兼之法,遂进取之业,⑪天下大败;众掩寡,智欺愚,勇威怯,壮陵衰,其乱至矣。是以大贤起之,威震海内,德从天下。⑫曩之为秦者,今转而为汉矣。然其遗风余俗,犹尚未改。今世以侈靡相竞,而上亡制度,弃礼谊,捐廉耻,日甚,可谓月异而岁不同矣。逐利不耳,虑非顾行也,⑬今其甚者杀父兄矣。盗者剟寝户之帘,⑭搴两庙之器,⑮白昼大都之中剽吏而夺之金。⑯矫伪者出几十万石粟,⑰赋六百余万钱,乘传而行郡国,⑱此其亡行义之先至者也。而大臣特以簿书不报,期会之间,以为大故。⑲至于俗流失,世坏败,因恬而不知怪,⑳虑不动于耳目,以为是适然耳。㉑夫移风易俗,使天下回心而乡道,类非俗吏之所能为也。㉒俗吏之所务,在于刀笔筐箧,㉓而不知大体。陛下又不自忧,窃为陛下惜之。

①师古曰:"谓商鞅。"

②应劭曰:"出作赘婿也。"师古曰:"谓之赘婿者,言其不当出妻家,亦犹

人身体之有疣赘,非应所有也。一说,赘,质也,家贫无有聘财,以身为
质也。赘,音之锐反。分,音扶问反。"

③师古曰:"耰,摩田器也,言以耰及锄借与其父,而容色自矜为恩德也。
耰,音忧。"

④服虔曰:"谇,犹骂也。"张晏曰:"谇,责让也。"师古曰:"张说是也。谇,
音碎。"

⑤师古曰:"哺,饲也。言妇抱子而哺之,乃与其舅并倨,无礼之甚也。哺,
音步。并,音步鼎反。"

⑥应劭曰:"稽,计也,相与计校也。"师古曰:"说,读曰悦。稽,音工奚反。"

⑦师古曰:"唯有慈爱其子而贪嗜财利,小异于禽兽也。无几,言不多也。
几,音居岂反。"

⑧苏林曰:"蹶,音厥。"师古曰:"蹶,谓拔而取之。"

⑨师古曰:"求得,所求者得也。"

⑩师古曰:"反,还也。"

⑪师古曰:"信,读曰伸。一曰,信,任。"

⑫师古曰:"大贤,谓高祖也。德从天下,天下从其德。"

⑬师古曰:"言其所追赴,唯计利与不耳。念虑之中,非顾行之善恶。"

⑭师古曰:"剥,谓割取之也。室有东西箱曰庙,无东西箱曰寝,盖谓陵上
之寝。剥,音辍。"

⑮如淳曰:"搴,取也。两庙,高祖、惠帝庙也。"师古曰:"搴,拔也,音骞,又
音蹇。"

⑯师古曰:"白昼,昼日也。言白者,谓不阴晦也。剽,劫也,音频妙反。"

⑰服虔曰:"吏矫伪征发,盈出十万石粟。"师古曰:"服说非也。几,近也。
言诈为文书,以出仓粟近十万石耳。非谓征发于下也。几,音巨依反。"

⑱如淳曰:"此言富者出钱谷,得高爵,或乃为使者,乘传车循行郡国,以
为荣也。"师古曰:"如说亦非也。此又言矫伪之人诈为诏令,妄作赋敛,
其数甚多,又诈乘传而行郡国也。行,音下更反。"

⑲师古曰:"特,徒也。言公卿大臣特以簿书期会为急,不知正风俗、厉行
义也。"

⑳师古曰:"恬,安也,音徒兼反。"

㉑师古曰:"适,当也,谓事理当然。"

㉒师古曰:"乡,读曰向。"

㉓师古曰:"刀所以削书札,筐箧所以盛书。"

夫立君臣,等上下,使父子有礼,六亲有纪,①此非天之所为,人之所设也。夫人之所设,不为不立,不植则僵,不修则坏。②《管子》曰:③"礼义廉耻,是谓四维;四维不张,国乃灭亡。"使管子愚人也则可,管子而少知治体,则是岂可不为寒心哉!④秦灭四维而不张,故君臣乖乱,六亲殃戮,奸人并起,万民离叛,凡十三岁,社稷为虚。⑤今四维犹未备也,故奸人几幸,而众心疑惑。⑥岂如今定经制;⑦令君君臣臣,⑧上下有差,父子六亲,各得其宜,奸人亡所几幸,而群臣众信,上不疑惑!⑨此业壹定,世世常安,而后有所持循矣。⑩若夫经制不定,是犹度江河亡维楫,⑪中流而遇风波,船必覆矣。⑫可为长太息者此也。"

①师古曰:"纪,理也。"
②师古曰:"植,建也。僵,偃也,音疆。"
③师古曰:"筦,与管同。管子,管仲也。"
④师古曰:"若以管子为愚人,其言不实,则无礼义廉耻可也。若以管子为微识治体,则当寒心而忧之。"
⑤师古曰:"虚,读曰墟,谓丘墟。"
⑥师古曰:"几,读曰冀。次下亦同。"
⑦师古曰:"经,常也。"
⑧师古曰:"君为君德,臣为臣道。"
⑨师古曰:"众信,谓共为忠信也。"
⑩师古曰:"执持而顺行之。"
⑪师古曰:"维所以系船,楫所以刺船也。《诗》曰'绋纚维之'。楫,音集,又音接。"
⑫师古曰:"覆,音芳目反。"

夏为天子,十有余世,而殷受之。殷为天子,二十余世,而周受之。周为天子,三十余世,而秦受之。秦为天子,二世而亡。人性不甚相远也,①何三代之君有道之长,而秦无道之暴也?其故可知也。古之王者,太子乃生,固举以礼,②使士负之,有司齐肃端冕,③见之南郊,见于天也。④过阙则下,过庙则趋,孝子之道也。故自为赤子而教固已行矣。⑤昔者成王幼在襁抱之中,召公为太保,周公为太傅,太公为太师。保,保其身体;傅,傅之德义;师,道之教训:⑥此三公之职也。于是为置三少,皆上大夫也,曰少保、少傅、少师,是与太子宴者也。⑦故乃孩提有识,三公、三少固明孝仁礼义以道习之,⑧逐去邪人,不使见恶行。于是皆选天下之端士⑨孝悌博闻有道术者以卫翼之,⑩使与太子居处出入。故太子乃生而见正事,闻正言,行正道,左右前后皆正人也。夫习与正人居之,不能毋正,犹生长于齐不能不齐言也;习与不正人居之,不能毋不正,犹生长于楚之地不能不楚言也。故择其所耆,必先受业,乃得尝之;⑪择其所乐,必先有习,乃得为之。孔子曰:“少成若天性,习贯如自然。”⑫及太子少长,知妃色,⑬则入于学。学者,所学之官也。⑭《学礼》曰:“帝入东学,上亲而贵仁,则亲疏有序而恩相及矣;帝入南学,上齿而贵信,则长幼有差而民不诬矣;帝入西学,上贤而贵德,则圣智在位而功不遗矣;帝入北学,上贵而尊爵,则贵贱有等而下不踰矣;⑮帝入大学,承师问道,退习而考于太傅,太傅罚其不则而匡其不及,⑯则德智长而治道得矣。此五学者既成于上,则百姓黎民化辑于下矣。”⑰及太子既冠成人,免于保傅之严,则有记过之史,⑱彻膳之宰,⑲进善之旌,⑳诽谤之木,㉑敢谏之鼓。㉒瞽史诵诗,工诵箴谏,㉓大夫进谋,士传民语。习与智长,故切而不愧;㉔化与心成,故中道若性。三代之礼:春朝朝日,秋暮夕月,所以明有敬也;㉕春秋入学,坐国老,执酱而亲馈之,㉖所以明有孝也;行以鸾和,㉗步中《采齐》,㉘趣,中《肆夏》,㉙所以明有度也;其于禽兽,见其生不食其死,闻其声不食其肉,故远庖厨,所以长恩,且明有仁也。㉚

①师古曰:“远,音于万反。”
②师古曰:“乃,始也。”

③师古曰:"齐,读曰斋。"

④师古曰:"见,音胡电反。"

⑤师古曰:"赤子,言其新生未有眉发,其色赤。"

⑥师古曰:"保,安也。傅,辅也。道,读曰导。其下亦同。"

⑦师古曰:"宴,谓安居。"

⑧师古曰:"孩,小儿也。提,谓提撕之。"

⑨师古曰:"端,正也,直也。"

⑩师古曰:"悌,音徒继反。"

⑪师古曰:"耆,读曰嗜。"

⑫师古曰:"贯亦习也,音工宦反。"

⑬师古曰:"妃色,妃匹之色。"

⑭师古曰:"官,谓官舍。"

⑮师古曰:"隃,与逾同,谓越制。"

⑯师古曰:"则,法也。匡,正也。"

⑰师古曰:"辑,与集同。辑,和也。"

⑱师古曰:"有过则记。"

⑲师古曰:"有阙则谏。"

⑳师古曰:"进善言者,立于旌下。"

㉑师古曰:"讥恶事者,书之于木。"

㉒师古曰:"欲显谏者,则击鼓。"

㉓师古曰:"瞽,无目者也。工,习乐者也。"

㉔师古曰:"每被切磋,故无大过可耻愧之事。"

㉕师古曰:"朝日以朝,夕月以暮,皆迎其初出也。下朝,音直遥反。"

㉖师古曰:"馈字与馈同。"

㉗师古曰:"鸾和,车上铃也,解在《礼乐志》。"

㉘师古曰:"乐诗名也。字或作荠,又作茨,并音才私反。"

㉙师古曰:"亦乐诗名。趣,读曰趋。趋,疾步也。凡此中者,谓与其节相应也,并音竹仲反。"

㉚师古曰:"远,音于万反。长,音竹两反。"

　　夫三代之所以长久者,以其辅翼太子有此具也。及秦而不然。其俗固非贵辞让也,所上者告讦也;①固非贵礼义也,所上者刑罚也。使赵高傅胡亥而教之狱,所习者非斩劓人,则夷人之三族也。故胡亥今日即位而明日射人，忠谏者谓之诽谤，深计者谓之妖言，其视杀人若艾草菅然。②岂惟胡亥之性恶哉？彼其所以道之者非其理故也。③

①师古曰："讦，谓面相斥罪也，音居谒反。"

②师古曰："艾，读曰刈。菅，茅也，音奸。"

③师古曰："道，读曰导。"

鄙谚曰："不习为吏，视已成事。"又曰："前车覆，后车诫。"夫三代之所以长久者，其已事可知也；①然而不能从者，是不法圣智也。②秦世之所以亟绝者，其辙迹可见也；③然而不避，是后车又将覆也。夫存亡之变，治乱之机，其要在是矣。天下之命，县于太子，太子之善，在于早谕教与选左右。④夫心未滥而先谕教，则化易成也；开于道术智谊之指，则教之力也。若其服习积贯，则左右而已。⑤夫胡、粤之人，生而同声，耆欲不异，⑥及其长而成俗，累数译而不能相通，行者有虽死而不相为者，⑦则教习然也。臣故曰选左右、早谕教最急。夫教得而左右正，则太子正矣，太子正而天下定矣。《书》曰："一人有庆，兆民赖之。"⑧此时务也。

①师古曰："已事，已往之事。"

②师古曰："法，谓则而效之。"

③师古曰："亟，急也，音居力反。车迹曰辙。"

④师古曰："谕，晓告也。与犹及也。"

⑤师古曰："贯，音工宦反。"

⑥师古曰："耆，读曰嗜。"

⑦苏林曰："言其人之行，不能易事相为处。"

⑧师古曰："《周书·吕刑》之辞也。一人，天子也。言天子有善，则兆庶获其利。"

凡人之智，能见已然，不能见将然。①夫礼者禁于将然之前，而法者禁于已然之后，是故法之所用易见，而礼之所为生难知也。若夫庆赏以劝善，刑罚以惩恶，先王执此之政，坚如金石，行此之令，信如四时，据此之公，无私如天地耳，岂顾不用哉?②然而曰礼云礼云者,贵绝恶于未萌,而起教于微眇,③使民日迁善远罪而不自知也。④孔子曰:"听讼,吾犹人也,必也使毋讼乎!"⑤为人主计者,莫如先审取舍;⑥取舍之极定于内,而安危之萌应于外矣。⑦安者非一日而安也,危者非一日而危也,皆以积渐然,不可不察也。人主之所积,在其取舍。以礼义治之者,积礼义;以刑罚治之者,积刑罚。刑罚积而民怨背,礼义积而民和亲。故世主欲民之善同,而所以使民善者或异。或道之以德教,或欧之以法令。⑧道之以德教者,德教洽而民气乐;欧之以法令者,法令极而民风哀。哀乐之感,祸福之应也。秦王之欲尊宗庙而安子孙,与汤武同,然而汤武广大其德行,六七百岁而弗失,秦王治天下,十余岁则大败。此亡它故矣,汤武之定取舍审而秦王之定取舍不审矣。夫天下,大器也。今人之置器,置诸安处则安,置诸危处则危。天下之情与器亡以异,在天子之所置之。汤武置天下于仁义礼乐,而德泽洽,禽兽草木广裕,⑨德被蛮貊四夷,累子孙数十世,此天下所共闻也。秦王置天下于法令刑罚,德泽亡一有,而怨毒盈于世,下憎恶之如仇雠,祸几及身,子孙诛绝,⑩此天下之所共见也。是非其明效大验邪!人之言曰:"听言之道,必以其事观之,则言者莫敢妄言。"今或言礼谊之不如法令,教化之不如刑罚,人主胡不引殷、周、秦事以观之也?⑪

①师古曰:"将然,谓欲有其事。"

②师古曰:"顾犹反也。"

③师古曰:"眇,细小也。"

④师古曰:"见善则迁,畏罪而离。"

⑤师古曰:"《论语》载孔子之言也。言使吾听讼,与众人齐等,然能先以德义化之,使其无讼。"

⑥师古曰:"取,谓所择用也。舍,谓所弃置也。"

⑦师古曰:"极,中也。萌,始生也。"

⑧师古曰:"道,读曰导。欧,与驱同。下皆类此。"

⑨师古曰:"裕,饶也。"

⑩师古曰:"几,音巨依反。"

⑪师曰:"胡,何也。"

人主之尊譬如堂,群臣如陛,众庶如地。故陛九级上,廉远地,则堂高;①陛亡级,廉近地,则堂卑。高者难攀,卑者易陵,②理势然也。故古者圣王制为等列,内有公卿大夫士,外有公侯伯子男,然后有官师小吏,③延及庶人,等级分明,而天子加焉,故其尊不可及也。里谚曰:"欲投鼠而忌器。"此善谕也。鼠近于器,尚惮不投,恐伤其器,况于贵臣之近主乎!④廉耻节礼以治君子,故有赐死而亡戮辱。是以黥劓之罪不及大夫,以其离主上不远也。礼不敢齿君之路马,蹴其刍者有罚;⑤见君之几杖则起,遭君之乘车则下,入正门则趋;君之宠臣虽或有过,刑戮之罪不加其身者,尊君之故也。此所以为主上豫远不敬也,⑥所以体貌大臣而厉其节也。⑦今自王侯三公之贵,皆天子之所改容而礼之也,古天子之所谓伯父、伯舅也,⑧而令与众庶同黥劓髡刖笞傌弃市之法,⑨然则堂不亡陛虖?被戮辱者不泰迫虖?⑩廉耻不行,大臣无乃握重权、大官而有徒隶亡耻之心虖?夫望夷之事,二世见当以重法者,⑪投鼠而不忌器之习也。

①师古曰:"级,等也。廉,侧隅也。"

②师古曰:"陵,乘也。"

③师古曰:"官师,一官之长。"

④师古曰:"近,音其靳反。"

⑤师古曰:"齿,谓审其齿岁也。刍,所食之草也。蹴,音千六反。"

⑥师古曰:"远,离也。"

⑦师古曰:"体貌,谓加礼容而敬之。"

⑧师古曰:"天子呼诸侯长者,同姓则曰伯父,异姓则曰伯舅。伯,长也。"

⑨苏林曰:"傌,音骂。"

⑩师古曰:"迫,迫天子也。"

⑪如淳曰:"决罪曰当。阎乐杀二世于望夷宫,本由秦制无忌上之风也。"

臣闻之,履虽鲜不加于枕,冠虽敝不以苴履。①夫尝已在

贵宠之位，天子改容而体貌之矣，吏民尝俯伏以敬畏之矣，今
而有过，帝令废之可也，退之可也，赐之死可也，灭之可也；若
夫束缚之，系绁之，②输之司寇，编之徒官，③司寇小吏詈骂而
榜笞之，④殆非所以令众庶见也。夫卑贱者习知尊贵者之一旦
吾亦乃可以加此也，⑤非所以习天下也，非尊尊贵贵之化也。
夫天子之所尝敬，众庶之所尝宠，死而死耳，贱人安宜得如此
而顿辱之哉！

①师古曰："苴者，履中之藉也，音子余反。"
②师古曰："绁，谓以长绳系之也。绁，音先列反。"
③师古曰："司寇，主刑罚之官。编，次列也。"
④师古曰："榜，音彭。"
⑤苏林曰："知其有一旦之刑。"

　　豫让事中行之君，智伯伐而灭之，①移事智伯。及赵灭智
伯，豫让衅面吞炭，②必报襄子，五起而不中。人问豫子，豫子
曰："中行众人畜我，我故众人事之；智伯国士遇我，我故国士
报之。"故此一豫让也，反君事仇，行若狗彘，已而抗节致忠，行
出虖列士，人主使然也。故主上遇其大臣如遇犬马，彼将犬马
自为也；如遇官徒，彼将官徒自为也。顽顿亡耻，③奭诟亡
节，④廉耻不立，且不自好，⑤苟若而可，⑥故见利则逝，见便
则夺。⑦主上有败，则因而挺之矣；⑧主上有患，则吾苟免而
已，立而观之耳；有便吾身者，则欺卖而利之耳。人主将何便于
此？⑨群下至众，而主上至少也，所托财器职业者粹于群下
也。⑩俱亡耻，俱苟妄，则主上最病。故古者礼不及庶人，刑不
至大夫，所以厉宠臣之节也。古者大臣有坐不廉而废者，不谓
不廉，曰"簠簋不饰"；⑪坐污秽淫乱男女亡别者，不曰污秽，曰
"帷薄不修"；坐罢软不胜任者，不谓罢软，曰"下官不职"。⑫故
贵大臣定有其罪矣，犹未斥然正以谇之也，⑬尚迁就而为之讳
也。故其在大遣大何之域者，⑭闻遣何则白冠牦缨，⑮盘水加
剑，造请室而请罪耳，⑯上不执缚系引而行也。其有中罪者，闻

命而自弛,⑰上不使人颈盭而加也。⑱其有大罪者,闻命则北
面再拜,跪而自裁,⑲上不使捽抑而刑之也,⑳曰:"子大夫自
有过耳!㉑吾遇子有礼矣。"遇之有礼,故群臣自憙;㉒婴以廉
耻,故人矜节行。㉓上设廉耻礼义以遇其臣,而臣不以节行报
其上者,则非人类也。故化成俗定,则为人臣者主耳忘身,㉔国
耳忘家,公耳忘私,利不苟就,害不苟去,唯义所在。上之化也,
故父兄之臣诚死宗庙,法度之臣诚死社稷,辅翼之臣诚死君
上,守圉捍敌之臣诚死城郭封疆。故曰圣人有金城者,比物此
志也。㉕彼且为我死,故吾得与之俱生;彼且为我亡,故吾得与
之俱存;夫将为我危,故吾得与之皆安。㉖顾行而忘利,守节而
伏义,故可以托不御之权,可以寄六尺之孤。㉗此厉廉耻行礼
谊之所致也,主上何丧焉!㉘此之不为,而顾彼之久行,㉙故曰
可为长太息者此也。㉚

①师古曰:"行,音胡刚反。"

②郑氏曰:"䶓,漆面以易貌。吞炭,以变声也。"师古曰:"䶓,薰也,以毒药
　熏之。"

③师古曰:"顿,读曰钝。"

④师古曰:"奡诟,谓无志分也。奡,音胡结反。诟,音后。"

⑤师古曰:"自好,犹言自喜也。好,音呼倒反。"

⑥师古曰:"若犹然。"

⑦师古曰:"逝,往也。"

⑧服虔曰:"音挺起。"师古曰:"挺,音式延反。"

⑨师古曰:"此于人主为不便也。便,音频面反。"

⑩苏林曰:"粹,纯也,言其势悉在群下。"

⑪师古曰:"簠簋,所以盛饭也。方曰簠,圆曰簋。簠,音甫,又音扶。簋,音
　轨。"

⑫师古曰:"罢,废于事也。软,弱也。罢,读曰疲。软,音人兖反。"

⑬师古曰:"谆,古呼字。"

⑭师古曰:"谴责也。何,问也。域,界局也。"

⑮郑氏曰:"以毛作缨。白冠,丧服也。"

⑯应劭曰："请室，请罪之室。"苏林曰："音洁清。胡公《汉官》车驾出有请
　室令在前先驱，此官有别狱也。"如淳曰："水性平，若已有正罪，君以平
　法治之也。加剑，当以自刎也。或曰，杀牲者以盘水取颈血，故示若此
　也。"师古曰："应、如二说皆是。"

⑰师古曰："中罪，非大非小也。弛，废也，自废而死。弛，音式尔反。"

⑱苏林曰："不戾其颈而亲加刀锯也。"师古曰："鬐，古戾字，音卢结反。"

⑲师古曰："栽，谓自刑杀也。"

⑳师古曰："捽，持头发也。抑，谓按之也。捽，音才兀反。"

㉑服虔曰："子者，男子美号。"

㉒师古曰："憙，读曰喜，音许吏反。憙，好也，好为志气也。"

㉓师古曰："婴，加也。矜，尚也。"

㉔孟康曰："唯为主耳，不念其身。"

㉕李奇曰："志，记也。凡此上陈廉耻之事，皆古记也。"如淳曰："比，谓比
　方也。使忠臣以死社稷之志，比于金城也。"师古曰："二家之说皆非也。
　此言圣人厉此节行以御群下，则人皆怀德，戮力同心，国家安固不可
　毁，状若金城也。寻其下文，义可晓矣。"

㉖师古曰："夫，夫人也，亦犹彼人耳。夫，音扶。"

㉗应劭曰："言念主忘身，忧国忘家，如此，可托权柄，不须复制御也。六尺
　之孤，未能自立者也。"

㉘师古曰："如此则于主上无所失。"

㉙服虔曰："彼，谓亡国也。"师古曰："顾，反也。久，谓久行之也。言何不为
　投鼠忌器之法，而反久行无陛级之事。"

㉚师古曰："谊上疏言可为长太息者六，今此至三而止，盖史家直取其要
　切者耳。故下赞云掇其切于世事者著于传。"

　　是时丞相绛侯周勃免就国，人有告勃谋反，逮系长安狱治，卒
亡事，复爵邑，故贾谊以此讥上。上深纳其言，养臣下有节。是后大
臣有罪，皆自杀，不受刑。至武帝时，稍复入狱，自宁成始。

　　初，文帝以代王入即位，后分代为两国，立皇子武为代王，参为
太原王，小子胜则梁王矣。后又徙代王武为淮阳王，而太原王参为
代王，尽得故地。居数年，梁王胜死，亡子。谊复上疏曰：

　　　陛下即不定制，如今之势，不过一传再传，①诸侯犹且人

恣而不制,豪植而大强,②汉法不得行矣。陛下所以为蕃捍及皇太子之所恃者,唯淮阳、代二国耳。③代北边匈奴,与强敌为邻,能自完则足矣。而淮阳之比大诸侯,廑如黑子之著面,④适足以饵大国耳,⑤不足以有所禁御。方今制在陛下,制国而令子适足以为饵,岂可谓工哉!人主之行异布衣。布衣者,饰小行,竞小廉,以自托于乡党,人主唯天下安社稷固不耳。高皇帝瓜分天下以王功臣,反者如猬毛而起,⑥以为不可,故蕲去不义诸侯而虚其国。⑦择良日,立诸子雒阳上东门之外,⑧毕以为王,⑨而天下安。故大人者,不牵小行,以成大功。

①服虔曰:"一二传世也。"

②师古曰:"植,立也。"

③师古曰:"蕃翰得宜,则嗣主安固,故云皇太子之所恃也。"

④师古曰:"黑子,今所谓黶子也。著,音直略反。"

⑤师古曰:"饵,谓为其所吞食。"

⑥师古曰:"猬,虫名也,其毛为刺,音谓。"

⑦如淳曰:"不谊诸侯,彭越、黥布等。"师古曰:"蕲,读与芟同,谓芟刈之。"

⑧师古曰:"诸侯国皆在关东,故于东门外立之也。东面最北出门曰上东门。"

⑨师古曰:"毕,犹尽。"

　　今淮南地远者或数千里,越两诸侯,①而县属于汉。②其吏民徭役往来长安者,自悉而补,中道衣敝,③钱用诸费称此,④其苦属汉而欲得王至甚,逋逃而归诸侯者已不少矣。其势不可久。臣之愚计,愿举淮南地以益淮阳,而为梁王立后割淮阳北边二三列城⑤与东郡以益梁;不可者,可徙代王而都睢阳。梁起于新郪以北著之河,⑥淮阳包陈以南揵之江,⑦则大诸侯之有异心者,破胆而不敢谋梁,足以捍齐、赵,淮阳足以禁吴、楚,陛下高枕,终亡山东之忧矣,此二世之利也。⑧当今恬然,适遇诸侯之皆少,⑨数岁之后,陛下且见之矣。夫秦日夜苦心劳力以除六国之祸,今陛下力制天下,颐指如意,⑩高拱以成六国之祸，难以言智。苟身亡事，畜乱宿祸，孰视而不定，⑪万年之后，传之老母弱子，将使不宁，不可谓仁。臣闻圣主言问其臣而不自造事，⑫故使人臣得毕其愚忠。唯陛下财幸！⑬

①师古曰："越，过也。两诸侯，梁及淮阳。"

②师古曰："为县而属汉。"

③应劭曰："自悉其家资财，补缝作衣。"师古曰："悉，尽也。"

④师古曰："称，音尺孕反。"

⑤孟康曰："列城，县。"

⑥师古曰："新郪，颍川县也。郪，音千移反。著，音直略反。"

⑦晋灼曰："包，取也。"如淳曰："捷，谓立封界也。或曰，捷，接也。"师古曰："捷，音巨偃反。"

⑧如淳曰："从谊言可二世安耳。"师古曰："言帝身及太子嗣位之时。"

⑨师古曰："恬，安也。少，谓年少。"

⑩如淳曰："但动颐指麾，则所欲皆如意。"

⑪师古曰："畜，读曰蓄。"

⑫师古曰："欲发言则问其臣。"

⑬师古曰："财，与裁同。裁择而幸从其言。"

文帝于是从谊计，乃徙淮阳王武为梁王，北界泰山，西至高阳，得大县四十余城；徙城阳王喜为淮南王，抚其民。

时又封淮南厉王四子皆为列侯。谊知上必将复王之也，上疏谏曰："窃恐陛下接王淮南诸子，①曾不与如臣者孰计之也。淮南王之悖逆亡道，天下孰不知其罪？②陛下幸而赦迁之，自疾而死，天下孰以王死之不当？今奉尊罪人之子，适足以负谤于天下耳。③此人少壮，岂能忘其父哉？④白公胜所为父报仇者，大父与伯父、叔父也。⑤白公为乱，非欲取国代主，发忿快志，剚手以冲仇人之匈，⑥固为俱靡而已。⑦淮南虽小，黥布尝用之矣，汉存特幸耳。⑧夫擅仇人足以危汉之资，于策不便。⑨虽割而为四，四子一心也。予之众，积之财，此非有子胥、白公报于广都之中，即疑有刿诸、荆轲起于两柱之间，⑩所谓假贼兵为虎翼者也。⑪愿陛下少留计！"

①孟康曰："接，音挟。挟持欲王淮南诸子也。"臣瓒曰："谓以恩接待而王

之。"师古曰："二说皆非也。谓接今时当即王之,言不久也。接,犹续也,
犹今人言续复尔。"

②师古曰："悖,惑也,音布内反。"

③师古曰："言若尊王其子,则是厉王无罪,汉枉杀之。"

④师古曰："少壮,犹言稍长大。"

⑤师古曰："白公,楚平王之孙,太子建之子也。大父即祖,谓平王也。伯
父、叔父,平王诸子也。事见《春秋传》。"

⑥师古曰："剡,利也,音弋冉反。"

⑦师古曰："言与仇人俱灭毙也。靡,碎也,音武皮反。"

⑧师古曰："言汉之胜布得存,此直天幸耳。"

⑨师古曰："言假四子以资权,则当危汉。"

⑩师古曰："刬诸刺吴王,荆轲刺秦皇。事见《春秋传》及《燕丹子》也。"

⑪应劭曰："《周书》云:'无为虎傅翼,将飞入邑,择人而食之。'"

梁王胜坠马死,①谊自伤为傅无状,②常哭泣,后岁余,亦死。
贾生之死,年三十三矣。

①李奇曰："《文三王传》言揖,此言胜,为有两名。"

②师古曰："无善状。"

后四岁,齐文王薨,亡子。文帝思贾生之言,乃分齐为六国,尽
立悼惠王子六人为王;又迁淮南王喜于城阳,而分淮南为三,国尽
立厉王三子以王之。后十年,文帝崩,景帝立,三年而吴、楚、赵与四
齐王合从举兵,①西乡京师,②梁王捍之,卒破七国。至武帝时,淮
南厉王子为王者两国亦反诛。

①韦昭曰："四齐王,胶东、胶西、菑川、济南也。"师古曰："从,音子容反。"

②师古曰："乡,读曰向。

孝武初立,举贾生之孙二人至郡守。贾嘉最好学,世其家。①

①师古曰："言继其家业。"

赞曰:刘向称"贾谊言三代与秦治乱之意,其论甚美,通达国
体,虽古之伊、管未能远过也。①使时见用,功化必盛。为庸臣所害,
甚可悼痛。"追观孝文玄默躬行以移风俗,②谊之所陈略施行矣。及
欲改定制度,以汉为土德,色上黄,数用五,及欲试属国,施五饵三

表以系单于，③其术固以疏矣。谊亦天年早终，虽不至公卿，未为不遇也。凡所著述五十八篇，掇其切于世事者著于传云。④

①师古曰："伊，伊尹。管，管仲。"

②师古曰："躬行，谓身亲俭约之行也。自追观以下，并史家之词。"

③师古曰："《贾谊书》谓：爱人之状，好人之技，仁道也；信为大操，常义也；爱好有实，已诺可期，十死一生，彼将必至：此三表也。赐之盛服车乘以坏其目；赐之盛食珍味以坏其口；赐之音乐妇人以坏其耳；赐之高堂邃宇仓库奴婢以坏其腹；于来降者，上以召幸之，相娱乐，亲酌而手食之，以坏其心：此五饵也。"

④师古曰："掇，拾也，音丁活反。"

贾谊《服赋》"傿若囚拘。"李奇注"傿，音块。"苏林"音人肩伛傿尔。音欺全反。"师古曰"苏音是。"臣怭按："《说文》寈，音渠陨反，'迫也'。《文选》李善注'寈，囚拘之貌'。五臣注'寈，困也。愚者系缚俗累，困如囚人拘束。'其字并不从人，唯孙强新加字。《玉篇》及开元文字有作傿字，并音寈，疑苏林音误。今宜定从《说文》，音渠陨切。"

汉书卷四九
列传第一九

爰盎　晁错

师古曰:"晁,古朝,其下作朝,盖通用耳。"

爰盎字丝。其父楚人也,①故为群盗,徙安陵。②高后时,盎为吕禄舍人。孝文即位,盎兄哙任盎为郎中。③

①师古曰:"盎,音一浪反。"
②师古曰:"群盗者,群众相随而为盗也。"
③如淳曰:"盎为兄所保任,故得为郎中也。"

绛侯为丞相,朝罢趋出,意得甚。①上礼之恭,常目送之。盎进曰:"丞相何如人也?"上曰:"社稷臣。"盎曰:"绛侯所谓功臣,非社稷臣。社稷臣主在与在,主亡与亡。②方吕后时,诸吕用事,擅相王,刘氏不绝如带。③是时绛侯为太尉,本兵柄,④弗能正。吕后崩,大臣相与共诛诸吕,太尉主兵,适会其成功,所谓功臣,非社稷臣。丞相如有骄主色,陛下谦让,⑤臣主失礼,窃为陛下弗取也。"后朝,上益庄,丞相益畏。⑥已而绛侯望盎曰:"吾与汝兄善,今儿乃毁我!"⑦盎遂不谢。

①师古曰:"意甚自得也。"
②如淳曰:"人主在时,与共治在时之事;人主虽亡,其法度存,当奉行之。高祖誓非刘氏不王,而勃等听王诸吕,是从生主之欲,不与亡者也。"
③师古曰:"言微细也。"
④师古曰:"执兵权之本。"

⑤师古曰："如，似也。"

⑥师古曰："庄，严也。"

⑦师古曰："望，责怨之也。"

　　及绛侯就国，人上书告以为反，征系请室，①诸公莫敢为言，唯盎明绛侯无罪。绛侯得释，盎颇有力。绛侯乃大与盎结交。

①师古曰："请室，狱也，解在《贾谊传》。"

　　淮南厉王朝，杀辟阳侯，①居处骄甚。盎谏曰："诸侯太骄必生患，可适削地。"②上弗许。淮南王益横。③谋反发觉，上征淮南王，迁之蜀，槛车传送。盎时为中郎将，谏曰："陛下素骄之，弗稍禁，以至此，今又暴摧折之。淮南王为人刚，有如遇霜露行道死，陛下竟为以天下大弗能容，有杀弟名，奈何？"上不听，行之。

①师古曰："自国入朝而杀之。"

②师古曰："適，读曰谪。"

③师古曰："横，音胡孟反。"

　　淮南王至雍，病死，闻，①上辍食，哭甚哀。②盎入，顿首请罪。③上曰："以不用公言，至此。"盎曰："上自宽，此往事，岂可悔哉！且陛下有高世行三，此不足以毁名。"上曰："吾高世三者何事？"盎曰："陛下居代时，太后尝病，三年，陛下不交睫解衣，④汤药非陛下口所尝弗进。夫曾参以布衣犹难之，今陛下亲以王者修之，过曾参远矣。诸吕用事，大臣颛制，⑤然陛下从代乘六乘传，驰不测渊，⑥虽贲、育之勇不及陛下。⑦陛下至代邸，西乡让天子者三，南乡让天子者再。⑧夫许由一让，⑨陛下五以天下让，过许由四矣。且陛下迁淮南王，欲以苦其志，使改过，有司宿卫不谨，故病死。"于是上乃解，盎繇此名重朝廷。⑩

①师古曰："雍是扶风雍县也。闻，闻于天子也。"

②师古曰："辍，止也。"

③师古曰："自责以不强谏也。"

④师古曰："睫，目旁毛也。交睫，谓睡寐也。睫，音接。"

⑤师古曰："颛，与专同。"

⑥郑氏曰："大臣乱，乘传而赴之，故曰不测渊。"

⑦孟康曰："孟贲、夏育,皆古勇士也。"

⑧师古曰："乡,读曰向。"

⑨师古曰："许由,古高士也。尧让天下于由,由不受也。"

⑩师古曰："繇,读与由同。"

盎常引大体慷慨。宦者赵谈以数幸,常害盎,盎患之。盎兄子种为常侍骑,谏盎曰："君众辱之,后虽恶君,上不复信。"①于是上朝东宫,赵谈骖乘,盎伏车前曰："臣闻天子所与共六尺舆者,皆天下豪英。今汉虽乏人,陛下独奈何与刀锯之余共载!"于是上笑,下赵谈。谈泣下车。

①师古曰："恶,谓谮毁之,言其过恶。"

上从霸陵上,欲西驰下峻阪,盎揽辔。①上曰："将军怯邪?"盎言曰："臣闻千金之子不垂堂,②百金之子不骑衡,③圣主不乘危,不徼幸。今陛下骋六飞,④驰不测山,有如马惊车败,陛下纵自轻,奈高庙、太后何?"上乃止。

①师古曰："揽,与揽同。"

②师古曰："言富人之子则自爱也。垂堂,谓坐堂外边,恐坠堕也。"

③如淳曰："骑,倚也。衡,楼殿边栏楯也。"师古曰："骑,谓跨之耳,非倚也。"

④如淳曰："六马之疾若飞也。"

上幸上林,皇后、慎夫人从。其在禁中,常同坐。①及坐,郎署盎引却慎夫人坐。②慎夫人怒,不肯坐。上亦怒,起。盎因前说曰："臣闻尊卑有序则上下和,今陛下既以立后,慎夫人乃妾,妾主岂可以同坐哉!且陛下幸之,则厚赐之。陛下所以为慎夫人,适所以祸之也。独不见'人豕'乎?"③于是上乃说,④入语慎夫人。慎夫人赐盎金五十斤。

①师古曰："同坐,谓所坐之处高下齐同,无差等也。"

②苏林曰："郎署,上林中直卫之署也。"如淳曰："盎时为中郎将,天子幸署,豫设供帐待之,故得却慎夫人坐也。"师古曰："却,谓退而卑之也。坐,音材卧反。"

③张晏曰："戚夫人也。"

④师古曰:"说,读曰悦。"

然盎亦以数直谏,不得久居中,调为陇西都尉,①仁爱士卒,士卒皆争为死。迁齐相,徙为吴相。辞行,种谓盎曰:"吴王骄日久,国多奸,今丝欲刻治,②彼不上书告君,则利剑刺君矣,南方卑湿,丝能日饮,亡何,说王毋反而已。③如此幸得脱。"盎用种之计,吴王厚遇盎。

①师古曰:"调,选也,音徒钓反。"

②如淳曰:"种称叔父字曰丝。"

③师古曰:"无何,言更无余事。"

盎告归,道逢丞相申屠嘉,下车拜谒,丞相从车上谢。盎还,愧其吏,①乃之丞相舍上谒,②求见丞相。丞相良久乃见。因跪曰:"愿请间。"③丞相曰:"使君所言公事,之曹与长史掾议之,吾且奏之;则私,吾不受私语。"盎即起说曰:"君为相,自度孰与陈平、绛侯?"④丞相曰:"不如。"盎曰:"善,君自谓弗如。夫陈平、绛侯辅翼高帝,定天下,为将相,而诛诸吕,存刘氏;君乃为材官蹶张,迁为队帅,⑤积功至淮阳守,非有奇计攻城野战之功。且陛下从代来,每朝,郎官者上书疏,未尝不止辇受。其言不可用,置之;言可采,未尝不称善。何也?欲以致天下贤英士,日闻所不闻,⑥以益圣。而君自闭箝天下之口,⑦而日益愚。夫以圣主责愚相,君受祸不久矣。"丞相乃再拜曰:"嘉鄙人,乃不知,将军幸教。"引与入坐,为上客。

①师古曰:"惭不见礼也。"

②师古曰:"上谒,若今通名也。"

③师古曰:"欲因间隙,私有所白也。"

④师古曰:"度,计量也。与,犹如也。"

⑤如淳曰:"队帅,军中小官。"师古曰:"帅,音所类反。"

⑥师古曰:"日日得闻异言也。"

⑦师古曰:"箝,䛴也,音其炎反。"

盎素不好晁错,错所居坐,盎辄避;盎所居坐,错亦避:两人未尝同堂语。及孝景即位,晁错为御史大夫,使吏案盎受吴王财物,抵罪,诏赦以为庶人。吴楚反闻,①错谓丞史曰:②"爰盎多受吴王金钱，专为蔽匿，言不反。今果反，欲请治盎，宜知其计谋。"丞史曰：
"事未发，治之有绝。③今兵西向，治之何益！且盎不宜有谋。"④错
犹与未决。⑤人有告盎，盎恐，夜见窦婴，为言吴所以反，愿至前，口
对状。⑥婴入言，上乃召盎。盎入见，竟言吴所以反，独急斩错以谢
吴，可罢。上拜盎为泰常，窦婴为大将军。两人素相善。是时，诸陵
长安中贤大夫争附两人，车骑随者日数百乘。

① 师古曰："闻，闻于天子。"
② 如淳曰："《百官表》御史大夫有两丞。丞史，丞及史也。"
③ 如淳曰："事未发之时，治之乃有所绝也。"
④ 如淳曰："盎大臣，不宜有奸谋。"
⑤ 师古曰："与，读曰豫。"
⑥ 师古曰："至天子之前也。"

　　及晁错已诛，盎以泰常使吴。吴王欲使将，不肯。欲杀之，使一
都尉以五百人围守盎军中。初，盎为吴相时，从史盗私盎侍儿。①盎
知之，弗泄，遇之如故。人有告从史，"君知女与侍者通"，乃亡去。盎
驱自追之，②遂以侍者赐之，复为从史。及盎使吴见守，从史适在守
盎校为司马，③乃悉以其装赍买二石醇醪。④会天寒，士卒饥渴，饮
醉西南陬卒，卒皆卧。⑤司马夜引盎起，曰："君可以去矣，吴王期旦
日斩君。"盎弗信，曰："何为者？"司马曰："臣故为君从史盗侍儿者
也。"盎乃惊谢曰："公幸有亲，⑥吾不足系公。"⑦司马曰："君弟
去，⑧臣亦且亡，辟吾亲，⑨君何患！"乃以刀决帐，道从醉卒直
出。⑩司马与分背，⑪盎解节旄怀之，⑫屐步行七十里，⑬明，见梁
骑，驰去，遂归报。⑭

① 文颖曰："婢也。"
② 师古曰："驱驰而追，言疾速。"
③ 师古曰："为校中之司马，所领士卒正当守盎。"
④ 师古曰："装赍，谓所赍衣物自随者也。醇者不杂，言其醲也。醪，
　　汁滓合之酒也，音牢。"
⑤ 师古曰："陬，隅也。饮，音于禁反。陬，音子侯反，又音邹。"
⑥ 文颖曰："言汝有亲老。"

⑦师古曰："案，古累字也，音力瑞反。"

⑧师古曰："弟，但也。"

⑨如淳曰："藏匿吾亲，不使遇害也。"晋灼曰："辟，音避。"

⑩师古曰："于醉卒之处决帐而开，令通道得亡也。"

⑪师古曰："一时各去也。"

⑫如淳曰："不欲令人见。"

⑬如淳曰："著屐步行而逃亡。"

⑭文颖曰："梁骑将击吴楚者也。"师古曰："遇梁军之骑，遂因得脱，归报天子。"

吴楚已破，上更以元王子平陆侯礼为楚王，以盎为楚相。尝上书，不用。盎病免家居，与闾里浮湛，相随行斗鸡走狗。①雒阳剧孟尝过盎，盎善待之。安陵富人有谓盎曰："吾闻剧孟博徒，②将军何自通之？"盎曰："剧孟虽博徒，然母死，客送丧车千余乘，此亦有过人者。且缓急人所有。③夫一旦叩门，不以亲为解，④不以在亡为辞，⑤天下所望者，独季心、剧孟。⑥今公阳从数骑，⑦一旦有缓急，宁足恃乎！"遂骂富人，弗与通。诸公闻之，皆多盎。⑧

①师古曰："湛，读曰沉。"

②服虔曰："博戏之徒也。"

③师古曰："凡人在生，不能无缓急之事。"

④张晏曰："不语云亲不听也。"臣瓒曰："凡人之于赴难济厄，多以有父母为解，而孟兼行之。"师古曰："瓒说是也。解者，若今言分疏矣。"

⑤师古曰："或实在家，而辞云不在。"

⑥文颖曰："心，季布弟也。"

⑦邓展曰："阳，外也。"晋灼曰："阳犹佯也。"师古曰："邓说是也。"

⑧师古曰："多犹重。"

盎虽居家，景帝时时使人问筹策。梁王欲求为嗣，盎进说，其后语塞。①梁王以此怨盎，使人刺盎。刺者至关中，问盎，称之皆不容口。②乃见盎曰："臣受梁王金刺君，君长者，不忍刺君。然后刺者十余曹，③备之！"盎心不乐，家多怪，乃之棓生所问占④还，梁刺客后曹果遮刺杀盎安陵郭门外。

①师古曰："塞，不行也。"

②师古曰："称美其德，口不能容也。"

③如淳曰："曹，辈也。"

④苏林曰："音杯。"文颖曰："音陪，秦时贤士善术者也。"师古曰："苏音文说是。"

晁错，颍川人也。①学申商刑名于轵张恢生所，②与雒阳宋孟及刘带同师。以文学为太常掌故。③

①晋灼曰："音厝置之厝。"师古曰："据《申屠嘉传》序云'责通请错，匿躬之故'，以韵而言，晋音是也。潘岳《西征赋》乃读为错杂之错，不可依也。"

②师古曰："轵县之儒生姓张名恢，错从之受申商法也。"

③应劭曰："掌故，六百石吏，主故事。"

错为人陗直刻深。①孝文时，天下亡治《尚书》者，独闻齐有伏生，故秦博士，治《尚书》，年九十余，老不可征。乃诏太常，使人受之。太常遣错受《尚书》伏生所，还，因上书称说。②诏以为太子舍人，门大夫，③迁博士。又上书言："人主所以尊显功名扬于万世之后者，以知术数也。④故人主知所以临制臣下而治其众，则群臣畏服矣；知所以听言受事，则不欺蔽矣；知所以安利万民，则海内必从矣；知所以忠孝事上，则臣子之行备矣：此四者，臣窃为皇太子急之。人臣之议或曰皇太子亡以知事为也，⑤臣之愚，诚以为不然。窃观上世之君，不能奉其宗庙而劫杀于其臣者，皆不知术数者也。皇太子所读书多矣，而未深知术数者，不问书说也。⑥夫多诵而不知其说，所谓劳苦而不为功。臣窃观皇太子材智高奇，驭射伎艺过人绝远，然于术数未有所守者，以陛下为心也。⑦窃愿陛下幸择圣人之术可用今世者，以赐皇太子，因时使太子陈明于前。唯陛下裁察。"上善之，于是拜错为太子家令。⑧以其辩得幸太子，太子家号曰"智囊"。⑨

①师古曰："陗字与峭同。峭，谓峻狭也，音千笑反。"

②师古曰："称师法而说其义。"

③师古曰:"初为舍人,又为门大夫。"

④张晏曰:"术数,刑名之书也。"臣瓒曰:"术数,谓法制治国之术也。"师
　古曰:"瓒说是也。公孙弘云:'擅杀生之力,通壅塞之途,权轻重之数,
　论得失之道,使远近情伪必见于上,谓之术。'此与错所言同耳。"

⑤师古曰:"言何用知事。"

⑥师古曰:"说,谓所说之义也。"

⑦张晏曰:"若伯鱼须仲尼教,乃读《诗》《书》也。"

⑧臣瓒曰:"《茂陵中书》太子家令秩八百石。"

⑨师古曰:"言其一身所有皆是智算,若囊橐之盛物也。"

　是时匈奴强,数寇边,上发兵以御之。错上言兵事,曰:

　　臣闻汉兴以来,胡虏数入边地,小入则小利,大入则大利;
高后时再入陇西,攻城屠邑,驱略畜产;①其后复入陇西,杀吏
卒,大寇盗窃。闻战胜之威,民气百倍;②败兵之卒,没世不
复。③自高后以来,陇西三困于匈奴矣,民气破伤,亡有胜意。
今兹陇西之吏,赖社稷之神灵,奉陛下之明诏,和辑士卒,底厉
其节,④起破伤之民,以当乘胜之匈奴,用少击众,杀一王,败
其众而法曰大有利。非陇西之民有勇怯,乃将吏之制巧拙异
也。故兵法曰:"有必胜之将,无必胜之民。"繇此观之,⑤安边
境,立功名,在于良将,不可不择也。

①师古曰:"驱与驱同。"

②师古曰:"益奋厉也。"

③师古曰:"永挫折也。"

④师古曰:"辑,与集同。底,与砥同。"

⑤师古曰:"繇,读与由同。"

　　臣又闻用兵,临战合刃之急者三:①一曰得地形,二曰卒
服习,三曰器用利。兵法曰:丈五之沟,渐车之水,②山林积石,
经川丘阜,③中木所在,④此步兵之地也,车骑二不当一。土山
丘陵,曼衍相属,⑤平原广野,此车骑之地,步兵十不当一。平
陵相远,川谷居间,⑥仰高临下,此弓弩之地也,短兵百不当
一。两陈相近,平地浅中,可前可后,此长戟之地也,剑盾三不

当一。萑苇竹萧,⑦屮木蒙茏,支叶茂接,⑧此矛铤之地也,⑨
长戟二不当一。曲道相伏,险陀相薄,此剑楯之地也,弓弩三不
当一。士不选练,卒不服习,起居不精,动静不集,⑩趋利弗及,
避难不毕,前击后解,与金鼓之指相失,⑪此不习勒卒之过也,
百不当十。兵不完利,与空手同;甲不坚密,与袒裼同;⑫弩不
可以及远,与短兵同;射不能中,与亡矢同;中不能入,与亡镞
同。⑬此将不省兵之祸也,⑭五不当一。故兵法曰:器械不利,
以其卒予敌也;卒不可用,以其将予敌也;将不知兵,以其主予
敌也;君不择将,以其国予敌也。四者,兵之至要也。

①师古曰:"合刃,谓交兵。"

②师古曰:"渐,读曰瀸,谓浸也,音子廉反。"

③师古曰:"经川,常流之水也。大陆曰阜。"

④师古曰:"屮,古草字。"

⑤师古曰:"曼衍,犹联延也。属,续也。衍,音弋战反。属,音之欲反。"

⑥师古曰:"远,离也。"

⑦师古曰:"萑,薍也。苇,葭也。萧,蒿也。萑,音桓。"

⑧师古曰:"蒙茏,覆蔽之貌也。茏,音来东反。"

⑨师古曰:"铤,铁把短矛也,音上延反。"

⑩师古曰:"集,齐也。"

⑪师古曰:"金,金钲也。鼓所以进众,金所以止众也。"

⑫应劭曰:"袒裼,肉袒也。"师古曰:"裼,音锡。"

⑬师古曰:"镞,矢锋也,音子木反。"

⑭师古曰:"省,视也。"

　　臣又闻小大异形,强弱异势,险易异备。①夫卑身以事强,
小国之形也;合小以攻大,敌国之形也;②以蛮夷攻蛮夷,中国
之形也。③今匈奴地形技艺与中国异。上下山阪,出入溪涧,中
国之马弗与也;④险道倾仄,且驰且射,⑤中国之骑弗与也;风
雨罢劳,饥渴不困,⑥中国之人弗与也:此匈奴之长技也。若夫
平原易地,轻车突骑,⑦则匈奴之众易桡乱也;⑧劲弩长戟,射
疏及远,⑨则匈奴之弓弗能格也;坚甲利刃,长短相杂,游弩往

来,什伍俱前,⑩则匈奴之兵弗能当也;材官驺发,矢道同的,⑪则匈奴之革笥木荐弗能支也;⑫下马地斗,剑戟相接,去就相薄,⑬则匈奴之足弗能给也:⑭此中国之长技也。以此观之,匈奴之长技三,中国之长技五。陛下又兴数十万之众,以诛万之匈奴,众寡之计,以一击十之术也。

①师古曰:"易,平也,音弋豉反。"

②师古曰:"彼我力均,不能相胜,则须连结外援共制之也。"

③师古曰:"不烦华夏之兵,使其同类自相攻击也。"

④师古曰:"与犹如。"

⑤师古曰:"仄,古侧字。"

⑥师古曰:"罢,读曰疲。"

⑦师古曰:"易亦平也。突骑,言其骁锐可用冲突敌人也。"

⑧师古曰:"挠,搅也,音火高反,其字从手。一曰,桡,曲也,弱也,音女教反,其字从木。"

⑨师古曰:"疏亦阔远也。"

⑩师古曰:"五人为伍,二伍为什。"

⑪苏林曰:"驺,音马骤之骤。"如淳曰:"驺,矢也。处平易之地可以矢相射也。"臣瓒曰:"材官,骑射之官也。射者驺发,其用矢者同中一的,言其工妙也。"师古曰:"驺,谓矢之善者也。《春秋左氏传》作菆字,其音同耳。材官,有材力者。驺发,发驺矢以射也。手工矢善,故中则同的。的,谓所射之准臬也。苏音失之矣。臬,音牛列反,即谓橛也。"

⑫孟康曰:"革笥,以皮作如铠者被之。木荐,以木板作如楯。一曰,革笥若楯,木荐之以当人心也。"师古曰:"一说非也。笥,音息嗣反。"

⑬师古曰:"薄,迫也。"

⑭师古曰:"给,谓相连及。"

虽然,兵,凶器;战,危事也。以大为小,以强为弱,在俛卬之间耳。①夫以人之死争胜,跌而不振,②则悔之亡及也。帝王之道,出于万全。今降胡义渠蛮夷之属来归谊者,其众数千,饮食长技与匈奴同,可赐之坚甲絮衣,劲弓利矢,益以边郡之良骑。令明将能知其习俗和辑其心者,③以陛下之明约将之。即有险阻,以此当之;平地通道,则以轻车材官制之。两军相当表里,各用其长技,衡加之以众,④此万全之术也。

①师古曰:"言不知其术,则虽大必小,虽强必弱也。俛,亦俯字。卬,读曰仰。"

②服虔曰:"蹉跌不可复起也。"师古曰:"跌,足失据也。跌,音徒结反。"

③师古曰:"辑,与集同也。"

④张晏曰:"衡,音横。"师古曰:"衡即横耳,无劳借音。"

　　　传曰:"狂夫之言,而明主择焉。"臣错愚陋,昧死上狂言,唯陛下财择。①

①师古曰:"财,与裁同也。"

文帝嘉之,乃赐错玺书宠答焉,曰:"皇帝问太子家令:上书言兵体三章,闻之。①书言'狂夫之言,而明主择焉'。今则不然,言者不狂,而择者不明,国之大患,故在于此。使夫不明择于不狂,是以万听而万不当也。"

①李奇曰:"三者,得地形,卒服习,器用利。"

错复言守边备塞,劝农力本,当世急务二事,曰:

　　　臣闻秦时北攻胡貉,筑塞河上,①南攻杨粤,②置戍卒焉。其起兵而攻胡、粤者,非以卫边地而救民死也,贪戾而欲广大也,故功未立而天下乱。且夫起兵而不知其势,战则为人禽,屯则卒积死。夫胡貉之地,积阴之处也,木皮三寸,冰厚六尺,③食肉而饮酪,其人密理,鸟兽毳毛,④其性能寒。⑤杨粤之地少阴多阳,其人疏理,鸟兽希毛,其性能暑。秦之戍卒不能其水土,戍者死于边,输者偾于道。⑥秦民见行,如往弃市,因以谪发之,名曰"谪戍"。先发吏有谪及赘婿、贾人,后以尝有市籍者,又后以大父母、父母尝有市籍者,后入闾,取其左。⑦发之不顺,行者深怨,有背畔之心。凡民守战至死而不降北者,以计为之也。⑧故战胜守固则有拜爵之赏,攻城屠邑则得其财卤以富家室,故能使其众蒙矢石,赴汤火,⑨视死如生。今秦之发卒也,有万死之害,而亡铢两之报,死事之后不得一算之复,⑩天下明知祸烈及己也。⑪陈胜行戍,至于大泽,为天下先倡,⑫天下从之如流水者,秦以威劫而行之之敝也。

①师古曰:"貉,音莫客反。"

②张晏曰:"杨州之南越也。"

③文颖曰:"土地寒故也。"

④师古曰:"密理,谓其肌肉也。毳,细毛也。"

⑤师古曰:"能,读曰耐。此下能暑亦同。"

⑥服虔曰:"偾,仆也。"如淳曰:"偾,音奋。"

⑦孟康曰:"秦时复除者居闾之左,后发役不供,复役之也。或云直先发取
　其左也。"师古曰:"闾,里门也。居闾之左者,一切皆发之,非谓复除也。
　解在《食货志》。"

⑧师古曰:"北,谓败退。"

⑨师古曰:"蒙,冒犯也。"

⑩师古曰:"复,复除也,音方目反。"

⑪师古曰:"猛火曰烈,取以喻耳。"

⑫师古曰:"倡,读曰唱也。"

　　胡人衣食之业不著于地,①其势易以扰乱边竟。②何以明
之?胡人食肉饮酪,衣皮毛,非有城郭田宅之归居,如飞鸟走兽
于广埜,③美草甘水则止,草尽水竭则移。以是观之,往来转
徙,时至时去,此胡人之生业,而中国之所以离南晦也。④今使
胡人数处转牧行猎于塞下,或当燕、代,或当上郡、北地、陇西,
以候备塞之卒,卒少则入。陛下不救,则边民绝望而有降敌之
心;救之,少发则不足,多发,远县才至,则胡又已去。⑤聚而不
罢,为费甚大;罢之,则胡复入。如此连年,则中国贫苦而民不
安矣。

①师古曰:"著,音直略反。"

②师古曰:"竟,读曰境。"

③师古曰:"埜,古野字。"

④师古曰:"晦,古亩字也。南亩,耕种之处也。"

⑤李奇曰:"才,音裁。"师古曰:"才,浅也,犹言仅至也。他皆类此。"

　　陛下幸忧边境,遣将吏发卒以治塞,甚大惠也。然令远方
之卒守塞,一岁而更,①不知胡人之能,不如选常居者,家室田

作,且以备之。以便为之高城深堑,具蔺石,布渠答,②复为一城,其内城间百五十步。要害之处,通川之道,调立城邑,毋下千家,③为中周虎落。④先为室屋,具田器,乃募罪人及免徒复作令居之;⑤不足,募以丁奴婢赎罪及输奴婢欲以拜爵者;不足,乃募民之欲往者。皆赐高爵,复其家。⑥予冬夏衣,廪食,能自给而止。⑦郡县之民得买其爵,以自增至卿。⑧其亡夫若妻者,县官买予之。人情非有匹敌,不能久安其处。塞下之民,禄利不厚,不可使久居危难之地。胡人入驱而能止其所驱者,以其半予之,⑨县官为赎⑩其民。如是,则邑里相救助,赴胡不避死。非以德上也,⑪欲全亲戚而利其财也。此与东方之戍卒不习地势而心畏胡者,功相万也。⑫以陛下之时,徙民实边,使远方亡屯戍之事,塞下之民父子相保,亡系虏之患,利施后世,名称圣明,其与秦之行怨民,相去远矣。⑬

①师古曰:"更,谓易代也,音庚,又读如本字。"

②服虔曰:"蔺石,可投人石也。"苏林曰:"渠答,铁蒺藜也。"如淳曰:"蔺石,城上雷石也。《墨子》曰:'城上二步一渠,立程长三尺,冠长十尺,臂长六尺;二步一答,答广九尺,袤十二尺。'"师古曰:"蔺石,如说是也。渠答,苏说是也。雷,音来内反。"

③师古曰:"调,谓算度之也。总计城邑之中令有千家以上也。调,音徒钓反。"

④郑氏曰:"虎落者,外蕃也,若今时竹虎落也。"苏林曰:"作虎落于塞要下,以沙布其表,旦视其迹,以知匈奴来入,一名天田。"师古曰:"苏说非也。虎落者,以竹篾相连遮落之也。"

⑤张晏曰:"募民有罪自首,除罪定输作者也,复作如徒也。"臣瓒曰:"募有罪者及罪人遇赦复作竟其日月者,今皆除其罚,令居之也。"师古曰:"瓒说是也。复,音扶目反。"

⑥师古曰:"复,音方目反。"

⑦师古曰:"初徙之时,县官且廪给其衣食,于后能自供赡乃止也。"

⑧孟康曰:"《食货志》所谓乐卿者也,朝位从卿而无职也。"师古曰:"孟说非也。乐卿,武帝所置耳,错之上书未得豫言之也。然二十等爵内无有

卿名,盖谓其等级同列卿者也。"

⑨孟康曰:"谓胡人入为寇,驱收中国,能夺得之者,以半与之。"师古曰:"孟说非也。言胡人入为寇,驱略汉人及畜产,而它人能止得其所驱者,令其本主以半赏之。"

⑩张晏曰:"得汉人,官为赎也。"师古曰:"此承上句之言,谓官为备价赎之耳。张说非也。"

⑪师古曰:"言非以此事欲立德义于主上也。"

⑫如淳曰:"东方诸郡民不习战斗当戍边者也。"

⑬师古曰:"言发怨恨之人使行戍役也。"

上从其言,募民徙塞下。错复言:

陛下幸募民相徙以实塞下,使屯戍之事益省,输将之费益寡,①甚大惠也。下吏诚能称厚惠,奉明法,②存恤所徙之老弱,善遇其壮士,和辑其心而勿侵刻,③使先至者安乐而不思故乡,则贫民相募而劝往矣。臣闻古之徙远方以实广虚也,④相其阴阳之和,尝其水泉之味,审其土地之宜,观其中木之饶,然后营邑立城,制里割宅,通田作之道,正阡陌之界,先为筑室,家有一堂二内,门户之闭,⑤置器物焉,民至有所居,作有所用,此民所以轻去故乡而劝之新邑也。⑥为置医巫,以救疾病,以修祭礼,男女有昏,⑦生死相恤,坟墓相从,种树畜长,⑧室屋完安,此所以使民乐其处而有长居之心也。

①如淳曰:"将,送也。或曰,将,资也。"

②师古曰:"称,副也。"

③师古曰:"辑,与集同。"

④师古曰:"所以充实宽广空虚之地。"

⑤张晏曰:"一内二房也。"

⑥师古曰:"之,往也。"

⑦师古曰:"昏,谓婚姻配合也。"

⑧张晏曰:"畜长,六畜也。"师古曰:"种树,谓桑果之属。长,音竹两反。"

臣又闻古之制边县以备敌也,使五家为伍,伍有长;十长一里,里有假士;四里一连,连有假五百;①十连一邑,邑有假

候:皆择其邑之贤材有护,②习地形知民心者,居则习民于射
法,出则教民于应敌。故卒伍成于内,则军正定于外。服习以
成,勿令迁徙,③幼则同游,长则共事。夜战声相知,则足以相
救;昼战目相见,则足以相识;欢爱之心,足以相死。如此而劝
以厚赏,威以重罚,则前死不还踵矣。④所徙之民非壮有材力,
但费衣粮,不可用也;虽有材力,不得良吏,犹亡功也。

①服虔曰:"假,音假借之假。五百,帅名也。"师古曰:"假,大也,音工雅
　反。"

②师古曰:"有保护之能者也。今流俗书本护字作让,妄改之耳。"

③师古曰:"各守其业也。"

④师古曰:"还,读曰旋。旋踵,回旋其足也。"

　　陛下绝匈奴不与和亲,臣窃意其冬来南也,①壹大治,则
终身创矣。②欲立威者,始于折胶,③来而不能困,使得气
去,④后未易服也。愚臣亡识,唯陛下财察。

①师古曰:"意,疑之也。"

②师古曰:"创,惩艾也,音初亮反。"

③苏林曰:"秋气至,胶可折,弓弩可用,匈奴常以为候而出军。"

④师古曰:"使之得胜,遏志气而去。"

后诏有司举贤良文学士,错在选中。上亲策诏之,曰:

　　惟十有五年九月壬子,皇帝曰:昔者大禹勤求贤士,施及
方外,①四极之内,舟车所至,人迹所及,靡不闻命,以辅其不
逮;②近者献其明,远者通厥聪,比善戮力以翼天子;③是以大
禹能亡失德,夏以长楙。④高皇帝亲除大害,去乱从,⑤并建豪
英,以为官师,⑥为谏争辅天下之阙,而翼戴汉宗也。赖天之
灵,宗庙之福,方内以安,泽及四夷。今朕获执天下之正,以承
宗庙之祀,朕既不德,又不敏明,弗能烛,而智不能治,此大夫
之所著闻也。故诏有司、诸侯王、三公、九卿及主郡吏,⑦各帅
其志,以选贤良明于国家之大体,通于人事之终始,及能直言
极谏者,各有人数,将以匡朕之不逮。二三大夫之行当此三

道，⑧朕甚嘉之，故登大夫于朝，亲谕朕志。⑨大夫其上三道之要，及永惟朕之不德，吏之不平，政之不宣，民之不宁，⑩四者之阙，悉陈其志，毋有所隐。上以荐先帝之宗庙，下以兴愚民之休利，著之于篇，⑪朕亲览焉，观大夫所以佐朕，至与不至。书之，周之密之，重之闭之。⑫兴自朕躬，⑬大夫其正论，毋枉执事。⑭乌虖，戒之！⑮二三大夫其帅志毋怠！

①师古曰："施，延也，音弋豉反。"

②师古曰："意所不及者，取其言以自辅也。"

③师古曰："比，和也。翼，助也。比，音频寐反。"

④师古曰："㮷，美也。"

⑤师古曰："从，音子容反。乱从，谓祸乱之踪迹也。一曰，乱谓作乱者，从谓合从者，若六国时为从者也。今书本从下或有顺字，或有治字者，皆非也，后人妄加之也。"

⑥师古曰："师，长也，各为一官之长也。字或作帅，音所类反。"

⑦师古曰："主郡吏，谓郡守也。"

⑧张晏曰："三道，国体、人事、直言也。"师古曰："二三大夫，总谓当时受策者，非止错一人焉。"

⑨师古曰："谕，告也。"

⑩师古曰："永犹深也。惟，思也。"

⑪师古曰："休，美也。篇，谓简也。"

⑫师古曰："重，音直龙反。"

⑬师古曰："言朕自发视之。"

⑭张晏曰："毋为有司枉桡也。"

⑮师古曰："虖，读曰呼。"

错对曰：

平阳侯臣窋、①汝阴侯臣灶、②颍阴侯臣何、③廷尉臣宜昌、陇西太守臣昆邪④所选贤良太子家令臣错⑤昧死再拜言：臣窃闻古之贤主莫不求贤以为辅翼，故黄帝得力牧而为五帝先，⑥大禹得咎繇而为三王祖，齐桓得筦子而为五伯长。⑦今陛下讲于大禹及高皇帝之建豪英也，⑧退托于不明，以求贤良，⑨让之至也。臣窃观上世之传，⑩若高皇帝之建功业，陛下之德厚而得贤佐，皆有司之所览，刻于玉版，藏于金匮，历之春秋，纪之后世，为帝者祖宗，与天地相终。今臣窋等乃以臣错充赋，⑪甚不称明诏求贤之意。臣错中茅臣，亡识知，昧死上愚对，曰：

①孟康曰："曹窋参子也。"

②如淳曰："夏侯婴子也。"

③文颖曰："灌婴子。"

④服虔曰："公孙昆邪也。"师古曰："昆，读曰混，音下昆反。"

⑤师古曰："诏列侯九卿及郡守举贤良，故错为窋等所举。"

⑥服虔曰："力牧，黄帝之佐也。"

⑦师古曰："笰字与管同。伯，读曰霸。"

⑧臣瓒曰："讲，谓讲议也。"

⑨师古曰："自托不明，是谦退。"

⑩师古曰："谓史传。"

⑪如淳曰："犹言备数也。"臣瓒曰："充赋，此错之谦也，云如赋调也。"

诏策曰"明于国家大体"，愚臣窃以古之五帝明之。臣闻五帝神圣，其臣莫能及，故自亲事，①处于法宫之中，明堂之上；②动静上配天，下顺地，中得人。故众生之类亡不覆也，根著之徒亡不载也；③烛以光明，亡偏异也；④德上及飞鸟，下至水虫，草木诸产，皆被其泽。⑤然后阴阳调，四时节，日月光，风雨时，膏露降，⑥五谷孰，妖孽灭，贼气息，民不疾疫，河出图，洛出书，神龙至，凤鸟翔，德泽满天下，灵光施四海。此谓配天地，治国大体之功也。

①师古曰："亲理万机之劳。"

②如淳曰："法宫，路寝正殿也。"

③师古曰："有根著地者皆载之也。著，音直略反。"

④师古曰："烛，照也。"

⑤师古曰："被，音皮义反。"

⑥师古曰："甘露凝如膏。"

诏策曰"通于人事终始",愚臣窃以古之三王明之。臣闻三王臣主俱贤,故合谋相辅,计安天下,莫不本于人情。人情莫不欲寿,三王生而不伤也;人情莫不欲富,三王厚而不困也;人情莫不欲安,三王扶而不危也;人情莫不欲逸,三王节其力而不尽也。其为法令也,合于人情而后行之;其动众使民也,本于人事然后为之。取人以己,内恕及人。①情之所恶,不以强人;情之所欲,不以禁民。是以天下乐其政,归其德,望之若父母,从之若流水;百姓和亲,国家安宁,名位不失,施及后世。②此明于人情终始之功也。

①师古曰:"以己之心,揆之于人也。"
②师古曰:"施,延也,音弋豉反。"

诏策曰"直言极谏",愚臣窃以五伯之臣明之。①臣闻五伯不及其臣,故属之以国,任之以事。②五伯之佐之为人臣也,察身而不敢诬,③奉法令不容私,尽心力不敢矜,④遭患难不避死,见贤不居其上,受禄不过其量,不以亡能居尊显之位。自行若此,可谓方正之士矣。其立法也,非以苦民伤众而为之机陷也,⑤以之兴利除害,尊主安民而救暴乱也。其行赏也,非虚取民财妄予人也,以劝天下之忠孝而明其功也。故功多者赏厚,功少者赏薄。如此,敛民财以顾其功,⑥而民不恨者,知与而安己也。其行罚也,非以忿怒妄诛而从暴心也,⑦以禁天下不忠不孝而害国者也。故罪大者罚重,罪小者罚轻。如此,民虽伏罪至死而不怨者,知罪罚之至,自取之也。立法若此,可谓平正之吏矣。法之逆者,请而更之,不以伤民;⑧主行之暴者,逆而复之,不以伤国。⑨救主之失,补主之过,扬主之美,明主之功,使主内亡邪辟之行,外亡骞污之名。⑩事君若此,可谓直言极谏之士矣。此五伯之所以德匡天下,威正诸侯,功业甚美,名声章明。举天下之贤主,五伯与焉,⑪此身不及其臣而使得直言极谏补其不逮之功也。今陛下人民之众,威武之重,德惠之厚,令行禁止之势,万万于五伯,而赐愚臣策曰"匡朕之不逮",愚臣何足以识陛下之高明而奉承之！

①师古曰："伯,读曰霸。"

②师古曰："属,委也,音之欲反。"

③师古曰："各察己之材用,不敢逾越而诬上。"

④师古曰："矜,谓自伐也。"

⑤孟康曰："机,发也。陷,阱也。"

⑥师古曰："顾,雠也,若今言雇赁也。"

⑦师古曰："从,读曰纵。"

⑧师古曰："更,改也。"

⑨师古曰："谓逆主意而反还之,不令施行,致伤国也。复,音扶目反。"

⑩师古曰："辟,读曰僻。骞,损也。污,辱也。"

⑪师古曰："与,读曰豫。"

　　诏策曰"吏之不平,政之不宣,民之不宁",愚臣窃以秦事明之。臣闻秦始并天下之时,其主不及三王,而臣不及其佐,①然功力不迟者,何也? 地形便,山川利,财用足,民利战。其所与并者六国,六国者,臣主皆不肖,谋不辑,②民不用,故当此之时,秦最富强。夫国富强而邻国乱者,帝王之资也,故秦能兼六国,立为天子。当此之时,三王之功不能进焉。③及其末涂之衰也,任不肖而信谗贼,宫室过度,耆欲亡极,④民力罢尽,赋敛不节,⑤矜奋自贤,群臣恐谀,⑥骄溢纵恣,不顾患祸;妄赏以随喜意,妄诛以快怒心,法令烦憯,⑦刑罚暴酷,轻绝人命,身自射杀;天下寒心,莫安其处。奸邪之吏,乘其乱法,以成其威,狱官主断,生杀自恣。上下瓦解,各自为制。秦始乱之时,吏之所先侵者,贫人贱民也;至其中节,所侵者富人吏家也;及其末涂,所侵者宗室大臣也。是故亲疏皆危,处内咸怨,离散逋逃,人有走心。陈胜先倡,天下大溃,⑧绝祀亡世,为异姓福。此吏不平,政不宣,民不宁之祸也。今陛下配天象地,覆露万民,⑨绝秦之迹,除其乱法;躬亲本事,废去淫末;除苛解娆,⑩宽大爱人;肉刑不用,罪人亡帑;⑪非谤不治,铸钱者除;⑫通关去塞,⑬不讆诸侯;⑭宾礼长老,爱恤少孤;罪人有期,⑮后

宫出嫁;尊赐孝悌,农民不租;⑯明诏军师,爱士大夫;求进方
正,废退奸邪;除去阴刑,⑰害民者诛;忧劳百姓,列侯就都;⑱
亲耕节用,视民不奢。⑲所为天下兴利除害,变法易故,以安海
内者,大功数十,皆上世之所难及,陛下行之,道纯德厚,元元
之民幸矣。

①师古曰:"臣亦不及三王之佐。"
②师古曰:"辑,与集同。辑,和也。"
③师古曰:"进,前也,言不在秦前也。"
④师古曰:"耆,读曰嗜。"
⑤师古曰:"罢,读曰疲。"
⑥张晏曰:"恐机发陷祸而为谄谀以求自全也。"师古曰:"此说非也。直为
　　恐惧而为谄谀也。恐,音丘勇反。"
⑦师古曰:"憯,痛也。言痛害于下。憯,音千感反。"
⑧师古曰:"倡,读曰唱。"
⑨如淳曰:"覆,荫也。露,膏泽也。"
⑩文颖曰:"嬈,烦绕也。"师古曰:"音如绍反。"
⑪师古曰:"谓除收帑相坐律。亡,读曰无。帑,读曰孥。"
⑫张晏曰:"除铸钱之律,听民得自铸也。"师古曰:"非,读曰诽。"
⑬张晏曰:"文帝十二年,除关不用传。"
⑭应劭曰:"接之以礼,不以庶孽畜之。"如淳曰:"孽,疑也。去关禁,明无
　　疑于诸侯。"师古曰:"应说是。"
⑮张晏曰:"早决之也。"晋灼曰:"《刑法志》云'罪人各以轻重不亡逃,有
　　年而免'。满其年,免为庶人也。"师古曰:"晋说是也。"
⑯张晏曰:"足用则除租也。"
⑰张晏曰:"宫刑也。"
⑱师古曰:"各就其国也。"
⑲师古曰:"视,读曰示。"

　　诏策曰"永惟朕之不德",愚臣不足以当之。
　　诏策曰"悉陈其志,毋有所隐",愚臣窃以五帝之贤臣明
之。臣闻五帝其臣莫能及,则自亲之;三王臣主俱贤,则共忧
之;五伯不及其臣,则任使之。此所以神明不遗,而圣贤不废

也，①故各当其世而立功德焉。传曰"往者不可及，来者犹可
待，②能明其世者谓之天子"，此之谓也。窃闻战不胜者易其
地，民贫穷者变其业。今以陛下神明德厚，资财不下五帝，③临
制天下，至今十有六年，民不益富，盗贼不衰，边竟未安，④其
所以然，意者陛下未之躬亲，而待群臣也。今执事之臣皆天下
之选已，⑤然莫能望陛下清光，⑥譬之犹五帝之佐也。陛下不
自躬亲，而待不望清光之臣，臣窃恐神明之遗也。⑦日损一日，
岁亡一岁，日月益暮，盛德不及究于天下，⑧以传万世，愚臣不
自度量，窃为陛下惜之。昧死上狂惑甸茅之愚，臣言唯陛下财
择。

①师古曰："遗，弃也。不弃神明之德，不废圣贤之名。"
②师古曰："言各当其时务立功也。"
③师古曰："资，质也，谓天子之财质。"
④师古曰："竟，读曰境。"
⑤师古曰："已，语终之辞。"
⑥晋灼曰："今之臣不能望见陛下之光景所及。"
⑦师古曰："言天子虚弃神明之德。"
⑧师古曰："究，竟也。"

时贾谊已死，对策者百余人，唯错为高第，繇是迁中大夫。①

①师古曰："繇，读与由同。"

错又言宜削诸侯事，及法令可更定者，书凡三十篇。孝文虽不
尽听，然奇其材。当是时，太子善错计策，爰盎诸大功臣多不好错。

景帝即位，以错为内史。错数请间言事，辄听，幸倾九卿，法令
多所更定。丞相申屠嘉心弗便，力未有以伤。内史府居太上庙堧
中，①门东出，不便，错乃穿门南出，凿庙堧垣。丞相大怒，欲因此过
为奏请诛错。错闻之，即请间为上言之。丞相奏，因言错擅凿庙垣
为门，请下廷尉诛。上曰："此非庙垣，乃堧中垣，不致于法。"丞相
谢。②罢朝，因怒谓长史曰："吾当先斩以闻，乃先请，固误。"丞相遂
发病死，错以此愈贵。

①师古曰："堧者，内垣之外游地也，音人缘反。"

②师古曰："以所奏不当天子意，故谢。"

　　迁为御史大夫，请诸侯之罪过，削其支郡。①奏上，上令公卿列侯宗室杂议，莫敢难，独窦婴争之，繇此与错有隙。②错所更令三十章，③诸侯谨哗。错父闻之，从颍川来，谓错曰："上初即位，公为政用事，④侵削诸侯，疏人骨肉，口让多怨，公何为也！"⑤错曰："固也。⑥不如此，天子不尊，宗庙不安。"父曰："刘氏安矣，而晁氏危，吾去公归矣！"遂饮药死，曰："吾不忍见祸逮身。"

①师古曰："支郡，在国之四边者也。"

②师古曰："繇，读与由同。"

③师古曰："更，改也。"

④如淳曰："错为御史大夫，位三公也。"

⑤师古曰："让，责也。"

⑥师古曰："言固当如此。"

　　后十余日，吴楚七国俱反，以诛错为名。上与错议出军事，错欲令上自将兵，而身居守。会窦婴言爰盎，诏召入见，上方与错调兵食。①上问盎曰："君尝为吴相，知吴臣田禄伯为人虖？今吴楚反，于公意何如？"对曰："不足忧也，今破矣。"上曰："吴王即山铸钱，煮海为盐，②诱天下豪桀，白头举事，此其计不百全，岂发虖？何以言其无能为也？"盎对曰："吴铜盐之利则有之，安得豪桀而诱之！诚令吴得豪桀，亦且辅而为谊，不反矣。吴所诱，皆亡赖子弟，亡命铸钱奸人，故相诱以乱。"错曰："盎策之善。"上问曰："计安出？"盎对曰："愿屏左右。"上屏人，独错在。盎曰："臣所言，人臣不得知。"乃屏错。错趋避东箱，甚恨。上卒问盎，③对曰："吴楚相遗书，言高皇帝王子弟各有分地，④今贼臣晁错擅適诸侯，削夺之地，⑤以故反名为西共诛错，复故地而罢。方今计，独有斩错，发使赦吴楚七国，复其故地，则兵可毋血刃而俱罢。"于是上默然，良久曰："顾诚何如，吾不爱一人谢天下。"⑥盎曰："愚计出此，唯上孰计之。"乃拜盎为泰常，密装治行。

①师古曰："调,谓计发之也,音徒钓反。"

②师古曰："即,就也。"

③师古曰："卒,竟也。"

④师古曰："分,音扶问反。"

⑤师古曰："適,读曰谪。"

⑥师古曰："顾,念也。诚,实也。"

后十余日,丞相青翟、中尉嘉、廷尉欧①劾奏错曰:"吴王反逆亡道,欲危宗庙,天下所当共诛。今御史大夫错议曰:'兵数百万,独属群臣,不可信,②陛下不如自出临兵,使错居守。徐、僮之旁吴所未下者可以予吴。'③错不称陛下德信,欲疏群臣百姓,又欲以城邑予吴,亡臣子礼,大逆无道。错当要斩,父母妻子同产无少长皆弃市。臣请论如法。"制曰:"可。"错殊不知。乃使中尉召错,绐载行市。④错衣朝衣斩东市。⑤

①师古曰："张欧也,音区。"

②师古曰："属,委也,音之欲反。"

③邓展曰："徐、僮,临淮二县也。"

④师古曰："绐云乘车案行市中也。行,音下更反。"

⑤师古:"朝衣,朝服也。"

错已死,谒者仆射邓公为校尉,击吴楚为将。还,上书言军事,见上。上问曰:"道军所来,①闻晁错死,吴楚罢不?"邓公曰:"吴为反数十岁矣,发怒削地,以诛错为名,其意不在错也。且臣恐天下之士钳口不敢复言矣。"②上曰:"何哉?"邓公曰:"夫晁错患诸侯强大不可制,故请削之,以尊京师,万世之利也。计画始行,卒受大戮,③内杜忠臣之口,外为诸侯报仇,④臣窃为陛下不取也。"于是景帝喟然长息,曰:"公言善,吾亦恨之。"乃拜邓公为城阳中尉。

①如淳曰："道路从吴军所来也。"师古曰："道军所来,即是从军所来耳,无烦更说道路也。"

②师古曰："钳,音其炎反。"

③师古曰："卒,竟也。"

④师古曰："杜,塞也。"

　　邓公,成固人也,①多奇计。建元年中,上招贤良,公卿言邓先。②邓先时免,起家为九卿。一年,复谢病免归。其子章,以修黄老言显诸公间。

　　①师古曰:"汉中之县。"
　　②师古曰:"邓先,犹云邓先生也。一曰,先者,其名也。"

　　赞曰:爰盎虽不好学,亦善傅会,①仁心为质,引义慷慨。遭孝文初立,资适逢世。②时已变易,③及吴壹说,果于用辩,④身亦不遂。晁错锐于为国远虑,而不见身害。其父睹之,经于沟渎,⑤亡益救败,不如赵母指括,以全其宗。⑥悲夫!错虽不终,世哀其忠。故论其施行之语著于篇。

　　①张晏曰:"因宜附著合会之。"
　　②张晏曰:"资,财也。适值其世,得聘其才。"
　　③张晏曰:"谓景帝。"
　　④师古曰:"谓杀晁错也。"
　　⑤师古曰:"《论语》称孔子曰:'岂若匹夫匹妇之为谅也,自经于沟渎,人莫之知。'故赞引之云。"
　　⑥张晏曰:"赵奢卒,赵使赵括为将,其母言之赵王曰:'愿王易括。'王不许,母要王:'括有罪,愿不坐。'王许之。后括果败于长平,以母前约,故卒得不坐。"

汉书卷五〇
列传第二〇

张释之　冯唐　汲黯
郑当时

张释之字季,南阳堵阳人也。①与兄仲同居,以赀为骑郎,②事文帝,十年不得调,③亡所知名。释之曰:"久宦减仲之产,不遂。"④欲免归。中郎将爰盎知其贤,惜其去,乃请徙释之补谒者。释之既朝毕,因前言便宜事。文帝曰:"卑之,毋甚高论,⑤令今可行也。"于是释之言秦汉之间事,秦所以失,汉所以兴者。文帝称善,拜释之为谒者仆射。

①师古曰:"堵,音者。"

②苏林曰:"雇钱若出谷也。"如淳曰:"《汉注》赀五百万得为常侍郎。"师古曰:"如说是也。"

③师古曰:"调,选也,音徒钓反。"

④师古曰:"遂犹达。"

⑤师古曰:"令其议论依附时事也。"

从行上登虎圈,①问上林尉禽兽簿,②十余问,尉左右视,尽不能对。③虎圈啬夫从旁代尉对上所问禽兽簿甚悉,④欲以观其能口对响应亡穷者。⑤文帝曰:"吏不当如此邪?尉亡赖!"⑥诏释之拜啬夫为上林令。释之前曰:"陛下以绛侯周勃何如人也?"上曰:"长者。"又复问:"东阳侯张相如何如人也?"上复曰:"长者。"释之曰:"夫绛侯、东阳侯称为长者,此两人言事曾不能出口,岂效此啬夫喋

喋利口捷给哉!⑦且秦以任刀笔之吏,争以亟疾苛察相高,⑧其敝
徒文具,亡恻隐之实。⑨以故不闻其过,陵夷至于二世,天下土
崩。⑩今陛下以啬夫口辩而超迁之,臣恐天下随风靡,争口辩,亡其
实。且下之化上,疾于景嚮,举错不可不察也。"⑪文帝曰:"善。"乃
止,不拜啬夫。

①师古曰:"圈,养兽之所也,音求远反。"

②师古曰:"簿,谓簿书也,音步户反。"

③师古曰:"视其属官,皆不能对也。"

④师古曰:"悉,谓详尽也。"

⑤师古曰:"观犹示也。嚮,读曰响。如响应声,言其疾也。"

⑥张晏曰:"材无可恃也。"

⑦晋灼曰:"喋,音牒。"

⑧师古曰:"亟,急也,音居力反。

⑨师古曰:"文具,谓具文而已。"

⑩师古曰:"陵夷,颓替也,解在《成纪》。"

⑪师古曰:"嚮,读曰响。错,音千故反。"

就车,召释之骖乘,徐行,行问释之秦之敝。①具以质言。②至
宫,上拜释之为公车令。

①师古曰:"行问,且行且问也。"

②如淳曰:"质,诚也。"

顷之,太子与梁王共车入朝,不下司马门,①于是释之追止太
子、梁王毋入殿门。遂劾不下公门不敬,奏之。薄太后闻之,文帝免
冠谢曰:"教儿子不谨。"薄太后使使承诏赦太子、梁王,然后得入。
文帝繇是奇释之,②拜为中大夫。

①如淳曰:"宫卫令'诸出入殿门公车司马门者皆下,不如令,罚金四
两'。"

②师古曰:"繇,读与由同。"

顷之,至中郎将。从行至霸陵,上居外临厕。①时慎夫人从,上
指视慎夫人新丰道,曰:"此走邯郸道也。"②使慎夫人鼓瑟,上自倚
瑟而歌,③意凄怆悲怀,顾谓群臣曰:"嗟乎!以北山石为椁,用纻絮

斫陈漆其间,岂可动哉!”④左右皆曰:“善。”释之前曰:“使其中有
可欲,虽锢南山犹有隙;使其中亡可欲,虽亡石椁,又何戚焉?”⑤文
帝称善。其后,拜释之为廷尉。

①师古曰:“厕,岸之边侧也,解在《刘向传》。”

②张晏曰:“慎夫人,邯郸人也。”如淳曰:“走,音奏。奏,趣也。”师古曰:
　　“视,读曰示。”

③李奇曰:“声气依倚瑟也。”师古曰:“倚瑟,即今之以歌合曲也。倚,音于
　　绮反。”

④师古曰:“纩,音竹吕反。斫,音侧略反。”

⑤师古曰:“解并在《刘向传》。”

　　顷之,上行出中渭桥,①有一人从桥下走,乘舆马惊。于是使骑
捕之,属廷尉。②释之治问。曰:“县人来,③闻跸,匿桥下。久,以为
行过,④既出,见车骑,即走耳。”释之奏当此人犯跸,⑤当罚金。上
怒曰:“此人亲惊吾马,马赖和柔,令它马,固不败伤我乎?而廷尉乃
当之罚金!”释之曰:“法者天子所与天下公共也。⑥今法如是,更重
之,是法不信于民也。且方其时,上使使诛之则已。⑦今已下廷尉,
廷尉,天下之平也,壹倾天下用法皆为之轻重,民安所错其手足?⑧
唯陛下察之。”上良久曰:“廷尉当是也。”

①张晏曰:“在渭桥中路。”

②师古曰:“属,委也,音之欲反。次下亦同。”

③如淳曰:“长安县人也。”

④师古曰:“言天子已过。”

⑤如淳曰:“乙令‘跸先至而犯者,罚金四两’。”师古曰:“当,谓处其罪
　　也。”

⑥师古曰:“公,谓不私也。”

⑦师古曰:“言初执获此人,天子即令诛之,其事则毕。”

⑧师古曰:“安,焉也。错,置也,音千故反。”

　　其后人有盗高庙坐前玉环,得,①文帝怒,下廷尉治。案盗宗庙
服御物者为奏,当弃市。上大怒曰:“人亡道,乃盗先帝器!吾属廷
尉者,欲致之族,而君以法奏之,②非吾所以共承宗庙意也。”③释

之免冠顿首谢曰:"法如是足也。且罪等,④然以逆顺为基。今盗宗
庙器而族之,有如万分一,假令愚民取长陵一抔土,⑤陛下且何以
加其虖?"文帝与太后言之,乃许廷尉当。是时,中尉条侯周亚夫与
梁相山都侯王恢咸见释之持议平,乃结为亲友。张廷尉繇此天下称
之。⑥

①师古曰:"得者,盗环之人为吏所捕得也。"

②师古曰:"法,谓常法。"

③师古曰:"共,读曰恭。"

④如淳曰:"俱死罪也,盗玉环不若盗长陵土之逆。"

⑤张晏曰:"不欲指言,故以取土喻也。"师古曰:"抔,音步侯反,谓手掬之
也,其字从手。不忍言毁彻,故止云取土耳。今学者读抔为抔勺之抔,非
也。抔非应盛土之物也。"

⑥师古曰:"繇,读与由同。"

文帝崩,景帝立,释之恐,①称疾。欲免去,惧大诛至;欲见,则
未知何如。用王生计,卒见谢,景帝不过也。

①师古曰:"以尝劾帝不下司马门。"

王生者,善为黄老言,处士。尝召居廷中,公卿尽会立,王生老
人,曰"吾袜解",①顾谓释之:"为我结袜!"释之跪而结之。②既已,
人或让王生:"独奈何廷辱张廷尉如此?"王生曰:"吾老且贱,自度
终亡益于张廷尉。廷尉方天下名臣,吾故聊使结袜,欲以重之。"诸
公闻之,贤王生而重释之。

①师古曰:"袜,音武伐反。

②师古曰:"结,读曰系。"

释之事景帝岁余,为淮南相,犹尚以前过也。年老病卒。其子
挚,字长公,官至大夫,免。以不能取容当世,故终身不仕。

冯唐,祖父赵人也。父徙代。汉兴徙安陵。唐以孝著,为郎中
署长,①事文帝。帝辇过,问唐曰:"父老何自为郎?家安在?"②具以
实言。文帝曰:"吾居代时,吾尚食监高祛数为我言赵将李齐之贤,
战于巨鹿下。吾每饮食,意未尝不在巨鹿也。③父老知之乎?"唐对

曰:"齐尚不如廉颇、李牧之为将也。"上曰:"何已?"④唐曰:"臣大
父在赵时,为官帅将,⑤善李牧。臣父故为代相,善李齐,知其为人
也。"上既闻廉颇、李牧为人,良说,⑥乃拊髀曰:⑦"嗟乎!吾独不得
廉颇、李牧为将,岂忧匈奴哉!"唐曰:"主臣!⑧陛下虽有廉颇、李
牧,不能用也。"上怒,起入禁中。良久,召唐让曰:"公众辱我,独亡
间处乎?"⑨唐谢曰:"鄙人不知忌讳。"

　　①郑氏曰:"以至孝闻也。"师古曰:"以孝得为郎中,而为郎署之长也。著,
　　　音竹助反。"

　　②师古曰:"言年已老矣,何乃自为郎也?崔浩以为自,从也。从何为郎?此
　　　说非也。"

　　③张晏曰:"每食念监所说李齐在巨鹿时也。"

　　④师古曰:"已犹耳。"

　　⑤师古曰:"大父,祖父也。帅,音所类反。将,音子亮反。"

　　⑥如淳曰:"良,善也。"师古曰:"说,读曰悦。闻颇、牧之善,帝意大悦。"

　　⑦师古曰:"髀,音陛。"

　　⑧师古曰:"恐惧之言。解在《陈平传》。"

　　⑨师古曰:"何不间隙之处而言。"

　　当是时,匈奴新大入朝那,杀北地都尉卬。上以胡寇为意,乃卒
复问唐曰:"公何以言吾不能用颇、牧也?"唐对曰:"臣闻上古王者
遣将也,跪而推毂,曰:'阃以内寡人制之,阃以外将军制之;①军功
爵赏,皆决于外,归而奏之。'此非空言也。臣大父言李牧之为赵将
居边,军市之租皆自用飨士,赏赐决于外,不从中覆也。②委任而责
成功,故李牧乃得尽其知能,选车千三百乘,彀骑万三千匹,③百金
之士十万,④是以北逐单于,破东胡,灭澹林,⑤西抑强秦,南支韩、
魏。当是时,赵几伯。⑥后会赵王迁立,⑦其母倡也,⑧用郭开谗,而
诛李牧,令颜聚代之。是以为秦所灭。今臣窃闻魏尚为云中守,军
市租尽以给士卒,出私养钱,五日壹杀牛,⑨以飨宾客军吏舍人,是
以匈奴远避,不近云中之塞。房尝一入,尚帅车骑击之,所杀甚众。
夫士卒尽家人子,起田中从军,安知尺籍伍符?⑩终日力战,斩首捕
房,上功莫府,一言不相应,文吏以法绳之。其赏不行,吏奉法必用。

愚以为陛下法太明,赏太轻,罚太重。且云中守尚坐上功首虏差六级,陛下下之吏,削其爵,罚作之。繇此言之,⑪陛下虽得李牧,不能用也。臣诚愚,触忌讳,死罪!"文帝说。⑫是日,令唐持节赦魏尚,复以为云中守,而拜唐为车骑都尉,主中尉及郡国车士。⑬

①韦昭曰:"门中橛为阘。"师古曰:"音牛列反。"

②师古曰:"覆,谓覆白之也,音芳目反。"

③师古曰:"彀,张弩也,音遘。"

④服虔曰:"良士直百金也。"如淳曰:"黄金一斤直万。言富家子弟可任使也。"师古曰:"百金,喻其贵重耳。服说是也。"

⑤郑氏曰:"澹,音担石之担。"如淳曰:"胡也。《匈奴传》曰'晋北有澹林之胡,楼烦之戎也'。"师古曰:"澹,音都甘反,又音谈。"

⑥师古曰:"几致于霸也。几,音巨依反。伯,读曰霸。"

⑦苏林曰:"赵幽王。"

⑧师古曰:"倡,乐家之女。"

⑨服虔曰:"私假钱也。"

⑩李奇曰:"尺籍所以书军令。伍符,军士五五相保之符信也。"如淳曰:"汉军法曰吏卒斩首,以尺籍书下县移郡,令人故行,不行夺劳二岁。伍符亦什伍之符,要节度也。"师古曰:"家人子,谓庶人之家子也。"

⑪师古曰:"繇,读与由同。"

⑫师古曰:"说,读曰悦。"

⑬服虔曰:"车战之士也。"

十年,景帝立,以唐为楚相。武帝即位,求贤良,举唐。唐时年九十余,不能为官,乃以子遂为郎。遂字王孙,亦奇士。魏尚,槐里人也。

汲黯字长孺,濮阳人也。其先有宠于古之卫君也。①至黯十世,世为卿大夫。以父任,孝景时为太子洗马,②以严见惮。

①文颖曰:"六国时卫弱,但称君也。"

②孟康曰:"大臣任举其子弟为官。"

武帝即位,黯为谒者。东粤相攻,上使黯往视之。至吴而还,报曰:"粤人相攻,固其俗,不足以辱天子使者。"河内失火,烧千余家,上使黯往视之。还报曰:"家人失火,屋比延烧,①不足忧。臣过河内,河内贫人伤水旱万余家,或父子相食,臣谨以便宜,持节发河内仓粟以振贫民。请归节,伏矫制罪。"②上贤而释之,迁为荥阳令。黯耻为令,称疾归田里。上闻,乃召为中大夫。以数切谏,不得久留内,迁为东海太守。

①师古曰:"比,近也。言屋相近,故连延而烧也。比,音频寐反。"

②师古曰:"矫,托也,托奉制诏而行之。"

黯学黄老言,治官民好清静,择丞史任之,①责大指而已,不细苛。黯多病,卧阁内不出。岁余,东海大治,称之。上闻,召为主爵都尉,列于九卿。治务在无为而已,引大体,不拘文法。

①如淳曰:"择郡丞及史任之也。郑当时为大司农,官属丞史,亦是也。"

为人性倨,少礼,①面折,不能容人之过。合己者善待之,不合者弗能忍见,士亦以此不附焉。然好游侠,任气节,行修洁。其谏,犯主之颜色。常慕傅伯、爰盎之为人。②善灌夫、郑当时及宗正刘弃疾。亦以数直谏,不得久居位。

①师古曰:"倨,简傲也,音居庶反。"

②应劭曰:"傅伯,梁人,为孝王将,素抗直也。"

是时,太后弟武安侯田蚡为丞相,中二千石拜谒,蚡弗为礼。黯见蚡,未尝拜,揖之。上方招文学儒者,上曰吾欲云云,①黯对曰:"陛下内多欲而外施仁义,奈何欲效唐虞之治虖!"上怒,变色而罢朝。公卿皆为黯惧。上退,谓人曰:"甚矣,汲黯之戆也!"群臣或数黯,②黯曰:"天子置公卿辅弼之臣,宁令从谀承意,陷主于不谊虖?且已在其位,纵爱身,奈辱朝廷何!"

①张晏曰:"所言欲施仁义也。"师古曰:"云云,犹言如此如此也。史略其辞耳。"

②师古曰:"数,责之,音所具反。

黯多病,病且满三月,上常赐告者数,终不瘳。①最后,严助为请告。上曰:"汲黯何如人也?"曰:"使黯任职居官,亡以瘉人,②然至其辅少主守成,虽自谓贲、育弗能夺也。"③上曰:"然。古有社稷之臣,至如汲黯,近之矣。"

①如淳曰:"杜钦所谓病满赐告诏恩也。数者,非一也。"师古曰:"数,音所
各反。瘳,与愈同。"

②师古曰:"瘳,胜也,读与愈同。"

③师古曰:"孟贲、夏育,皆古之勇士也。贲,音奔。"

大将军青侍中,上踞厕视之。①丞相弘宴见,上或时不冠。至如
见黯,不冠不见也。上尝坐武帐,②黯前奏事,上不冠,望见黯,避帷
中,使人可其奏。其见敬礼如此。

①如淳曰:"厕,溷也。"孟康曰:"厕,床边侧也。"师古曰:"如说是也。"

②应劭曰:"武帐,织成帐为武士象也。"孟康曰:"今御武帐,置兵阑五兵
于帐中也。"师古曰:"孟说是也。"

张汤以更定律令为廷尉,①黯质责汤于上前,②曰:"公为正
卿,上不能褒先帝之功业,下不能化天下之邪心,安国富民,使囹圄
空虚,何空取高皇帝约束纷更之为?③而公以此无种矣!"④黯时与
汤论议,汤辩常在文深小苛,黯愤发,骂曰:"天下谓刀笔吏不可为
公卿,果然。必汤也,令天下重足而立,仄目而视矣!"⑤

①师古曰:"更,改也。"

②师古曰:"质,对之也。"

③师古曰:"言何为乃纷乱而改更也。"

④师古曰:"言当诛及子孙也。"

⑤师古曰:"重累其足,言惧甚也。仄,古侧字也。"

是时,汉方征匈奴,招怀四夷。黯务少事,间常言与胡和亲,毋
起兵。①上方乡儒术,②尊公孙弘,及事益多,吏民巧。上分别文法,
汤等数奏决谳以幸。而黯常毁儒,面触弘等徒怀诈饰智以阿人主取
容,而刀笔之吏专深文巧诋,③陷人于罔,以自为功。上愈益贵弘、
汤,弘、汤心疾黯,虽上亦不说也,④欲诛之以事。⑤弘为丞相,乃言
上曰:"右内史界部中多贵人宗室,难治,非素重臣弗能任,请徙
黯。"为右内史数岁,官事不废。

①师古曰:"每因间隙而言也。"

②师古曰:"乡,读曰向。"

③师古曰："诋,毁辱也,音丁礼反。"

④师古曰："说,读曰悦。"

⑤师古曰："以事致其罪而诛也。"

　　大将军青既益尊,姊为皇后,然黯与亢礼。或说黯曰："自天子欲令群臣下大将军,①大将军尊贵,诚重,君不可以不拜。"黯曰:"夫以大将军有揖客,反不重邪?"②大将军闻,愈贤黯,数请问以朝廷所疑,遇黯加于平日。

　　①师古曰："下,音胡稼反。"

　　②师古曰："言能降贵以礼士,最为重也。"

　　淮南王谋反,惮黯,曰:"黯好直谏,守节死义;至说公孙弘等,如发蒙耳。"①

　　①师古曰："说,音式锐反。"

　　上既数征匈奴有功,黯言益不用。

　　始黯列九卿矣,而公孙弘、张汤为小吏。及弘、汤稍贵,与黯同位,黯又非毁弘、汤。已而弘至丞相封侯,汤御史大夫,黯时丞史皆与同列,或尊用过之。黯褊心,不能无少望,①见上,言曰:"陛下用群臣如积薪耳,后来者居上。"黯罢,上曰:"人果不可以无学,观汲黯之言,日益甚矣。"②

　　①师古曰："褊,狭也。望,怨也。"

　　②师古曰："言其鄙俚也。或曰,积薪之言出曾子,故云不可无学也。"

　　居无何,匈奴浑邪王帅众来降,①汉发车二万乘,县官亡钱,从民贳马。②民或匿马,马不具。上怒,欲斩长安令。黯曰:"长安令亡罪,独斩臣黯,民乃肯出马。且匈奴畔其主而降汉,徐以县次传之,何至令天下骚动,罢中国,甘心夷狄之人乎!"③上默然。后浑邪王至,贾人与市者,坐当死五百余人。黯入,请间,见高门,④曰:"夫匈奴攻当路塞,绝和亲,中国举兵诛之,死伤不可胜计,而费以巨万百数。⑤臣愚以为陛下得胡人,皆以为奴婢,赐从军死者;家卤获,因与之,以谢天下,塞百姓之心。⑥今纵不能,浑邪帅数万之众来,虚府库赏赐,发良民侍养,若奉骄子。愚民安知市买长安中而文吏绳以为阑出财物如边关乎？⑦陛下纵不能得匈奴之赢以谢天下，⑧又以微文杀无知者五百余人，臣窃为陛下弗取也。"上弗许，曰："吾久不闻汲黯之言，今又复妄发矣。"后数月，黯坐小法，会赦，免官。于是黯隐于田园者数年。

①师古曰："浑，音胡昆反。"

②师古曰："赊买也。"

③师古曰："罢，读曰疲。"

④晋灼曰："《三辅黄图》未央宫中有高门殿也。"

⑤师古曰："即数百巨万也。"

⑥师古曰："塞，满也。"

⑦应劭曰："阑，妄也。律，胡市，吏民不得持兵器及钱出关。虽于京师市买，其法一也。"臣瓒曰："无符传出入为阑也。"

⑧师古曰："赢，余也，音弋成反。"

　　会更立五铢钱，民多盗铸钱者，楚地尤甚。上以为淮阳，楚地之郊也，①召黯拜为淮阳太守。黯伏谢不受印绶，诏数强予，然后奉诏。召上殿，黯泣曰："臣自以为填沟壑，不复见陛下，②不意陛下复收之。臣常有狗马之心，③今病力，④不能任郡事。臣愿为中郎，出入禁闼，补过拾遗，臣之愿也。"上曰："君薄淮阳邪？吾今召君矣。⑤顾淮阳吏民不相得，⑥吾徒得君重，⑦卧而治之。"黯既辞，过大行李息，曰："黯弃逐居郡，不得与朝廷议矣。⑧然御史大夫汤智足以距谏，诈足以饰非，非肯正为天下言，专阿主意。主意所不欲，因而毁之；主意所欲，因而誉之。好兴事，舞文法，⑨内怀诈以御主心，外挟贼吏以为重。公列九卿不早言之何！⑩公与之俱受其戮矣！"息畏汤，终不敢言。黯居郡如其故治，淮阳政清。后张汤败，上闻黯与息言，抵息罪。令黯以诸侯相秩居淮阳。⑪居淮阳十岁而卒。

①师古曰："郊，谓交道冲要之处也。"

②师古曰："填，音大贤反。"

③师古曰："思报效。"

④师古曰："力，谓甚也。"

⑤师古曰："言后即召也。"

⑥师古曰:"顾,谓思念也。"

⑦师古曰:"徒,但也。重,威重也。"

⑧师古曰:"与,读曰豫。"

⑨如淳曰:"舞犹弄也。"

⑩师古曰:"言何不早言也。"

⑪如淳曰:"诸侯王相在郡守上,秩真二千石。律,真二千石月得百五十
　　斛,岁凡得千八百石耳。二千石月得百二十斛,岁凡得一千四百四十石
　　耳。"

　　卒后,上以黯故,官其弟仁至九卿,子偃至诸侯相。黯姊子司马
安亦少与黯为太子洗马。安文深巧善宦,四至九卿,以河南太守卒。
昆弟以安故,同时至二千石十人。濮阳段宏始事盖侯信,①信任
宏,②官亦再至九卿。然卫人仕者皆严惮汲黯,出其下。

①服虔曰:"景帝王皇后兄也。"

②苏林曰:"任,保举。"

　　郑当时字庄,陈人也。其先郑君尝事项籍,籍死而属汉。高祖
令诸故项籍臣名籍,郑君独不奉诏。诏尽拜名籍者为大夫,而逐郑
君。郑君死孝文时。

　　当时以任侠自喜,脱张羽于阨,①声闻梁楚间。孝景时,为太子
舍人。每五日洗沐,常置驿马长安诸郊,②请谢宾客,夜以继日,至
明旦,常恐不遍。当时好黄老言,其慕长者,如恐不称。③自见年少
官薄,然其知友皆大父行,天下有名之士也。④

①服虔曰:"梁孝王将,楚相之弟也。"师古曰:"喜,音许吏反。脱,音佗活
　　反。"

②如淳曰:"郊,交道四通处也,以请宾客便。"臣瓒曰:"长安四面郊祀之
　　处,闲静可以请宾客也。"师古曰:"二说皆非也。此谓长安城外四面之
　　郊耳。邑外谓之郊,近郊二十里。"

③师古曰:"恐不称其意。"

④师古曰:"大父,谓祖父。行,音胡浪反。"

　　武帝即位,当时稍迁为鲁中尉、济南太守、江都相,至九卿为右

内史。以武安、魏其时议，①贬秩为詹事，迁为大司农。

①师古曰："议田蚡及窦婴事。"

当时为大吏，戒门下："客至，亡贵贱亡留门者。"执宾主之礼，以其贵下人。性廉，又不治产，卬奉赐给诸公。①然其馈遗人，不过具器食。②每朝，候上间说，未尝不言天下长者。③其推毂士及官属丞史，诚有味其言也。④常引以为贤于己。未尝名吏，与官属言，若恐伤之。闻人之善言，进之上，唯恐后。山东诸公以此翕然称郑庄。

①师古曰："卬，音牛向反。奉，音扶用反。"

②师古曰："犹今言一盘食也。"

③师古曰："候天子间隙之时，其所称说皆言长者也。"

④师古曰："推毂，言荐举人，如车毂之运转也。有味者，其言甚美也。"

使视决河，自请治行五日。①上曰："吾闻'郑庄行，千里不赍粮'，治行者何也？"然当时在朝，常趋和承意，②不敢甚斥臧否。汉征匈奴，招四夷，天下费多，财用益屈。③当时为大司农，任人宾客僦，④入多逋负。司马安为淮阳太守，发其事，当时以此陷罪，赎为庶人。顷之，守长史。⑤迁汝南太守，数岁，以官卒。昆弟以当时故，至二千石者六七人。

①如淳曰："治行，谓庄严。"

②师古曰："趋，读曰趣。趣，向也。和，音胡卧反。"

③师古曰："屈，尽也，音其勿反。"

④晋灼曰："当时为大司农，而任使其宾客辜较作僦也。"师古曰："僦，谓受顾赁而载运也。言当时保任其宾客于司农载运也。僦，音子就反。"

⑤如淳曰："丞相长史也。"

当时始与汲黯列为九卿，内行修。两人中废，宾客益落。①当时死，家亡余财。

①师古曰："落，散也。"

先是下邽翟公为廷尉，①宾客亦填门，②及废，门外可设爵罗。③后复为廷尉，客欲往，翟公大署其门，④曰："一死一生，乃知交情；一贫一富，乃知交态；一贵一贱，交情乃见。"⑤

①苏林曰："邽，音圭，京兆县名也。"

②师古曰:"填,满也,音田。"

③师古曰:"言其寂静,无人行也。"

④师古曰:"署,谓书之。"

⑤师古曰:"见,音胡电反。"

　　赞曰:张释之之守法,冯唐之论将,汲黯之正直,郑当时之推士,不如是,亦何以成名哉! 杨子以为孝文亲诮帝尊以信亚夫之军,①曷为不能用颇、牧? 彼将有激云尔。②

①师古曰:"杨子,谓杨雄也。信,读曰伸。"

②师古曰:"谓冯唐欲理魏尚,故以此言激文帝也。"

汉书卷五一
列传第二一

贾山　邹阳　枚乘 子皋
路温舒

　　贾山，颍川人也。祖父祛，故魏王时博士弟子也。①山受学祛，所言涉猎书记，不能为醇儒。②尝给事颍阴侯为骑。③

　　①师古曰："六国时魏也。"

　　②师古曰："涉若涉水，猎若猎兽，言历览之不专精也。醇者，不杂也。"

　　③师古曰："为骑者，常骑马而从也。"

　　孝文时，言治乱之道，借秦为谕，名曰《至言》。其辞曰：

　　臣闻为人臣者，尽忠竭愚，以直谏主，不避死亡之诛者，臣山是也。臣不敢以久远谕，愿借秦以为谕，唯陛下少加意焉。

　　夫布衣韦带之士，①修身于内，成名于外，而使后世不绝息。至秦则不然，贵为天子，富有天下，赋敛重数，百姓任罢，②赭衣半道，群盗满山，③使天下之人戴目而视，倾耳而听。④一夫大谑，天下响应者，陈胜是也。⑤秦非徒如此也，起咸阳而西至雍，离宫三百，⑥钟鼓帷帐，不移而具。又为阿房之殿，殿高数十仞，⑦东西五里，南北千步，从车罗骑，四马骛驰，旌旗不桡。⑧为宫室之丽至于此，使其后世曾不得聚庐而托处焉。为驰道于天下，东穷燕齐，南极吴楚，江湖之上，濒海之观毕至。⑨道广五十步，三丈而树，厚筑其外，隐以金椎，⑩树以青松。为驰道之丽至于此，使其后世曾不得邪径而托足焉。死葬

乎骊山,吏徒十万人,⑪旷日十年。⑫下彻三泉,⑬合采金石,
冶铜锢其内,柒涂其外,⑭被以珠玉,饰以翡翠,⑮中成观游,
上成山林。为葬埋之侈至于此,使其后世曾不得蓬颗蔽冢而托
葬焉。⑯秦以熊罴之力,虎狼之心,蚕食诸侯,并吞海内,而不
笃礼义,⑰故天殃已加矣。臣昧死以闻,愿陛下少留意而详择
其中。⑱

① 师古曰:"言贫贱之人也。韦带,以单韦为带,无饰也。"

② 师古曰:"数,屡也。任,谓役事也。罢,读曰疲。任疲,言疲于役使也。"

③ 师古曰:"犯罪者则衣赭衣,行道之人半著赭衣,言被罪者众也。盗贼皆
依山为阻,故云满山也。"

④ 师古曰:"戴目者,言常远视有异志也。倾耳而听,言乐祸乱也。"

⑤ 师古曰:"讙字与呼同。讙,叫也,音火故反。嚣,读曰响。"

⑥ 师古曰:"凡言离宫者,皆谓于别处置之,非常所居也。"

⑦ 师古曰:"阿房者,言殿之四阿皆为房也。一说,大陵曰阿,言其殿高若
于阿上为房也。房字或作旁,说云始皇作此殿,未有名,以其去咸阳近,
且号阿旁。阿,近也。八尺曰仞。"

⑧ 师古曰:"桡,屈也。言庭之广大,殿之高敞,众骑驰骛无所迫触,建立旌
旗不屈桡。桡,音女孝反。"

⑨ 师古曰:"濒,水涯也。濒海,谓缘海之边也。毕,尽也。濒,音频,又音宾,
字或作滨,音义同。"

⑩ 服虔曰:"作壁如甬道。隐筑也,以铁椎筑之。"师古曰:"筑令坚实而使
隆高耳,不为甬壁也。隐,音于靳反。"

⑪ 师古曰:"吏以督领,徒以役作也。"

⑫ 师古曰:"旷,空也,废也。言为重役,空废时日,积年岁也。"

⑬ 师古曰:"三重之泉,言其深也。"

⑭ 师古曰:"锢,谓铸而合之也,音固。"

⑮ 应劭曰:"雄曰翡,雌曰翠。"臣瓒曰:"《异物志》云翡色赤而大于翠。"师
古曰:"鸟各别类,非雄雌异名也。被,音皮义反。"

⑯ 服虔曰:"谓块墣作冢,喻小也。"臣瓒曰:"蓬颗,犹课颗小冢也。"晋灼
曰:"东北人名土块为蓬颗。"师古曰:"诸家之说皆非。颗,谓土块。蓬
颗,言块上生蓬者耳。举此以对冢上山林,故言蓬颗蔽冢也。颗,音口

果反。”

⑰师古曰:"笃,厚也。"

⑱师古曰:"中,音竹仲反。"

臣闻忠臣之事君也,言切直则不用而身危,不切直则不可以明道,故切直之言,明主所欲急闻,忠臣之所以蒙死而竭知也。①地之硗者,虽有善种,不能生焉;②江皋河濒,虽有恶种,无不猥大。③昔者夏商之季世,虽关龙逢、箕子、比干之贤,身死亡而道不用。④文王之时,豪俊之士皆得竭其智,刍荛采薪之人皆得尽其力,⑤此周之所以兴也。故地之美者善养禾,君之仁者善养士。雷霆之所击,无不摧折者;⑥万钧之所压,无不糜灭者。今人主之威,非特雷霆也;⑦势重,非特万钧也。开道而求谏,和颜色而受之,用其言而显其身,士犹恐惧而不敢自尽,又乃况于纵欲恣行暴虐,恶闻其过乎!震之以威,压之以重,⑧则虽有尧舜之智,孟贲之勇,岂有不摧折者哉?⑨如此,则人主不得闻其过失矣;弗闻,则社稷危矣。古者圣王之制,史在前书过失,工诵箴谏,⑩瞽诵诗谏,⑪公卿比谏,⑫士传言谏过,庶人谤于道,商旅议于市,⑬然后君得闻其过失也。闻其过失而改之,见义而从之,所以永有天下也。天子之尊,四海之内,其义莫不为臣。然而养三老于大学,亲执酱而馈,执爵而酳,⑭祝饐在前,祝鲠在后,⑮公卿奉杖,大夫进履,举贤以自辅弼,求修正之士使直谏。⑯故以天子之尊,尊养三老,视孝也;⑰立辅弼之臣者,恐骄也;置直谏之士者,恐不得闻其过也;学问至于刍荛者,求善无餍也;商人庶人诽谤己而改之,从善无不听也。

①师古曰:"蒙,冒犯也。"

②师古曰:"硗,埆,瘠薄也。硗,音口交反。"

③李奇曰:"皋,水边淤地也。"师古曰:"猥,盛也。"

④服虔曰:"关龙逢,桀之忠臣也。"师古曰:"比干,谏纣而纣杀之。《论语》曰'微子去之,箕子为之奴,比干谏而死'。"

⑤师古曰:"刍,刈草也。荛,草薪也。言执贱役者也。《大雅·板》之诗曰'询于刍荛'。"

⑥师古曰:"霆,疾雷也,音廷。"

⑦师古曰:"特,独也。"

⑧师古曰:"震,动也。"

⑨师古曰:"孟贲,古之勇士。贲,音奔。"

⑩李奇曰:"古有诵诗之工,记过之史,常在君侧也。"师古曰:"箴,戒也,音之林反。"

⑪师古曰:"瞽,无目之人。"

⑫李奇曰:"相亲比而谏也。或曰,比方事类以谏也。"师古曰:"比方是也。"

⑬师古曰:"旅,众也。"

⑭师古曰:"馈字与馈同。进食曰馈。酳者,少少饮酒,谓食已而荡口也,音胤。"

⑮师古曰:"饲,古饐字,谓食不下也。以老人好饐鲠,故为备祝以祝之。"

⑯师古曰:"修正,谓修身正行者。"

⑰师古曰:"视,读曰示。"

　　昔者,秦政力并万国,富有天下,破六国以为郡县,筑长城以为关塞。秦地之固,大小之势,轻重之权,其与一家之富,一夫之强,胡可胜计也!①然而兵破于陈涉,地夺于刘氏者,何也?秦王贪狼暴虐,残贼天下,穷困万民,以适其欲也。②昔者,周盖千八百国,以九州之民养千八百国之君,用民之力不过岁三日,什一而籍,③君有余财,民有余力,而颂声作。④秦皇帝以千八百国之民自养,力罢不能胜其役,财尽不能胜其求。⑤一君之身耳,所以自养者驰骋弋猎之娱,天下弗能供也。⑥劳罢者不得休息,饥寒者不得衣食,亡罪而死刑者无所告诉,人与之为怨,家与之为仇,⑦故天下坏也。秦皇帝身在之时,天下已坏矣,而弗自知也。秦皇帝东巡狩,至会稽、琅邪,刻石著其功,自以为过尧舜统;⑧县石铸钟虡,⑨筛土筑阿房之宫,⑩自以为万世有天下也。古者圣王作谥,三四十世耳,虽尧舜禹汤

文武糸世广德⑪以为子孙基业，无过三二十世者也。⑫秦皇帝
曰死而以谥法，是父子名号有时相袭也，以一至万，则世世不
相复也，⑬故死而号曰始皇帝，其次曰二世皇帝者，欲以一至
万也。秦皇帝计其功德，度其后嗣，世世无穷，⑭然身死才数月
耳，⑮天下四面而攻之，宗庙灭绝矣。

①师古曰："胡，何也。胜，尽也。"

②师古曰："适，快也。"

③师古曰："什一，谓十分之中公取一也。籍，借也，谓借人力也。一曰，为
簿籍而税之。"

④师古曰："颂者，六诗之一，美盛德之形容，盖帝王之嘉致。"

⑤师古曰："胜，堪也。罢，读曰疲。次下亦同。"

⑥师古曰："弋，缴射也。"

⑦师古曰："言人人为怨，家家为仇。"

⑧如淳曰："统，继也。尧舜子不才，不能长世，而秦自以过尧舜，可至万世
也。"师古曰："此说非也。统，治也。言自美功德，治理天下过于尧舜也。
其下乃言以一至万之事。"

⑨服虔曰："县石以为磬也。"苏林曰："秦欲平天下法，使轻重如石之在称
也。"师古曰："二说皆非也。县，称也。石，百二十斤。称铜铁之斤石以
铸钟虡，言其奢泰也。虡，猛兽之名，谓钟鼓之柎饰为此兽。虡，音巨。"

⑩师古曰："筛以竹筵为之。筛，音师。筵，音山尔反。"

⑪师古曰："糸，古累字。"

⑫张晏曰："夏十七世，殷三十一世，周三十六世。"

⑬师古曰："复，重也，音扶目反。"

⑭师古曰："度，音大各反。"

⑮师古曰："才，音财，暂也，浅也。"

秦皇帝居灭绝之中而自不知者何也？天下莫敢告也。其
所以莫敢告者何也？亡养老之义，亡辅弼之臣，亡进谏之士，纵
恣行诛，退诽谤之人，杀直谏之士，是以道谀谕合苟容，①比其
德则贤于尧舜，课其功则贤于汤武，天下已溃而莫之告。②
《诗》曰："匪言不能，胡此畏忌，听言则对，谮言则退。"此之谓
也。③又曰："济济多士，文王以宁。"④天下未尝亡士也，然而

文王独言以宁者何也？文王好仁则仁兴，得士而敬之则士用，用之有礼义。

①师古曰："道，读曰导，导引主意于邪也。媮，与偷同。"

②师古曰："水旁决曰溃，言天下之坏如水溃。"

③师古曰："此《大雅·桑柔》之篇也。言贤者见事之是非，非不能分别言之，而不言者何也？此但畏忌犯颜得罪罚也。又言，言而见听，则悉意答对；不见信受，则屏退也。今诗本云'听言则对，诵言如醉'。说者又别为义，与此不同。"

④师古曰："此《大雅·文王》之篇也。济济，多威仪也。此言文王以多士之故，能安天下也。"

　　故不致其爱敬，则不能尽其心；不能尽其心，则不能尽其力；不能尽其力，则不能成其功。故古之贤君于其臣也，尊其爵禄而亲之；疾则临视之亡数，①死则往吊哭之，临其小敛大敛，已棺涂而后为之服锡衰麻绖，②而三临其丧；未敛不饮酒食肉，未葬不举乐，当宗庙之祭而死，为之废乐。故古之君人者于其臣也，可谓尽礼矣；服法服，端容貌，正颜色，然后见之。故臣下莫敢不竭力尽死以报其上，功德立于后世，而令闻不忘也。③

①师古曰："言心实忧念之，不为礼饰也。"

②师古曰："已棺，谓已大敛也。涂，谓涂殡也。锡衰，十五升布，无事其缕者也。棺，音工唤反。"

③师古曰："令，善也。闻，谓声之闻也。"

　　今陛下念思祖考，术追厥功，①图所以昭光洪业休德，②使天下举贤良方正之士，天下皆欣欣焉，③曰将兴尧舜之道，三王之功矣。天下之士莫不精白以承休德。④今方正之士皆在朝廷矣，又选其贤者使为常侍诸吏，与之驰殴射猎，⑤一日再三出。臣恐朝廷之解弛，⑥百官之堕于事也，诸侯闻之，又必怠于政矣。

①师古曰："术亦作述。"

②师古曰："图，谋也。休，美也。"

③师古曰："诉,读与欣同。"

④师古曰："厉精而为洁白也。"

⑤师古曰："畝与驱同。"

⑥师古曰："解,读曰懈。弛,放也,音式尔反。"

　　陛下即位,亲自勉以厚天下,损食膳,不听乐,减外徭卫卒,止岁贡;省厩马以赋县传,①去诸苑以赋农夫,出帛十万余匹以振贫民;礼高年,九十者一子不事,八十者二算不事;②赐天下男子爵,大臣皆至公卿;发御府金赐大臣宗族,亡不被泽者;赦罪人,怜其亡发赐之巾,怜其衣赭书其背,父子兄弟相见也③而赐之衣。平狱缓刑,天下莫不说喜。④是以元年膏雨降,五谷登,此天之所以相陛下也。⑤刑轻于它时而犯法者寡,衣食多于前年而盗贼少,此天下之所以顺陛下也。⑥臣闻山东吏布诏令,民虽老羸癃疾,扶杖而往听之,愿少须臾毋死,思见德化之成也。今功业方就,名闻方昭,四方乡风,⑦今从豪俊之臣,方正之士,直与之日日猎射,击兔伐狐,以伤大业,绝天下之望,臣窃悼之。《诗》曰:"靡不有初,鲜克有终。"⑧臣不胜大愿,愿少衰射猎,以夏岁二月,⑨定明堂,造太学,修先王之道,风行俗成,万世之基定,然后唯陛下所幸耳。⑩古者大臣不媒,⑪故君子不常见其齐严之色,肃敬之容。⑫大臣不得与宴游,⑬方正修洁之士不得从射猎,使皆务其方以高其节,⑭则群臣莫敢不正身修行,尽心以称大礼。⑮如此,则陛下之道尊敬,功业施于四海,垂于万世子孙矣。诚不如此,则行日坏而荣日灭矣。夫士修之于家,而坏之于天子之廷,臣窃愍之。陛下与众臣宴游,与大臣方正朝廷论议。夫游不失乐,朝不失礼,议不失计,轨事之大者也。⑯

①师古曰："赋,给与也。传,音张恋反。"

②师古曰："一子不事,蠲其赋役。二算不事,免二口之算赋也。"

③师古曰："衣,音于既反。"

④师古曰："说,读曰悦。"

⑤师古曰:"相,助也。"

⑥师古曰:"天下之人也。"

⑦师古曰:"乡,读曰向。"

⑧师古曰:"此《大雅·荡之》诗也。言人初始皆庶几于善道,而少有能终之者。"

⑨师古曰:"时以十月为岁首,则谓夏正之二月为五月。今欲定制度,循于古法,故特云用夏岁二月也。夏,音胡雅反。"

⑩师古曰:"言乃可恣意也。"

⑪师古曰:"媟,狎也,音息列反。"

⑫师古曰:"见,显示也,音胡电反。"

⑬师古曰:"安息曰宴。与,读曰豫。"

⑭师古曰:"方,道也。一曰,方,谓廉隅也。"

⑮师古曰:"称,副也。"

⑯师古曰:"轨,谓法度也。"

其后文帝除铸钱令,山复上书谏,以为变先帝法,非是。又讼淮南王无大罪,宜急令反国。又言柴唐子为不善,足以戒。①章下诘责,②对以为"钱者,亡用器也,而可以易富贵。富贵者,人主之操柄也,③令民为之,是与人主共操柄,不可长也。"④其言多激切,善指事意,然终不加罚,所以广谏争之路也。其后复禁铸钱云。

①邓展曰:"《淮南传》棘蒲侯柴武太子柴奇与士伍开章谋反。"

②师古曰:"以其所上之章,令有司诘问。"

③师古曰:"操,持也,音千高反。"

④师古曰:"长,谓畜养也。言此事宜速禁绝,不可畜养。"

邹阳,齐人也。汉兴,诸侯王皆自治民聘贤。吴王濞招致四方游士,阳与吴严忌、枚乘等俱仕吴,皆以文辩著名。久之,吴王以太子事怨望,称疾不朝,阴有邪谋,阳奏书谏。为其事尚隐,恶指斥言,故先引秦为谕,因道胡、越、齐、赵、淮南之难,然后乃致其意。其辞曰:

臣闻秦倚曲台之宫,①悬衡天下,②画地而不犯,兵加胡

越；③至其晚节末路，张耳、陈胜连从兵之据，④以叩函谷，咸
阳遂危。⑤何则？列郡不相亲，万室不相救也。今胡数涉北河之
外，上覆飞鸟，下不见伏菟，⑥斗城不休，救兵不止，死者相随，
辇车相属，⑦转粟流输，千里不绝。何则？强赵责于河间，⑧六
齐望于惠后，⑨城阳顾于卢博，⑩三淮南之心思坟墓。⑪大王
不忧，臣恐救兵之不专，⑫胡马遂进窥于邯郸，越水长沙，还舟
青阳。⑬虽使梁并淮阳之兵，下淮东，越广陵，以遏越人之粮，
汉亦折西河而下，北守漳水，以辅大国，胡亦益进，越亦益深。
此臣之所为大王患也。⑭

①应劭曰："始皇帝所治处也，若汉家未央宫。"师古曰："倚，恃也，音于绮
　　反。"

②服虔曰："关西为衡。"应劭曰："衡，平也。"如淳曰："衡犹称之衡也，言
　　其悬法度于其上也。"师古曰："此说秦自以为威力强固，非论平法也。
　　下又言陈胜连从兵之据，则是说从横之事耳。服释是也。"

③师古曰："画地不犯者，法制之行也。"

④师古曰："从，音子容反。"

⑤师古曰："叩，击也。"

⑥苏林曰："言胡来人马之盛，扬尘上覆飞鸟，下不见伏菟也。一曰，覆，尽
　　也。言上射飞鸟，下尽伏菟也。"师古曰："覆，尽，是也，音方目反。"

⑦师古曰："属，连也，音之欲反。"

⑧应劭曰："赵幽王为吕后所幽死，文帝立其长子遂为赵王，取赵之河间
　　立遂弟辟强为河间王，至子哀王无嗣，国除，遂欲复还得河间。"

⑨孟康曰："高后割齐济南郡为吕台奉邑，又割琅邪郡封营陵侯刘泽为琅
　　邪王。文帝乃立悼惠王六子为王。言六齐不保今日之恩，而追怨惠帝与
　　吕后也。一说，惠帝二年悼惠王入朝，吕后欲鸩杀之，献城阳郡，尊鲁元
　　公主，得免，六子以此怨之。"

⑩孟康曰："城阳王喜也。喜父章与弟兴居讨诸吕有功，本当尽以赵地王
　　章，梁地王兴居。文帝闻其欲立齐王，更以二郡王之。章失职，岁余薨。
　　兴居诛死。卢博，济北王治处，喜顾念而怨也。"

⑪张晏曰："淮南厉王三子为三王，念其父见迁杀，思墓，欲报怨也。"师古
　　曰："三子为王，谓淮南、衡山、济北也。"

⑫孟康曰:"不专救汉也。"如淳曰:"皆自私怨宿忿,不能为吴也。若吴举
　兵反,天子来讨,谓四国但有意,不敢相救也。"师古曰:"二说皆非也。
　言诸国各有私怨,欲申其志,不肯专为吴,非不敢相救也。"

⑬张晏曰:"青阳,地名。还舟,聚舟船也。言胡为赵难,越为吴难,不可恃
　也。"

⑭应劭曰:"时赵王遂北连匈奴,吴王濞素事三越,故邹阳微言胡越亦自
　受敌,救兵之不专也。胡马故曰进,越水故曰深。"苏林曰:"折,截也。阳
　知吴王阴连结齐、赵、淮南、胡、越,欲谏不敢指斥言,故陈胡、越之难,
　齐、赵之怨,微言梁并淮阳绝越人之粮,汉折西河以辅大国,以破难其
　计。欲隐其辞,故谬言胡益进,越益深,为大王患之,以错乱其语,若吴
　为忧助汉者也。自此以下,乃致其意焉。"师古曰:"苏说是也。"

　　臣闻交龙襄首奋翼,则浮云出流,雾雨咸集。①圣王厎节
修德,则游谈之士归义思名。②今臣尽智毕议,易精极虑,③则
无国不可奸;④饰固陋之心,则何王之门不可曳长裾乎?然臣
所以历数王之朝,背淮千里而自致者,非恶臣国而乐吴民也,
窃高下风之行,尤说大王之义。⑤故愿大王之无忽,察听其志。

①师古曰:"襄,举也。"
②师古曰:"厎,厉也,音指。"
③如淳曰:"改易精思以极尽谋虑也。"
④师古曰:"奸,音干。"
⑤师古曰:"言在下风侧听,高尚美悦大王之行义也。说,读曰悦。"

　　臣闻鸷鸟絫百,不如一鹗。①夫全赵之时,②武力鼎士祛
服丛台之下者一旦成市,③而不能止幽王之湛患。④淮南连山
东之侠,死士盈朝,不能还厉王之西也。⑤然而计议不得,虽诸
贲不能安其位,亦明矣。⑥故愿大王审画而已。⑦

①孟康曰:"鹗,大雕也。"如淳曰:"鸷鸟比诸侯,鹗比天子。"师古曰:"鸷
　击之鸟,鹰鹯之属也。鹗自大鸟而鸷者耳,非雕也。絫,古累字。鹗,音
　愕。"
②服虔曰:"全赵,赵未分之时。"
③师古曰:"祛服,盛服也。鼎士,举鼎之士。丛台,赵王之台也,在邯郸。
　祛,音州县之县。"

④师古曰："幽王,谓赵幽王友也。湛,读曰沈。沈患,言幽王为吕后所幽死。"

⑤师古曰："厉王,淮南厉王长也。西,谓废迁严道而死于雍也。"

⑥师古曰："诸,谓专诸;贲,谓孟贲:皆古勇士也。"

⑦师古曰："画,计也,音获。"

　　始孝文皇帝据关入立,寒心销志,不明求衣。①自立天子之后,使东牟、朱虚东襄义父之后,②深割婴儿王之。③壤子王梁、代,④益以淮阳。卒仆济北,囚弟于雍者,岂非象新垣平等哉!⑤今天子新据先帝之遗业,左规山东,右制关中,变权易势,大臣难知。大王弗察,臣恐周鼎复起于汉,新垣过计于朝,⑥则我吴遗嗣,不可期于世矣。⑦高皇帝烧栈道,水章邯,⑧兵不留行,⑨收弊民之倦,东驰函谷,西楚大破。⑩水攻则章邯以亡其城,陆击则荆王以失其地,⑪此皆国家之不几者也。⑫愿大王孰察之。

①张晏曰："据函谷关立为天子,诸国闻文帝入关为之寒心散志也。求衣,夜索衣著,不及待明,意不安也。"臣瓒曰："文帝入关而立,以天下多难,故乃寒心战栗,未明而起。"师古曰："瓒说是也。"

②应劭曰："天下已定,文帝遣朱虚侯章东喻齐王,嘉其首举兵,欲诛诸吕,犹《春秋》襄邿仪父也。"师古曰："立天子,谓立为天子也。义,读曰仪。父,读曰甫。"

③应劭曰："封齐王六子为王,其中有小小婴儿者,文帝于骨肉厚也。或曰,皇子武为代王,参为太原王,揖为梁王。"师古曰："或说是也。"

④如淳曰："文帝之二子。"晋灼曰："杨雄《方言》'梁益之间,所爱谓其肥盛曰壤'。或曰,言深割婴儿王之壤。壤,土也。壤字当上属也。"师古曰:"或说非也。"

⑤应劭曰："仆,僵仆也。济北王兴居反,见诛。囚弟于雍者,淮南王长有罪,见徙,死于雍。所以然者,坐二国有奸臣如新垣平等,劝王共反。"师古曰："仆,音赴。"

⑥如淳曰："新垣平诈言'鼎在泗水中,臣望东北汾阴有金宝气,鼎其在乎?弗迎,则不至。'为吴计者,犹新垣平之言,周鼎终不可得也。"服虔

曰："过，误也。"

⑦师古曰："言吴当绝灭无遗嗣也。"

⑧应劭曰："章邯为雍王，高祖以水灌其城，破之也。"

⑨师古曰："言无所稽留，不废于行。"

⑩张晏曰："项羽自号西楚霸王。"

⑪如淳曰："荆亦楚也，谓项羽败走。"

⑫应劭曰："言不可庶几也。"李奇曰："不但几微，乃著见也。或曰，几，危也。此数事于国家皆无危险之虑也。"师古曰："言汉朝之安，诸侯不当妄起邪意。应说是也。"

吴王不内其言。

　　是时，景帝少弟梁孝王贵盛，亦待士。于是邹阳、枚乘、严忌知吴不可说，皆去之梁，从孝王游。

　　阳为人有智略，慷慨不苟合，①介于羊胜、公孙诡之间。②胜等疾阳，恶之孝王。③孝王怒，下阳吏，将杀之。阳客游以谗见禽，恐死而负累，④乃从狱中上书曰：

①师古曰："慷，音口朗反。"

②师古曰："介，谓间厕也。"

③师古曰："恶，谓谗毁也。其下亦同。"

④师古曰："累，音力瑞反。"

　　　臣闻忠无不报，信不见疑，臣常以为然，徒虚语耳。昔荆轲慕燕丹之义，白虹贯日，太子畏之；①卫先生为秦画长平之事，太白食昴，昭王疑之。②夫精变天地而信不谕两主，岂不哀哉！今臣尽忠竭诚，毕议愿知，③左右不明，卒从吏讯，为世所疑。④是使荆轲、卫先生复起，而燕、秦不寤也。愿大王孰察之。

①应劭曰："燕太子丹质于秦，始皇遇之无礼，丹亡去，厚养荆轲，令西刺秦王。精诚感天，白虹为之贯日也。"如淳曰："白虹，兵象，日为君，为燕丹表可克之兆。"师古曰："精诚若斯，太子尚畏而不信也。太白食昴，义亦如之。"

②苏林曰："白起为秦伐赵，破长平军，欲遂灭赵，遣卫先生说昭王益兵粮，为应侯所害，事用不成。其精诚上达于天，故太白为之食昴。昴，赵分也，将有兵，故太白食昴。食，干历之也。"如淳曰："太白，天之将军。"

③张晏曰:"尽其计议,愿王知之。"

④师古曰:"言左右不明者,不欲斥王也。讯,谓鞠问也,音信。"

　昔玉人献宝,楚王诛之;①李斯竭忠,胡亥极刑。②是以箕子阳狂,接舆避世,③恐遭此患也。愿大王察玉人、李斯之意,而后楚王、胡亥之听,④毋使臣为箕子、接舆所笑。臣闻比干剖心,子胥鸱夷,⑤臣始不信,乃今知之。愿大王孰察,少加怜焉!

①应劭曰:"卞和得玉璞,献之武王,王示玉人,曰石也,刖其右足。武王殁,复献文王,玉人复曰石也,刖其左足。至成王时,抱其璞哭于郊,乃使玉人攻之,果得宝玉也。"

②张晏曰:"李斯谏二世以正,而二世杀之,具五刑。"

③张晏曰:"接舆,楚贤人,阳狂避世。"师古曰:"舆,音戈于反。"

④师古曰:"以谬听为后。后犹下也。"

⑤应劭曰:"吴王取马革为鸱夷,受子胥,沉之江。鸱夷,榼形。"师古曰:"鸱夷,即今之盛酒鸱夷䐦。

　语曰"有白头如新,①倾盖如故"。②何则?知与不知也。故樊於期逃秦之燕,藉荆轲首以奉丹事;③王奢去齐之魏,临城自刭以却齐而存魏。④夫王奢、樊於期非新于齐、秦而故于燕、魏也,所以去二国死两君者,行合于志,慕义无穷也。是以苏秦不信于天下,为燕尾生;⑤白圭战亡六城,为魏取中山。⑥何则?诚有以相知也。苏秦相燕,人恶之燕王,燕王案剑而怒,食以駃騠;⑦白圭显于中山,⑧人恶之魏文侯,文侯赐以夜光之璧。何则?两主二臣,剖心析肝相信,⑨岂移于浮辞哉!⑩

①师古曰:"初相识至白头不相知。"

②文颖曰:"倾盖,犹交盖驻车也。"

③张晏曰:"於期为秦将,被谗走之燕。始皇灭其家,又重购之。燕遣荆轲欲刺秦王,於期自刎首,令轲赍往。"师古曰:"之,往也。藉,假也。"

④孟康曰:"王奢,齐臣也,亡至魏。其后齐伐魏,奢登城谓齐将曰:'今君之来,不过以奢故也,义不苟生,以为魏累。'遂自刭也。"

⑤服虔曰:"苏秦于秦不出其信,于燕则出尾生之信也。"晋灼曰:"说齐宣王使还燕十城,又令闵王厚葬以弊齐,终死为燕也。"师古曰:"尾生,古之信士,守志亡躯,故以为喻。

⑥张晏曰："白圭为中山将,亡六城,君欲杀之,亡入魏,文侯厚遇之,还拔
　　中山。"

⑦孟康曰："駃騠,骏马也,生七日而超其母。敬重苏秦,虽有谗谤,而更食
　　以珍奇之味。"师古曰："食,读曰饲。駃,音决。騠,音题。"

⑧师古曰："以拔中山之功而尊显也。"

⑨师古曰："析,分也。"

⑩师古曰："不以浮说而移心。"

　　故女无美恶,入宫见妒;士无贤不肖,入朝见嫉。昔司马喜
膑脚于宋,卒相中山;①范睢拉胁折齿于魏,卒为应侯。②此二
人者,皆信必然之画,捐朋党之私,挟孤独之交,故不能自免于
嫉妒之人也。③是以申徒狄蹈雍之河,④徐衍负石入海。⑤不
容于世义,不苟取比周于朝以移主上之心。⑥故百里奚乞于道
路,缪公委之以政;⑦宁戚饭牛车下,桓公任之以国。⑧此二人
者,岂素宦于朝,借誉于左右,然后二主用之哉?感于心,合于
行,坚如胶漆,昆弟不能离,岂惑于众口哉?故偏听生奸,独任
成乱。昔鲁听季孙之说逐孔子,⑨宋任子冉之计囚墨翟。⑩夫
以孔、墨之辩,不能自免于谗诔,而二国以危。何则?众口铄金,
积毁销骨也。⑪秦用戎人由余而伯中国,⑫齐用越人子臧而强
威、宣。⑬此二国岂系于俗,牵于世,系奇偏之辞哉?公听并观,
垂明当世。⑭故意合则胡越为兄弟,由余、子臧是矣;不合,则
骨肉为仇敌,朱、象、管、蔡是矣。⑮今人主诚能用齐、秦之明,
后宋、鲁之听,则五伯不足侔,而三王易为也。⑯

①苏林曰："六国时人,被比刑也。

②应劭曰："魏人也。魏相魏齐疑其以国阴事告齐,乃掠笞数百,拉胁折
　　齿。"师古曰："后入秦为相,封为应侯。拉,摧也,音卢合反。"

③师古曰："言直道而行,不求朋党之助,谓忠信必可恃也。画,计也,音
　　获。"

④服虔曰："殷之末世介士也。雍之河,雍州之河也。"师古曰："雍者,河水
　　溢出为小流也。言狄初因蹈雍,遂入大河。《尔雅》曰'水自河出为
　　雍',又曰'江有沱,河有雍'。雍,音于龙反。服云雍州之河,非也。"

⑤服虔曰："周之末人也。"师古曰："负石者,欲速沉也。"

⑥师古曰："比,音频寐反。"

⑦应劭曰："虞人也,闻秦缪公贤,欲往干之,乏资,乞食以自致也。"

⑧应劭曰："齐桓公夜出迎客,宁戚疾击其牛角,高歌曰:'南山矸,白石烂,生不遭尧与舜禅。短布单衣适至骭,从昏饭牛薄夜半,长夜曼曼何时旦!'桓公召与语,说之,以为大夫。"师古曰："矸字与岸同。骭,胫也。薄,止也。骭,音下谏反。曼,音莫干反。"

⑨师古曰："季孙,鲁大夫季桓子也,名斯。《论语》云:'齐人归女乐,季桓子受之,三日不朝,孔子行。'盖桓子故使定公受齐之女乐,欲令去孔子也。"

⑩文颖曰："子冉,子罕也。"

⑪师古曰："美金见毁,众共疑之,数被烧炼,以至销铄。谗佞之人,肆其诈巧,离散骨肉,而不觉知。"

⑫师古曰："伯,读曰霸。"

⑬师古曰："齐之二王谥也。"

⑭师古曰："公听,言不私也。并观,所见齐同也。"

⑮师古曰："朱,丹朱,尧子。象,舜弟。管、蔡,周之二叔也。"

⑯师古曰："侔,等也。伯,读曰霸。"

是以圣王觉寤,捐子之之心,而不说田常之贤,①封比干之后,修孕妇之墓,②故功业覆于天下。③何则?欲善亡厌也。夫晋文亲其雠,强伯诸侯;齐桓用其仇,而一匡天下。④何则?慈仁殷勤,诚加于心,不可以虚辞借也。

①应劭曰："燕王哙贤其相子之,欲禅以燕国,国乃大乱。田常,陈恒也。齐简公悦之,而杀简公。今使人君去此心,则国家安全也。"师古曰："说,读曰悦。"

②应劭曰："纣剖妊者,观其胎产。"师古曰："武王克商,反其故政,乃封修之。"

③师古曰："覆犹被也。"

④张晏曰："寺人勃鞮为晋献公逐文公,斩其袪。及文公即位,用其言以免吕郄之难。管仲射中桓公带钩,而用为相。"师古曰："伯,读曰霸。下皆类此。"

　　至夫秦用商鞅之法，东弱韩、魏，立强天下，卒车裂之。①
赵用大夫种之谋，禽劲吴而伯中国，遂诛其身。是以孙叔敖三
去相而不悔，②於陵子仲辞三公为人灌园。③今人主诚能去骄
傲之心，怀可报之意，披心腹，见情素，④堕肝胆，施德厚，⑤终
与之穷达，无爱于士，⑥则桀之犬可使吠尧，跖之客可使刺
由，⑦何况因万乘之权，假圣王之资乎！然则荆轲湛七族，要离
燔妻子，岂足为大王道哉！⑧

①师古曰："卒，终也。"

②师古曰："叔敖三为楚相，而三去之。缯丘之封人谓之曰：'吾闻处官久
　者士妒之，禄厚者众怨之，位尊者君恨之。今相国有此三者，而不得罪
　于楚之士众，何也？'叔敖曰：'吾三相楚而身愈卑，每益禄而施愈博，
　位滋尊而礼愈恭，是以不得罪于楚人也。'"

③师古曰："於陵，地名也。子仲，陈仲子也。其先与齐同族，兄载为齐相，
　仲子以为不义，乃将妻子适楚，居于於陵，自谓於陵子仲。楚王闻其
　贤，使使者持金百溢聘之，欲以为相。仲子不许，遂夫妻相与逃，而为
　人灌园，终身不屈其节。"

④师古曰："见，显示之也。素，谓心所向也。"

⑤师古曰："堕，毁也，音火规反。"

⑥师古曰："无所吝惜也。"

⑦应劭曰："盗跖之客为其人使刺由。由，许由也。"师古曰："此言被之以
　恩，则用命也。"

⑧应劭曰："荆轲为燕刺秦始皇，不成而死，其族坐之湛没也。吴王阖闾
　欲杀王子庆忌，要离诈以罪亡，令吴王燔其妻子。要离走见庆忌，以剑
　刺之。"张晏曰："七族，上至曾祖，下至曾孙。"师古曰："此说云湛七
　族，无荆字也。寻诸史籍，荆轲无湛族之事，不知阳所云者定何人也。
　湛，读曰沈。"

　　臣闻明月之珠，夜光之璧，以暗投人于道，众莫不按剑相
眄者。何则？无因而至前也。蟠木根柢，轮囷离奇，①而为万乘
器者，以左右先为之容也。②故无因而至前，虽出随珠和璧，祇
怨结而不见德；③有人先游，则枯木朽株，树功而不忘。④今夫

天下布衣穷居之士,身在贫羸,⑤虽蒙尧、舜之术,挟伊、管之辩,⑥怀龙逢、比干之意,而素无根柢之容,虽竭精神,欲开忠于当世之君,⑦则人主必袭案剑相眄之迹矣。⑧是使布衣之士不得为枯木朽株之资也。

①苏林曰:"柢,音蒂。"张晏曰:"柢,根下本也。轮囷离奇,委曲盘戾也。"师古曰:"蟠木,屈曲之木也。囷,音去轮反。离,音力尔反。奇,音于绮反。一曰,离、奇,各读如本字。"

②师古曰:"万乘器,天子车舆之属也。容,谓雕刻加饰。"

③师古曰:"随国之侯见大蛇伤者,疗而愈之,蛇衔明珠以报其德,故称随珠。和氏之璧,即卞和所献之玉耳。柢,适也,音支。"

④师古曰:"先游,谓进纳之也。树,立也。"

⑤师古曰:"衣食不充,故羸瘦也。一曰,羸,谓无威力。"

⑥师古曰:"伊,伊尹。管,管仲。"

⑦师古曰:"开,谓陈说也。"

⑧师古曰:"袭,重也。言蹑其故迹也。"

　　是以圣王制世御俗,独化于陶钧之上,①而不牵乎卑辞之语,不夺乎众多之口。②故秦皇帝任中庶子蒙之言,③以信荆轲而匕首窃发;④周文王猎泾渭,载吕尚归,以王天下。⑤秦信左右而亡,周用乌集而王。⑥何则?以其能越挛拘之语,驰域外之议,⑦独观乎昭旷之道也。⑧

①张晏曰:"陶家名模下圆转者为钧,以其制器为大小,比之于天也。"师古曰:"此说非也。陶家名转者为钧,盖取周回调钧耳。言圣王制驭天下,亦犹陶人转钧,非陶家转象天也。"

②师古曰:"夺者,言欲行善道而为佞人夺其计也。"

③师古曰:"蒙者,庶子名也。今流俗书本蒙下辄加恬字,非也。"

④师古曰:"匕首,短剑也。其首类匕,便于用也。"

⑤应劭曰:"西伯出遇吕尚于渭之阳,与语大悦,因载归。"

⑥师古曰:"言文王之得太公,非因旧故,若乌鸟之暴集。"

⑦师古曰:"挛,音力全反。"

⑧师古曰:"昭,明也。旷,广也。

　　今人主沈谄谀之辞,牵帷廧之制,①使不羁之士与牛骥同皂，②此鲍焦所以愤于世也。③

①孟康曰："言为右右便僻侍帷庐臣妾所见牵制矣。"

②师古曰："不羁，言才识高远不可羁系也。皂，历也。扬雄《方言》云'梁、
宋、齐、楚、燕之间谓历曰皂'。皂，音在早反。"

③孟康曰："周之介士也。"师古曰："鲍焦怨时之不用己，采蔬于道。子贡
难曰：'非其时而采其蔬，此焦之有哉？'弃其蔬，乃立枯于洛水之上。
蔬，谓菜也。"

　　臣闻盛饰入朝者不以私污义，底厉名号者不以利伤行。①
故里名胜母，曾子不入；②邑号朝歌，墨子回车。③今欲使天下
寥廓之士笼于威重之权，胁于位势之贵，④回面污行，以事谄
谀之人，⑤而求亲近于左右，则士有伏死堀穴岩薮之中耳，⑥
安有尽忠信而趋阙下者哉！

①师古曰："底厉，言其自修廉隅，若磨厉于石也。"

②师古曰："曾子至孝，以胜母之名不顺，故不入也。"

③晋灼曰："纣作朝歌之音。朝歌者，不时也。"师古曰："朝歌，殷之邑名
也。《淮南子》云'墨子非乐，不入朝歌'。"

④师古曰："寥廓，远大之度也。胁，迫也。寥，音聊。"

⑤师古曰："回，邪也。污，不洁也，音一故反。或曰，污，曲也，音一胡反。"

⑥师古曰："堀，与窟同。泽无水曰薮。"

书奏孝王，孝王立出之，卒为上客。

　　初，胜、诡欲使王求为汉嗣，王又尝上书，愿赐容车之地径至长
乐宫，自使梁国士众筑作甬道朝太后。爰盎等皆建以为不可。①天
子不许。梁王怒，令人刺杀盎。上疑梁杀之，使者冠盖相望责梁王。
梁王始与胜、诡有谋，阳争以为不可，故见谗。枚先生、严夫子皆不
敢谏。②

①师古曰："建，谓立议。"

②师古曰："先生，枚乘。夫子，严忌。"

　　及梁事败，胜、诡死，孝王恐诛，乃思阳言，深辞谢之，赍以千
金，令求方略解罪于上者。阳素知齐人王先生，①年八十余，多奇
计，即往见，语以其事。王先生曰："难哉！人主有私怨深怒，欲施必

行之诛，诚难解也。以太后之尊，骨肉之亲，犹不能止，况臣下乎？昔
秦始皇有伏怒于太后，群臣谏而死者以十数。得茅焦为廓大义，②
始皇非能说其言也，乃自强从之耳。③茅焦亦廑脱死如毛氂耳，④
故事所以难者也。今子欲安之乎？⑤阳曰："邹鲁守经学，齐楚多辩
知，韩魏时有奇节，吾将历问之。"王先生曰："子行矣。还，过我而
西。"

①师古曰："素与相知也。"

②郑氏曰："齐人也。"应劭曰："茅焦谏云：'陛下车裂假父，有嫉妒之心；
囊扑两弟，有不慈之名；迁母咸阳，有不孝之行。臣窃为陛下危之。臣所
言毕。'乃解衣趋镬。始皇下殿，左手接之曰：'先生起矣！'即迎太后，遂
为母子如初。"

③师古曰："说，读曰悦。"

④师古曰："廑，少也。言才免于死也。廑，音巨刃反。"

⑤师古曰："安，焉也。之，往也。"

　　邹阳行月余，莫能为谋，还过王先生，曰："臣将西矣，为如何？"
王先生曰："吾先日欲献愚计，以为众不可盖，①窃自薄陋，不敢道
也。若子行，必往见王长君，士无过此者矣。"邹阳发寤于心，曰："敬
诺。"辞去，不过梁，径至长安，因客见王长君。长君者，王美人兄也，
后封为盖侯。邹阳留数日，乘间而请曰：②"臣非为长君无使令于
前，故来侍也；③愚戆窃不自料，愿有谒也。"④长君跪曰："幸甚。"
阳曰："窃闻长君弟得幸后宫，天下无有，⑤而长君行迹多不循道理
者。今爰盎事即穷竟，梁王恐诛。如此，则太后怫郁泣血，无所发
怒，⑥切齿侧目于贵臣矣。臣恐长君危于累卵，⑦窃为足下忧之。"
长君惧然曰："将为之奈何？"⑧阳曰："长君诚能精为上言之，得毋
竟梁事，长君必固自结于太后。太后厚德长君，入于骨髓，而长君之
弟幸于两宫，⑨金城之固。⑩又有存亡继绝之功，德布天下，名施
无穷，愿长君深自计之。昔者，舜之弟象日以杀舜为事，⑪及舜立为
天子，封之于有卑。⑫夫仁人之于兄弟，无臧怒，无宿怨，最亲爱而
已，是以后世称之。鲁公子庆父使仆人杀子般，⑬狱有所归，⑭季友

不探其情而诛焉；⑮庆父亲杀闵公，季子缓追免贼，⑯《春秋》以为亲亲之道也。⑰鲁哀姜薨于夷，孔子曰'齐桓公法而不谲'，以为过也。⑱以是说天子，徼幸梁事不奏。"长君曰："诺。"乘间入而言之。及韩安国亦见长公主，事果得不治。

① 师古曰："盖，覆蔽也。"

② 师古曰："间，谓空隙无事之时也。"

③ 师古曰："使令，谓役使之人也。令，音力成反。"

④ 师古曰："料，量也。谒，告也。"

⑤ 师古曰："言独一耳，无所比类也。"

⑥ 师古曰："怫郁，蕴积也。怫，音佛。"

⑦ 师古曰："累卵者，言其将陨而破碎也。"

⑧ 师古曰："惧，读曰瞿，音居具反。瞿然，无守之貌。"

⑨ 如淳曰："太后宫及帝宫也。"

⑩ 师古曰："言其荣宠无极不可坏，故取喻于金城也。"

⑪ 师古曰："言日日欲杀也。"

⑫ 服虔曰："音畀予之畀也。"师古曰："地名也。音鼻，今鼻亭是也。在零陵。"

⑬ 师古曰："庆父，庄公弟也。子般，庄公太子也。仆人，即邓扈乐也。父，读曰甫。般字与班同。"

⑭ 师古曰："归罪于邓扈乐也。"

⑮ 师古曰："季友，庆父之弟，不探庆父本情而诛扈乐。"

⑯ 师古曰："庆父出奔，季友纵而不追，免其贼乱之罪也。"

⑰ 师古曰："《公羊》之说也。言季友亲其兄也。"

⑱ 师古曰："哀姜，庄公夫人也，淫于二叔，而豫杀闵公，齐人杀之于夷。夷，齐地也。法而不谲者，言守法而行，不能用权以免其亲也。"

　　初，吴王濞与七国谋反，及发，齐、济北两国城守不行。汉既破吴，齐王自杀，不得立嗣。济北王亦欲自杀，幸全其妻子。齐人公孙玃谓济北王曰：①"臣请试为大王明说梁王，通意天子，说而不用，死未晚也。"公孙玃遂见梁王，曰："夫济北之地，东接强齐，南牵吴越，北胁燕赵，此四分五裂之国，②权不足以自守，劲不足以捍寇，③又非有奇怪云以待难也，④虽坠言于吴，非其正计也。⑤昔者郑祭仲许宋人立公子突以活其君,非义也,《春秋》记之,为其以生易死,以存易亡。⑥乡使济北见情实,示不从之端,⑦则吴必先历齐毕济北,⑧招燕、赵而总之。如此,则山东之从结而无隙矣。⑨今吴楚之王练诸侯之兵,敺白徒之众,⑩西与天子争衡,济北独底节坚守不下。使吴失与而无助,跬步独进,⑪瓦解土崩,破败而不救者,未必非济北之力也。夫以区区之济北而与诸侯争强,⑫是以羔犊之弱而捍虎狼之敌也。守职不桡,可谓诚一矣。⑬功义如此,尚见疑于上,胁肩低首,累足抚衿,⑭使有自悔不前之心,⑮非社稷之利也。臣恐藩臣守职者疑之。臣窃料之,⑯能历西山,径长乐,抵未央,攘袂而正议者,独大王耳。⑰上有全亡之功,下有安百姓之名,德沦于骨髓,恩加于无穷,⑱愿大王留意详惟之。”⑲孝王大说,⑳使人驰以闻。济北王得不坐,徙封于淄川。

①师古曰:“獲,音俱碧反。”

②张晏曰:“四方受敌,济北居中央为五。”晋灼曰:“四分,即交五而裂,如田字也。”

③师古曰:“捍,御也,音胡旦反。”

④如淳曰:“非有奇材异计欲以为乱逆也,但假权许吴以避其祸耳。”晋灼曰:“非有以怪异之心而城守,须待变难而应吴也。”师古曰:“二说皆非也。此言权谋劲力既不能捍守,又无奇怪神灵可以御难,恐不自全,故坠言于吴也。”

⑤苏林曰:“坠犹失也。”

⑥师古曰:“祭仲,郑大夫祭足也,事郑庄公,为公娶邓曼,生昭公,故祭仲立之。而宋大夫雍氏以女妻庄公而生突。昭公既立,宋人诱祭仲而执之,曰:‘不立突,将死。’祭仲与宋人盟,以厉公归而立之。昭公奔卫。言足胁于大国,苟顺其心,欲以全昭公也。祭,音侧界反。”

⑦师古曰:“乡,读曰向。见,谓显也。”

⑧张晏曰:“历,过。毕,尽收济北之地。”

⑨师古曰:“从,音子容反。”

⑩师古曰:“练,选也。敺,与驱同。白徒,言素非军旅之人,若今言白丁矣。”

⑪师古曰:“半步曰跬,音空累反。”

⑫师古曰："区区，小貌也。"

⑬师古曰："挠，曲也，音女教反。"

⑭师古曰："胁，翕也，谓敛也。"

⑮张晏曰："悔不与吴西也。"

⑯师古曰："料，量也。"

⑰师古曰："西山，谓崤及华山也。抵，至也。攘，却也。袂，衣袖也。攘袂，犹今人云捋臂耳。"

⑱师古曰："沦，入也。"

⑲师古曰："惟，思也。"

⑳师古曰："说，读曰悦。"

　　枚乘字叔，淮阴人也，为吴王濞郎中。吴王之初怨望谋为逆也，乘奏书谏曰：

　　臣闻得全者全昌，失全者全亡。舜无立锥之地，以有天下；禹无十户之聚，以王诸侯。①汤、武之土不过百里，上不绝三光之明，下不伤百姓之心者，有王术也。②故父子之道，天性也；忠臣不避重诛以直谏，③则事无遗策，功流万世。臣乘愿披腹心而效愚忠，唯大王少加意念恻怛之心于臣乘言。

①师古曰："聚，聚邑也，音才喻反。"

②师古曰："德政和平，上感天象，则日月星辰无有错谬，故言不绝三光之明也。"

③师古曰："言父子君臣，其义一也。"

　　夫以一缕之任系千钧之重，上县无极之高，下垂不测之渊，虽甚愚之人犹知哀其将绝也。马方骇鼓而惊之，①系方绝又重镇之；系绝于天不可复结，队入深渊难以复出。其出不出，间不容发。②能听忠臣之言，百举必脱。③必若所欲为，危于累卵，难于上天；变所欲为，易于反掌，安于太山。今欲极天命之寿，敝无穷之乐，究万乘之势，④不出反掌之易，以居泰山之安，而欲乘累卵之危，走上天之难，⑤此愚臣之所大惑也。

①师古曰："骇亦惊也。鼓，击鼓也。"

②苏林曰："改计取福正在今日,言其激切甚急也。"

③师古曰："脱者,免于祸也,音土活反。"

④师古曰："斁,尽也。究,竟也。"

⑤师古曰："走,趋向之也,音奏。"

　　人性有畏其景而恶其迹者,却背而走,迹愈多,景愈疾,①不知就阴而止,景灭迹绝。欲人勿闻,莫若勿言;欲人勿知,莫若勿为。欲汤之沧,②一人炊之,百人扬之,无益也,③不如绝薪止火而已。不绝之于彼,而救之于此,譬犹抱薪而救火也。养由基,楚之善射者也,去杨叶百步,百发百中。杨叶之大,加百中焉,可谓善射矣。然其所止,乃百步之内耳,比于臣乘,未知操弓持矢也。④

①师古曰："背,音步内反。"

②郑氏曰："音凄怆之怆,寒也。"

③师古曰："炊,谓爨火也。"

④师古曰："乘自言所知者远,非止见百步之中,故谓由基为不晓射也。"

　　福生有基,祸生有胎;①纳其基,绝其胎,祸何自来?②泰山之霤穿石,单极之绠断幹。③水非石之钻,索非木之锯,渐靡使之然也。④夫铢铢而称之,至石必差寸;寸而度之,至丈必过。⑤石称丈量,径而寡失。⑥夫十围之木,始生如蘖,足可搔而绝,手可擢而拔,⑦据其未生,先其未形也。磨礲厎厉,不见其损,有时而尽;⑧种树畜养,不见其益,有时而大;积德累行,不知其善,有时而用;弃义背理,不知其恶,有时而亡。臣愿大王孰计而身行之,此百世不易之道也。

①服虔曰："基、胎,皆始也。"

②师古曰："纳犹藏也。何自来,言无所从来也。"

③孟康曰："西方人名屋梁为极。单,一也。一说幹,谓井鹿卢也。言鹿卢为绠索久锲,断井幹也。"晋灼曰："绠,古绠字也。单,尽也,尽极之绠断幹。幹,井上四交之幹,常为汲索所契伤也。"师古曰："晋说近之。幹者,文木井上以为栏者也。孟云鹿卢,失其义矣。绠、绠皆音鲠。锲、契皆刻也,音口计反。"

④师古曰："靡,尽也。"

⑤郑氏曰："石,百二十斤。"张晏曰："乘所转四万六千八十铢而至于石,
　合而称之必有盈缩也。"师古曰："言自小小以至于大数,则有轻重不同
　也。度,音徒各反。"

⑥师古曰："径,直也。"

⑦师古曰："如虋,言若虋之生牙也。搔,谓抓也。搔,音索高反。抓,音庄
　交反。"

⑧师古曰："碞亦磨也。厎,悍石也。厉,柔石也。皆可以磨者。碞,音聋。"

吴王不纳。乘等去而之梁,从孝王游。

　　景帝即位,御史大夫晁错为汉定制度,损削诸侯,吴王遂与六
国谋反,举兵西乡,①以诛错为名。汉闻之,斩错以谢诸侯。枚乘复
说吴王曰:

①师古曰："乡,读曰向。"

　　　　昔者,秦西举胡戎之难,北备榆中之关,①南距羌筰之
塞,②东当六国之从。③六国乘信陵之籍,④明苏秦之约,厉荆
轲之威,并力一心以备秦。然秦卒禽六国,灭其社稷,而并天
下,是何也? 则地利不同,而民轻重不等也。今汉据全秦之地,
兼六国之众,修戎狄之义,⑤而南朝羌筰,此其与秦,地相什而
民相百,大王之所明知也。⑥今夫谗谀之臣为大王计者,不论
骨肉之义,民之轻重,国之大小,以为吴祸,⑦此臣所为大王患
也。

①师古曰："即今所谓榆关也。"

②师古曰："筰,西南夷也,音才各反。"

③师古曰："从,音子容反。"

④孟康曰："魏公子无忌号信陵君。无忌尝总五国却秦,有地资也。"

⑤师古曰："修恩义以抚戎狄。"

⑥师古曰："地十倍于秦,众百倍于秦。"

⑦师古曰："言劝王之反,则于吴为祸也。"

　　　　夫举吴兵以訾于汉,①譬犹蝇蚋之附群牛,腐肉之齿利
剑,锋接必无事矣。②天子闻吴率失职诸侯,愿责先帝之遗

约，③今汉亲诛其三公，以谢前过，是大王之威加于天下，而功越于汤武也。夫吴有诸侯之位，而实富于天子；有隐匿之名，而居过于中国。④夫汉并二十四郡，十七诸侯，方输错出，运行数千里不绝于道，其珍怪不如东山之府。⑤转粟西乡，陆行不绝，水行满河，不如海陵之仓。⑥修治上林，杂以离宫，积聚玩好，圈守禽兽，不如长洲之苑。⑦游曲台，临上路，不如朝夕之池。⑧深壁高垒，副以关城，不如江淮之险。此臣之所以为大王乐也。⑨

①李奇曰："訾，量也。"师古曰："音子私反。"

②师古曰："蚋，蚊属也。齿，谓当之也。蚋，音芮，又音人悦反。"

③师古曰："失职，谓被削黜，失其常分。"

④师古曰："隐匿，谓僻在东南。"

⑤张晏曰："汉时有二十四郡，十七诸侯王也。四方更输，错互更出攻也。"如淳曰："东方诸郡以封王侯，不以封者二十四耳。时七国谋反，其余不反者，十七也。东山，吴王之府藏也。"师古曰："二说皆非也。言汉此时有二十四郡，十七诸侯，方轨而输，杂出贡赋，入于天子，犹不如吴之富也。"

⑥如淳曰："言汉京师仰须山东漕运以自给也。"晋灼曰："海陵，海中山为仓也。"臣瓒曰："海陵，县名也。有吴大仓。"师古曰："瓒说是也。乡，读曰向。"

⑦服虔曰："吴苑。"孟康曰："以江水洲为苑也。"韦昭曰："长洲在吴东。"

⑧张晏曰："曲台，长安台，临道上。"苏林曰："吴以海水朝夕为池也。"师古曰："《三辅黄图》未央宫有曲台殿。"

⑨师古曰："言其富饶及游晏之处逾天子也。"

今大王还兵疾归，尚得十半。①不然，汉知吴之有吞天下之心也，赫然加怒，遣羽林黄头循江而下，②袭大王之都，鲁东海绝吴之饟道；③梁王饬车骑，习战射，④积粟固守，以备荥阳，待吴之饥。大王虽欲反都，亦不得已。⑤夫三淮南之计不负其约，⑥齐王杀身以灭其迹，⑦四国不得出兵其郡，⑧赵囚邯郸，⑨此不可掩，亦已明矣。⑩大王已去千里之国，而制于十里

之内矣。⑪张、韩将北地，⑫弓高宿左右，⑬兵不得下壁，军不
得大息，臣窃哀之。愿大王孰察焉。

①师古曰："十分之中可冀五分无患，故云尚得十半。"

②苏林曰："羽林黄头郎习水战者也。"张晏曰："天子舟立黄旄于其端
　也。"师古曰："邓通以棹船为黄头郎。苏说是也。"

③师古曰："饟，古饷字。"

④师古曰："饬，与敕同。饬，整也。"

⑤师古曰："已，语终之辞。"

⑥晋灼曰："吴楚反，皆守约不从也。"

⑦晋灼曰："齐孝王将闾也。吴楚反，坚守距三国。后栾布闻齐初与三国有
　谋，欲伐之，王惧自杀。"师古曰："《齐王传》云吴楚已平，齐王乃自杀，
　今此枚乘谏书即已称之。二传不同，当有误者。"

⑧晋灼曰："胶东、胶西、济南、淄川王也。发兵应吴楚，皆见诛。"

⑨应劭曰："汉将郦寄围赵王于邯郸，与囚无异。"

⑩师古曰："言事已彰著。"

⑪师古曰："梁下屯兵方十里也。"

⑫如淳曰："张，张羽；韩，韩安国也。时皆仕梁。北地良家子，善骑射者
　也。"师古曰："将北地者，言将军而处吴军之北以距吴，非北地良家子
　也。张羽、韩安国不将汉兵，如说非也。"

⑬服虔曰："韩颓当也。"如淳曰："宿军左右也。后弓高侯竟将轻骑绝吴粮
　道。"师古曰："宿，止也。言弓高所将之兵屯止于吴军左右也。"

吴王不用乘策，卒见禽灭。

汉既平七国，乘由是知名。景帝召拜乘为弘农都尉。乘久为大
国上宾，与英俊并游，得其所好，不乐郡吏，以病去官。

复游梁，梁客皆善属辞赋，乘尤高。孝王薨，乘归淮阴。

武帝自为太子闻乘名，及即位，乘年老，乃以安车蒲轮征乘，①
道死。②诏问乘子，无能为文者，后乃得其孽子皋。③

①师古曰："蒲轮，以蒲裹轮。"

②师古曰："在道病死也。"

③师古曰："孽，庶也。"

皋字少孺。乘在梁时，取皋母为小妻。乘之东归也，皋母不肯

随乘,乘怒,分皋数千钱,留与母居。年十七,上书梁共王,①得召为郎。三年,为王使,与冗从争,②见谗恶遇罪,③家室没入。皋亡至长安。会赦,上书北阙,自陈枚乘之子。上得大喜,召入见待诏,皋因赋殿中。诏使赋平乐馆,善之。拜为郎,使匈奴。皋不通经术,诙笑类俳倡,④为赋颂好嫚戏,⑤以故得媟黩贵幸,⑥比东方朔、郭舍人等,而不得比严助等得尊官。⑦

①师古曰:"恭王名买,孝王之子也。"

②师古曰:"冗从,散职之从王者也。冗,音人勇反。"

③师古曰:"恶,谓冗从言其短恶之事。"

④李奇曰:"诙,嘲也。"师古曰:"俳,杂戏也。倡,乐人也。诙,音恢。俳,音排。嘲,音竹交反。"

⑤师古曰:"嫚,亵污也,音慢。"

⑥师古曰:"媟,狎也。黩,垢浊也,音渎。"

⑦师古曰:"尊,高也。"

武帝春秋二十九乃得皇子,群臣喜,故皋与东方朔作《皇太子生赋》及《立皇子禖祝》,①受诏所为,皆不从故事,重皇子也。

①师古曰:"《礼·月令》'祀于高禖'。高禖,求子之神也。武帝晚得太子,喜而立此禖祠,而令皋作祭祀之文也。"

初,卫皇后立,皋奏赋以戒终。①皋为赋善于朔也。

①师古曰:"令慎终如始也。"

从行至甘泉、雍、河东,东巡狩,封泰山,塞决河宣房,游观三辅离宫馆,临山泽,弋猎射驭狗马蹴鞠旋镂。①上有所感,辄使赋之。为文疾,受诏辄成,故所赋者多。司马相如善为文而迟,故所作少而善于皋。皋赋辞中自言为赋不如相如,又言为赋乃俳,见视如倡,自悔类倡也。故其赋有诋娸东方朔,②又自诋娸。其文骫骳,曲随其事,皆得其意,③颇诙笑,不甚闲靡。凡可读者百二十篇,其尤嫚戏不可读者尚数十篇。

①师古曰:"蹴,足蹴之也。鞠以韦为之,中实以物,蹴蹋为戏乐也。蹴,音千六反。鞠,音巨六反。"

②如淳曰:"娸,音欺。诋娸犹刑辟也。"师古曰:"诋,毁也。娸,丑也。诋,音

丁礼反。"

③师古曰："骫,古委字也。骳,音被。骫骳,犹言屈曲也。"

路温舒字长君,巨鹿东里人也。父为里监门。使温舒牧羊,温舒取泽中蒲,截以为牒,编用写书。①稍习善,求为狱小吏,因学律令,转为狱史,县中疑事皆问焉。太守行县,见而异之,署决曹史。又受《春秋》,通大义。举孝廉,为山邑丞,②坐法免,复为郡吏。

①师古曰："小简曰牒,编联次之。"

②苏林曰："县名,在常山。"晋灼曰："《地理志》常山有石邑,无山邑。"师古曰："山邑不知其处。今流俗书本云常山石邑丞,后人妄加石字耳。"

元凤中,廷尉光以治诏狱,请温舒署奏曹掾,①守廷尉史。会昭帝崩,昌邑王贺废,宣帝初即位,温舒上书,言宜尚德缓刑。其辞曰:

①张晏曰："光,解光。"

臣闻齐有无知之祸,而桓公以兴;晋有骊姬之难,而文公用伯。①近世赵王不终,诸吕作乱,而孝文为太宗。繇是观之,②祸乱之作,将以开圣人也。故桓文扶微兴坏,尊文武之业,泽加百姓,功润诸侯,虽不及三王,天下归仁焉。文帝永思至德,以承天心,崇仁义,省刑罚,通关梁,一远近,敬贤如大宾,爱民如赤子,内恕情之所安,而施之于海内,是以囹圄空虚,天下太平。夫继变化之后,必有异旧之恩,此贤圣所以昭天命也。往者,昭帝即世而无嗣,大臣忧戚,焦心合谋,皆以昌邑尊亲,援而立之。③然天不授命,淫乱其心,遂以自亡。深察祸变之故,乃皇天之所以开至圣也。故大将军受命武帝,股肱汉国,④披肝胆,决大计,黜亡义,立有德,辅天而行,然后宗庙以安,天下咸宁。

①师古曰："伯,读曰霸。"

②师古曰："繇,读与由同。"

③师古曰："援,引也,音爰。"

④师古曰："谓霍光。"

臣闻《春秋》正即位,大一统而慎始也。陛下初登至尊,与天合符，宜改前世之失，正始受命之统，涤烦文，除民疾，存亡继绝，以应天意。

臣闻秦有十失，其一尚存，治狱之吏是也。秦之时，羞文学，好武勇，贱仁义之士，贵治狱之吏；正言者谓之诽谤，遏过者谓之妖言。①故盛服先生不用于世，忠良切言皆郁于胸，②誉谀之声日满于耳；虚美熏心，实祸蔽塞。③此乃秦之所以亡天下也。方今天下赖陛下恩厚，亡金革之危，饥寒之患，父子夫妻戮力安家，然太平未洽者，狱乱之也。夫狱者，天下之大命也，死者不可复生，斸者不可复属。④《书》曰："与其杀不辜，宁失不经。"⑤今治狱吏则不然，上下相敺，以刻为明；⑥深者获公名，平者多后患。故治狱之吏皆欲人死，非憎人也，自安之道在人之死。是以死人之血流离于市，被刑之徒比肩而立，大辟之计岁以万数，此仁圣之所以伤也。太平之未洽，凡以此也。夫人情安则乐生，痛则思死。棰楚之下，何求而不得？故囚人不胜痛，则饰辞以视之；⑦吏治者利其然，则指道以明之；上奏畏却，则锻练而周内之。⑧盖奏当之成，⑨虽咎繇听之，犹以为死有余辜。⑩何则？成练者众，文致之罪明也。是以狱吏专为深刻，残贼而亡极，偷为一切，⑪不顾国患，此世之大贼也。故俗语曰："画地为狱，议不入；刻木为吏，期不对。"⑫此皆疾吏之风，悲痛之辞也。故天下之患，莫深于狱；败法乱正，离亲塞道，莫甚乎治狱之吏。此所谓一尚存者也。

①师古曰："遏，止也，音一曷反。"
②师古曰："郁，积也。"
③师古曰："熏，气烝也，音勋。"
④师古曰："斸，古绝字。属，连也，音之欲反。"
⑤师古曰："《虞书·大禹谟》载咎繇之言。辜，罪也。经，常也。言人命至重，治狱宜慎，宁失不常之过，不滥无罪之人，所以崇宽恕也。"
⑥师古曰："敺，与驱同。"
⑦师古曰："视，读曰示。"
⑧晋灼曰："精孰周悉，致之法中也。"师古曰："却，退也，畏为上所却退。

　　却,音丘略反。"

⑨师古曰:"当,谓处其罪也。"

⑩师古曰:"咎繇作士,善听狱讼,故以为喻也。"

⑪如淳曰:"偷,苟且也。一切,权时也。"

⑫师古曰:"画狱木吏,尚不入对,况真实乎。期犹必也。议必不入对。"

　　　　臣闻乌鸢之卵不毁,而后凤皇集;①诽谤之罪不诛,而后良言进。故古人有言:"山薮藏疾,川泽纳污,瑾瑜匿恶,国君含诟。"②唯陛下除诽谤以招切言,开天下之口,广箴谏之路,扫亡秦之失,尊文武之德,省法制,宽刑罚,以废治狱,则太平之风可兴于世,永履和乐,与天亡极,天下幸甚。③

①师古曰:"鸢,鸱也,音弋全反。"

②师古曰:"《春秋左氏传》载晋大夫伯宗之辞。诟,耻也。言山薮之有草木
　　则毒害者居之,川泽之形广大则能受于污浊,人君之善御下亦当忍耻
　　病也。诟,音垢。"

③师古曰:"与天长久,无穷极也。"

上善其言,迁广阳私府长。①

①师古曰:"藏钱之府,天子曰少府,诸侯曰私府。长者,其官之长也。"

　　内史举温舒文学高第,迁右扶风丞。时,诏书令公卿选可使匈奴者,温舒上书,愿给厮养,暴骨方外,①以尽臣节。事下度辽将军范明友、太仆杜延年问状,罢归故官。②久之,迁临淮太守,治有异迹,卒于官。

①师古曰:"求为卒而随使至匈奴也。"

②师古曰:"以其言无可取,故罢而遣归故官。"

　　温舒从祖父受历数天文,以为汉厄三七之间,①上封事以豫戒。成帝时,谷永亦言如此。②及王莽篡位,欲章代汉之符,著其语焉。温舒子及孙皆至牧守大官。

①张晏曰:"三七二百一十岁也。自汉初至哀帝元年二百一年也,至平帝
　　崩二百一十一年。"

②师古曰:"永上书所谓'涉三七之节绝'者也。"

　　赞曰：春秋鲁臧孙达以礼谏君，君子以为有后。①贾山自下劘上，②邹阳、枚乘游于危国，然卒免刑戮者，以其言正也。路温舒辞顺而意笃，遂为世家，宜哉！③

①师古曰："臧孙达，鲁大夫臧哀伯也。桓公取郜大鼎于宋，哀伯谏之。周内史闻之，曰：'臧孙达其有后于鲁乎！君违，不忘谏之以德也。'"

②孟康曰："劘，谓剀切之也。"苏林曰："劘，音摩厉也。"师古曰："剀，音工来反"。

③师古曰："谓子孙为大官不绝。

汉书卷五二
列传第二二

窦婴　田蚡　灌夫　韩安国

窦婴字王孙,孝文皇后从兄子也。父世观津人也。①喜宾客。②孝文时为吴相,病免。孝景即位,为詹事。

　①师古曰:"县名也,《地理志》属信都。观,音工唤反。"

　②师古曰:"喜,好也,音许吏反。"

帝弟梁孝王,母窦太后爱之。孝王朝,因燕昆弟饮。①是时上未立太子,酒酣,上从容曰:"千秋万岁后传王。"②太后欢。婴引卮酒进上曰:"天下者,高祖天下,父子相传,汉之约也,上何以得传梁王!"太后由此憎婴。婴亦薄其官,③因病免。太后除婴门籍,不得朝请。④

　①师古曰:"序家人昆弟之亲,不为君臣礼也。"

　②师古曰:"从,音千庸反。"

　③师古曰:"自嫌其官,轻薄之也。"

　④师古曰:"请,音才性反。其下亦同。"

孝景三年,吴楚反,上察宗室诸窦无如婴贤,①召入见,固让谢,称病不足任。太后亦惭。于是上曰:"天下方有急,王孙宁可以让邪?"乃拜婴为大将军,赐金千斤。婴言爰盎、栾布诸名将贤士在家者进之。所赐金,陈廊庑下,②军吏过,辄令财取为用,③金无入家者。婴守荥阳,监齐赵兵。七国破,封为魏其侯。游士宾客争归之。每朝议大事,条侯、魏其,列侯莫敢与亢礼。④

　①师古曰:"宗室,帝之同姓亲也。诸窦,总谓帝外家也。以吴楚之难,故欲

用内外之亲为将也。

②师古曰:"廊,堂下周屋也。庑,门屋也,音侮。"

③师古曰:"财,与裁同。谓裁量而用之也。"

④师古曰:"言特敬此二人也。"

四年,立栗太子,①以婴为傅。七年,栗太子废,婴争,弗能得,谢病,屏居田南山下②数月,诸窦宾客辩士说,莫能来。梁人高遂乃说婴曰:"能富贵将军者,上也;能亲将军者,太后也。今将军傅太子,太子废,争不能拔,又不能死,自引谢病,拥赵女屏间处而不朝,③祇加忿,自明扬主之过。④有如两宫奭将军,⑤则妻子无类矣。"⑥婴然之,乃起朝请如故。

①师古曰:"栗姬之子,故曰栗太子。"

②师古曰:"屏,隐也。"

③师古曰:"拥,抱也。间处,犹言私处也。"

④师古曰:"祇,适也。忿,忿怒也。祇,音支,其字从衣。忿,音直类反。"

⑤师古曰:"两宫,太后及帝也。奭,怒貌也,音赫。"

⑥师古曰:"言被诛戮无遗类也。"

桃侯免相,①窦太后数言魏其。景帝曰:"太后岂以臣有爱相魏其者?②魏其沾沾自喜耳,多易,③难以为相持重。"遂不用,用建陵侯卫绾为丞相。

①服虔曰:"刘舍也。"

②师古曰:"爱犹惜也。"

③张晏曰:"沾沾,言自整顿也。多易,多轻易之行也。或曰,沾,音瞻。"师古曰:"沾沾,轻薄也,或音他兼反,今俗言薄沾沾。喜,音许吏反。易,音弋豉反。"

田蚡,孝景王皇后同母弟也,生长陵。窦婴已为大将军,方盛,蚡为诸曹郎,未贵,往来侍酒婴所,跪起如子姓。①及孝景晚节,蚡益贵幸,②为中大夫。辩有口,学《盘盂》诸书,③王后贤之。

①师古曰:"姓,生也,言同子礼,若己所生。"

②师古曰:"晚节,犹言末时也。"

③应劭曰:"黄帝史孔甲所作也,凡二十九篇,书盘盂中,所以为法戒也。
　诸书,诸子之书也。"孟康曰:"孔甲《盘盂》二十六篇,杂家书,兼儒墨名
　法者也。"晋灼曰:"案《艺文志》,孟说是也。"

孝景崩,武帝初即位,蚡以舅封为武安侯,弟胜为周阳侯。

蚡新用事,卑下宾客,①进名士家居者贵之,②欲以倾诸将
相。③上所填抚多,蚡宾客计策。④会丞相绾病免,上议置丞相、太
尉。藉福说蚡曰:"魏其侯贵久矣,素天下士归之。今将军初兴,未
如,即上以将军为相,必让魏其。魏其为相,将军必为太尉。太尉、
相尊等耳,⑤有让贤名。"蚡乃微言太后风上,⑥于是乃以婴为丞
相,蚡为太尉。藉福贺婴,因吊曰:"君侯资性喜善疾恶,⑦方今善人
誉君侯,故至丞相;然恶人,众亦且毁君侯。君侯能兼容,则幸久;⑧
不能,今以毁去矣。"婴不听。

①师古曰:"下,音胡稼反。"

②晋灼曰:"滞在里巷未仕者。"

③师古曰:"倾,谓逾越而胜之也。"

④如淳曰:"多荐名士,名士得进为帝画计策也。"师古曰:"填,音竹刃
　反。"

⑤师古曰:"言其尊贵同一等也。"

⑥师古曰:"风,读曰讽。"

⑦师古曰:"喜,好也,音许吏反。"

⑧师古曰:"兼容,谓不嫉恶人令其怨也。"

婴蚡俱好儒术,推毂赵绾为御史大夫,王臧为郎中令。①迎鲁
申公,欲设明堂,令列侯就国,除关,②以礼为服制,③以兴太平。举
谪诸窦宗室无行者,除其属藉。诸外家为列侯,列侯多尚公主,皆不
欲就国,以故毁日至窦太后。太后好黄老言,而婴、蚡、赵绾等务隆
推儒术,贬道家言,是以窦太后滋不说。④二年,御史大夫赵绾请毋
奏事东宫,窦太后大怒,曰:"此欲复为新垣平邪!"乃罢逐赵绾、王
臧,而免丞相婴、太尉蚡,以柏至侯许昌为丞相,武强侯庄青翟为御
史大夫。婴、蚡以侯家居。

①师古曰:"推毂,谓升荐之,若转车毂之为也。"

②服虔曰:"除关禁也。"

③师古曰:"谓丧服之制也。"

④师古曰:"滋,益也。说,读曰悦。"

蚡虽不任职,以王太后故,亲幸,数言事,多效,①士吏趋势利者皆去婴而归蚡。蚡日益横。②六年,窦太后崩,丞相昌、御史大夫青翟坐丧事不办,免。上以蚡为丞相,大司农韩安国为御史大夫。天下士郡诸侯俞益附蚡。③

①师古曰:"效,谓见听用。"

②师古曰:"横,恣也,音胡孟反。"

③师古曰:"郡及诸侯也,犹言郡国耳。"

蚡为人貌侵,生贵甚。①又以为诸侯王多长,②上初即位,富于春秋,③蚡以肺附为相,④非痛折节以礼屈之,天下不肃。⑤当是时,丞相入奏事,语移日,所言皆听。荐人或起家至二千石,权移主上。上乃曰:"君除吏尽未?吾亦欲除吏。"⑥尝请考工地益宅,上怒曰:"遂取武库!"是后乃退。⑦召客饮,坐其兄盖侯北乡,自坐东乡,⑧以为汉相尊,不可以兄故私桡。⑨由此滋骄,⑩治宅甲诸第,⑪田园极膏腴,⑫市买郡县器物相属于道。⑬前堂罗钟鼓,立曲旃;⑭后房妇女以百数。诸奏珍物狗马玩好不可胜数。⑮

①服虔曰:"侵,短小也。"师古曰:"生贵,谓自尊高示贵宠也。"

②张晏曰:"多长年。"

③师古曰:"谓年幼也,齿历方久,故云富于春秋也。"

④师古曰:"旧解云肺附,如肝肺之相附著也。一说,肺,斫木札也,喻其轻
　　薄附著大材也。"

⑤师古曰:"痛犹甚也。言以尊贵临之,皆令其屈节而下己也。"

⑥师古曰:"凡言除者,除去故官就新官。"

⑦师古曰:"考工,少府之属官也,主作器械。上责其此请,故谓之曰:'何
　　不遂取武库!'蚡乃退也。"

⑧师古曰:"自处尊位也。乡,读皆曰向。"

⑨师古曰:"桡,曲也,音女教反。"

⑩师古曰:"滋,益也。"

⑪师古曰："言为诸第之最也。以甲乙之次,言甲则为上矣。"

⑫师古曰："膏腴,谓肥厚之处。"

⑬师古曰："属,逮及也,音之欲反。"

⑭如淳曰："旐,旗之名也,通帛曰旐。曲旐,僭也。"苏林曰："礼,大夫建
　　旐。曲,柄上曲也。"师古曰："苏说是也。许慎云'旐,旗曲柄也,所以旐
　　表士众'也。"

⑮师古曰："奏,进也。"

　　而婴失窦太后,益疏不用,无势,诸公稍自引而怠骜,①唯灌夫
独否。故婴墨墨不得意,而厚遇夫也。

　　①师古曰："骜,与傲同。"

　　灌夫字仲孺,颍阴人也。父张孟,常为颍阴侯灌婴舍人,得幸,
因进之,①至二千石,故蒙灌氏姓为灌孟。②吴楚反时,颍阴侯灌婴
为将军,属太尉,③请孟为校尉。夫以千人与父俱。④孟年老,颍阴
侯强请之,郁郁不得意,故战常陷坚,遂死吴军中。汉法,父子俱,有
死事,得与丧归。夫不肯随丧归,奋曰:"愿取吴王若将军头,以报父
仇。"⑤于是夫被甲持戟,募军中壮士所善愿从数十人。⑥及出壁
门,莫敢前。独两人及从奴十余骑驰入吴军,至戏下,⑦所杀伤数十
人。不得前,复还走汉壁,⑧亡其奴,独与一骑归。夫身中大创十余,
适有万金良药,故得无死。⑨创少瘳,⑩又复请将军曰:"吾益知吴
壁曲折,请复往。"⑪将军壮而义之,恐亡夫,乃言太尉,太尉召固止
之。吴军破,夫以此名闻天下。

　　①师古曰："进,荐也。婴荐孟也。"

　　②师古曰："蒙,冒也。"

　　③师古曰："时颍阴侯是灌婴之子,名何,转写误为婴耳。"

　　④孟康曰："官主千人,如候司马也。"

　　⑤张晏曰："自奋厉也。"

　　⑥师古曰："所善,素与己善者。"

　　⑦师古曰："戏,大将之旗也,读与麾同,又音许宜反。"

　　⑧师古曰："走,趣向也,音奏。"

⑨师古曰："万金者,言其价贵也。金字或作全,言得之者必生全也。"

⑩师古曰："瘳,差也,言丑流反。"

⑪师古曰："曲折,犹言委曲也。"

颍阴侯言夫,夫为郎中将。数岁,坐法去。家居长安中,诸公莫不称,由是复为代相。武帝即位,以为淮阳天下郊,劲兵处,①故徙夫为淮阳太守。入为太仆。二年,夫与长乐卫尉窦甫饮,轻重不得,②夫醉搏甫。③甫,窦太后昆弟。上恐太后诛夫,徙夫为燕相。数岁,坐法免,家居长安。

①师古曰："郊,谓四交辐凑,而兵又劲强。"

②晋灼曰："饮酒轻重不得其平也。"师古曰："礼数之轻重也。"

③师古曰："搏,以手击之。"

夫为人刚直,使酒,①不好面谀。贵戚诸势在己之右,欲必陵之;士在己左,俞贫贱,尤益礼敬,与钧。②稠人广众,荐宠下辈。③士亦以此多之。④

①师古曰："使酒,因酒而使气也。"

②师古曰："右,尊也。左,卑也。钧,等也。"

③师古曰："稠,多也。下辈,下等之人也。每于人众之中故宠荐也。"

④师古曰："多,犹重之。"

夫不好文学,喜任侠,已然诺。①诸所与交通,无非豪桀大猾。家累数千万,食客日数十百人。②波池田园,宗族宾客为权利,③横颍川。④颍川儿歌之曰:"颍水清,灌氏宁;颍水浊,灌氏族。"⑤

①师古曰："已,必也。谓一言许人,必信之也。喜,音许吏反。"

②师古曰："或八九十,或百人也。"

③师古曰："波,读曰陂。"

④师古曰："横,音胡孟反。其下亦同。"

⑤师古曰："深怨嫉之,故为此言也。"

夫家居,卿相侍中宾客益衰。①及窦婴失势,亦欲倚夫引绳排根生平慕之后弃者。②夫亦得婴通列侯宗室为名高。两人相为引重,③其游如父子然,相得欢甚,无厌,恨相知之晚。

①师古曰："以夫居家,而卿相侍中素为夫之宾客者,渐以衰退,不复往

也。"

② 苏林曰："二人相倚引绳直排根宾客去之者,不与交通也。"孟康曰："根
　者,根格,引绳以弹排摈根格之也。"师古曰："孟说近之。根,音下恩反。
　格,音下各反。言婴与夫共相提挈,有人生平慕婴、夫,后见其失职而颇
　慢弛,如此者,共排退之,不复与交。譬如相对挽绳而根格之也。今吴楚
　俗犹谓牵引前却为根格也。"

③ 张晏曰："相荐达为声势也。"师古曰："相牵引而致于尊重也。为,音于
　伪反。"

夫尝有服,① 过丞相蚡。蚡从容曰：② "吾欲与仲孺过魏其侯,
会仲孺有服。"夫曰："将军乃肯幸临况魏其侯,③ 夫安敢以服为
解!④ 请语魏其具,⑤ 将军旦日蚤临。"⑥ 蚡许诺。夫以语婴。婴与夫
人益市牛酒,⑦ 夜洒埽张具⑧ 至旦。平明,令门下候司。至日中,蚡
不来。婴谓夫曰："丞相岂忘之哉?"夫不怿,⑨ 曰："夫以服请,不
宜。"⑩ 乃驾自往迎蚡。蚡特前戏许夫,⑪ 殊无意往。夫至门,蚡尚卧
也。于是夫见曰："将军昨日幸许过魏其,魏其夫妻治具,至今未敢
尝食。蚡悟,谢曰："吾醉,忘与仲孺言。"乃驾往。往又徐行,夫愈益
怒。及饮酒酣,夫起舞属蚡,⑫ 蚡不起。夫徙坐,语侵之。⑬ 婴乃扶夫
去,谢蚡。蚡卒饮至夜,极欢而去。

① 师古曰："谓丧服也。"

② 师古曰："从,音千容反。"

③ 师古曰："况,赐也。"

④ 师古曰："解,谓辞之也,若今言分疏矣。"

⑤ 师古曰："具,办具酒食。"

⑥ 师古曰："旦日,明旦也。蚤,古早字。"

⑦ 师古曰："益,多也。"

⑧ 师古曰："洒,音灑,又音所寄反。"

⑨ 师古曰："怿,悦也。"

⑩ 师古曰："不当忘也。"

⑪ 师古曰："特,但也。"

⑫ 师古曰："属,付也,犹今之舞讫相劝也。属,音之欲反。"

⑬师古曰："徙坐,谓移就其坐也。"

后蚡使藉福请婴城南田,婴大望曰:①"老仆虽弃,将军虽贵,宁可以势相夺乎!"不许。夫闻,怒骂福。福恶两人有隙,乃谩好谢蚡②曰:"魏其老且死,易忍,且待之。"已而蚡闻婴、夫实怒不予,亦怒曰:"魏其子尝杀人,蚡活之。蚡事魏其无所不可,爱数顷田?且灌夫何与也?③吾不敢复求田。"由此大怒。

①师古曰："望,怨也。"

②师古曰："谩犹诡也,诈为好言也。谩,读与慢同,又音莫连反。"

③师古曰："与,读曰预。预,干也。"

元光四年春,蚡言灌夫家在颍川,横甚,民苦之,请案之。上曰:"此丞相事,何请?"夫亦持蚡阴事,为奸利,受淮南王金与语言。宾客居间,遂已。俱解。①

①师古曰："两家宾客处于中间和解之。"

夏,蚡取燕王女为夫人,①太后诏召列侯宗室皆往贺。婴过夫,欲与俱。夫谢曰:"夫数以酒失过丞相,②丞相今者又与夫有隙。"婴曰:"事已解。"强与俱。酒酣,蚡起为寿,坐皆避席伏。已婴为寿,独故人避席,余半膝席。③夫行酒,至蚡,蚡膝席曰:"不能满觞。"夫怒,因嘻笑曰:"将军贵人也,毕之!"④时蚡不肯。⑤行酒次至临汝侯灌贤,贤方与程不识耳语,⑥又不避席。夫无所发怒,乃骂贤曰:"平生毁程不识不直一钱,今日长者为寿,乃效女曹儿,呫嗫耳语!"⑦蚡谓夫曰:"程、李俱东西宫卫尉,⑧今众辱程将军,仲孺独不为李将军地乎?"⑨夫曰:"今日斩头穴匈,何知程、李!"⑩坐乃起更衣,⑪稍稍去。婴去,戏夫。⑫夫出,蚡遂怒曰:"此吾骄灌夫罪也。"乃令骑留夫,⑬夫不得出。藉福起为谢,案夫项令谢。⑭夫愈怒,不肯顺。蚡乃戏骑缚夫⑮置传舍,⑯召长史曰:"今日召宗室,⑰有诏。"劾灌夫骂坐不敬,⑱系居室。⑲遂其前事,⑳遣吏分曹逐捕诸灌氏支属,皆得弃市罪。婴愧,为资使宾客请,莫能解。㉑蚡吏皆为耳目,诸灌氏皆亡匿,夫系,遂不得告言蚡阴事。

①师古曰："燕王泽之子康王嘉女。"

②师古曰:"言因酒有失,得罪过于丞相。"

③苏林曰:"下席而膝半在席上也。"如淳曰:"以膝跪席上也。"师古曰:"如说是也。"

④张晏曰:"行酒过之为已毕。"如淳曰:"言虽贵,且当尽酒,以其势劫之也。"师古曰:"如说近之。言将军虽贵人也,请尽此觞。嘻,强笑也,音许其反。"

⑤师古曰:"不为尽也。"

⑥师古曰:"附耳小语也。"

⑦师古曰:"女曹儿,犹言儿女辈也。咕,音昌涉反。嗫,音人涉反。"

⑧孟康曰:"李广为东宫,程不识为西宫。"

⑨苏林曰:"不为李将军除道地邪?"如淳曰:"二人同号比尊,今辱一人,不当为毁广邪?"师古曰:"如说近之。言既毁程,令广何地自安处。"

⑩晋灼曰:"斩头见刺,犹不止也。"

⑪师古曰:"坐,谓坐上之人也。更,改也。凡久坐者,皆起更衣,以其寒暖或变也。"

⑫晋灼曰:"戏,古麾字也。"师古曰:"招麾之,令出也。《汉书》多以戏为麾字。"

⑬师古曰:"骑,谓常从之骑也。"

⑭师古曰:"使其拜也。"

⑮师古曰:"戏,读亦曰麾。谓指麾命之而令收缚夫也。"

⑯师古曰:"传舍,解在《郦食其传》。"

⑰师古曰:"长史,丞相长史也。召宗室,谓请召之为客也。"

⑱师古曰:"于大坐中骂詈为不敬。"

⑲师古曰:"居室,署名也,属少府。其后改名曰保宫。"

⑳师古曰:"遂,竟也。"

㉑如淳曰:"为出资费,使人为夫请罪也。"师古曰:"如说非也。为资,为其资地耳,非财物也。为,读如本字。"

　　婴锐为救夫,婴夫人谏曰:"灌将军得罪丞相,与太后家迕,①宁可救邪?"婴曰:"侯自我得之,自我捐之,无所恨。②且终不令灌仲孺独死,婴独生。"乃匿其家,窃出上书。③立召入,具告言灌夫醉饱事,不足诛。上然之,赐婴食,曰:"东朝廷辨之。"④

①师古曰："相逆近也。近，音悟。"

②师古曰："言不过失爵耳。"

③师古曰："匿，避也。不令家人知之，恐其又止谏也。"

④如淳曰："东朝，太后朝也。"张晏曰："会公卿大夫东朝，共理而分别
　　也。"

　　婴东朝，盛推夫善，言其醉饱得过，乃丞相以它事诬罪之。蚡盛
毁夫所为横恣，罪逆不道。婴度无可奈何，①因言蚡短。蚡曰："天下
幸而安乐无事，蚡得为肺附，所好音乐狗马田宅，所爱倡优巧匠之
属，②不如魏其、灌夫日夜招聚天下豪桀壮士与论议，腹诽而心谤，
卬视天，俯画地，③辟睨两宫间，④幸天下有变，而欲有大功。⑤臣
乃不如魏其等所为。"上问朝臣："两人孰是？"御史大夫韩安国曰：
"魏其言灌夫父死事，身荷戟驰不测之吴军，⑥身被数十创，名冠三
军，此天下壮士，非有大恶，争杯酒，不足引它过以诛也。魏其言是。
丞相亦言灌夫通奸猾，侵细民，家累巨万，横恣颍川，轹轹宗室，侵
犯骨肉，⑦此所谓'支大于干，胫大于股，不折必披'。⑧丞相言亦
是。唯明主裁之。"主爵都尉汲黯是魏其。内史郑当时是魏其，后不
坚。余皆莫敢对。上怒内史曰："公平生数言魏其、武安长短，今日
廷论，局趣效辕下驹。⑨吾并斩若属矣！"⑩即罢起入，上食太后。太
后亦已使人候司，具以语太后。太后怒，不食，曰："我在也，而人皆
藉吾弟，⑪令我百岁后，皆鱼肉之乎！⑫且帝宁能为石人邪！⑬此特
帝在，即录录，⑭设百岁后，是属宁有可信者乎？"⑮上谢曰："俱外
家，故廷辨之。⑯不然，此一狱吏所决耳。"是时郎中令石建为上分
别言两人。

①师古曰："度，音徒各反。"

②师古曰："倡，乐人也。优，谐戏者也。"

③张晏曰："视天，占三光也。画地，知分野所在也。念欲作反事也。"师古
　　曰："卬，读曰仰。"

④张晏曰："占太后与帝吉凶之期也。"师古曰："辟睨，傍视也。辟，音普计
　　反，字本作瞥。睨，音吾计反。"

⑤张晏曰："幸有反者，当为将立大功也。"臣瓒曰："天下有变，谓因国家

变难之际得立大功也。"师古曰:"瓒说是。"

⑥师古曰:"荷,负也。不测,言其强盛也。荷,音何。"

⑦师古曰:"辌轹,谓蹈践之也。辌,音凌。轹,音郎击反。"

⑧师古曰:"披,音丕靡反。"

⑨应劭曰:"驹者,驾著辕下。局趣,蹵小之貌也。"张晏曰:"俯头于车辕下,随母而已。"师古曰:"张说非也。驾车不以牝马。《小雅·皇皇者华》之诗曰'我马维驹',非随母也。"

⑩师古曰:"若,汝也。"

⑪晋灼曰:"藉,蹈也。"

⑫师古曰:"以比鱼肉而食啖也。"

⑬师古曰:"言徒有人形耳,不知好恶也。一曰,石人者,谓常存不死也。"

⑭师古曰:"录录,言循众也。"

⑮师古曰:"设犹脱也。"

⑯师古曰:"婴,景帝从舅。田蚡,太后同母弟。故言俱外家。"

蚡已罢朝,出止车门,召御史大夫安国载,①怒曰:"与长孺共一秃翁,何为首鼠两端?"②安国良久谓蚡曰:"君何不自喜!③夫魏其毁君,君当免冠解印绶归,④曰'臣以肺附幸得待罪,固非其任,魏其言皆是。'如此,上必多君有让,⑤不废君。魏其必愧,杜门嚙舌自杀。⑥今人毁君,君亦毁之,譬如贾竖女子争言,何其无大体也!"蚡谢曰:"争时急,不知出此。"

①师古曰:"韩安国也。载,谓共乘车。"

②服虔曰:"秃翁,言婴无官位版授也。首鼠,一前一却也。"张晏曰:"婴年老,又嗜酒,头秃,言当共治一秃翁也。"师古曰:"服说是也。"

③师古曰:"何不自谦逊为可喜之事也。喜,音许吏反。"

④师古曰:"归印绶于天子也。"

⑤师古曰:"多,犹重也。"

⑥师古曰:"杜,塞也。嚙,啮也,音仕客反。"

于是上使御史簿责婴①所言灌夫颇不雠,②劾系都司空。③孝景时,婴尝受遗诏,曰:"事有不便,以便宜论上。"④及系,灌夫罪至族,事日急,诸公莫敢复明言于上。婴乃使昆弟子上书言之,幸得召见。⑤书奏,案尚书,大行无遗诏。⑥诏书独臧婴家,婴家丞封。⑦乃劾婴矫先帝诏害,罪当弃市。⑧五年十月,悉论灌夫支属。婴良久乃闻有劾,即阳病痱,不食欲死。⑨或闻上无意杀婴,复食,治病,议定不死矣。乃有飞语为恶言闻上,⑩故以十二月晦论弃市渭城。⑪

①师古曰:"簿责,以文簿一一责之也。簿,音步户反。"

②晋灼曰:"仇,当也。"

③师古曰:"都司空,宗正属官也。见《百官公卿表》。"

④师古曰:"论说其事而上于天子。"

⑤师古曰:"幸,冀也。"

⑥如淳曰:"大行,主诸侯官也。"师古曰:"此说非也。大行,景帝大行也。尚书之中无此大行遗诏也。"

⑦孟康曰:"以家丞印封遗诏也。"

⑧郑氏曰:"矫诏有害不害也。"

⑨师古曰:"痱,风病也,音肥。"

⑩张晏曰:"蚡为作飞扬诽谤之语也。"臣瓒曰:"无根而至也。"

⑪张晏曰:"著日月者,见春垂至,恐遇赦赎之。"

春,蚡疾,一身尽痛,若有击者,谭服谢罪。①上使视鬼者瞻之,曰:"魏其侯与灌夫共守,笞欲杀之。"竟死,子恬嗣,元朔中有罪免。

①晋灼曰:"服,音酏。关西俗谓得杖呼及小儿啼呼为呼酏。或言蚡号呼谢服罪也。"师古曰:"两说皆通。谭,古呼字也。若谓啼为谭服,则谭音火交反,服音平卓反。"

后淮南王安谋反,觉。始安入朝时,蚡为太尉,迎安霸上,谓安曰:"上未有太子,大王最贤,高祖孙,即宫车晏驾,非大王立,尚谁立哉?"①淮南王大喜,厚遗金钱财物。上自婴、夫事时不直蚡,特为太后故。及闻淮南事,上曰:"使武安侯在者,族矣。"②

①师古曰:"言大王尚不得立,当谁立也?"

②师古曰:"言其赖自死。"

韩安国字长孺,梁成安人也,后徙睢阳。尝受《韩子》、杂说邹田生所。①事梁孝王,为中大夫。吴楚反时,孝王使安国及张羽为将,捍吴兵于东界。张羽力战,安国持重,以故吴不能过梁。吴楚破,安国、张羽名由此显梁。

　　①师古曰：“田生，邹县人。”

　　梁王以至亲故，得自置相、二千石，出入游戏，僭于天子。①天子闻之，心不善。太后知帝弗善，乃怒梁使者，弗见，案责王所为。安国为梁使，见大长公主而泣②曰：“何梁王为人子之孝，为人臣之忠，而太后曾不省也？③夫前日吴、楚、齐、赵七国反，自关以东皆合从而西向，④唯梁最亲，为限难。梁王念太后、帝在中，⑤而诸侯扰乱，壹言泣数行而下，跪送臣等六人将兵击却吴楚，吴楚以故兵不敢西，而卒破亡，梁之力也。今太后以小苛礼责望梁王。⑥梁王父兄皆帝主，而所见者大，故出称跸，入言警，⑦车旗皆帝所赐，即以嫳鄙小县，⑧驱驰国中，欲夸诸侯，令天下知太后、帝爱之也。今梁使来，辄案责之，梁王恐，日夜涕泣思慕，不知所为。何梁王之忠孝而太后不恤也？”长公主具以告太后，太后喜曰：“为帝言之。”言之，帝心乃解，而免冠谢太后曰：“兄弟不能相教，乃为太后遗忧。”悉见梁使，厚赐之。其后，梁王益亲欢。太后、长公主更赐安国直千余金。⑨由此显，结于汉。

　　①师古曰：“僭，拟也。”
　　②如淳曰：“大长公主，景帝姊也。”
　　③师古曰：“省，视也。”
　　④师古曰：“从，音子容反。”
　　⑤师古曰：“中，关中也。一说，谓京师为中，犹言中国也。”
　　⑥师古曰：“苛，细也。”
　　⑦师古曰：“跸，止行人也。警，令戒肃也。天子出入皆备此仪。而令云出
　　　　称警入言跸者，互举之耳。”
　　⑧服虔曰：“嫳，夸姹也。”晋灼曰：“嫳，音坼嫳之嫳。”邓展曰：“嫳，好也。
　　　　自以车服之好曜边鄙之邑也。”师古曰：“服说晋音是也。鄙，小县，言在
　　　　外鄙之小县也。”
　　⑨师古曰：“更，音工衡反。”

　　其后，安国坐法抵罪，蒙①狱吏田甲辱安国。安国曰：“死灰独不复然乎？”甲曰：“然即溺之。”②居无几，梁内史缺，③汉使使者拜

安国为梁内史,起徒中为二千石。田甲亡。安国曰:"甲不就官,我灭而宗。"④甲肉袒谢,安国笑曰:"公等足与治乎?"⑤卒善遇之。

①师古曰:"蒙,梁国之县也。"

②师古曰:"溺,读曰尿。"

③师古曰:"无几,未多时也。几,音居岂反。"

④师古曰:"而,汝也。"

⑤师古曰:"治,谓当敌也,今人犹云对治。治,音丈吏反。一曰,不足绳治也。治,读如本字。"

内史之缺也,王新得齐人公孙诡,说之,①欲请为内史。窦太后所乃诏王以安国为内史。

①师古曰:"说,读曰悦。"

公孙诡、羊胜说王求为帝太子及益地事,恐汉大臣不听,乃阴使人刺汉用事谋臣。及杀故吴相爰盎,景帝遂闻诡、胜等计画,乃遣使捕诡、胜,必得。①汉使十辈至梁,相以下举国大索,②月余弗得。安国闻诡、胜匿王所,乃入见王而泣曰:"主辱者臣死。大王无良臣,故纷纷至此。今胜、诡不得,请辞赐死。"王曰:"何至此?"安国泣数行下,曰:"大王自度于皇帝,孰与太上皇之与高帝及皇帝与临江王亲?"③王曰:"弗如也。"安国曰:"夫太上皇、临江亲父子间,然高帝曰'提三尺取天下者朕也',④故太上终不得制事,居于栎阳。临江,適长太子,⑤以一言过,废王临江;⑥用宫垣事,卒自杀中尉府。⑦何者?治天下终不用私乱公。语曰:'虽有亲父,安知不为虎?虽有亲兄,安知不为狼?'⑧今大王列在诸侯,讠术邪臣浮说,⑨犯上禁,桡明法。⑩天子以太后故,不忍致法于大王。太后日夜涕泣,幸大王自改,大王终不觉寤。有如太后宫车即晏驾,大王尚谁攀乎?"语未卒,王泣数行而下,谢安国曰:"吾今出之。"即日诡、胜自杀。汉使还报,梁事皆得释,⑪安国力也。景帝、太后益重安国。

①师古曰:"必令得之。"

②师古曰:"索,搜也,音山客反。"

③师古曰:"孰与,犹言何如也。"

④师古曰:"三尺,谓剑也。"

⑤师古曰:"適,读曰嫡。"

⑥师古曰:"景帝尝属诸姬子,太子母栗姬言不逊,由是废太子,栗姬忧死
也。"

⑦张晏曰:"以侵堧垣征,自杀也。"

⑧师古曰:"言其恩爱不可必保也。"

⑨师古曰:"訹,诱也,音戌。"

⑩师古曰:"桡,曲也,音女教反。"

⑪师古曰:"释,解也。"

孝王薨,共王即位,①安国坐法失官,家居。武帝即位,武安侯
田蚡为太尉,亲贵用事。安国以五百金遗蚡,蚡言安国太后,上素闻
安国贤,即召以为北地都尉,迁为大司农。闽、东越相攻,遣安国、大
行王恢将兵。未至越,越杀其王降,汉兵亦罢。其年,田蚡为丞相,
安国为御史大夫。

①师古曰:"共,读曰恭。"

匈奴来请和亲,上下其议。①大行王恢,燕人,数为边吏,习胡
事,议曰:"汉与匈奴和亲,率不过数岁即背约,不如勿许,举兵击
之。"安国曰:"千里而战,即兵不获利。今匈奴负戎马足,怀鸟兽
心,②迁徙鸟集,难得而制。得其地不足为广,有其众不足为强,自
上古弗属。③汉数千里争利,则人马罢,④虏以全制其敝,势必危
殆。臣故以为不如和亲。"群臣议多附安国,于是上许和亲。

①师古曰:"下,音胡亚反。"

②师古曰:"负,恃也。"

③师古曰:"不内属于中国。"

④师古曰:"罢,读曰疲。"

明年,雁门马邑豪聂壹①因大行王恢言:"匈奴初和亲,亲信
边,可诱以利致之,伏兵袭击,必破之道也。"上乃召问公卿曰:"朕
饰子女以配单于,币帛文锦,赂之甚厚。单于待命加嫚,侵盗无已,
边竟数惊,朕甚闵之。②今欲举兵攻之,何如?"

①师古曰:"豪,犹帅也。"

②师古曰:"竟,读曰境。其下亦同。"

大行恢对曰："陛下虽未言,臣固愿效之。①臣闻全代之时,②北有强胡之敌,内连中国之兵,然尚得养老长幼,种树以时,仓廪常实,③匈奴不轻侵也。今以陛下之威,海内为一,天下同任,④又遣子弟乘边守塞,⑤转粟挽输,以为之备,⑥然匈奴侵盗不已者,无它,以不恐之故耳。⑦臣窃以为击之便。"

①师古曰："效,致也,致其计。"

②服虔曰："代未分之时也。"李奇曰："六国之时全代为一国,尚能以击匈奴,况今加以汉之大乎!"

③师古曰："树,殖也。"

④如淳曰："任,事也。"

⑤师古曰："乘,登也。登其城而备守也。"

⑥师古曰："挽,引车也,音晚。"

⑦师古曰："不示威令恐惧也。"

御史大夫安国曰："不然。臣闻高皇帝尝围于平城,匈奴至者投鞍高如城者数所。①平城之饥,七日不食,天下歌之,及解围反位,而无忿怒之心。夫圣人以天下为度者也,②不以己私怒伤天下之功,故乃遣刘敬奉金千斤,以结和亲,至今为五世利。孝文皇帝又尝壹拥天下之精兵聚之广武常溪,③然终无尺寸之功,而天下黔首无不忧者。孝文寤于兵之不可宿,④故复合和亲之约。此二圣之迹,足以为效矣。臣窃以为勿击便。"

①师古曰："解脱其马,示闲暇也。投积其鞍,若营垒也。"

②师古曰："言当随天下人心而宽大其度量也。"

③张晏曰："广武,雁门县。常溪,溪名。"

④师古曰："宿,久留也。"

恢曰："不然。臣闻五帝不相袭礼,三王不相复乐,①非故相反也,各因世宜也。且高帝身被坚执锐,蒙雾露,沐霜雪,行几十年,②所以不报平城之怨者,非力不能,所以休天下之心也。今边竟数惊,士卒伤死,中国槽车相望,③此仁人之所隐也。④臣故曰击之便。"

①师古曰："袭,因也。复,重也。复,音扶目反。"

②师古曰："几,近也,音巨依反。"

③师古曰："槥，小棺也。从军死者以槥送致其丧，载槥之车相望于道，言
　其多也。槥，音卫。"

④张晏曰："隐，痛也。"

安国曰："不然。臣闻利不十者不易业，功不百者不变常，是以
古之人君谋事必就祖，发政占古语，重作事也。①且自三代之盛，夷
狄不与正朔服色，②非威不能制，强弗能服也，以为远方绝地不牧
之民，不足烦中国也。③且匈奴，轻疾悍亟之兵也，④至如猋风，去
如收电，⑤畜牧为业，弧弓射猎，⑥逐兽随草，居处无常，难得而制。
今使边郡久废耕织，以支胡之常事，其势不相权也。⑦臣故曰勿击
便。"

①师古曰："祖，祖庙也。占，问也。重犹难之也。"

②师古曰："与，读曰豫。"

③师古曰："不牧，谓不可牧养也。"

④师古曰："悍，勇也。亟，急也，音居力反。"

⑤师古曰："猋，疾风也，音必遥反。"

⑥师古曰："以木曰弧，以角曰弓。"

⑦师古曰："轻重不等也。"

恢曰："不然。臣闻凤鸟乘于风，圣人因于时。昔秦缪公都雍，①
地方三百里，知时宜之变，攻取西戎，辟地千里，并国十四，②陇西、
北地是也。及后蒙恬为秦侵胡，辟数千里，以河为竟，③累石为城，
树榆为塞，④匈奴不敢饮马于河，置烽火燧然后敢牧马。⑤夫匈奴
独可以威服，不可以仁畜也。今以中国之盛，万倍之资，遣百分之一
以攻匈奴，譬犹以强弩射且溃之痈也，必不留行矣。⑥若是，则北发
月氏可得而臣也。⑦臣故曰击之便。"

①师古曰："缪，读与穆同。"

②师古曰："辟，读曰闢。次下亦同。"

③师古曰："竟，读曰境。"

④如淳曰："塞上种榆也。"

⑤师古曰："燧，古燧字。"

⑥师古曰："留，止也。言无所碍也。"

⑦师古曰："发犹征召也。言威声之盛，北自月支以来皆可征召而为臣也。氏，读曰支。"

　　安国曰："不然。臣闻用兵者以饱待饥，正治以待其乱，定舍以待其劳。①故接兵覆众，伐国堕城，②常坐而役敌国，此圣人之兵也。且臣闻之，冲风之衰，不能起毛羽；③强弩之末，力不能入鲁缟。④夫盛之有衰，犹朝之必莫也。今将卷甲轻举，深入长敺，难以为功。⑤从行则迫胁，衡行则中绝，⑥疾则粮乏，徐则后利，⑦不至千里，人马乏食。兵法曰：'遗人获也。'⑧意者有它缪巧可以禽之，则臣不知也；不然，则未见深入之利也。臣故曰勿击便。"

　　①师古曰："舍，止息也。"

　　②师古曰："覆，败也。堕，毁也。言兵与敌接则败其众，所伐之国则毁其城也。覆，音芳目反。堕，音火规反。"

　　③师古曰："冲风，疾风之冲突者也。"

　　④师古曰："缟，素也，曲阜之地俗善作之，尤为轻细，故以取喻也。"

　　⑤师古曰："敺，与驱同。"

　　⑥师古曰："从，音子容反。衡犹横也。"

　　⑦师古曰："后利，谓不及于利也。"

　　⑧师古曰："言以军遗敌人，令其虏获也。遗，音弋季反。"

　　恢曰："不然。夫草木遭霜者不可以风过，①清水明镜不可以形逃，②通方之士不可以文乱。③今臣言击之者，固非发而深入也，将顺因单于之欲，诱而致之边，吾选枭骑壮士阴伏而处以为之备，审遮险阻以为其戒。吾势已定，或营其左，或营其右，或当其前，或绝其后，单于可禽，百全必取。"

　　①师古曰："言易零落。"

　　②师古曰："言美恶皆见。"

　　③师古曰："方，道也。"

　　上曰："善。"乃从恢议。阴使聂壹为间，①亡入匈奴，谓单于曰："吾能斩马邑令丞，以城降，财物可尽得。"单于爱信，以为然而许之。聂壹乃诈斩死罪囚，县其头马邑城下，视单于使者为信，②曰："马邑长吏已死，可急来。"于是单于穿塞，将十万骑入武州塞。③

①师古曰:"间,音居苋反。"

②师古曰:"视,读曰示。"

③师古曰:"在雁门。"

当是时,汉伏兵车骑材官三十余万,匿马邑旁谷中。卫尉李广为骁骑将军,太仆公孙贺为轻车将军,大行王恢为将屯将军,太中大夫李息为材官将军。御史大夫安国为护军将军,诸将皆属。约单于入马邑纵兵。王恢、李息别从代主击辎重。①于是单于入塞,未至马邑百余里,觉之,还去。语在《匈奴传》。塞下传言单于已去,汉兵追至塞,度弗及,②王恢等皆罢兵。

①师古曰:"辎,衣车也。重,谓载重物车也。故行者之资,总曰辎重。重,音直用反。"

②师古曰:"度,音徒各反。"

上怒恢不出击单于辎重也,恢曰:"始约为入马邑城,兵与单于接,而臣击其辎重,可得利。今单于不至而还,臣以三万人众不敌,祇取辱。①固知还而斩,然完陛下士三万人。"于是下恢廷尉,廷尉当恢逗桡,当斩。②恢行千金丞相蚡。蚡不敢言上,而言于太后曰:"王恢首为马邑事,今不成而诛恢,是为匈奴报仇也。"上朝太后,太后以蚡言告上。上曰:"首为马邑事者恢,故发天下兵数十万,从其言,为此。且纵单于不可得,恢所部击,犹颇可得,以尉士大夫心。③今不诛恢,无以谢天下。"于是恢闻,乃自杀。

①师古曰:"祇,适也,音支。"

②服虔曰:"逗,音企。"应劭曰:"逗,曲行避敌也;桡,顾望也。军法语也。"苏林曰:"逗,音豆。"如淳曰:"军法,行而逗留畏懦者要斩。"师古曰:"服、应二说皆非也。逗,谓留止也。桡,屈弱也。逗,又音住。"

③师古曰:"或当得其辎重人众也。古尉安之字正如此,其后流俗乃加心耳。"

安国为人多大略,知足以当世取舍,①而出于忠厚。贪耆财利,②然所推举皆廉士贤于己者。于梁举壶遂、臧固,至它,皆天下名士,③士亦以此称慕之。唯天子以为国器。④安国为御史大夫五年,丞相蚡薨。安国行丞相事,引堕车,蹇。⑤上欲用安国为丞相,使使视,蹇甚,乃更以平棘侯薛泽为丞相。安国病免,⑥数月,愈,复为中尉。

    ①师古曰:"舍,止也。取舍,言可取则取,可止则止。"

    ②师古曰:"耆,读曰嗜。"

    ③师古曰:"于梁举二人,至于他余所举,亦皆名士也。"

    ④师古曰:"言臣下皆敬重之,天子一人亦以为国器。国器者,言其器用重大,可施于国政也。"

    ⑤如淳曰:"为天子导引,而堕车跛蹇也。"

    ⑥师古曰:"以足疾。"

    岁余,徙为卫尉。而将军卫青等击匈奴,破龙城。明年,匈奴大入边。语在《青传》。安国为材官将军,屯渔阳,捕生口虏,言匈奴远去。即上言方佃作时,①请且罢屯。罢屯月余,匈奴大入上谷、渔阳。安国壁乃有七百余人,出与战,安国伤,入壁。匈奴虏略千余人及畜产去。上怒,使使责让安国。徙益东,屯右北平。是时虏言当入东方。

    ①师古曰:"安国上奏也。佃,治田也,音与田同。"

    安国始为御史大夫及护军,后稍下迁。新壮将军卫青等有功,益贵。安国既斥疏,将屯又失亡多,甚自愧。幸得罢归,①乃益东徙,意忽忽不乐,数月,病欧血死。

    ①师古曰:"冀得罢归,以为幸也。他皆类此。"

    壶遂与太史迁等定汉律历,官至詹事,其人深中笃行君子。上方倚欲以为相,会其病卒。①

    ①师古曰:"倚,谓仗任之也,音于绮反。"

    赞曰:窦婴、田蚡皆以外戚重,灌夫用一时决策,①而各名显,并位卿相,大业定矣。然婴不知时变,夫亡术而不逊,②蚡负贵而骄溢。③凶德参会,待时而发,④藉福区区其间,恶能救斯败哉!⑤以韩安国之见器,临其挚而颠坠,⑥陵夷以忧死,⑦遇合有命,悲夫!若王恢为兵首而受其咎,岂命也虖?⑧

    ①师古曰:"谓驰入吴军,欲报父仇也。"

②师古曰:"逊,顺也。"

③师古曰:"负,恃也。"

④师古曰:"三人相遇,故曰参会。"

⑤师古曰:"恶,音乌,谓于何也。"

⑥李奇曰:"挚,极也。"

⑦师古曰:"陵夷,即陵迟也,言渐卑替也。"

⑧师古曰:"言自己为之,非由命也。"

汉书卷五三
列传第二三

景十三王

河间献王德　临江哀王阏
临江闵王荣　鲁恭王余
江都易王非　胶西于王端
赵敬肃王彭祖　中山靖王胜
长沙定王发　广川惠王越
胶东康王寄　清河哀王乘
常山宪王舜

孝景皇帝十四男。王皇后生孝武皇帝。栗姬生临江闵王荣、河间献王德、临江哀王阏。①程姬生鲁共王余、②江都易王非、③胶西于王端。④贾夫人生赵敬肃王彭祖、中山靖王胜。唐姬生长沙定王发。王夫人生广川惠王越、胶东康王寄、清河哀王乘、常山宪王舜。⑤

①师古曰:"阏,音乌曷反。"
②师古曰:"共,读曰恭。下皆类此。"
③师古曰:"易,音改易之易。谥法云'好更故旧曰易'。"
④师古曰:"于,远也,言其所行不善,远乖道德,故以为谥。"

⑤师古曰："王夫人，即王皇后之妹也。"

　　河间献王德以孝景前二年立，修学好古，实事求是。①从民得善书，必为好写与之，留其真，②金帛赐以招之。繇是四方道术之人不远千里，③或有先祖旧书，多奉以奏献王者，④故得书多，与汉朝等。是时，淮南王安亦好书，所招致率多浮辩。⑤献王所得书皆古文先秦旧书，⑥《周官》、《尚书》、《礼》、《礼记》、⑦《孟子》、《老子》之属，皆经传说记，七十子之徒所论。⑧其学举六艺，⑨立《毛氏诗》、《左氏春秋》博士。修礼乐，被服儒术，造次必于儒者。⑩山东诸儒多从而游。

　　①师古曰："务得事实，每求真是也。今流俗书本云求长长老，以是从人得善书，盖妄加之。"

　　②师古曰："真，正也。留其正本。"

　　③师古曰："不以千里为远，而自致也。繇，与由同。"

　　④师古曰："奏，进也。"

　　⑤师古曰："言无实用耳。"

　　⑥师古曰："先秦，犹言秦先，谓未焚书之前。"

　　⑦师古曰："《礼》者，礼经也。《礼记》者，诸儒记礼之说也。"

　　⑧师古曰："七十子，孔子弟子也，解具在《艺文志》。"

　　⑨师古曰："此六艺谓六经。"

　　⑩师古曰："被服，言常居处其中也。造次，谓必行也。被，音皮义反。造，音千到反。"

　　武帝时，献王来朝，献雅乐，对三雍宫①及诏策所问三十余事。其对推道术而言得事之中，②文约指明。③

　　①应劭曰："辟雍、明堂、灵台也。雍，和也，言天地君臣人民皆和也。"

　　②师古曰："中，音竹仲反。"

　　③师古曰："约，少也。指，谓义之所趋，若人以手指物也。他皆类此。"

　　立二十六年薨。中尉常丽以闻，曰："王身端行治，①温仁恭俭，笃敬爱下，明知深察，惠于鳏寡。"大行令奏："谥法曰'聪明睿知曰献'，②宜谥曰献王。"子共王不害嗣，四年薨。子刚王堪嗣，十二年薨。子顷王授嗣,③十七年薨。子孝王庆嗣,四十三年薨。子元嗣。

①师古曰:"端,直;治,理也。"

②师古曰:"睿,深也,通也。"

③师古曰:"顷,音倾。诸为谥者,皆类此也。"

元取故广陵厉王、厉王太子及中山怀王故姬廉等以为姬。甘露中,冀州刺史敞奏元,事下廷尉,逮召廉等。元迫胁凡七人,令自杀。有司奏请诛元,有诏削二县,万一千户。后元怒少史留贵,留贵逾垣出,欲告元,元使人杀留贵母。有司奏元残贼不改,不可君国子民。废勿王,处汉中房陵。①居数年,坐与妻若共乘朱轮车,怒若,又笞击,令自髡。汉中太守请治,病死。立十七年,国除。

①师古曰:"房陵,汉中县。"

绝五岁,成帝建始元年,复立元弟上郡库令良,①是为河间惠王。良修献王之行,母太后薨,服丧如礼。哀帝下诏褒扬曰:"河间王良,丧太后三年,为宗室仪表,其益封万户。"二十七年薨。子尚嗣,王莽时绝。

①如淳曰:"《汉官》北边郡库,官兵之所藏,故置令。"

临江哀王阏以孝景前二年立,三年薨。无子,国除为郡。

临江闵王荣以孝景前四年为皇太子,四岁废为临江王。三岁,坐侵庙壖地为宫,①上征荣。荣行,祖于江陵北门,②既上车,轴折车废。③江陵父老流涕窃言曰:"吾王不反矣!"荣至,诣中尉府对簿。中尉郅都簿责讯王,④王恐,自杀。葬蓝田,燕数万衔土置冢上,百姓怜之。

①师古曰:"壖,音人缘反。解在《食货志》及《晁错传》。"

②师古曰:"祖者,送行之祭,因飨饮也。昔黄帝之子累祖好远游而死于道,故后人以为行神也。"

③师古曰:"废,坏也。"

④师古曰:"簿,皆音薄户反。讯,问也,音信。"

荣最长,亡子,国除,①地入于汉,为南郡。

①师古曰:"荣实最长,而传居二王之后者,以其从太子被废,后乃立为王
　也。"

鲁恭王余以孝景前二年立为淮阳王。吴楚反破后,以孝景前三
年徙王鲁。好治宫室苑囿狗马,季年好音,①不喜辞。②为人口吃难
言。③

①师古曰:"季年,末年也。"

②师古曰:"喜,音许吏反。"

③师古曰:"吃,音讫。"

二十八年薨。子安王光嗣,初好音乐舆马,晚节遴,①唯恐不足
于财。四十年薨。子孝王庆忌嗣,三十七年薨。子顷王劲嗣,二十
八年薨。子文王睃嗣,十八年薨,亡子,国除。哀帝建平三年,复立
顷王子睃弟郚乡侯闵为王。②王莽时绝。

①师古曰:"晚节,犹言末时也。遴与吝同,犹言贪啬也。"

②苏林曰:"郚,音鱼,县名也,属东海郡。"师古曰:"又音吾。"

恭王初好治宫室,坏孔子旧宅以广其宫,闻钟磬琴瑟之声,遂
不复敢坏,于其壁中得古文经传。

江都易王非以孝景前二年立为汝南王。吴楚反时,非年十五,
有材气,上书自请击吴。景帝赐非将军印,击吴。吴已破,徙王江都,
治故吴国,①以军功赐天子旗。元光中,匈奴大入汉边,非上书愿击
匈奴,上不许。非好气力,治宫馆,招四方豪桀,骄奢甚。二十七年
薨,子建嗣。

①师古曰:"治,谓都之。刘濞所居也。"

建为太子时,邯郸人梁蚡持女欲献之易王,建闻其美,私呼之,
因留不出。蚡宣言曰:"子乃与其公争妻!"建使人杀蚡。蚡上书,下
廷尉考,会赦,不治。易王薨未葬,建居服舍,①召易王所爱美人淖

姬等凡十人与奸。②建女弟徵臣为盖侯子妇,③以易王丧来归,建
复与奸。建异母弟定国为淮阳侯,易王最小子也,其母幸立之,④具
知建事,行钱使男子荼恬上书⑤告建淫乱,不当为后。事下廷尉,廷
尉治恬受人钱财为上书,论弃市。建罪不治。后数使使至长安迎徵
臣,鲁恭王太后闻之,⑥遗徵臣书曰:"国中口语籍籍,慎无复至江
都。"⑦后建使谒者吉请问共太后,⑧太后泣谓吉:"归以吾言谓而
王,⑨王前事漫漫,今当自谨,独不闻燕齐事乎?⑩言吾为而王泣
也。"吉归,致共太后语,建大怒,击吉,斥之。⑪

①师古曰:"倚庐垩室之次也。"

②郑氏曰:"淖,音卓王孙之卓。"苏林曰:"淖,音泥淖。"师古曰:"苏说是。
音女教反。"

③师古曰:"女弟,即妹也。"

④师古曰:"冀得立其子为易王嗣。"

⑤苏林曰:"荼,音食邪反。"

⑥师古曰:"易王即鲁恭王同母之弟,徵臣则太后之孙也,故与书戒之。"

⑦师古曰:"籍籍,喧聒之意。"

⑧师古曰:"谓请问起居也。"

⑨师古曰:"谓,告也。而,汝也。"

⑩张晏曰:"燕王定国、齐王次昌皆与子昆弟奸,发觉自杀也。"

⑪师古曰:"斥,谓退弃之。"

建游章台宫,令四女子乘小船,建以足蹈覆其船,①四人皆溺,
二人死。后游雷波,②天大风,建使郎二人乘小船入波中。船覆,两
郎溺,攀船,乍见乍没。建临观大笑,令皆死。③

①师古曰:"覆,音芳目反。其下亦同。"

②师古曰:"波,读为陂。雷陂,陂名。其下云入波中亦同。"

③师古曰:"不救上之,并死波中也。"

宫人姬八子有过者,辄令裸立击鼓,①或置树上,久者三十日
乃得衣;或髡钳以铅杵春,②不中程,辄掠;③或纵狼令啮杀之,④
建观而大笑;或闭不食,令饿死。凡杀不辜三十五人。建欲令人与
禽兽交而生子,强令宫人裸而四据,与羝羊及狗交。⑤

①师古曰:"八子,姬妾官名也。裸者,露其形也,音来果反。"
②师古曰:"铅者,锡之类也,音弋全反。"
③师古曰:"程者,作之课也。掠,笞击也。"
④师古曰:"纵,放也。"
⑤师古曰:"瓯羊,牡羊,音丁买反。"

专为淫虐,自知罪多,国中多欲告言者,建恐诛,心内不安,与其后成光共使越婢下神,祝诅上。与郎中令等语怨望:"汉廷使者即复来覆我,我决不独死!"①

①师古曰:"覆,治也。不独死,言欲反也。覆,音芳目反。"

建亦颇闻淮南、衡山阴谋,恐一日发,为所并,遂作兵器。号王后父胡应为将军。中大夫疾有材力,善骑射,①号曰灵武君。作治黄屋盖;刻皇帝玺,铸将军、都尉金银印;作汉使节二十,绶千余;具置军官品员,及拜爵封侯之赏;具天下之舆地及军陈图。遣人通越繇王闽侯,遗以锦帛奇珍,繇王闽侯亦遗建荃、葛、②珠玑、③犀甲、翠羽、猿熊奇兽,数通使往来,约有急相助。④及淮南事发,治党与,颇连及建,建使人多推金钱绝其狱。⑤

①师古曰:"疾者,中大夫之名。"
②苏林曰:"荃,音诠,细布属也。"服虔曰:"音荪,细葛也。"臣瓒曰:"荃,香草也。"师古曰:"服、瓒二说皆非也。许慎云'荃,细布也'。字林本作绖,音千全反,又音千劣反,盖今南方简布之属皆为荃也。葛即今之葛布也。以荃及葛遗建也。"
③师古曰:"玑,谓珠之不圜者也,音机,又音畿。"
④师古曰:"约,谓言契也。"
⑤师古曰:"行贿赂以灭其踪绪也。"

后复谓近臣曰:"我为王,诏狱岁至,生又无欢怡日,壮士不坐死,欲为人所不能为耳。"①建时佩其父所赐将军印,载天子旗出。积数岁,事发觉,汉遣丞相长史与江都相杂案,索得兵器玺绶节反具,②有司请捕诛建。制曰:"与列侯吏二千石博士议。"议皆曰:"建失臣子道,积久,辄蒙不忍,遂谋反逆。所行无道,虽桀纣恶不至于此。天诛所不赦,当以谋反法诛。"有诏宗正、廷尉即问建。③建自杀,后成光等皆弃市。六年国除,地入于汉为广陵郡。

①师古曰:"亦言欲反也。"

②师古曰:"索,搜也。"

③师古曰:"即,就也,就其国问之。"

绝百二十一年,平帝时新都侯王莽秉政,兴灭继绝,立建弟盱眙侯子宫为广陵王,①奉易王后。莽篡,国绝。

①师古曰:"盱,音许于反。眙,音怡。"

胶西于王端,孝景前三年立。为人贼戾,又阴痿,①一近妇人,病数月。有所爱幸少年,以为郎。郎与后宫乱,端禽灭之,及杀其子母。数犯法,②汉公卿数请诛端,天子弗忍,而端所为滋甚。③有司比再请,削其国,去太半。④端心愠,遂为无訾省。⑤府库坏漏,尽腐财物,以巨万计,终不得收徙。⑥令吏毋得收租赋。端皆去卫,封其宫门,从一门出入。数变名姓,为布衣,之它国。⑦

①师古曰:"戾,古庆字也,言其性则害而很戾也。痿,音萎。"

②师古曰:"数,音所角反。次下亦同。"

③师古曰:"滋,益也。"

④张晏曰:"三分之二为太半,一为少半。"师古曰:"比,类也。"

⑤苏林曰:"为无所省录也。"师古曰:"訾,訾财也。省,视也。言不视訾财也。"

⑥师古曰:"不收又不徙置他处。"

⑦师古曰:"之,往也。"

相二千石至者,奉汉法以治,端辄求其罪告之,亡罪者诈药杀之。所以设诈究变,①强足以距谏,知足以饰非。相二千石从王治,则汉绳以法。故胶西小国,而所杀伤二千石甚众。

①师古曰:"究,极也。"

立四十七年薨,无子,国除。地入于汉,为胶西郡。

赵敬肃王彭祖以孝景前二年立为广川王。赵王遂反破后,徙王赵。彭祖为人巧佞,卑谄足共,①而心刻深,好法律,持诡辩以中

人。②多内宠姬及子孙。相二千石欲奉汉法以治,则害于王家。是以
每相二千石至,彭祖衣帛布单衣,③自行迎除舍,④多设疑事以诈
动之,得二千石失言,中忌讳,辄书之。二千石欲治者,则以此迫劫;
不听,乃上书告之,及污以奸利事。彭祖立六十余年,相二千石无能
满二岁,辄以罪去,大者死,小者刑。以故二千石莫敢治,而赵王擅
权。使使即县为贾人榷会,⑤入多于国租税。以是赵王家多金钱,然
所赐姬诸子,亦尽之矣。

①师古曰:"共,读曰恭。足恭,谓便辟也。"

②师古曰:"诡辩,违道之辩也。中,伤也,音竹仲反。"

③师古曰:"或帛或布以为单衣。"

④师古曰:"至除舍迎之也。除舍,谓初所至之舍。"

⑤韦昭曰:"平会两家买卖之贾者。榷者,禁他家,独王家得为之也。"师古
　曰:"即,就也。就诸县而专榷贾人之会,若今和市矣。榷,音角。会,音
　工外反。"

　　彭祖不好治宫室机祥,①好为吏。上书愿督国中盗贼。②常夜
从走卒行徼邯郸中。③诸使过客,以彭祖险陂,莫敢留邯郸。④

①服虔曰:"求福也。"师古曰:"机,鬼俗也,字或作鬾。《淮南子》曰'荆人
　鬼,越人鬾'。机祥,总谓鬼神之事也。服说失之。机,音居衣反。"

②师古曰:"督,视察也。"

③师古曰:"徼,谓巡察也,音工钓反。"

④师古曰:"使,谓京师使人也。过客,行客从赵过者也。陂,谓倾侧也,音
　皮义反。"

　　久之,太子丹与其女及同产姊奸。江充告丹淫乱,又使人椎埋
攻剽,为奸其众。①武帝遣使者发吏卒捕丹,下魏郡诏狱,治罪至
死。彭祖上书冤讼丹,愿从国中勇敢击匈奴,②赎丹罪,上不许。久
之,竟赦出。后彭祖入朝,因帝姊平阳、隆虑公主,③求复立丹为太
子,上不许。

①师古曰:"椎杀人而埋之,故曰椎埋。剽,劫也。椎,音直佳反,其字从木。
　剽,音频妙反,其字从刀。"

②师古曰:"以勇敢自随。"

③师古曰:"虑,音庐。"

彭祖取江都易王宠姬、王建所奸淖姬者,甚爱之,生一男,号淖子。彭祖以征和元年薨,谥敬肃王。彭祖薨时,淖姬兄为汉宦者,上召问:"淖子何如?"对曰:"为人多欲。"上曰:"多欲不宜君国子民。"问武始侯昌,曰:"无咎无誉。"上曰:"如是可矣。"遣使者立昌,是为顷王,十九年薨。子怀王尊嗣,五年薨。无子,绝二岁。宣帝立尊弟高,是为哀王,数月薨。子共王充嗣,五十六年薨。子隐嗣,王莽时绝。

初,武帝复以亲亲故,立敬肃王小子偃为平干王,①是为顷王,十一年薨。子缪王元嗣,二十五年薨。大鸿胪禹奏:"元前以刃贼杀奴婢,子男杀谒者,为刺史所举奏,罪名明白。病先令,令能为乐奴婢从死,②迫胁自杀者凡十六人,暴虐不道。故《春秋》之义,诛君之子不宜立。元虽未伏诛,不宜立嗣。"奏可,国除。

①孟康曰:"今广平。"
②师古曰:"先令者,预为遗令也。能为乐,作乐之人也。从死,以殉葬也。"

中山靖王胜以孝景前三年立。武帝初即位,大臣惩吴楚七国行事,议者多冤晁错之策,①皆以诸侯连城数十,泰强,欲稍侵削,数奏暴其过恶。②诸侯王自以骨肉至亲,先帝所以广封连城,犬牙相错者,为盘石宗也。③今或无罪,为臣下所侵辱,有司吹毛求疵,④笞服其臣,使证其君,多自以侵冤。

①师古曰:"言错策为是,枉见杀也。"
②师古曰:"暴,谓披布之。"
③师古曰:"错,杂也,言其地相交杂。"
④师古曰:"疵,病也,音才斯反。"

建元三年,代王登、长沙王发、中山王胜、济川王明来朝,天子置酒,胜闻乐声而泣。问其故,胜对曰:

臣闻悲者不可为累欷,①思者不可为叹息。②故高渐离击筑易水之上,荆轲为之低而不食;③雍门子壹微吟,孟尝君为

之於邑。④今臣心结日久,每闻幼眇之声,不知涕泣之横集
也。⑤

①师古曰:"絫,古累字。累,重也。欷,歔欷也,音许既反。"

②师古曰:"言闻欷叹之声,则悲思益甚。"

③应劭曰:"燕太子丹遣荆轲刺秦王,宾客祖于易水之上,渐离击筑,士皆
　垂泣,荆卿不能复食也。"师古曰:"低,谓俯首。"

④张晏曰:"齐之贤者,居雍门,因以为号。"苏林曰:"六国时人,名周,善
　鼓琴,母死无以葬,见孟尝君而微吟曰。"如淳曰:"雍门子以善鼓琴见
　孟尝君,先说万岁之后,高台既已颓,曲池又已平,坟墓生荆棘,牧竖游
　其上,孟尝君亦如是乎? 孟尝君喟然叹息也。"师古曰:"如说是也,苏
　失之矣。於邑,短气貌。於,音乌。邑,音一合反,或读如本字。"

⑤师古曰:"幼,音一笑反。眇,音妙。幼眇,精微也。"

　　夫众煦漂山,①聚蚊成靁,②朋党执虎,十夫桡椎。③是以
文王拘于牖里,孔子厄于陈、蔡。此乃烝庶之成风,增积之生害
也。④臣身远与寡,莫为之先,⑤众口铄金,积毁销骨,⑥丛轻
折轴,羽翮飞肉,⑦纷惊逢罗,潜然出涕。⑧

①应劭曰:"煦,吹煦也。"师古曰:"漂,动也。煦,音许句反,又音许于反。
　漂,音匹遥反。"

②师古曰:"蚊,古蚊字。靁,古雷字。言众蚊飞声有若雷也。"

③师古曰:"桡,曲也,音女教反。"

④师古曰:"烝庶,谓众人也。"

⑤师古曰:"身远者,去帝京远。与寡者,少党与也。先,谓素为延誉也。"

⑥师古曰:"解在《邹阳传》。"

⑦师古曰:"言积载轻物,物多至令车轴毁折。而鸟之所以能飞翔者,以羽
　翮扇扬之故也。"

⑧晋灼曰:"言皆惊乱遇法罔,可为出涕者也。"师古曰:"潜,垂涕貌,音所
　奸反。"

　　臣闻白日晒光,幽隐皆照;①明月曜夜,蚊虻宵见。②然云
烝列布,杳冥昼昏;尘埃抪覆,昧不见泰山。③何则? 物有蔽之
也。今臣雍阏不得闻,④谗言之徒蜂生。⑤道辽路远,曾莫为臣
闻,臣窃自悲也。

①师古曰:"晒,暴也,舒也,音山豉反,又音丑支反。"

②师古曰:"宵亦夜也。虻,音盲。"

③师古曰:"拺亦布散也。昧,暗也。拺,音铺。"

④师古曰:"雍,读曰壅。雍,塞也。阏犹止也,音乌曷反。"

⑤师古曰:"蜂生,言众多也。一曰,蜂,与锋同。"

臣闻社鼷不灌,屋鼠不熏。①何则?所托者然也。臣虽薄也,得蒙肺附;位虽卑也,得为东藩,属又称兄。②今群臣非有葭莩之亲,鸿毛之重,③群居党议,朋友相为,使夫宗室摈却,骨肉冰释。④斯伯奇所以流离,比干所以横分也。⑤《诗》云"我心忧伤,惄焉如捣;假寐永叹,唯忧用老;心之忧矣,疢如疾首"。⑥臣之谓也。

①师古曰:"鼷,小鼠,音奚。"

②师古曰:"言于戚属为帝兄。"

③张晏曰:"葭,芦叶也。莩,叶里白皮也。"晋灼曰:"莩,葭里之白皮也,皆取喻于轻薄也。"师古曰:"葭,芦也。莩者,其筒中白皮至簿者也。葭莩喻薄,鸿毛喻轻薄甚也。莩,音孚。张言叶里白皮非也。"

④师古曰:"摈却,谓斥退也。冰释,言销散也。摈,音必刃反。却,音丘略反。"

⑤师古曰:"伯奇,周尹吉甫之子也,事后母至孝,而后母谮之于吉甫。吉甫欲杀之,伯奇乃亡走山林。比干谏纣,纣怒,杀而剖其心,故云横分也。"

⑥师古曰:"《小雅·小弁》之诗也。惄,思也。捣,筑也。不脱衣冠而寐曰假寐。永,长也。疢,病也。言我心中忧思,如被捣筑,假寐长叹,以忧致老,至于若病,如遇首疾也。"

具以吏所侵闻。于是上乃厚诸侯之礼,省有司所奏诸侯事,①加亲亲之恩焉。其后更用主父偃谋,令诸侯以私恩自裂地分其子弟,而汉为定制封号,辄别属汉郡。汉有厚恩,而诸侯地稍自分析弱小云。

①师古曰:"省,减也。"

胜为人乐酒好内,①有子百二十余人。常与赵王彭祖相非曰:"兄为王,专代吏治事。王者当日听音乐,御声色。"赵王亦曰:"中山王但奢淫,不佐天子抚循百姓,何以称为藩臣!"

①师古曰："好内，耽于妻妾也。乐，音五教反。"

四十三年薨。子哀王昌嗣，一年薨。子糠王昆侈嗣，二十一年薨。子顷王辅嗣，四年薨。子宪王福嗣，十七年薨。子怀王循嗣，十五年薨，无子，绝四十五岁。成帝鸿嘉二年，复立宪王弟孙利乡侯子云客，是为广德夷王。二年薨，无子，绝十四岁。哀帝复立云客弟广汉为广平王。薨，无后。平帝元始二年，复立广川惠王曾孙伦为广德王，奉靖王后。王莽时绝。

长沙定王发，母唐姬，故程姬侍者。景帝召程姬，程姬有所避，①不愿进，而饰侍者唐儿使夜进。上醉，不知，以为程姬而幸之，遂有身。已乃觉非程姬也。及生子，因名曰发。②以孝景前二年立，以其母微无宠，故王卑湿贫国。③

①师古曰："谓月事。"

②张晏曰："长沙王生，乃发寤己之缪幸唐姬。"

③应劭曰："景帝后二年，诸王来朝，有诏更前称寿歌舞。定王但张袖下举手，左右笑其拙。上怪问之，对曰：'臣国小地侠，不足回旋。'帝乃以武陵、零陵、桂阳益焉。"

二十八年薨。子戴王庸嗣，二十七年薨。子顷王鲋鮈嗣，①十七年薨。子刺王建德嗣，②宣帝时坐猎纵火燔民九十六家，③杀二人，又以县官事怨内史，教人诬告以弃市罪，削八县，罢中尉官。④三十四年薨。子炀王旦嗣，⑤二年薨。无子，绝岁余。元帝初元三年，复立旦弟宗，是为孝王，五年薨。子鲁人嗣，王莽时绝。

①服虔曰："鮈，音拘。"师古曰："鮒，音附。鮈，音劬。字或作胕胸，其音同耳。"

②师古曰："刺，音来曷反。"

③师古曰："纵，放也。"

④师古曰："减其官属，所以贬抑之。"

⑤师古曰："炀，音弋向反。"

广川惠王越以孝景中二年立，十三年薨。子缪王齐嗣，①四十四年薨。初，齐有幸臣乘距，已而有罪，欲诛距。距亡，齐因禽其宗族。距怨王，乃上书告齐与同产奸。②是后，齐数告言汉公卿及幸臣所忠等，③又告中尉蔡彭祖捕子明，④骂曰："吾尽汝种矣！"⑤有司案验，不如王言，劾齐诬罔，大不敬，请系治。齐恐，上书愿与广川勇士奋击匈奴，上许之。未发，病薨。有司请除国，奏可。

①师古曰："谥法曰'蔽仁伤善曰也'。"
②师古曰："谓其姊妹也。"
③师古曰："所，姓；忠，名。解具在《食货志》。"
④孟康曰："彭祖子名明也。"师古曰："孟说非也。明，广川王子也。"
⑤师古曰："王诬彭祖骂明云然。"

后数月，下诏曰："广川惠王于朕为兄，朕不忍绝其宗庙，其以惠王孙去为广川王。"去即缪王齐太子也，师受《易》、《论语》、《孝经》，皆通，好文辞、方技、博弈、倡优。其殿门有成庆画，短衣大绔长剑，①去好之，作七尺五寸剑，被服皆效焉。有幸姬王昭平、王地余，许以为后。去尝疾，姬阳成昭信侍视甚谨，②更爱之。去与地余戏，得褒中刀，③笞问状，服欲与昭平共杀昭信。笞问昭平，不服，以铁针针之，④强服。乃会诸姬，去以剑自击地余，令昭信击昭平，皆死。昭信曰："两姬婢且泄口。"复绞杀从婢三人。后昭信病，梦见昭平等，以状告去。去曰："虏乃复见畏我！⑤独可燔烧耳。"掘出尸，皆烧为灰。

①晋灼曰："成庆，荆轲也，卫人谓之庆卿，燕人谓之荆卿。"师古曰："成庆，古之勇士也，事见《淮南子》，非荆卿也。"
②师古曰："阳成，姓也；昭信，名也。"
③师古曰："褒，古衣袖字。"
④师古曰："以针刺也。针，音之林反。"
⑤师古曰："言其见形今我畏忌也。见，音胡电反。"

后去立昭信为后；幸姬陶望卿为修靡夫人，主缯帛；崔修成为明贞夫人，主永巷。昭信复谮望卿曰："与我无礼，衣服常鲜于我，①尽取善缯丐诸宫人。"②去曰："若数恶望卿，不能减我爱；③设闻其淫，我亨之矣。"后昭信谓去曰："前画工画望卿舍，望卿祖褐傅粉其傍。④又数出入南户窥郎吏，疑有奸。"去曰："善司之。"以故益不爱望卿。后与昭信等饮，诸姬皆侍，去为望卿作歌曰："背尊章，嫖以忽，⑤谋屈奇，起自绝。⑥行周流，自生患，谅非望，今谁怨！"⑦使美人相和歌之。去曰："是中当有自知者。"昭信知去已怒，即诬言望卿历指郎吏卧处，具知其主名，又言郎中令锦被，疑有奸。去即与昭信从诸姬至望卿所，裸其身，更击之。⑧令诸姬各持烧铁共灼望卿。望卿走，自投井死。昭信出之，椓杙其阴中，⑨割其鼻唇，断其舌。谓去曰："前杀昭平，反来畏我，⑩今欲靡烂望卿，使不能神。"⑪与去共支解，置大镬中，取桃灰毒药并煮之，召诸姬皆临观，连日夜靡尽。复共杀其女弟都。

①师古曰："鲜，谓新华也。"

②师古曰："丐，乞遗之也，音工艾反。"

③师古曰："若，汝也。恶，谓谗毁也。"

④师古曰："袒裼，脱衣露其肩背也。袒，音但。裼，音锡。"

⑤孟康曰："嫖，音匹昭反。"师古曰："尊章，犹言舅姑也。今关中俗妇呼舅为钟。钟者，章声之转也。"

⑥师古曰："屈奇，奇异也。屈，音其勿反。"

⑦师古曰："谅，信也。言昔被爱宠，信非所望，今见罪责，无所怨也。"

⑧师古曰："更，音工衡反。"

⑨师古曰："杙，橛也。椓，音竹角反。杙，音弋。"

⑩师古曰："令我恐畏也。"

⑪师古曰："靡，碎也，音縻。其下亦同。"

后去数召姬荣爱与饮，昭信复谮之，曰："荣姬视瞻，意态不善，疑有私。"时爱为去刺方领绣，①去取烧之。爱恐，自投井。出之未死，笞问爱，自诬与医奸。去缚系柱，烧刀灼溃两目，②生割两股，销铅灌其口中。爱死，支解以棘埋之。诸幸于去者，昭信辄谮杀之，凡十四人，皆埋太后所居长寿宫中。宫人畏之，莫敢复近。③

①服虔曰："如今小儿却袭衣也。颈下施衿，领正方直。"晋灼曰："今之妇人直领也。绣为方领，上刺作黼黻文。《王莽传》曰'有人著赤缋方领'。方领，上服也。"师古曰："晋说是也。"

②师古曰:"溃,决也。"

③师古曰:"近,逆也,不敢近昭信意。"

昭信欲擅爱,曰:"王使明贞夫人主诸姬,淫乱难禁。请闭诸姬舍门,无令出敖。"①使其大婢为仆射,②主永巷,尽封闭诸舍,上篇于后,非大置酒召,不得见。去怜之,为作歌曰:"愁莫愁,居无聊。③心重结,意不舒。内萧郁,忧哀积。④上不见天,生何益!日崔隤,时不再。⑤愿弃躯,死无悔。"令昭信声鼓为节,以教诸姬歌之,歌罢辄归永巷,封门。独昭信兄子初为乘华夫人,得朝夕见。昭信与去从十余奴博饮游敖。

①师古曰:"敖,谓游戏也。"

②师古曰:"大婢,婢之长年也。"

③师古曰:"聊,赖也。"

④师古曰:"萧,音拂。"

⑤师古曰:"崔隤,犹言蹉跎也。崔,音千回反。隤,音颓。"

初,去年十四五,事师受《易》,师数谏正去,①去益大,逐之。②内史请以为掾,师数令内史禁切王家。去使奴杀师父子,不发觉。后去数置酒,令倡俳裸戏坐中③以为乐。相强劾系倡,阑入殿门,④奏状。事下考案,倡辞,本为王教修靡夫人望卿弟都歌舞。使者召望卿、都,去对皆淫乱自杀。会赦不治。望卿前亨煮,即取他死人与都死并付其母。⑤母曰:"都是,望卿非也。"数号哭求死,昭信令奴杀之。奴得,辞服。⑥本始三年,相内史奏状,具言赦前所犯。天子遣大鸿胪、丞相长史、御史丞、廷尉正杂治巨鹿诏狱,奏请逮捕去及后昭信。制曰:"王后昭信、诸姬奴婢证者皆下狱。"辞服。有司复请诛王。制曰:"与列侯、中二千石、二千石、博士议。"议者皆以为去悖虐,听后昭信谗言,燔烧亨煮,生割剥人,距师之谏,杀其父子。凡杀无辜十六人,至一家母子三人,逆节绝理。其十五人在赦前,大恶仍重,⑦当伏显戮以示众。制曰:"朕不忍致王于法,议其罚。"有司请废勿王,与妻子徙上庸。奏可。与汤沐邑百户。去道自杀,昭信弃市。

①师古曰:"数,音所角反。其下亦同。"

②师古曰:"益大,谓年渐长大也。"

③师古曰:"倡,乐人也。俳,杂戏者也。"

④如淳曰:"强,相名也。"

⑤师古曰:"死者,尸也。次下求其死亦同。"

⑥师古曰:"得者,为吏所捕得。"

⑦师古曰:"仍,频也。重,音直用反。"

立二十二年,国除。后四岁,宣帝地节四年,复立去兄文,是为戴王。文素正直,数谏王去,故上立焉,二年薨。子海阳嗣,十五年,坐画屋为男女裸交接,置酒请诸父姊妹饮,令仰视画;又海阳女弟为人妻,而使与幸臣奸;又与从弟调等谋杀一家三人,已杀。甘露四年坐废,徙房陵,国除。后十五年,平帝元始二年,复立戴王弟襄隄侯子瘉为广德王,①奉惠王后,二年薨。子赤嗣,王莽时绝。

①师古曰:"隄,音丁奚反。瘉,音愈。"

胶东康王寄以孝景中二年立,二十八年薨。淮南王谋反时,寄微闻其事,私作兵车镞矢,①战守备,备淮南之起。及吏治淮南事,辞出之。②寄于上最亲,③意自伤,发病而死,不敢置后。于是上闻寄有长子贤,母无宠,少子庆,母爱幸,寄常欲立之,为非次,因有过,遂无所言。上怜之,立贤为胶东王,奉康王祀,而封庆为六安王,王故衡山地。胶东王贤立十五年薨,谥为哀王。子戴王通平嗣,二十四年薨。子顷王音嗣,五十四年薨。子共王授嗣,十四年薨。子殷嗣,王莽时绝。

①应劭曰:"楼车也,所以看敌国营垒之虚实也。"师古曰:"兵车止谓战车耳。镞矢,大镞之矢,今所谓兵箭者也。镞,音子木反。"

②师古曰:"辞语所连,出其事。"

③师古曰:"寄母王夫人即王皇后之妹,于上为从母,故寄于诸兄弟之中又更亲也。此下有常山王云'天子为最亲',其义亦同。"

六安共王庆立三十八年薨。子夷王禄嗣,十年薨。子缪王定嗣,二十二年薨。子顷王光嗣,二十七年薨。子育嗣,王莽时绝。

清河哀王乘以孝景中三年立，十二年薨。无子，国除。

　　常山宪王舜以孝景中五年立。舜，帝少子，骄淫，数犯禁，上常宽之。三十三年薨，子勃嗣为王。

　　初，宪王有不爱姬生长男棁，①棁以母无宠故，亦不得幸于王。王后修生太子勃。王内多，所幸姬生子平、子商，王后稀得幸。及宪王疾甚，诸幸姬侍病，王后以妒媢不常在，②辄归舍。医进药，太子勃不自尝药，又不宿留侍疾。及王薨，王后、太子乃至。宪王雅不以棁为子数，③不分与财物。郎或说太子、王后，令分棁财，皆不听。太子代立，又不收恤棁。棁怨王后及太子。汉使者视宪王丧，棁自言宪王病时，王后、太子不侍，及薨，六日出舍，④太子勃私奸、饮酒、博戏、击筑，与女子载驰，环城过市，⑤入狱视囚。天子遣大行骞验问，⑥逮诸证者，⑦王又匿之。吏求捕，勃使人致击笞掠，擅出汉所疑囚。有司请诛勃及宪王后修。上曰："修素无行，使棁陷之罪。勃无良师傅，不忍致诛。"有司请废勿王，徙王勃以家属处房陵，上许之。

　　①苏林曰："音夺。"师古曰："音他活反，其字从木。"
　　②师古曰："媢，亦妒也。媢，音冒。"
　　③师古曰："雅，素也。数，音所具反。"
　　④如淳曰："出服舍也。"
　　⑤师古曰："环，绕也，音宦。"
　　⑥师古曰："张骞也。"
　　⑦师古曰："逮捕之。"

　　勃王数月，废，国除。月余，天子为最亲，诏有司曰："常山宪王早夭，后妾不和，適孽诬争，①陷于不谊以灭国，朕甚闵焉。其封宪王子平三万户，为真定王；子商三万户，为泗水王。"顷王平立二十五年薨。②子烈王偃嗣，十八年薨。子孝王由嗣，二十二年薨。子安王雍嗣，二十六年薨。子共王普嗣，十五年薨。子阳嗣，王莽时绝。

　　①师古曰："適，音嫡。孽，庶也。"

②师古曰:"真定顷王也。"

　　泗水思王商立十二年薨。子哀王安世嗣,一年薨,无子。于是武帝怜泗水王绝,复立安世弟贺,是为戴王。立二十二年薨,有遗腹子煖,①相内史不以闻。太后上书,昭帝闵之,抵相内史罪,立煖,是为勤王。②立三十九年薨。子戾王骏嗣,三十一年薨。子靖嗣,王莽时绝。

①师古曰:"煖,音许远反。"
②师古曰:"勤,谥也。"

　　赞曰:昔鲁哀公有言:"寡人生于深宫之中,长于妇人之手,未尝知忧,未尝知惧。"①信哉,斯言也!虽欲不危亡,不可得已。②是故古人以宴安为鸩毒,③亡德而富贵,谓之不幸。汉兴,至于孝平,诸侯王以百数,率多骄淫失道。何则?沈溺放恣之中,居势使然也。自凡人犹系于习俗,而况哀公之伦乎!夫唯大雅,卓尔不群,河间献王近之矣。

①师古曰:"哀公与孔子言也。事见《孙卿子》。"
②师古曰:"已,语终辞。"
③师古曰:"《左氏传》管敬仲云'宴安鸩毒,不可怀也'。"

汉书卷五四
列传第二四

李广 孙陵   苏建 子武

李广,陇西成纪人也。其先曰李信,秦时为将,逐得燕太子丹者也。广世世受射。①孝文十四年,匈奴大入萧关,②而广以良家子从军击胡,用善射,杀首虏多,为郎,骑常侍。③数从射猎,格杀猛兽,文帝曰:"惜广不逢时,令当高祖世,万户侯岂足道哉!"

①师古曰:"受射法。"

②师古曰:"在上郡北。"

③师古曰:"官为郎,而常骑以侍天子,故曰骑常侍。"

景帝即位,为骑郎将。①吴楚反时,为骁骑都尉,从太尉亚夫战昌邑下,显名。以梁王授广将军印,故还,赏不行。②为上谷太守,数与匈奴战。典属国公孙昆邪为上泣曰:③"李广材气,天下亡双,自负其能,数与虏确,恐亡之。"④上乃徙广为上郡太守。

①师古曰:"为骑郎之将,主骑郎。"

②文颖曰:"广为汉将,私受梁印,故不得赏也。"

③服虔曰:"昆邪,中国人也。"师古曰:"对上而泣也。昆,音下温反。"

④师古曰:"负,恃也。确,谓竞胜败也。确,音角。"

匈奴侵上郡,上使中贵人从广①勒习兵击匈奴。中贵人者将数十骑从,②见匈奴三人,与战。射伤中贵人,杀其骑且尽。中贵人走广,③广曰:"是必射雕者也。"④广乃从百骑往驰三人。⑤三人亡马步行,行数十里。广令其骑张左右翼,⑥而广身自射彼三人者,杀其二人,生得一人,果匈奴射雕者也。已缚之上山,望匈奴数千骑,见广,以为诱骑,惊,上山陈。⑦广之百骑皆大恐,欲驰还走。广曰:"我去大军数十里,今如此走,匈奴追射,我立尽。今我留,匈奴必以我为大军之诱,不我击。"⑧广令曰:"前!"未到匈奴陈二里所,止,令曰:"皆下马解鞍!"骑曰:"虏多如是,解鞍,即急,奈何?"广曰:"彼虏以我为走,今解鞍以示不去,乃坚其意。"⑨有白马将出护兵。⑩广上马,与十余骑奔射杀白马将,而复还至其百骑中,解鞍,纵马卧,⑪时会暮,胡兵终怪之,弗敢击。夜半,胡兵以为汉有伏军于傍欲夜取之,即引去。平旦,广乃归其大军。后徙为陇西、北地、雁门、云中太守。

①服虔曰:"内臣之贵幸者。"

②张晏曰:"放纵游猎也。"师古曰:"张读作纵,此说非也。直言将数十骑自随,在大军前行而忽遇敌也。从,音才用反。"

③师古曰:"走,趣也,音奏。"

④文颖曰:"雕,鸟也。故使善射者射之。"师古曰:"雕,大鸷鸟也,一名鹫,黑色,翮可以为箭羽,音凋。"

⑤师古曰:"疾驰而逐之。"

⑥师古曰:"旁引其骑,若鸟翼之为。"

⑦师古曰:"为陈以待广也。"

⑧师古曰:"不我击,不敢击我也。"

⑨师古曰:"示以坚牢,令敌意知之。"

⑩师古曰:"将之乘白马者也。护,谓监视之。"

⑪师古曰:"纵,放也。"

武帝即位,左右言广名将也,由是入为未央卫尉,而程不识时亦为长乐卫尉。程不识故与广俱以边太守将屯。及出击胡,而广行无部曲行陈,①就善水草顿舍,人人自便,②不击刁斗自卫,③莫府省文书,④然亦远斥候,未尝遇害。程不识正部曲行伍营陈,击刁斗,吏治军簿⑤至明,军不得自便。不识曰:"李将军极简易,然虏卒犯之,无以禁;⑥而其士亦佚乐,⑦为之死。我军虽烦扰,虏亦不得犯我。"是时汉边郡李广、程不识为名将,然匈奴畏广,士卒多乐从,而苦程不识。⑧不识孝景时以数直谏为太中大夫,为人廉,谨于文法。

①师古曰:"《续汉书·百官志》云:'将军领军,皆有部曲。大将军营五部,
　部校尉一人。部下有曲,曲有军候一人。'今广尚于简易,故行道之中而
　不立部曲也。"

②师古曰:"顿,止也。舍,息也。便,安利也,音频面反。其下亦同。"

③孟康曰:"刁斗,以铜作镶,受一斗。昼炊饭食,夜击持行夜,名曰刁斗。
　今在荥阳库中也。"苏林曰:"形如锅,无缘。"师古曰:"镶,音谯郡之谯,
　温器也。锅,音火玄反。锅即铫也。今俗或呼铜铫,音姚。"

④晋灼曰:"将军职在征行,无常处,所在为治故,言莫府也。莫,大也。或
　曰,卫青征匈奴,绝大莫,大克获,帝就拜大将军于幕中府,故曰莫府。
　莫府之名始于此也。"师古曰:"二说皆非也。莫府者,以军幕为义,古字
　通单用耳。军旅无常居止,故以帐幕言之。廉颇、李牧市租皆入幕府,此
　则非因卫青始有其号。又莫训大,于义乖矣。省,少也,音所领反。"

⑤师古曰:"簿,文簿,音步户反。"

⑥师古曰:"卒,读曰猝。"

⑦师古曰:"佚,与逸同。逸乐,谓闲豫也。"

⑧师古曰:"苦,谓厌苦之也。"

后汉诱单于以马邑城,使大军伏马邑傍,而广为骁骑将军,属
护军将军。①单于觉之,去,汉军皆无功。后四岁,广以卫尉为将军,
出雁门击匈奴。匈奴兵多,破广军,生得广。单于素闻广贤,令曰:
"得李广必生致之。"胡骑得广,广时伤,置两马间,络而盛卧。行十
余里,广阳死,睨其傍有一儿骑善马,②暂腾而上胡儿马上,③因抱
儿鞭马南驰数十里,得其余军。匈奴骑数百追之,广行取儿弓射杀
追骑,④以故得脱。于是至汉,汉下广吏。吏当广亡失多,为虏所生
得,⑤当斩,赎为庶人。

①师古曰:"韩安国。"

②师古曰:"睨,邪视也,音五系反。"

③师古曰:"腾,跳跃也。"

④师古曰:"且行且射也。"

⑤师古曰:"当,谓处其罪也。"

数岁,与故颍阴侯屏居蓝田南山中射猎。①尝夜从一骑出,从

人田间饮。还至亭，霸陵尉醉，呵止广，广骑曰："故李将军。"尉曰："今将军尚不得夜行，何故也！"宿广亭下。居无何，匈奴入陇西，杀太守，败韩将军。②韩将军后徙居右北平，死。于是上乃召拜广为右北平太守。广请霸陵尉与俱，③至军而斩之，上书自陈谢罪。上报曰："将军者，国之爪牙也。《司马法》曰：'登车不式，遭丧不服，④振旅抚师，以征不服；率三军之心，同战士之力，故怒形则千里竦，威振则万物伏；⑤是以名声暴于夷貉，威棱憺乎邻国。'⑥夫报忿除害，捐残去杀，朕之所图于将军也；若乃免冠徒跣，稽颡请罪，岂朕之指哉！⑦将军其率师东辕，弥节白檀，⑧以临右北平盛秋。"⑨广在郡，匈奴号曰"汉飞将军"，避之，数岁不入界。

①师古曰："颖阴侯，灌婴之孙，名强。"

②苏林曰："韩安国。"

③师古曰："奏请天子而将行。"

④服虔曰："式，抚车之式以礼敬人也。式者，车前横木也，字或作轼。"

⑤师古曰："竦，惊也。"

⑥李奇曰："神灵之威曰棱。憺，犹动也。"苏林曰："陈留人语恐言憺之。"师古曰："棱，音来登反。憺，音徒滥反。"

⑦师古曰："指，意也。"

⑧孟康曰："白檀，县名也，属右北平。"李奇曰："弥节，少安之貌。"师古曰："弥，音亡俾反。"

⑨师古曰："盛秋马肥，恐虏为寇，故令折冲御难也。"

广出猎，见草中石，以为虎而射之，中石没矢，视之，石也。他日射之，终不能入矣。广所居郡闻有虎，常自射之。及居右北平射虎，虎腾伤广，广亦射杀之。

石建卒，上召广代为郎中令。元朔六年，广复为将军，从大将军出定襄。诸将多中首虏率为侯者，①而广军无功。后三岁，广以郎中令将四千骑出右北平，博望侯张骞将万骑与广俱，异道行数百里，匈奴左贤王将四万骑围广，广军士皆恐，广乃使其子敢往驰之。敢从数十骑直贯胡骑，出其左右而还，报广曰："胡虏易与耳。"军士乃安。为圜陈外乡，②胡急击，矢下如雨。汉兵死者过半，汉矢且尽。广乃令持满毋发，③而广身自以大黄射其裨将，④杀数人，胡虏益解。会暮，吏士无人色，⑤而广意气自如，⑥益治军。⑦军中服其勇也。明日，复力战，而博望侯军亦至，匈奴乃解去。汉军罢，弗能追。⑧是时广军几没，⑨归。汉法，博望侯后期，当死，赎为庶人。广军自当，亡赏。⑩

①如淳曰："中犹充也。充本法得首若干封侯也。"师古曰："率，谓军功封赏之科著在法令者也。中，音竹仲反。其下率亦同。"

②师古曰："乡，读曰向。"

③师古曰："注矢于弓弩而引满之，不发矢也。"

④服虔曰："黄肩弩也。"孟康曰："太公陷坚却敌，以大黄参连弩也。"晋灼曰："黄肩即黄间也，大黄其大者也。"师古曰："服、晋二说是也。"

⑤师古曰："言惧也。"

⑥师古曰："自如，犹云如旧。"

⑦师古曰："巡部曲、整行陈也。"

⑧师古曰："罢，读曰疲。"

⑨师古曰："几，音巨依反。"

⑩师古曰："自当，谓为虏所胜，又能胜虏，功过相当也。"

初，广与从弟李蔡俱为郎，事文帝。景帝时，蔡积功至二千石。武帝元朔中，为轻车将军，从大将军击右贤王，有功中率，封为乐安侯。①元狩二年，代公孙弘为丞相。蔡为人在下中，②名声出广下远甚，然广不得爵邑，官不过九卿。广之军吏及士卒或取封侯。广与望气王朔语曰："自汉征匈奴，广未尝不在其中，而诸妄校尉已下，③材能不及中，④以军功取侯者数十人。广不为后人，然终无尺寸功以得封邑者，何也？岂吾相不当侯邪？"朔曰："将军自念，岂尝有恨者乎？"⑤广曰："吾为陇西守，羌尝反，吾诱降者八百余人，诈而同日杀之，至今恨独此耳。"朔曰："祸莫大于杀已降，此乃将军所以不得侯者也。"

①师古曰："此传及《百官表》并为乐安侯，而《功臣表》作安乐侯，是《功臣表》误也。"

②师古曰："在下辈之中。"

③张晏曰:"妄犹凡也。"

④师古曰:"中,谓中庸之人也。"

⑤师古曰:"恨,悔也。"

广历七郡太守,前后四十余年,得赏赐辄分其戏下,①饮食与士卒共之。家无余财,终不言生产事。为人长,爰臂,②其善射亦天性,虽子孙他人学者莫能及。广呐口少言,③与人居,则画地为军陈,射阔狭以饮。专以射为戏。④将兵,乏绝处见水,士卒不尽饮,不近水;不尽餐,不尝食。宽缓不苛,⑤士以此爱乐为用。其射,见敌,非在数十步之内,度不中不发,⑥发即应弦而倒。用此,其将数困辱,及射猛兽,亦数为所伤云。

①师古曰:"戏,读曰麾,又音许宜反。"

②如淳曰:"臂如猿臂通肩也。或曰,似当为缓臂也。"师古曰:"《王国风·菟爰》之诗云'有菟爰爰',爰爰,缓意也,其义两通。"

③师古曰:"呐亦讷字。"

④如淳曰:"为戏求疏密,持酒以饮不胜者也。"

⑤师古曰:"苛,细也。"

⑥师古曰:"度,音徒各反。中,音竹仲反。"

元狩四年,大将军、票骑将军大击匈奴,广数自请行。上以为老,不许;良久乃许之,以为前将军。

大将军青出塞,捕虏知单于所居,乃自以精兵走之,①而令广并于右将军军,出东道。②东道少回远,③大军行,水草少,其势不屯行。④广辞曰:"臣部为前将军,今大将军乃徙臣出东道,且臣结发而与匈奴战,⑤乃今一得当单于,臣愿居前,先死单于。"⑥大将军阴受上指,以为李广数奇,⑦毋令当单于,恐不得所欲。⑧是时公孙敖新失侯,为中将军,大将军亦欲使敖与俱当单于,故徙广。广知之,固辞。大将军弗听,令长史封书与之莫府,⑨曰:"急诣部,如书。"广不谢大将军而起行,意象愠怒⑩而就部,引兵与右将军食其合军出东道。⑪惑失道,后大将军。⑫大将军与单于接战,单于遁走,弗能得而还。南绝幕,乃遇两将军。⑬广已见大将军,还入军。大将军使长史持精醪遗广,⑭因问广、食其失道状,曰:"青欲上书报天子失军曲折。"⑮广未对。大将军长史急责广之莫府上簿。⑯广曰:"诸校尉亡罪,乃我自失道。吾今自上簿至莫府。"谓其麾下曰:"广结发与匈奴大小七十余战,今幸从大将军出接单于兵,而大将军徙广部行回远,又迷失道,岂非天哉!且广年六十余,终不能复对刀笔之吏矣!"遂引刀自刭。百姓闻之,知与不知,老壮皆为垂泣。⑰而右将军独下吏,当死,赎为庶人。

①师古曰:"走,趣也,音奏。"

②师古曰:"并,合也,合军而同道。"

③师古曰:"回,绕也,曲也,音胡悔反。"

④张晏曰:"以水草少,不可群辈也。"

⑤师古曰:"言始胜冠即在战陈。"

⑥师古曰:"致死而取单于。"

⑦孟康曰:"奇,只不耦也。"如淳曰:"数为匈奴所败,为奇不耦。"师古曰:"言广命只不耦合也。孟说是矣。数,音所角反。奇,音居宜反。"

⑧师古曰:"谓不胜敌也。"

⑨师古曰:"之,往也。莫府,卫青行军府。"

⑩师古曰:"言愠怒之色形于外也。"

⑪师古曰:"赵食其。食,音异。其,音基。"

⑫师古曰:"惑,迷也。在后不及期也。"

⑬师古曰:"绝,渡也。"

⑭师古曰:"糒,干饭也。醪,汁滓酒也。糒,音备。醪,音牢。

⑮师古曰:"曲折,犹言委曲也。"

⑯师古曰:"之,往也。簿,谓文状也,音步户反。"

⑰师古曰:"知,谓素相识知也。"

广三子,曰当户、椒、敢,皆为郎。上与韩嫣戏,嫣少不逊,①当户击嫣,嫣走,于是上以为能。当户蚤死,②乃拜椒为代郡太守,皆先广死。广死军中时,敢从票骑将军。广死明年,李蔡以丞相坐诏赐冢地阳陵当得二十亩,蔡盗取三顷,颇卖得四十余万,又盗取神道外墙地一亩葬其中,③当下狱,自杀。敢以校尉从票骑将军击胡左贤王,力战,夺左贤王旗鼓,斩首多,赐爵关内侯,食邑二百户,代

广为郎中令。顷之，怨大将军青之恨其父，④乃击伤大将军，大将军
匿讳之。居无何，敢从上雍，至甘泉宫猎，⑤票骑将军去病怨敢伤
青，射杀敢。去病时方贵幸，上为讳，云鹿触杀之。居岁余，去病死。

①师古曰："嫣，音偃。"
②师古曰："蚤，古早字。"
③师古曰："墙，音人椽反。"
④师古曰："令其父恨而死也。"
⑤师古曰："无何，谓未多时也。雍之所在，地形积高，故云上也。上，音时
　　掌反。他皆类此。"

敢有女为太子中人，爱幸。敢男禹有宠于太子，然好利，亦有
勇。尝与侍中贵人饮，侵陵之，莫敢应。①后诉之上，上召禹，使刺
虎，县下圈中，未至地，有诏引出之。禹从落中以剑斫绝累，欲刺
虎。②上壮之，遂救止焉。而当户有遗腹子陵，将兵击胡，兵败，降匈
奴。后人告禹谋欲亡从陵，下吏死。

①师古曰："言畏其勇气。"
②师古曰："落，与络同，谓当时襁络之而下也。累，索也，音力追反。"

陵字少卿，少为侍中建章监。善骑射，爱人，谦让下士，①甚得
名誉。武帝以为有广之风，使将八百骑，深入匈奴二千余里，过居延
视地形，不见虏，还。拜为骑都尉，将勇敢五千人，教射酒泉、张掖以
备胡。数年，汉遣贰师将军伐大宛，使陵将五校兵随后。行至塞，会
贰师还。上赐陵书，陵留吏士，与轻骑五百出敦煌，至盐水，迎贰师
还，复留屯张掖。

①师古曰："下，音胡亚反。"

天汉二年，贰师将三万骑出酒泉，击右贤王于天山。召陵，欲使
为贰师将辎重。①陵召见武台，②叩头自请曰："臣所将屯边者，皆
荆楚勇士奇材剑客也，力扼虎，射命中，③愿得自当一队，④到兰干
山南以分单于兵，毋令专乡贰师军。"⑤上曰："将恶相属邪！吾发军
多，毋骑予女。"陵对："无所事骑，⑥臣愿以少击众，步兵五千人涉
单于庭。"上壮而许之，因诏强弩都尉路博德将兵半道迎陵军。博德
故伏波将军，亦羞为陵后距，奏言："方秋匈奴马肥，未可与战，臣愿

留陵至春,俱将酒泉、张掖骑各五千人并击东西浚稽,可必禽也。"⑦书奏,上怒,疑陵悔不欲出而教博德上书,乃诏博德:"吾欲予李陵骑,云'欲以少击众'。今虏入西河,其引兵走西河,遮钩营之道。"⑧诏陵:"以九月发,出遮虏鄣,⑨至东浚稽山南龙勒水上,徘徊观虏,即亡所见,从浞野侯赵破奴故道抵受降城休士,⑩因骑置以闻。⑪所与博德言者云何?⑫具以书对。"陵于是将其步卒五千人出居延,北行三十日,至浚稽山止营,举图所过山川地形,使麾下骑陈步乐还以闻。步乐召见,道陵将率得士死力,上甚说,⑬拜步乐为郎。

①师古曰:"重,音直用反。"

②师古曰:"未央宫有武台殿。"

③师古曰:"扼,谓捉持之也。命中者,所指名处即中之也。扼,音厄。"

④师古曰:"队,部也,音徒内反。"

⑤师古曰:"乡,读曰向。"

⑥师古曰:"犹言不事须骑也。"

⑦师古曰:"浚稽,山名。时虏分居此两山也。浚,音峻。稽,音鸡。"

⑧张晏曰:"胡来要害道,令博德遮之。"师古曰:"走,音奏。"

⑨师古曰:"鄣者,塞上险要之处,往往修筑,别置候望之人,所以自鄣蔽而伺敌也。遮虏,鄣名也。"

⑩师古曰:"抵,归也。受降城,本公孙敖所筑。休,息也。浞,音仕角反。"

⑪师古曰:"骑置,谓驿骑也。"

⑫张晏曰:"天子疑陵教博德上书求至春乃俱西也。"

⑬师古曰:"说,读曰悦。"

陵至浚稽山,与单于相值,骑可三万围陵军。军居两山间,以大车为营。陵引士出营外为陈,前行持戟盾,后行持弓弩,①令曰:"闻鼓声而纵,闻金声而止。"②虏见汉军少,直前就营。陵搏战攻之,③千弩俱发,应弦而倒。虏还走上山,汉军追击,杀数千人。单于大惊,召左右地兵八万余骑攻陵。陵且战且引,南行数日,抵山谷中。④连战,士卒中矢伤,三创者载辇,两创者将车,一创者持兵战。陵曰:"吾士气少衰而鼓不起者,何也?⑤军中岂有女子乎?"始军出时,关东群盗妻子徙边者随军为卒妻妇,大匿车中。陵搜得,皆剑斩之。明日复战,斩首三千余级。引兵东南,循故龙城道行,①四五日抵大泽葭苇中,⑥虏从上风纵火,陵亦令军中纵火以自救。⑦南行至山下,单于在南山上,使其子将骑击陵。陵军步斗树木间,复杀数千人,因发连弩射单于,⑧单于下走。是日捕得虏,言:“单于曰:‘此汉精兵,击之不能下,日夜引吾南近塞,得毋有伏兵乎?’诸当户君长皆言:⑨‘单于自将数万骑击汉数千人不能灭,后无以复使边臣,令汉益轻匈奴。复力战山谷间,尚四五十里得平地,不能破,乃还。’”

①师古曰:“行,并音胡刚反。”

②师古曰:“金,谓钲也。一名镯,镯,音浊。”

③如淳曰:“手对战也。”

④师古曰:“抵,当也,至也。其下亦同。”

⑤师古曰:“击鼓进士而士气不起也。一曰,士卒以有妻妇,故闻鼓音而不时起也。”

⑥师古曰:“葭即芦也,音家。”

⑦师古曰:“预自烧其旁草木,令虏火不得延及也。”

⑧服虔曰:“三十弩共一弦也。”张晏曰:“三十絭共一臂也。”师古曰:“张说是也。絭,音去权反,又音眷。”

⑨师古曰:“当户,匈奴官名也。”

是时陵军益急,匈奴骑多,战一日数十合,复伤杀虏二千余人。虏不利,欲去,会陵军候管敢为校尉所辱,亡降匈奴,具言:“陵军无后救,射矢且尽,独将军麾下及成安侯校各八百人为前行,以黄与白为帜,①当使精骑射之即破矣。”成安侯者,颍川人,父韩千秋,故济南相,奋击南越战死,武帝封子延年为侯,以校尉随陵。单于得敢大喜,使骑并攻汉军,疾呼曰:“李陵、韩延年趣降!”②遂遮道急攻陵。陵居谷中,虏在山上,四面射,矢如雨下。汉军南行,未至鞮汗山,③一日五十万矢皆尽,即弃车去,士尚三千余人,徒斩车辐而持之,④军吏持尺刀,抵山入狭谷。单于遮其后,乘隅下垒石,⑤士卒多死,不得行。昏后,陵便衣独步出营,⑥止左右:“毋随我,丈夫一取单于耳!”⑦良久,陵还,大息曰:“兵败,死矣!”军吏或曰:“将军威震匈奴,天命不遂,后求道径还归,如浞野侯为虏所得,后亡还,天子客遇之,况于将军乎!"陵曰:"公止!吾不死,非壮也。"于是尽斩旌旗,及珍宝埋地中,陵叹曰:"复得数十矢,足以脱矣。今无兵复战,⑧天明坐受缚矣!各鸟兽散,犹有得脱归报天子者。"⑨令军士人持二升糒,一半冰,⑩期至遮虏鄣者相待。夜半时,击鼓起士,鼓不鸣。陵与韩延年俱上马,壮士从者十余人。虏骑数千追之,韩延年战死。陵曰:"无面目报陛下!"遂降。军人分散,脱至塞者四百余人。

①师古曰:"帜,旗也,音式志反。"

②师古曰:"且攻且呼也。呼,音火故反。趣,读曰促。"

③师古曰:"糒,音丁奚反。"

④师古曰:"徒,但也。"

⑤服虔曰:"山名也。"师古曰:"此说非也。言放石以投人,因山隅曲而下也。垒,音卢对反。"

⑥苏林曰:"搴衣卷袖而行也。"师古曰:"此说非也。便衣,谓著短衣小袖也。"

⑦师古曰:"言一身独取也。"

⑧师古曰:"兵即谓矢及矛戟之属也。"

⑨师古曰:"脱,免也,音土活反。次下亦同。"

⑩如淳曰:"半,读曰片。或曰,五升曰半。"师古曰:"半,读曰判。判,大片也。时冬寒有冰,持之以备渴也。"

陵败处去塞百余里,边塞以闻。上欲陵死战,召陵母及妇,使相者视之,无死丧色。后闻陵降,上怒甚,责问陈步乐,步乐自杀。群臣皆罪陵,上以问太史令司马迁,迁盛言:"陵事亲孝,与士信,常奋不顾身以殉国家之急。①其素所畜积也,②有国士之风。今举事一不幸,全躯保妻子之臣随而媒孽其短,③诚可痛也!且陵提步卒不满五千,深轹戎马之地,④抑数万之师,虏救死扶伤不暇,悉举引弓之民共攻围之。转斗千里,矢尽道穷,士张空拳,⑤冒白刃,北首争死敌,⑥得人之死力,虽古名将不过也。身虽陷败,然其所摧败亦足暴于天下。⑦彼之不死,宜欲得当以报汉也。"⑧初,上遣贰师大军出，财令陵为助兵，⑨及陵与单于相值，而贰师功少。上以迁诬罔，欲沮贰师，为陵游说，⑩下迁腐刑。

①师古曰："殉，营也。一曰，从也。"

②师古曰："畜，读曰蓄。"

③服虔曰："媒，音欺，谓诋欺也。"孟康曰："媒，酒教；糵，曲也。谓酿成其罪也。"师古曰："孟说是也。齐人名曲饼曰媒。"

④师古曰："辇，践也，音人九反。"

⑤文颖曰："拳，弓弩拳也。"师古曰："拳字与紾同，音去权反，又音卷。"

⑥师古曰："冒，犯也。北首，北向也。冒，音莫北反。首，音式救反。"

⑦师古曰："所摧败，败匈奴之兵也。暴犹章也。"

⑧师古曰："言欲立功以当其罪也。"

⑨师古曰："财，与才同，谓浅也，仅也。史传通用字。他皆类此。"

⑩师古曰："沮，谓毁坏之，音才吕反。"

久之，上悔陵无救，曰："陵当发出塞，乃诏强弩都尉令迎军。坐预诏之，得令老将生奸诈。"①乃遣使劳赐陵余军得脱者。

①孟康曰："坐预诏强弩都尉路博德迎陵，博德老将，出塞不至，令陵见没也。"

陵在匈奴岁余，上遣因杅将军公孙敖①将兵深入匈奴迎陵。敖军无功还，曰："捕得生口，言李陵教单于为兵以备汉军，故臣无所得。"上闻，于是族陵家，母弟妻子皆伏诛。陇西士大夫以李氏为愧。②其后，汉遣使使匈奴，陵谓使者曰："吾为汉将步卒五千人横行匈奴，以亡救而败，何负于汉而诛吾家？"使者曰："汉闻李少卿教匈奴为兵。"陵曰："乃李绪，非我也。"李绪本汉塞外都尉，居奚侯城，匈奴攻之，绪降，而单于客遇绪，常坐陵上。陵痛其家以李绪而诛，使人刺杀绪。大阏氏欲杀陵，③单于匿之北方，大阏氏死乃还。

①孟康曰："因杅，胡地名也。"师古曰："杅，音于。"

②师古曰："耻其不能死节，累及家室。"

③师古曰："大阏氏，单于之母。"

单于壮陵，以女妻之，立为右校王，卫律为丁灵王，①皆贵用事。卫律者，父本长水胡人。律生长汉，善协律都尉李延年，延年荐言律使匈奴。使还,会延年家收,律惧并诛,亡还降匈奴。匈奴爱之,常在单于左右。陵居外,有大事,乃入议。

　①师古曰:"丁灵,胡之别种也。立为王而主其人也。"

　　昭帝立,大将军霍光、左将军上官桀辅政,素与陵善,遣陵故人陇西任立政等三人①俱至匈奴招陵。立政等至,单于置酒赐汉使者,李陵、卫律皆侍坐。立政等见陵未得私语,即目视陵,②而数自循其刀环,③握其足,阴谕之,言可还归汉也。后陵、律持牛酒劳汉使,博饮,④两人皆胡服椎结。⑤立政大言曰:"汉已大赦,中国安乐,主上富于春秋,⑥霍子孟、上官少叔用事。"⑦以此言微动之。陵墨不应,孰视而自循其发,答曰:"吾已胡服矣!"有顷,律起更衣,立政曰:"咄,少卿良苦!⑧霍子孟、上官少叔谢女。"⑨陵曰:"霍与上官无恙乎?"⑩立政曰:"请少卿来归故乡,毋忧富贵。"陵字立政曰:"少公,⑪归易耳,恐再辱,奈何!"语未卒,卫律还,颇闻余语,曰:"李少卿贤者,不独居一国。范蠡遍游天下,由余去戎入秦,今何语之亲也!"因罢去。立政随谓陵曰:"亦有意乎?"⑫陵曰:"丈夫不能再辱。"

　①师古曰:"故人,谓旧与相知者。"

　②师古曰:"以目相视而感动之,今俗所谓眼语者也。"

　③师古曰:"循,谓摩顺也。"

　④苏林曰:"博且饮也。"师古曰:"劳,音力到反。"

　⑤师古曰:"结,读曰髻。一撮之髻,其形如椎。"

　⑥师古曰:"言天子年少。"

　⑦师古曰:"子孟,光之字;少叔,桀之字。"

　⑧师古曰:"言甚劳苦。"

　⑨师古曰:"谢,以辞相问也。"

　⑩师古曰:"恙,忧病也。"

　⑪师古曰:"呼其字。"

　⑫师古曰:"随其后而语之。"

　　陵在匈奴二十余年,元平元年病死。

　　苏建,杜陵人也。以校尉从大将军青击匈奴,封平陵侯。以将军筑朔方。后以卫尉为游击将军,从大将军出朔方。后一岁,以右将军再从大将军出定襄,亡翕侯,①失军当斩,赎为庶人。其后为代郡太守,卒官。有三子:嘉为奉车都尉,贤为骑都尉,中子武最知名。

　　①服虔曰:"赵信也。"

　　武字子卿,少以父任,兄弟并为郎,稍迁至栘中厩监。①时汉连伐胡,数通使相窥观,匈奴留汉使郭吉、路充国等,前后十余辈。匈奴使来,汉亦留之以相当。天汉元年,且鞮侯单于初立,②恐汉袭之,乃曰:"汉天子我丈人行也。"③尽归汉使路充国等。武帝嘉其义,乃遣武以中郎将使持节送匈奴使留在汉者,因厚赂单于,答其善意。武与副中郎将张胜及假吏常惠等④募士斥候百余人俱。⑤既至匈奴,置币遗单于。单于益骄,非汉所望也。

　　①师古曰:"栘中,厩名,为之监也。栘,音移。"

　　②师古曰:"且,音子间反。鞮,音丁奚反。"

　　③师古曰:"丈人,尊老之称。行,音胡浪反。"

　　④师古曰:"假吏,犹言兼吏也。时权为使之吏,若今之差人充使典矣。"

　　⑤师古曰:"募人以充士卒,及在道为斥候者。"

　　方欲发使送武等,会缑王与长水虞常等谋反匈奴中。①缑王者,昆邪王姊子也,②与昆邪王俱降汉,后随浞野侯没胡中。③及卫律所将降者,阴相与谋劫单于母阏氏归汉。会武等至匈奴,虞常在汉时素与副张胜相知,私候胜曰:"闻汉天子甚怨卫律,常能为汉伏弩射杀之。吾母与弟在汉,幸蒙其赏赐。"张胜许之,以货物与常。后月余,单于出猎,独阏氏子弟在。虞常等七十余人欲发,其一人夜亡,告之。单于子弟发兵与战。缑王等皆死,虞常生得。④

　　①师古曰:"缑,音工侯反。"

　　②师古曰:"昆,音胡门反。"

　　③师古曰:"从赵破奴击匈奴,兵败而降。"

　　④师古曰:"被执获也。"

　　单于使卫律治其事。张胜闻之,恐前语发,以状语武。武曰:"事如此,此必及我。见犯乃死,重负国。"欲自杀,①胜、惠共止之。

虞常果引张胜。单于怒,召诸贵人议,欲杀汉使者。左伊秩訾曰:②
"即谋单于,何以复加?③宜皆降之。"单于使卫律召武受辞,④武谓
惠等:"屈节辱命,虽生,何面目以归汉!"引佩刀自刺。卫律惊,自抱
持武,驰召医。凿地为坎,置熅火,⑤覆武其上,⑥蹈其背以出血。武
气绝,半日复息。⑦惠等哭,舆归营。单于壮其节,朝夕遣人候问武,
而收系张胜。

> ①师古曰:"言被匈奴侵犯,然后乃死,是为更负汉国,故欲先自杀也。重,
> 音直用反。"
> ②臣瓒曰:"胡官之号也。"
> ③师古曰:"言谋杀卫律而杀之,其罚太重也。"
> ④师古曰:"致单于之命,而取其对也。"
> ⑤师古曰:"熅,谓聚火无焱者也,音于云反。焱,音弋赡反。"
> ⑥师古曰:"覆身于坎上也。覆,音芳目反。"
> ⑦师古曰:"息,谓出气也。"

武益愈,单于使使晓武。①会论虞常,欲因此时降武。剑斩虞常
已,律曰:"汉使张胜谋杀单于近臣,②当死,单于募降者赦罪。"举
剑欲击之,胜请降。律谓武曰:"副有罪,当相坐。"武曰:"本无谋,又
非亲属,何谓相坐?"复举剑拟之,武不动。律曰:"苏君,律前负汉归
匈奴,幸蒙大恩,赐号称王,拥众数万,马畜弥山,富贵如此。③苏君
今日降,明日复然。空以身膏草野,谁复知之!"武不应。律曰:"君
因我降,与君为兄弟,今不听吾计,后虽欲复见我,尚可得乎?"武骂
律曰:"女为人臣子,不顾恩义,畔主背亲,为降虏于蛮夷,何以女为
见?④且单于信女,使决人死生,不平心持正,反欲斗两主,观祸败。
南越杀汉使者,屠为九郡;宛王杀汉使者,头县北阙;朝鲜杀汉使
者,即时诛灭。独匈奴未耳。若知我不降明,⑤欲令两国相攻,匈奴
之祸从我始矣。"

> ①师古曰:"谕说令降也。"
> ②师古曰:"卫律自谓也。"
> ③师古曰:"弥,满也。"
> ④师古曰:"言何用见女为也。"

⑤师古曰："若，汝也。言汝知我不肯降明矣。"

律知武终不可胁，白单于。单于愈益欲降之，乃幽武置大窖中，①绝不饮食。②天雨雪，武卧啮雪与旃毛并咽之，③数日不死，匈奴以为神。乃徙武北海上无人处，使牧羝，羝乳乃得归。④别其官属常惠等，各置他所。

①师古曰："旧米粟之窖而空者也，音工孝反。"

②师古曰："饮，音于禁反。食，读曰饲。"

③师古曰："咽，吞也，音宴。"

④师古曰："羝，牡羊也。羝不当产乳，故设此言，示绝其事。若燕太子丹乌白头、马生角之比也。羝，音丁奚反。乳，音人喻反。"

武既至海上，禀食不至，①掘野鼠去屮实而食之。"②杖汉节牧羊，卧起操持，节旄尽落。积五六年，单于弟於靬王弋射海上。③武能网纺缴，檠弓弩，④於靬王爱之，给其衣食。三岁余，王病，赐武马畜服匿穹庐。⑤王死后，人众徙去。其冬，丁令盗武牛羊，⑥武复穷厄。

①师古曰："无人给饲之。"

②苏林曰："取鼠所去草实而食之。"张晏曰："取鼠及草实并而食之。"师古曰："苏说是也。屮，古草字。去，谓藏之也，音丘吕反。"

③师古曰："靬，音居言反。"

④师古曰："缴，生丝缕也，可以弋射。檠，谓辅正弓弩也。缴，音斫。檠，音警，又音巨京反。"

⑤刘德曰："服匿如小旃帐。"孟康曰："服匿如罂，小口大腹方底，用受酒酪。穹庐，旃帐也。"晋灼曰："河东北界人呼小石罂受二斗所曰服匿。"师古曰："孟、晋二说是也。"

⑥师古曰："令，音零。丁令，即上所谓丁灵耳。"

初，武与李陵俱为侍中，武使匈奴明年，陵降，不敢求武。久之，单于使陵至海上，为武置酒设乐，因谓武曰："单于闻陵与子卿素厚，故使陵来说足下，虚心欲相待。终不得归汉，空自苦亡人之地，信义安所见乎？前长君为奉车，①从至雍棫阳宫，扶辇下除，②触柱折辕，劾大不敬，伏剑自刎，③赐钱二百万以葬。孺卿从祠河东后土，④宦骑与黄门驸马争船，⑤推堕驸马河中溺死，宦骑亡，诏使孺卿逐捕不得，惶恐饮药而死。来时，大夫人已不幸，⑥陵送葬至阳陵。子卿妇年少，闻已更嫁矣。独有女弟二人，两女一男，今复十余年，存亡不可知。人生如朝露，⑦何久自苦如此！陵始降时，忽忽如狂，自痛负汉，加以老母系保宫，⑧子卿不欲降，何以过陵？且陛下春秋高，法令亡常，大臣亡罪夷灭者数十家，安危不可知，子卿尚复谁为乎？愿听陵计，勿复有云。"武曰："武父子亡功德，皆为陛下所成就，位列将，爵通侯，兄弟亲近，常愿肝脑涂地。今得杀身自效，虽蒙斧钺汤镬，诚甘乐之。臣事君，犹子事父也，子为父死无所恨。愿勿复再言。"陵与武饮数日，复曰："子卿壹听陵言。"武曰："自分已死久矣！⑨王必欲降武，请毕今日之欢，效死于前！"⑩陵见其至诚，喟然叹曰："嗟乎，义士！陵与卫律之罪上通于天。"因泣下沾衿，与武决去。⑪

①服虔曰："武兄嘉。"

②张晏曰："主扶辇下除道也。"师古曰："除，谓门屏之间。"

③师古曰："刎，断也，断其颈也，音武粉反。"

④张晏曰："武弟贤。"

⑤师古曰："宦骑，宦者而为骑也。黄门驸马，天子驸马之在黄门者。驸，副也。《金日䃅传》曰'养马于黄门'也"

⑥师古曰："不幸亦谓死。"

⑦师古曰："朝露见日则晞干，人命短促亦如之。"

⑧师古曰："《百官公卿表》云少府属官有居室，武帝太初元年更名保宫。"

⑨蚰古曰："分，音扶问反。"

⑩师古曰："效，致也。"

⑪师古曰："决，别也。"

　　陵恶自赐武，①使其妻赐武牛羊数十头。后陵复至北海上，语武："区脱捕得云中生口，②言太守以下吏民皆白服，曰上崩。"武闻之，南乡号哭，欧血，且夕临③数月。

①师古曰："谓若示己于匈奴中富饶以夸武。"

②服虔曰："区脱，土室，胡儿所作以候汉者也。"李奇曰："匈奴边境罗落

守卫官也。"晋灼曰:"《匈奴传》东胡与匈奴间有弃地千余里,各居其边
为区脱。又云汉得区脱王,发人民屯区脱以备汉,此为因边境以为官。
李说是也。"师古曰:"匈奴边境为候望之室,服说是也。本非官号,区脱
王者,以其所部居区脱之处,因呼之耳。李、晋二说皆失之。区,读与瓯
同,音一侯反。脱,音土活反。"

③师古曰:"乡,读曰向。临,哭也,音力禁反。"

　　昭帝即位。数年,匈奴与汉和亲。汉求武等,匈奴诡言武死。后
汉使复至匈奴,常惠请其守者与俱,得夜见汉使,具自陈道。教使者
谓单于,言天子射上林中,得雁,足有系帛书,言武等在某泽中。使
者大喜,如惠语以让单于。①单于视左右而惊,谢汉使曰:"武等实
在。"于是李陵置酒贺武曰:"今足下还归,扬名于匈奴,功显于汉
室,虽古竹帛所载,丹青所画,何以过子卿! 陵虽驽怯,令汉且贳陵
罪,②全其老母,使得奋大辱之积志,庶几乎曹柯之盟,③此陵宿昔
之所不忘也。收族陵家,为世大戮,陵尚复何顾乎? 已矣! 令子卿
知吾心耳。异域之人,壹别长绝!"陵起舞,歌曰:"径万里兮度沙幕,
为君将兮奋匈奴。路穷绝兮矢刃摧,士众灭兮名已陨。老母已死,
虽欲报恩将安归!"④陵泣下数行,因与武决。单于召会武官属,⑤
前以降及物故,凡随武还者九人。⑥

①师古曰:"让,责也。"

②师古曰:"贳,宽也。"

③李奇曰:"欲劫单于,如曹刿劫齐桓公柯盟之时。"

④师古曰:"陨,坠也,音大回反。"

⑤师古曰:"会,谓集聚也。"

⑥师古曰:"物故,谓死也,言其同于鬼物而故也。一说,不欲斥言,但云其
　所服用之物皆已故耳。而说者妄欲改物为勿,非也。"

　　武以始元六年春至京师。诏武奉一太牢谒武帝园庙,拜为典属
国,秩中二千石,赐钱二百万,公田二顷,宅一区。常惠、徐圣、赵终
根皆拜为中郎,赐帛各二百匹。其余六人老归家,赐钱人十万,复终
身。①常惠后至右将军,封列侯,自有传。武留匈奴凡十九岁,始以
强壮出,及还,须发尽白。

①师古曰："复,音方目反。"

武来归明年,上官桀、子安与桑弘羊及燕王、盖主谋反。武子男元与安有谋,坐死。

初,桀、安与大将军霍光争权,数疏光过失予燕王,①令上书告之。又言苏武使匈奴二十年不降,还乃为典属国,②大将军长史无功劳,为搜粟都尉,光颛权自恣。③及燕王等反诛,穷治党与,武素与桀、弘羊有旧,数为燕王所讼,子又在谋中,廷尉奏请逮捕武。霍光寝奏,免武官。

①师古曰："疏,谓条录之。"

②师古曰："实十九年,而言二十者,欲久其事以见冤屈,故多言也。"

③师古曰："颛,与专同。"

数年,昭帝崩,武以故二千石与计谋立宣帝,①赐爵关内侯,食邑三百户。久之,卫将军张安世荐武明习故事,奉使不辱命,先帝以为遗言。宣帝即时召武待诏宦者署,②数进见,复为右曹典属国。以武著节老臣,令朝朔望,号称祭酒,③甚优宠之。

①师古曰："与,读曰预。"

②师古曰："《百官公卿表》少府属官有官者令丞。以其署亲近,故令于此待诏也。"

③师古曰："加祭酒之号,所以示优尊也。祭酒,已解在《伍被传》。"

武所得赏赐,尽以施予昆弟故人,家不余财。皇后父平恩侯、帝舅平昌侯、乐昌侯、①车骑将军韩增、丞相魏相、御史大夫丙吉皆敬重武。武年老,子前坐事死,上闵之,问左右:"武在匈奴久,岂有子乎?"武因平恩侯自白:"前发匈奴时,胡妇适产一子通国,有声问来,愿因使者致金帛赎之。"上许焉。后通国随使者至,上以为郎。又以武弟子为右曹。武年八十余,神爵二年病卒。

①师古曰："平恩侯许伯平、昌侯王无故、乐昌侯王武也。"

甘露三年,单于始入朝。上思股肱之美,乃图画其人于麒麟阁,①法其形貌,署其官爵姓名。②唯霍光不名,曰大司马大将军博陆侯姓霍氏,次曰卫将军富平侯张安世,次曰车骑将军龙頟侯韩增,次曰后将军营平侯赵充国,次曰丞相高平侯魏相,次曰丞相博阳侯丙吉,次曰御史大夫建平侯杜延年,次曰宗正阳城侯刘德,次曰少府梁丘贺,次曰太子太傅萧望之,次曰典属国苏武。皆有功德,知名当世,是以表而扬之,明著中兴辅佐,列于方叔、召虎、仲山甫焉。③凡十一人,皆有传。自丞相黄霸、廷尉于定国、大司农朱邑、京兆尹张敞、右扶风尹翁归及儒者夏侯胜等,皆以善终,著名宣帝之世,然不得列于名臣之图,以此知其选矣。

①张晏曰:"武帝获麒麟时作此阁,图画其象于阁,遂以为名。"师古曰:"《汉官阁疏》云萧何造。"

②师古曰:"署,表也,题也。"

③师古曰:"三人皆周宣王之臣,有文武之功,佐宣王中兴者也。言宣帝亦重兴汉室,而霍光等并为名臣,皆比于方叔之属。召,读曰邵。"

　　赞曰:李将军恂恂如鄙人,口不能出辞,①及死之日,天下知与不知,皆为流涕,彼其中心诚信于士大夫也。谚曰:"桃李不言,下自成蹊。"②此言虽小,可以喻大。然三代之将,道家所忌,自广至陵,遂亡其宗,哀哉!孔子称"志士仁人,有杀身以成仁,无求生以害仁","使于四方,不辱君命",③苏武有之矣。

①师古曰:"恂恂,诚谨貌也,音荀。"

②师古曰:"蹊,谓径道也。言桃李以其华实之故,非有所召呼,而人争归趣,来往不绝,其下自然成径,以喻人怀诚信之心,故能潜有所感也。蹊,音奚。"

③师古曰:"皆《论语》载孔子之言。"

汉书卷五五
列传第二五

卫青　霍去病　李息　公孙敖　李沮
张次公　赵信　赵食其　郭昌　荀彘　路博德
赵破奴

　　卫青字仲卿。其父郑季,河东平阳人也,以县吏给事侯家。平阳侯曹寿尚武帝姊阳信长公主。①季与主家僮卫媪通,②生青。青有同母兄卫长君及姊子夫,子夫自平阳公主家得幸武帝,故青冒姓为卫氏。③卫媪长女君孺,次女少儿,次女则子夫。子夫男弟步广,皆冒卫氏。④

　　①师古曰:"寿姓曹,为平阳侯,当是曹参之后,然《参传》及《功臣侯表》并无之,未详其意也。"

　　②师古曰:"僮者,婢妾之总称也。媪者,后年老之号,非当时所呼也。卫者,举其夫家姓也。"

　　③师古曰:"谓假称,若人首之有覆冒也。"

　　④师古曰:"言步广及青二人皆不姓卫,而冒称。"

　　青为侯家人,少时归其父,父使牧羊。民母之子皆奴畜之,不以为兄弟数。①青尝从人至甘泉居室,②有一钳徒相青曰:"贵人也,官至封侯。"青笑曰:"人奴之生,得无笞骂即足矣,安得封侯事乎!"

　　①服虔曰:"民母,嫡母也。"师古曰:"言郑季正妻本在编户之间,以别于公主家也。今流俗书本云'牧羊人间,先母之子不以为兄弟数',妄增也。"

　　②张晏曰:"居室,甘泉中徒所居也。"

青壮，为侯家骑，从平阳主。建元二年春，青姊子夫得入宫幸上。皇后，大长公主女也，①无子，妒。大长公主闻卫子夫幸，有身，妒之，乃使人捕青。青时给事建章，②未知名。大长公主执囚青，欲杀之。其友骑郎公孙敖与壮士往篡之，③故得不死。上闻，乃召青为建章监，侍中。及母昆弟贵，赏赐数日间累千金。君孺为太仆公孙贺妻。少儿故与陈掌通，④上召贵掌。公孙敖由此益显。子夫为夫人。青为太中大夫。

①文颖曰："陈皇后，武帝姑女也。"
②师古曰："建章宫中。"
③师古曰："逆取曰篡。"
④师古曰："掌即陈平曾孙也。"

元光六年，拜为车骑将军，击匈奴，出上谷；公孙贺为轻车将军，出云中；太中大夫公孙敖为骑将军，出代郡；卫尉李广为骁骑将军，出雁门：军各万骑。青至笼城，①斩首虏数百。骑将军敖亡七千骑，卫尉广为虏所得，得脱归，皆当斩，赎为庶人。贺亦无功。唯青赐爵关内侯。是后匈奴仍侵犯边。②语在《匈奴传》。

①师古曰："笼，读与龙同。"
②师古曰："仍，频也。"

元朔元年春，卫夫人有男，立为皇后。其秋，青复将三万骑出雁门，李息出代郡。青斩首虏数千。明年，青复出云中，西至高阙，①遂至陇西，捕首虏数千，畜百余万，走白羊、楼烦王。遂取河南地为朔方郡。②以三千八百户封青为长平侯。青校尉苏建为平陵侯，张次公为岸头侯。③使建筑朔方城。④上曰："匈奴逆天理，乱人伦，暴长虐老，⑤以盗窃为务，行诈诸蛮夷，造谋籍兵，数为边害。⑥故兴师遣将，以征厥罪。《诗》不云乎？'薄伐猃允，至于太原'；⑦'出车彭彭，城彼朔方。'⑧今车骑将军青度西河至高阙，获首二千三百级，车辎畜产毕收为卤，已封为列侯，遂西定河南地，案榆溪旧塞，⑨绝梓领，梁北河，讨蒲泥，破符离，⑩斩轻锐之卒，捕伏听者⑪三千一十七级，⑫执讯获丑，⑬驱马牛羊百有余万，全甲兵而还，益封青三千八百户。"其后匈奴比岁入代郡、雁门、定襄、上郡、朔方，⑭所杀略甚众。语在《匈奴传》。

①师古曰："高阙，山名也。一曰，塞名也，在朔方之北。"

②师古曰："当北地郡之北，黄河之南也。"

③晋灼曰："河东皮氏亭也。"

④师古曰："苏建筑之也。"

⑤师古曰："谓其俗贵少壮而贱长老也。"

⑥张晏曰："从蛮夷借兵钞边。"

⑦师古曰："《小雅·六月》之诗，美宣王北伐也。薄伐者，言逐出之也。猃允，北狄名，即匈奴也。猃，音险。"

⑧师古曰："《小雅·出车》之诗也。彭彭，众车声也。朔方，北方也。此诗人美出车而征，因筑城以攘猃允也。"

⑨如淳曰："案，寻也。榆溪，旧塞名也。"师古曰："上郡之北有诸次山，诸次水出焉，东经榆林塞为榆溪。言军寻此塞而行也。"

⑩如淳曰："绝，度也。为北河作桥梁也。"晋灼曰："蒲泥、符离，二王号也。"师古曰："符离，塞名也。"

⑪张晏曰："伏于隐处，听军虚实。"

⑫师古曰："本以斩敌一首拜爵一级，故谓一首为一级，因复名生获一人为一级也。"

⑬师古曰："执讯者，谓生执其人而讯问之也。获丑者，得其众也。一曰，丑，恶。讯，音信。"

⑭师古曰："比，类也。"

元朔五年春，令青将三万骑出高阙，卫尉苏建为游击将军，左内史李沮为强弩将军，①太仆公孙贺为骑将军，代相李蔡为轻车将军，皆领属车骑将军，俱出朔方。大行李息、岸头侯张次公为将军，俱出右北平。匈奴右贤王当青等兵，以为汉兵不能至此，饮醉，汉兵夜至，围右贤王。右贤王惊，夜逃，独与其爱妾一人骑数百驰，溃围北去。汉轻骑校尉郭成等追数百里，弗得，得右贤裨王十余人，②众男女万五千余人，畜数十百万，③于是引兵而还。至塞，天子使使者持大将军印，即军中拜青为大将军，④诸将皆以兵属，立号而归。上曰："大将军青躬率戎士，师大捷，获匈奴王十有余人，益封青八千七百户。”而封青子伉为宜春侯，⑤子不疑为阴安侯，子登为发干侯。青固谢曰：⑥“臣幸得待罪行间，赖陛下神灵，军大捷，皆诸校力战之功也。陛下幸已益封臣青，臣青子在襁褓中，未有勤劳，上幸裂地封为三侯，非臣待罪行间所以劝士力战之意也。伉等三人何敢受封！”上曰：“我非忘诸校功也，今固且图之。”乃诏御史曰：“护军都尉公孙敖三从大将军击匈奴，常护军傅校获王，⑦封敖为合骑侯。⑧都尉韩说从大军出窴浑，⑨至匈奴右贤王庭，为戏下⑩搏战获王，⑪封说为龙頟侯。⑫骑将军贺从大将军获王，封贺为南窌侯。⑬轻车将军李蔡再从大将军获王，封蔡为乐安侯。校尉李朔、赵不虞、公孙戎奴各三从大将军获王，封朔为陟轵侯，不虞为随成侯，戎奴为从平侯。将军李沮、李息及校尉豆如意、中郎将绾皆有功，赐爵关内侯。沮、息、如意食邑各三百户。”其秋，匈奴入代，杀都尉。

①文颖曰：“沮，音俎。”

②师古曰：“裨王，小王也，若言裨将也。裨，音频移反。”

③师古曰：“数十万以至百万。”

④师古曰：“即，就也。”

⑤师古曰：“伉，音杭，又音工郎反。”

⑥师古曰：“固，谓再三也。”

⑦师古曰：“傅，读曰附。言敖总护诸军，每附部校，以致克捷而获王也。校者，营垒之称，故谓军之一部为一校。或曰，幡旗之名，非也。每军一校，则别为幡耳，不名校也。”

⑧晋灼曰：“犹冠军、从票之名也。”

⑨服虔曰：“塞名也。”师古曰：“说，读曰悦。窴，音田。浑，音魂。”

⑩师古曰：“戏，读曰麾，又音许宜反。言在大将军麾旗之下，不别统众也。”

⑪服虔曰：“搏战，击战。”

⑫师古曰：“頟字或作额。”

⑬臣瓒曰：“《茂陵中书》云南奅侯，此本字也。”师古曰：“窌，音普教反。奅亦同字。”

明年春，大将军青出定襄，合骑侯敖为中将军，太仆贺为左将军，翕侯赵信为前将军，卫尉苏建为右将军，郎中令李广为后将军，左内史李沮为强弩将军，咸属大将军，斩首数千级而还。月余，悉复出定襄，斩首虏万余人。苏建、赵信并军三千余骑，独逢单于兵，与战一日余，汉兵且尽。信故胡人，降为翕侯，见急，匈奴诱之，还将其余骑可八百犇降单于。①苏建尽亡其军，独以身得亡去，自归青。青问其罪正闳、长史安、议郎周霸等：②"建当云何？"③霸曰："自大将军出，未尝斩裨将，今建弃军，可斩，以明将军之威。"闳、安曰："不然。兵法'小敌之坚，大敌之禽也。'④今建以数千当单于数万，力战一日余，士皆不敢有二心。自归而斩之，是示后无反意也。不当斩。"青曰："青幸得以肺附待罪行间，⑤不患无威，而霸说我以明威，甚失臣意。且使臣职虽当斩将，以臣之尊宠而不敢自擅专诛于境外，其归天子，天子自裁之，于以风为人臣不敢专权，不亦可乎？"⑥军吏皆曰："善。"遂囚建行在所。

①师古曰："犇，古奔字也。"

②张晏曰："正，军正也。闳，名也。"如淳曰："律，都军官长史一人。"

③师古曰："谓处断其罪法何至也？"

④师古曰："言众寡不敌，以其坚战无有退心，故士卒丧尽也。一说，若建耻败而不自归，则亦被匈奴禽之而去。"

⑤师古曰："肺附，谓亲戚也。解在《田蚡传》也。"

⑥师古曰："风，读曰讽。"

是岁也，霍去病始侯。

霍去病，大将军青姊少儿子也。其父霍仲孺先与少儿通，生去病。及卫皇后尊，少儿更为詹事陈掌妻。去病以皇后姊子，年十八为侍中。善骑射，再从大将军。大将军受诏，予壮士，为票姚校尉，①与轻勇骑八百直弃大将军数百里赴利，斩捕首虏过当。②于是上曰："票姚校尉去病斩首捕虏二千二十八级，得相国、当户，斩单于大父行藉若侯产，③捕季父罗姑比，再冠军，④以二千五百户封去病为冠军侯。上谷太守郝贤四从大将军，捕首虏千三百级，封贤为终利侯。骑士孟已有功,赐爵关内侯,邑二百户。"

①服虔曰:"音飘摇。"师古曰:"票,音频妙反。摇,音羊召反。票姚,劲疾之
　貌也。荀悦《汉纪》作票鹞字。去病后为票骑将军,尚取票姚之字耳。今
　读者音飘遥,则不当其义也。"

②师古曰:"言计其所将人数,则捕首虏为多,过于所当也。一曰,汉军失
　亡者少,而杀获匈奴数多,故曰过当也。其下并同。"

③张晏曰:"藉若,胡侯也。产,名也。"师古曰:"此人单于祖父之行也。行,
　音胡浪反。"

④师古曰:"亦单于之季父也,罗姑,其名也。比,频也。"

是岁失两将军,亡翕侯,功不多,故青不益封。苏建至,上弗诛,
赎为庶人。青赐千金。是时王夫人方幸于上,宁乘说青曰:①"将军
所以功未甚多,身食万户,三子皆为侯者,以皇后故也。今王夫人幸
而宗族未富贵,愿将军奉所赐千金为王夫人亲寿。"②青以五百金
为王夫人亲寿。上闻,问青,青以实对。上乃拜宁乘为东海都尉。

①师古曰:"《史记》云宁乘齐人。"

②师古曰:"亲,母也。"

校尉张骞从大将军,以尝使大夏,留匈奴中久,道军,知善水草
处,①军得以无饥渴,因前使绝国功,封骞为博望侯。

①师古曰:"道,读曰导。"

去病侯一岁,元狩二年春为票骑将军,将万骑出陇西,有功。上
曰:"票骑将军率戎士隃乌盭①讨遫濮,②涉狐奴,③历五王国,辎
重人众摄謺者弗取,④几获单于子。⑤转战六日,过焉支山千有余
里,合短兵,鏖皋兰下,⑥杀折兰王,斩卢侯王,⑦锐悍者诛,全甲获
丑,执浑邪王子⑧及相国、都尉,捷首虏八千九百六十级,收休屠祭
天金人,⑨师率减什七,⑩益封去病二千二百户。"

①师古曰:"隃,与逾同。盭,古戾字也。乌盭,山名。"

②师古曰:"遫,古速字也。遫濮,匈奴部落名也。"

③晋灼曰:"水名也。"

④师古曰:"摄謺,谓振动失志气。言距战者诛,服者则赦也。謺,音之涉
　反。"

⑤师古曰："几，音距衣反。"

⑥应劭曰："陇西白石县塞外河名也。"苏林曰："匈奴中山关名也。"李奇
　曰："鏖，音麃，津名也。"晋灼曰："世俗谓尽死杀人为鏖糟。"文颖曰：
　"鏖，音意曹反。"师古曰："鏖字本从金麃声，转写讹耳。鏖，谓苦击而多
　杀也。皋兰，山名也。言苦战于皋兰山下而多杀虏也。晋说文音皆得之。
　今俗犹谓打击之甚者曰鏖。麃，牝鹿也，音于求反。"

⑦张晏曰："折兰、卢侯，胡国名也。杀者，杀之而已。斩者，获其首也。"师
　古曰："折兰，匈奴中姓也。今鲜卑有是兰姓者，即其种也。折，音上列
　反。"

⑧师古曰："全甲，谓军中之甲不丧失也。浑，音下昆反。"

⑨如淳曰："祭天以金人为主也。"张晏曰："佛徒祠金人也。"师古曰："今
　之佛像是也。休，音许虬反。屠，音储。"

⑩师古曰："言其破敌，故匈奴之师十减其七也。一曰，汉兵失亡之数。下
　皆类此也。"

其夏，去病与合骑侯敖俱出北地，异道。博望侯张骞、郎中令李
广俱出右北平，异道。广将四千骑先至，骞将万骑后。匈奴左贤王
将数万骑围广，广与战二日，死者过半，所杀亦过当。骞至，匈奴引
兵去。骞坐行留，当斩，赎为庶人。①而去病出北地，遂深入，合骑侯
失道，不相得。去病至祁连山，②捕首虏甚多。上曰："票骑将军涉钧
耆，济居延，③遂臻小月氏，④攻祁连山，扬武乎䱥得，⑤得单于单
桓、酋涂王，⑥及相国、都尉以众降下者二千五百人，可谓能舍服知
成而止矣。⑦捷首虏三万二百，获五王、王母、单于阏氏、王子五十
九人，相国、将军、当户、都尉六十三人，师大率减什三，益封去病五
千四百户。赐校尉从至小月氏者爵左庶长。⑧鹰击将军破奴⑨再从
票骑将军斩速濮王，捕稽且王，⑩右千骑将王、王母各一人，王子以
下四十一人，捕虏三千三百三十人，前行捕虏千四百人，⑪封破奴
为从票侯。⑫校尉高不识从票骑将军捕呼于耆王王子以下十一人，
捕虏千七百六十八人，封不识为宜冠侯。校尉仆多有功，封为辉渠
侯。"⑬合骑侯敖坐行留不与票骑将军会，当斩，赎为庶人。诸宿将
所将士马兵亦不如去病，⑭去病所将常选，⑮然亦敢深入，常与壮

骑先其大军,军亦有天幸,未尝困绝。然而诸宿将常留落不耦。⑯由
此去病日以亲贵,比大将军。

①师古曰:"军行而辄稽留,故坐法。"

②师古曰:"祁连山即天山也,匈奴呼天为祁连。祁,音上夷反。"

③张晏曰:"钧耆、居延,皆水名也。浅曰涉,深曰济。"师古曰:"涉,谓人马
涉度也。济,谓以舟船。"

④师古曰:"臻,至也。氏,音支。"

⑤郑氏曰:"鲑,音鹿,张掖县也。"师古曰:"郑说非也。此鲑得,匈奴中地
名,而张掖县转取其名耳。"

⑥张晏曰:"单桓、酋涂,皆胡王也。"师古曰:"酋,音才由反。涂,音塗。"

⑦师古曰:"服而舍之,功成则止也。"

⑧师古曰:"弟十一爵。"

⑨师古曰:"赵破奴。"

⑩师古曰:"且,音子闾反。"

⑪师古曰:"前行,谓在军之前而行。"

⑫张晏曰:"从票骑将军有功,因以为号。"

⑬师古曰:"《功臣侯表》作仆朋,今此作多,转写者误也。辉,音晖也。"

⑭师古曰:"宿,旧也。兵,兵器也。"

⑮师古曰:"选取骁锐。"

⑯师古曰:"留,谓迟留。落,谓坠落。故不谐耦而无功也。"

其后,单于怒浑邪王居西方数为汉所破,亡数万人,以票骑之
兵也,欲召诛浑邪王。浑邪王与休屠王等谋欲降汉,使人先要道
边。①是时大行李息将城河上,得浑邪王使,即驰传以闻。②上恐其
以诈降而袭边,乃令去病将兵往迎之。去病既度河,与浑邪众相望。
浑邪裨王将见汉军而多欲不降者,③颇遁去。去病乃驰入,得与浑
邪王相见,斩其欲亡者八千人,遂独遣浑邪王乘传先诣行在所,尽
将其众度河,降者数万人,号称十万。既至长安,天子所以赏赐数十
巨万。封浑邪王万户,为漯阴侯。④封其裨王呼毒尼为下摩侯,⑤雁
疵为辉渠侯,⑥禽黎为河綦侯,⑦大当户调虽为常乐侯。⑧于是上
嘉去病之功,曰:"票骑将军去病率师征匈奴,西域王浑邪王及厥众

萌咸犇于率，⑨以军粮接食，并将控弦万有余人，⑩诛猲悍，⑪捷首
虏八千余级，降异国之王三十三。战士不离伤，⑫十万之众毕怀集
服。仍兴之劳，爰及河塞，庶几亡患。⑬以千七百户益封票骑将军。
减陇西、北地、上郡戍卒之半，以宽天下繇役。"乃分处降者于边五
郡故塞外，而皆在河南，因其故俗为属国。⑭其明年，匈奴入右北
平、定襄，杀略汉千余人。

①师古曰："道犹言也。先为要约来言之于边界。"
②师古曰："传，音张恋反。次下亦同。"
③师古曰："恐被掩覆也。"
④如淳曰："漯阴，平原县也。"师古曰："漯，音吐合反。"
⑤文颖曰："呼毒尼，胡王名也。"
⑥文颖曰："雁，音鹰。疕，音庀荫之庀。"师古曰："疕，音匹履反，其字从
　疒，非庀荫之庀。疒，音女革反。"
⑦师古曰："《功臣侯表》作乌黎，今此作黎，转写误耳。"
⑧师古曰："《功臣侯表》作稠雎，今此传作调虽，表传不同，当有误者。"
⑨师古曰："萌字与氓同。犇，古奔字也。"
⑩师古曰："言能引弓皆堪战陈。"
⑪师古曰："猲，健行轻貌也，字或趒。悍，勇也。猲，音丘昭反，又音丘召
　反。
⑫师古曰："离，遭也。"
⑬师古曰："重兴军旅之劳，及北河沙塞之表，可得宁息无忧患也。"
⑭师古曰："不改其本国之俗而属于汉，故号属国。"

　　其明年，上与诸将议曰："翕侯赵信为单于画计，常以为汉兵不
能度幕轻留，①今大发卒，其势必得所欲。"是岁元狩四年也。春，上
令大将军青、票骑将军去病各五万骑，步兵转者踵军数十万，②而
敢力战深入之士皆属去病。去病始为出定襄，当单于。捕虏，虏言
单于东，乃更令去病出代郡，令青出定襄。郎中令李广为前将军，太
仆公孙贺为左将军，主爵赵食其为右将军，③平阳侯襄为后将
军，④皆属大将军。赵信为单于谋曰："汉兵即度幕，人马罢，⑤匈奴
可坐收虏耳。"⑥乃悉远北其辎重，⑦皆以精兵待幕北。而适直青军

出塞千余里，⑧见单于兵陈而待，⑨于是青令武刚车自环为营，⑩而纵五千骑往当匈奴，匈奴亦从万骑。会日且入，⑪而大风起，沙砾击面，⑫两军不相见，汉益纵左右翼绕单于。⑬单于视汉兵多，而士马尚强，战而匈奴不利，薄莫，单于遂乘六赢，壮骑可数百，直冒汉围西北驰去。⑭昏，汉匈奴相纷挐，⑮杀伤大当。⑯汉军左校捕虏，言单于未昏而去，汉军因发轻骑夜追之，青因随其后。匈奴兵亦散走。会明，行二百余里，不得单于，颇捕斩首虏万余级，遂至阗颜山赵信城，⑰得匈奴积粟食军。⑱军留一日而还，悉烧其城余粟以归。

①师古曰："言轻易汉军，故留而不去也。一曰，谓汉兵不轻入而久留也。"

②师古曰："转者，谓运辎重也。踵，接也。"

③师古曰："食，音异。其，音基。"

④师古曰："曹襄。"

⑤师古曰："罢，读曰疲。"

⑥师古曰："言收虏取汉军人马，可不费力，故言坐。"

⑦师古曰："送辎重远去，令处北也。"

⑧师古曰："直，读曰值。"

⑨师古曰："为行陈而待。"

⑩张晏曰："兵车也。"师古曰："环，绕也。"

⑪师古曰："言日欲没也。"

⑫师古曰："砾，小石也，音历。"

⑬师古曰："翼，谓左右舒引其兵，如鸟之翅翼。"

⑭师古曰："赢者，驴种马子，坚忍。单于自乘善走赢，而壮骑随之也。冒，犯也。赢，音来戈反。冒，音莫克反。"

⑮师古曰："纷挐，乱相持搏也。挐，音女居反。"

⑯师古曰："各大相杀伤。"

⑰如淳曰："赵信前降匈奴，匈奴筑城居之。"

⑱师古曰："食，读曰饲。"

青之与单于会也，而前将军广、右将军食其军别从东道，或失道，①大将军引还，过幕南，乃相逢。青欲使使归报，令长史簿责广，②广自杀。食其赎为庶人。青军入塞，凡斩首虏万九千级。

①师古曰："或迷。"

②师古曰："簿,音步户反。"

是时匈奴众失单于十余日,右谷蠡王自立为单于。①单于后得其众,右王乃去单于之号。②

①师古曰："谷,音鹿。蠡,音卢奚反。"

②师古曰："去,除也,音丘吕反。"

去病骑兵车重与大将军军等,①而亡裨将。悉以李敢等为大校,当裨将,出代、右北平二千余里,直左方兵,②所斩捕功已多于青。

①师古曰："重,音直用反。"

②师古曰："直,当也。"

既皆还,上曰："票骑将军去病率师,躬将所获荤允之士,①约轻赍,绝大幕,②涉获单于章渠,③以诛北车耆,④转击左大将双,获旗鼓,历度难侯,⑤济弓卢,⑥获屯头王、韩王等三人,⑦将军、相国、当户、都尉八十三人,封狼居胥山,禅于姑衍,登临翰海,⑧执讯获丑七万有四百四十三级,师率减什二,取食于敌,卓行殊远而粮不绝。⑨以五千八百户益封票骑将军。右北平太守路博德属票骑将军,会兴城,不失期,从至梼余山,⑩斩首捕虏二千八百级,封博德为邳离侯。北地都尉卫山从票骑将军获王,封山为义阳侯。故归义侯因淳王复陆支、⑪楼㓲王伊即靬⑫皆从票骑将军有功,封复陆支为杜侯,伊即靬为众利侯。从票侯破奴、昌武侯安稽从票骑有功,益封各三百户。渔阳太守解、校尉敢皆获鼓旗,赐爵关内侯,解食邑三百户,敢二百户。校尉自为爵左庶长。"军吏卒为官,赏赐甚多。而青不得益封,吏卒无封者。唯西河太守常惠、云中太守遂成受赏,遂成秩诸侯相,赐食邑二百户,黄金百斤,惠爵关内侯。

①服虔曰："荤,音熏。荤允,熏鬻也。尧时曰熏鬻,周曰猃狁,秦曰匈奴。"

师古曰："荤字与薰同。鬻,音弋六反。"

②师古曰："轻赍者,不以辎重自随,而所赍粮食少也。一曰,赍字与资同,谓资装也。"

③师古曰："涉,谓涉水也。章渠,单于之近臣也,涉水而破获之。"

④晋灼曰："王号也。"

⑤师古曰："山名也。"

⑥晋灼曰："水名也。"

⑦李奇曰："皆匈奴王号。"

⑧张晏曰："登海边山以望海也。有大功，故增山而广地也。"如淳曰："翰海，北海名也。"师古曰："积土增山曰封，为墠祭地曰禅也。"

⑨师古曰："卓亦远意。"

⑩师古曰："梼，音筹，其字从木。"

⑪师古曰："复，音芳福反。"

⑫师古曰："刭，音之兖反。靬，音居言反。"

　　两军之出塞，塞阅官及私马凡十四万匹，而后入塞者不满三万匹。乃置大司马位，大将军、票骑将军皆为大司马。①定令，令票骑将军秩禄与大将军等。自是后，青日衰而去病日益贵。青故人门下多去，事去病，辄得官爵，唯独任安不肯去。②

①晋灼曰："悉加大司马者，欲令票骑将军去病与大将军青等耳。"

②师古曰："安，荥阳人，后为益州刺史，即遗司马迁书者。"

　　去病为人少言不泄，有气敢往。上尝欲教之吴孙兵法，①对曰："顾方略何如耳，不至学古兵法。"②上为治弟，令视之，对曰："匈奴不灭，无以家为也。"由此上益重爱之。然少而侍中，贵不省士。③其从军，上为遣太官赍数十乘，④既还，重车余弃粱肉，⑤而士有饥者。其在塞外，卒乏粮，或不能自振，⑥而去病尚穿域蹋鞠也。⑦事多此类。青仁，喜士退让，⑧以和柔自媚于上，然于天下未有称也。

①师古曰："吴，吴起也。孙，孙武也。"

②师古曰："顾，念也。"

③师古曰："省，视也。不恤视也。"

④师古曰："赍，与资同。解已在前也。"

⑤师古曰："粱，粟类也，米之善者。重，音直用反。"

⑥师古曰："振，举也。"

⑦服虔曰："穿地作鞠室也。"师古曰："鞠以皮为之，实以毛，蹴蹋而戏也。蹋，音徒腊反。鞠，音巨六反。"

⑧师古曰："喜，音许吏反。"

去病自四年军后三岁,元狩六年薨。上悼之,发属国玄甲,军陈自长安至茂陵,①为冢象祁连山。②谥之并武与广地曰景桓侯。③子嬗嗣。④嬗字子侯,上爱之,幸其壮而将之。为奉车都尉,从封泰山而薨。无子,国除。

①师古曰:"送其葬,所以宠卫之也。属国,即上所云分处降者于边五郡者也。玄甲,谓甲之黑色也。"

②师古曰:"在茂陵旁,冢上有竖石,冢前有石人马者是也。"

③苏林曰:"景,武谥也。桓,广地谥也。义见谥法。"张晏曰:"谥法'布义行刚曰景,辟土服远曰桓,也。"

④师古曰:"嬗,音上战反。"

自去病死后,青长子宜春侯伉坐法失侯。后五岁,伉弟二人,阴安侯不疑、发干侯登,皆坐酎金失侯。后二岁,冠军侯国绝。后四年,元封五年,青薨,谥曰烈侯。子伉嗣,六年坐法免。

自青围单于后十四岁而卒,竟不复击匈奴者,以汉马少,又方南诛两越,东伐朝鲜,击羌、西南夷,以故久不伐胡。

初,青既尊贵,而平阳侯曹寿有恶疾就国,长公主问:"列侯谁贤者?"左右皆言大将军。主笑曰:"此出吾家,常骑从我,奈何?"左右曰:"于今尊贵无比。"于是长公主风白皇后,①皇后言之,上乃诏青尚平阳主,②与主合葬,起冢象庐山云。③

①师古曰:"风,读曰讽。"

②如淳曰:"本阳信长公主也,为平阳侯所尚,故称平阳主。"

③师古曰:"在茂陵东,次去病冢之西,相并者是也。

最①大将军青凡七出击匈奴,斩捕首虏五万余级。一与单于战,收河南地,置朔方郡。再封,凡万六千三百户;封三子为侯,侯千三百户,并之二万二百户。其裨将及校尉侯者九人,为特将者十五人,②李广、张骞、公孙贺、李蔡、曹襄、韩说、苏建皆自有传。③

①师古曰:"最亦凡也。"

②师古曰:"特将,谓独别为将而出征也。"

③师古曰:"七人自有传,八人今列于此下,凡十五人也。说,读曰悦。"

　　李息,郁郅人也,①事景帝。至武帝立八岁,为材官将军,军马邑;后六岁,为将军,出代;后三岁,为将军,从大将军出朔方:皆无功。凡三为将军,其后常为大行。

　　①师古曰:"北地之县也。郅,音之日反。"

　　公孙敖,义渠人,以郎事景帝。至武帝立十二岁,为骑将军,出代,亡卒七千人,当斩,赎为庶人。后五岁,以校尉从大将军,封合骑侯。后一岁,以中将军从大将军再出定襄,无功。后二岁,以将军出北地,后票骑期,当斩,赎为庶人。后二岁,以校尉从大将军,无功。后十四岁,以因杅将军筑受降城。七岁,复以因杅将军再出击匈奴,到余吾,①亡士多,下吏,当斩,诈死,亡居民间五六岁。后觉,复系。坐妻为巫蛊,族。凡四为将军。

　　①师古曰:"水名也,在朔方北。"

　　李沮,云中人,①事景帝。武帝立十七岁,以左内史为强弩将军。后一岁,复为强弩将军。

　　①师古曰:"沮,音俎。"

　　张次公,河东人,以校尉从大将军,封岸头侯。其后太后崩,为将军,军北军。后一岁,复从大将军。凡再为将军,后坐法失侯。

　　赵信,以匈奴相国降,为侯。武帝立十八年,为前将军,与匈奴战,败,降匈奴。

　　赵食其,祋祤人。①武帝立十八年,以主爵都尉从大将军,斩首六百六十级。元狩三年,赐爵关内侯,黄金百斤。明年,为右将军,从大将军出定襄,迷失道,当斩,赎为庶人。

　　①师古曰:"冯翊之县也。祋,音丁活反,又音丁外反。祤,音许羽反。"

　　郭昌,云中人,以校尉从大将军。元封四年,以太中大夫为拔胡将军,屯朔方。还击昆明,无功,夺印。

　　荀彘,太原广武人,以御见,侍中,①用校尉数从大将军。元封三年,为左将军,击朝鲜,无功,坐捕楼船将军诛。

　　①师古曰:"以善御得见,因为侍中也。御,谓御车也。"

最票骑将军去病凡六出击匈奴，其四出以将军，①斩首虏十一万余级。浑邪王以众降数万，开河西酒泉之地，西方益少胡寇。四益封，凡万七千七百户。其校吏有功侯者六人，为将军者二人。

①师古曰："再出为票姚校尉也。"

路博德，西河平州人。以右北平太守从票骑将军，封邳离侯。票骑死后，博德以卫尉为伏波将军，伐破南越，益封。其后坐法失侯。为强弩都尉，屯居延，卒。

赵破奴，太原人。尝亡入匈奴，已而归汉，为票骑将军司马。出北地，封从票侯。坐酎金失侯。后一岁，为匈河将军，攻胡至匈河水，无功。后一岁，击虏楼兰王，后为浞野侯。后六岁，以浚稽将军将二万骑击匈奴左王。左王与战，兵八万骑围破奴，破奴为虏所得，遂没其军。居匈奴中十岁，复与其太子安定亡入汉。后坐巫蛊，族。

自卫氏兴，大将军青首封，其后支属五人为侯。凡二十四岁而五侯皆夺国。征和中，戾太子败，卫氏遂灭。而霍去病弟光贵盛，自有传。

赞曰：苏建尝责"大将军至尊重，而天下之贤士大夫无称焉，①愿将军观古名将所招选者，勉之哉！"②青谢曰："自魏其、武安之厚宾客，天子常切齿。彼亲待士大夫，招贤黜不肖者，人主之柄也。人臣奉法遵职而已，何与招士！"③票骑亦方此意，为将如此。④

①师古曰："言不为贤士大夫所称誉。"

②师古曰："劝令招贤荐士也。"

③师古曰："与，读曰豫。"

④师古曰："方，比类也。"

汉书卷五六
列传第二六

董仲舒

董仲舒,广川人也。少治《春秋》,孝景时为博士。下帷讲诵,弟子传以久次相授业,或莫见其面。①盖三年不窥园,其精如此。②进退容止,非礼不行,学士皆师尊之。

①师古曰:"言新学者但就其旧弟子受业,不必亲见仲舒。"

②师古曰:"虽有园圃,不窥视之,言专学也。"

武帝即位,举贤良文学之士前后百数,①而仲舒以贤良对策焉。

①师古曰:"数,音所具反。"

制曰:朕获承至尊休德,①传之亡穷,而施之罔极,②任大而守重,是以夙夜不皇康宁,③永惟万事之统,犹惧有阙。④故广延四方之豪俊,郡国诸侯公选贤良修洁博习之士,⑤欲闻大道之要,至论之极。⑥今子大夫褒然为举首,⑦朕甚嘉之。子大夫其精心致思,朕垂听而问焉。

①师古曰:"休,美也。言承先帝极尊之位,至美之德也。"

②师古曰:"罔亦无也。极,尽也。"

③师古曰:"皇,暇也。康,乐也。"

④师古曰:"永,深也。惟,思也。统,绪也。"

⑤师古曰:"郡,郡守也。国,王国也。诸侯,列侯也。郡国及诸侯,总谓四方在外者。公选,谓以公正之道选士,无偏私也。"

⑥师古曰:"极,中也。"

⑦服虔曰:"子,男子之美号也。"张晏曰:"裒,进也,为举贤良之首也。"师古曰:"裒然,盛服貌也。《诗·邶风·旄丘》之篇曰'裒如充耳'。裒,弋授反。"

　　盖闻五帝三王之道,改制礼作乐而天下洽和,百王同之。当虞氏之乐莫盛于《韶》,①于周莫盛于《勺》。②圣王已没,钟鼓筦弦之声未衰,③而大道微缺,陵夷至虖桀纣之行,④王道大坏矣。夫五百年之间,守文之君,当涂之士,欲则先王之法以戴翼其世者甚众,⑤然犹不能反,日以仆灭,⑥至后王而后止,岂其所持操或悖缪而失其统与?⑦固天降命不可复反,必推之于大衰而后息与?⑧乌虖!⑨凡所为屑屑,夙兴夜寐,务法上古者,又将无补与?⑩三代受命,其符安在?灾异之变,何缘而起?性命之情,或夭或寿,或仁或鄙,⑪习闻其号,未烛厥理。⑫伊欲风流而令行,刑轻而奸改,⑬百姓和乐,政事宣昭,何修何饰而膏露降,百谷登,⑭德润四海,泽臻屮木,⑮三光全,寒暑平,受天之祜,⑯享鬼神之灵,⑰德泽洋溢,施虖方外,延及群生?⑱

①师古曰:"《韶》,舜乐。"

②张晏曰:"《勺》,《周颂》篇也,言能成先祖之功以养天下也。"师古曰:"勺,读与酌同。"

③师古曰:"筦,与管字同。"

④师古曰:"陵夷,言渐颓替也。解在《成纪》。"

⑤师古曰:"翼,助也。"

⑥师古曰:"反,还也。还于正道也。仆,毙也,音赴。"

⑦师古曰:"操,执也。悖,乖也。统,绪也。操,音千高反。与,读曰欤。后皆类此。"

⑧师古曰:"息,止也。"

⑨师古曰:"虖,读曰呼。呜呼,叹辞也。"

⑩师古曰:"屑屑,动作之貌。补,益也。"

⑪师古曰:"夭寿,命也。仁鄙,性也。鄙,谓不通也。"

⑫师古曰:"烛,照也。"

⑬师古曰:"伊,惟也。"

⑭师古曰:"登,成也。"

⑮师古曰:"臻,至也。屮,古草字也。"

⑯师古曰:"祜,福也,音怙。"

⑰师古曰:"为鬼神所歆飨。"

⑱师古曰:"施亦延也。洋,音羊。施,音弋豉反。"

　　子大夫明先圣之业,习俗化之变,终始之序,讲闻高谊之
日久矣,其明以谕朕。①科别其条,勿猥勿并,②取之于术,慎
其所出,乃其不正不直,不忠不极,枉于执事,书之不泄,兴于
朕躬,毋悼后害。③子大夫其尽心,靡有所隐,朕将亲览焉。

①师古曰:"谕,谓晓告也。"

②师古曰:"猥,积也。并,合也。欲其一二疏理而言之。"

③师古曰:"极,中也。公卿执事有不忠直而阿枉者,皆令言之。朕自发书,
　　不有漏泄,勿惧有后害而不言也。"

仲舒对曰:

　　陛下发德音,下明诏,求天命与情性,皆非愚臣之所能及
也。臣谨案《春秋》之中,视前世已行之事,以观天人相与之际,
甚可畏也。国家将有失道之败,而天乃先出灾害以谴告之,①
不知自省,又出怪异以警惧之,②尚不知变,而伤败乃至。以此
见天心之仁爱人君而欲止其乱也。自非大亡道之世者,天尽欲
扶持而全安之,事在强勉而已矣。③强勉学问,则闻见博则知
益明;强勉行道,则德日起而大有功:此皆可使还至而有效者
也。④《诗》曰"夙夜匪解",⑤《书》云"茂哉茂哉!"⑥皆强勉之
谓也。

①师古曰:"谴,责也。"

②师古曰:"省,视也"

③师古曰:"强,音其两反。此下并同。"

④师古曰:"还,读曰旋。旋,速也。"

⑤师古曰:"《大雅·烝人》之诗也。夙,早也。解,读曰懈。懈,怠也。其下
　　亦同。"

⑥师古曰:"《虞书·咎繇谟》之辞也。茂,勉也。"

　　道者,所繇适于治之路也,①仁义礼乐皆其具也。故圣王已没,而子孙长久安宁数百岁,此皆礼乐教化之功也。王者未作乐之时,乃用先王之乐宜于世者,而以深入教化于民。教化之情不得,雅颂之乐不成,故王者功成作乐,乐其德也。乐者,所以变民风,化民俗也;其变民也易,其化人也著。②故声发于和而本于情,接于肌肤,臧于骨髓。故王道虽微缺,而管弦之声未衰也。夫虞氏之不为政久矣,然而乐颂遗风犹有存者,是以孔子在齐而闻《韶》也。夫人君莫不欲安存而恶危亡,然而政乱国危者甚众,所任者非其人,而所繇者非其道,③是以政日以仆灭也。夫周道衰于幽厉,非道亡也,幽厉不繇也。至于宣王,思昔先王之德,兴滞补弊,明文武之功业,周道粲然复兴,诗人美之而作,上天祐之,为生贤佐,后世称诵,至今不绝。此夙夜不解行善之所致也。孔子曰"人能弘道,非道弘人"也。④故治乱废兴在于己,非天降命不得可反,其所操持悖谬失其统也。

①师古曰:"繇,读与由同。由,从也。适,往也。"

②师古曰:"著,明也。易,音弋豉反。著,音竹箸反。"

③师古曰:"繇,读与由同。下亦类此。"

④师古曰:"《论语》载孔子之言也。言明智之人则能行道。内无其质,非道所化。"

　　臣闻天之所大奉使之王者,必有非人力所能致而自至者,此受命之符也。天下之人同心归之,若归父母,故天瑞应诚而至。《书》曰"白鱼入于王舟,有火复于王屋,流为乌",①此盖受命之符也。周公曰"复哉复哉",②孔子曰"德不孤,必有邻",③皆积善絫德之效也。④及至后世,淫佚衰微,⑤不能统理群生,诸侯背畔,残贼良民,以争壤土,废德教而任刑罚。刑罚不中,则生邪气;⑥邪气积于下,怨恶畜于上。⑦上下不和,则阴阳缪盭而妖孽生矣。⑧此灾异所缘而起也。

①师古曰:"《今文尚书·泰誓》之辞也。谓伐纣之时有此瑞也。复,归也,音扶目反。"

②师古曰:"周公视火乌之瑞,乃曰:'复哉复哉!'复,报也,言周有盛德,
　故天报以此瑞也。亦见《今文·泰誓》也。"

③师古曰:"《论语》载孔子之言也。邻,近。言修德者不独空为之而已,必
　有近助也。"

④师古曰:"絫,古累字。"

⑤师古曰:"佚,与逸同。"

⑥师古曰:"中,音竹仲反。"

⑦师古曰:"畜,读曰蓄。蓄,聚也。"

⑧师古曰:"鲞,古戾字。孽,灾也。"

　　臣闻命者天之令也,性者生之质也,情者人之欲也。或夭
或寿,或仁或鄙,陶冶而成之,不能粹美,①有治乱之所生,故
不齐也。孔子曰:"君子之德风,小人之德中,中上之风必
偃。"②故尧舜行德则民仁寿,桀纣行暴则民鄙夭。夫上之化
下,下之从上,犹泥之在钧,唯甄者之所为;③犹金之在熔,唯
冶者之所铸。④"绥之斯徕,动之斯和",此之谓也。⑤

①师古曰:"陶以喻造瓦,冶以喻铸金也。言天之生人有似于此也。粹,纯
　也。"

②师古曰:"《论语》载孔子之言也。言人之从化,若草遇风则偃仆也。"

③师古曰:"甄,作瓦之人也。钧,造瓦之法其中旋转者。甄,音吉延反。"

④师古曰:"熔,谓铸器之模范也。熔,音容。"

⑤师古曰:"《论语》载子贡对陈子禽之言也。绥,安也。言治国家者,安之
　则竞来,动之则和悦耳。"

　　臣谨案《春秋》之文,求王道之端,得之于正。①正次王,王
次春。②春者,天之所为也;正者,王之所为也。其意曰,上承天
之所为,而下以正其所为,正王道之端云尔。然则王者欲有所
为,宜求其端于天。天道之大者在阴阳。阳为德,阴为刑;刑主
杀而德主生。是故阳常居大夏,而以生育养长为事;阴常居大
冬,而积于空虚不用之处。以此见天之任德不任刑也。天使阳
出布施于上而主岁功,使阴入伏于下而时出佐阳;阳不得阴之
助,亦不能独成岁。终阳以成岁为名,③此天意也。王者承天意

以从事,故任德教而不任刑。刑者不可任以治世,犹阴之不可任以成岁也。为政而任刑,不顺于天,故先王莫之肯为也。今废先王德教之官,而独任执法之吏治民,毋乃任刑之意与!④孔子曰:"不教而诛谓之虐。"⑤虐政用于下,而欲德教之被四海,故难成也。

①师古曰:"谓正月也,音之盛反。"

②师古曰:"解《春秋》书'春王正月'之一句也。"

③苏林曰:"卒以阳名岁,尚德不尚刑也。"师古曰:"谓年首称春也。即上所云'王次春'者是也。"

④师古曰:"与,读曰欤。"

⑤师古曰:"《论语》载孔子之言。"

　　臣谨案《春秋》谓一元之意,①一者万物之所从始也,元者辞之所谓大也。②谓一为元者,视大始而欲正本也。③《春秋》深探其本,而反自贵者始。故为人君者,正心以正朝廷,正朝廷以正百官,正百官以正万民,正万民以正四方。四方正,远近莫敢不壹于正,而亡有邪气奸其间者。④是以阴阳调而风雨时,群生和而万民殖,五谷孰而草木茂,天地之间被润泽而大丰美,四海之内闻盛德而皆徕臣,诸福之物,可致之祥,莫不毕至,而王道终矣。

①师古曰:"释公始即位何不称一年而言元年也。"

②师古曰:"《易》称'元者善之长也',故曰辞之所谓大也。"

③师古曰:"视,读曰示。"

④师古曰:"奸,犯也,音干。"

　　孔子曰:"凤鸟不至,河不出图,吾已矣夫!"①自悲可致此物,而身卑贱不得致也。②今陛下贵为天子,富有四海,居得致之位,操可致之势,③又有能致之资,④行高而恩厚,知明而意美,爱民而好士,可谓谊主矣。然而天地未应而美祥莫至者,何也?凡以教化不立而万民不正也。夫万民之从利也,如水之走下,⑤不以教化堤防之,不能止也。是故教化立而奸邪皆止者,其堤防完也;教化废而奸邪并出,刑罚不能胜者,其堤防坏也。

古之王者明于此，是故南面而治天下，莫不以教化为大务。立
大学以教于国，设庠序以化于邑，⑥渐民以仁，摩民以谊，⑦节
民以礼，故其刑罚甚轻而禁不犯者，教化行而习俗美也。

①师古曰："《论语》载孔子之言。"
②师古曰："凤鸟河图，皆王者之瑞。仲尼自叹有德无位，故不至也。"
③师古曰："操，执持也，音千高反。"
④师古曰："资，材质也。"
⑤师古曰："走，音奏。"
⑥师古曰："庠、序，教学处也，所以养老而行礼焉。《礼学记》曰'古之教
　者，家有塾，党有庠，术有序，国有学'也。"
⑦师古曰："渐，谓浸润之。摩，谓砥砺之也。"

　　圣王之继乱世也，埽除其迹而悉去之，①复修教化而崇起
之。教化已明，习俗已成，子孙循之，②行五六百岁尚未败也。
至周之末世，大为亡道，以失天下。秦继其后，独不能改，又益
甚之，重禁文学，不得挟书，弃捐礼谊而恶闻之，其心欲尽灭先
圣之道，而颛为自恣苟简之治，③故立为天子十四岁而国破亡
矣。自古以徕，未尝有以乱济乱，大败天下之民如秦者也。④其
遗毒余烈，至今未灭，使习俗薄恶，人民嚚顽，抵冒殊捍，⑤孰
烂如此之甚者也。孔子曰："腐朽之木不可雕也，粪土之墙不可
圬也。"⑥今汉继秦之后，如朽木粪墙矣，虽欲善治之，亡可奈
何。法出而奸生，令下而诈起，⑦如以汤止沸，抱薪救火，愈甚
亡益也。窃譬之琴瑟不调，甚者必解而更张之，乃可鼓也；为政
而不行，甚者必变而更化之，乃可理也。当更张而不更张，虽有
良工不能善调也；当更化而不更化，虽有大贤不能善治也。故
汉得天下以来，常欲而至今不可善治者，失之于当更化而不更
化也。古人有言曰："临渊羡鱼，不如而结网。"⑧今临政而愿治
七十余岁矣，不如退而更化；更化则可善治，善治则灾害日去，
福禄日来。《诗》云："宜民宜人，受禄于天。"⑨为政而宜于民
者，固当受禄于天。夫仁谊礼知信五常之道，王者所当修饰也；
五者修饰，故受天之祐，而享鬼神之灵，德施于方外，延及群生

也。

①师古曰："去亦除也,音丘吕反。"

②师古曰："循,顺也,顺而行之。"

③苏林曰："苟为简易之治也。"师古曰："此说非也。苟,谓苟于权利也;简,谓简于仁义也。简易《韩》《坤》之德,岂秦所行乎?颛,与专同。"

④师古曰："济,益也。"

⑤文颖曰："捍,突也。"师古曰："口不道忠信之言为嚚。心不则德谊之经为顽。抵,触也。冒,犯也。殊,绝也。捍,距也。冒,读如字,又音莫克反。"

⑥师古曰："《论语》载孔子之言也。圬,镘也,所以泥饰墙也。言内质弊坏不可修治也。圬,音一胡反。镘,音莫干反。"

⑦师古曰："下,音胡亚反。"

⑧师古曰："言当自求之。"

⑨师古曰："《大雅·假乐》之诗也。"

天子览其对而异焉,乃复策之曰:

　　制曰:盖闻虞舜之时,游于岩廊之上,①垂拱无为,而天下太平。周文王至于日昃不暇食,②而宇内亦治。夫帝王之道,岂不同条共贯与?③何逸劳之殊也?

①文颖曰："岩廊,殿下小屋也。"晋灼曰："堂边庑岩廊,谓严峻之廊也。"师古曰："晋说是。"

②师古曰："昃亦昊字。"

③师古曰："与,读曰欤。"

　　盖俭者不造玄黄旌旗之饰。及至周室设两观,乘大路,朱干玉戚,八佾陈于庭,①而颂声兴。夫帝王之道岂异指哉?②或曰良玉不瑑,③又云非文亡以辅德,二端异焉。

①师古曰："两观,谓阙也。大路,玉路之车也。干,盾也。戚,钺也。朱丹其盾,玉为戚把也。佾,列也,舞者之行列也。一列八人,天子八列,六十四人也。"

②师古曰："言意趣不同。"

③师古曰："瑑,谓雕刻为文也,音篆。下皆类此。"

　　殷人执五刑以督奸,伤肌肤以惩恶。①成康不式,四十余

年②天下不犯,囹圄空虚。秦国用之,死者甚众,刑者相望,耗
矣哀哉!③

①师古曰:"督,视责也。惩,止也。"

②师古曰:"式,用也。成康之时,刑措不用。"

③师古曰:"耗,虚也。言用刑酷烈,诛杀甚众,天下空虚也。耗,音呼到反。
　或曰,耗,不明也,言刑罚暗乱,音莫报反。"

　　　　乌虖!①朕夙寤晨兴,②惟前帝王之宪,③永思所以奉至
尊,章洪业,④皆在力本任贤。⑤今朕亲耕藉田以为农先,劝孝
弟,崇有德,使者冠盖相望,问勤劳,恤孤独,尽思极神,功烈休
德未始云获也。今阴阳错缪,氛气充塞,⑥群生寡遂,黎民未
济,⑦廉耻贸乱,贤不肖浑淆,⑧未得其真,故详延特起之士,
庶几乎!⑨今子大夫待诏百有余人,或道世务而未济,稽诸上
古之不同,考之于今而难行,毋乃牵于文系而不得骋欤?⑩将
所繇异术,所闻殊方与?⑪各悉对,著于篇,⑫毋讳有司。⑬明
其指略,切磋究之,以称朕意。⑭

①师古曰:"虖,读曰呼。"

②师古曰:"夙,早也。寤,寐之觉也。兴,起也。觉,音工孝反。"

③师古曰:"宪,法也。"

④师古曰:"永,深也。章,明也。洪,大也。"

⑤师古曰:"力本,谓勤力行于本业也。本,谓农也。"

⑥师古曰:"氛,恶气也。充,满也。"

⑦师古曰:"遂,成也。"

⑧师古曰:"贸,易也。浑淆,杂也。贸,音武又反。浑,音胡本反。"

⑨师古曰:"详,尽也,一曰审。"

⑩师古曰:"牵于文系,谓惧于文吏之法。与,读曰欤。其下类此。"

⑪师古曰:"繇,读与由同。方,谓道也。"

⑫师古曰:"悉,谓尽意而对。"

⑬师古曰:"言不当忌畏有司而不极言。"

⑭师古曰:"究,极也。磋,音千何反。"

仲舒对曰:

　　臣闻尧受命,以天下为忧,而未以位为乐也,故诛逐乱臣,务求贤圣,是以得舜、禹、稷、卨、咎繇。众圣辅德,贤能佐职,教化大行,天下和洽,万民皆安仁乐谊,各得其宜,动作应礼,从容中道。①故孔子曰"如有王者,必世而后仁",此之谓也。②尧在位七十载,乃逊于位以禅虞舜。尧崩,天下不归尧子丹朱而归舜。舜知不可辟,③乃即天子之位,以禹为相,因尧之辅佐,继其统业,是以垂拱无为而天下治。孔子曰"《韶》尽美矣,又尽善矣",④此之谓也。至于殷纣,逆天暴物,杀戮贤知,残贼百姓。伯夷、太公皆当世贤者,隐处而不为臣。守职之人皆奔走逃亡,入于河海。⑤天下耗乱,万民不安,⑥故天下去殷而从周。文王顺天理物,师用贤圣,是以闳夭、大颠、散宜生等亦聚于朝廷。⑦爱施兆民,天下归之,故太公起海滨而即三公也。⑧当此之时,纣尚在上,尊卑昏乱,百姓散亡,故文王悼痛而欲安之,是以日昃而不暇食也。孔子作《春秋》,先正王而系万事,见素王之文焉。⑨繇此观之,⑩帝王之条贯同,然而劳逸异者,所遇之时异也。孔子曰"《武》尽美矣,未尽善也",⑪此之谓也。

①师古曰:"从,音于容反。中,音竹仲反。"

②师古曰:"《论语》载孔子之言也。言如有受命王者,必三十年,仁政乃成。"

③师古曰:"辟,读曰避。"

④师古曰:"《论语》载孔子之言。《韶》,舜乐也。孔子嘉舜之德,故听其乐,而云尽善尽美矣。"

⑤师古曰:"谓若鼓方叔、播鼗武、少师阳之属也。事在《礼乐志》。"

⑥师古曰:"耗,不明也,音莫报反。"

⑦臣瓒曰:"皆文王贤臣。"

⑧师古曰:"滨,涯也。即,就也。滨,音宾,又音频。"

⑨师古曰:"见,显示也。"

⑩师古曰:"繇,读与由同。"

⑪师古曰:"亦《论语》载孔子之言也。《武》,周武王乐也。以其用兵伐纣,故有惭德,未尽善也。"

臣闻制度文采玄黄之饰,所以明尊卑,异贵贱,而劝有德也。故《春秋》受命所先制者,改正朔,易服色,所以应天也。然则宫室旌旗之制,有法而然者也。故孔子曰:"奢则不逊,俭则固。"①俭非圣人之中制也。臣闻良玉不瑑,资质润美,不待刻瑑,此亡异于达巷党人不学而自知也。②然则常玉不瑑,不成文章;君子不学,不成其德。

①师古曰:"《论语》载孔子之言。逊,顺也。固,陋也。"

②孟康曰:"人,项橐也。"

臣闻圣王之治天下也,少则习之学,长则材诸位,①爵禄以养其德,刑罚以威其恶,故民晓于礼谊而耻犯其上。武王行大谊,平残贼,周公作礼乐以文之,至于成康之隆,囹圄空虚四十余年。此亦教化之渐而仁谊之流,非独伤肌肤之效也。至秦则不然。师申商之法,行韩非之说,②憎帝王之道,以贪狼为俗,③非有文德以教训于下也。诛名而不察实,④为善者不必免,而犯恶者未必刑也。是以百官皆饰虚辞而不顾实,外有事君之礼,内有背上之心,造伪饰诈,趣利无耻;又好用憯酷之吏,⑤赋敛亡度,竭民财力,百姓散亡,不得从耕织之业,群盗并起。是以刑者甚众,死者相望,而奸不息,俗化使然也。故孔子曰"导之以政,齐之以刑,民免而无耻",⑥此之谓也。

①服虔曰:"在位当知材知日有益于政也。"应劭曰:"随其材之优劣而授之位也。"师古曰:"应说近之。谓授之位以试其材也。"

②师古曰:"申,申不害也。商,商鞅也。"

③师古曰:"狼性皆贪,故谓贪为贪狼也。"

④师古曰:"诛,责也。"

⑤师古曰:"憯,痛也,音千感反。"

⑥师古曰:"《论语》载孔子之言也。言以政法教导之,以刑戮整齐之,则人苟免而已,无耻愧也。"

今陛下并有天下,海内莫不率服,广览兼听,极群下之知,尽天下之美,至德昭然,施于方外。夜郎、康居,殊方万里,说德归谊，①此太平之致也。然而功不加于百姓者，殆王心未加焉。曾子曰："尊其所闻，则高明矣；行其所知，则光大矣。高明光大，不在于它，在乎加之意而已。"②愿陛下因用所闻，设诚于内而致行之，则三王何异哉！

①师古曰："夜郎，西南夷也。康居，西域国也。说，读曰悦。"

②师古曰："曾子之书也。曾子，曾参。"

　　陛下亲耕藉田以为农先，夙寤晨兴，忧劳万民，思惟往古，而务以求贤，此亦尧舜之用心也。然而未云获者，士素不厉也。①夫不素养士而欲求贤，譬犹不琢玉而求文采也。故养士之大者，莫大虖太学；太学者，贤士之所关也，②教化之本原也。今以一郡一国之众对，亡应书者，③是王道往往而绝也。臣愿陛下兴太学，置明师，以养天下之士，数考问以尽其材，则英俊宜可得矣。今之郡守、县令，民之师帅，所使承流而宣化也；故师帅不贤，则主德不宣，恩泽不流。今吏既亡教训于下，或不承用主上之法，暴虐百姓，与奸为市，④贫穷孤弱，冤苦失职，甚不称陛下之意。是以阴阳错缪，氛气充塞，群生寡遂，黎民未济，皆长吏不明，使至于此也。

①师古曰："厉，谓劝勉之也。一曰，砥砺其行也。"

②师古曰："关，由也。"

③师古曰："书，谓举贤良文学之诏书也。"

④师古曰："言小吏有为奸欺者，守令不举，乃反与之交易求利也。"

　　夫长吏多出于郎中、中郎，吏二千石子弟选郎吏，又以富訾，未必贤也。①且古所谓功者，以任官称职为差，②非谓积日累久也。故小材虽累日，不离于小官；贤材虽未久，不害为辅佐。③是以有司竭力尽知，务治其业而以赴功。今则不然。累日以取贵，积久以致官，是以廉耻贸乱，贤不肖浑淆，未得其真。臣愚以为使诸列侯、郡守、二千石各择其吏民之贤者，岁贡各二人以给宿卫，且以观大臣之能；所贡贤者有赏，所贡不肖者有罚。夫如是，诸侯、吏二千石皆尽心于求贤，天下之士可得而官使也。④遍得天下之贤人,则三王之盛易为,而尧舜之名可及也。毋以日月为功,实试贤能为上,量材而授官,录德而定位,⑤则廉耻殊路,贤不肖异处矣。陛下加惠,宽臣之罪,令勿牵制于文,使得切磋究之,臣敢不尽愚!

①师古曰:"訾,与资同。"

②师古曰:"差,次也。"

③师古曰:"害犹妨也。"

④师古曰:"授之以官,以使其材也。"

⑤师古曰:"录,谓存视也。"

于是天子复册之。

　　制曰:盖闻"善言天者必有征于人,①善言古者必有验于今"。故朕垂问虖天人之应,上嘉唐虞,下悼桀纣,寖微寖灭寖明寖昌之道,②虚心以改。今子大夫明于阴阳所以造化,习于先圣之道业,然而文采未极,岂惑虖当世之务哉?条贯靡竟,统纪未终,意朕之不明与?听若眩与?③夫三王之教所祖不同,而皆有失,④或谓久而不易者道也,意岂异哉?今子大夫既已著大道之极,陈治乱之端矣,其悉之究之,孰之复之。⑤《诗》不云虖?"嗟尔君子,毋常安息,神之听之,介尔景福。"⑥朕将亲览焉,子大夫其茂明之。⑦

①师古曰:"征,证也。"

②师古曰:"寖,古浸字。浸,渐也。"

③师古曰:"眩,惑也,音郡县之县。与,读皆曰欤。"

④师古曰:"祖,始也。"

⑤师古曰:"悉,尽也。究,竟也。复,反复重言之也。复,音扶目反。"

⑥师古曰:"《小雅·大明》之诗也。安息,安处也。介,助也。景,大也。言人君不当苟自安处而已,若能靖恭其位,直道而行,则神听而知之,助以大福也。"

⑦师古曰:"茂,勉也。"

仲舒复对曰:

　　臣闻《论语》曰:"有始有卒者,其唯圣人虖!"①今陛下幸加惠,留听于承学之臣,②复下明册,以切其意,而究尽圣德,非愚臣之所能具也。前所上对,条贯靡竟,统纪不终,辞不别白,指不分明,此臣浅陋之罪也。

①师古曰:"《论语》载孔子之言。卒,终也。言终始如一者,唯圣人能之。"
②师古曰:"言转承师说而学之,盖谦辞也。"

册曰:"善言天者必有征于人,善言古者必有验于今。"臣闻天者群物之祖也,故遍覆包函而无所殊,①建日月风雨以和之,经阴阳寒暑以成之。故圣人法天而立道,亦溥爱而亡私,②布德施仁以厚之,设谊立礼以导之。春者天之所以生也,仁者君之所以爱也;夏者天之所以长也,德者君之所以养也;霜者天之所以杀也,刑者君之所以罚也。繇此言之,③天人之征,古今之道也。孔子作《春秋》,上揆之天道,下质诸人情,参之于古,考之于今。故《春秋》之所讥,灾害之所加也;《春秋》之所恶,怪异之所施也。书邦家之过,兼灾异之变,以此见人之所为,其美恶之极,乃与天地流通而往来相应,此亦言天之一端也。古者修教训之官,务以德善化民,民已大化之后,天下常亡一人之狱矣。今世废而不修,亡以化民,民以故弃行谊而死财利,是以犯法而罪多,一岁之狱以万千数。以此见古之不可不用也,④故《春秋》变古则讥之。天令之谓命,命非圣人不行;质朴之谓性,性非教化不成;人欲之谓情,情非度制不节。是故王者上谨于承天意,以顺命也;下务明教化民,以成性也;正法度之宜,别上下之序,以防欲也:修此三者,而大本举矣。人受命于天,固超然异于群生,入有父子兄弟之亲,出有君臣上下之谊,会聚相遇,则有耆老长幼之施;⑤粲然有文以相接,⑥欢然有恩以相爱,此人之所以贵也。生五谷以食之,桑麻以衣之,⑦六畜以养之,服牛乘马,圈豹槛虎,是其得天之灵,贵于物也。故孔子曰:"天地之性人为贵。"⑧明于天性,知自贵于物;知自贵于物,然后知仁谊;知仁谊,然后重礼节;重礼节,然后安处善;⑨安处善,然后乐循理;⑩乐循理,然后谓之君子。故孔子曰"不知命，亡以为君子"，⑪此之谓也。

①师古曰："函，与含同。殊，异也。"

②师古曰："溥，遍也，音普。"

③师古曰："繇，读与由同。下皆类此。"

④师古曰："古，谓古法也。"

⑤师古曰："施，设也，陈设其序。"

⑥师古曰："粲，明貌。"

⑦师古曰："食，读曰饲。衣，音于既反。"

⑧师古曰："《孝经》载孔子之言也。性，生也。"

⑨师古曰："处于善道以为安。"

⑩师古曰："循，顺也。"

⑪师古曰："《论语》载孔子之言也。"

　　册曰："上嘉唐虞，下悼桀纣，浸微浸灭浸明浸昌之道，虚心以改。"臣闻众少成多，积小致巨，①故圣人莫不以晻致明，以微致显。②是以尧发于诸侯，③舜兴虖深山，④非一日而显也，盖有渐以致之矣。言出于己，不可塞也；行发于身，不可掩也。言行，治之大者，君子之所以动天地也。故尽小者大，慎微者著。⑤《诗》云："惟此文王，小心翼翼。"⑥故尧兢兢日行其道，而舜业业日致其孝，⑦善积而名显，德章而身尊，此其浸明浸昌之道也。积善在身，犹长日加益，而人不知也；⑧积恶在身，犹火销膏，而人不见也。非明虖情性察虖流俗者，孰能知之？此唐虞之所以得令名，而桀纣之可为悼惧者也。夫善恶之相从，如景乡之应形声也。⑨故桀纣暴谩，⑩谗贼并进，贤知隐伏，恶日显，国日乱，晏然自以如日在天，⑪终陵夷而大坏。夫暴逆不仁者，非一日而亡也，亦以渐至，故桀、纣虽亡道，然犹享国十余年，此其浸微浸灭之道也。

①师古曰："巨，大也。"

②师古曰："晻，与暗同。"

③师古曰："谓从唐侯升天子之位。"

④孟康曰："舜耕于历山。"

⑤师古曰："能尽众小,则致高大;能慎至微,则著明也。"

⑥师古曰："《大雅·大明》之诗也。翼翼,恭肃貌。"

⑦师古曰："兢兢,戒慎也。业业,危惧也。"

⑧师古曰："长,言身形之修短,自幼及壮也。"

⑨师古曰："乡,读曰向。"

⑩师古曰："谩,与慢同。"

⑪师古曰："晏然,自安意也。如日在天,言终不坠亡也。"

册曰:"三王之教所祖不同,而皆有失,或谓久而不易者道也,意岂异哉?"臣闻夫乐而不乱复而不厌者谓之道;①道者万世亡弊,弊者道之失也。②先王之道必有偏而不起之处,故政有眊而不行,③举其偏者以补其弊而已矣。三王之道所祖不同,非其相反,将以捄溢扶衰,所遭之变然也。④故孔子曰:"亡为而治者,其舜虖!"⑤改正朔,易服色,以顺天命而已;其余尽循尧道,何更为哉! 故王者有改制之名,亡变道之实。然夏上忠,殷上敬,周上文者,所继之救,当用此也。⑥孔子曰:"殷因于夏礼,所损益可知也;周因于殷礼,所损益可知也;其或继周者,虽百世可知也。"⑦此言百王之用,以此三者矣。夏因于虞,而独不言所损益者,其道如一而所上同也。道之大原出于天,天不变,道亦不变。是以禹继舜,舜继尧,三圣相受而守一道,亡救弊之政也,⑧故不言其所损益也。繇是观之,继治世者其道同,继乱世者其道变。今汉继大乱之后,若宜少损周之文致,⑨用夏之忠者。

①师古曰："复,谓反复行之也,音扶目反。"

②师古曰："言有弊非道,由失道故有弊。"

③师古曰："眊,不明也,音莫报反。"

④师古曰："捄,古救字。"

⑤师古曰："《论语》载孔子之言。"

⑥师古曰："继,谓所受先代之次也。救,谓救其弊也。"

⑦师古曰："《论语》载孔子之言。谓忠敬与文因循为教,立政垂则,不远此也。"

⑧师古曰："言政和平，不须救弊也。"

⑨师古曰："致，至极也。"

　　陛下有明德嘉道，愍世俗之靡薄，悼王道之不昭，①故举贤良方正之士，论谊考问，将欲兴仁谊之休德，明帝王之法制，②建太平之道也。臣愚不肖，述所闻，诵所学，道师之言，廑能勿失耳。③若乃论政事之得失，察天下之息耗，④此大臣辅佐之职，三公九卿之任，非臣仲舒所能及也。然而臣窃有怪者。夫古之天下亦今之天下，今之天下亦古之天下，共是天下，古亦大治，上下和睦，习俗美盛，不令而行，不禁而止，吏亡奸邪，民亡盗贼，囹圄空虚，德润草木，泽被四海，凤皇来集，麒麟来游，以古准今，壹何不相逮之远也！安所缪盭而陵夷若是？⑤意者有所失于古之道与？有所诡于天之理与？⑥试迹之古，返之于天，党可得见乎？⑦

①师古曰："靡，散也。薄，轻也。昭，明也。"

②师古曰："休，美也。"

③师古曰："廑，与仅同。仅，少也。"

④师古曰："息，生也。耗，虚也。耗，音呼到反。"

⑤师古曰："安，焉也。"

⑥师古曰："与，读皆曰欤。诡，违也。"

⑦师古曰："反，谓还归之也。党，音他朗反。"

　　夫天亦有所分予，予之齿者去其角，①傅其翼者两其足，②是所受大者不得取小也。古之所予禄者，不食于力，不动于末，③是亦受大者不得取小，与天同意者也。夫已受大，又取小，天不能足，而况人虖！此民之所以嚣嚣苦不足也。④身宠而载高位，家温而食厚禄，⑤因乘富贵之资力，以与民争利于下，民安能如之哉！是故众其奴婢，多其牛羊，广其田宅，博其产业，畜其积委，⑥务此而亡已，以迫蹴民，⑦民日削月朘，⑧浸以大穷。富者奢侈羡溢，贫者穷急愁苦；⑨穷急愁苦而上不救，则民不乐生；民不乐生，尚不避死，安能避罪！此刑罚之所以蕃而奸邪不可胜者也。⑩故受禄之家,食禄而已,不与民争业,然后利可均布,而民可家足。此上天之理,而亦太古之道,天子之所宜法以为制,大夫之所当循以为行也。故公仪子相鲁,⑪之其家见织帛,怒而出其妻,食于舍而茹葵,愠而拔其葵,⑫曰:"吾已食禄,又夺园夫红女利虖!"⑬古之贤人君子在列位者皆如是,是故下高其行而从其教,民化其廉而不贪鄙。及至周室之衰,其卿大夫缓于谊而急于利,亡推让之风而有争田之讼。故诗人疾而刺之,曰:"节彼南山,惟石岩岩,赫赫师尹,民具尔瞻。"⑭尔好谊,则民乡仁而俗善;⑮尔好利,则民好邪而俗败。由是观之,天子大夫者,下民之所视效,远方之所四面而内望也。近者视而放之,远者望而效之,⑯岂可以居贤人之位而为庶人行哉!夫皇皇求财利常恐乏匮者,庶人之意也;⑰皇皇求仁义常恐不能化民者,大夫之意也。《易》曰:"负且乘,致寇至。"⑱乘车者君子之位也,负担者小人之事也,此言居君子之位而为庶人之行者,其患祸必至也。若居君子之位,当君子之行,则舍公仪休之相鲁,亡可为者矣。⑲

①师古曰:"谓牛无上齿则有角,其余无角者则有上齿。"

②师古曰:"傅,读曰附。附,箸也。言鸟不四足。"

③师古曰:"末,谓工商之业也。"

④师古曰:"嚣,读与嗷同,音敖。嗷嗷,众怨愁声也。"

⑤师古曰:"载亦乘也。"

⑥师古曰:"畜,读曰蓄。"

⑦师古曰:"蹴,音子育反。"

⑧孟康曰:"朘,音揎,谓转襄蹴也。"苏林曰:"朘,音镌石。俗语谓缩肭为朘缩。"师古曰:"孟说是也。揎,音宣。蹴,音子六反。"

⑨师古曰:"羡,饶也,读与衍同,音弋战反。"

⑩师古曰:"蕃,多也,音扶元反。"

⑪师古曰:"公仪休。"

⑫师古曰:"食菜曰茹,音汝。"

⑬师古曰:"红,读曰工。"

⑭师古曰:"《小雅·节南山》之诗也。节,高峻貌。岩岩,积石貌。赫赫,显盛也。师尹,周太师尹氏也。言三公之位,人所瞻仰,若山之高也。节,音才结反。"

⑮师古曰:"尔,汝也。乡,读曰向。"

⑯师古曰:"放,依也,音甫往反。"

⑰师古曰:"皇皇,急速之貌也。"

⑱师古曰:"此《易·解卦》六三爻辞也。"

⑲师古曰:"舍,废也。言为君子之行者,当如公仪休。若废其所行,则无可为也。"

《春秋》大一统者,天地之常经,古今之通谊也。①今师异道,人异论,百家殊方,指意不同,是以上亡以持一统;法制数变,下不知所守。臣愚以为诸不在六艺之科孔子之术者,皆绝其道,勿使并进。邪辟之说灭息,②然后统纪可一而法度可明,民知所从矣。

①师古曰:"一统者,万物之统皆归于一也。《春秋公羊传》:'隐公元年,春王正月。何言乎王正月?大一统也。'此言诸侯皆系统天子,不得自专也。"

②师古曰:"辟,读曰僻。"

对既毕,天子以仲舒为江都相,事易王。易王,帝兄,素骄,好勇。仲舒以礼谊匡正,王敬重焉。久之,王问仲舒曰:"粤王句践与大夫泄庸、种、蠡谋伐吴,①遂灭之。孔子称殷有三仁,寡人亦以为粤有三仁。②桓公决疑于管仲,寡人决疑于君。"仲舒对曰:"臣愚不足以奉大对。③闻昔者鲁君问柳下惠:④'吾欲伐齐,何如?'柳下惠曰:'不可。'归而有忧色,曰:'吾闻伐国不问仁人,此言何为至于我哉!'徒见问耳,且犹羞之,⑤况设诈以伐吴虏?繇此言之,粤本无一仁。夫仁人者,正其谊不谋其利,明其道不计其功,是以仲尼之门,五尺之童羞称五伯,⑥为其先诈力而后仁谊也。苟为诈而已,故不足称于大君子之门也。⑦五伯比于他诸侯为贤,其比三王,犹武夫之与美玉也。"⑧王曰:"善。"

①师古曰:"种,大夫种也。蠡,范蠡也。种,音之勇反。蠡,音礼。"

②师古曰:"泄庸一也,大夫种二也,范蠡三也。"

③师古曰:"大对,谓对大问也。"

④师古曰:"鲁大夫展禽也。柳下,所食菜邑之名。惠,谥也。"

⑤师古曰:"徒,但也。"

⑥师古曰:"伯,读曰霸。次下亦同。"

⑦张晏曰:"仲尼之门,故称大也。"

⑧应劭曰:"武夫,石而似玉者也。"

仲舒治国,以《春秋》灾异之变推阴阳所以错行,故求雨,闭诸阳,纵诸阴,其止雨反是;①行之一国,未尝不得所欲。中废为中大夫。先是,辽东高庙、长陵高园殿灾,仲舒居家推说其意,中稿未上,②主父偃候仲舒,私见,嫉之,窃其书而奏焉。上召视诸儒,③仲舒弟子吕步舒不知其师书,以为大愚。于是下仲舒吏,当死,诏赦之。仲舒遂不敢复言灾异。

①师古曰:"谓若闭南门,禁举火,及开北门,水洒人之类是也。"

②师古曰:"所作起草为稿也。"

③师古曰:"视,读曰示。"

仲舒为人廉直。是时方外攘四夷,①公孙弘治《春秋》不如仲舒,而弘希世用事,②位至公卿。仲舒以弘为从谀,弘嫉之。胶西王亦上兄也,尤纵恣,数害吏二千石。弘乃言于上曰:"独董仲舒可使相胶西王。"胶西王闻仲舒,③大善待之。仲舒恐久获罪,病免。凡相两国,辄事骄王,正身以率下,数上疏谏争,教令国中,所居而治。及去位归居,终不问家产业,以修学著书为事。

①师古曰:"攘,却也。"

②师古曰:"希,观相也。"

③师古曰:"素闻其贤也。"

仲舒在家,朝廷如有大议,使使者及廷尉张汤就其家而问之,其对皆有明法。自武帝初立,魏其、武安侯为相而隆儒矣。及仲舒对册,推明孔氏,抑黜百家。立学校之官,①州郡举茂材孝廉,皆自仲舒发之。年老,以寿终于家。家徙茂陵,子及孙皆以学至大官。

①师古曰:"校,音下教反。"

仲舒所著,皆明经术之意,及上疏条教,凡百二十三篇。而说《春秋》事得失,《闻举》、《玉杯》、《蕃露》、《清明》、《竹林》之属,[1]复数十篇,十余万言,皆传于后世。掇其切当世施朝廷者著于篇。[2]

①师古曰:"皆其所著书名也。杯,音布回反。蕃,音扶元反。"

②师古曰:"掇,采拾也,音丁活反。"

赞曰:刘向称"董仲舒有王佐之材,虽伊吕亡以加,[1]管晏之属,伯者之佐,殆不及也。"[2]至向子歆以为"伊吕圣人之耦,[3]王者不得则不兴。故颜渊死,孔子曰'噫!天丧余。'[4]唯此一人为能当之,自宰我、子赣、子游、子夏不与焉。[5]仲舒遭汉承秦灭学之后,六经离析,下帷发愤,潜心大业,令后学者有所统壹,为群儒首。然考其师友渊源所渐,犹未及虖游夏,[6]而曰管晏弗及,伊吕不加,过矣。"至向曾孙龚,笃论君子也,以歆之言为然。

①师古曰:"伊,伊尹。吕,吕望也。"

②师古曰:"管,管仲也。晏,晏婴也。伯者,齐桓、晋文之属也。伯,读曰霸。"

③师古曰:"耦,对也。"

④师古曰:"事见《论语》。噫,叹声也。言失其辅佐也。噫,音于其反。"

⑤师古曰:"与,读曰豫。"

⑥师古曰:"渐,浸闰也。游,子游。夏,子夏也。"

汉书卷五七上
列传第二七上

司马相如上

师古曰："近代之读相如赋者多矣，皆改易文字，竟为音说，致失本真，徐广、邹诞生、诸诠之、陈武之属是也。今依《班书》旧文为正，于彼数家，并无取焉。自《喻巴蜀》之后分为下卷。"

司马相如字长卿，蜀郡成都人也。少时好读书，学击剑，①名犬子。②相如既学，慕蔺相如为人也，更名相如。③以訾为郎，事孝景帝，为武骑常侍，非其好也。④会景帝不好辞赋，是时梁孝王来朝，从游说之士齐人邹阳、淮阴枚乘、吴严忌夫子之徒，⑤相如见而说之，⑥因病免，客游梁，得与诸侯游士居。数岁，乃著《子虚之赋》。

①师古曰："击剑者，以剑遥击而中之，非斩刺也。"

②师古曰："父母爱之，不欲称斥，故为此名也。"

③师古曰："蔺相如，六国时赵人也，义而有勇，故追慕之。"

④师古曰："訾，读与赀同。赀，财也。以家财多得拜为郎也。武骑常侍秩六百石。"

⑤师古曰："严忌本姓庄，当时尊尚，号曰夫子。史家避汉明帝讳，故遂为严耳。"

⑥师古曰："说，读曰悦。"

会梁孝王薨，相如归，而家贫无以自业。素与临邛令王吉相善，吉曰："长卿久宦游，不遂而困，①来过我。"于是相如往舍都亭。②临邛令缪为恭敬，③日往朝相如。相如初尚见之，后称病，使从者谢吉，吉愈益谨肃。

①师古曰:"遂,达也。"

②师古曰:"临邛所治都之亭。"

③师古曰:"缪,诈也。"

　　临邛多富人,卓王孙僮客八百人,①程郑亦数百人,②乃相谓曰:"令有贵客,为具召之。③并召令。"令既至,卓氏客以百数,至日中请司马长卿,长卿谢病不能临。临邛令不敢尝食,身自迎相如,相如为不得已而强往,④一坐尽倾。⑤酒酣,临邛令前奏琴曰:"窃闻长卿好之,愿以自娱。"⑥相如辞谢,为鼓一再行。⑦是时,卓王孙有女文君新寡,好音,故相如缪与令相重而以琴心挑之。⑧相如时从车骑,雍容闲雅,⑨甚都。⑩及饮卓氏,弄琴,文君窃从户窥,心说而好之,⑪恐不得当也。⑫既罢,相如乃令侍人重赐文君侍者通殷勤。文君夜亡奔相如,相如与驰归成都。家徒四壁立,⑬卓王孙大怒曰:"女不材,我不忍杀,一钱不分也!"人或谓王孙,王孙终不听。文君久之不乐,谓长卿曰:"弟俱如临邛,⑭从昆弟假贷,犹足以为生,⑮何至自苦如此!"相如与俱之临邛,尽卖车骑,买酒舍,乃令文君当卢。⑯相如身自著犊鼻裈,⑰与庸保杂作,⑱涤器于市中。⑲卓王孙耻之,为杜门不出。⑳昆弟诸公更谓王孙曰:㉑"有一男两女,所不足者非财也。㉒今文君既失身于司马长卿,长卿故倦游,㉓虽贫,其人材足依也。且又令客,奈何相辱如此!"㉔卓王孙不得已,㉕分与文君僮百人,钱百万,及其嫁时衣被财物。文君乃与相如归成都,买田宅,为富人。

①师古曰:"僮,谓奴。"

②师古曰:"程郑,亦人姓名。言其家富亚王孙也。"

③师古曰:"具,谓酒食之具。召,请也。"

④师古曰:"示众人以此意也。"

⑤师古曰:"皆倾慕其风采也。"

⑥师古曰:"奏,进也。"

⑦师古曰:"行,谓曲引也。古乐府《长歌行》、《短歌行》,此其义也。"

⑧师古曰:"寄心于琴声以挑动之也。挑,徒了反。"

⑨师古曰:"闲,读曰闲。"

⑩张揖曰:"甚得都士之节也。"韦昭曰:"都邑之容也。"师古曰:"都,闲美之称也。张说近之。《诗·郑风·有女同车》之篇曰'洵美且都',《山有扶苏》之篇又云'不见子都',则知都者,美也。韦言都邑,失之远矣。"

⑪师古曰:"说,读曰悦。悦其人而好其音也。"

⑫师古曰:"当,谓对偶之。"

⑬师古曰:"徒,空也。但有四壁,更无资产。"

⑭文颖曰:"弟,且也。"张揖曰:"如,往也。"师古曰:"弟,但也,发声之急耳。郦食其曰'弟言之',此类甚多,义非且也。"

⑮师古曰:"贳,音吐得反。"

⑯郭璞曰:"垆,酒垆。"师古曰:"卖酒之处累土为垆以居酒瓮,四边隆起,其一面高,形如锻垆,故名垆耳。而俗之学者,皆谓当垆为对温酒火垆,失其义矣。"

⑰师古曰:"即今之袷也,形似犊鼻,故以名云。袷,音之容反。"

⑱师古曰:"庸,即谓赁作者。保,谓庸之可信任者也。"

⑲师古曰:"涤,洒也。器,食器也。食已则洒之,贱人之役也。洒,音先礼反。"

⑳师古曰:"杜,塞也。"

㉑师古曰:"更,互也,音工衡反。"

㉒师古曰:"言不患少财也。"

㉓文颖曰:"倦,疲也。言疲厌游学,博物多能也。"

㉔师古曰:"言县令之客,不可以辱也。"

㉕师古曰:"已,止也。"

居久之,蜀人杨得意为狗监,①侍上。上读《子虚赋》而善之,曰:"朕独不得与此人同时哉!"得意曰:"臣邑人司马相如自言为此赋。"上惊,乃召问相如。相如曰:"有是。然此乃诸侯之事,未足观,请为天子游猎之赋。"上令尚书给笔札,②相如以"子虚",虚言也,为楚称;③"乌有先生"者,乌有此事也,④为齐难;⑤"亡是公"者,亡是人也,⑥欲明天子之义。故虚藉此三人为辞,⑦以推天子诸侯之苑囿。其卒章归之于节俭,⑧因以风谏。⑨其辞曰:

①师古曰:"主天子田猎犬也。"

②师古曰:"札,木简之薄小者也。时未多用纸,故给札以书。札,音壮黠

反。"

③师古曰:"称说楚之美也。"

④师古曰:"乌,于何也。"

⑤师古曰:"难诘楚事也。"

⑥师古曰:"亡,读曰无。下皆类此。"

⑦师古曰:"藉,假也。"

⑧师古曰:"卒,终也。谓终篇之言,若隤墙填堑之比者。"

⑨师古曰:"风,读曰讽。"

　　楚使子虚使于齐,齐王悉发车骑与使者出田。①田罢,子虚过姹乌有先生,②亡是公存焉。坐定,乌有先生问曰:"今日田乐乎?"子虚曰:"乐。""获多乎?"曰:"少。""然则何乐?"对曰:"仆乐王之欲夸仆以车骑之众,而仆对以云梦之事也。"③曰:"可得闻乎?"

①师古曰:"田,猎也。"

②师古曰:"姹,夸诳之也,音丑亚反,字本作诧也。"

③张楫曰:"楚薮也,在南郡华容县。"师古曰:"梦,读如本字,又音莫风反,字或作瞢,其音同耳。"

　　子虚曰:"可。王驾车千乘,选徒万骑,田于海滨,①列卒满泽,罘罔弥山。②掩菟辚鹿,射麋格麟,③骛于盐浦,割鲜染轮。④射中获多,矜而自功,⑤顾谓仆曰:'楚亦有平原广泽游猎之地饶乐若此者乎?楚王之猎孰与寡人?'⑥仆下车对曰:'臣,楚国之鄙人也,幸得宿卫十有余年,时从出游,游于后园,览于有无,然犹未能遍睹也。又乌足以言外泽乎?'齐王曰:'虽然,略以子之所闻见言之。'

①师古曰:"滨,涯也,音宾,又音频。"

②师古曰:"罘,覆车也,即今幡车罔也。《王国·兔爰》之诗曰'雉罹于罼',罼亦罘字耳。弥,竟也。罘音浮。"

③师古曰:"辚,谓车践轹之也,音客。格字或作胳,言持引其脚也。"

④张揖曰:"海水之涯多出盐也。"李奇曰:"鲜,生也。染,擩也。切生肉,擩车轮,盐而食之也。"师古曰:"骛,谓乱驰也。擩,揾也。骛,音务。擩,音

如阅反。搵,音一顿反。"

⑤师古曰:"自矜其能以为功也。"

⑥师古曰:"与犹如也。"

"仆对曰:'唯唯。①臣闻楚有七泽,尝见其一,未睹其余也。臣之所见,盖特其小小者耳,名曰云梦。云梦者,方九百里,其中有山焉。其山则盘纡岪郁;②岑崟参差,日月蔽亏;③交错纠纷,上干青云;④罢池陂陀,下属江河。⑤其土则丹青赭垩,雌黄白坿,锡碧金银,⑥众色炫耀,照烂龙鳞。⑦其石则赤玉玫瑰,琳珉昆吾。⑧瑊玏玄厉,⑨碝石武夫。⑩其东则有蕙圃,衡兰芷若,⑪穹穷昌蒲,江离蘪芜,⑫诸柘巴且。⑬其南则有平原广泽,登降陁靡,⑭案衍坛曼,⑮缘以大江,限以巫山。⑯其高燥则生葴菥苞荔,⑰薛莎青薠,⑱其埤湿则生藏莨蒹葭,⑲东蘠雕胡,⑳莲藕觚卢,㉑奄闾轩于。㉒众物居之,不可胜图。㉓其西则有涌泉清池,激水推移,㉔外发夫容菱华,内隐巨石白沙。㉕其中则有神龟蛟鼍,毒冒鳖鼋。㉖其北则有阴林巨树。梗柟豫章,㉗桂椒木兰,檗离朱杨,㉘楂梨梬栗,橘柚芬芳。㉙其上则有宛雏孔鸾,腾远射干。㉚其下则有白虎玄豹,蟃蜒貙豻。㉛

①师古曰:"唯唯,恭应之辞也,音弋癸反。"

②郭璞曰:"诘屈崱起也。岪,音佛。"

③张揖曰:"高山壅蔽,日月亏缺半见也。"师古曰:"岑,音仕林反。崟,音吟。"

④郭璞曰:"言相摎结而峻绝。"

⑤郭璞曰:"言旁颓也。属,连也。罢,音疲。陂,音婆。陀,音驼。"文颖曰:"南方无河也。冀州凡水大小皆谓之河,诗赋通方言耳。"晋灼曰:"文章假借协陀之韵也。"师古曰:"文、晋之说皆非也。下属江河者,总言山之广大,所连者远耳,于文无妨。陂,音普河反。属,音之欲反。"

⑥张揖曰:"丹,丹沙也。青,青䥯也。赭,赤赭也。垩,白垩也。"苏林曰:"白坿,白石英也。"师古曰:"丹沙,今之朱砂也。青䥯,今之空青也。赭,今之赤土也。垩,今之白土也。锡,青金也。碧,谓玉之青白色者也。垩,

音恶。坿,音附。膴,音一郭反。”

⑦师古曰:“言采色相耀,若龙鳞之间杂也。炫,音州县之县。”

⑧张揖曰:“琳,珠也。珉,石之次玉者也。昆吾,山名也,出善金。《尸子》
曰‘昆吾之金’。”晋灼曰:“玫瑰,火齐珠也。”师古曰:“火齐珠,今南方
之出火珠也。玫,音枚。瑰,音回,又音瓌。琳,音林。珉,音旻。”

⑨张揖曰:“瑊玏,石之次玉者。玄厉,黑石可用磨也。”如淳曰:“瑊,音缄。
玏,音勒。”

⑩张揖曰:“皆石之次玉者。礝石,白者如水,半有赤色。武夫,赤地白采,
葱茏白黑不分。”郭璞曰:“礝,音而兖反。”

⑪张揖曰:“蕙圃,蕙草之圃也。衡,杜衡也,其状若葵,其臭如蘪芜。芷,白
芷。若,杜若也。”师古曰:“兰即今泽兰也。今流俗书本‘芷若’下有‘射
干’字,妄增之也。”

⑫张揖曰:“江离,香草也。蘪芜,蕲芷也,似蛇床而香。”师古曰:“蘪芜即
芎𧃔苗也。”郭璞曰:“江离似水荠,而《药对》曰蘪芜一名江离。张勃又
云江离出临海县海水中,正青,似乱发。郭义恭云江离赤叶。诸说不同,
未知孰是。今无识之者,然非蘪芜也。《药对》误耳。”

⑬张揖曰:“诸柘,甘柘也。䓃且,蘘荷也。”文颖曰:“巴且草一名巴蕉。”师
古曰:“文说巴且是也。且,音子余反。䓃,音普各反。䓃且自蘘荷耳,非
巴且也。”

⑭师古曰:“登,上也。降,下也。陁靡,旁豪也。陁,音弋尔反。”

⑮师古曰:“宽广之貌也。衍,音弋战反。坛,音徒且反。曼,音莫干反。”

⑯张揖曰:“巫山在南郡巫县也。”

⑰张揖曰:“葴,马蓝也。析,似燕麦。苞,藨也。荔,马荔。”苏林曰:“析,音
斯。”师古曰:“藨即今所用作席者也。马荔,今之马蔺也。葴,音之林反。
苞,音包。荔,音隶。藨,音皮表反。”

⑱张揖曰:“薛,赖蒿也。莎,镐侯也。青薠似莎而大,生江湖,雁所食。”师
古曰:“莎即今青莎草。薠,音烦。”

⑲郭璞曰:“藏莨草中牛马刍。葴,荻也,似萑而细小。葭,芦也。”师古曰:
“埤,音婢,谓下地也。莨,音郎。蒹葭,音兼瑕。荻,音敌。”

⑳张揖曰:“东蘠,实可食。雕胡,菰米也。”师古曰:“东蘠似蓬,其实如葵
子也。”

㉑张揖曰:“莲,荷之实也。其根藕。”张晏曰:“觚卢,扈鲁也。”郭璞曰:

"芯，蒋也。芦，苇也。"师古曰："书不为芯芦字，郭璞非也，但不知觚卢于今是何草耳。"

㉒张揖曰："奄闾，蒿也，子可治疾。轩于，莸草也，生水中，扬州有之。"师古曰："奄，音淹。莸，音犹。"

㉓师古曰："胜，举也。不可尽举而图写之，言其多也。"

㉔郭璞曰："波抑扬也。"

㉕应劭曰："夫容，莲华也。菱，芰也。"师古曰："巨，大也。"

㉖张揖曰："蛟状鱼身而蛇尾，皮有珠。鼍似蜥蜴而大，身有甲，皮可作鼓。毒冒似觜蠵，甲有文。鼋似鳖而大。"师古曰："张说蛟者，乃是鲛鱼，非蛟龙之蛟也。蛟解在《武纪》。鼍，音徒何反，又音大河反。毒，音代。冒，音妹。他皆仿此。"

㉗服虔曰："阴林，山北之林也。豫章，大木也，生七年乃可知。"师古曰："阴林，言其树木众而且大，常多阴也。楩，音便，又音步田反，即今黄楩木也。柟，音南，今所谓楠木也。"

㉘师古曰："桂即药之所用其皮者也。椒即所食椒树也。木兰皮似椒而香，可作面膏药。檗，黄檗也。离，山梨也。朱杨，赤茎柳也，生水边。"

㉙张揖曰："樝似梨而甘。楟，楟枣也。"师古曰："樝即今所谓樝子也。楟枣即今之梗枣也。柚即橙也，似橘而大，味酢皮厚。樝，音侧加反。楟，音弋整反。柚，音弋救反。橙，音丈茎反。芬芳，言橘柚之气也。"

㉚张揖曰："宛雏似凰。孔，孔雀。鸾，鸾鸟也。射干似狐，能缘木。"服虔曰："腾远，兽名也。"师古曰："鸾鸟形如翟而五采文，见《山海经》。宛，音于元反。射，音弋舍反。"

㉛郭璞曰："蟃蜒，大兽似狸，长百寻。貙似狸而大。豻，胡地野犬也，似狐而小。蟃，音万。蜒，音延。豻，音岸。"师古曰："蜒，又音弋战反。貙，音丑于反。豻，合韵音五安反。"

　　"'于是乎乃使剽诸之伦，手格此兽。①楚王乃驾驯駮之驷，②乘雕玉之舆，③靡鱼须之桡旃，④曳明月之珠旗，⑤建干将之雄戟，⑥左乌号之雕弓，⑦右夏服之劲箭；⑧阳子骖乘，纤阿为御；⑨案节未舒，即陵狡兽，⑩蹴蛩蛩，辚距虚，⑪轶野马，轊騊駼；⑫乘遗风，射游骐，⑬倏眒倩浰，⑭雷动猋至，⑮星流电击，弓不虚发，中必决眦，⑯洞胸达掖，绝乎心系，⑰获若雨

兽,掩中蔽地。⑱于是楚王乃弭节徘徊,翱翔容与,⑲览乎阴林,观壮士之暴怒,与猛兽之恐惧,徼郄受诎,⑳殚睹众物之变态。㉑

①师古曰:"刿诸,吴人,刺吴王僚者也。方言勇士,故举以为类。刿,与专同。"

②张揖曰:"驯,扰也。驳如马,白身黑尾,一角锯牙,食虎豹,扰而驾之,以当驷马也。"师古曰:"驯,音旬。"

③师古曰:"以玉饰舆而雕镂之。"

④张揖曰:"以鱼须为旄柄,驱驰逐兽,正栧靡也。"郭璞曰:"通帛为旄。"师古曰:"大鱼之须出东海,见《尚书大传》。栧旄即曲旄也。栧,音女教反。"

⑤张揖曰:"以明月珠缀饰旗也。"

⑥张揖曰:"干将,韩王剑师也。雄戟,胡中有鉅者,干将所造。"

⑦应劭曰:"楚有柘桑,乌栖其上,支下著地,不得飞,欲堕号呼,故曰乌号。"张揖曰:"黄帝乘龙上天,小臣不得上,挽持龙髯,髯拔,堕黄帝弓,臣下抱弓而号,故名弓乌号。"郭璞曰:"雕,画也。"师古曰:"乌号,应、张二说皆有据也。"

⑧伏俨曰:"服,盛箭器也。夏后氏之良弓名烦弱,其矢亦良,即烦弱箭服也,故曰夏服。"师古曰:"箭服,即今之步叉也。"

⑨张揖曰:"阳子,伯乐也,秦缪公臣,姓孙,名阳。"郭璞曰:"纤阿,古之善御者。纤,音纤也。"

⑩师古曰:"案节未舒,言未尽意驱驰,已凌狡兽,狡捷之兽也。"

⑪张揖曰:"蛩蛩,青兽,状如马。距虚似骡而小。"郭璞曰:"距虚即蛩蛩,变文互言耳。"师古曰:"据《尔雅》文,郭说是也。蹴,音子六反。"

⑫张揖曰:"轶,过也。野马似马而小。北海内有兽,状如马,名駏驉。"郭璞曰:"轶,车轴头也。"师古曰:"辖,谓轴头冲而杀之也。轶,音逸。辖,音卫。駏,音逃。驉,音涂。"

⑬张揖曰:"遗风,千里马也。《尔雅》曰騊如马,一角,不角者曰騏。"师古曰:"騊,音携。騏,音其。"

⑭张揖曰:"皆疾貌也。"师古曰:"倏,音式六反。胂,音式刃反。倩,音千见反。洌,音练。"

⑮师古曰:"焱,疾风也。若雷之动,如焱之至,言其威且疾也。焱,音必遥反。"

⑯师古曰:"眦即决兽之目眦,言射审也。眦即眥字。"

⑰张揖曰:"自左射之,贯胸通右髃,中心绝系也。"师古曰:"髃,谓肩前骨也,音五口反。繫,读曰系也。"

⑱师古曰:"言获杀之多,如天雨兽也。雨,音于具反。屮,古草字也。"

⑲郭璞曰:"弭犹低也。节所杖信节也。翱翔容与,言自得也。"师古曰:"弭节者,示安徐也。"

⑳苏林曰:"猤,音倦猤之猤。诎,音倔强之倔。"郭璞曰:"诎,诎折也。猤,疲极。诎,音屈。"师古曰:"苏音是也。猤,音与剧同。诎,音其勿反。徼,工尧反。徼,要也。诎,尽也。言兽有倦极者要而取之,力尽者受而有之。"

㉑郭璞曰:"㙌,尽也。变态,姿则也。"师古曰:"㙌,音单。"

"'于是郑女曼姬,①被阿锡,揄纻缟,②杂纤罗,垂雾縠,③襞积褰绉,郁桡溪谷④衯衯裶裶,扬袘戌削,⑤蜚襳垂髾;⑥扶舆猗靡,⑦翕呷萃蔡,⑧下摩兰蕙,上拂羽盖;⑨错翡翠之葳蕤,⑩缪绕玉绥;⑪眇眇忽忽,若神之仿佛。⑫

①文颖曰:"郑国出好女。曼者,言其色理曼泽也。"如淳曰:"郑女,夏姬也。曼姬,楚武王夫人邓曼也。"师古曰:"文说是也。"

②张揖曰:"阿,细缯也。锡,细布也。揄,引也。"师古曰:"纻,纤纻也。缟,鲜支也,今之所谓素者也。揄,音逾,又音投也。"

③张揖曰:"縠绉如雾,垂以为裳也。"师古曰:"纤,细也。雾縠者,言其轻靡如雾,非谓绉文也。"

④张揖曰:"襞积犹简蹔也。褰,缩也。绉,裁也。其绉中文理葧郁,有似于溪谷也。"师古曰:"张说非也。襞积即今之裙襵,古所谓皮弁素积者,即谓此积也。言襞积文理,随身所著,或褰绉委屈如溪谷也。襞,音壁。绉,音侧救反。"

⑤张揖曰:"衯,音芬。袘,衣袖也。戌,鲜也。削,衣刻除貌也。"师古曰:"扬,举也。袘,曳也。或举或曳,则戌削然见其降杀之美也。裶,音霏。袘,音弋示反。戌,读如本字。"

⑥张揖曰:"襳,离袿也。髾,髻后垂也。"师古曰:"张说非也。襳,袿衣之长

带也。髾,谓燕尾之属。皆衣上假饰,非髾垂也。蜚,古飞字也。襳音纤。髾,音所交反。"

⑦张揖曰:"扶持楚王车舆相随也。"师古曰:"张说非也。此自言郑女曼姬为侍从者所扶舆而猗靡耳,非谓扶持楚王车舆也。猗,音于绮反。今人犹呼相抚掩容养为猗靡。"

⑧张揖曰:"翕呷,衣张起也。萃蔡,衣声也。"师古曰:"呷,音火甲反。萃,音翠,又音千贿反。"

⑨师古曰:"下摩兰蕙,谓垂髾也。上拂羽盖,谓飞襳也。"

⑩师古曰:"错,杂也。葳蕤,羽饰貌。"

⑪张揖曰:"楚王车之绥以玉饰之也。"郭璞曰:"绥,登车所执也。"师古曰:"二说皆非也。以玉饰绥,亦谓郑女曼姬之容服也。绥即今之所谓采缋垂镊者也。缪绕相缠结也。缪,音蓼。缋,音隈。"

⑫郭璞曰:"言其容饰奇艳,非世所见。《战国策》曰:'郑之美女粉白黛黑而立于衢,不知者谓之神也。'"

　　"'于是乃群相与獠于蕙圃,①婆娑勃窣,上金堤,②揵翡翠,射䨄鸃,③微矰出,纤缴施,④弋白鹄,连鴐鹅,⑤双鸧下,玄鹤加。⑥怠而后游于清池,⑦浮文鹢,⑧扬旌枻,⑨张翠帷,建羽盖。⑩罔毒冒,钓紫贝,⑪摐金鼓,⑫吹鸣籁,⑬榜人歌,⑭声流喝,⑮水虫骇,波鸿沸,⑯涌泉起,奔扬会,⑰礌石相击,琅琅磕磕,⑱若雷霆之声,闻乎数百里外。

①文颖曰:"宵猎为獠。"师古曰:"獠,力笑反。"

②师古曰:"婆娑勃窣,谓行于丛薄之间也。金堤,言水之堤塘坚如金也。婆,音盘。娑,音先安反。窣,音先忽反。堤,音丁兮反。"

③师古曰:"鸟赤羽者曰翡,青羽者曰翠。䨄鸃,鷩鸟也,似山鸡而小冠,背毛黄,腹下赤,项绿色,其尾毛红赤,光采鲜明,今俗呼为山鸡,其实非也。䨄,音骏。鸃,音仪。"

④师古曰:"矰,短矢也。缴,生丝缕也。以缴系矰仰射高鸟,谓之弋射。矰,音增。缴,音灼。"

⑤师古曰:"鹄,水鸟也,其鸣声鹄鹄云。鴐鹅,野鹅也。连,谓重累获之也。鹄,音胡沃反。鴐,音加。"

⑥师古曰:"鸧,鸹也。今关西呼为鸹鹿,山东通谓之鸧,鄙俗名为错落。错

者,亦言鸧声之急耳。又谓鸧捋。捋,音来夺反。鸧鹿、鸧捋,皆象其鸣声也。玄鹤,黑鹤也。《相鹤经》云鹤寿满二百六十岁则色纯黑。言弋射之妙,既中白鹄而连驾鹅,又下双鸧而加玄鹤也。鸧音仓。”

⑦郭璞曰:“怠,倦也。”

⑧张揖曰:“鹢,水鸟也。画其象于船首。《淮南》曰'龙舟鹢首,天子之乘也'。”师古曰:“鹢,音五历反。”

⑨张揖曰:“扬,举也。析羽为旌,建于船上。枻,栧也。”师古曰:“枻,音曳。栧,音大可反。”

⑩郭璞曰:“施之船上也。”师古曰:“翠帷,帷翠色也。羽盖,以杂羽饰盖。”

⑪郭璞曰:“紫贝,紫质黑文也。”师古曰:“贝,水中介虫,古以为货也。”

⑫师古曰:“抐,撞也。金鼓,谓钲也。抐,音窗。”

⑬张揖曰:“籁,箫也。”

⑭张揖曰:“榜,船也。《月令》云'命榜人',榜人,船长也,主倡声而歌者也。”师古曰:“榜,音谤,又方孟反。”

⑮郭璞曰:“言悲嘶也。”师古曰:“喝,音一介反。嘶,音苏奚反。”

⑯郭璞曰:“鱼鳖跃,涛浪作也。”师古曰:“沸,音普盖反。”

⑰郭璞曰:“暴溢激相鼓薄也。”师古曰:“溢,音普顿反。”

⑱师古曰:“礧石,转石也。礧音卢对反。礚,音口盖反。

　　“将息獠者,击灵鼓,起烽燧,①车案行,骑就队,②缬乎淫淫,般乎裔裔。③于是楚王乃登阳云之台,④泊乎无为,澹乎自持,⑤勺药之和具而后御之。⑥不若大王终日驰骋,曾不下舆,脟割轮淬,自以为娱。⑦臣窃观之,齐殆不如。'⑧于是王无以应仆也。”

①师古曰:“灵鼓,六面击之,所以警众也。”

②师古曰:“案,依也。行,列也。队,部也。行,音胡郎反。队,音大内反。”

③郭璞曰:“皆群行貌也。”师古曰:“缬,音屣。般,音盘。”

④孟康曰:“云梦中高唐之台,宋玉所赋者,言其高出云之阳也。”

⑤师古曰:“泊、澹,皆安静意也。泊,音步各反。澹,音徒滥反。”

⑥伏俨曰:“勺药以兰桂调食。”文颖曰:“五味之和也。”晋灼曰:“《南都赋》曰:'归雁鸣鵽,香稻鲜鱼,以为勺药,酸甜滋味,百种千名。'文说是也。”师古曰:“诸家之说皆未当也。勺药,药草名,其根主和五藏,又辟

毒气,故合之于兰桂五味以助诸食。因呼五味之和为勺药耳。读赋之士
不得其意,妄为音训,以误后学。今人食马肝马肠者,犹合勺药而煮之,
岂非古之遗法乎? 鹢,音竹滑反。"

⑦师古曰:"胹字与胹同。淬,音千内反。淬亦揾染之义耳。言胹割其肉,
揾车轮盐而食之。此盖以讥上割鲜染轮之言也。"

⑧师古曰:"殆,近也。"

　　乌有先生曰:"是何言之过也! 足下不远千里,来况齐
国,①王悉境内之士,备车骑之众,②与使者出田,乃欲戮力致
获,以娱左右也,③何名为夸哉! 问楚地之有无者,愿闻大国之
风烈,先生之余论也。④今足下不称楚王之德厚,而盛推云梦
以为骄,奢言淫乐而显侈靡,窃为足下不取也。必若所言,固非
楚国之美也。有而言之,是章君之恶也;无而言之,是害足下之
信也。章君恶,伤私义,⑤二者无一可,而先生行之,必且轻于
齐而累于楚矣。⑥且齐东陼巨海,南有琅邪,⑦观乎成山,⑧射
乎之罘,⑨浮勃澥,⑩游孟诸,⑪邪与肃慎为邻,⑫右以汤谷为
界。⑬秋田乎青丘,⑭彷徨乎海外,⑮吞若云梦者八九,其于匈
中曾不蒂芥。⑯若乃俶傥瑰玮,异方殊类,⑰珍怪鸟兽,万端鳞
崪,⑱充仞其中者,不可胜记。禹不能名,卨不能计。⑲然在诸
侯之位,不敢言游戏之乐,苑囿之大;先生又见客,⑳是以王辞
不复,㉑何为无以应哉!"

①师古曰:"言有惠赐而来也。"

②师古曰:"悉,尽也。"

③师古曰:"谦不斥言使者,故指云其左右也。"

④张晏曰:"愿闻先贤之遗谈美论也。"师古曰:"此说非也。先生即谓子虚
　耳。下又言先生行之,岂先贤也?"

⑤师古曰:"非楚国之美,是章君恶;害足下之信,是伤私义也。"

⑥师古曰:"言楚使者失辞,自为累重,而于齐无所负担,故云轻也。累,音
　力瑞反。"

⑦苏林曰:"小州曰陼。"张揖曰:"琅邪,台名也,在勃海间。"师古曰:"东
　陼巨海,东有大海之诸。字与诸同也。

⑧张揖曰："观,阙也。成山在东莱不夜县,于其上筑宫阙。"师古曰："观,音工唤反。"

⑨晋灼曰："之罘山在东莱腄县,射猎其上也。"师古曰："腄,音直瑞反,又音谁。"

⑩师古曰："勃澥,海别枝也。澥,音蟹。"

⑪文颖曰："宋之大泽也,故属齐。"

⑫郭璞曰："肃慎,国名,在海外也。"师古曰："邪,读为左,谓东北接也。"

⑬师古曰："汤谷,日所出也。许慎云热如汤也。"

⑭服虔曰："青丘国在海东三百里。"

⑮师古曰："仿,音旁。"

⑯张揖曰："蒂芥,刺鲠也。"师古曰："蒂,音丑介反。"

⑰师古曰："俶傥犹非常也。俶,音吐历反。"

⑱师古曰："崒,与萃同。萃,集也。如鳞之集,言其多也。"

⑲张揖曰："禹为尧司空,辨九州名山,别草木。卨为尧司徒,敷五教,率万事。"师古曰："言其所有众多,虽禹、卨之贤圣,不能名而数之也。"

⑳师古曰："见犹至也。言至此国为客也。若今人自称云见顾见眷耳。"

㉑师古曰："复,反也,谓不反报也。"

亡是公听然而笑曰:①"楚则失矣,而齐亦未为得也。夫使诸侯纳贡者,非为财币,所以述职也;②封强画界者,非为守御,所以禁淫也。③今齐列为东蕃,而外私肃慎,④捐国隃限,越海而田,⑤其于义固未可也。且二君之论,不务明君臣之义,正诸侯之礼,徒事争于游戏之乐,苑囿之大,欲以奢侈相胜,荒淫相越,此不可以扬名发誉,而适足以卑君自损也。⑥

①师古曰:"听,笑貌也。音龂,又音牛隐反。"

②郭璞曰:"诸侯朝于天子曰述职。"师古曰:"述,循也,谓顺行也。"

③郭璞曰:"天下有道,守在四夷。立境界者,欲以禁绝淫放耳。"师古曰:"强,读曰疆。"

④郭璞曰:"私与通也。"

⑤师古曰:"捐,弃也,谓田于青丘也。"

⑥师古曰:"卑,古贬字。"

"且夫齐楚之事,又乌足道乎!①君未睹夫巨丽也,②独不

闻天子之上林乎？左苍梧，右西极，③丹水更其南，④紫渊径其
北。⑤终始霸产，出入泾渭，⑥酆镐潦潏，纡余委蛇，经营其
内。⑦荡荡乎八川分流，相背异态，⑧东西南北，驰骛往来，⑨
出乎椒丘之阙，⑩行乎州淤之浦，⑪径乎桂林之中，⑫过乎泱
莽之野，⑬汨乎混流，顺阿而下，⑭赴隘陕之口，⑮触穿石，激
堆埼，⑯沸乎暴怒，⑰汹涌彭湃，⑱滭弗宓汩，⑲偪侧泌㳁，⑳横
流逆折，转腾潎洌，㉑滂濞沆溉，㉒穿隆云桡，㉓宛㳶胶盭，㉔
逾波趋浥，莅莅下濑，㉕批岩冲拥，奔扬滞沛，㉖临坻注壑，瀺
灂霣队，㉗沈沈隐隐，砰磅訇礚，㉘潏潏淈淈，湁潗鼎沸，㉙驰
波跳沫，汩㳧漂疾，㉚悠远长怀，寂漻无声，㉛肆乎永归。然后
灏溔潢漾，㉜安翔徐徊，㉝翯乎滈滈，㉞东注大湖，㉟衍溢陂
池。㊱于是蛟龙赤螭，㊲鲋鳢渐离，㊳鰅鳙鰬魠，㊴禺禺魼鳎，㊵
捷鳍掉尾，振鳞奋翼，㊶潜处乎深岩，㊷鱼鳖讙声，万物众
夥。㊸明月珠子，的砾江靡，㊹蜀石黄碝，水玉磊砢，㊺磷磷烂
烂，采色澔汗，㊻丛积乎其中，鸿鹔鹄鸨，驾鹅属玉，㊼交精旋
目，㊽烦鹜庸渠，㊾箴疵䴔卢，㊿群浮乎其上。泛淫泛滥，随风
澹淡，㉛与波摇荡，奄薄水陼，㉜唼喋菁藻，咀嚼菱藕。㉝

①师古曰："乌，于何也。道，言也。"
②师古曰："巨，大也。丽，美也。"
③文颖曰："苍梧郡属交州，在长安东南，故言左。《尔雅》曰西至于豳国为
　西极，在长安西，故言右也。"
④应劭曰："丹水出上洛冢领山，东南至析县入钧水。"师古曰："更，历也，
　音工衡反。"
⑤文颖曰："西河谷罗县有紫泽，在县西北，于长安为在北也。"
⑥师古曰："霸水出蓝田谷，西北而入渭。产水亦出蓝田谷，北至霸陵入
　霸。二水终始尽于苑中，不复出也。泾水出安定泾阳开头山，东至阳陵
　入渭。渭水出陇西首阳县鸟鼠同穴山，东北至华阴入河。从苑外来，又
　出苑去也。开，音牵，又音口见反。"
⑦应劭曰："潦，流也。潏，涌出声也。"张揖曰："丰水出鄠南山丰谷，北入

渭。镐在昆明池北。潦,行潦也。又有滈水,出南山。"晋灼曰:"下言八
川,计从丹水以下至滈,除潦为行潦,凡九川。从霸产以下,为数凡七
川。滈,音决。滈,水涌出声也。除潦滈下为水,余适八,下言经营其内,
于数则计其外者矣。"师古曰:"应、晋二说皆非也。张言潦为行潦,又失
之。潦,音牢,亦水名也,出鄠县西南山潦谷,而北流入于渭。上言左苍
梧,右西极,丹水更其南,紫泉径其北。皆谓苑外耳。丹水、紫泉非八川
数也。霸、产、泾、渭、丰、镐、潦、滈,是为八川。言经营其内,信则然矣。
滈,晋音是也。《地里志》滈县有滈水,北过上林苑入渭,而今之滈县则
无此水。许慎云'滈水在京兆杜陵',此即今所谓沈水,从皇子陂西北流
经昆明池入渭者也。盖为字或作水旁穴,与沈字相似,俗人因名沈水
乎?将鄠县滈水今则改名,人不识也?但八川之义,实在于斯耳。"

⑧郭璞曰:"变态不同也。"

⑨郭璞曰:"言更相错涉也。"师古曰:"来,音卢代反。"

⑩服虔曰:"丘名也,两山俱起,象双阙者。"

⑪师古曰:"水中可居者曰州。淤,漫也。浦,水涯也。淤,音于庶反。"

⑫如淳曰:"桂树之林也。"

⑬张揖曰:"《山海经》所谓'大荒之野'也。"师古曰:"凡言此者,著水流之
长远也。决,音乌朗反。"

⑭师古曰:"汩,疾貌也。混流,丰流也。曲陵曰阿。汩,音于笔反。混,音
下本反。"

⑮师古曰:"两岸间相迫近者也。隘,音于懈反。陜,音狭。"

⑯张揖曰:"穹石,大石也。埼,曲岸头也。"师古曰:"堆,高阜也,音丁回
反。埼,音巨依反。"

⑰郭璞曰:"沸,水声也,音拂。"

⑱师古曰:"汹涌,跳起也。彭湃,相戾也。汹,音许勇反。湃,音普拜反。"

⑲苏林曰:"滭,音毕。宓,音密。"师古曰:"滭弗,盛貌也。宓汩,去疾也。
汩,音于笔反。"

⑳郭璞曰:"泌浕,音笔栉。"师古曰:"偪侧,相逼也。泌浕,相楔也。偪字与
逼同。楔,音先结反。"

㉑孟康曰:"转腾,相过也。潎洌,相撇也。"师古曰:"撇,音匹列反。洌,音
列。撇,又音普结反。"

㉒郭璞曰:"滂,音旁。濞,音匹秘反。溉,音胡慨反。皆水流声貌也。"师古曰:

"沇，音胡朗反。"

㉓师古曰："桡，曲也。言水急旋回，如云之屈曲也。桡，音女教反。"

㉔郭璞曰："愤薄相摎也。"师古曰："宛，音婉。潬，音善。鼇，古戾字。"

㉕郭璞曰："逾，跃也。淢，窊陷也。茬茬，声也。"师古曰："淢，音于侠反。茬，音利。瀨，疾流也。"

㉖师古曰："批，反击也。㧅，曲隈也。言水触批岩崖而冲隈曲，则奔扬而滞沛然也。批，音步结反。滞，音丑制反。沛，音普盖反。"

㉗师古曰："坻，谓水中隆高处也。《秦风·终南》之诗曰'宛在水中坻'。坻，音迟。㴿，音士咸反。瀺，音才弱反，又音仕角反。灂即隙字。队，音直类反。"

㉘师古曰："砰，音普冰反。磅，音普萌反。訇，音呼宏反。磕，音口盖反。皆水流鼓怒之声也。"

㉙郭璞曰："皆水微转细涌貌也。滒，音骨。湁，音敕立反。"师古曰："满，音决。潗，音子入反。言水之流如爨鼎沸也。"

㉚晋灼曰："潗，音华给反。"郭璞曰："潗，音许立反。"师古曰："言水波急驰而白沫跳起，汨潗然也。汨，音于笔反。潗，晋、郭二音皆通。漂，匹姚反。"

㉛郭璞曰："怀亦归，变文耳。潒音聊。"师古曰："言长流安静。"

㉜郭璞曰："皆水无涯际貌。"师古曰："灝，音浩。溔，音弋少反。潢，音胡广反。漾，音弋丈反。肆，放也。言水放流而长归也。"

㉝郭璞曰："言运转也。"

㉞郭璞曰："水白光貌也。"师古曰："礐，音胡角反。滈音镐。"

㉟郭璞曰："大湖在吴县，《尚书》所谓震泽也。"

㊱郭璞曰："言溢溢而出也。陂池，江旁小水。"

㊲文颖曰："龙子为螭。"张揖曰："赤螭，雌龙也。"如淳曰："螭，山神也，兽形。"师古曰："许慎云'离，山神也'，字则单作，螭形若龙，字乃从虫。此作螭，别是一物，既非山神，又非雌龙、龙子，三家之说皆失之。虫，音许尾反。"

㊳李奇曰："周洛曰鲔，蜀曰鮥鳣，出巩山穴中，三月溯河上，能度龙门之限，则得为龙矣。渐离，未闻。"师古曰："鲔，音工邓反。鳣，音莫邓反。"

㊴如淳曰："鲕，音颜。鳏，音乾。魠，音托。"郭璞曰："鰫，音常容反。鲕鱼有文采。鳠似鲢而黑。鳏似鳝。魠，鱼咸也，一名黄颊。"师古曰："鲕，如音

是也。鰽、鳐、魠,郭说是也。鳝,音善。鹹,音感也。"

㊵如淳曰:"鲐,音去鱼反。"晋灼曰:"鰝,音如拓反。"郭璞曰:"禺禺鱼皮有毛,黄地黑文。鲐,比目鱼也,状似牛脾,细鳞紫色,两合乃得行。鰝,鲵鱼也,似鲇,有四足,声如婴儿。"师古曰:"禺,音隅,又音颙。鲵,音五奚反。鲇,音乃兼反。"

㊶师古曰:"捷,举也。鳍,鱼背上鬣也。掉,摇也。捷,音巨言反。掉,音徒钓反。"

㊷郭璞曰:"隐岸底也。"

㊸师古曰:"谨,哗也。夥,多也。谨,音许元反。夥,音下果反。"

㊹应劭曰:"明月珠子生于江中,其光耀乃照于江边也。"师古曰:"烁,音历。的烁,光貌也。江靡,江边靡迤之处也。迤,音弋尔反。"

㊺张揖曰:"蜀石,石次玉者也。"郭璞曰:"硬石黄色。水玉,水精也。"师古曰:"硬,音如充反。磊,音洛贿反。砢,音洛可反,又音可。"

㊻郭璞曰:"皆玉石符采映曜也。"师古曰:"磷,音吝。湉,音浩。"

㊼张揖曰:"鸿,大鸟也。"郭璞曰:"鹴,鹔鹴也。鸧似雁而无后指。属玉似鸭而大,长颈赤目,紫绀色。鹴,音肃。鸧,音保。"师古曰:"鸿,古鸿字。鸧即今俗呼为独豹者也。豹者,鸧声之讹耳。驾,音加。属,音之欲反。鹴,音霜。"

㊽郭璞曰:"交精似凫而脚高,有毛冠,辟火灾。旋目,未闻也。"师古曰:"今荆郢间有水鸟,大于鹭而短尾,其色红白,深目,目旁毛皆长而旋,此其旋目乎?"

㊾郭璞曰:"烦鹜,鸭属也。庸渠似凫,灰色而鸡脚,一名章渠。鹜,音木。"师古曰:"庸渠,即今之水鸡也。"

㊿张揖曰:"箴疵似鱼虎而苍黑色。鹪,鹩头鸟也。卢,白雄也。"郭璞曰:"卢,卢鹚也。箴,音针。"师古曰:"卢,郭说是也。白雄不浮水上。疵,音赀。鹪,音火交反。鹩,音乌了反。鹚,音慈也。"

�}郭璞曰:"皆鸟任风波自纵漂貌。"师古曰:"泛,音冯。泛,音敷剑反。澹,大览反。淡,音琰。"

㈄张揖曰:"奄,覆也。草丛生曰薄。"郭璞曰:"薄犹集也。"师古曰:"薄,郭说是也。言奄集陼上而游戏也。"

㈤张揖曰:"菱,芰也。"郭璞曰:"菁,水草。藻,聚藻也。"师古曰:"唼喋,衔食也。唼,音所甲反。喋,音文甲反。咀,音才汝反。嚼,音才削反。"

　　"于是乎崇山矗矗，龙凹崔巍，①深林巨木，崭岩参差。②九嵕巀嶭，南山峨峨，③岩陁甗锜，崔娄崛崎，④振溪通谷，蹇产沟渎，⑤谽呀豁閜，阜陵别隝，⑥崴魂嵒嵔，丘虚堀礨，⑦隐辚郁堆，登降施靡，⑧陂池貏豸。⑨沇溶淫鬻，⑩散涣夷陆，⑪亭皋千里，靡不被筑。⑫掩以绿蕙，⑬被以江离，糅以蘪芜，杂以留夷。⑭布结缕，⑮攒戾莎，⑯揭车衡兰，⑰稿本射干，⑱茈姜襄荷，⑲葴持若荪，⑳鲜支黄砾，㉑蒋芧青薠，㉒布濩闳泽，延曼太原，㉓离靡广衍，㉔应风披靡，吐芳扬烈，㉕郁郁菲菲，众香发越，㉖肸蚃布写，晻薆咇茀。㉗

①郭璞曰："皆高峻貌也。龙，音笼。凹，音才总反。崔，音摧。巍，音五回反。"师古曰："凹，音总。"

②师古曰："崭岩，尖锐貌。参差，不齐也。崭，音士衔反。参，音楚林反。差，音楚宜反。"

③师古曰："九嵕山今在醴泉县界。巀嶭山即今所谓嵯峨山也，在三原县西也。南山，终南山也。峨峨，高貌。嵕，音子公反，又音总。巀，音截。嶭，音咠。巀嶭，又音在割、五割反。峨，音娥。"

④张揖曰："崔娄，高貌。崛崎，斗绝也。"苏林曰："崔，音赪水反。娄，音卒鄙反。"郭璞曰："陁，岸际也，音豸。甗锜，隆屈窊折貌。甗，音鱼晚反。锜，音嶬。崛，音掘。崎，音倚。崔，音作罪反。娄字伯委。"师古曰："苏、郭两说并通。郭音作罪反，又音将水反。"

⑤张揖曰："振，拔也。水注川曰溪，注溪曰谷。蹇产，屈折也。"郭璞曰："自溪及渎，皆水相通注也。"

⑥郭璞曰："谽呀豁閜，洞谷之形容也。隝，水中山也。谽，音呼含反。呀，音呼加反。閜，音呼下反。隝，音捣。"师古曰："大阜曰陵，言阜陵居在水中，各别为隝也。豁，音呼活反。"

⑦郭璞曰："皆其形势也。崴，音于鬼反。魂，音鱼鬼反。嵔，音恶罪反。嵒音瘣。虚，音墟。堀，音窟。礨，音磊。"师古曰："魂，又音于虺反。嵒，音胡贿反。"

⑧郭璞曰："隐辚郁垒，堆垄不平貌。辚，音洛尽反。"师古曰："垒，音律。施，音弋尔反。施靡，犹连延也。"

⑨郭璞曰："陂池，旁颓貌也。陂，音皮。貏，音衣被之被。"师古曰："陂，又

音彼奇反。鞞，又音彼。"

⑩张揖曰："水流溪谷之间也。"师古曰："溶，音容。灪，音育。"

⑪师古曰："散涣，分散而涣然也。《易》曰'风行水上，涣'。夷，平也。广平曰陆。"

⑫师古曰："为亭候于皋隰之中，千里相接，皆筑令平也。被，音皮义反。"

⑬张揖曰："掩，覆也。绿，王刍也。蕙，薰草也。"师古曰："绿蕙，言蕙草色绿耳，非王刍也。"

⑭张揖曰："留夷，新夷也。"师古曰："留夷，香草也，非新夷。新夷乃树耳。"

⑮师古曰："结缕蔓生，著地之处皆生细根，如线相结，故名结缕，今俗呼鼓筝草。两幼童对衔之，手鼓中央，则声如筝也，因以名云。"

⑯师古曰："攒，聚也。戾莎，言莎草相交戾也。攒，音材官反。"

⑰应劭曰："揭车，一名艺舆，香草也。"师古曰："揭，音巨列反。艺，音乞。"

⑱师古曰："稿本，草类白芷，根似芎䓖。射干，即乌扇耳。射，音弋舍反。"

⑲如淳曰："茈姜，姜上齐也。"师古曰："姜之息生者，连其株本，则紫色也。蘘荷，莼苴也，根旁生笋，可以为菹，又治蛊毒。茈，音紫。蘘，音人羊反。"

⑳如淳曰："葴，音针。"张揖曰："葴持阙。若，杜若也。苏，香草也。"师古曰："葴，寒浆也。持当为符，字之误耳。符，鬼目也。杜若苗颇类姜，而为棕叶之状。今流俗书本持字或作橙，非也。后人妄改耳。其下乃言黄甘橙楱，此无橙也。葴，音之林反。苏，音孙。"

㉑师古曰："鲜支，即今支子树也。黄砾，今用染者黄屑之木也。二者虽非草类，既云延曼太原，或者赋杂言之耳。"

㉒张揖曰："蒋，苏也。芧，三棱也。"郭璞曰："芧，音杼。"师古曰："蒋，音将。芧，音丈与反。"

㉓郭璞曰："布濩犹布露也。"师古曰："闳亦大也。濩音护。延，音弋战反。"

㉔师古曰："离靡，谓相连不绝也。衍，布也。离，力尔反。"

㉕师古曰："烈，酷烈之气也。披，丕蚁反。"

㉖郭璞曰："香气射散也。菲，音妃。"

㉗师古曰："肿蚃，盛作也。写，吐也。晻薆咇茀，皆芳香意也。肿，音许乙反。蚃，音响。晻，又乌感反。薆，音爱。咇，音步必反。茀，音勃。薆字或作隐也。"

　　"于是乎周览泛观，①缤纷轧芴，②芒芒恍忽，③视之无端，察之无涯。④日出东沼，入虖西陂。⑤其南则隆冬生长，涌水跃波；⑥其兽则庸旄貘牦，沈牛麈麋，⑦赤首圜题，穷奇象犀。⑧其北则盛夏含冻裂地，涉冰揭河；⑨其兽则麒麟角端，骑驎橐驼，⑩蛩蛩驒骒，駃騠驴骡。⑪

①师古曰："泛，普也，音敷剑反。"

②孟康曰："缤纷，众盛也。轧芴，致密也。"师古曰："缤，丑人反。轧，于黠反。芴，音勿。"

③郭璞曰："言眼乱也。"师古曰："芒，莫郎反。"

④师古曰："涯，畔也，音仪。"

⑤张揖曰："朝出苑之东池，莫入于苑西陂中也。"

⑥师古曰："言其土地气温，经冬草木不死，水不冻。"

⑦张揖曰："旄，旄牛，其状如牛而四节毛。牦牛黑色，出西南徼外。沉牛，水牛也，能沉没水中。麈似鹿而大。"郭璞曰："庸牛，领有肉堆。貘似熊，庳脚锐觜，骨无髓，食铜铁。貘，音貊。牦，音狸。"师古曰："庸牛即今之犎牛也。旄牛即今所谓偏牛者也。牦牛即今之猫牛者也。牦牛又音茅。麈，音主。"

⑧张揖曰："题，额也。穷奇状如牛而猬毛，其音如嗥狗，食人。"师古曰："象，大兽也，长鼻，牙长一丈。犀头似猪，一角在鼻，一角在额前。"

⑨师古曰："言其土地气寒，当暑凝冻，地为之裂，故涉冰而度河也。揭，褰衣也。《诗·邶风·匏有苦叶》之篇曰'深则厉，浅则揭'。揭，音丘例反。"

⑩张揖曰："雄曰麒，雌曰麟，其状麇身牛尾，狼题一角，角端似牛，其角可以为弓。"郭璞曰："麒似麟而无角，角端似猪，角在鼻上，中作弓。"师古曰："麒麟角端，郭说是也。橐驼者，言其可负橐而驼物，故以名云。"

⑪郭璞曰："驒骒，驼骡类也。駃騠生三日而超其母。驒，音颠。骒，音奚。駃，音决。騠，音提。"

　　"于是乎离宫别馆，弥山跨谷，①高廊四注，重坐曲阁，②华榱璧珰，辇道缅属，③步櫩周流，长途中宿。④夷嵕筑堂，絫台增成，⑤岩突洞房。⑥頫杳眇而无见，仰攀橑而扪天，⑦奔星更于闺闼，宛虹拖于楯轩。⑧青龙蚴蟉于东箱，象舆婉僤于西清,⑨灵圉燕于闲馆,⑩偓佺之伦暴于南荣,⑪醴泉涌于清室,通川过于中庭。⑫磐石裖崖,⑬嵚岩倚倾,⑭嵯峨磼嶪,刻削峥嵘,⑮玫瑰碧琳,珊瑚丛生,⑯珉玉旁唐,玢豳文磷,⑰赤瑕驳荦,杂臿其间,⑱晁采琬琰,和氏出焉。⑲

①师古曰:"弥,满也。跨犹骑也。"

②师古曰:"廊,堂下四周屋也。重坐,谓增室也。曲阁,阁之屈曲相连者也。"

③师古曰:"榱,椽也。华,谓雕画之也。璧珰,以玉为椽头,当即所谓璇题玉题者也。一曰,以玉饰瓦之当也。辇道,谓阁道可以乘辇而行者也。缅属,缅迤相连属也。缅,音力尔反。属,音之欲反。"

④师古曰:"步檐,言其下可行步,即今之步廊也。谓其涂长远,虽经日行之,尚不能达,故中道而宿也。"

⑤师古曰:"夷,平也。山之高聚者曰岑。累,古累字。言平山而筑堂于其上为累台也。增,重也,一重为一成也。岑,子公反。"

⑥师古曰:"于岩洞底为室,若灶突然,潜通台上。"

⑦师古曰:"颓,古俯字也。杳眇,视远貌也。扒,古攀字也。榱,椽也。扪,摸也。言台榭之高,有升上之者,俯视则不见地,仰攀其椽可以摸天也。榱,音老。扪,音门。"

⑧师古曰:"奔星,流星也。更,历也。闺闼,宫中小门也。宛虹,屈曲之虹也。拖,谓申加于上也。楯轩,轩之兰板也。并言室宇之高,故星虹得经加之也。更,音工衡反。虹,音红。拖,吐贺反,又徒可反。"

⑨师古曰:"象舆,瑞应车也。西清者,西箱清静之处也。蚴蟉婉僤,皆行动之貌。蚴,一纠反。蟉,力纠反。僤,音善。"

⑩张揖曰:"灵圉,众仙号也。"师古曰:"闲,读曰闲。"

⑪郭璞曰:"偓佺,仙人也,食松子而眼方。暴,谓偃卧日中也。荣,屋南檐也。偓,音握。佺,音铨。"

⑫师古曰:"醴泉,瑞水,味甘如醴,言于室中涌出,而通流为川,从中庭而过也。"

⑬孟康曰:"裖,砎致也。崖,簏也。以石致川之簏也。"师古曰:"裖、砎并之忍反。致,直二反。谓重密而累积。"

⑭郭璞曰:"嵚岩,敧貌。"师古曰:"嵚,口衔反。倚,于绮反。"

⑮苏林曰:"削,音峭峻之峭。峥,侪争反。嵯,户押反。"郭璞曰:"言自然若
　雕刻也。礁,音昨盍反。嶪,音五盍反。"师古曰:"直言刻削耳,非云峭
　峻。郭说是也。嶵,音捷。嶪,音业。"

⑯郭璞曰:"珊瑚生水底石边,大者树高三尺余,枝格交错,无有叶。"

⑰苏林曰:"玢,音分。"郭璞曰:"旁唐,言盘礴。玢豳,文理貌。"师古曰:
　"旁唐,文石也。唐字本作砀,言珉玉及石并玢豳也。玢,彼旻反。豳,又
　彼闲反。"

⑱张揖曰:"赤瑕,赤玉也。"郭璞曰:"言杂厕崖石中。驳荦,采点也。荦,洛
　角反。"

⑲晋灼曰:"晁采阙。"师古曰:"晁,古朝字也。朝采者,美玉每旦有白虹之
　气,光采上出,故名朝采,犹言夜光之璧矣。琬琰,美玉名。和氏之璧,卞
　和所得,亦美玉也。言今皆出于上林。"

　　"于是乎卢橘夏孰,①黄甘橙楱,②枇杷橪柿,亭柰厚
朴,③楟枣杨梅,④樱桃蒲陶,⑤隐夫薁棣,⑥荅遝离支,⑦罗乎
后宫,列乎北园,迆丘陵,下平原,⑧扬翠叶,杌紫茎,⑨发红
华,垂朱荣,煌煌扈扈,照曜巨野。⑩沙棠栎槠,⑪华枫枰栌,⑫
留落胥邪,仁频并间,⑬欃檀木兰,⑭豫章女贞,⑮长千仞,大
连抱,⑯夸条直畅,实叶葰楙⑰攒立丛倚,连卷欐佹,⑱崔错癹
骫,⑲坑衡阆砢,⑳垂条扶疏,落英幡纚,㉑纷溶箾蔘,猗柅从
风,㉒藰莅芔歙,㉓盖象金石之声,管籥之音,㉔柴池茈虒,旋
还乎后宫,㉕杂袭累辑,㉖被山缘谷,循坂下隰,㉗视之无端,
究之亡穷。

①应劭曰:"《伊尹书》曰'箕山之东,青马之所,有卢橘夏孰'。"晋灼曰:
　"此虽赋上林,博引异方珍奇,不系于一也。"师古曰:"卢,黑色也。"

②郭璞曰:"黄甘,橘属而味精。楱亦橘之类也,音凑。"张揖曰:"楱,小橘
　也,出武陵。"师古曰:"橙即柚也,音丈耕反。"

③张揖曰:"枇杷似斛树,长叶,子若杏。橪,橪支,香草也。亭,山梨也。厚
　朴,药名也。"郭璞曰:"橪支木也。"师古曰:"此二句总论树木,不得杂
　以香草也。橪,郭说得之。朴,木皮也。此药以皮为用,而皮厚,故呼厚
　朴云。橪,音烟。朴,匹角反。"

④张揖曰:"杨梅,其实似谷子而有核,其味酢,出江南也。"

⑤师古曰:"樱桃,即今之朱樱也。《礼记》谓含桃,《尔雅》谓之荆桃。樱,音于耕反。"

⑥师古曰:"隐夫,未详。荎即今之郁李也。棣,今之山樱桃。荎,于六反。棣,徒计反。"

⑦张揖曰:"荅遝似李,出蜀。"晋灼曰:"离支大如鸡子,皮粗,剥去皮,肌如鸡子中黄,味甘多酢少。"师古曰:"遝,音沓。离,力智反。"

⑧师古曰:"虒犹延也,一曰,次第而重也。虒,弋豉反。"

⑨师古曰:"杌,摇也,音兀。"

⑩师古曰:"言其光采之盛也。巨野,大野。煌,音皇。"

⑪张揖曰:"沙棠,状如棠,黄华赤实,其味似李,无核。《吕氏春秋》曰'果之美者,沙棠之实'。栎,果名也。楮似枟,叶冬不落。"应劭曰:"栎,采木也。"郭璞曰:"楮似采柔。"师古曰:"栎非果名,又非采木之栎,盖木蔤也,叶辛,初生可食。栎,音历。楮,音诸。枟,音零。采,音菜。柔,音食诸反。"

⑫师古曰:"华即今之皮贴弓者也。枫树脂可为香,今之枫胶香也。《尔雅》云一名樬樬。枰即平仲木也。栌,今黄栌木也。华,音胡化反。枫,音风。枰,音平。栌,音卢。"

⑬张揖曰:"并间,棕也。"郭璞曰:"落,櫠也,中作器素。胥邪似并间,皮可作索。"师古曰:"仁频即宾桹也。频字或作宾。胥,先余反。邪,弋奢反。櫠,音镊。"

⑭孟康曰:"欃檀,檀别名也。"郭璞曰:"欃,音谗。"

⑮师古曰:"女贞树冬夏常青,未尝凋落,若有节操,故以名焉。"

⑯师古曰:"八尺曰仞。连抱者,言非一人所抱。"

⑰郭璞曰:"夸,张布也。"张揖曰:"葰,甬也。"师古曰:"畅,通也。通,谓上下相称也。葰,音峻。櫣,古茂字也。甬,音踊。"

⑱师古曰:"攒立,聚立也。丛倚,相倚也。连卷,屈曲也。樀佹,支住也。倚,音于绮反。卷,音丘专反,又音巨专反。樀,音力尔反。佹,音跪。"

⑲师古曰:"崔错,交杂也。癹戾,蟠戾也。崔,音千赔反。癹,音步葛反。戾,古委字也。"

⑳师古曰:"坑衡,径直貌也。闟砢,相扶持也。坑,口庚反。闟,乌可反。砢,来可反。坑字或作抗,言树之支干相抗争衡也。其义两通。"

㉑师古曰:"扶疏,四布也。英,谓华也。幡缅,飞扬貌也。缅,山尔反。"

㉒郭璞曰:"纷溶萷蓡,支竦擢也。猗柅犹阿那也。萷,音萧。蓡,音森。猗,音于氏反。柅,音诺氏反。"师古曰:"溶,音容。萷,亦音山交反。"

㉓师古曰:"林木鼓动之声也。茢,音刘。莅,音利。芔,古卉字也,音讳。歙,音翕。"

㉔师古曰:"金石,谓钟磬也。管长一尺,围一寸,六孔无底,龠三孔,并以竹为之。"

㉕如淳曰:"芔,音此。虒,音豸。"张揖曰:"柴池,参差也。芔虒,不齐也。"郭璞曰:"柴,音差。还,还绕,音宣。"

㉖师古曰:"杂袭,相因也。累辑,重积也。累,古累字。辑,与集同。"

㉗师古曰:"循,顺也。下湿曰隰。"

　　"于是乎玄猿素雌,蜼玃飞蠝,①蛭蜩玃猱,②獑胡豰蛫,③栖息乎其间。长啸哀鸣,翩幡互经,④夭蟜枝格,偃蹇杪颠,⑤隃绝梁,腾殊榛,⑥捷垂条,掉希间,⑦牢落陆离,烂漫远迁。⑧

①张揖曰:"蜼如母猴,卬鼻而长尾。玃似弥猴而大。飞蠝,飞鼠也,其状如兔而鼠首,以其颃飞。"郭璞曰:"蠝,鼯鼠也,毛紫赤色,飞且生,一名飞生。蜼,音赠遗之遗。蠝,音诔。"师古曰:"玄猿素雌,言猿之雄者玄黑而雌者白素也。《尔雅》曰'玃父善顾'也。玃音镬。蠝,音吾。"

②如淳曰:"蛭,音质。"张揖曰:"蛭,蚑也。蜩,蝉也。玃猱,弥猴也。"师古曰:"方言兽属,而引蛭蚑水虫,又及蜩蝉,乖于事类,如说非也,但未详是何兽耳。猱,音乃高反,又音柔,即今所谓戎皮为案褥者也。戎,音柔,声之转耳,非弥猴也。"

③张揖曰:"獑胡似弥猴,头上有髦,要以后黑。豰,白狐子也。"郭璞曰:"豰似鼬而大,要以后黄,一名黄要,食弥猴。蛫未闻也。獑,音谗。豰,呼谷反。蛫,音诡。"师古曰:"豰,郭说是也。"

④郭璞曰:"互经,互相经过也。"

⑤郭璞曰:"皆猿猴在树共戏姿态也。夭蟜,频申也。"师古曰:"杪颠,枝上端也。蟜,音矫。杪,音眇。"

⑥师古曰:"绝梁,谓正绝水无桥梁也。殊榛,特立株枒也。言超度无梁之水,而跳上株枒之上也。隃字与逾同。榛,仕人反。枒,五曷反。"

⑦张揖曰:"捷持县垂之条,掉往著稀疏无支之间也。"师古曰:"掉,徒钓反。"

⑧师古曰:"言其聚散不恒,杂乱移徙也。"

　　"若此者数百千处,娱游往来,宫宿馆舍,①庖厨不徙,后宫不移,百官备具。②

①师古曰:"娱,戏也。戏,许其反。"

②师古曰:"言所在之处,供具皆足也。"

　　"于是乎背秋涉冬,天子校猎。①乘镂象,六玉虬,②拖霓旌,③靡云旗,④前皮轩,后道游;⑤孙叔奉辔,卫公参乘,⑥扈从横行,出乎四校之中。⑦鼓严簿,纵猎者,⑧江河为阹,泰山为橹,⑨车骑雷起,殷天动地,⑩先后陆离,离散别追,⑪淫淫裔裔,缘陵流泽,云布雨施。⑫生貔豹,搏豺狼,⑬手熊罴,足野羊。⑭蒙鹖苏,⑮绔白虎,⑯被斑文,⑰跨野马,⑱陵三嵕之危,⑲下碛历之坻,⑳径峻赴险,越壑厉水。㉑推蜚廉,弄解廌,㉒格虾蛤,铤猛氏,㉓羂要褭,射封豕。㉔箭不苟害,解脰陷脑;弓不虚发,应声而倒。㉕

①李奇曰:"以五校兵出猎也。"师古曰:"李说非也。校猎者,以木相贯穿,总为阑校,遮止禽兽而猎取之。说者或以为《周官》校人掌田猎之马,因云校猎,亦失其义。养马称校人者,谓以为阑校以养马耳,故呼为闲也。事具《周礼》,非以猎马故称校人。"

②张揖曰:"镂象,象路也,以象牙疏镂其车辂。六玉虬,谓驾六马,以玉饰其镳勒,有似玉虬。龙子有角曰虬。"

③张揖曰:"析羽毛,染以五采,缀以缕为旌,有似虹霓之气也。"师古曰:"拖,土贺反,又徒可反。"

④张揖曰:"画熊虎于旒为旗,似云气。"

⑤文颖曰:"皮轩,以虎皮饰车。天子出,道车五乘,游车九乘,在乘舆车前,赋颂为偶辞耳。"师古曰:"文说非也。言皮轩最车前,而道游次皮轩之后耳,非谓在乘舆之后也。皮轩之上以赤皮为重盖,今此制尚存,又非猛兽之皮用饰车也。道,读曰导。"

⑥郑氏曰:"孙叔者,太仆公孙贺也,字子叔。卫公者,大将军卫青也。大

驾,太仆御,大将军参乘。"师古曰:"参乘,在车之右也。解具在《文纪》
也。"

⑦文颖曰:"凡五校,今言四者,一校中随天子乘舆也。"师古曰:"此说又
非也。四校者,阑校之四面也。言其跋扈纵恣而行,出于校之四外也。"

⑧孟康曰:"鼓严,严鼓也。簿,卤簿也。"师古曰:"纵,放也。簿,步户反。"

⑨苏林曰:"阹,猎者围陈遮禽兽也。"张揖曰:"橹,大盾,以为医也。"郭璞
曰:"橹,望楼也。因山谷遮禽兽为阹。"师古曰:"因江河以遮禽,登泰山
而望获,言田猎之广远耳。郭说是也。阹,音怯。"

⑩郭璞曰:"殷犹震也。"师古曰:"靁,古雷字也。殷,音隐。"

⑪师古曰:"陆离,分散也。言各有所追逐也。追,合韵音竹遂反。"

⑫郭璞曰:"言遍山野也。"

⑬郭璞曰:"貔,执夷,虎属也,音毗。"师古曰:"貔豹二物,皆猛兽也。生,
谓生取之也。搏,击也。"

⑭张揖曰:"熊,犬身人足,黑色。罴如熊,黄白色。野羊,羱羊也,似羊而
青。"师古曰:"野羊,今之所谓山羊也,非羱羊矣。手,言手击杀之。足,
谓蹴蹹而获之。"

⑮孟康曰:"鹖,鹖尾也。苏,析羽也。"张揖曰:"鹖似雉,斗死不却。"郭璞
曰:"蒙其尾为帽也。鹖,音曷。"

⑯张揖曰:"著白虎文绔也。"师古曰:"绔,古裤字也。"

⑰师古曰:"被,谓衣著之也。斑文,亦豽豹之皮也。被,皮义反。"

⑱师古曰:"骑之也。"

⑲师古曰:"陵,上也。三峻,三聚之山也。"

⑳师古曰:"磧历,沙石之貌也。坻,水中高处也。磧,音千狄反。坻,音迟。"

㉑师古曰:"历,以衣度也。"

㉒郭璞曰:"飞廉,龙雀也,鸟身鹿头。"张揖曰:"解廌似鹿而一角,人君刑
罚得中则生于朝庭,主触不直者,可得而弄也。"师古曰:"推亦谓弄之
也,其字从手。今流俗读作椎击之椎,失其义矣。解,音蟹。廌,丈介反。"

㉓孟康曰:"虾蛤、猛氏,皆兽名也。"郭璞曰:"今蜀中有兽,状如熊而小,
毛浅有光泽,名猛氏。"师古曰:"铤,铁把短矛也。虾,音遐。蛤,音阁。
铤,音蝉。"

㉔张揖曰:"要褭,马金啄赤色,一日行万里者。"郭璞曰:"封豕,大猪也。
要褭,音窈袅。"师古曰:"羂,谓罗击之也,音工犬反。"

㉕张揖曰:"脰,项也。"师古曰:"言射必命中,非诡遇也。脰,音豆。"

　　"于是乘舆弭节徘徊,翱翔往来,①睨部曲之进退,览将帅之变态。②然后侵淫促节,③倏夐远去,④流离轻禽,蹴履狡兽,⑤辚白鹿,捷狡菟。⑥轶赤电,遗光耀,⑦追怪物,出宇宙,⑧弯蕃弱,满白羽,⑨射游枭,栎蜚遽。⑩择肉而后发,先中而命处,⑪弦矢分,艺殪仆。⑫

①郭璞曰:"言周旋也。"

②师古曰:"睨,亦视也。部曲,解在《李广传》。睨,五计反。"

③郭璞曰:"言短驱也。"

④师古曰:"倏然夐然,疾远貌。"

⑤师古曰:"流离,困苦之也。"

⑥郭璞曰:"狡菟健跳,故捷取之也。"

⑦张揖曰:"轶,过也。"郭璞曰:"皆妖气为变怪者,游光之属。"

⑧张揖曰:"怪物,奇禽也。天地四方曰宇,古往今来曰宙。"师古曰:"张说宙非也。许氏《说文解字》云'宙,舟舆所极覆也'。"

⑨文颖曰:"弯,牵也。蕃弱,夏后氏之良弓名。引弓尽箭镝为满。以白羽羽箭,故言白羽也。"师古曰:"弯,乌还反。蕃,扶元反。"

⑩张揖曰:"枭,恶鸟,故射之也。栎,梢也。蜚遽,天上神兽也,鹿头而龙身。"郭璞曰:"枭,枭羊也,似人长唇,被发食人。"师古曰:"枭,郭说近是矣,非谓恶鸟之枭也。栎,音洛。遽,音巨。"

⑪郭璞曰:"言必如所志者也。"

⑫文颖曰:"所射准的为艺,一发死为殪。"郭璞曰:"仆,毙也。殪,音翳。仆,音赴。"师古曰:"言弦矢适分,则殪死而赴,如射艺也。艺,谓射的,即今之垛上橛也。艺,读与艺同,字亦作臬,鱼列反。"

　　"然后扬节而上浮,①陵惊风,历骇焱,②乘虚亡,与神俱,③蔺玄鹤,乱昆鸡,④遒孔鸾,促鵔鸃,⑤拂鹥鸟,⑥捎凤凰,⑦捷鸳雏,掩焦明。⑧

①郭璞曰:"言腾游也。"

②师古曰:"焱,谓疾风从下而上也,音必遥反。"

③张揖曰:"虚无廖廓,与元通灵,言其所乘气之高,故能出飞鸟之上而与

神俱也。"

④张揖曰:"昆鸡似鹤,黄白色。"郭璞曰:"乱者,言乱其行伍也。"

⑤郭璞曰:"道,促,皆迫捕之也。"师古曰:"道,材由反。"

⑥张揖曰:"《山海经》曰九疑之山有五采之鸟,名曰鹥鸟也。"

⑦师古曰:"捎,山交反。"

⑧张揖曰:"焦明似凤,西方之鸟也。"

"道尽涂殚,回车而还。消摇乎襄羊,降集乎北纮,①率乎直指,②掩乎反乡,③躏石关,历封峦,过鳷鹊,望露寒,④下堂梨,息宜春,⑤西驰宣曲,⑥濯鹢牛首,⑦登龙台,⑧掩细柳,⑨观士大夫之勤略,⑩钓猎者之所得获。⑪徒车之所阗轹,⑫骑之所蹂若,人之所蹈藉,⑬与其穷极倦斁,惊惮慑伏,⑭不被创刃而死者,它它藉藉,⑮填坑满谷,掩平弥泽。⑯

①张揖曰:"《淮南子》云九州之外曰八泽,八泽之外乃有八纮,北方之纮曰委羽。"郭璞曰:"襄羊犹彷徉也。"师古曰:"纮,音宏。"

②师古曰:"率然直去意。"

③师古曰:"掩然疾归貌。"

④张揖曰:"此四观武帝建元中作,在云阳甘泉宫外。"师古曰:"躏,躐。历,经也。躏,巨月反。峦,音鸾。鳷,音支。"

⑤张揖曰:"堂梨,宫名,在云阳南三十里。"师古曰:"宜春,宫名,在杜县东,即今曲江池是其处也。"

⑥张揖曰:"宣曲,宫名也,在昆明池西。"

⑦张揖曰:"牛首,池名也,在上林苑西头。"师古曰:"濯者,所以刺船也。鹢即鹢首之舟也。濯,直孝反。"

⑧张揖曰:"观名也,在丰水西北,近渭。"

⑨郭璞曰:"观名也,在昆明池南也。"

⑩师古曰:"略,智略也。观士之勤,大夫之略也。"

⑪郭璞曰:"平其多少也。"

⑫郭璞曰:"徒,步也。阗,践也。轹,辗也,音来各反。"师古曰:"辗,女展反。"

⑬师古曰:"蹂若,谓践蹋也。蹂,人九反。"

⑭郭璞曰:"穷极倦斁,疲惫也。惊惮慑伏,詟怖不动貌。"师古曰:"斁,音

剧。惮,丁曷反。奢,之涉反。"

⑮郭璞曰:"言交横也。"师古曰:"它,音徒河反。"

⑯师古曰:"平,平原也。弥亦满也。"

　　"于是乎游戏懈怠,置酒乎颢天之台,①张乐乎胶葛之宇,②撞千石之钟,③立万石之虡,④建翠华之旗,树灵鼍之鼓,⑤奏陶唐氏之舞⑥听葛天氏之歌,⑦千人倡,万人和,⑧山陵为之震动,川谷为之荡波。"⑨巴俞宋蔡,淮南《干遮》,⑩文成颠歌,⑪族居递奏,金鼓迭起,⑫铿锵闛鞈,洞心骇耳。⑬荆吴郑卫之声,⑭《韶》、《濩》、《武》、《象》之乐,⑮阴淫案衍之音,⑯鄢郢缤纷,《激楚》《结风》,⑰俳优侏儒,狄鞮之倡,⑱所以娱耳目乐心意者,丽靡烂漫于前,⑲靡曼美色于后。⑳

①张揖曰:"台高上干皓天也。"师古曰:"颢,胡考反。"

②郭璞曰:"言旷远深貌也。"

③张揖曰:"千石,十二万斤也。"

④师古曰:"虡,兽名也。立一百二十万斤之虡以县钟也。"

⑤师古曰:"翠华之旗,以翠羽为旗上葆也。灵鼍之鼓,以鼍皮为鼓,鼍,音徒河反,又徒丹反。"

⑥郭璞曰:"陶唐,尧有天下号也。"如淳曰:"舞咸池。"师古曰:"二家之说皆非也。陶唐当为阴康,传写字误耳。《古今人表》有葛天氏、阴康氏,《吕氏春秋》曰:'昔阴康氏之始,阴多滞伏湛积,阳道壅塞,不行其序,民气郁阏,筋骨缩栗不达,故作为舞以宣导之。'高诱亦误解云'陶唐,尧有天下之号也。'案吕氏说阴康之后,方一一历言黄帝、颛顼、帝喾,乃及尧、舜作乐之本,皆有次弟,岂再陈尧而错乱其序乎?盖诱不视《古今人表》,妄改易吕氏本文。"

⑦张揖曰:"葛天氏,三皇时君号也。其乐三人持牛尾投足以歌八曲:一曰《戴民》,二曰《玄鸟》,三曰《育草木》,四曰《奋五谷》,五曰《敬天常》,六曰《彻帝功》,七曰《依地德》,八曰《总禽兽之极》。"师古曰:"张说八曲是也。其事亦见《吕氏春秋》。张云三皇时君,失之矣。"

⑧师古曰:"倡,读曰唱。"

⑨郭璞曰:"波浪起也。"

⑩师古曰:"巴俞之人刚勇好舞,初高祖用之,克平三秦,美其功力,后使

乐府习之，因名《巴俞舞》也。宋、蔡，二国名。淮南，地名。《干遮》，曲名也。"

⑪文颖曰："文成，辽西县名也。其县人善歌。颠，益州颠县，其民能作西南夷歌也。"师古曰："颠即滇字也，其音则同耳。"

⑫师古曰："族，聚也。聚居而递奏也。金，钟也。钟之与鼓，亦互起也。迭，徒结反。"

⑬师古曰："铿鎗，金声也。闛鞈，鼓音也。洞，彻也。骇，惊也。铿，口耕反。鎗，初衡反。闛，托郎反。鞈，音榻。"

⑭郭璞云："皆淫哇之声。"

⑮文颖曰："《韶》，舜乐也。《濩》，汤乐也。《武》，武王乐也。"张揖曰："《象》，周公乐也。南人服象，为虐于夷，成王命周公以兵追之，至于海南，乃为《三象乐》也。"

⑯郭璞曰："流湎曲也。"师古曰："衍，弋战反。"

⑰李奇曰："鄢，今宜城县也。郢，楚都也。缤纷，舞貌也。"郭璞曰："《激楚》，歌曲也。"师古曰："《结风》，亦曲名也。缤，匹人反。"

⑱张揖曰："狄鞮，西方译名。"郭璞曰："西戎乐名也。"师古曰："俳优侏儒，倡乐可狎玩者也。狄鞮，郭说是也。鞮，丁奚反。"

⑲郭璞曰："言恣所观也。"

⑳张揖曰："靡，细也。曼，泽也。"

　　"若夫青琴虙妃之徒，①绝殊离俗，②妖冶闲都，靓庄刻饰，便嬛绰约，③柔桡嬽嬽，妩媚孅弱，④曳独茧之褕袳，眇阎易以恤削，⑤便姗嫳屑，与世殊服，⑥芬芳沤郁，酷烈淑郁，⑦皓齿粲烂，宜笑的皪，⑧长眉连娟，微睇绵藐，⑨色授魂予，心愉于侧。⑩

①伏俨曰："青琴，古神女也。"文颖曰："虙妃，洛水之神女也。"师古曰："虙，读与伏字同，字本作虙也。"

②郭璞曰："世无双也。"

③郭璞曰："靓庄，纷白黛黑也。刻，刻画鬒鬓也。便嬛，轻丽也。绰约，婉约也。嬛，音翾。靓，音净。"师古曰："妖冶，美好也。闲都，雅丽也。绰，音绰。"

④师古曰："桡，动曲也。嬽，柔屈貌也。纤，细也。细弱总谓骨体也。桡，

音女教反。嫚，音于圆反。妖，音武。嬛，即纤字耳。"

⑤张揖曰："褕，襜褕也。袣，袖也。"郭璞曰："独茧，一茧丝也。阎易，衣长貌也。𢱢削，言如刻画作之也。"师古曰："褕，音逾。袣，音曳。易，弋示反。"

⑥师古曰："言其行步安详，容服绝异也。便，音步千反。姗，音先。嫛，音步结反。"

⑦郭璞曰："香气盛也。"师古曰："沤，一候反。"

⑧郭璞曰："鲜明貌也。"师古曰："𬘓，音砾。"

⑨郭璞曰："连娟，言曲细。绵藐，视远貌。藐，音邈。"师古曰："微睇，小视也。娟，一全反。睇，大计反。"

⑩张揖曰："彼色来授，魂往与接也。"师古曰："愉，乐也，音逾。"

　　"于是酒中乐酣，①天子芒然而思，②似若有亡，③曰：'嗟乎，此大奢侈！朕以览听余间，无事弃日，④顺天道以杀伐，⑤时休息于此，⑥恐后世靡丽，遂往而不返，非所以为继嗣创业垂统也。'⑦于是乎乃解酒罢猎，而命有司曰：'地可垦辟，悉为农郊，以赡氓隶，⑧隤墙填堑，⑨使山泽之民得至焉。⑩实陂池而勿禁，虚宫馆而勿仞。⑪发仓廪以救贫穷，补不足，恤鳏寡，存孤独。出德号，省刑罚，⑫改制度，易服色，革正朔，与天下为始。'

①师古曰："酒中，饮酒中半也。乐酣，奏乐洽也。中，竹仲反。"

②师古曰："芒然犹罔然也。芒，莫郎反。"

③师古曰："如有失也。"

④师古曰："言听政余暇，不能弃日也。间，读曰闲。"

⑤郭璞曰："因秋气也。"

⑥郭璞曰："谓苑囿中也。"

⑦郭璞曰："言不可以示将来也。"师古曰："为，音于伪反。"

⑧师古曰："辟，读曰闢。闢，开也。邑外谓之郊，郊野之田故曰农郊也。《卫风·硕人》之诗曰'税于农郊'也。"

⑨师古曰："隤，坠也，音徒回反。"

⑩师古曰："恣其刍牧樵采者也。"

⑪师古曰："实，谓人满其中，言恣其有所取也。仞亦满也。勿仞，言废罢之

也。”

⑫师古曰："德号，德音之号令也。《易·夬卦》曰'孚号有厉'是也。"

　　"于是历吉日以齐戒，①袭朝服，乘法驾，建华旗，鸣玉鸾，②游于六艺之囿，驰骛乎仁义之涂，③览观《春秋》之林，④射《狸首》，兼《驺虞》，⑤弋玄鹤，舞干戚，⑥载云罕，掩群雅，⑦悲《伐檀》，⑧乐乐胥，⑨修容乎《礼》园，翱翔乎《书》圃，⑩述《易》道，⑪放怪兽，⑫登明堂，坐清庙，恣群臣，奏得失，四海之内，靡不受获。⑬于斯之时，天下大说，乡风而听，随流而化，⑭卉然兴道而迁义，⑮刑错而不用，德隆于三皇，功羡于五帝。⑯若此，故猎乃可喜也。

①张揖曰："历，算也。"

②郭璞曰："鸾，铃也，在轭曰鸾，在轼曰和。"

③郭璞曰："六艺，礼、乐、射、御、书、数也。涂，道也。"师古曰："郭说非也。此六艺谓六经者也。"

④如淳曰："《春秋》义理繁茂，故比之于林薮也。"

⑤郭璞曰："《狸首》，《逸诗》篇名，诸侯以为射节。《驺虞》，《召南》之卒章，天子以为射节也。"

⑥郭璞曰："干，盾。戚，斧也。"

⑦张揖曰："罕，毕也，前有九流云罕之车。《诗》《小雅》之材七十四人，《大雅》之材三十一人，故曰群雅也。"

⑧师古曰："《伐檀》，魏国之诗，刺在位贪鄙也。"

⑨郑氏曰："《诗》云'于胥乐兮'。"师古曰："此说非也。谓取《小雅·桑扈》之篇云'君子乐胥，万邦之屏'耳。胥，有材知之人也。王者乐得有材知之人使在位也。胥，先吕反。"

⑩师古曰："此以上皆取经典之嘉辞，以代游猎之娱乐。"

⑪郭璞曰："修洁静精微之术。"

⑫张揖曰："苑中奇怪之兽，不复猎也。"

⑬师古曰："言天下之人，皆爱恩惠，岂直如田猎得兽而已。"

⑭师古曰："说，读曰悦。乡，读曰向。"

⑮师古曰："卉然犹欻然也。迁，徙也，徙就于义也。卉，许贵反。"

⑯师古曰："错，置也。羡，饶也。五帝，谓黄帝、颛顼、帝喾、尧、舜也；一曰，

少昊、颛顼、高辛、尧、舜也。错，千故反。羡，弋战反。"

"若夫终日驰骋，劳神苦形，罢车马之用，抏士卒之精，①费府库之财，而无德厚之恩，务在独乐，不顾众庶，忘国家之政，贪雉菟之获，则仁者不繇也。②从此观之，齐楚之事，岂不哀哉！地方不过千里，而囿居九百，是草木不得垦辟，而民无所食也。③夫以诸侯之细，而乐万乘之所侈，仆恐百姓被其尤也。"④

①师古曰："罢，读曰疲。抏，挫也，音五官反。"

②师古曰："繇，读与由同。由，用也。"

③师古曰："辟，读曰闢。"

④师古曰："尤，过也。被，音皮义反。"

于是二子愀然改容，超若自失，①逡巡避席，曰："鄙人固陋，不知忌讳，乃今日见教，谨受命矣。"

①师古曰："愀，变色貌，音材小反。"

赋奏，天子以为郎。亡是公言上林广大，山谷水泉万物，及子虚言云梦所有甚众，侈靡多过其实，且非义理所止，故删取其要，归正道而论之。①

①师古曰："言不尚其侈靡之论，但取终篇归于正道耳，非谓削除其辞也，而说者便谓此赋已经史家刊剟，失其意矣。"

汉书卷五七下
列传第二七下

司马相如下

　　相如为郎数岁,会唐蒙使略通夜郎、僰中,①发巴蜀吏卒千人,郡又多为发转漕万余人,用军兴法诛其渠率。②巴蜀民大惊恐。上闻之,乃遣相如责唐蒙等,因谕告巴蜀民以非上意。檄曰:

　　①师古曰:"行取曰略。夜郎、僰中,皆西南夷也。僰,音蒲北反。"
　　②师古曰:"渠,大也。"

　　　告巴蜀太守:蛮夷自擅,不讨之日久矣,时侵犯边境,劳士大夫。陛下即位,存抚天下,集安中国,然后兴师出兵,北征匈奴,单于怖骇,交臂受事,屈膝请和。康居西域,重译纳贡,稽首来亨。①移师东指,闽越相诛;右吊番禺,太子入朝。②南夷之君,西僰之长,常效贡职,不敢惰怠,延颈举踵,喁喁然,③皆乡风慕义,欲为臣妾,④道里辽远,山川阻深,不能自致。⑤夫不顺者已诛,而为善者未赏,故遣中郎将往宾之,发巴蜀之士各五百人以奉币,卫使者不然,⑥靡有兵革之事,战斗之患。今闻其乃发军兴制,⑦惊惧子弟,忧患长老,郡又擅为转粟运输,皆非陛下之意也。当行者或亡逃自贼杀,⑧亦非人臣之节也。

　　①师古曰:"来入朝觐,豫亨祀也。一曰,亨,献也,献其国珍也。"
　　②文颖曰:"吊,至也。番禺,南海郡治也。东伐越,后至番禺,故言右也。"
　　　师古曰:"南越为东越所伐,汉发兵救之,南越蒙天子德惠,故遣太子入朝,所以云吊耳,非训至也。"
　　③师古曰:"喁喁,众口向上也,音鱼龙反。"

④师古曰:"乡,读曰向。"

⑤师古曰:"致,至也。"

⑥张揖曰:"不然之变也。"

⑦师古曰:"以发军之法为兴众之制也。"

⑧师古曰:"贼犹害也。"

夫边郡之士,闻烽举燧燔,①皆摄弓而驰,荷兵而走,②流汗相属,惟恐居后,③触白刃,冒流矢,④议不反顾,计不旋踵,人怀怒心,如报私仇。彼岂乐死恶生,非编列之民,而与巴蜀异主哉?⑤计深虑远,急国家之难,而乐尽人臣之道也。故有剖符之封,析圭而爵,位为通侯,⑥居列东第。⑦终则遗显,号于后世,传土地于子孙,事行甚忠敬,居位甚安佚,⑧名声施于无穷,功烈著而不灭。是以贤人君子,肝脑涂中原,膏液润埜中而不辞也。⑨今奉币役至南夷,即自贼杀,或亡逃抵诛,⑩身死无名,⑪谥为至愚,⑫耻及父母,为天下笑。人之度量相越,岂不远哉!然此非独行者之罪也,父兄之教不先,子弟之率不谨,⑬寡廉鲜耻,而俗不长厚也。⑭其被刑戮,不亦宜乎!

①孟康曰:"烽如覆米窦,县著契皋头,有寇则举之。燧,积薪,有寇则燔然之也。"

②师古曰:"摄,谓张弓注矢而持之也。摄,女涉反。"

③师古曰:"属,逮也,音之欲反。"

④师古曰:"冒,犯也。"

⑤师古曰:"编列,谓编户也。编,布先反。"

⑥如淳曰:"析,中分也。白藏天子,青在诸侯也。"

⑦师古曰:"东第,甲宅也。居帝城之东,故曰东第也。"

⑧师古曰:"佚,乐也,读与逸同。"

⑨师古曰:"埜,与壄同,古野字也。屮,古草字。"

⑩师古曰:"抵,至也,亡逃而至于诛也。"

⑪师古曰:"无善名也。"

⑫师古曰:"谥者,行之迹也。终以愚死,后叶传称,故谓之谥。"

⑬师古曰:"不先者,谓往日不素教之也。"

⑭师古曰:"寡、鲜,皆少也。鲜,音息浅反。"

陛下患使者有司之若彼,悼不肖愚民之如此,故遣信使,①晓谕百姓以发卒之事,②因数之以不忠死亡之罪,③让三老孝弟以不教诲之过。④方今田时,重烦百姓,⑤已亲见近县,⑥恐远所溪谷山泽之民不遍闻,檄到,亟下县道,⑦咸喻陛下意,毋忽!⑧

①师古曰:"诚信之人以为使也。"

②师古曰:"谕,告也。"

③师古曰:"数,责也,音所具反。"

④师古曰:"让,责也。责其教诲不备也。"

⑤师古曰:"重,难也,不欲召聚之也。"

⑥师古曰:"近县之人,使者以自见而口谕之矣,故为檄文驰以示远所也。"

⑦师古曰:"亟,急也。县有蛮夷曰道。"

⑧师古曰:"忽,怠忽也。"

相如还报。①唐蒙已略通夜郎,因通西南夷道,发巴蜀广汉卒,作者数万人。治道二岁,道不成,士卒多物故,②费以亿万计。蜀民及汉用事者多言其不便。是时,邛、莋之君长③闻南夷与汉通,得赏赐多,多欲愿为内臣妾,请吏,比南夷。上问相如,相如曰:"邛、莋、冉、駹者近蜀,道易通,④异时尝通为郡县矣,⑤至汉兴而罢。今诚复通,为置县,愈于南夷。"⑥上以为然,乃拜相如为中郎将,建节往使。副使者王然于、壶充国、吕越人,驰四乘之传,⑦因巴蜀吏币物以赂西南夷。至蜀,太守以下郊迎,⑧县令负弩矢先驱,⑨蜀人以为宠。于是卓王孙、临邛诸公,皆因门下献牛酒以交欢。卓王孙喟然而叹,自以得使女尚司马长卿晚,⑩乃厚分与其女财,与男等。相如使略定西南夷,邛、莋、冉、駹、斯榆之君皆请为臣妾,除边关,边关益斥,⑪西至沫、若水,⑫南至牂柯为徼,⑬通灵山道,桥孙水,⑭以通邛、莋。还报,天子大说。⑮

①师古曰:"使讫还报天子也。"

②师古曰:"物故,死也。解在《苏武传》。"

③文颖曰:"邛者,今为邛都县。莋者,今为定莋县。师古曰:"莋,才各反。"

④师古曰:"今夔州、开州等首领姓冄者,皆旧冄种也。骹音尨。"

⑤师古曰:"异时,犹言往时也。"

⑥晋灼曰:"南夷,谓犍为牂柯也。西夷,谓越嶲、益州也。"师古曰:"愈,胜也。"

⑦师古曰:"传,张恋反。"

⑧师古曰:"迎于郊界之上也。"

⑨师古曰:"导路也。"

⑩师古曰:"尚犹配也,义与尚公主同。今流俗书本此尚字作当,盖后人见前云文君恐不得当,故改此文以就之耳。"

⑪师古曰:"斥,开广也。"

⑫张揖曰:"沫水出蜀广平徼外。若水出旄牛徼外。"师古曰:"沫,音妹。"

⑬张揖曰:"徼,谓以木石水为界者也。"如淳曰:"斯榆之君等自求去边关,欲与牂柯作徼塞也。"师古曰:"徼,工钓反。"

⑭张揖曰:"凿开灵山道,置灵道县。孙水出台登县,南至会无入若水。"师古曰:"于孙水上作桥也。"

⑮师古曰:"说,读曰悦。"

　　相如使时,蜀长老多言通西南夷之不为用,大臣亦以为然。相如欲谏,业已建之,不敢,①乃著书,藉蜀父老为辞,而已诘难之,以风天子,②且因宣其使指,令百姓皆知天子意。其辞曰:

①师古曰:"本由相如立此事,故不敢更谏也。"

②师古曰:"藉,假也。风,读曰讽。"

　　　汉兴七十有八载,德茂存乎六世,威武纷云,湛恩汪濊,①群生沾濡,洋溢乎方外。②于是乃使西征,随流而攘,③风之所被,罔不披靡。④因朝冄从駹,定莋存邛,略斯榆,举苞蒲,结轨还辕,东乡将报,⑤至于蜀都。

①师古曰:"纷云,盛貌。汪濊,深广也。湛,读曰沈。汪,乌皇反。濊,音于喙反。"

②师古曰:"洋,音羊。"

③师古曰:"攘,却退也,音人羊反。"

④师古曰:"被,丕靡反。"

⑤师古曰:"结,屈也。轨,车迹也。乡,读曰向。报,报天子也。"

　　耆老大夫搢绅先生之徒二十有七人,俨然造焉。① 辞毕,
进曰:② "盖闻天子之于夷狄也,其义羁縻勿绝而已。③ 今罢三
郡之士,通夜郎之涂,④三年于兹,而功不竟,士卒劳倦,万民
不赡;今又接之以西夷,百姓力屈,恐不能卒业,⑤此亦使者之
累也。⑥窃为左右患之。且夫邛、筰、西僰之与中国并也,历年
兹多,不可记已。⑦仁者不以德来,强者不以力并,意者殆不可
乎!⑧今割齐民以附夷狄,弊所恃以事无用,⑨鄙人固陋,不识
所谓。"

①师古曰:"造,至也,音千到反。"

②师古曰:"辞,谓初谒见之辞。"

③师古曰:"羁,马络头也。縻,牛纼也。言牵制之,故取谕也。"

④师古曰:"罢,读曰疲。"

⑤师古曰:"屈,尽也。卒,终也。业,事也。屈,其勿反。"

⑥师古曰:"累,音力瑞反。"

⑦师古曰:"已,语终之辞也。"

⑧师古曰:"言古往帝王虽有仁德,不能招来之,虽有强力,不能并吞之,
　以其险远,理不可也。"

⑨师古曰:"所恃,即中国之人也。无用,谓西南夷也。"

　　使者曰:"乌谓此乎?① 必若所云,则是蜀不变服而巴不化
俗也,仆尚恶闻若说。②然斯事体大,固非观者之所觐也。③余
之行急,其详不可得闻已。④请为大夫粗陈其略:⑤

①师古曰:"乌,于何也。"

②师古曰:"尚,犹也。若,如也。言仆犹恶闻如此之说,况乎远识之人也。
　恶,一故反。"

③师古曰:"觏,见也,音构。"

④师古曰:"言行程急速,不暇为汝详言之。"

⑤师古曰:"粗犹麤也,音千户反。"

　　"盖世必有非常之人,然后有非常之事;有非常之事,然后
有非常之功。非常者,固常人之所异也。①故曰非常之元,黎民
惧焉;②及臻厥成,天下晏如也。③

①师古曰:"常人见之以为异也。"

②师古曰:"元,始也。非常之事,其始难知,众人惧之。"

③师古曰:"臻,至也。晏,安也。"

"昔者,洪水沸出,泛滥衍溢,民人升降移徙,崎岖而不安。夏后氏戚之,乃堙洪原,①决江疏河,洒沈澹灾,东归之于海,②而天下永宁。当斯之勤,岂惟民哉?心烦于虑,而身亲其劳,躬傶骿胝无胈,肤不生毛,③故休烈显乎无穷,声称浃乎于兹。④

①师古曰:"堙,塞也。水本曰原。堙,音因。"

②师古曰:"疏,通也。洒,分也。沈,深也。澹,安也。言分散其深水,以安定其灾也。洒,所宜反。澹,徒滥反。"

③张揖曰:"躬,体也。戚,凑理也。"孟康曰:"胈,毳;肤,皮也。言禹勤,骿胝无有毳毛也。"师古曰:"胈,步曷反。骿,步千反。胝,竹尸反。"

④师古曰:"休,美也。烈,业也。浃,彻也。于兹,犹言今兹也。浃,子牒反。"

"且夫贤君之践位也,岂特委琐握龊,拘文牵俗,①循诵习传,当世取说云尔哉!②必将崇论吰议,③创业垂统,为万世规。故驰骛乎兼容并包,而勤思乎参天贰地。④且《诗》不云乎?'普天之下,莫非王土;率土之滨,莫非王臣。'⑤是以六合之内,八方之外,⑥浸淫衍溢,⑦怀生之物有不浸润于泽者,贤君耻之。今封疆之内,冠带之伦,⑧咸获嘉祉,靡有阙遗矣。而夷狄殊俗之国,辽绝异党之域,舟车不通,人迹罕至,政教未加,流风犹微,内之则犯义侵礼于边境,外之则邪行横作放杀其上,⑨君臣易位,尊卑失序,父兄不辜,幼孤为奴虏,系累号泣。⑩内乡而怨,⑪曰:'盖闻中国有至仁焉,德洋恩普,物靡不得其所,⑫今独曷为遗已!'⑬举踵思慕,若枯旱之望雨,鸷夫为之垂涕,⑭况乎上圣,又乌能已?⑮故北出师以讨强胡,南驰使以诮劲越。⑯四面风德,⑰二方之君鳞集仰流,⑱愿得受号者以亿计。⑲故乃关沫、若,⑳徼牂柯,镂灵山,梁孙原,㉑创道德之涂,垂仁义之统,将博恩广施,远抚长驾,㉒使疏逖不闭，㉓曶爽暗昧得耀乎光明，㉔以偃甲兵于此，而息讨伐于彼。
遐迩一体，中外禔福，不亦康乎？㉕夫拯民于沈溺，㉖奉至尊之
休德，㉗反衰世之陵夷，继周氏之绝业，㉘天子之急务也。百姓
虽劳，又恶可以已哉？㉙

①师古曰："握齱，局狭也。不拘微细之文，不牵流俗之议也。齱，初角反。"

②师古曰："说，读曰悦。言非直因循口诵，诵习所传闻，取美悦于当时而
　　已。"

③师古曰："竑，深也，音宏。"

④师古曰："比德于地，是贰地也。地与己并天为三，是参天也。"

⑤师古曰："《小雅·北山》之诗也。普，大也。滨，涯也。"

⑥师古曰："天地四方谓之六合，四方四维谓之八方也。"

⑦师古曰："浸淫，犹渐渍也。衍溢，言有余也。"

⑧师古曰："伦，类也。"

⑨师古曰："内之，谓通其朝献也。外之，谓弃而绝之也。横，胡孟反。杀，
　　读曰试。"

⑩师古曰："为人所获而累系之，故号泣也。累，力追反。"

⑪师古曰："乡，读曰向。向中国而怨慕也。"

⑫师古曰："洋，多也。"

⑬师古曰："曷，何也。己，谓怨者之身也。"

⑭张揖："很戾之夫也。"师古曰："鳖，古戾字。"

⑮师古曰："乌犹焉也。已，止也。"

⑯师古曰："诮，责也，音材笑反。"

⑰师古曰："风，化也。"

⑱师古曰："二方，谓西夷及南夷也。若鱼鳞之相次而仰向承流也。"

⑲师古曰："号，谓爵号也。一曰，受天子之号令也。"

⑳张揖曰："以沫、若水为关也。"

㉑师古曰："镂，谓疏通之以开道也。梁，桥也。孙原，孙水之原也。"

㉒张揖曰："驾，行也，使恩远安长行之也。"

㉓师古曰："遰，远也，言疏远者不被闭绝也。"

㉔师古曰："曶爽，未明也。曶，音忽。"

㉕师古曰："禔，安也。康，乐也。禔，止支反。"

㉖师古曰:"拯,升也。言人在沈溺之中,升而举之也。"

㉗师古曰:"休,美也。"

㉘师古曰:"陵夷,谓弛替也。"

㉙师古曰:"恶,读与乌同。已,止也。"

　　"且夫王者固未有不始于忧勤,而终于佚乐者也。①然则受命之符合在于此。②方将增太山之封,加梁父之事,鸣和鸾,扬乐颂,上咸五,下登三。③观者未睹指,听者未闻音,犹焦朋已翔乎寥廓,④而罗者犹视乎薮泽,⑤悲夫!"

①师古曰:"言始能忧勤则终获逸乐也。佚字与逸同。"

②张揖曰:"合在于忧勤逸乐之中也。"

③李奇曰:"五帝之德比汉为减,三王之德汉出其上。"师古曰:"此说非也。咸,皆也,言汉德与五帝皆盛,而登于三王之上也。相如不当言汉减于五帝也。"

④师古曰:"寥廓,天上宽广之处。寥,音聊。"

⑤师古曰:"泽无水曰薮。"

　　于是诸大夫茫然①丧其所怀来,失厥所以进,②喟然并称曰:"允哉汉德,③此鄙人之所愿闻也。百姓虽劳,请以身先之。"敞罔靡徙,迁延而辞避。④

①师古曰:"茫,莫郎反。"

②师古曰:"初有所怀而来,欲进而陈之,今并丧失其来意也。"

③师古曰:"允,信也。《小雅·车攻》之诗曰'允矣君子'。"

④师古曰:"敞罔,失志貌。靡徙,自抑退也。"

其后人有上书言相如使时受金,失官。居岁余,复召为郎。

　　相如口吃而善著书。常有消渴病。与卓氏婚,饶于财。故其事官,未尝肯与公卿国家之事,①常称疾闲居,不慕官爵。②尝从上至长杨猎。③是时天子方好自击熊豕,驰逐野兽,相如因上疏谏。其辞曰:

①师古曰:"与,读曰豫。"

②师古曰:"闲,读曰闲也。"

③师古曰:"长杨宫也,在盩厔。"

臣闻物有同类而殊能者,故力称乌获,捷言庆忌,①勇期
贲育。②臣之愚,窃以为人诚有之,兽亦宜然。今陛下好陵阻
险,射猛兽,卒然遇逸材之兽,骇不存之地,③犯属车之清
尘,④舆不及还辕,人不暇施巧,虽有乌获、逢蒙之技不得
用,⑤枯木朽株尽为难矣。是胡越起于毂下,而羌夷接轸也,岂
不殆哉!⑥虽万全而无患,然本非天子所宜近也。

①师古曰:"乌获,秦武王力士也。庆忌,吴王僚子也,射能捷矢也。"

②师古曰:"孟贲,古之勇士也,水行不避蛟龙,陆行不避豺狼,发怒吐气,
声响动天。夏育,亦猛士也。"

③师古曰:"卒,读曰猝,千忽反,谓暴疾也。不存,不可得安存也。"

④应劭曰:"古者诸侯贰车九乘,秦灭九国,兼其车服,汉依秦制,故大驾
属车八十一乘。"师古曰:"属者,言相连续不绝也。尘,谓行而起尘也。
言清者,尊贵之意也。而说者乃以为清道洒尘谓之清尘,非也。属,之欲
反。"

⑤师古曰:"逢蒙,古之善射者也。《孟子》曰'逢蒙学射于羿也'。"

⑥师古曰:"轸,车后横木。殆,危也。"

且夫清道而后行,中路而驰,犹时有衔橛之变。①况乎涉
丰草,骋丘虚,②前有利兽之乐,而内无存变之意,其为害也不
亦难矣!夫轻万乘之重不以为安,乐出万有一危之涂以为娱,
臣窃为陛下不取。

①张揖曰:"衔,马勒衔也。橛,騑马口长衔也。"师古曰:"橛,谓车之钩心
也。衔橛之变,言马衔或断,钩心或出,则致倾败以伤人也。橛,巨月
反。"

②师古曰:"丰草,茂草也。虚,读曰墟。"

盖明者远见于未萌,而知者避危于无形,①祸固多藏于隐
微而发于人之所忽者也。故鄙谚曰:"家累千金,坐不垂堂。"②
此言虽小,可以谕大。臣愿陛下留意幸察。

①师古曰:"萌,谓事始,若草木初生者也。"

②张揖曰:"畏榱瓦堕中人也。"师古曰:"垂堂者,近堂边外,自恐坠堕耳,

非畏惘瓦也。言富人之子则自爱深也。"

上善之。还过宜春宫,相如奏赋以哀二世过失。①其辞曰:

①师古曰:"宜春本秦之离宫,胡亥于此为阎乐所杀,故感其处而哀之。"

登陂陁之长阪兮,坌入曾宫之嵯峨。①临曲江之隑州兮,
望南山之累差。②岩岩深山之嵡嵸兮,通谷豁乎谽谺。③泪减
靸以永逝兮,注平皋之广衍。④观众树之蓊蔡兮,览竹林之榛
榛。⑤东驰土山兮,北揭石濑。⑥弭节容与兮,历吊二世。持身
不谨兮,亡国失势。信谗不寤兮,宗庙灭绝。⑦乌乎!操行之不
得,⑧墓芜秽而不修兮,魂亡归而不食。

①苏林曰:"坌,音马坌叱之坌。"张揖曰:"坌,并也。"师古曰:"曾,重也。
嵯峨,高貌也。陂,普何反。陁,徒何反。坌,普顿反,又步顿反。"

②张揖曰:"隑,长也。苑中有曲江之象,中有长州也。"师古曰:"曲岸头曰
隑。隑,即碕字耳。言临曲岸之州,今犹谓其处曰曲江。隑,巨依反。"

③晋灼曰:"嵸音笼,古锇字也。"师古曰:"嵡嵸,深通貌。豁,呼活反。谽,
大开貌。谽,音呼含反。谺,呼加反。"

④师古曰:"泪减,疾貌也。靸然,轻举意也。皋,水边地也。泪,于笔反。减,
音域。靸,先合反。"

⑤师古曰:"蓊蔡,荫蔽貌。榛榛,盛貌。蓊,乌孔反。蔡,音爱。榛,侧巾反。"

⑥师古曰:"揭,襄衣而渡也。石而浅水曰濑,揭。丘例反。"

⑦师古曰:"信谗,谓杀李斯也。"

⑧师古曰:"操,千到反。"

相如拜为孝文园令。上既美子虚之事,相如见上好仙,因曰:
"上林之事未足美也,尚有靡者。①臣尝为《大人赋》,未就,②请具
而奏之。"相如以为列仙之儒居山泽间,③形容甚臞,④此非帝王之
仙意也,乃遂奏《大人赋》。其辞曰:

①师古曰:"靡,丽也。"

②师古曰:"就,成也。"

③师古曰:"儒,柔也,术士之称也,凡有道术皆为儒。今流俗书本作传字,
非也,后人所改耳。"

④师古曰:"朧,瘠也,音巨句反,又音衢。"

　　世有大人兮,在乎中州。①宅弥万里兮,曾不足以少留。②悲世俗之迫隘兮,朅轻举而远游。③乘绛幡之素霓兮,载云气而上浮。④建格泽之修竿兮,⑤緫光耀之采旄。⑥垂旬始以为帲兮,⑦曳彗星而为髾。⑧掉指桥以偃蹇兮,⑨又猗抳以招摇。⑩揽欃枪以为旌兮,靡屈虹而为绸。⑪红杳眇以玄湣兮,猋风涌而云浮。⑫驾应龙象舆之蠖略委丽兮,骖赤螭青虬之蚴蟉宛蜒。⑬低卬夭蟜裾以骄骜兮,诎折隆穷蹙以连卷。⑭沛艾赳螑仡以佁儗兮,⑮放散畔岸骧以孱颜。⑯跮踱輵螛容以骫丽兮,⑰蜩蟉偃蹇怵奂以梁倚。⑱纠蓼叫奡踏以艐路兮,⑲蔑蒙踊跃腾而狂趡。⑳苌飒卉歙熭至电过兮,焕然雾除,霍然云消。㉑

①师古曰:"大人,以谕天子也。中州,中国也。"

②师古曰:"弥,满也。"

③师古曰:"朅,去意也,音丘例反。"

④张揖曰:"乘,用也。赤气为幡,缀以白气也。"师古曰:"上,时掌反。"

⑤张揖曰:"格泽之气如炎火状,黄白色,起地上至天,下大上锐。修,长也。建此气为长竿也。"师古曰:"格,胡各反。泽,大各反。"

⑥张揖曰:"旄,葆也。緫,系也。系光耀之气于长竿以为葆也。"师古曰:"緫,音总。葆即今所谓纛头也。"

⑦李奇曰:"旬始,气如雄鸡,见北斗旁。"张揖曰:"帲,旒也。县旬始于葆下,以为十二旒也。"师古曰:"帲,所衔反。"

⑧张揖曰:"髾,燕尾也。枻彗星缀著旒以为燕尾也。"

⑨张揖曰:"指桥,随风靡也。偃蹇,委曲貌。师古曰:"掉,徒钓反。蹇,居偃反。"

⑩晋灼曰:"猗,音依倚反。抳,年绵反。"张揖曰:"猗抳,下垂貌。招摇,跳蹄也。"师古曰:"招,音韶。蹄,音萧。"

⑪张揖曰:"彗星为欃枪。注髦首曰旌。今以彗星代之也。靡,顺也。绸,韬也。以断虹为杠之韬也。"师古曰:"韬,谓裹冒旌旗之竿也。欃,初咸反。枪,初衡反。屈,其勿反。绸,直流反。"

⑫苏林曰："玄,音炫。潏,音面。"晋灼曰："红,赤色貌。杳眇,深远也。玄潏,混合也。言自绛幡以下,众色盛,光采相耀,幽蔼炫乱也。"师古曰："如焱风之踊,如云之浮,言轻举也。焱,必繇反。"

⑬文颖曰："有翼曰应龙,最其神妙者也。"师古曰："蠖略委丽、蚴蟉宛蜒,皆其行步进止之貌也。蠖,于缚反。丽,力尔反。蚴,一纠反。蟉,力纠反。宛,于元反。蜒,音延。"

⑭张揖曰："裾,直项也。骄骜,纵恣也。诎折,曲委也。隆穷,举髻也。躩,跳也。连卷,句蹄也。"师古曰："裾,音倨。骄,居召反,骜,五到反。躩,巨缚反。卷,巨圆反。"

⑮张揖曰："沛艾,骏骃也。赳螟,申颈低卬也。仡,举头也。怡儗,不前也。"师古曰："沛,普盖反。赳,古幼反。螟,火幼反。仡,鱼乞反。怡,丑吏反。儗,鱼吏反。怡儗,又音态碍。"

⑯师古曰："畔岸,自纵之貌也。骧,举也。屏颜,不齐也。屏,士颜反。"

⑰张揖曰："跮踱,互前却也。辒蜩,摇目吐舌也。容,龙体貌也。骹丽,左右相随也。"师古曰："跮,丑日反。踱,丑略反。辒,音遏。蜩,音曷。骹,古委字也。丽,力尔反。"

⑱张揖曰："蜩蟉,掉头也。怵奂,奔走也。梁倚,相著也。"师古曰："蜩,徒钓反。蟉,卢钓反。怵,音黜。奂,丑若反。倚,于绮反。"

⑲张揖曰："纠蓼,相引也。叫奡,相呼也。踏,下也。腜,著也。皆下著道也。"师古曰："叫奡,高举之貌。蓼,力纠反。奡,五到反。踏,音沓。腜,音届。"

⑳张揖曰："襄蒙,飞扬也。踊跃,跳也。腾,驰也。趡,奔走也。"师古曰："蒙,莫孔反。趡,音醮。"

㉑张揖曰："茝飒,飞相及也。卉歙,走相追也。"师古曰："茝,音利。飒,音立。卉,音讳。歙,音翕。"

　　邪绝少阳而登大阴兮,与真人乎相求。①互折窈窕以右转兮,横厉飞泉以正东。②悉征灵圉而选之兮,部署众神于摇光。③使五帝先导兮,反大壹而从陵阳。④左玄冥而右黔雷兮,⑤前长离而后矞皇。⑥厮征伯侨而役羡门兮,诏岐伯使尚方。⑦祝融警而跸御兮,清气氛而后行。⑧屯余车而万乘兮,綷云盖而树华旗。⑨使句芒其将行兮,吾欲往乎南娭。⑩

①张揖曰："少阳，东极。大阴，北极。邪度东极而升北极也。真人，谓若士也，游于大阴之中。"师古曰："真人，至真之人也，非指谓若士也。"

②张揖曰："飞泉，飞谷也，在昆仑山西南。"师古曰："厉，渡也。"

③张揖曰："摇光，北斗杓头第一星。"

④应劭曰："五帝，五畤，大皞之属也。"如淳曰："天极，大星，一明者，太一常居也。"张揖曰："陵阳，仙人陵阳子明也。"师古曰："令太一反其所居，而使陵阳侍从于己。"

⑤张揖曰："玄冥，北方黑帝佐也。黔雷，黔嬴也，天上造化神名也。《楚辞》曰'召黔嬴而见之'。或曰，水神也。"

⑥服虔曰："皆神名也。"师古曰："长离，灵鸟也，解在《礼乐志》。翯，以出反。"

⑦应劭曰："厮，役也。"张揖曰："伯侨，仙人王子侨也。羡门，碣石山上仙人羡门高也。尚，主也。岐伯者，黄帝太医，属使主方药也。"师古曰："征伯侨者，仙人，姓征，名伯侨，非王子侨也。《郊祀志》征字作正，其音同耳。或说云征谓役使之也。"

⑧张揖曰："祝融，南方炎帝之佐也，兽身人面，乘两龙。"师古曰："跸，止行人也。御，禦也。氛，恶气也。"

⑨师古曰："缔，合也，合五采云以为盖也。缔，子内反。"

⑩张揖曰："句芒，东方青帝之佐也。鸟身人面，乘两龙。"师古曰："将行，将领从行也。娭。许其反。"

　　历唐尧于崇山兮，过虞舜于九疑。①纷湛湛其差错兮，杂遝胶辖以方驰。②骚扰冲苁其纷挐兮，滂濞泱轧丽以林离。③攒罗列聚丛以茏茸兮，衍曼流烂坏以陆离。④径入雷室之砰磷郁律兮，洞出鬼谷之堀礨崴魁。⑤偏览八纮而观四海兮，朅度九江越五河。⑥经营炎火而浮弱水兮，杭绝浮渚涉流沙。⑦奄息葱极泛滥水嬉兮，⑧使灵娲鼓琴而舞冯夷。⑨时若暧暧将混浊兮，召屏翳诛风伯，刑雨师。⑩西望昆仑之轧沕荒忽兮，⑪直径驰乎三危。⑫排阊阖而入帝宫兮，载玉女而与之归。⑬登阆风而遥集兮，亢乌腾而壹止。⑭低徊阴山翔以纡曲兮，吾乃今日睹西王母。皓然白首戴胜而穴处兮，亦幸有三足乌为之使。⑮必长生若此而不死兮，虽济万世不足以喜。⑯

①张揖曰："崇山，狄山也。《海外经》曰狄山，帝尧葬于其阳。九疑山在零陵营道县，舜所葬也。"师古曰："疑，似也。山有九峰，其形相似，故曰九疑。"

②师古曰："湛湛，积厚之貌。差错，交互也。杂遝，重累也。胶辗犹交加也。湛，徒感反。遝，大合反。辗，音葛。"

③张揖曰："冲苁，相入貌。滂濞，众盛貌。决轧，不前也。丽，靡也。林离，掺捆也。"师古曰："冲，尺勇反。苁，相勇反。挐，女居反。滂，普郎反。濞，普备反。决，乌朗反。轧，于黠反。掺，所林反。捆，所宜反。"

④张揖曰："疹，众貌。一曰，罢极也。陆离，参差也。"师古曰："茏茸，聚貌。流烂，布散也。疹，自放纵也。茏，来孔反。茸，而孔反。衍，弋扇反。疹，式尔反。张云罢极，义则非矣。"

⑤张揖曰："雷室，雷渊也。洞，通也。鬼谷在昆仑北直北辰下，众鬼之所聚也。崛礨崴魁，不平也。"师古曰："砰磷郁律，深峻貌。砰，普萌反。磷，力耕反。崛，口骨反。礨，洛贿反。崴，一回反。"

⑥张揖曰："九江在庐江寻阳县南，皆东合为大江者。"服虔曰："河有九，今越其五也。"晋灼曰："五河，五湖，取河之声合其音耳。"师古曰："服、晋说五河皆非也。五河，五色之河也。《仙经》说有紫碧绛青黄之河，非谓九河之内，亦非五湖也。"

⑦应劭曰："《楚辞》曰'越炎火之万里'。弱水出张掖删丹，西至酒泉合黎余波入于流沙。"张揖曰："杭，船也。绝，度也。浮渚，流沙中渚也。流沙，沙与水流行也。"师古曰："弱水，谓西域绝远之水，乘毛车以度者耳，非张掖弱水也。又流沙但有沙流，本无水也。言绝度浮渚，乃涉流沙也。杭，音下郎反。"

⑧张揖曰："奄然休息也。葱极，葱领山也，在西域中。"

⑨服虔曰："灵娲，女娲也。伏羲作琴，使女娲鼓之。冯夷，河伯字也，《淮南子》曰'冯夷得道以潜大川'。"师古曰："娲，音瓜，又工蛙反。"

⑩应劭曰："屏翳，天神使也。"张揖曰："风伯字飞廉。"师古曰："屏，步丁反。"

⑪张揖曰："昆仑去中国五万里，天帝之下都也。其山广袤百里，高八万仞，增城九重，面有九井，以玉为槛，旁有五门，开明兽守之。轧沕荒忽，不分明之貌。"师古曰："沕，音勿。荒，呼广反。"

⑫张揖曰："三危山在鸟鼠之西，与岷山相近，黑水出其南陂，《书》曰'导

黑水至于三危'也。"

⑬张揖曰:"玉女,青要、乘弋等也。"

⑭张揖曰:"阆风山在昆仑阊阖之中。遥,远也。"应劭曰:"亢然高飞,如鸟之腾也。"师古曰:"阆,音浪。亢,音抗。"

⑮张揖曰:"阴山在昆仑西二千七百里。西王母其状如人,豹尾虎首,蓬发皓然白首,石城金室,穴居其中。三足乌,三足青鸟也,主为西王母取食,在昆仑墟之北。"如淳曰:"《山海经》'西王母梯几而戴胜'。"师古曰:"低徊犹徘徊也。胜,妇人首饰也,汉代谓之华胜。皓,工老反,字或作皜,音学。"

⑯师古曰:"昔之谈者咸以西王母为仙灵之最,故相如言大人之仙,娱游之盛,顾视王母,鄙而狭之,不足羡慕也。"

　　回车朅来兮,绝道不周,①会食幽都。呼吸沆瀣兮餐朝霞,②咀噍芝英兮叽琼华。③僸俟寻而高纵兮,纷鸿溶而上厉。④贯列缺之倒景兮,⑤涉丰隆之滂濞,⑥骋游道而修降兮,鹜遗雾而远逝。⑦迫区中之隘陕兮,舒节出乎北垠。⑧遗屯骑于玄阙兮,⑨轶先驱于寒门。⑩下峥嵘而无地兮,⑪上嵺廓而无天。⑫视眩泯而亡见兮,听敞恍而亡闻。⑬乘虚亡而上遐兮,超无友而独存。⑭

①张揖曰:"不周山在昆仑东南二千三百里也。"

②张揖曰:"幽都在北方。"如淳曰:"《淮南》云八极西北曰幽都之门。"应劭曰:"《列仙传》陵阳子言春食朝霞,朝霞者,日始欲出赤黄气也。夏食沆瀣,沆瀣,北方夜半气也。并天地玄黄之气为六气。"师古曰:"沆,胡朗反。瀣,音韰。"

③张揖曰:"芝,草菌也。荣而不实谓之英。叽,食也。琼树生昆仑西流沙滨,大三百围,高万仞,华,蕊也,食之长生。"师古曰:"芝英,芝菌之英也。咀,才汝反。噍,才笑反,又才弱反。叽,音机,又音祈。"

④张揖曰:"僸,卬也。鸿溶,竦踊也。"师古曰:"僸,音角甚反。俟,音子禁反。鸿,音胡孔反。溶,音弋孔反。"

⑤服虔曰:"列缺,天闪也。人在天上,下向视日月,故景倒在下也。"张揖曰:"贯,穿也。陵阳子《明经》曰列缺气去地二千四百里,倒景气去地四千里,其景皆倒在下也。"

⑥应劭曰:"丰隆,云师也。《楚辞》曰'吾令丰隆乘云兮'。《淮南子》曰'季春三月,丰隆乃出以将雨'。"师古曰:"丰隆将雨,故言涉也。滂濞,雨多也。滂,音普郎反。濞,匹备反。"

⑦张揖曰:"驰疾而遗雾在后也。"师古曰:"游,游车也。道,道车也。修,长也。降,下也。言周览天上,然后骋车也,循长路而下驰,弃遗雾而远逝也。道,读曰导。"

⑧师古曰:"舒,缓也。垠,崖也,音银。"

⑨张揖曰:"玄阙,北极之山也。"

⑩应劭曰:"寒门,北极之门也。"师古曰:"轶,过也,音逸。"

⑪师古曰:"峥嵘,深远貌。峥,音仕耕反。嵘,音宏。"

⑫师古曰:"嶙峋,广远也。嶙,音辽。"

⑬师古曰:"眩泯,目不安也。敝怳,耳不谛也。眩,音州县之县。泯,音眄。"

⑭师古曰:"上,音时掌反。"

相如既奏《大人赋》,天子大说,①飘飘有陵云气游天地之间意。

①师古曰:"说,读曰悦。"

相如既病免,家居茂陵。天子曰:"司马相如病甚,可往从悉取其书,若后之矣。"①所忠往,②而相如已死,家无遗书。问妻,对曰:"长卿未尝有书也。时时著书,人又取去。长卿未死时,为一卷书,曰有使来求书,奏之。"其遗札书言封禅事,③所忠奏焉,天子异之。其辞曰:

①师古曰:"若,汝也。言汝今去,已在他人后也。"

②师古曰:"使者姓名也,解在《食货志》。"

③师古曰:"书于札而留之,故云遗札。"

伊上古之初肇,自颢穹生民。①历选列辟,以迄乎秦。②率迩者踵武,听遗者风声。③纷纶威蕤,湮灭而不称者,不可胜数也。④继《昭夏》,崇号谥,略可道者七十有二君。⑤罔若淑而不昌,畴逆失而能存?⑥

①师古曰:"肇,始也。颢、穹,皆谓天也。颢言气颢汗也,穹言形穹隆也。谓

自初始有天地以来也。颗，胡老反。"

② 师古曰："选，数也。辟，君也。迄，至也。辟，音璧。"

③ 文颖曰："率，循也。迩，近也。踵，蹈也。武，迹也。邈，远也。言循履近者之遗迹，听远者之风声。风，谓著于《雅》《颂》者也。"师古曰："风声，总谓遗风嘉声耳，无系于《雅》《颂》也。"

④ 张揖曰："纷轮威蕤，乱貌。"

⑤ 文颖曰："昭，明也。夏，大也。德明大，相继封禅于泰山者，七十有二人也。"

⑥ 应劭曰："罔，无也。若，顺也。淑，善也。畴，谁也。"师古曰："言行顺善者无不昌大，为逆失者谁能久存也。"

　　轩辕之前，遐哉邈乎，其详大可得闻已。① 五三六经载籍之传，维见可观也。②《书》曰："元首明哉！股肱良哉！"③ 因斯以谈，君莫盛于尧，臣莫贤于后稷。后稷创业于唐，公刘发迹于西戎，文王改制，爰周郅隆，大行越成，④ 而后陵迟衰微，千载亡声，岂不善始善终哉！⑤ 然无异端，慎所由于前，谨遗教于后耳。⑥ 故轨迹夷易，易遵也；⑦ 湛恩庞洪，易丰也；⑧ 宪度著明，易则也；垂统理顺，易继也。⑨ 是以业隆于襁保而崇冠乎二后，⑩ 揆厥所元，终都攸卒，⑪ 未有殊尤绝迹可考于今者也。⑫ 然犹蹑梁甫，登大山，建显号，施尊名。大汉之德，逢涌原泉，沕潏曼羡，⑬ 旁魄四塞，云布雾散，⑭ 上畅九垓，下溯八埏，⑮ 怀生之类，沾濡浸润，协气横流，武节猋逝，⑯ 尔狭游原，迵阔泳末，⑰ 首恶郁没，暗昧昭晢，⑱ 昆虫闿怪，回首面内，⑲ 然后囿驺虞之珍群，徼麋鹿之怪兽，⑳ 导一茎六穗于庖，㉑ 牺双觡共抵之兽，㉒ 获周余放龟于岐，㉓ 招翠黄乘龙于沼。㉔ 鬼神接灵圉，宾于闲馆。㉕ 奇物谲诡，俶傥穷变。㉖ 钦哉符瑞，臻兹犹以为簿，不敢道封禅。盖周跃鱼陨杭，休之以燎。㉗ 微夫斯之为符也，以登介丘，不亦恧乎！㉘ 进攘之道，何其爽与？㉙

① 师古曰："遐、邈，皆远也。已，终之辞。"

② 师古曰："五，五帝也。三，三皇也。"

③ 师古曰："此《虞书·益稷》之辞也。元首，君也。股肱，大臣也。"

④文颖曰:"郅,至也。行,道也。文王始开王业,改正朔服色,太平之道于
　是成也。"应劭曰:"大行,道德大行也。"师古曰:"郅,音质。"

⑤郑氏曰:"无声,无有恶声也。"师古曰:"虽后嗣衰微,政教颓替,犹经千
　载而无恶声。"

⑥师古曰:"言既创业定制,又垂裕后昆也。"

⑦师古曰:"夷、易,皆平也。易,音弋豉反。"

⑧师古曰:"湛,读曰沈。沈,深也。厖、洪,皆大也。厖,音龙。"

⑨张揖曰:"垂,具也。统,绪也。理,道也。文王重《易》六爻,穷理尽性,具
　于后世,其道和顺,易续而明,孔子得错其象而象其辞也。"师古曰:"统
　业直言所垂之业,其理至顺,故令后嗣易继之耳,非谓演《易》也。"

⑩孟康曰:"襁保,谓成王也。二后,谓文武也。周公负成王以致太平,功德
　冠于文武者,遵成法易故也。"

⑪师古曰:"元,始也。都,于也。攸,所也。卒亦终也。言度其所始,究其
　所终也。"

⑫师古曰:"尤,异也。考,校也。言不得与汉校其德也。"

⑬师古曰:"逢,读曰烽。言如烽火之升,原泉之流也。汹涌曼羨,盛大之意
　也。汹,音勿。涌,音聿。羨,戈扇反。"

⑭师古曰:"旁魄,广被也。魄,步各反。"

⑮服虔曰:"畅,达也。垓,重也。天有九重。"如淳曰:"《淮南》云若士谓卢
　敖:'吾与汗漫期乎九垓之上。'"孟康曰:"溯,流也。埏,地之八际也。言
　德上达于九重之天,下流于地之八际。"师古曰:"埏,本音延,合韵音弋
　战反。《淮南》作八夤也。"

⑯师古曰:"言和气横被四表,威武如焱之盛。"

⑰孟康曰:"迩,近也。原,本也。迥,远也。阔,广也。泳,浮也。恩德比之
　于水,近者游其原,远者浮其末也。"

⑱师古曰:"始为恶者皆即湮灭,素暗昧者皆得光明也。晢,之舌反。"

⑲文颖曰:"闿、怿,皆乐也。"师古曰:"闿,读曰凯。言四方幽退,皆怀和
　乐,回首革面,而内向也。"

⑳师古曰:"言驺虞自扰而充苑囿,怪兽自来若入徼塞。言符瑞之盛也。
　徼,工钓反。"

㉑郑氏曰:"导,择也。一茎六穗,谓嘉禾之米,于庖厨以供祭祀也。"

㉒服虔曰:"牺,牲也。骼,角也。抵,本也。武帝获白麟,两角共一本,因以

为牲也。"

㉓ 文颖曰："周放畜余龟于池沼之中,至汉得之于岐山之旁。龟能吐故纳新,千岁不死也。"

㉔ 张揖曰："乘龙,四龙也。"孟康曰："翠黄,乘黄也,龙翼马身,黄帝乘之而仙。言见乘黄而招呼之。《礼乐志》曰'訾黄其何不来下'。余吾渥洼水中出神马,故曰乘龙于沼也。"师古曰："此说非也。言招致翠黄及乘龙于池沼耳。乘,音食证反。《春秋传》曰'帝赐之乘龙'。"

㉕ 文颖曰："是时上求神仙之人,得上郡之巫长陵女子,能与鬼神交接,治病辄愈,置于上林苑中,号曰神君。有似于古之灵囿,礼待之于閒馆舍中也。"师古曰："閒,读曰闲。"

㉖ 师古曰："俶,音吐历反。"

㉗ 应劭曰："杭,舟也。休,美也。"师古曰："燎,祭天也。谓武王伐纣,白鱼入于王舟,俯取以燎。"

㉘ 服虔曰："介,大也。丘,山也。言周以白鱼为瑞,登太山封禅,不亦惭乎?"

㉙ 张揖曰："进,周也。攘,汉也。爽,差也。言周未可封禅而封,为进;汉可封禅而不为,为攘也。"师古曰："攘,古让字也。"

于是大司马进曰:①"陛下仁育群生,义征不谲,②诸夏乐贡,百蛮执贽,③德牟往初,功无与二,④休烈液洽,符瑞众变,期应绍至,不特创见。⑤意者太山、梁父设坛场望幸,盖号以况荣,⑥上帝垂恩储祉,将以庆成,⑦陛下嗛让而弗发也。⑧挈三神之欢,缺王道之仪,⑨群臣恧焉。⑩或谓且天为质暗,示珍符固不可辞;⑪若然辞之,是泰山靡记而梁甫罔几也。⑫亦各并时而荣,咸济厥世而屈,说者尚何称于后,而云七十二君哉?⑬夫修德以锡符,奉符以行事,不为进越也。⑭故圣王弗替,而修礼地祇,谒款天神,⑮勒功中岳,以章至尊,⑯舒盛德,发号荣,受厚福,以浸黎民。皇皇哉斯事,天下之壮观,王者之卒业,不可贬也。⑰愿陛下全之。⑱而后因杂缙绅先生之略术,使获曜日月之末光绝炎,以展采错事。⑲犹兼正列其义,被饰厥文,作《春秋》一艺,⑳将袭旧六为七,摅之无穷,㉑俾万世得激清流,

扬微波,蜚英声,腾茂实。㉒前圣之所以永保鸿名而常为称首者用此。㉓宜命掌故悉奏其仪而览焉。"㉔

①文颖曰:"大司马,上公,故先进议也。"

②文颖曰:"遹,顺也。"

③师古曰:"夏,大也。诸夏,谓中国之人,比蛮夷为大也。"

④师古曰:"车,等也。"

⑤师古曰:"言符瑞众多,应期相续而至,不独初创而见也。"

⑥孟康曰:"意者,言太山、梁父设坛场,望圣帝往封禅纪号以表荣名也。"师古曰:"幸,临幸也。盖,发语辞也。"

⑦师古曰:"上帝,天也。言垂恩于下,豫积祉福,用庆告成之礼。"

⑧张揖曰:"不肯发意往也。"师古曰:"嗛,古谦字。"

⑨应劭曰:"挈,绝也。缺,阙也。"如淳曰:"三神,地祇、天神、山岳也。"师古曰:"挈,音口计反。"

⑩师古曰:"恧,愧也,音女六反。"

⑪师古曰:"言天道质昧,以符瑞见意,不可辞让也。"

⑫张揖曰:"泰山之上无所表记,梁父坛场无所庶几也。"

⑬应劭曰:"屈,绝也。言古帝王若但各一时之荣,毕世而绝者,则说者无从显称于后也。"师古曰:"屈,其勿反。"

⑭文颖曰:"越,逾也。不为苟进逾礼也。"

⑮文颖曰:"谒,告也。款,诚也。"师古曰:"替,废也。不废封禅之事也。"

⑯张揖曰:"盖先礼中岳而幸太山也。"师古曰:"章,明也。"

⑰师古曰:"皇皇,盛貌也。卒,终也,字或作本,或作丕。丕,大也。"

⑱张揖曰:"愿以封禅全其终也。"

⑲文颖曰:"采,官也。使诸儒记功著业,得观日月末光殊绝之明,以展其官职,设错其事业也。"李奇曰:"炎,音火之光炎。"师古曰:"炎,弋赡反。错,千故反。"

⑳孟康曰:"犹作《春秋》者,正天时,列人事也。言诸儒既得展事业,因兼正天时,列人事,叙述大义为一经也。"师古曰:"祓,除也。祓饰者,言除去旧事,更饰新文也。祓,音敷勿反。"

㉑文颖曰:"六经加一为七也。"师古曰:"摅,布也,音丑居反。"

㉒师古曰:"蜚,古飞字。"

㉓师古曰:"称,尺孕反。"

㉔师古曰:"掌故,太常官属,主故事者。"

于是天子沛然改容,曰:"俞乎,朕其试哉!"①乃迁思回
虑,总公卿之议,询封禅之事,诗大泽之博,广符瑞之富。②遂
作颂曰:

①师古曰:"沛然,感动之意也。俞者,然也,然其所请也。沛,普大反。俞,
　音逾。"

②孟康曰:"诗所以咏功德,谓下四章之颂也。大泽之博,谓'自我天覆,云
　之油油'也。广符瑞之富,谓'斑斑之兽'以下三章,言符应广大富饶
　也。"

自我天覆,云之油油。①甘露时雨,厥壤可游。②滋液渗
漉,何生不育!③嘉谷六穗,我穑曷蓄?④

①苏林曰:"油,音油麻之油。"李奇曰:"油油,云行貌。《孟子》曰'油然作
　云,沛然下雨'。"

②师古曰:"言雨雾滂沛,其泽可以游泳也。"

③师古曰:"渗漉,谓润泽下究,故无生而不育也。渗,音山禁反。漉,音
　鹿。"

④李奇曰:"我之稼穑,何等不蓄积?"

匪唯雨之,又润泽之;匪唯偏我,泛布护之;①万物熙熙,
怀而慕之;名山显位,望君之来。君兮君兮,侯不迈哉!②

①师古曰:"泛,普也。布护,言遍布也。泛,敷剑反。"

②师古曰:"侯,何也。迈,行也。言君何不行封禅。"

殷殷之兽,乐我君囿;白质黑章,其仪可喜;①旼旼穆穆,
君子之态。②盖闻其声,今视其来。③厥涂靡从,天瑞之征。④
兹尔于舜,虞氏以兴。⑤

①师古曰:"谓驺虞也。殷,字与斑同耳,从丹青之丹。喜,许记反。"

②孟康曰:"旼旼,和也。穆穆,敬也。言容态和且敬,有似君子也。"张揖
　曰:"旼,音旻。"

③师古曰:"言往昔但闻其声,今亲见其来也。来,合韵音郎代反。"

④文颖曰:"其来之道何从乎?此乃天瑞之应也。"

⑤文颖曰:"百兽舞,则驺虞在其中也。"

濯濯之麟,游彼灵畤。孟冬十月,君徂郊祀。①驰我君舆,

帝用享祉。②三代之前,盖未尝有。

①文颖曰:"濯濯,肥也。武帝冬幸雍,祠五畤,获白麟也。"师古曰:"濯,直
　角反。《大雅·灵台》之诗云'麀鹿濯濯'。"

②文颖曰:"驰我君车之前也。"师古曰:"帝,天帝也。以此祭天,天既享
　之,答以祉福也。"

　　宛宛黄龙,兴德而升;①采色玄耀,焕炳辉煌。②正阳显
见,觉寤黎烝。③于传载之,云受命所乘。④

①文颖曰:"起至德而见也。"

②师古曰:"玄,读曰炫。辉煌,光貌。辉,下本反。"

③文颖曰:"阳,明也。"师古曰:"黎烝,众庶也。"

④师古曰:"谓《易》云'时乘六龙以御天也'。"

　　厥之有章,不必谆谆。①依类托寓,谕以封峦。②

①文颖曰:"天之所命,表以符瑞,章明其德,不必谆谆然有语言也。"师古
　曰:"谆谆,告喻之孰也,音之纯反。"

②文颖曰:"寓,寄也。峦,山也。言依事类托,寄以喻封禅。"

　　披艺观之,天人之际已交,上下相发允答。圣王之事,兢兢
翼翼。①故曰于兴必虑衰,安必思危。是以汤武至尊严,不失肃
祇,②舜在假典,顾省厥遗:③此之谓也。

①师古曰:"兢兢,戒也。翼翼,敬也。"

②师古曰:"言居天子之位,犹不忘恭敬也。"

③师古曰:"在,察也。假,大也。典,则也。言舜察璇玑玉衡,恐己政化有
　所遗失,不合天心。今汉亦当顺天意而封禅也。"

　　相如既卒五岁,上始祭后土。八年而遂礼中岳,封于太山,至梁
甫,禅肃然。

　　相如它所著,若《遗平陵侯书》、《与五公子相难》、《草木书篇》,
不采,采其尤著公卿者云。

　　赞曰:司马迁称"《春秋》推见至隐,①《易本》隐以之显,②《大
雅》言王公大人而德逮黎庶,③《小雅》讥小己之得失,其流及上。④
所言虽殊,其合德一也。相如虽多虚辞滥说,然要其归引之于节俭,

此亦《诗》之风谏何异?"⑤杨雄以为靡丽之赋,劝百而风一,⑥犹骋郑卫之声,曲终而奏雅,不已戏乎!⑦

①李奇曰:"隐犹微也。言其义显而文隐,若隐公见弑死,而经不书。隐,讳之也。"

②张揖曰:"作八卦以通神明之德,是本隐也。有天道焉,有地道焉,有人道焉,以类万物之情,是之显也。"师古曰:"之,往也。"

③张揖曰:"谓文王、公刘在位,大人之德下及众民者也。"

④张揖曰:"己,诗人自谓也。己小有得失,不得其所,作诗流言,以讽其上也。"师古曰:"小己者,谓卑少之人,以对上言大人耳。"

⑤师古曰:"风,读曰讽。次下亦同。

⑥师古曰:"奢靡之辞多,而节俭之言少也。"

⑦张揖曰:"不亦轻戏乎哉!"

司马相如《难蜀文》中云"身亲其劳,躬傶骿胝无胈,肤不生毛。"张揖注曰:"躬,体也。傶,凑理也。"臣姒捡子书无傶字,又戚字,《说文》云"戊也。"案李善注《文选》云:"孟康曰'凑,凑理也。'疑《汉书》传写相承,误以凑字作傶字耳,合为凑。"

汉书卷五八
列传第二八

公孙弘　卜式　兒宽

公孙弘，菑川薛人也。少时为狱吏，有罪，免。家贫，牧豕海上。年四十余，乃学《春秋》杂说。

武帝初即位，招贤良文学士，是时弘年六十，以贤良征为博士。使匈奴，还报，不合意，①上怒，以为不能，弘乃移病免归。②

①师古曰："奏事不合天子之意。"

②师古曰："移病，谓移书言病也。一曰，以病移居。"

元光五年，复征贤良文学，菑川国复推上弘。弘谢曰："前已尝西，用不能罢，愿更选。"国人固推弘，弘至太常。上策诏诸儒：

制曰：盖闻上古至治，画衣冠，异章服，而民不犯；阴阳和，五谷登，六畜蕃，①甘露降，风雨时，嘉禾兴，朱中生，②山不童，泽不涸；③麟凤在郊薮，龟龙游于沼，④河洛出图书；父不丧子，兄不哭弟；北发渠搜，南抚交阯，⑤舟车所至，人迹所及，跂行喙息，咸得其宜。⑥朕甚嘉之，今何道而臻乎此？⑦子大夫修先圣之术，明君臣之义，讲论洽闻，有声乎当世，敢问子大夫：天人之道，何所本始？吉凶之效，安所期焉？⑧禹汤水旱，厥咎何由？仁义礼知四者之宜，当安设施？属统垂业，物鬼变化？⑨天命之符，废兴何如？天文地理人事之纪，子大夫习焉。其悉意正议，详具其对，著之于篇，⑩朕将亲览焉，靡有所隐。

①师古曰："登，成也，蕃，多也，音扶元反。"

②师古曰："屮,古草字。"

③师古曰："童,无草木也。涸,水竭也,音胡各反。"

④师古曰："邑外谓之郊。泽无水曰薮。沼,池也。"

⑤师古曰："言威德之盛,北则征发于渠搜,南则绥抚于交阯也。渠搜,远
　　夷之国也。"

⑥师古曰："跂行,有足而行者也。喙息,谓有口能息者也。跂,音岐。喙,
　　音许秽反。"

⑦师古曰："臻,至也。"

⑧师古曰："安,焉也。"

⑨师古曰："属,系也,音之欲反。其下亦同。"

⑩师古曰："悉,尽也。篇,简也。"

弘对曰:

　　　臣闻上古尧舜之时,不贵爵赏而民劝善,不重刑罚而民不
犯,躬率以正而遇民信也;①末世贵爵厚赏而民不劝,深刑重
罚而奸不止,其上不正,遇民不信也。夫厚赏重刑未足以劝善
而禁非,必信而已矣。是故因能任官,则分职治;②去无用之
言,则事情得;不作无用之器,即赋敛省;不夺民时,不妨民力,
则百姓富;有德者进,无德者退,则朝廷尊;有功者上,无功者
下,则群臣逡;③罚当罪,则奸邪止;赏当贤,则臣下劝:凡此八
者,治民之本也。故民者,业之即不争,理得则不怨,有礼则不
暴,爱之则亲上,④此有天下之急者也。故法不远义,则民服而
不离;和不远礼,则民亲而不暴。⑤故法之所罚,义之所去
也。⑥和之所赏,礼之所取也。礼义者,民之所服也,而赏罚顺
之,则民不犯禁矣。故画衣冠,异章服,而民不犯者,此道素行
也。

①师古曰："躬,谓身亲行之。遇,谓处待之而已。"

②师古曰："分,音扶问反。"

③李奇曰："言有次第也。"师古曰："逡,音七旬反,其字从辶。"

④师古曰："各得其业则无争心,各申其理则无所怨,使之由礼则无暴慢,
　　子而爱之则知亲上也。"

⑤师古曰:"远,违也,音于万反。"

⑥师古曰:"去,除也,音丘吕反。"

臣闻之,气同则从,声比则应。①今人主和德于上,百姓和合于下,②故心和则气和,气和则形和,形和则声和,声和则天地之和应矣。故阴阳和,风雨时,甘露降,五谷登,六畜蕃,嘉禾兴,朱草生,山不童,泽不涸,此和之至也。故形和则无疾,无疾则不夭,故父不丧子,兄不哭弟。德配天地,明并日月,则麟凤至,龟龙在郊,河出图,洛出书,远方之君莫不说义,③奉币而来朝,此和之极也。

①师古曰:"比亦和也,音频寐反。"

②师古曰:"合,谓与上合德也。"

③师古曰:"说,读曰悦。"

臣闻之,仁者爱也,义者宜也,礼者所履也,①智者术之原也,致利除害,兼爱无私,谓之仁;②明是非,立可否,谓之义,进退有度,尊卑有分;谓之礼;③擅杀生之柄,通壅塞之涂,④权轻重之数,论得失之道,使远近情伪必见于上,谓之术;⑤凡此四者,治之本,道之用也,皆当设施,不可废也。得其要,则天下安乐,法设而不用,⑥不得其术,则主蔽于上,官乱于下。此事之情,属统垂业之本也。

①师古曰:"履而行之。"

②师古曰:"致,谓引而至也。"

③师古曰:"分,音扶问反。"

④师古曰:"擅,专也。"

⑤师古曰:"见,显也。"

⑥师古曰:"下不犯法,无所加刑也。"

臣闻尧遭鸿水,使禹治之。未闻禹之有水也。若汤之旱,则桀之余烈也。桀纣行恶,受天之罚;禹汤积德,以王天下。因此观之,天德无私亲,顺之和起,逆之害生。此天文地理人事之纪。臣弘愚戆,不足以奉大对。①

①师古曰:"大对,大问之对。"

时对者百余人，太常奏弘第居下。策奏，天子擢弘对为第一。召见，容貌甚丽，拜为博士，待诏金马门。①

①如淳曰："武帝时，相马者东门京作铜马法献之，立马于鲁斑门外，更名鲁斑门为金马门。"

弘复上疏曰："陛下有先圣之位而无先圣之名，有先圣之民而无先圣之吏，是以势同而治异。先世之吏正，故其民笃；①今世之吏邪，故其民薄。政弊而不行，令倦而不听。夫使邪吏行弊政，用倦令治薄民，民不可得而化，此治之所以异也。臣闻周公旦治天下，期年而变，三年而化，五年而定。唯陛下之所志。"②书奏，天子以册书答曰："问：弘称周公之治，弘之材能自视孰与周公贤？③弘对曰："愚臣浅薄，安敢比材于周公！虽然，愚心晓然见治道之可以然也。夫虎豹马牛，禽兽之不可制者也，及其教驯服习之，④至可牵持驾服，唯人之从。⑤臣闻揉曲木者不累日，⑥销金石者不累月，夫人于利害好恶，岂比禽兽木石之类哉？⑦期年而变，臣弘尚窃迟之。"上异其言。

①师古曰："笃，厚也。"

②师古曰："言志所在也。"

③师古曰："与犹如也。"

④师古曰："驯，顺也，音巡。"

⑤师古曰："从人意。"

⑥师古曰："揉，谓矫而正之也。累，积也。揉，音人九反。"

⑦师古曰："好，音呼到反。恶，音一故反。"

时方通西南夷，巴蜀苦之，诏使弘视焉。还奏事，盛毁西南夷无所用，上不听。每朝会议，开陈其端，使人主自择，不肯面折庭争。于是上察其行慎厚，辩论有余，习文法吏事，缘饰以儒术，①上说之。②一岁中至左内史。

①师古曰："缘饰者，譬之于衣加纯缘者。"

②师古曰："说，读曰悦。"

弘奏事，有所不可，不肯庭辩。①常与主爵都尉汲黯请间，②黯先发之，弘推其后，上常说，③所言皆听，以此日益亲贵。尝与公卿约议。④至上前,皆背其约以顺上指,汲黯庭诘弘曰:"齐人多诈而无情,始为与臣等建此议,今皆背之,不忠。"上问弘,弘谢曰:"夫知臣者以臣为忠,不知臣者以臣为不忠。"上然弘言。左右幸臣每毁弘,上益厚遇之。

①师古曰:"不于朝廷显辨论之。"

②师古曰:"求空隙之暇。"

③师古曰:"说,读曰悦。"

④师古曰:"约,要也。"

弘为人谈笑多闻,①常称以为人主病不广大,人臣病不俭节。养后母孝谨,后母卒,服丧三年。

①师古曰:"善于谈笑而又多闻也。谈字或作诙,音恢,谓啁也,善啁谑也。"

为内史数年,迁御史大夫。时又东置苍海,北筑朔方之郡。弘数谏,以为罢弊中国以奉无用之地,①愿罢之。于是上乃使朱买臣等难弘置朔方之便。发十策,弘不得一。②弘乃谢曰:"山东鄙人,不知其便若是,愿罢西南夷、苍海,专奉朔方。"上乃许之。

①师古曰:"罢,读曰疲。"

②师古曰:"言其利害十条,弘无以应之。"

汲黯曰:"弘位在三公,奉禄甚多,①然为布被,此诈也。"上问弘,弘谢曰:"有之。夫九卿与臣善者无过黯,然今日庭诘弘,诚中弘之病。夫以三公为布被,诚饰诈欲以钓名。②且臣闻管仲相齐,有三归,③侈拟于君,④桓公以霸,亦上僭于君。晏婴相景公,食不重肉,妾不衣丝,齐国亦治,亦下比于民。⑤今臣弘位为御史大夫,为布被,自九卿以下至于小吏无差,诚如黯言。且无黯,陛下安闻此言?"上以为有让,愈益贤之。

①师古曰:"奉,音扶用反。其下亦同。"

②师古曰:"钓,取也。言若钓鱼之谓也。"

③师古曰:"三归,取三姓女也。妇人谓嫁曰归。"

④师古曰:"拟,疑也,言相似也。"

⑤师古曰:"比,方也。一曰,比,近也,频寐反。"

元朔中,代薛泽为丞相。先是,汉常以列侯为丞相,唯弘无爵,上于是下诏曰:"朕嘉先圣之道,开广门路,宣招四方之士,盖古者任贤而序位,量能以授官,劳大者厥禄厚,德盛者获爵尊,故武功以显重,而文德以行褒。其以高成之平津乡户六百五十封丞相弘为平津侯"。其后以为故事,至丞相封,自弘始也。

时上方兴功业,娄举贤良。① 弘自见为举首,起徒步,数年至宰相封侯,于是起客馆,开东阁以延贤人,② 与参谋议。弘身食一肉,脱粟饭,③ 故人宾客仰衣食,④ 奉禄皆以给之,家无所余。然其性意忌,外宽内深。⑤ 诸常与弘有隙,无近远,虽阳与善,后竟报其过。杀主父偃,徙董仲舒胶西,皆弘力也。

①师古曰:"娄,古屡字。"

②师古曰:"阁者,小门也,东向开之,避当庭门而引宾客,以别于掾史官属也。"

③师古曰:"才脱粟而已,不精凿也。脱,音他活反。"

④师古曰:"故人,平生故交也。仰,音牛向反。"

⑤师古曰:"意忌,多所忌害也。"

后淮南、衡山谋反,治党与方急,弘病甚,自以为无功而封侯,居宰相位,宜佐明主填抚国家,① 使人由臣子之道。② 今诸侯有畔逆之计,此大臣奉职不称也。③ 恐病死无以塞责,④ 乃上书曰:"臣闻天下通道五,所以行之者三。君臣、父子、夫妇、长幼、朋友之交,五者天下之通道也;仁、知、勇三者,所以行之也。故曰:'好问近乎知,⑤ 力行近乎仁,⑥ 知耻近乎勇。⑦ 知此三者,知所以自治;知所以自治,然后知所以治人。'⑧ 未有不能自治而能治人者也。陛下躬孝弟,监三王,建周道,兼文武,招徕四方之士,任贤序位,量能授官,将以厉百姓,劝贤材也。今臣愚驽,无汗马之劳,⑨ 陛下过意擢臣弘卒伍之中,⑩ 封为列侯,致位三公。臣弘行能不足以称,⑪ 加有负薪之疾,恐先狗马填沟壑,终无以报德塞责。愿归侯,乞骸骨,避贤者路。"上报曰:"古者赏有功,褒有德,守成上文,遭遇右武,⑫ 未有易此者也。⑬ 朕夙夜庶几,获丞至尊,惧不能宁,惟所与共为治

者,君宜知之。⑭盖君子善善及后世,若兹行,常在朕躬。⑮君不幸
罹霜露之,疾何恙不已。⑯乃上书归侯,乞骸骨,是章朕之不德
也。⑰今事少闲,⑱君其存精神,止念虑,辅助医药以自持。"因赐告
牛酒杂帛。居数月,有瘳,视事。

①师古曰:"填,音竹刃反。"

②师古曰:"由,从也。"

③师古曰:"称,副也。"

④师古曰:"塞,当也。"

⑤师古曰:"疑则问之,故成其智。"

⑥师古曰:"屈己济物,故为仁也。"

⑦师古曰:"不求苟得,故为勇也。"

⑧师古曰:"自'好问近乎智'以下,皆《礼记·中庸》之辞。"

⑨师古曰:"言未尝从军旅。"

⑩师古曰:"过犹误也。"

⑪师古曰:"不副其任也。"

⑫师古曰:"右亦上也,祸乱时则上武耳。"

⑬师古曰:"易,改也。"

⑭师古曰:"惟,思也。知,谓知道治也。"

⑮师古曰:"朕常思此,不息于心也。"

⑯师古曰:"罹,遭也。恙,忧也。已,止也。言何忧于疾不止也。《礼记》曰
'疾止复初'也。"

⑰师古曰:"章,明也。"

⑱师古曰:"闲,言有空隙也。闲,读曰闲。"

凡为丞相御史六岁,年八十,终丞相位。其后李蔡、严青翟、赵
周、石庆、公孙贺、刘屈氂继踵为丞相。①自蔡至庆,丞相府客馆丘
虚而已,②至贺、屈氂时,坏以为马厩车库奴婢室矣。唯庆以惇谨,
复终相位,③其余尽伏诛云。

①师古曰:"继踵,言相蹑也。屈,音丘勿反,又巨勿反。氂,音力之反。"

②师古曰:"言不能进贤,故不缮修其室屋也。虚,读曰墟。"

③师古曰:"惇,厚也,音敦。"

弘子度嗣侯,为山阳太守十余岁,诏征巨野令史成诣公车,度

留不遣，坐论为城旦。

元始中，修功臣后，下诏曰："汉兴以来，股肱在位，身行俭约，轻财重义，未有若公孙弘者也。位在宰相封侯，而为布被脱粟之饭，奉禄以给故人宾客，无有所余，可谓减于制度，①而率下笃俗者也，②与内富厚而外为诡服以钓虚誉者殊科。③夫表德章义，所以率世厉俗，圣王之制也。其赐弘后子孙之次见为适者，④爵关内侯，食邑三百户。"

①应劭曰："礼，贵有常尊，衣服有品。"

②师古曰："笃，厚也。"

③师古曰："诡，违也。诡服，谓与心志相违也。一曰，违众之服也。"

④师古曰："见，音胡电反。適，读曰嫡。"

卜式，河南人也。以田畜为事。有少弟，弟壮，式脱身出，①独取畜羊百余，田宅财物尽与弟。式入山牧十余年，羊致千余头，买田宅。而弟尽破其产，式辄复分与弟者数矣。②

①师古曰："脱身，谓引身出也。脱，音他活反。"

②师古曰："数，音所角反。"

时汉方事匈奴，式上书，愿输家财半助边。上使使问式："欲为官乎？"式曰："自小牧羊，不习仕宦，不愿也。"使者曰："家岂有冤，欲言事乎？"式曰："臣生与人亡所争，邑人贫者贷之，①不善者教之，所居人皆从式，式何故见冤！"使者曰："苟，子何欲？"②式曰："天子诛匈奴，愚以为贤者宜死节，有财者宜输之，如此而匈奴可灭也。"使者以闻。上以语丞相弘。弘曰："此非人情。不轨之臣③不可以为化而乱法，愿陛下勿许。"上不报，数岁乃罢式。式归，复田牧。

①师古曰："贷，音土戴反。"

②师古曰："言子苟如此输财，必有所欲。"

③师古曰："轨亦法也。"

岁余，会浑邪等降，县官费众，仓府空，①贫民大徙，皆印给县官，②无以尽赡。式复持钱二十万与河南太守，以给徙民。河南上富人助贫民者,上识式姓名,曰:"是固前欲输其家半财助边。"乃赐式外繇四百人,③式又尽复与官。是时富豪皆争匿财,④唯式尤欲助费。上于是以式终长者,乃召拜式为中郎,赐爵左庶长,⑤田十顷,布告天下,尊显以风百姓。⑥

①师古曰:"仓,粟所积也。府,钱所聚也。"

②师古曰:"卬,音牛向反。"

③苏林曰:"外繇,谓戍边也。一人出三百钱,谓之过更。式岁得十二万钱也。一说,在繇役之外得复除四百人也。"师古曰:"一说是也。"

④师古曰:"匿,藏也。"

⑤师古曰:"第十爵。"

⑥师古曰:"风,读曰讽。"

初,式不愿为郎,上曰:"吾有羊在上林中,欲令子牧之。"式既为郎,布衣中跻而牧羊。①岁余,羊肥息。②上过其羊所,善之。式曰:"非独羊也,治民亦犹是矣。以时起居,恶者辄去,③毋令败群。"上奇其言,欲试使治民。拜式缑氏令,缑氏便之;迁成皋令,将漕最。④上以式朴忠,⑤拜为齐王太傅,转为相。

①师古曰:"跻,即今之鞋也,南方谓之跻,字本作屩,并音居略反。"

②师古曰:"息,生也。言羊既肥而又生多也。"

③师古曰:"去,除也,音丘吕反。"

④师古曰:"为县令而又使领漕,其课最上。"

⑤师古曰:"朴,质也。"

会吕嘉反,式上书曰:"臣闻主愧臣死。群臣宜尽死节,其驽下者宜出财以佐军,如是则强国不犯之道也。①臣愿与子男②及临菑习弩博昌习船者请行,死之以尽臣节。"③上贤之,下诏曰:"朕闻报德以德,报怨以直。④今天下不幸有事,郡县诸侯未有奋繇直道者也。⑤齐相雅行躬耕,⑥随牧蓄番,辄分昆弟,更造,⑦不为利惑。⑧日者北边有兴,⑨上书助官。往年西河岁恶,率齐人入粟。⑩今又首奋,⑪虽未战,可谓义形于内矣。⑫其赐式爵关内侯,黄金四十斤,田十顷,布告天下,使明知之。"

①师古曰:"国家威强而不见侵犯。"

②师古曰:"子男,自谓其子也。"

③师古曰:"从军而致死。"

④师古曰:"《论语》称孔子曰'以直报怨,以德报德'。故诏引之。"

⑤孟康曰:"未有奋迅乐出身劳于徭役者也。"臣瓒曰:"言未有奋厉于正
　直之道也。"师古曰:"二说皆非也。奋,愤激也。繇,读与由同。由,从也。
　直道,谓报怨以直,征南越也。言无欲奋厉而从于报怨之道也。"

⑥臣瓒曰:"雅,素也。言卜式躬耕于野,不要名利。"晋灼曰:"雅,正也。"
　师古曰:"晋说是也。言其行雅正,又躬耕也。"

⑦师古曰:"言蓄牧滋多,则与昆弟,而更自营为也。番,音扶元反。"

⑧师古曰:"言不惑于利。"

⑨师古曰:"日者,往日也。兴,谓发军。"

⑩师古曰:"西河岁恶,犹凶岁也。《礼记》曰'岁凶,年谷不登'。"

⑪师古曰:"为首而奋厉,愿从军也。"

⑫师古曰:"形,见也。"

　　元鼎中,征式代石庆为御史大夫。式既在位,言郡国不便盐铁
而船有算,可罢。上由是不说式。①明年当封禅,式又不习文章,贬
秩为太子太傅,以兒宽代之。式以寿终。

①师古曰:"说,读曰悦。"

　　兒宽,千乘人也。①治《尚书》,事欧阳生。以郡国选诣博士,受
业孔安国。贫无资用,常为弟子都养。②时行赁作,带经而锄,休息
辄读诵,其精如此。以射策为掌故,功次补廷尉文学卒史。③

①师古曰:"千乘郡千乘县也。兒,音五奚反。"

②师古曰:"都,凡众也。养,主给烹炊者也。贫无资用,故供诸弟子烹炊
　也。养,音弋向反。"

③苏林曰:"秩六百石,旧郡亦有也。"臣瓒曰:"《汉注》卒史秩百石。"师古
　曰:"瓒说是也。"

　　宽为人温良,有廉知自将,①善属文,②然懦于武,③口弗能发
明也。时张汤为廷尉,廷尉府尽用文史法律之吏,④而宽以儒生在
其间,见谓不习事,不署曹,⑤除为从史⑥之北地视畜数年。⑦还
至府,上畜簿,⑧会廷尉时有疑奏,已再见却矣,⑨掾史莫知所为。

宽为言其意，掾史因使宽为奏。成，读之皆服，以白廷尉汤。汤大惊，召宽与语，乃奇其材，以为掾。上宽所作奏，即时得可。异日，汤见上，问曰："前奏非俗吏所及，谁为之者？"汤言兒宽。上曰："吾固闻之久矣。"汤由是乡学，⑩以宽为奏谳掾，以古法义决疑狱，甚重之。及汤为御史大夫，以宽为掾，举侍御史。见上，语经学。上说之，⑪从问《尚书》一篇。擢为中大夫，迁左内史。

①师古曰："将，卫也，以智自卫护也。"

②师古曰："属，缀也，音之欲反。"

③师古曰："懦，柔也，音乃唤反，又音儒。"

④师古曰："史，谓善史书者。"

⑤张晏曰："不署为列曹也。"师古曰："署，表也，置也。凡言署官，表其秩位，置立为之也。"

⑥师古曰："从史者，但只随官僚，不主文书。"

⑦师古曰："之，往也。畜，谓廷尉之畜在北地者，若今诸司公廨牛羊。"

⑧师古曰："簿，谓文计也。"

⑨师古曰："却，退也。"

⑩师古曰："乡，读曰向。"

⑪师古曰："说，读曰悦。"

　　宽既治民，劝农业，缓刑罚，理狱讼，卑体下士，务在于得人心；①择用仁厚士，推情与下，不求名声，吏民大信爱之。宽表奏开六辅渠，②定水令以广溉田。③收租税，时裁阔狭，与民相假贷，④以故租多不入。后有军发，左内史以负租课殿，当免。民闻当免，皆恐失之，大家牛车，小家担负，输租繦属不绝，课更以最。上由此愈奇宽。⑤

①师古曰："下，音胡稼反。"

②韦昭曰："六辅，谓京兆、冯翊、扶风、河东、河南、河内也。"刘德曰："于六辅界中为渠也。"师古曰："二说皆非也。《沟洫志》云'兒宽为左内史，奏请穿六辅渠以益溉郑国旁高卬之田'，此则于郑国渠上流南岸更开六道小渠以辅助溉灌耳。今雍州云阳、三原两县界此渠尚存，乡人名曰六渠，亦号辅渠。故《河渠书》云'关内则辅渠、灵轵'是也，焉说三河

之地哉!"

③师古曰:"为用水之次具立法令,皆得其所也。"

④师古曰:"谓有贫弱及农要之时不即征收也。贷,音土代反。"

⑤师古曰:"缞,索也。言输者接连,不绝于道,若绳索之相属也,犹今言续索矣。属,音之欲反。"

　　及议欲放古巡狩封禅之事,①诸儒对者五十余人,未能有所定。先是,司马相如病死,有遗书,颂功德,言符瑞,足以封泰山。上奇其书,以问宽,宽对曰:"陛下躬发圣德,统楫群元,②宗祀天地,荐礼百神,精神所乡,征兆必报,③天地并应,符瑞昭明。其封泰山,禅梁父,昭姓考瑞,帝王之盛节也。然享荐之义,不著于经,④以为封禅告成,合祛于天地神祇,⑤祇戒精专以接神明。总百官之职,各称事宜而为之节文。⑥唯圣王所由,制定其当,⑦非群臣之所能列。今将举大事,优游数年,⑧使群臣得人自尽,终莫能成。⑨唯天子建中和之极,兼总条贯,⑩金声而玉振之,⑪以顺成天庆,垂万世之基。"上然之,乃自制仪,采儒术以文焉。

①师古曰:"放,依也,音甫往反。"

②张晏曰:"统,察;楫,聚也。"如淳曰:"历数之元也。"臣瓒曰:"统犹总览也。楫当作辑。"师古曰:"辑与集,三字并同。《虞书》曰'楫五瑞'是也,其字从木。瓒曰当为辑,不通。"

③师古曰:"乡,读曰向。征,证也"

④师古曰:"封禅之享荐也,以非常礼,故经无其文。著,音竹箸反。"

⑤李奇曰:"祛,开散;合,闭也。开闭于天地也。"

⑥师古曰:"称,副也。"

⑦师古曰:"当犹中也。"

⑧师古曰:"言不决也。"

⑨师古曰:"所言不同,各有执见也。"

⑩师古曰:"极,正也。《周礼》曰'以为人极'也。"

⑪师古曰:"言振扬德音,如金玉之声也。"

　　既成,将用事,拜宽为御史大夫,从东封泰山,还登明堂。宽上寿曰:"臣闻三代改制,属象相因。①间者圣统废绝,②陛下发愤,合指天地,祖立明堂辟雍,③宗祀泰一,④六律五声,⑤幽赞圣意,⑥神乐四合,各有方象,⑦以丞嘉祀,为万世则,⑧天下幸甚。将建大元本瑞,登告岱宗,发祉闿门,以候景至。癸亥宗祀,日宣重光,上元甲子,肃邕永享。⑨光辉充塞,天文粲然,⑩见象日昭,报降符应。⑪臣宽奉觞再拜,上千万岁寿。”制曰:“敬举君之觞。”

①李奇曰:“政教之法象相因属。”师古曰:“属,连也,音之欲反。”

②师古曰:“圣统,圣人之遗业,谓礼文也。”

③师古曰:“祖,始也。”

④师古曰:“宗,尊也。”

⑤师古曰:“六律,谓黄钟、太蔟、姑洗、蕤宾、夷则、无射也。五声,宫、商、角、徵、羽也。”

⑥师古曰:“幽,深也。赞,明也。”

⑦如淳曰:“四方色乃五神祭祀声乐各有等。”

⑧师古曰:“则,法也。”

⑨李奇曰:“太平之世,日抱重光,谓日有重日也。”苏林曰:“将,甫始之辞也。太元,太初历也。本瑞,谓白麟、宝鼎之属也。以候景至,冬至之景也。上元甲子,太初元年甲子朔旦冬至也。”师古曰:“宗,尊也。肃,敬也。雍,和也。既敬且和,则长为天所亨也。闿,读与开同。”

⑩师古曰:“塞,满也。粲然,明貌。”

⑪师古曰:“言大显示景象,日日昭明也。降下符应,以报德化。”

后太史令司马迁等言:“历纪坏废,汉兴未改正朔,宜可正。”上乃诏宽与迁等共定汉《太初历》。语在《律历志》。

初,梁相褚大通五经,为博士,时宽为弟子。及御史大夫缺,征褚大,大自以为得御史大夫。至洛阳,闻兒宽为之,褚大笑。及至,与宽议封禅于上前,大不能及,退而服曰:“上诚知人。”宽为御史大夫,以称意任职,故久无有所匡谏于上,官属易之。①居位九岁,以官卒。

①师古曰:“易,轻也,音弋豉反。”

赞曰:公孙弘、卜式、兒宽皆以鸿渐之翼困于燕爵,①远迹羊豕之间，②非遇其时，焉能致此位乎？③是时，汉兴六十余载，海内艾安，④府库充实，而四夷未宾，制度多阙。上方欲用文武，求之如弗及，⑤始以蒲轮迎枚生，见主父而叹息。⑥群士慕向，异人并出。卜式拔于刍牧，弘羊擢于贾竖，卫青奋于奴仆，日磾出于降虏，斯亦曩时版筑饭牛之明已。⑦汉之得人，于兹为盛。儒雅则公孙弘、董仲舒、兒宽，笃行则石建、石庆，质直则汲黯、卜式，推贤则韩安国、郑当时，定令则赵禹、张汤，文章则司马迁、相如，滑稽则东方朔、枚皋，⑧应对则严助、朱贾臣，历数则唐都、洛下闳，协律则李延年，运筹则桑弘羊，奉使则张骞、苏武，将率则卫青、霍去病，受遗则霍光、金日磾，其余不可胜纪。⑨是以兴造功业，制度遗文，后世莫及。孝宣承统，纂修洪业，亦讲论六艺，招选茂异，而萧望之、梁丘贺、夏侯胜、韦玄成、严彭祖、尹更始以儒术进，刘向、王褒以文章显，将相则张安世、赵充国、魏相、丙吉、于定国、杜延年，治民则黄霸、王成、龚遂、郑弘、召信臣、⑩韩延寿、尹翁归、赵广汉、严延年、张敞之属，皆有功迹见述于世。参其名臣，亦其次也。⑪

①李奇曰："渐，进也。鸿一举而进千里者，羽翼之材也。弘等皆以大材初为俗所薄，若燕爵不知鸿志也。"师古曰：《易·渐卦》上九爻辞曰：'鸿渐于陆，其羽可以为仪'。鸿，大鸟也。渐，进也。高平曰陆。言鸿进于陆，以其羽翼为威仪也。喻弘等皆有鸿之羽仪，未进之时，燕爵所轻也。"

②师古曰："远审其迹也。"

③师古曰："焉，于何也。"

④师古曰："艾，读曰乂。"

⑤师古曰："恐失之。"

⑥师古曰："谓言'公皆安在？何相见之晚！'"

⑦师古曰："版筑，傅说也。饭牛，宁戚也。已，语终辞也。饭，音扶晚反。"

⑧师古曰："滑稽，转利之称也。滑，乱也。稽，碍也。言其变乱无留碍也。一说，稽，考也。言可滑乱不可考校也。滑，音骨。稽，音工奚反。"

⑨师古曰："纪，记也。"

⑩师古曰："召，读曰邵。"

⑪师古曰:"次于武帝时。"

汉书卷五九
列传第二九

张汤　　子安世　安世子延寿

　　张汤,杜陵人也。父为长安丞,出,汤为儿守舍。①还,鼠盗肉,父怒,笞汤。汤掘熏得鼠及余肉,劾鼠掠治,传爰书,讯鞫论报,②并取鼠与肉,具狱磔堂下。③父见之,见文辞如老狱吏,大惊,遂使书狱。④

　　①师古曰:“称为儿者,言其尚幼少也。”
　　②师古曰:“传,谓传逮,若今之追送赴对也。爰,换也,以文书代换其口辞也。讯,考问也。鞫,穷也,谓穷核之也。论报,谓上论之而获报也。讯,音信。”
　　③师古曰:“具为治狱之文,处正其罪而磔鼠也。”
　　④如淳曰:“决狱之书,谓律令也。”

　　父死后,汤为长安吏。周阳侯为诸卿时,①尝系长安,汤倾身事之。及出为侯,大与汤交,遍见贵人。汤给事内史,为宁成掾,以汤为无害,言大府,②调茂陵尉,③治方中。④

　　①师古曰:“姓赵。”
　　②师古曰:“大府,丞相府也。无害,言其最胜也,解在《萧何传》。”
　　③师古曰:“调,选也,选以为此官也。调,音徒钓反。”
　　④孟康曰:“方中,陵上土作方也,汤主治之。”苏林曰:“天子即位,豫作陵,讳之,故言方中,或言斥土。”如淳曰:“《汉注》陵方中用地一顷,深十二丈。”师古曰:“苏说非也。古谓掘地为坑曰方,今荆楚俗土功筑作算程课者,犹以方计之,非谓避讳也。”

武安侯为丞相，①征汤为史，荐补侍御史。治陈皇后巫蛊狱，深竟党与，上以为能，迁太中大夫。与赵禹共定诸律令，务在深文，拘守职之吏。②已而禹至少府，汤为廷尉，两人交欢，兄事禹。③禹志在奉公孤立，而汤舞知以御人。④始为小吏，乾没，与长安富贾田甲、鱼翁叔之属交私。⑤及列九卿，收接天下名士大夫，己心内虽不合，然阳浮道与之。⑥

①师古曰："田蚡。"

②苏林曰："拘刻于守职之吏。"

③师古曰："事之如兄。"

④师古曰："舞弄其智，制御它人也。"

⑤服虔曰："乾没，射成败也。"如淳曰："豫居物以待之，得利为乾，失利为没。"师古曰："乾，音干。"

⑥师古曰："阳以道义为交，非其中心，故云浮也。

是时，上方乡文学，①汤决大狱，欲傅古义，②乃请博士弟子治《尚书》、《春秋》补廷尉史，平亭疑法。奏谳疑，③必奏先为上分别其原，上所是，受而著谳法廷尉絜令，④扬主之明。⑤奏事即谴，汤摧谢，⑥乡上意所便，⑦必引正、监、掾史贤者："固为臣议，如此⑧上责臣，臣弗用，愚抵此。"⑨罪常释。⑩间即奏事，上善之，曰："臣非知为此奏，乃监、掾史某所为。"⑪其欲荐吏，扬人之善、解人之过如此。所治即上意所欲罪，予监吏深刻者；即上意所欲释，予监吏轻平者。所治即豪，必舞文巧诋；⑫即下户羸弱，时口言"虽文致法，上裁察。"于是往往释汤所言。⑬汤至于大吏，内行修，交通宾客饮食，于故人子弟为吏及贫昆弟，调护之尤厚。⑭其造请诸公，不避寒暑。⑮是以汤虽文深意忌不专平，然得此声誉。而深刻吏多为爪牙用者，依于文学之士。丞相弘数称其美。

①师古曰："乡，读曰向。"

②师古曰："傅，读曰附。"

③李奇曰："亭亦平也。"师古曰："亭，均也，调也。言平均疑法及为谳疑奏之。"

④韦昭曰："在板絜也。"师古曰："著，谓明书之也。絜，狱讼之要也。书于

　　讞法挈令以为后式也。挈,音口计反。”
⑤师古曰:“言此自天子之意,非由臣下有司。”
⑥苏林曰:“深自挫按也。”师古曰:“若上有责,即摧折而谢也。”
⑦师古曰:“谓如天子责汤之指而言其端也。乡,读曰向。”
⑧师古曰:“如上之意。”
⑨苏林曰:“坐不用诸掾语,故至于此。”
⑩臣瓒曰:“谓常见原也。”
⑪师古曰:“间,谓非当朝奏者。”
⑫师古曰:“诋,诬也,音丁礼反。其下并同。”
⑬李奇曰:“先见上口言之,欲与轻平,故皆见原释也。”如淳曰:“虽文书
　　按察致下户之罪,汤以先口解之矣。上以汤言,辄裁察之,轻其罪也。”
　　师古曰:“李、如二说皆非也。此言下户羸弱,汤欲佐助,虽具文奏之,而
　　又口奏,言虽律令之文合致此罪,听上裁察,盖为此人希恩宥也。于是
　　上得汤此言,往往释其人罪,非未奏之前口豫言也。”
⑭师古曰:“调,和适之,令得其所也。护,谓保佑也。”
⑮师古曰:“造,至诣也。请,谒问也。造,音七到反。”

　　及治淮南、衡山、江都反狱,皆穷根本。严助、伍被,上欲释之,
汤争曰:“伍被本造反谋,而助亲幸出入禁闼,腹心之臣乃交私诸侯
如此,弗诛,后不可治。”上可论之。①其治狱所巧排大臣自以为功,
多此类。繇是益尊任,②迁御史大夫。
　　①师古曰:“可汤所奏而论决之。”
　　②师古曰:“繇,读与由同。”

　　会浑邪等降,汉大兴兵伐匈奴,山东水旱,贫民流徙,皆卬给县
官,①县官空虚。汤承上指,请造白金及五铢钱,笼天下盐铁,②排
富商大贾,出告缗令,锄豪强并兼之家,舞文巧诋以辅法。③汤每朝
奏事,语国家用,日旰,④天子忘食。丞相取充位,⑤天下事皆决汤。
百姓不安其生,骚动,县官所兴未获其利,奸吏并侵渔,⑥于是痛绳
以罪。自公卿以下至于庶人咸指汤。汤尝病,上自至舍视,其隆贵
如此。
　　①师古曰:“卬,音牛向反。”
　　②师古曰:“笼罗其事,皆令利入官。”

③师古曰:"辅,助也。以巧诋助法,言不公平也。"

④师古曰:"旰,晚也。论事既多,至于日晚。旰,音干。"

⑤师古曰:"但充其位而已,无所造设也。"

⑥师古曰:"并,且也。"

匈奴求和亲,群臣议前,①博士狄山曰:"和亲便。"上问其便,山曰:"兵,凶器,未易数动,②高帝欲伐匈奴,大困平城,乃遂结和亲。孝惠、高后时,天下安乐,及文帝欲事匈奴,北边萧然苦兵。③孝景时,吴楚七国反,景帝往来东宫间,④天下寒心数月。⑤吴楚已破,竟景帝不言兵,⑥天下富实。今自陛下兴兵击匈奴,中国以空虚,边大困贫。由是观之,不如和亲。"上问汤,汤曰:"此愚儒无知。"狄山曰:"臣固愚忠,若御史大夫汤,乃诈忠。汤之治淮南、江都,以深文痛诋诸侯,别疏骨肉,使蕃臣不自安,臣固知汤之诈忠。"于是上作色曰:"吾使生居一郡,能无使虏入盗乎?⑦山曰:"不能。"曰:"居一县?"曰:"不能。"复曰:"居一鄣间?"⑧山自度辩穷且下吏,⑨曰:"能。"乃遣山乘鄣。⑩至月余,匈奴斩山头而去。是后群臣震詟。⑪

①师古曰:"于上前议事。"

②师古曰:"言难可屡动。"

③师古曰:"萧然犹骚然,扰动之貌也。"

④师古曰:"谓咨谋于太后也。"

⑤师古曰:"惧于兵难也。"

⑥师古曰:"讫景帝之身更不议征伐之事。"

⑦师古曰:"博士之官,故呼为生也。"

⑧师古曰:"鄣,谓塞上要险之处,别筑为城,因置吏士而为鄣蔽以捍寇也。鄣,音之向反。"

⑨师古曰:"度,计也。见诘自辩而辞穷,当下吏也。"

⑩师古曰:"乘,登也,登而守之。"

⑪师古曰:"震,动也。詟,失气也。詟,音之涉反。"

汤客田甲虽贾人,有贤操,①始汤为小吏,与钱通,②及为大吏,而甲所以责汤行义,有烈士之风。

①师古曰:"操,谓所执持之操志行也。音千到反。"

②师古曰:"为小吏之时,与田甲为钱财之交。"

汤为御史大夫七岁,败。

河东人李文,故尝与汤有隙,已而为御史中丞,荐数从中文事有可以伤汤者,不能为地。①汤有所爱史鲁谒居,知汤弗平,使人上飞变告文奸事。②事下汤,汤治论杀文,而汤心知谒居为之。上问:"变事从迹安起?"③汤阳惊曰:"此殆文故人怨之。"④谒居病卧闾里主人,汤自往视病,为谒居摩足。赵国以冶铸为业,王数讼铁官事,汤常排赵王。赵王求汤阴事。谒居尝案赵王,赵王怨之,并上书告:"汤,大臣也,史谒居有病,汤至为摩足,疑与为大奸。"事下廷尉。谒居病死,事连其弟,弟系导官。⑤汤亦治它囚导官,见谒居弟,欲阴为之,而阳不省。⑥谒居弟不知而怨汤,使人上书,告汤与谒居谋,共变李文。事下减宣。宣尝与汤有隙,及得此事,穷竟其事,未奏也。会人有盗发孝文园瘗钱,⑦丞相青翟朝,与汤约俱谢,⑧至前,⑨汤念独丞相以四时行园,当谢,汤无与也,不谢。⑩丞相谢,上使御史案其事。汤欲致其文丞相见知,⑪丞相患之。三长史皆害汤,欲陷之。⑫

①服虔曰:"荐,籍也。文与汤故有隙,已而为御史中丞,籍己在内台,中文书有可用伤汤者因会致之,不能为汤作道地。"苏林曰:"蔫,仍也。"师古曰:"荐,数义同,苏说是也。数数在中,其有文书事可用伤汤者,不为作道地也。荐,音在见反。数,音所角反。《大雅·云汉》之诗曰'饥馑荐臻',字亦如此。"

②师古曰:"飞变,犹言急变也。"

③师古曰:"从,读曰踪。"

④师古曰:"殆,近也。"

⑤苏林曰:"《汉仪注》狱二十六所,导官无狱也。"师古曰:"苏说非也。导,择也。以主择米,故曰导官。事见《百官表》。时或以诸狱皆满,故权寄在此署系之,非本狱所也。"

⑥师古曰:"省,视也。"

⑦如淳曰:"瘗,埋也,埋钱于园陵以送死也。"

⑧师古曰："将入朝之时为此要约。"

⑨师古曰："至天子之前。"

⑩师古曰："行，音下更反，与，读曰豫。无豫，无不干其事也。"

⑪张晏曰："见知故纵，以其罪罪之也。"

⑫师古曰："《百官表》丞相有两长史，今此云三者，盖以守者，非正员也。"

　　始，长史朱买臣素怨汤，语在其传。王朝，齐人，以术至右内史。边通学短长，①刚暴人也，官至济南相。故皆居汤右，②已而失官，守长史，诎体于汤。③汤数行丞相事，知此三长史素贵，常陵折之，故三长史合谋曰："始汤约与君谢，已而卖君；今欲劾君以宗庙事，此欲代君耳。吾知汤阴事。"使吏捕案汤左田信等，④曰：汤且欲为请奏，信辄先知之，居物致富，与汤分之。⑤及它奸事。事辞颇闻。⑥上问汤曰："吾所为，贾人辄知，益居其物，⑦是类有以吾谋告之者。"⑧汤不谢，又阳惊曰："固宜有。"减宣亦奏谒居事。上以汤怀诈面欺，⑨使使八辈簿责汤。⑩汤具自道无此，不服。于是上使赵禹责汤。禹至，让汤曰：⑪"君何不知分也！⑫君所治，夷灭者几何人矣！⑬今人言君皆有状，天子重致君狱，⑭欲令君自为计，⑮何多以对为？"⑯汤乃为书谢曰："汤无尺寸之功，起刀笔吏，陛下幸致位三公，无以塞责。⑰然谋陷汤者，三长史也。"遂自杀。

①应劭曰："短长术兴于六国时，长短其语，隐谬用相激怒也。"张晏曰："苏秦、张仪之谋，趣彼为短，归此为长，《战国策》名短长术也。"

②师古曰："言旧在汤上。"

③师古曰："谓拜伏也。"

④李奇曰："左，证左也。"师古曰："谓之左者，言除罪人正身之外，又取其左右者考问也。"

⑤服虔曰："居，谓储也。"

⑥师古曰："闻于天子也。"

⑦师古曰："益，多也。"

⑧师古曰："类，似也。"

⑨师古曰："对面欺诬也。"

⑩苏林曰："簿，音主簿之簿。簿，悉责也。"师古曰："以文簿次第一一责

之。"

⑪师古曰:"让亦责也。

⑫师古曰:"分,音扶问反。"

⑬师古曰:"几,音居起反。"

⑭师古曰:"重犹难也。"

⑮师古曰:"言引决也。"

⑯师古曰:"言何用多对。"

⑰师古曰:"塞,当也。"

汤死,家产直不过五百金,皆所得奉赐,①无它赢。②昆弟诸子欲厚葬汤,汤母曰:"汤为天子大臣,被恶言而死,③何厚葬为!"载以牛车,有棺而无椁。上闻之,曰:"非此母不生此子。"乃尽案诛三长史,丞相青翟自杀。出田信。上惜汤,复稍进其子安世。

①师古曰:"奉,音扶用反。"

②师古曰:"赢,余也。"

③师古曰:"被,加也,音皮义反。"

安世字子孺,少以父任为郎。用善书给事尚书,①精力于职,休沐未尝出。上行幸河东,尝亡书三箧,诏问莫能知,唯安世识之,②具作其事。后购求得书,以相校无所遗失。上奇其材,擢为尚书令,迁光禄大夫。

①师古曰:"于尚书中给事也。给,供也。"

②师古曰:"识,记也,音式志反。"

昭帝即位,大将军霍光秉政,以安世笃行,①光亲重之。会左将军上官桀父子及御史大夫桑弘羊皆与燕王、盖主谋反诛,光以朝无旧臣,白用安世为右将军光禄勋,以自副焉。久之,天子下诏曰:"右将军光禄勋安世辅政宿卫,肃敬不怠,十有三年,咸以康宁。夫亲亲任贤,唐虞之道也,其封安世为富平侯。"

①师古曰:"笃,厚也。"

明年,昭帝崩,未葬,大将军光白太后,徙安世为车骑将军,与共征立昌邑王。王行淫乱,光复与安世谋,废王,尊立宣帝。帝初即位,褒赏大臣,下诏曰:"夫褒有德,赏有功,古今之通义也。车骑将军光禄勋富平侯安世，宿卫忠正，宣德明恩，勤劳国家，守职秉义，以安宗庙，其益封万六百户，功次大将军光。"安世子千秋、延寿、彭祖，皆中郎将侍中。

大将军光薨后数月，御史大夫魏相上封事曰："圣王褒有德以怀万方，①显有功以劝百寮，是以朝廷尊荣，天下乡风。②国家承祖宗之业，制诸侯之重，新失大将军，宜宣章盛德以示天下，显明功臣以填藩国。③毋空大位，以塞争权，④所以安社稷绝未萌也。⑤车骑将军安世事孝武皇帝三十余年，忠信谨厚，勤劳政事，夙夜不怠，与大将军定策，天下受其福，国家重臣也，宜尊其位，以为大将军，毋令领光禄勋事，使专精神，忧念天下，思惟得失。安世子延寿重厚，可以为光禄勋，领宿卫臣。"上亦欲用之。安世闻指，惧不敢当，请间求见，免冠顿首曰："老臣耳妄闻，言之为先事，不言情不达，⑥诚自量不足以居大位，继大将军后。唯天子财哀，以全老臣之命。"⑦上笑曰："君言泰谦。君而不可，尚谁可者！"⑧安世深辞弗能得。后数日，竟拜为大司马车骑将军，领尚书事。数月，罢车骑将军屯兵，更为卫将军，两宫卫尉，城门、北军兵属焉。

①师古曰："怀，来也。"
②师古曰："乡，读曰向。"
③师古曰："填，音竹刃反。"
④师古曰："大臣位空，则起争夺之权也。"
⑤师古曰："未萌，谓变故未生者也。"
⑥师古曰："事未施行而遽言之，故曰先事也。"
⑦师古曰："财，与裁同。"
⑧师古曰："言君尚不可，谁更可也！"

时霍光子禹为右将军，上亦以禹为大司马，罢其右将军屯兵，以虚尊加之，而实夺其众。后岁余，禹谋反，夷宗族。安世素小心畏忌，已内忧矣。①其女孙敬为霍氏外属妇，②当相坐，安世瘦惧，形于颜色。③上怪而怜之，以问左右，乃赦敬，以慰其意。安世浸恐。④职典枢机，以谨慎周密自著，外内无间。⑤每定大政，已决，辄移病出，⑥闻有诏令，乃惊，使吏之丞相府问焉。自朝廷大臣莫知其与议也。⑦

　　①师古曰："忌者，戒盈满之祸。"

　　②师古曰："女孙，即今所谓孙女也。"

　　③师古曰："形，见也。"

　　④师古曰："浸，益也。"

　　⑤师古曰："著，明也。间，隙也。"

　　⑥师古曰："移病，谓移书言病也。一曰，以病而移居。"

　　⑦师古曰："与，读曰豫。"

　　尝有所荐，其人来谢，安世大恨，以为举贤达能，岂有私谢邪？绝弗复为通。①有郎功高不调，②自言，安世应曰："君之功高，明主所知。人臣执事，何长短而自言乎！"绝不许。已而郎果迁。③莫府长史迁，辞去之官，安世问以过失。④长史曰："将军为明主股肱，而士无所进，论者以为讥。"安世曰："明主在上，贤不肖较然，⑤臣下自修而已，何知士而荐之？"其欲匿名迹、远权势如此。⑥

　　①师古曰："有欲谢者，皆不通也。一曰，告此人而绝之，更不与相见也。"

　　②师古曰："调，选也，音徒钓反。"

　　③师古曰："安世外阳距之，而实令其迁。"

　　④师古曰："问己有何失。"

　　⑤师古曰："较，明貌。"

　　⑥师古曰："远，离也，音于万反。"

　　为光禄勋，郎有醉小便殿上，主事白行法，安世曰："何以知其不反水浆邪？①如何以小过成罪！"郎淫官婢，婢兄自言，安世曰："奴以恚怒，诬污衣冠。"告署谪奴。②其隐人过失，皆此类也。

　　①师古曰："反，读曰翻。"

　　②师古曰："谪，读曰谪。"

　　安世自见父子尊显，怀不自安，为子延寿求出补吏，上以为北地太守。岁余，上闵安世年老，复征延寿为左曹、太仆。

　　初，安世兄贺幸于卫太子，太子败，宾客皆诛，安世为贺上书，得下蚕室，①后为掖庭令，而宣帝以皇曾孙收养掖庭。贺内伤太子无辜，而曾孙孤幼，所以视养拊循，恩甚密焉。及曾孙壮大，贺教书，令受《诗》，为取许妃，以家财聘之。曾孙数有征怪，②语在《宣纪》。贺闻知，为安世道之，称其材美。安世辄绝止，以为少主在上，不宜称述曾孙。及宣帝即位，而贺已死。上谓安世曰："掖廷令平生称我，将军止之，是也。"上追思贺恩，欲封其冢为恩德侯，置守冢二百家。③贺有一子蚤死，④无子，子安世小男彭祖。⑤彭祖又小与上同席研书，指欲封之，先赐爵关内侯。故安世深辞贺封，又求损守冢户数，稍减至三十户。上曰："吾自为掖廷令，非为将军也。"安世乃止，不敢复言。遂下诏曰："其为故掖廷令张贺置守冢三十家。"上自处置其里⑥居，冢西斗鸡翁舍南，上少时所当游处也。明年，复下诏曰："朕微眇时，故掖廷令张贺辅道朕躬，⑦修文学经术，恩惠卓异，厥功茂焉。《诗》云：'无言不雠，无德不报。'⑧其封贺弟子侍中关内侯彭祖为阳都侯，赐贺谥曰阳都哀侯。"时贺有孤孙霸，年七岁，拜为散骑中郎将，赐爵关内侯，食邑三百户。安世以父子封侯，在位大盛，乃辞禄。诏都内别臧张氏无名钱以百万数。⑨

①师古曰："谓腐刑也。凡养蚕者，欲其温而早成，故为密室蓄火以置之。而新腐刑亦有中风之患，须入密室乃得以全，因呼为蚕室耳。"

②师古曰："征，证也。"

③师古曰："身死追封，故云封冢也。"

④师古曰："蚤，古早字。"

⑤师古曰："言养以为子。"

⑥师古曰："处，安也，音昌汝反。"

⑦师古曰："道，读曰导。"

⑧师古曰："《大雅·抑之》诗。"

⑨文颖曰："都内，主臧官也。"张晏曰："安世以还官，官不簿也。"

　　安世尊为公侯，食邑万户，然身衣弋绨，①夫人自纺绩，家童七百人，皆有手技作事，内治产业，累积纤微，是以能殖其货，②富于大将军光。天子甚尊惮大将军，然内亲安世，心密于光焉。

①师古曰："弋，黑色也。绨，厚缯也。"

②师古曰："殖，生也。"

　　元康四年春，安世病，上疏归侯，乞骸骨。天子报曰："将军年老

被病,朕甚闵之。虽不能视事,折冲万里,君先帝大臣,明于治乱,朕
所不及,得数问焉,①何感而上书归卫将军富平侯印?②薄朕忘
故,③非所望也! 愿将军强餐食,近医药,专精神,以辅天年。"安世
复强起视事,至秋薨。天子赠印绶,送以轻车介士,④谥曰敬侯。赐
茔杜东,⑤将作穿复土,起冢祠堂。子延寿嗣。

①师古曰:"言意所不及者,即以问君也。"

②师古曰:"感,恨也,音胡暗反。"

③苏林曰:"本望君重于此也。"师古曰:"苏说非也。薄犹嫌也,君意嫌朕
　遗忘故旧,而求去也。"

④师古曰:"轻车,古之战车。《续汉书》曰'雕朱轮舆,不巾不盖,蓄矛戟幢
　麾,瓃弩。'介士,谓甲士也。蓄,插也。瓃,皮箧盛弩也。蓄,音侧事反,
　瓃,音服。"

⑤师古曰:"茔,冢地也。"

延寿已历位九卿,既嗣侯,国在陈留,别邑在魏郡,租入岁千余
万。延寿自以身无功德,何以能久堪先人大国,数上书让减户邑,又
因弟阳都侯彭祖口陈至诚。天子以为有让,乃徙封平原,并一国,户
口如故,而租税减半。薨,谥曰爱侯。子勃嗣,为散骑谏大夫。

元帝初即位,诏列侯举茂材,勃举太官献丞陈汤。①汤有罪,勃
坐削户二百,会薨,故赐谥曰缪侯。②后汤立功西域,世以勃为知
人。子临嗣。

①苏林曰:"献丞,主贡献物也。"

②师古曰:"以其所举不得人,故加恶谥。缪者,妄也。"

临亦谦俭,每登阁殿,常叹曰:"桑、霍为我戒,岂不厚哉!"①且
死,分施宗族故旧,②簿葬不起坟。临尚敬武公主。③薨,子放嗣。

①师古曰:"桑,桑弘羊也。霍,霍禹也。言以骄奢致祸也。"

②师古曰:"言将死之时,多以财分施也。"

③文颖曰:"成帝姊也。"臣瓒曰:"敬武公主是元帝姊也。"师古曰:"二说
　皆非也。《薛宣传》云主怒曰:'嫂何以取妹杀之?'既谓元后为嫂,是则
　元帝妹也。"

鸿嘉中,上欲遵武帝故事,与近臣游宴,放以公主子开敏得幸。

放取皇后弟平恩侯许嘉女，上为放供张，①赐甲第，充以乘舆服饰，号为天子取妇，皇后嫁女。大官私官并供其弟，②两宫使者冠盖不绝，赏赐以千万数。放为侍中中郎将，监平乐屯兵，置莫府，仪比将军，与上卧起，宠爱殊绝，常从为微行出游，北至甘泉，南至长杨，五莋，③斗鸡走马长安中，积数年。

①师古曰："供，音居用反。张，音竹亮反。"

②服虔曰："私官，皇后之官也。"

③师古曰："莋与柞同。"

是时，上诸舅皆害其宠，白太后。太后以上春秋富，动作不节，甚以过放。①时数有灾异，议者归咎放等。于是丞相宣、御史大夫方进②奏："放骄蹇纵恣，奢淫不制。前侍御史修等四人奉使至放家逐名捕贼，③时放见在，奴从者闭门设兵弩射吏，距使者不肯内。知男子李游君欲献女，使乐府音监景武强求不得，④使奴康等之其家，贼伤三人。又以县官事怨乐府游徼莽，⑤而使大奴骏等四十余人群党盛兵弩，白昼入乐府攻射官寺，缚束长吏子弟，斫破器物，宫中皆犇走伏匿。⑥莽自髡钳，衣赭衣，及守令史调等皆徒跣叩头谢放，放乃止。奴从者支属并乘权势为暴虐，至求吏妻不得，杀其夫，或悬一人，妄杀其亲属，辄亡入放弟，不得，幸得勿治。放行轻薄，连犯大恶，有感动阴阳之咎，为臣不忠首，⑦罪名虽显，前蒙恩。骄逸悖理，⑧与背畔无异，臣子之恶，莫大于是，不宜宿卫在位。臣请免放归国，以销众邪之萌，厌海内之心。"⑨

①师古曰："以放为罪过。"

②师古曰："薛宣、翟方进。"

③刘德曰："谓诏捕罪人有名者也。"

④孟康曰："音监，监主乐人也。姓景名武。"

⑤师古曰："乐府之游徼名莽。"

⑥师古曰："犇，古奔字。"

⑦师古曰："不忠之罪，放为首。"

⑧师古曰："悖，乖也，音布内反。"

⑨师古曰："萌，始生者也。厌，满也，音一艳反。"

上不得已,①左迁放为北地都尉。数月,复征入侍中。太后以放
为言,出放为天水属国都尉。永始、元延间,比年日蚀,②故久不还
放,玺书劳问不绝。居岁余,征放归第,视母公主疾。数月,主有瘳,
出放为河东都尉。上虽爱放,然上迫太后,下用大臣,故常涕泣而遣
之。后复征放为侍中光禄大夫,秩中二千石。岁余,丞相方进复奏
放,上不得已,免放,赐钱五百万,遣就国。数月,成帝崩,放思慕哭
泣而死。

①师古曰:"已,止也。"
②师古曰:"比,频也。"

初,安世长子千秋与霍光子禹俱为中郎将,将兵随度辽将军范
明友击乌桓。还,谒大将军光,问千秋战斗方略山川形势,千秋口对
兵事,画地成图,无所忘失。光复问禹,禹不能记,曰:"皆有文书。"
光由是贤千秋,以禹为不材,叹曰:"霍氏世衰,张氏兴矣!"及禹诛
灭,而安世子孙相继,自宣、元以来为侍中、中常侍、诸曹散骑、列校
尉者凡十余人。功臣之世,唯有金氏、张氏,亲近宠贵,比于外戚。

放子纯嗣侯,恭俭自修,明习汉家制度故事,有敬侯遗风。王莽
时不失爵,建武中历位至大司空,更封富平之别乡为武始侯。

张汤本居杜陵,安世武、昭、宣世辄随陵,①凡三徙,复还杜陵。
①服虔曰:"随所事帝,徙处其陵也。"

赞曰:冯商称张汤之先与留侯同祖,而司马迁不言,故阙焉。①
汉兴以来,侯者百数,保国持宠,未有若富平者也。汤虽酷烈,及身
蒙咎,其推贤扬善,固宜有后。安世履道,满而不溢。贺之阴德,亦
有助云。

①如淳曰:"班固《目录》冯商,长安人,成帝时以能属书待诏金马门,受诏
　续《太史公书》十余篇。"师古曰:"刘歆《七略》云商阳陵人,治《易》,事
　五鹿充宗,能属文,博通强记,与孟柳俱待诏,颇序列传,未卒,会病
　死。"

汉书卷六○
列传第三○

杜周　子延年　延年子缓　缓弟钦

　　杜周,南阳杜衍人也。义纵为南阳太守,以周为爪牙,荐之张汤,为廷尉史。使案边失亡,①所论杀甚多。奏事中意,任用,②与减宣更为中丞者十余岁。③

　　①文颖曰:"边卒多亡也。或曰,郡县主守有所亡失也。"师古曰:"此说皆非也。谓因虏入为寇,而失人畜甲兵仓廪者也。"

　　②师古曰:"以奏事当天子之意旨,故被任用也。中,音竹仲反。"

　　③师古曰:"更,互也,音工衡反。"

　　周少言重迟,①而内深次骨。②宣为左内史,周为廷尉,其治大抵放张汤,③而善候司。④上所欲挤者,因而陷之;⑤上所欲释,久系待问而微见其冤状。⑥客有谓周曰:"君为天下决平,不循三尺法,⑦专以人主意指为狱,狱者固如是乎?"⑧周曰:"三尺安出哉?⑨前主所是著为律,后主所是疏为令,⑩当时为是,何古之法乎!"⑪

　　①师古曰:"迟,谓性非敏速也。"

　　②李奇曰:"其用法深刻至骨。"

　　③师古曰:"'大抵,大归也。放,依也,音甫往反。"

　　④师古曰:"观望天子意。"

　　⑤孟康曰:"挤,音济,"师古曰:"挤,坠也。"

　　⑥师古曰:"见,显也。"

　　⑦孟康曰:"以三尺竹简书法律也。"师古曰:"循,因也,顺也。"

⑧师古曰:"言不当然也。"

⑨师古曰:"安犹焉也。"

⑩师古曰:"著,谓明表也。疏,谓分条也。"

⑪师古曰:"各当其时而为是也。"

　　至周为廷尉,诏狱亦益多矣。二千石系者新故相因,不减百余人。郡吏大府举之廷尉,①一岁至千余章。章大者连逮证案数百,小者数十人;远者数千里,近者数百里。会狱,②吏因责如章告劾,③不服,以掠笞定之。④于是闻有逮证,皆亡匿。狱久者至更数赦十余岁而相告言,⑤大氐尽诋以不道,⑥以上廷尉及中都官,诏狱逮至六七万人,⑦吏所增加十有余万。⑧

①如淳曰:"郡吏,太守也。"文颖曰:"大府,公府也。"孟康曰:"举之廷尉,以章劾付廷尉治之也。"师古曰:"孟说非也。举,皆也。言郡吏大府狱事皆归廷尉也。大府,丞相、御史之府也。"

②师古曰:"往赴对也。"

③师古曰:"皆令服罪如所告劾之本章。"

④师古曰:"定其辞,令服也。"

⑤师古曰:"更,历也。其罪或非赦例,故不得除,而久逃亡不出至于十余岁,犹相告言,由周用法深刻故也。更,音工衡反。"

⑥师古曰:"氐,读与抵同。抵,归也。诋,诬也。并音丁礼反。"

⑦师古曰:"中都官,凡京师诸官府也。狱辞所及,追考问者六七万人也。"

⑧师古曰:"吏又于此外以文致之,更增加也。"

　　周中废,后为执金吾,逐捕桑弘羊、卫皇后昆弟子刻深,上以为尽力无私,迁为御史大夫。

　　始周为廷史,有一马,①及久任事,列三公,而两子夹河为郡守,家訾累巨万矣。②治皆酷暴,唯少子延年行宽厚云。

①师古曰:"廷史,即廷尉史也。"

②师古曰:"訾,与赀同。"

　　延年字幼公,亦明法律。昭帝初立,大将军霍光秉政,以延年三公子,吏材有余,补军司空。①始元四年,益州蛮夷反,延年以校尉将南阳士击益州,还,为谏大夫。左将军上官桀父子与盖主、燕王谋为逆乱,假稻田使者燕仓知其谋,以告大司农杨敞。敞惶惧,移病,②以语延年。延年以闻,桀等伏辜。延年封为建平侯。

①苏林曰:"主狱官也。"如淳曰:"律,营军司空,军中司空各二人。"

②师古曰:"移病,谓移书言病也。一曰,以病而移居。"

　延年本大将军霍光吏,首发大奸,①有忠节,由是擢为太仆右曹给事中。光持刑罚严,延年辅之以宽。治燕王狱时,御史大夫桑弘羊子迁亡,过父故吏侯史吴。②后迁捕得,伏法。会赦,侯史吴自出系狱,廷尉王平与少府徐仁杂治反事,③皆以为桑迁坐父谋反而侯史吴臧之,非匿反者也,乃匿为随从者也。④即以赦令除吴罪。后侍御史治实,⑤以桑迁通经术,知父谋反而不谏争,与反者身无异;侯史吴故三百石吏,首匿迁,⑥不与庶人匿随从者等,吴不得赦。奏请覆治,劾廷尉、少府纵反者。⑦少府徐仁即丞相车千秋女婿也,故千秋数为侯史吴言。恐光不听,千秋即召中二千石、博士会公车门,议问吴法⑧。议者知大将军指,皆执吴为不道。明日,千秋封上众议,光于是以千秋擅召中二千石以下,外内异言,⑨遂下廷尉平、少府仁狱。朝廷皆恐丞相坐之。延年乃奏记光争,以为"吏纵罪人,有常法,今更诋吴为不道,恐于法深。⑩又丞相素无所守持,而为好言于下,尽其素行也。⑪至擅召中二千石,甚无状。⑫延年愚,以为丞相久故,及先帝用事,⑬非有大故,不可弃也。间者民颇言狱深,吏为峻诋,⑭今丞相所议,又狱事也,如是以及丞相,恐不合众心。群下讙哗,庶人私议,流言四布,延年窃重将军失此名于天下也!"⑮光以廷尉、少府弄法轻重,皆论弃市,而不以及丞相,终与相竟。⑯延年论议持平,合和朝廷,皆此类也。

①师古曰:"首,谓初首先发之。"

②师古曰:"姓侯史,名吴。"

③师古曰:"交杂同共治之也。"

④孟康曰:"言桑迁但随坐耳,非自反也。"

⑤师古曰:"重核其事也。"

⑥师古曰："首匿者,言身为谋首而藏匿人也。他皆类此。"

⑦师古曰："纵,放也。"

⑧师古曰："于法律之中吴当得何罪。"

⑨张晏曰："外则去疾欲尽,内则为其婿也。"师古曰："此说非也。外内,谓外朝及内朝也。"

⑩师古曰："诋,诬也。次下亦同。"

⑪师古曰："言非故有所执持,但其素行好与在下人言议耳。"

⑫师古曰："无善状。"

⑬师古曰："言在位已久,是为故旧,又尝及仕先帝而任事也。"

⑭师古曰："峻,谓峭刻也。"

⑮师古曰："重犹难也。以此为重事。"

⑯师古曰："谓终丞相之身无贬黜也。"

见国家承武帝奢侈师旅之后,数为大将军光言："年岁比不登,流民未尽还,①宜修孝文时政,示以俭约宽和,顺天心,说民意,年岁宜应。"②光纳其言,举贤良,议罢酒榷盐铁,皆自延年发之。吏民上书言便宜,有异辄下延年平处复奏。③可官试者,至为县令,或丞相、御史除用,满岁以状闻,或抵其罪法,④常与两府及廷尉分章。⑤

①师古曰："比,频也。"

②师古曰："言俭约宽和,则丰年当应也。说,读曰悦。"

③师古曰："先平处其可否,然后奏言。处,音昌汝反。"

④师古曰："抵,至也。言事之人有奸妄者,则致之于罪法。"

⑤如淳曰："两府,丞相、御史府也。诸章有所疑,使延年决之。"师古曰："此说非也。上书言事者,其章或下丞相、御史,或付延年,故云分章耳,非令决疑也。"

昭帝末,寝疾,征天下名医,延年典领方药。帝崩,昌邑王即位,废,大将军光、车骑将军张安世与大臣议所立。时宣帝养于掖廷,号皇曾孙,与延年中子佗相爱善,延年知曾孙德美,劝光、安世立焉。宣帝即位,褒赏大臣,延年以定策安宗庙,益户二千三百,与始封所食邑凡四千三百户。诏有司论定策功,大司马大将军光功德过太尉绛侯周勃,车骑将军安世、丞相杨敞功比丞相陈平,前将军韩增、御史大夫蔡谊功比颍阴侯灌婴,太仆杜延年功比朱虚侯刘章,后将军赵充国、大司农田延年、少府史乐成功比典客刘揭,[1]皆封侯益土。

[1]师古曰:"据如此传,乐成姓史,而《霍光传》云使乐成小家子,则又似姓使,《功臣侯表》乃云便乐成,三者不同。寻史、使一也,故当姓史,或作使字,而表遂误为便耳。"

延年为人安和,备于诸事,[1]久典朝政,上任信之,出即奉驾,入给事中,居九卿位十余年,赏赐赂遗,訾数千万。

[1]师古曰:"言皆明习也。"

霍光薨后,子禹与宗族谋反,诛。上以延年霍氏旧人,欲退之,而丞相魏相奏延年素贵用事,官职多奸。遗吏考案,但得苑马多死,官奴婢乏衣食,[1]延年坐免官,削户二千。后数月,复召拜为北地太守。延年以故九卿外为边吏,治郡不进,[2]上以玺书让延年。[3]延年乃选用良吏,捕击豪强,郡中清静。居岁余,上使谒者赐延年玺书,黄金二十斤,徙为西河太守,治甚有名。五凤中,征入为御史大夫。延年居父官府,不敢当旧位,坐卧皆易其处。是时四夷和,海内平,延年视事三岁,以老病乞骸骨,天子优之,使光禄大夫持节赐延年黄金百斤、酒,加致医药。延年遂称病笃。赐安车驷马,罢就第。[4]后数月薨,谥曰敬侯,子缓嗣。

[1]师古曰:"传言延年身不犯法,但丞相致之于罪耳。"

[2]师古曰:"比于诸郡,不为最也。"

[3]师古曰:"让,责也。"

[4]师古曰:"安车,坐乘之车也。《后汉·舆服志》云'公列侯安车,朱斑轮,倚鹿较,伏熊轼,皂盖'。倚鹿较者,画立鹿于车之前两藩外也,伏熊轼者,车前横轼为伏熊之形也。"

缓少为郎,本始中以校尉从蒲类将军击匈奴,[1]还为谏大夫,迁上谷都尉、雁门太守。父延年薨,征视丧事,拜为太常,治诸陵县,每冬月封具狱日,常去酒省食,[2]官属称其有恩。元帝初即位,谷贵民流,永光中西羌反,缓辄上书入钱谷以助用,前后数百万。

[1]文颖曰:"赵充国也。"臣瓒曰:"征蒲类海,故以为名。"

②师古曰:"狱案已具,当论决之,故封上。"

缓六弟,五人至大官,少弟熊历五郡二千石,三州牧刺史,有能名,唯中弟钦官不至而最知名。

钦字子夏,少好经书,家富而目偏盲,①故不好为吏。茂陵杜邺与钦同姓字,②俱以材能称京师,故衣冠谓钦为"盲杜子夏"以相别。③钦恶以疾见诋,④乃为小冠,高广财二寸,⑤由是京师更谓钦为"小冠杜子夏",而邺为"大冠杜子夏"云。时帝舅大将军王凤以外戚辅政,求贤知自助。凤父顷侯禁与钦兄缓相善,故凤深知钦能,奏请钦为大将军军武库令。职闲无事,钦所好也。⑥

①师古曰:"盲,目无见也。偏盲者,患目也。今俗乃以两目无见者始为盲,语移转也。"

②师古曰:"并字子夏。"

③师古曰:"衣冠,谓士大夫也。"

④师古曰:"诋,毁也,音丁礼反。"

⑤师古曰:"财,与才同,古通用字。"

⑥师古曰:"閒,读曰闲。"

钦为人深博有谋。自上为太子时,以好色闻,及即位,皇太后诏采良家女。钦因是说大将军凤曰:"礼壹娶九女,所以极阳数,广嗣重祖也;①必乡举求窈窕,不问华色,②所以助德理内也;娣侄虽缺不复补,所以养寿塞争也。③故后妃有贞淑之行,则胤嗣有贤圣之君;制度有威仪之节,则人君有寿考之福。废而不由,则女德不厌;④女德不厌,则寿命不究于高年。⑤《书》云'或四三年',⑥言失欲之生害也。⑦男子五十,好色未衰;妇人四十,容貌改前。以改前之容侍于未衰之年,而不以礼为制,则其原不可救而后徕异态;后徕异态,则正后自疑而支庶有间適之心。⑧是以晋献被纳谗之谤,申生蒙无罪之辜。⑨今圣主富于春秋,未有適嗣,方乡术入学,⑩未亲后妃之议。将军辅政,宜因始初之隆,建九女之制,详择有行义之家,求淑女之质,毋必有声色音技能,为万世大法。⑪夫少,戒之在色，⑫《小卞》之作，可为寒心。⑬唯将军常以为忧。"

①张晏曰："阳数一三五七九，九，数之极也。"臣瓒曰："天子一娶九女，夏
　殷之制也。钦故举前代之约，以刺今之奢也。"

②师古曰："乡举者，博问乡里而举之也。窈窕，幽闲也。窈，音一了反。窕，
　音徒了反。"

③师古曰："勝女之内，兄弟之女则谓之侄，己之女弟则谓之娣。塞，绝
　也。"

④师古曰："由，用也，从也。女德不厌，言好色之甚也。"

⑤师古曰："究，竟也。"

⑥师古曰："《周书·亡逸》篇曰'惟湛乐之从，罔或克寿，或十年，或七八
　年，或五六年，或四三年'，谓逸欲过度则损寿也。"

⑦师古曰："失，读曰佚。佚，与逸同。"

⑧师古曰："间，代也，音居苋反。適读曰嫡。次下亦同。"

⑨师古曰："蒙亦被也。"

⑩师古曰："乡，读曰向。"

⑪师古曰："惟求淑质，无论美色及音声技能，如此，则可为万代法也。"

⑫师古曰："《论语》孔子曰'君子有三戒，少之时血气未定，戒之在色。'
　言好色无节则致损败，故戒之也。"

⑬张晏曰："刺幽王废申后而立襃姒，黜太子宜咎而立伯服也。"臣瓒曰：
　"《小卞》之诗，太子之傅作也，哀太子之放逐，悯周室之大坏也。"师古
　曰："《诗·小雅》也。二说皆是。卞，音盘。"

凤白之太后，太后以为故事无有。钦复重言：①"《诗》云'殷监
不远，在夏后氏之世'。②刺戒者至迫近，而省听者常息忽，③可不
慎哉！前言九女，略陈其祸福，甚可悼惧，窃恐将军不深留意。后妃
之制，夭寿治乱存亡之端也。迹三代之季世，览宗、宣之衰国，察近
属之符验，④祸败曷常不由女德？是以佩玉晏鸣，《关雎》叹之，⑤知
好色之伐性短年，离制度之生无厌，天下将蒙化，陵夷而成俗也。⑥
故咏淑女，几以配上，⑦忠孝之笃，仁厚之作也。⑧夫君亲寿尊，国
家治安，诚臣子之至愿，所当勉之也。《易》曰：'正其本，万物理'。⑨
凡事论有疑未可立行者，求之往古则典刑无，考之来今则吉凶同，
卒摇易之则民心惑，⑩若是者诚难施也。今九女之制，合于往古，无

害于今,不逆于民心,至易行也,行之至有福也。将军辅政而不蚤
定,⑪非天下之所望也。唯将军信臣子之愿,念《关雎》之思,⑫逮委
政之隆,及始初清明,⑬为汉家建无穷之基,诚难以忽,不可以
遴。"⑭凤不能自立法度,循故事而已。会皇太后女弟司马君力⑮与
钦兄子私通,事上闻,钦惭惧,乞骸骨去。

①师古曰:"重,音直用反。"

②师古曰:"《大雅·荡》之诗也。言殷之所监见,其事不远,近在夏后氏之
　　时。"

③师古曰:"忽,忘也。"

④韦昭曰:"宗,殷高宗也。宣,周宣王也。皆缘国长久。"师古曰:"宗、宜之
　　义,韦说是也。近属者,谓汉家之事耳。属犹言甫尔也,音之欲反。"

⑤李奇曰:"后夫人鸡鸣佩玉去君所,周康王后不然,故诗人叹而伤之。"
　　臣瓒曰:"此《鲁诗》也。"

⑥师古曰:"蒙,被也。"

⑦师古曰:"《关雎》之诗云'窈窕淑女,君子好仇'。故云然也。淑,善也。
　　几,读曰冀。"

⑧师古曰:"作,谓作诗也。"

⑨师古曰:"今《易》无此文。"

⑩郑氏曰:"卒,急也。"师古曰:"卒,音千忽反。"

⑪师古曰:"蚤,古早字。"

⑫师古曰:"信,读曰申。"

⑬师古曰:"委政之隆,言天子委凤政事,权宠隆盛也。始初清明,天子新
　　即位,宜立法制。"

⑭李奇曰:"遴,难也。"师古曰:"遴,与吝同。"

⑮苏林曰:"字君力,为司马氏妇。"

后有日蚀地震之变,诏举贤良方正能直言士,合阳侯梁放举
钦。钦上对曰:"陛下畏天命,悼变异,延见公卿,举直言之士,将以
求天心,迹得失也。①臣钦愚戆,经术浅薄,不足以奉大对。②臣闻
日蚀地震,阳微阴盛也。臣者,君之阴也;子者,父之阴也;妻者,夫
之阴也;夷狄者,中国之阴也。《春秋》日蚀三十六,地震五,③或夷

狄侵中国，或政权在臣下，或妇乘夫，④或臣子背君父，事虽不同，其类一也。臣窃观人事以考变异，则本朝大臣无不自安之人，外戚亲属无乖剌之心，⑤关东诸侯无强大之国，三垂蛮夷无逆理之节。⑥殆为后宫，⑦何以言之？日以戊申蚀，时加未。戊未，土也。土者，中宫之部也。其夜地震未央宫殿中，此必適妾将有争宠相害而为患者，⑧唯陛下深戒之。变感以类相应，人事失于下，变象见于上。能应之以德，则异咎消亡；不能应之以善，则祸败至。高宗遭雊雉之戒，饬己正事，享百年之寿，殷道复兴，⑨要在所以应之。应之非诚不立，非信不行。宋景公小国之诸侯耳，有不忍移祸之诚，出人君之言三，荧惑为之退舍。⑩以陛下圣明，内推至诚，深思天变，何应而不感？何摇而不动？孔子曰：'仁远乎哉！'⑪唯陛下正后妾，抑女宠，防奢泰，去佚游，躬节俭，亲万事，数御安车，由辇道，⑫亲二宫之饔膳，⑬致昏晨之定省。如此，即尧舜不足与比隆，咎异何足消灭！如不留听于庶事，不论材而授位，殚天下之财以奉淫侈，匮万姓之力以从耳目，⑭近谄谀之人而远公方，⑮信谗贼之臣以诛﹅忠良，贤俊失在岩穴，大臣怨于不以，⑯虽无变异，社稷之忧也。天下至大，万事至众，祖业至重，诚不可以佚豫为，不可以奢泰持也。⑰唯陛下忍无益之欲，以全众庶之命。臣钦愚戆，言不足采。"

①师古曰："观得失之踪迹也。"

②师古曰："大对，谓对大问也。"

③师古曰："解在《刘向传》。"

④师古曰："乘，陵也。"

⑤师古曰："剌，戾也，音来曷反。"

⑥师古曰："三垂，谓东南西也。"

⑦师古曰："殆，近也。"

⑧师古曰："適，读曰嫡。嫡，谓正后也。"

⑨师古曰："解在《五行志》。"

⑩张晏曰："宋景公荧惑守心，太史子韦请移之于大臣及国人与岁，公皆不听。天感其诚，荧惑为之退舍，景公享延期之祚也。"

⑪师古曰："《论语》载孔子之言也。言仁道不远，求之而至也。"

⑫师古曰：“由，从也。”

⑬韦昭曰：“二宫，邛成太后与成帝母也。”师古曰：“熟食曰饔，具食曰膳。膳之言善也。”

⑭师古曰：“殚，匮，皆尽也。从，读曰纵。”

⑮师古曰：“方，正也。”

⑯师古曰：“失在岩穴，谓隐处岩穴，朝廷失之也。《论语》称周公谓鲁公‘不使大臣怨乎不以’。以，用也。不见用而怨也。”

⑰师古曰：“为，治也。”

其夏，上尽召直言之士诣白虎殿对策，①策曰：“天地之道何贵？王者之法何如？六经之义何上？人之行何先？取人之术何以？②当世之治何务？各以经对。”③

①师古曰：“此殿在未央宫也。”

②师古曰：“以，用也。”

③师古曰：“据经义以对。”

钦对曰：“臣闻天道贵信，地道贵贞，①不信不贞，万物不生。生，天地之所贵也。王者承天地之所生，理而成之，昆虫草木靡不得其所。王者法天地，非仁无以广施，非义无以正身；克己就义，恕以及人，②六经之所上也。不孝，则事君不忠，莅官不敬，③战陈无勇，朋友不信。孔子曰：‘孝无终始，而患不及者，未之有也。’④孝，人行之所先也。观本行于乡党，考功能于官职，达观其所举，富观其所予，穷观其所不为，乏观其所不取，近观其所为，远观其所主。⑤孔子曰：‘视其所以，观其所由，察其所安，人焉廋哉？’⑥取人之术也。殷因于夏尚质，周因于殷尚文，今汉家承周秦之敝，宜抑文尚质，废奢长俭，表实去伪。⑦孔子曰‘恶紫之夺朱’，⑧当世治之所务也。臣窃有所忧，言之则拂心逆指，⑨不言则渐日长，为祸不细，然小臣不敢废道而求从，违忠而耦意。⑩臣闻玩色无厌，必生好憎之心；好憎之心生，则爱宠偏于一人；爱宠偏于一人，则继嗣之路不广，而嫉妒之心兴矣。如此，则匹妇之说，不可胜也。⑪唯陛下纯德普施，无欲是从，⑫此则众庶咸说。⑬继嗣日广，而海内长安。万事之是非何足备言！”⑭

①师古曰:"贞,正也。"

②师古曰:"恕,仁也。言以仁爱为心,内省己志施之于人也。"

③师古曰:"莅,临也。"

④师古曰:"《孝经》载孔子之言也。言人能终始行孝,而患不及于道者,未之有也。一说,行孝终始不备,而患祸不及者,无此事也。"

⑤师古曰:"所为,谓托人以为援而自进也。其所主,为人之援而进也。"

⑥师古曰:"《论语》载孔子之言也。廋,匿也。此言视人之所用,观人之所从,察人之所乐,则可知其善恶,无所匿其情也。"

⑦师古曰:"长,谓崇贵之也。表,明也。"

⑧师古曰:"《论语》载孔子之言也。朱,正色也。紫,间色之好者也。恶其邪好而夺正色,以喻利口之人,多言少实,倾惑者也。"

⑨师古曰:"拂,谓违戾也,音佛。"

⑩师古曰:"从,顺也。耦,合也。"

⑪师古曰:"匹妇,一妇人也。"

⑫师古曰:"从,读曰纵。不纵心于所欲也。"

⑬师古曰:"说,读曰悦。"

⑭师古曰:"如此,则细故万端不足忧也。"

　　钦以前事病,赐帛罢,后为议郎,复以病免。征诣大将军莫府,国家政谋,凤常与钦虑之。①数称达名士王骏、韦安世、王延等,②救解冯野王、王尊、胡常之罪过,及继功臣绝世,填抚四夷,③当世善政,多出于钦者。见凤专政泰重,戒之曰:"昔周公身有至圣之德,属有叔父之亲,而成王有独见之明,无信谗之听,然管蔡流言而周公惧。穰侯,昭王之舅也,④权重于秦,威震邻敌,有旦莫偃伏之爱,⑤心不介然有间,然范雎起徒步,由异国,无雅信,⑥开一朝之说,而穰侯就封。⑦及近者武安侯之见退,⑧三事之迹,相去各数百岁,若合符节,甚不可不察。愿将军由周公之谦惧,⑨损穰侯之威,放武安之欲,毋使范雎之徒得间其说。"⑩

①师古曰:"虑,计也。"

②师古曰:"王骏,王阳子也。韦安世,韦贤之孙,方山之子也。王延,即成帝时塞河堤者也。"

③师古曰:"填,音竹刃反。"

④文颖曰:"穰侯,魏冉也。"

⑤师古曰:"言昭王幼少,旦夕偃伏戏弄于舅之旁侧也。"

⑥师古曰:"雅信,谓素相任信。"

⑦文颖曰:"范雎为丞相,穰侯就国。"

⑧师古曰:"武安侯,谓田蚡也。退,谓请考工地益宅,上怒乃退之也。"

⑨师古曰:"由,从也,用也。"

⑩师古曰:"间,音居苋反。"

顷之,复日蚀。京兆尹王章上封事求见,果言凤专权蔽主之过,宜废勿用,以应天变。于是天子感寤,召见章,与议,欲退凤。凤甚忧惧,钦令凤上疏谢罪,乞骸骨,文指甚哀。太后涕泣为不食。上少而亲倚凤,亦不忍废,①复起凤就位。凤心惭,称病笃,欲遂退。钦复说之曰:"将军深悼辅政十年,变异不已,故乞骸骨,归咎于身,刻己自责,至诚动众,愚知莫不感伤。虽然,是无属之臣,执进退之分,洁其去就之节者耳,②非主上所以待将军,非将军所以报主上也。昔周公虽老,犹在京师,明不离成周,示不忘王室也。仲山父异姓之臣,无亲于宣,就封于齐,③犹叹息永怀,宿夜徘徊,不忍远去,况将军之于主上,主上之与将军哉! 夫欲天下治安变异之意,莫有将军,④主上照然知之,故攀援不遣,⑤《书》称'公毋困我!'⑥唯将军不为四国流言自疑于成王,以固至忠。"凤复起视事。上令尚书劾奏京兆尹章,章死诏狱。语在《元后传》。

①师古曰:"倚,音于绮反。"

②师古曰:"无属,无亲属于上也。分,音扶问反,字或作介。介,隔也,其义两通。"

③邓展曰:"《诗》言仲山甫徂齐者,言衔命往治齐城郭也,而《韩诗》以为封于齐,此误耳。"晋灼曰:"《韩诗》误而钦引之,阿附权贵求容媚也。"师古曰:"《韩诗》既有明文,而钦引以为喻,则是其义非缪,而与今说《诗》者不同。邓、晋诸人虽曰涉学,未得专非杜氏,追咎《韩诗》也。"

④师古曰:"言众人之意皆不如也。"

⑤师古曰:"援,引也,音爰。"

⑥师古曰:"此《周书·洛诰》成王告周公词也。言公必须留此,毋得遂去,

　而令我困。盖成帝与凤诏书引此言之。"

　　章既死，众庶冤之，以讥朝廷。钦欲救其过，复说凤曰："京兆尹章所坐事密，吏民见章素好言事，以为不坐官职，疑其以日蚀见对有所言也。假令章内有所犯，虽陷正法，事不暴扬，自京师不晓，况于远方。恐天下不知章实有罪，而以为坐言事也。如是，塞争引之原，损宽明之德。[1]钦愚以为宜因章事举直言极谏，并见郎从官展尽其意，加于往前，以明示四方，使天下咸知主上圣明，不以言罪下也。若此，则流言消释，疑惑著明。"凤白行其策。钦之补过将美，皆此类也。[2]

　　①师古曰："争引，谓引事类以谏争也。一曰，下有谏争之言，上引而纳之也。"
　　②师古曰："将，助也。"

　　优游不仕，以寿终。钦子及昆弟支属至二千石者且十人。钦兄缓前免太常，以列侯奉朝请，成帝时乃薨，子业嗣。

　　业有材能，以列侯选，复为太常，数言得失，不事权贵，与丞相翟方进、卫尉定陵侯淳于长不平。后业坐法免官，复为函谷关都尉。会定陵侯长有罪，当就国，长舅红阳侯立与业书曰："诚哀老姊垂白，随无状子出关，[1]愿勿复用前事相侵。"定陵侯既出关，伏罪复发，[2]下雒阳狱。丞相史搜得红阳侯书，奏业听请，不敬，[3]坐免就国。

　　①师古曰："垂白者，言白发下垂也。无状，犹言不肖。"
　　②苏林曰："长与许后书也。语在《外戚传》。"
　　③服虔曰："受立属请为不敬。"

　　其春，丞相方进薨，业上书言："方进本与长深结厚，更相称荐，[1]长陷大恶，独得不坐，苟欲障塞前过，不为陛下广持平例，[2]又无恐惧之心，反因时信其邪辟，[3]报睚眦怨。[4]故事，大逆朋友坐免官，无归故郡者，今坐长者归故郡，已深一等；红阳侯立坐子受长

货赂故就国耳,非大逆也,而方进复奏立党友后将军朱博、巨鹿太
守孙宏、故少府陈咸,皆免官,归咸故郡。刑罚无平,在方进之笔端,
众庶莫不疑惑,皆言孙宏不与红阳侯相爱。宏前为中丞时,方进为
御史大夫,举掾隆可侍御史,⑤宏奏隆前奉使欺谩,⑥不宜执法近
侍,方进以此怨宏。又方进为京兆尹时,陈咸为少府,在九卿高弟,
陛下所自知也。方进素与司直师丹相善,临御史大夫缺,使丹奏咸
为奸利,请案验,卒不能有所得,而方进果自得御史大夫。为丞相,
即时诋欺,奏免咸,⑦复因红阳侯事归咸故郡。众人皆言国家假方
进权太甚。案师丹行能无异,及光禄勋许商被病残人,⑧皆但以附
从方进,尚获尊官。丹前亲荐邑子丞相史能使巫下神,为国求福,几
获大利。⑨幸赖陛下至明,遣使者毛莫如先考验,卒得其奸,皆坐
死。假令丹知而白之,此诬罔罪也;不知而白之,是背经术惑左道
也;⑩二者皆在大辟,重于朱博、孙宏、陈咸所坐。方进终不举白,专
作威福,阿党所厚,排挤英俊,⑪托公报私,横厉无所畏忌,⑫欲以
熏轑天下,⑬天下莫不望风而靡,⑭自尚书近臣皆结舌杜口,⑮骨
肉亲属莫不股栗。⑯威权泰盛而不忠信,非所以安国家也。今闻方
进卒病死,⑰不以尉示天下,反复赏赐厚葬,唯陛下深思往事,以戒
来今。”

①师古曰:“更,音工衡反。”
②师古曰:“俱与长厚善,而方进独不坐,是不平也。”
③师古曰:“信,读曰伸。辟,读曰僻。”
④师古曰:“睚,音崖。睚,举眼也。眦即眥字,谓目匡也。言举目相忤者,
　　即报之也。一说,睚,音五懈反。眦,音仕懈反,睚眦,瞋目貌也。两义并
　　通。他皆类此。”
⑤师古曰:“御史大夫之掾也,名隆。”
⑥师古曰:“谩,诳也,音慢,又音莫连反。”
⑦师古曰:“诋,诬也。”
⑧服虔曰:“残,癃也。”
⑨师古曰:“几,读曰冀。”
⑩师古曰:“左道,不正之道也。”

⑪师古曰："挤，坠也，音子诣反。"

⑫师古曰："纵横陵厉也。"

⑬师古曰："熏，言熏灼之。辍读曰燎，假借用字。"

⑭师古曰："靡犹弭。"

⑮师古曰："杜，塞也。"

⑯师古曰："言惧之甚，故股战栗也。"

⑰师古曰："卒，读曰猝。"

会成帝崩，哀帝即位，业复上书言："王氏世权日久，朝无骨鲠之臣，①宗室诸侯微弱，与系囚无异，自佐史以上至于大吏皆权臣之党。曲阳侯根前为三公辅政，知赵昭仪杀皇子，不辄白奏，反与赵氏比周，恣意妄行，②谮诉故许后，被加以非罪，③诛破诸许族，败元帝外家。内嫉妒同产兄姊红阳侯立及淳于氏，④皆老被放弃。新喋血京师，威权可畏。高阳侯薛宣有不养母之名，安昌侯张禹奸人之雄，惑乱朝廷，使先帝负谤于海内，尤不可不慎。陛下初即位，谦让未皇，⑤孤独特立，莫可据杖，权臣易世，意若探汤。⑥宜蚤以义割恩，安百姓心。窃见朱博忠信勇猛，材略不世出，⑦诚国家雄俊之宝臣也，宜征博置左右，以填天下。⑧此人在朝，则陛下可高枕而卧矣。昔诸吕欲危刘氏，赖有高祖遗臣周勃、陈平尚存，不者，几为奸臣笑。"⑨

①师古曰："骾亦鲠字。"

②师古曰："比，音频寐反。"

③师古曰："被，音皮义反。"

④师古曰："兄，红阳侯立也。姊，淳于长母也。"

⑤师古曰："皇，暇也。"

⑥师古曰："言重难之，若以手探热汤也。"

⑦师古曰："言其希有也。"

⑧师古曰："填，音竹刃反。"

⑨师古曰："几，音巨依反。"

业又言宜为恭王立庙京师，以章孝道。时高昌侯董宏亦言宜尊帝母定陶王丁后为帝太后。大司空师丹等劾宏误朝不道，坐免为庶人，业复上书讼宏。前后所言皆合指施行，朱博果见拔用。业由是征，复为太常。岁余，左迁上党都尉。会司隶奏业为太常选举不实，业坐免官，复就国。

哀帝崩，王莽秉政，诸前议立庙尊号者皆免，徙合浦。业以前罢黜，故见阔略，①忧恐，发病死。业成帝初尚帝妹颍邑公主，主无子，薨，业家上书求还京师与主合葬，不许，而赐谥曰荒侯，传子至孙绝。

①师古曰："阔略，谓宽纵不问也。"

初，杜周武帝时徙茂陵，至延年徙杜陵云。

赞曰：张汤、杜周并起文墨小吏，致位三公，列于酷吏。而俱有良子，德器自过，①爵位尊显，继世立朝，相与提衡，②至于建武，杜氏爵乃独绝。③迹其福祚，元功儒林之后莫能及也。④自谓唐杜苗裔，岂其然乎？⑤及钦浮沈当世，好谋而成，以建始之初深陈女戒，终如其言，庶几乎《关雎》之见微，⑥非夫浮华博习之徒所能规也。业因势而抵陒，⑦称朱博，毁师丹，爱憎之议，可不畏哉！

①师古曰："言其子德器各过二人之身。"

②如淳曰："提衡，犹言相提携也。"臣瓒曰："衡，平也。言二人齐也。"师古曰："瓒说是也。"

③师古曰："建武之后，张氏尚有张纯为侯，故言杜氏独绝也。"

④师古曰："元功，萧、曹、张、陈之属。儒林，贡、薛、韦、匡之辈。"

⑤师古曰："谓在周为唐杜氏也。"

⑥师古曰："《关雎》，《国风》之始，言夫妇之际政化所由，故云见微。微，谓微妙也。"

⑦[illegible]，音纸。陒，音羲。谓罪败而复抨弹之，苏秦书有此法，"师古[illegible]也。陒，毁也。言因事形势而击毁之也。陒，音诡。一说，陒读[illegible]，音许宜反。戏亦险也，言击其危险之处，《鬼谷》有《抵戏篇》也。"

汉书卷六一
列传第三一

张骞　李广利

　　张骞，汉中人也。①建元中为郎。时匈奴降者言匈奴破月氏王，②以其头为饮器，③月氏遁而怨匈奴，无与共击之。④汉方欲事灭胡，闻此言，欲通使，道必更匈奴中，⑤乃募能使者。骞以郎应募，使月氏，与堂邑氏奴甘父⑥俱出陇西，径匈奴，⑦匈奴得之，传诣单于。单于曰：“月氏在吾北，汉何以得往使？吾欲使越，汉肯听我乎？”留骞十余岁，予妻，有子，然骞持汉节不失。

　　①师古曰：“陈寿《益部耆旧传》云骞汉中成固人也。”

　　②师古曰：“月氏，西域胡国也。氏，音支。”

　　③韦昭曰：“饮器，椑榼也。”晋灼曰：“饮器，虎子属也。或曰，饮酒之器也。”师古曰：“《匈奴传》云‘以所破月氏王头共饮血盟’，然则饮酒之器是也。韦云椑榼，晋云兽子，皆非也。椑榼，即今之偏榼，所以盛酒耳，非用饮者也。兽子，亵器，所以溲便者也。椑，音鼙。”

　　④师古曰：“无人援助也。”

　　⑤师古曰：“更，过也，音工衡反。”

　　⑥服虔曰：“堂邑，姓也，汉人，其奴名甘父。”师古曰：“堂邑氏之奴，本胡人，名甘父。下云堂邑父者，盖取主之姓以为氏，而单称其名曰父。”

　　⑦师古曰：“道由匈奴过。”

　　居匈奴西，骞因与其属亡乡月氏，①西走数十日②至大宛。闻汉之饶财，欲通不得，见骞，喜，问欲何之。骞曰：“为汉使月氏而为匈奴所闭道。今亡，唯王使人道送我。③诚得至，反汉，汉之赂遗王

财物不可胜言。"大宛以为然，遣骞，为发道译，抵康居。④康居传致
大月氏。大月氏王已为胡所杀，立其夫人为王。既臣大夏而君之，⑤
地肥饶，少寇，志安乐，又自以远远汉，殊无报胡之心。⑥骞从月氏
至大夏，竟不能得月氏要领。⑦

  ①师古曰："属，谓同使之官属。乡，读曰向。"

  ②师古曰："走，趋也。不指知其道里多少，故以日数言之。走，音奏。一曰，
    走，谓奔走也，读如本字。"

  ③师古曰："道，读曰导。"

  ④师古曰："抵，至也。道，读曰导。"

  ⑤师古曰："以大夏为臣，为之作君也。"

  ⑥师古曰："下远，音于万反。"

  ⑦李奇曰："要领，要契也。"师古曰："李说非也。要，衣要也。领，衣领也。
    凡持衣者则执要与领。言骞不能得月氏意趣，无以持归于汉，故以要领
    为喻。要，音一遥反。"

  留岁余，还，并南山，欲从羌中归，①复为匈奴所得。留岁余，单
于死，国内乱，骞与胡妻及堂邑父俱亡归汉。拜骞太中大夫，堂邑父
为奉使君。

  ①师古曰："并，音步浪反。"

  骞为人强力，宽大信人，①蛮夷爱之。堂邑父胡人，善射，穷急
射禽兽给食。②初，骞行时百余人，去十三岁，唯二人得还。

  ①师古曰："强力，言坚忍于事。"

  ②师古曰："给，供也。"

  骞身所至者，大宛、大月氏、大夏、康居，而传闻其旁大国五六，
具为天子言其地形所有，①语皆在《西域传》。

  ①师古曰："土地之形及所生之物也。"

  骞曰："臣在大夏时，见邛竹杖、蜀布，①问安得此，大夏国人
曰：'吾贾人往市之身毒国。②身毒国在大夏东南可数千里。其俗土
著，③与大夏同，而卑湿暑热。其民乘象以战。④其国临大水焉。'以
骞度之，⑤大夏去汉万二千里，居西南。今身毒又居大夏东南数千
里，有蜀物，此其去蜀不远矣。今使大夏，从羌中，险，羌人恶之；少

北,则为匈奴所得;从蜀,宜径,又无寇。"⑥天子既闻大宛及大夏、安息之属皆大国,多奇物,土著,颇与中国同俗,而兵弱,贵汉财物;其北则大月氏、康居之属,兵强,可以赂遗设利朝也。⑦诚得而以义属之,⑧则广地万里,重九译,致殊俗,威德遍于四海。天子欣欣以骞言为然。乃令因蜀犍为发间使,四道并出:⑨出駹,出筰,出徙、邛,出僰,⑩皆各行一二千里。其北方闭氐、筰。⑪南方闭嶲、昆明。⑫昆明之属无君长,善寇盗,辄杀略汉使,终莫得通。然闻其西可千余里,有乘象国,名滇越,⑬而蜀贾间出物者或至焉,⑭于是汉以求大夏道始通滇国。初,汉欲通西南夷,费多,罢之。及骞言可以通大夏,乃复事西南夷。⑮

①臣瓒曰:"邛,山名。生此竹,高节,可作杖。"服虔曰:"布,细布也。"师古曰:"邛竹杖,人皆识之,无假多释。而苏林乃言节间合而体离,误后学矣。"

②邓展曰:"毒,音笃。"李奇曰:"一名天笃,则浮屠胡是也。"师古曰:"即敬佛道者。"

③师古曰:"土著者,谓有城郭常居,不随畜牧移徙也。著,音直略反。其下亦同。"

④师古曰:"象,大兽,垂鼻长牙。"

⑤师古曰:"度,计也。"

⑥师古曰:"径,直也。宜犹当也。从蜀向大夏,其道当直。"

⑦师古曰:"设,施也。施之以利,诱令入朝。"

⑧师古曰:"谓不以兵革。"

⑨师古曰:"间使者,求间隙而行。"

⑩师古曰:"皆夷名。駹音龙。筰,材各反。徙,音斯。僰,蒲北反。"

⑪服虔曰:"汉使见闭于夷也。"师古曰:"氐与筰二种也。"

⑫师古曰:"嶲、昆明,亦皆夷种名也。嶲,先蕊反。"

⑬服虔曰:"滇,音颠。滇马出其国。"

⑭师古曰:"间出物,谓私往市者。"

⑮师古曰:"事,谓经略通之,专以为事也。"

　　骞以校尉从大将军击匈奴,知水草处,军得以不乏,乃封骞为博望侯。①是岁元朔六年也。后二年,骞为卫尉,与李广俱出右北平击匈奴。匈奴围李将军,军失亡多,而骞后期当斩,赎为庶人。是岁骠骑将军破匈奴西边,杀数万人,至祁连山。其秋,浑邪王率众降汉,而金城、河西并南山至盐泽,空无匈奴。②匈奴时有候者到,而希矣。后二年,汉击走单于于幕北。

　　①师古曰:"取其能广博瞻望。"
　　②师古曰:"并,步浪反。"

　　天子数问骞大夏之属。骞既失侯,因曰:"臣居匈奴中,闻乌孙王号昆莫。昆莫父难兜靡本与大月氏俱在祁连、焞煌间,小国也。①大月氏攻杀难兜靡,夺其地,人民亡走匈奴。子昆莫新生,傅父布就翎侯抱亡置草中,②为求食,还,见狼乳之,③又乌衔肉翔其旁,以为神,遂持归匈奴,单于爱养之。及壮,以其父民众与昆莫,使将兵,数有功。时,月氏已为匈奴所破,西击塞王。④塞王南走远徙,月氏居其地。昆莫既健,自请单于报父怨,遂西攻破大月氏。大月氏复西走,徙大夏地。昆莫略其众,因留居,兵稍强,会单于死,不肯复朝事匈奴。匈奴遣兵击之,不胜,益以为神而远之。⑤今单于新困于汉,而昆莫地空。蛮夷恋故地,又贪汉物,诚以此时厚赂乌孙,招以东居故地,汉遣公主为夫人,结昆弟,其势宜听,⑥则是断匈奴右臂也。既连乌孙,自其西大夏之属皆可招来而为外臣。"天子以为然,拜骞为中郎将,将三百人,马各二匹,牛羊以万数,赍金币帛直数千巨万,多持节副使,⑦道可便遣之旁国。骞既至乌孙,致赐谕指,⑧未能得其决。语在《西域传》。骞即分遣副使使大宛、康居、月氏、大夏。乌孙发道译送骞,⑨与乌孙使数十人,马数十匹,报谢,⑩因令窥汉,知其广大。

　　①师古曰:"祁连山以东,焞煌以西。"
　　②服虔曰:"傅父,如傅母也。"李奇曰:"布就,字也。翎侯,乌孙官名也。昆莫作傅父也。"师古曰:"翎侯,乌孙大臣官号,其数非一,亦犹汉之将军耳。而布就者,又翎侯之中别号,犹右将军、左将军耳,非其人之字。翎与翁同。"
　　③师古曰:"以乳饮之。"

④师古曰："塞,音先得反。西域国名,即佛经所谓释种者。塞、释声相近,
　本一姓耳。"

⑤师古曰："远,离也,音于万反。"

⑥师古曰："言事事听从于汉。"

⑦师古曰："为骞之副,而各令持节。"

⑧师古曰："以天子意指晓告之。"

⑨师古曰："道,读曰导。"

⑩师古曰："与骞相随而来,报谢天子。"

　　骞还,拜为大行。岁余,骞卒。后岁余,其所遣副使通大夏之属
者皆颇与其人俱来,①于是西北国始通于汉矣。然骞凿空,②诸后
使往者皆称博望侯,以为质于外国,③外国由是信之。其后,乌孙竟
与汉结婚。

①晋灼曰："其国人。"

②苏林曰："凿,开也。空,通也。骞始开西域道也。"师古曰："空,孔也。犹
　言始凿其孔穴也。故此下言'当空道',而《西域传》谓'孔道'也。"

③李奇曰："质,信也。"

　　初,天子发书《易》,①曰"神马当从西北来"。得乌孙马好,名曰
"天马"。及得宛汗血马,益壮,更名乌孙马曰"西极马",宛马曰"天
马"云。而汉始筑令居以西,②初置酒泉郡,以通西北国。因发使抵
安息、奄蔡、犛轩、条支、身毒国。③而天子好宛马,使者相望于道,
一辈大者数百,少者百余人,所赍操大放博望侯时。④其后益习而
衰少焉。⑤汉率一岁中使者多者十余,少者五六辈,远者八九岁,近
者数岁而反。⑥

①邓展曰："发《易》书以卜。"

②臣瓒曰："令居,县名也,属金城。筑塞西至酒泉也。"师古曰："令,音
　零。"

③李奇曰："轩,音剧。"服虔曰："犛轩,张掖县名也。"师古曰："抵,至也。
　自安息以下五国皆西域胡也。犛轩即大秦国也。张掖骊靬县盖取此国
　为名耳。骊、犛声相近。轩,读与轩同。李奇音是也,服说非也。"

④师古曰："操,持也。所赍持,谓节及币也。放,依也,音甫往反。"

⑤师古曰："以其串习,故不多发人。"

⑥师古曰:"道远则还迟,近则来疾。"

　　是时,汉既灭越,蜀所通西南夷皆震,请吏。置牂柯、越巂、益州、沈黎、文山郡,欲地接以前通大夏。①乃遣使岁十余辈,出此初郡,②复闭昆明,③为所杀,夺币物。于是汉发兵击昆明,斩首数万。后复遣使,竟不得通。语在《西南夷传》。

①李奇曰:"欲地界相接至大夏也。"

②师古曰:"文山以上初置者。"

③如淳曰:"为昆明所闭。"

　　自骞开外国道以尊贵,其吏士争上书言外国奇怪利害,求使。天子为其绝远,非人所乐,听其言,①予节,募吏民无问所从来,②为具备人众遣之,以广其道。来还不能无侵盗币物,及使失指,③天子为其习之,辄覆按致重罪,④以激怒令赎,⑤复求使。使端无穷,而轻犯法。其吏卒亦辄复盛推外国所有,言大者予节,言小者为副,故妄言无行之徒皆争相效。其使皆私县官赍物,⑥欲贱市以私其利。⑦外国亦厌汉使人人有言轻重,⑧度汉兵远,不能至,⑨而禁其食物,以苦汉使。⑩汉使乏绝,责怨,至相攻击。楼兰、姑师小国,当空道,⑪攻劫汉使王恢等尤甚。而匈奴奇兵又时时遮击之。使者争言外国利害,⑫皆有城邑,兵弱易击。于是天子遣从票侯破奴⑬将属国骑及郡兵数万以击胡,胡皆去。明年,击破姑师,虏楼兰王。酒泉列亭鄣至玉门矣。⑭

①师古曰:"凡人皆不乐去,故有自请为使者,即听而遣之。"

②师古曰:"不为限禁远近,虽家人私隶并许应募。"

③师古曰:"乖天子指意。"

④师古曰:"言其串习,不以为难,必当更求充使也。"

⑤师古曰:"令立功以赎罪。"

⑥师古曰:"言所赍官物,窃自用之,同于私有。"

⑦师古曰:"所市之物得利多者,不尽入官也。"

⑧服虔曰:"汉使言于外国,人人轻重不实。"

⑨师古曰:"度,计也。"

⑩师古曰:"令其困苦也。"

⑪师古曰："空即孔也。"

⑫师古曰："言服之则利，不讨则为害。"

⑬师古曰："赵破奴。"

⑭韦昭曰："玉门关在龙勒界。"

而大宛诸国发使随汉使来，观汉广大，以大鸟卵及黎轩眩人献于汉，①天子大说。②而汉使穷河源，其山多玉石，采来，③天子案古图书，名河所出山曰昆仑云。

①应劭曰："卵大如一二石罋也。眩，相诈惑也。邓太后时，西夷檀国来朝贺，诏令为之。而谏大夫陈禅以为夷狄伪道不可施行。后数日，尚书陈忠案《汉旧书》，乃知世宗时黎轩献见幻人，天子大悦，与俱巡狩，乃知古有此事。"师古曰："鸟卵如汲水之罋耳，无一二石也。应说失之。眩，读与幻同。即今吞刀吐火，植瓜种树，屠人截马之术皆是也。本从西域来。罋，音瓮。"

②师古曰："说，读曰悦。"

③臣瓒曰："汉使采取持来至汉。"

是时，上方数巡狩海上，乃悉从外国客，大都多人则过之，散财帛赏赐，厚具饶给之，以览视汉富厚焉。①大角氏，②出奇戏诸怪物，多聚观者，③行赏赐，酒池肉林，令外国客遍观各仓库府臧之积，欲以见汉广大，倾骇之。④及加其眩者之工，而角氏奇戏岁增变，其益兴，自此始。而外国使来更去。⑤大宛以西皆自恃远，尚骄恣，未可诎以礼羁縻而使也。

①师古曰："视，读曰示。言示之令其观览。"

②师古曰："氏，音丁礼反。解在《武纪》。"

③师古曰："聚都邑人，令观看，以夸示之。观，音工唤反。"

④师古曰："见，显示。"

⑤师古曰："递互来去，前后不绝。更，工衡反。"

汉使往既多，其少从率进孰于天子，①言大宛有善马在贰师城，匿不肯示汉使。天子既好宛马，闻之甘心，②使壮士车令等持千金及金马以请宛王贰师城善马。宛国饶汉物，③相与谋曰："汉去我远，而盐水中数有败，④出其北有胡寇，出其南乏水草，又且往往而

绝邑,⑤乏食者多。汉使数百人为辈来,常乏食,死者过半,是安能
致大军乎? 且贰师马,宛宝马也。"遂不肯予汉使。汉使怒,妄言,椎
金马而去。⑥宛中贵人怒曰:⑦"汉使至轻我! 遣汉使去,令其东边
郁成王遮攻,杀汉使,取其财物。天子大怒。诸尝使宛姚定汉等言:
"宛兵弱,诚以汉兵不过三千人,强弩射之,即破宛矣。"天子以尝使
浞野侯攻楼兰,以七百骑先至,虏其王,以定汉等言为然,而欲侯宠
姬李氏,⑧乃以李广利为将军,伐宛。

> ①孟康曰:"少从,不如计也。或曰,少者,少年从行之微者也。进孰,美语
> 如成孰也。"晋灼曰:"多进虚美之言,必成之计于天子,而卒不果也。"
> 师古曰:"汉时谓随使而出外国者为少从,总言其少年而从使也。从,音
> 材用反。事见班固弟仲升书。进孰者,但空进成孰之言。"
> ②师古曰:"志怀美悦,专事求之。"
> ③师古曰:"素有汉地财物,故不贪金马之币。"
> ④服虔曰:"水名,道从水中行。"师古曰:"沙碛之中不生草木,水又咸苦,
> 即今焞煌西北恶碛者也。数有败,言每自死亡也。"
> ⑤师古曰:"言近道之处无城郭之居也。"
> ⑥如淳曰:"骂詈也。"师古曰:"椎破金马也。椎,音直追反,其字从木。"
> ⑦师古曰:"中贵人,中臣之贵者。"
> ⑧师古曰:"欲封其兄弟。"

骞孙猛,字子游,有俊才。元帝时为光禄大夫,使匈奴,给事中,
为石显所谮,自杀。

　　李广利,女弟李夫人有宠于上,产昌邑哀王。太初元年以广利
为贰师将军,发属国六千骑及郡国恶少年数万人以往,①期至贰师
城取善马,故号"贰师将军"。故浩侯王恢使道军。既西过盐水,当
道小国各坚城守,不肯给食,攻之不能下。下者得食,不下者数日则
去。比至郁成,士财有数千,②皆饥罢。③攻郁成城,郁成距之,所杀
伤甚众。贰师将军与左右计:"至郁成尚不能举,况至其王都乎?"引
而还。往来二岁,至焞煌,士不过什一二。④使使上书言:"道远,多
乏食,且士卒不患战而患饥。人少,不足以拔宛。愿且罢兵,益发而

复往。"⑤天子闻之,大怒,使使遮玉门关,曰:"军有敢入,斩之。"贰
师恐,因留屯煌煌。

①师古曰:"恶少年,谓无行义者。"
②师古曰:"比,音必寐反。财,与才同。"
③师古曰:"罢,读曰疲。"
④师古曰:"十人之中,一二人得还。"
⑤师古曰:"益,多也。"

其夏,汉亡浞野之兵二万余于匈奴,①公卿议者皆愿罢宛军,
专力攻胡。天子业出兵诛宛,宛小国而不能下,则大夏之属渐轻汉,
而宛善马绝不来,乌孙、轮台易苦汉使,②为外国笑。乃案言伐宛尤
不便者邓光等。③赦囚徒捍寇盗,④发恶少年及边骑,岁余而出煌
煌六万人,⑤负私从者不与。⑥牛十万,马三万匹,驴橐驼以万数赍
粮,兵弩甚设。⑦天下骚动,转相奉伐宛,五十余校尉。宛城中无井,
汲城外流水,于是遣水工徙其城下水空以穴其城。⑧益发戍甲卒十
八万酒泉、张掖北,置居延、休屠以卫酒泉。⑨而发天下七科適,⑩
及载糒给贰师,⑪转车人徒相连属至煌煌,⑫而拜习马者二人为执
驱马校尉,⑬备破宛择取其善马云。

①师古曰:"赵破奴后封浞野侯。浞,音上角反。"
②晋灼曰:"易,轻也。"师古曰:"轮台亦国名。"
③师古曰:"案其罪而行罚。"
④如淳曰:"放囚徒使其捍御寇盗。"师古曰:"使从军为斥候。"
⑤师古曰:"兴发部署,岁余乃得行。"
⑥师古曰:"负私粮食及私从者,不在六万人数中也。与,读曰豫。"
⑦师古曰:"施张甚具也。"
⑧师古曰:"空,孔也。徙其城下水者,令从他道流,不迫其城也。空以穴其
城者,围而攻之,令作孔使穿穴也。下云'决其水原移之',又云'围其城
攻之',皆再叙其事也。一曰,既徙其水,不令于城下流,而因其旧引水
入城之孔,攻而穴之。"
⑨如淳曰:"立二县以卫边也。或曰,置二部都尉。"
⑩师古曰:"適,读曰谪。七科,解在《武纪》。"
⑪师古曰:"糒干饭,音备。"

⑫师古曰:"属,音之欲反。"

⑬师古曰:"习犹便也。一人为执马校尉,一人为驱马校尉。"

于是贰师后复行,兵多,所至小国莫不迎,出食给军。至轮台,轮台不下,攻数日,屠之。自此而西,平行至宛城,①兵到者三万。宛兵迎击汉兵,汉兵射败之,宛兵走入保其城。贰师欲攻郁成城,恐留行而令宛益生诈,②乃先至宛,决其水原,移之,则宛固已忧困。围其城,攻之四十余日。宛贵人谋曰:"王毋寡匿善马,杀汉使。③今杀王而出善马,汉兵宜解;即不,乃力战而死,未晚也。"宛贵人皆以为然,共杀王。其外城坏,虏宛贵人勇将煎靡。④宛大恐,走入中城,相与谋曰:"汉所为攻宛,以王毋寡,"持其头,遣人使贰师,约曰:"汉无攻我,我尽出善马,恣所取,而给汉军食。即不听我,我尽杀善马,康居之救又且至。至,我居内,康居居外,与汉军战。孰计之,何从?"⑤是时,康居候视汉兵尚盛,不敢进。贰师闻宛城中新得汉人知穿井,而其内食尚多。计以为来诛首恶者毋寡,毋寡头已至,如此不许,则坚守,而康居候汉兵罢来救宛,破汉军必矣。⑥军吏皆以为然,许宛之约。宛乃出其马,令汉自择之,而多出食食汉军。⑦汉军取其善马数十匹,中马以下牝牡三千余匹,而立宛贵人之故时遇汉善者名昧蔡为宛王,⑧与盟而罢兵。终不得入中城,罢而引归。

①师古曰:"平行,言无寇难。"

②师古曰:"留行,谓留止军废其行。"

③师古曰:"毋寡,宛王名。"

④师古曰:"宛之贵人,为将而勇名者煎靡也。煎,音子延反。"

⑤师古曰:"令贰师孰计之,而欲攻战乎?欲不攻而取马乎?"

⑥师古曰:"罢,读曰疲。"

⑦师古曰:"下食,读曰饲。"

⑧服虔曰:"蔡,音楚言蔡。"师古曰:"昧,音本末之末。蔡,音千曷反。"

初,贰师起焞煌西,为人多,道上国不能食,①分为数军,从南北道。校尉王申生、故鸿胪壶充国等千余人别至郁成,城守不肯给食。申生去大军二百里,负而轻之,②攻郁成急。郁成窥知申生军少,晨用三千人攻杀申生等,数人脱亡,走贰师。③贰师令搜粟都尉上官桀往攻破郁成，郁成降。其王亡走康居，桀追至康居。康居闻汉已破宛，出郁成王与桀。桀令四骑士缚守诣大将军。④四人相谓："郁成，汉所毒，⑤今生将，卒失大事。"⑥欲杀，莫适先击。⑦上邽骑士赵弟拔剑击斩郁成王。桀等遂追及大将军。

①师古曰："起，发也。道上国，近道诸国也。食，读曰饲。"

②师古曰："负，恃也，恃大军之威而轻敌人。"

③师古曰："走，音奏。"

④如淳曰："时多别将，故谓贰师为大将军。"

⑤师古曰："言毒恨。"

⑥师古曰："卒，读曰猝。"

⑦师古曰："適，主也。无有主意先击者也。音丁历反。"

初，贰师后行，天子使使告乌孙大发兵击宛。乌孙发二千骑往，持两端，不肯前。贰师将军之东，①诸所过小国闻宛破，皆使其子弟从入贡献，见天子，因为质焉。军还，入马千余匹。后行，非乏食，战死不甚多，而将吏贪，不爱卒，侵牟之，以此物故者众。②天子为万里而伐，不录其过，乃下诏曰："匈奴为害久矣，今虽徙幕北，与旁国谋共要绝大月氏使，遮杀中郎将江、故雁门守攘。危须以西及大宛皆合约杀期门车令、③中郎将朝及身毒国使，隔东西道。贰师将军广利征讨厥罪，伐胜大宛。赖天之灵，从溯河山，涉流沙，通西海，山雪不积，④士大夫径度，⑤获王首虏，珍怪之物毕陈于阙。其封广利为海西侯，食邑八千户。"又封斩郁成王者赵弟为新畤侯；军正赵始成功最多，为光禄大夫；上官桀敢深入，为少府；李哆有计谋，为上党太守。⑥军官吏为九卿者三人，诸侯相、郡守、二千石百余人，千石以下千余人。奋行者官过其望，⑦以適过行皆黜其劳。⑧士卒赐直四万钱。⑨伐宛再反，⑩凡四岁而得罢焉。

①师古曰："东，旋军东出。"

②师古曰："侵牟，言如牟贼之食苗也。物故，谓死也。解具在《景纪》及《苏武传》。"

③服虔曰："危须，国名也。"文颖曰："汉使期门郎也，车令，姓名也。"

④张晏曰："是岁雪少，故得往还，喜得天人之应也。"师古曰："从，由也。

溯,逆流而上也。言路由山险,又溯河也。溯,音素。"

⑤师古曰:"言无屯难也。"

⑥师古曰:"哆,音昌野反。"

⑦孟康曰:"奋,迅也。自乐而行者。"

⑧师古曰:谪读曰谪。言以罪谪而行者,免其所犯,不叙功劳。"

⑨师古曰:"或以他财物充之,故云直。"

⑩师古曰:"再反,犹今言两回。"

　　后十一岁,征和三年,贰师复将七万骑出五原,击匈奴,度郅居水。①兵败,降匈奴,为单于所杀。语在《匈奴传》。

①师古曰:"郅,音质。"

　　赞曰:《禹本纪》言河出昆仑,昆仑高二千一百里余,日月所相避隐为光明也。自张骞使大夏之后,穷河原,恶睹所谓昆仑者乎?①故言九州山川,《尚书》近之矣。至《禹本纪》、《山经》所有,放哉!②

①邓展曰:"汉以穷河原,于何见昆仑乎?《尚书》曰'道河积石',是谓河原出于积石。积石在金城河关,不言出昆仑也。"师古曰:"恶,音乌。"

②如淳曰:"放荡迂阔,不可信也。"师古曰:"如说是也。荀悦误以放为效字,因解为不效,荀失之矣。"

汉书卷六二
列传第三二

司马迁

　　昔在颛顼,命南正重司天,火正黎司地。①唐虞之际,绍重黎之后,使复典之,至于夏商,故重黎氏世序天地。其在周,程伯休甫其后也。②当宣王时,官失其守而为司马氏。③司马氏世典周史。惠襄之间,司马氏适晋。④晋中军随会犇魏,⑤而司马氏入少梁。⑥

　　①张晏曰:"南方,阳也。火,水配也。水为阴,故命南正重司天,火正黎兼地职也。"臣瓒曰:"重、黎,司天地之官也。唐虞谓之羲和,则司地者宜曰北正。古文作北正。"师古曰:"瓒说非也。据班氏《幽通赋》云'黎淳耀于高辛',则此为火正是也。"

　　②应劭曰:"封为程国伯。休甫,字也。"

　　③师古曰:"失其所守之职也。"

　　④张晏曰:"周惠王、襄王有子颓,叔带之难,故司马氏奔晋也。"

　　⑤如淳曰:"《左氏传》晋伪使魏寿余诱士会于秦噪而还时也。"师古曰:"犇,古奔字也。据《春秋》,随会奔秦,其后自秦入魏而还晋。今此言随会奔魏,司马氏因入少梁,则似谓自晋出奔魏耳。但魏国在献公时已灭为邑,封毕万矣。即非别国,不得言奔,未详迁之所说。"

　　⑥师古曰:"少梁,本梁国也,为秦所灭,号为少梁。"

　　自司马氏去周适晋,分散,或在卫,或在赵,或在秦。其在卫者,相中山。①在赵者,以传剑论显,②蒯聩其后也。③在秦者错,与张仪争论,④于是惠王使错将兵伐蜀,遂拔,因而守之。⑤错孙蕲,⑥事武安君白起。而少梁更名夏阳。蕲与武安君坑赵长平军,⑦还而与之俱赐死杜邮，⑧葬于华池。⑨蕲孙昌为秦王铁官，当始皇之时。蒯聩玄孙卬为武信君将而徇朝歌。⑩诸侯之相王，王卬于殷。⑪汉之伐楚，卬归汉，以其地为河内郡。昌生毋怿，⑫毋怿为汉市长。毋怿生喜，喜为五大夫，卒，皆葬高门。⑬喜生谈，谈为太史公。⑭太史公学天官于唐都，⑮受《易》于杨何，⑯习道论于黄子。⑰太史公仕于建元、元封之间，愍学者之不达其意而师悖，⑱乃论六家之要指曰：

①张晏曰："司马喜为中山相。"

②服虔曰："世善剑也。"师古曰："剑论，剑术之论也。论，来顿反。"

③如淳曰："《刺客传》之蒯聩也。"师古曰："蒯，苦怪反。聩，五怪反。"

④应劭曰："秦惠王欲伐蜀，张仪曰不如伐韩，司马错以为当先伐蜀。惠王从之，起兵伐蜀取之。"师古曰："错，音千各反。"

⑤苏林曰："为郡守。"

⑥师古曰："音祈。"

⑦文颖曰："赵孝成王时，赵括为将。"

⑧李奇曰："地名，在咸阳西十里。"师古曰："邮，音尤。"

⑨晋灼曰："县名也，在鄠县。"师古曰："晋说非也。华池在左冯翊界，近夏阳，非鄠县。"

⑩师古曰："武信君即武臣也，未为赵王之前号武信君。《项籍传》曰'赵将司马卬'，是知为武臣之将也。"

⑪师古曰："项羽封卬为殷王。"

⑫师古曰："怿，弋赤反。"

⑬苏林曰："长安北门也。"师古曰："苏说非也。高门，地名，在夏阳西北，而东去华池三里。"

⑭如淳曰："《汉仪注》太史公，武帝置，位在丞相上。天下计书先上太史公，副上丞相，序事如古《春秋》。迁死后，宣帝以其官为令，行太史公文书而已。"晋灼曰："《百官表》无太史公在丞相上。又卫宏所说多不实，未可以为正。"师古曰："谈为太史令耳，迁尊其父，故谓之为公。如说非也。"

⑮师古曰："即《律历志》所云方士唐都者。"

⑯师古曰："何字叔元，菑川人，见《儒林传》。"

⑰师古曰："景帝时人也，《儒林传》谓黄生，与辕固争论于上前，谓汤武非

受命,乃杀也。"

⑱师古曰:"悖,惑也。各习师法,惑于所见。悖,布内反。"

《易大传》:"天下一致而百虑,同归而殊涂。"①夫阴阳、儒、墨、名、法、道德,此务为治者也,直所从言之异路,有省不省耳。②尝窃观阴阳之术,大详而众忌讳,使人拘而多畏,③然其叙四时之大顺,不可失也。儒者博而寡要,劳而少功,是以其事难尽从,然其叙君臣父子之礼,列夫妇长幼之别,不可易也。④墨者俭而难遵,是以其事不可遍循,⑤然其强本节用,不可废也。法家严而少恩,然其正君臣上下之分,不可改也。名家使人俭而善失真,⑥然其正名实,不可不察也。道家使人精神专一,动合无形,澹足万物,⑦其为术也,因阴阳之大顺,采儒墨之善,撮名法之要,⑧与时迁徙,应物变化,立俗施事,无所不宜,指约而易操,事小而功多。⑨儒者则不然,以为人主天下之仪表也,君唱臣和,主先臣随,如此,则主劳而臣佚。⑩至于大道之要,去健羡,⑪黜聪明,⑫释此而任术。夫神大用则竭,形大劳则敝,神形蚤衰,⑬欲与天地长久,非所闻也。

①张晏曰:"《大传》,谓《易系辞》。"

②师古曰:"言发迹虽殊,同归于治,但学者不能省察,昧其端绪耳。直犹但也。"

③李奇曰:"阴阳之术,月令星官,是其枝叶也。"师古曰:"拘,曲碍也。"

④师古曰:"易,变也。"

⑤师古曰:"言难尽也。"

⑥师古曰:"刘向《别录》云名家者流出于礼官。古者名位不同,礼亦异数。孔子曰'必也正名乎'。"

⑦师古曰:"澹,古赡字。"

⑧师古曰:"撮,总取也,音千活反。"

⑨师古曰:"操,执持也,音千高反。"

⑩师古曰:"佚,乐也,字与逸同。"

⑪服虔曰:"门户健壮也。"如淳曰:"知雄守雌,是去健也。不见可欲,使心不乱,是去羡也。"晋灼曰:"老子曰'善闭者无关楗'。严君平曰'折关破

棬,使奸者自止'。服说是也。"师古曰:"二义并通。棬,其偃反,然今书
本字皆作健字也。"

⑫如淳曰:"不尚贤,绝圣弃知也。"晋灼曰:"严君平曰:'黜聪弃明,倚依
太素,反本归真,则理得而海内钧也。'"师古曰:"黜,废也。"

⑬师古曰:"蚤,古早字。"

夫阴阳,四时、八位、十二度、二十四节各有教令,①曰顺
之者昌,逆之者亡,未必然也。故曰"使人拘而多畏"。夫春生
夏长,秋收冬臧,此天道之大经也,②弗顺则无以为天下纪纲,
故曰:"四时之大顺,不可失也。"

①张晏曰:"八位,八卦位也。十二度,十二次也。二十四节,就中气也。各
有禁,谓月令者。"

②师古曰:"经,常法。"

夫儒者,以六艺为法,六艺经传以千万数,累世不能通其
学,当年不能究其礼,①故曰"博而寡要,劳而少功"。若夫列君
臣父子之礼,序夫妇长幼之别,虽百家弗能易也。

①师古曰:"究,尽也。"

墨者亦上尧舜,言其德行曰:"堂高三尺,土阶三等,茅茨
不剪,采椽不斫,①饭土簋,歠土刑,②粝粱之食,③黎藿之
羹;④夏日葛衣,冬日鹿裘。"其送死,桐棺三寸,举音不尽其
哀。教丧礼,必以此为万民率。故天下共若此,则尊卑无别也。
夫世异时移,事业不必同,故曰"俭而难遵"也。要曰强本节用,
则人给家足之道也。⑤此墨子之所长,虽百家不能废也。

①师古曰:"屋盖曰茨。芽茨,以茅覆屋也。采,柞木也。茨,疾兹反。采,
音采,又音菜。"

②师古曰:"簋所以盛饭也,刑以盛羹。土,谓烧土为之,即瓦器也。饭,
扶晚反。簋,音轨。歠,尺悦反。"

③服虔曰:"粝,粗米也。"张晏曰:"一斛粟七斗米为粝,音赖。"师古曰:
"食,饭也。"

④师古曰:"藜,草似蓬也。藿,豆叶也。"

⑤师古曰:"给亦足也。人人家家皆得足也。"

　　法家不别亲疏,不殊贵贱,壹断于法,则亲亲尊尊之恩绝矣,可以行一时之计,而不可长用也,故曰:"严而少恩"。若尊主卑臣,明分职不得相逾越,虽百家不能改也。①

①师古曰:"分,扶问反。"

　　名家苛察缴绕,①使人不得反其意,刌决于名,时失人情,②故曰"使人俭而善失真"。若夫控名责实,参伍不失,③此不可不察也。

①如淳曰:"缴绕犹缠绕也。"师古曰:"缴,公鸟反。"

②师古曰:"刌,读与专同,又音章免反。"

③晋灼曰:"引名责实,参错交互,明知事情者。"

　　道家无为,又曰无不为,①其实易行,其辞难知,②其术以虚为本,以因循为用。③无成势,无常形,故能究万物之情。不为物先后,故能为万物主。有法无法,因时为业;有度无度,因物兴舍。④故曰"圣人不巧,时变是守"。⑤虚者道之常也,因者君之纲也。⑥群臣并至,使各自明也。其实中其声者谓之端,实不中其声者谓之款。⑦款言不听,奸乃不生,贤不肖自分,白黑乃形。⑧在所欲用耳,何事不成!乃舍大道,混混冥冥。⑨光耀天下,复反无名。⑩凡人所生者神也,所托者形也。神大用则竭,形大劳则敝,形神离则死。死者不可复生,离者不可复合,故圣人重之。由此观之,神者生之本,形者生之具。不先定其神形,而曰"我有以治天下",何由哉?⑪

①师古曰:"无为者,守静一也。无不为者,功利大也。"

②师古曰:"言指趣幽远。"

③师古曰:"任自然也。"

④师古曰:"兴,起也。舍,废也。"

⑤师古曰:"无机巧之心,但顺时也。"

⑥师古曰:"言因百姓之心以为教,但执其纲而已。"

⑦服虔曰:"款,空也。"李奇曰:"声则名也。"师古曰:"中,当也,充也,音竹仲反。"

⑧师古曰:"形,见也。"

⑨师古曰："元气之貌也。混,胡本反。"

⑩师古曰："反,还也。"

⑪师古曰："凡此皆言道家之教为长也。"

太史公既掌天官,不治民。有子曰迁。

迁生龙门,①耕牧河山之阳。②年十岁则诵古文。二十而南游江淮,上会稽,探禹穴,窥九疑,③浮沅湘,④北涉汶泗,⑤讲业齐鲁之都,观夫子遗风,乡射邹峄;⑥阨困蕃、薛、彭城,⑦过梁楚以归。于是迁仕为郎中,奉使西征巴蜀以南,略邛、笮、昆明,⑧还报命。

①苏林曰："禹所凿龙门也。"师古曰："龙门山,其东则在今秦州龙门县北,其西则在今同州韩城县北,而河从其中下流。"

②师古曰："河之北,山之南也。"

③张晏曰："禹巡狩至会稽而崩,因葬焉。上有孔穴,民间云禹入此穴。九疑,舜墓在焉。"师古曰："会稽,山名,本茅山也,禹于此会诸侯之计,因名曰会稽。九疑山有峰,解在《司马相如传》。"

④师古曰："沅水出牂柯,湘水出零陵,二水皆入江。"

⑤师古曰："汶,泗,两水名在《地理志》。汶,音问。"

⑥师古曰："邹,县名也。峄,山名也,近曲阜地也。于此行乡射之礼。峄,音怿。"

⑦师古曰："蕃,县名也,音皮。"

⑧师古曰："笮,才各反。"

是岁,天子始建汉家之封,而太史公留滞周南,①不得与从事,②发愤且卒。而子迁适反,见父于河雒之间。太史公执迁手而泣曰："予先,周室之太史也。自上世尝显功名虞夏,典天官事。后世中衰,绝于予乎? 汝复为太史,则续吾祖矣。今天子接千岁之统,封泰山,而予不得从行,是命也夫! 命也夫! 予死,尔必为太史;为太史,毋忘吾所欲论著矣。且夫孝始于事亲,中于事君,终于立身;扬名于后世,以显父母,此孝之大也。③夫天下称周公,言其能论歌文武之德,宣周召之风,④达大王王季思虑,爰及公刘,以尊后稷也。⑤幽厉之后,王道缺,礼乐衰,孔子修旧起废,论《诗》《书》,作《春秋》,则学者至今则之。自获麟以来四百有余岁,诸侯相兼,史记放绝。今汉兴,海内壹统,明主贤君,忠臣义士,予为太史而不论载,废天下之文,予甚惧焉,尔其念哉!"迁俯首流涕曰:"小子不敏,请悉论先人所次旧闻,不敢阙。"

①如淳曰:"周南,洛阳也。"张晏曰:"洛阳而谓周南者,自陕以东皆周南之地也。"

②师古曰:"与,读曰豫。"

③师古曰:"此孔子说《孝经》之辞也。"

④师古曰:"召,读曰邵。"

⑤师古曰:"爰,曰也,发语辞也。一曰,爰,于也。"

卒三岁,而迁为太史令,紬史记石室金锁之书。①五年而当太初元年,②十一月甲子朔旦冬至,天历始改,建于明堂,诸神受记。③

①如淳曰:"紬彻旧书故事而次述之。"师古曰:"此说非也。紬,谓缀集之,音胄。锁,与匦同。"

②李奇曰:"迁为太史后五年适当武帝太初元年,时述《史记》也。"

③张晏曰:"以元新改,立明堂,朝诸侯及郡守受正朔,各有山川之祀,故曰诸神受记。"孟康曰:"明堂班十二月之政,历纪四时,故云建于明堂。诸神受记,若句芒、祝融之属皆受瑞记。迁因此而作。"师古曰:"张说是矣。"

太史公曰:"先人有言:'自周公卒五百岁而有孔子,孔子至于今五百岁,有能绍而明之,正《易传》,继《春秋》,本《诗》《书》《礼》《乐》之际。'意在斯乎!小子何敢攘焉。"①

①师古曰:"攘,古让字。言当己述成先人之业,何敢自谦,当五百岁而让之也。"

上大夫壶遂曰:"昔孔子为何作《春秋》哉?"太史公曰:"余闻之董生:①'周道废,孔子为鲁司寇,诸侯害之,大夫壅之。孔子知时之不用,道之不行也,是非二百四十二年之中,②以为天下仪表,贬诸侯,讨大夫,以达王事而已矣'。③子曰:'我欲载之空言,不如见之于行事之深切著明也。'《春秋》上明三王之道,下辨人事之经纪,别嫌疑,明是非,定犹与,④善善恶恶,贤贤贱不肖,存亡国,继绝世,

补敝起废,王道之大者也。《易》著天地阴阳四时五行,故长于变;⑤
《礼》纲纪人伦,故长于行;《书》记先王之事,故长于政;《诗》记山川
溪谷禽兽草木牝牡雌雄,故长于风;《乐》乐所以立,故长于和;《春
秋》辩是非,故长于治人。是故《礼》以节人,《乐》以发和,《书》以道
事,《诗》以达意,《易》以道化,《春秋》以道义。⑥拟乱世反之正,莫
近于《春秋》。《春秋》文成数万,⑦其指数千。万物之散聚皆在《春
秋》。《春秋》之中,弑君三十六,亡国五十二,诸侯奔走不得保社稷
者不可胜数。⑧察其所以,皆失其本已。⑨故《易》曰'差以豪氂,谬
以千里'。⑩故'臣弑君,子弑父,非一朝一夕之故,其渐久矣'。⑪有
国者不可以不知《春秋》,前有谗而不见,后有贼而不知。为人臣者
不可以不知《春秋》,守经事而不知其宜,遭变事而不知其权。⑫为
人君父者而不通于《春秋》之义者,必蒙首恶之名。⑬为人臣子不通
于《春秋》之义者,必陷篡弑诛死之罪。其实皆以善为之,而不知其
义,⑭被之空言不敢辞。⑮夫不通礼义之指,至于君不君,臣不臣,
父不父,子不子。夫君不君则犯,⑯臣不臣则诛,父不父则无道,子
不子则不孝。此四行者,天下之大过也。以天下大过予之,受而不
敢辞。故《春秋》者,礼义之大宗也。夫礼禁未然之前,法施已然之
后;法之所为用者易见,而礼之所为禁者难知。"

①服虔曰:"仲舒也。"

②师古曰:"是非,谓本其得失。"

③师古曰:"时诸侯僭侈,大夫擅权,故贬讨之也。贬,退也。讨,治也。"

④师古曰:"与,读曰豫。"

⑤师古曰:"以变化之道为长也。长,读如本字。一曰,长,谓崇长之也,音
　　竹两反。下皆类此。"

⑥师古曰:"道,言也。"

⑦张晏曰:"《春秋》万八千字,当言减,而云成,字误也。"师古曰:"张说非
　　也。一万之外即以万言之,故云数万,何乃忽言减乎?学者又为曲解,云
　　《公羊经传》凡四万四千余字,尤疏谬矣。史迁岂谓《公羊》之传为《春
　　秋》乎?"

⑧师古曰:"解并在《刘向传》。"

⑨师古曰："已,语终之辞。"

⑩师古曰："今之《易经》及彖象系辞,并无此语。所称《易纬》者,则有之焉。斯盖《易》家之别记者也。"

⑪师古曰："《易·坤卦》文言之辞。"

⑫师古曰："经,常也。"

⑬师古曰："蒙犹被也。"

⑭师古曰："其心虽善,以不知义理之故,则陷于恶也。"

⑮苏林曰："赵盾不知讨贼,而不敢辞弑君之罪。"

⑯师古曰："为臣下所干犯也。一曰,违犯礼义也。"

壶遂曰："孔子之时,上无明君,下不得任用,故作《春秋》,垂空文以断礼义,①当一王之法。今夫子上遇明天子,下得守职,万事既具,咸各序其宜,夫子所论,欲以何明?"太史公曰："唯唯,否否,②不然。余闻之先人曰:'虑戏至纯厚,作《易》八卦。③尧舜之盛,《尚书》载之,礼乐作焉。汤武之隆,诗人歌之。《春秋》采善贬恶,推三代之德,褒周室,非独刺讥而已也。'汉兴已来,至明天子,获符瑞,封禅,改正朔,易服色,受命於穆清,④泽流罔极,⑤海外殊俗重译款塞,⑥请来献见者,不可胜道。⑦臣下百官力诵圣德,犹不能宣尽其意。⑧且士贤能矣,而不用,有国者耻也;主明圣,德不布闻,有司之过也。且余掌其官,废明圣盛德不载,灭功臣贤大夫之业不述,堕先人所言,⑨罪莫大焉。余所谓述故事,整齐其传,非所谓作也,而君比之《春秋》,谬矣。"

①师古曰："断,决也,决之于礼义也。"

②晋灼曰："唯唯,谦应也。否否,不通也。"师古曰："唯,弋癸反。"

③师古曰："虑,读与伏同。"

④师古曰："於,叹辞也。穆,美也。言天子有美德而政化清也。於,读曰乌。"

⑤师古曰："罔,无也。极,止也。"

⑥师古曰："款,叩也。"

⑦师古曰："道,言也。"

⑧师古曰："力,勤也。"

⑨师古曰："堕,毁也,谓不修之也。音火规反。"

于是论次其文。十年而遭李陵之祸,幽于累绁。①乃喟然而叹曰:"是余之罪!②夫身亏不用矣。"退而深惟曰:③"夫《诗》《书》隐约者,欲遂其志之思也。"④卒述陶唐以来,至于麟止,⑤自黄帝始。⑥《五帝本纪》第一,《夏本纪》第二,《殷本纪》第三,《周本纪》第四,《秦本纪》第五,《始皇本纪》第六,《项羽本纪》第七,《高祖本纪》第八,《吕后本纪》第九,《孝文本纪》第十,《孝景本纪》第十一,《今上本纪》第十二。《三代世表》第一,《十二诸侯年表》第二,《六国年表》第三,《秦楚之际月表》第四,《汉诸侯年表》第五,《高祖功臣年表》第六,《惠景间功臣年表》第七,《建元以来侯者年表》第八,《王子侯者年表》第九,《汉兴以来将相名臣年表》第十。《礼书》第一,《乐书》第二,《律书》第三,《历书》第四,《天官书》第五,《封禅书》第六,《河渠书》第七,《平准书》第八。《吴太伯世家》第一,《齐太公世家》第二,《鲁周公世家》第三,《燕召公世家》第四,⑦《管蔡世家》第五,《陈杞世家》第六,《卫康叔世家》第七,《宋微子世家》第八,《晋世家》第九,《楚世家》第十,《越世家》第十一,《郑世家》第十二,《赵世家》第十三,《魏世家》第十四,《韩世家》第十五,《田完世家》第十六,《孔子世家》第十七,《陈涉世家》第十八,《外戚世家》第十九,《楚元王世家》第二十,《荆燕王世家》第二十一,《齐悼惠王世家》第二十二,《萧相国世家》第二十三,《曹相国世家》第二十四,《留侯世家》第二十五,《陈丞相世家》第二十六,《绛侯世家》第二十七,《梁孝王世家》第二十八,《五宗世家》第二十九,⑧《三王世家》第三十。《伯夷列传》第一,《管晏列传》第二,《老子韩非列传》第三,《司马穰苴列传》第四,⑨《孙子吴起列传》第五,《伍子胥列传》第六,《仲尼弟子列传》第七,《商君列传》第八,《苏秦列传》第九,《张仪列传》第十,《樗里甘茂列传》第十一,《穰侯列传》第十二,《白起王翦列传》第十三,《孟子荀卿列传》第十四,《平原虞卿列传》第十五,《孟尝君列传》第十六,《魏公子列传》第十七,《春申君列传》第十八,《范雎蔡泽列传》第十九,《乐毅列传》第二十,《廉颇蔺相如列传》第二十一,《田单列传》第二十二,《鲁仲连列传》第二十三,《屈原贾生列传》第二十四,《吕不韦列传》第二十五,《刺客列传》第二十六,《李斯列传》第二十七,《蒙恬列传》第二十八,《张耳陈余列传》第二十九,《魏豹彭越列传》第三十,《黥布列传》第三十一,《淮阴侯韩信列传》第三十二,《韩信卢绾列传》第三十三,《田儋列传》第三十四,《樊郦滕灌列传》第三十五,《张丞相仓列传》第三十六,《郦生陆贾列传》第三十七,《傅靳蒯侯传列传》第三十八,⑩《刘敬叔孙通列传》第三十九,《季布栾布列传》第四十,《爰盎朝错列传》第四十一,《张释之冯唐列传》第四十二,《万石张叔列传》第四十三,《田叔列传》第四十四,《扁鹊仓公列传》第四十五,《吴王濞列传》第四十六,《魏其武安列传》第四十七,《韩长孺列传》第四十八,《李将军列传》第四十九,《卫将军骠骑列传》第五十,《平津主父列传》第五十一,《匈奴列传》第五十二,《南越列传》第五十三,《闽越列传》第五十四,《朝鲜列传》第五十五,《西南夷列传》第五十六,《司马相如列传》第五十七,《淮南衡山列传》第五十八,《循吏列传》第五十九,《汲郑列传》第六十,《儒林列传》第六十一,《酷吏列传》第六十二,《大宛列传》第六十三,《游侠列传》第六十四,《佞幸列传》第六十五,《滑稽列传》第六十六,《日者列传》第六十七,《龟策列传》第六十八,《货殖列传》第六十九。

①师古曰:"累,系也。绁,长绳也。累,力追反。绁先列反。"

②师古曰:"喟然,叹息貌也。音邱位反。"

③师古曰:"惟,思也。"

④师古曰:"隐,忧也。约,屈也。"

⑤服虔曰:"武帝得白麟,而铸金作麟足形。作《史记》止于此也。"张晏曰:"武帝获麟,迁以为述事之端,上记黄帝,下至麟止,犹《春秋》止于获麟也。"师古曰:"迁序事尽太初,故言至麟而止。张说是也。"

⑥师古曰:"迁之书序众篇各别有辞,班氏以其文多,故略而不载,但取最后一首,故此单目尽于六十九。至'惟汉继五帝末流'之后,乃言第七十。读者不详其意,或于目中加云'叙传第七十',此大妄矣。"

⑦师古曰:"召,读曰邵。"

⑧师古曰:"景帝子凡十三人为王,而母五人所生,迁谓同母者为一宗,故

　　云五宗也。"

　　⑨师古曰："苴,音子间反。"

　　⑩师古曰："郦成侯,周缕也。郦,音普肯反,又音陪。"

　　惟汉继五帝末流,接三代绝业。周道既废,秦拔去古文,焚灭
《诗》《书》,故明堂石室金镅玉版图籍散乱。①汉兴,萧何次律令,韩
信申军法,张仓为章程,叔孙通定礼仪,则文学彬彬稍进,《诗》《书》
往往间出。②自曹参荐盖公言黄老,而贾谊、朝错明申韩,公孙弘以
儒显,百年之间,天下遗文古事靡不毕集。太史公仍父子继篹其
职,③曰:"於戏!④余维先人尝掌斯事,显于唐虞。至于周,复典之。
故司马氏世主天官,至于余乎,钦念哉!"⑤罔罗天下放失旧闻,王
迹所兴,原始察终,见盛观衰,论考之行事,略三代,录秦汉,上记轩
辕,下至于兹,著十二本纪,既科条之矣。并时异世,年差不明,作十
表。⑥礼乐损益,律历改易,兵权山川鬼神天人之祭,承敝通变,作
八书。二十八宿环北辰,三十辐共一毂,运行无穷,⑦辅弼股肱之臣
配焉,忠信行道以奉主上,作三十世家。扶义俶傥,不令己失时,⑧
立功名于天下,第七十列传。凡百三十篇,五十二万六千五百字,为
《太史公书》。序略,以拾遗补缺蓻,成一家言,⑨协六经异传,齐百
家杂语,藏之名山,副在京师,⑩以竢后圣君子,第七十,⑪迁之自
叙云尔。⑫而十篇缺,有录无书。⑬

　　①如淳曰:"玉版,刻玉版画为文字也。"

　　②师古曰:"彬彬,文章貌。彬,音邠。间,音居苋反。"

　　③师古曰:"篹,读与撰同。"

　　④师古曰:"於戏,叹声也。於,读曰乌。戏,读曰呼。古字或作乌虖,今字
　　　或作乌呼,音义皆同耳。而俗之读者,随字而别,文曲为解释云有吉凶
　　　美恶之殊,是不通其大指也。义例具在《诗》及《尚书》,不可一二遍举
　　　之。"

　　⑤师古曰:"钦,敬也。"

　　⑥师古曰:"并时则年历差殊,异代则难以时辨,故作表也。"

　　⑦孟康曰:"象黄帝以下三十家也。老子言车三十辐运行无穷,以象王者
　　　如此也。"师古曰:"此说非也。言众星共绕北辰,诸辐咸归车毂,若文武

之臣尊辅天子也。"

⑧师古曰:"傲僈,大节也。傲,吐历反。"

⑨孟康曰:"蓺,音褋,谓裳下坏褋。"李奇曰:"蓺,六艺也。"师古曰:"李说是也,蓺,古艺字。"

⑩师古曰:"藏于山者,备亡失也。其副贰本乃留京师也。"

⑪师古曰:"竢,古俟字。"

⑫师古曰:"自此以前,皆自叙之辞也。自此以后,乃班氏作传语耳。"

⑬张晏曰:"迁没之后,亡《景纪》、《武纪》、《礼书》、《乐书》、《兵书》、《汉兴已来将相年表》、《日者列传》、《三王世家》、《龟策列传》、《傅靳列传》。元、成之间,褚先生补缺,作《武帝纪》、《三王世家》、《龟策》、《日者》,言辞鄙陋,非迁本意也。"师古曰:"序目本无《兵书》,张云亡失,此说非也。"

迁既被刑之后,为中书令,尊宠任职。故人益州刺史任安①予迁书,责以古贤臣之义。迁报之曰:

①师古曰:"故人者,言其旧交也。"

少卿足下:①曩者辱赐书,教以慎于接物,推贤进士为务,意气勤勤恳恳,②若望仆不相师用,③而流俗人之言。④仆非敢如是也。虽罢驽,亦侧闻长者遗风矣。⑤顾自以为身残处秽,动而见尤,⑥欲益反损,是以抑郁而无谁语。⑦谚曰:"谁为为之?孰令听之?"⑧盖钟子期死,伯牙终身不复鼓琴。⑨何则?士为知己用,女为说己容。⑩若仆大质已亏缺,虽材怀随和,行若由夷,⑪终不可以为荣,适足以发笑而自点耳。⑫

①如淳曰:"少卿,任安字。"

②师古曰:"恳恳,至诚也,音垦。"

③师古曰:"望,怨也。"

④师古曰:"谓随俗人之言,而流移其志。"

⑤师古曰:"罢,读曰疲。"

⑥师古曰:"顾,思念也。尤,过也。"

⑦师古曰:"无谁语者,言无相知心之人,谁可告语?"

⑧师古曰:"言无知己者,设欲修名节,立言立行,谁可为作之,又令谁听之?上为,音于伪反。"

⑨师古曰："伯牙、钟子期皆楚人也。伯牙鼓琴，子期听之。方鼓琴而志在泰山，子期曰：'巍巍乎若泰山。'既而志在流水，子期又曰：'汤汤乎若流水。'及子期死，伯牙破琴绝弦，终身不复鼓琴，以时人无足复为鼓琴耳。"

⑩师古曰："说，读曰悦。"

⑪应劭曰："由、夷，许由、伯夷也。"师古曰："随，随侯珠也。和，和氏璧。"

⑫师古曰："点，污也。"

　　书辞宜答，①会东从上来，②又迫贱事，③相见日浅，卒卒无须臾之间得竭指意。④今少卿抱不测之罪，⑤涉旬月，迫季冬，仆又薄从上上雍，⑥恐卒然不可讳。⑦是仆终已不得舒愤懑以晓左右，⑧则长逝者魂魄私恨无穷。⑨请略陈固陋。阙然不报，幸勿过。⑩

①师古曰："宜早答，"

②服虔曰："从武帝还也。"

③孟康曰："卑贱之事，苦烦务也。"晋灼曰："贱事，家之私事贱小者也。"师古曰："谓所供职也。孟说是也。"

④文颖曰："卒，言仓卒。"师古曰："卒卒，促遽之意也。间，隙也。卒，音千忽反。"

⑤如淳曰："平居时，迁不肯报其书。今有罪在狱，故抱往日书，欲使其恕以度己也。"师古曰："不测，谓深也。"

⑥李奇曰："薄，迫也。迫当从行也。"如淳曰："迁时从上在卤簿中也。"师古曰："李说是也。"

⑦师古曰："卒，读曰猝。不可讳，谓安死也。"

⑧师古曰："懑，烦闷也。晓，告喻也。懑，音满。"

⑨师古曰："谓任安恨不见报。"

⑩师古曰："谓中间久不报也。"

　　仆闻之，修身者智之府也，①爱施者仁之端也，取予者义之符也，②耻辱者勇之决也，立名者行之极也。士有此五者，然后可以托于世，列于君子之林矣。故祸莫憯于欲利，③悲莫痛于伤心，行莫丑于辱先，而诟莫大于宫刑。④刑余之人，无所比数，非一也，所从来远矣。昔卫灵公与雍渠载，孔子适陈；⑤商

鞅因景监见,赵良寒心;⑥同子参乘,爱丝变色:⑦自古而耻
之。夫中材之人,事关于宦竖,莫不伤气,况慷慨之士乎!⑧如
今朝虽乏人,奈何令刀锯之余荐天下豪俊哉!仆赖先人绪业,
得待罪辇毂下,二十余年矣。⑨所以自惟⑩上之,不以纳忠效
信,⑪有奇策材力之誉,自结明主;次之,又不能拾遗补阙,招
贤进能,显岩穴之士;外之,不能备行伍,攻城战野,有斩将搴
旗之功;⑫下之,不能累日积劳,取尊官厚禄,以为宗族交游光
宠。四者无一,遂苟合取容,无所短长之效,可见于此矣。乡者,
仆亦尝厕下大夫之列,⑬陪外廷末议。不以此时引维纲,尽思
虑,今已亏形为埽除之隶,在阘茸之中,⑭乃欲卬首信眉,论列
是非,⑮不亦轻朝廷,羞当世之士邪!⑯嗟乎!嗟乎!如仆,尚何
言哉!

①师古曰:"府者,所聚之处也。"

②师古曰:"符,信也。"

③师古曰:"憯,亦痛也,音千敢反。"

④师古曰:"诟,耻也,音垢。"

⑤应劭曰:"雍渠,奄人也,灵公近之。"

⑥应劭曰:"景监,秦嬖人也。"服虔曰:"赵良,贤者。"

⑦苏林曰:"赵谈也。与迁父同讳,故曰同子。"

⑧师古曰:"慷,音口朗反。"

⑨师古曰:"言侍从天子之车舆。"

⑩师古曰:"惟,思也。"

⑪师古曰:"效,致也。"

⑫师古曰:"搴,拔也,取敌人之旗也。搴,音蹇。"

⑬韦昭曰:"《周官》太史位下大夫也。"臣瓒曰:"汉太史令千石,故比下大
夫。"师古曰:"乡,读曰向。向,曩昔时也。"

⑭师古曰:"阘茸,猥贱也。阘,下也。茸,细毛也。言非豪楚也。阘,吐合
反。茸,人勇反。"

⑮师古曰:"卬,读曰仰。信,读曰伸。列,陈也。"

⑯师古曰:"羞辱也。"

　　且事本末未易明也。仆少负不羁之才,长无乡曲之誉,①主上幸以先人之故,使得奉薄技,出入周卫之中。②仆以为戴盆何以望天,③故绝宾客之知,忘室家之业,日夜思竭其不肖之材,力务壹心营职,以求亲媚于主上。而事乃有大谬不然者。夫仆与李陵俱居门下,素非相善也,趣舍异路,④未尝衔杯酒接殷勤之欢。然仆观其为人自奇士,事亲孝,与士信,临财廉,取予义,分别有让,恭俭下人,⑤常思奋不顾身以徇国家之急。⑥其素所畜积也,⑦仆以为有国士之风。夫人臣出万死不顾一生之计,赴公家之难,斯已奇矣。今举事壹不当,而全躯保妻子之臣随而媒蘖其短,⑧仆诚私心痛之。且李陵提步卒不满五千,深践戎马之地,足历王庭,垂饵虎口,横挑强胡,⑨卬亿万之师,⑩与单于连战十余日,所杀过当。⑪虏救死扶伤不给,⑫旃裘之君长咸震怖,乃悉征左右贤王,举引弓之民,⑬一国共攻而围之。转斗千里,矢尽道穷,救兵不至,士卒死伤如积。然李陵一呼劳军,⑭士无不起,躬流涕,沫血饮泣,张空弮,冒白刃,北首争死敌。⑮陵未没时,使有来报,汉公卿王侯皆奉觞上寿。后数日,陵败书闻,主上为之食不甘味,听朝不怡。大臣忧惧,不知所出。仆窃不自料其卑贱,⑯见主上惨凄怛悼,诚欲效其款款之愚。以为李陵素与士大夫绝甘分少,⑰能得人之死力,虽古名将不过也。身虽陷败,彼观其意,且欲得其当而报汉。⑱事已无可奈何,其所摧败,功亦足以暴于天下。⑲仆怀欲陈之,而未有路。适会召问,即以此指推言陵功,⑳欲以广主上之意,塞睚眦之辞。未能尽明,㉑明主不深晓,以为仆沮贰师,而为李陵游说,㉒遂下于理。拳拳之忠,终不能自列,㉓因为诬上,卒从吏议。㉔家贫,财赂不足以自赎,交游莫救,左右亲近不为壹言。身非木石,独与法吏为伍,深幽囹圄之中,谁可告诉者!此正少卿所亲见,仆行事岂不然邪?李陵既生降,隤其家声,㉕而仆又茸以蚕室,㉖重为天下观笑。㉗悲夫!悲夫!

①师古曰："不羁，言其材质高远，不可羁系也。负者，亦言无此事也。"

②服虔曰："薄技，薄材也。"师古曰："周卫，言宿卫周密也。"

③如淳曰："头戴盆则不得望天、望天则不得戴盆，事不可兼施。言己方有
　所造，不暇修人事也。"师古曰："言营职务耳，未论造书也。如说失之。"

④师古曰："趣，所向也。舍，所废也。"

⑤师古曰："下，胡亚反。"

⑥师古曰："徇，从也，营也。"

⑦师古曰："畜，读曰蓄。"

⑧臣瓒曰："媒，谓遘合会之。孽，谓为生其罪罾也。"师古曰："媒如媒娉之
　媒，孽如曲饼之孽。一曰，齐人谓曲饼为媒也。"

⑨李奇曰："挑，音诮。"师古曰："音徒了反。"

⑩师古曰："卬，读曰仰。汉军北向，匈奴南下，北方地高，故云然。"

⑪师古曰："率计战士，杀敌数多，故云过当也。"

⑫师古曰："给犹供也。"

⑬师古曰："能引弓者皆发之。"

⑭师古曰："呼，火故反。"

⑮孟康曰："沫，音颒。"李奇曰："卷，弩弓也。"师古曰："沫，古颒字。颒洒
　面也。言流血在面如盥墜。冒，犯也。首，向也。沫，呼内反，字从午未
　之未。卷，丘权反，又音卷。冒，莫克反。首，式救反。或读乃以拳挚之
　拳，大谬矣。拳则屈指，不当言张。时矢尽，故张弩之空弓，非是手拳
　也。"

⑯师古曰："料，量也，音聊。"

⑰师古曰："自绝旨甘，而与众人分之，共同其少多也。"

⑱师古曰："欲于匈奴立功而归，以其当破败之罪。"

⑲师古曰："谓摧破匈奴之兵也。"

⑳师古曰："指，意也。"

㉑师古曰："睚眦，举目眦也，犹言顾瞻之顷也。睚，音崖。眦，才赐反。"

㉒师古曰："沮，毁坏也，音才汝反。"

㉓师古曰："拳拳，忠谨之貌。《刘向传》作惓惓字，音义同耳。列，陈也。"

㉔师古曰："卒，终也。"

㉕孟康曰："家世为将有名声，陵降而隤之也。"师古曰："隤，坠也，音颓。"

㉖苏林曰："茸，次也，若人相卑次。"师古曰："此说非也。茸，音人勇反，推

也。蚕室,初腐刑所居温密之室也。谓推致蚕室之中也。"
㉗师古曰:"观视之而笑也。"

　　事未易一二为俗人言也。仆之先人非有剖符丹书之功,文
史星历近乎卜祝之间,固主上所戏弄,倡优畜之,流俗之所轻
也。假令仆伏法受诛,若九牛亡一毛,与蝼蚁何异?①而世又不
与能死节者比,②特以为智穷罪极,不能自免,卒就死耳。何
也?素所自树立使然。人固有一死,死有重于太山,或轻于鸿
毛,用之所趋异也。③太上不辱先,其次不辱身,其次不辱理
色,其次不辱辞令,其次诎体受辱,其次易服受辱,其次关木索
被箠楚受辱,④其次鬄毛发婴金铁受辱,⑤其次毁肌肤断支体
受辱,最下腐刑,极矣。⑥传曰:"刑不上大夫",此言士节不可
不厉也。猛虎处深山,百兽震恐,及其在阱槛之中,摇尾而求
食,⑦积威约之渐也。故士有画地为牢势不入,削木为吏议不
对,定计于鲜也。⑧今交手足,受木索,暴肌肤,受榜箠,⑨幽于
圜墙之中,⑩当此之时,见狱吏则头枪地,⑪视徒隶则心惕
息。⑫何者?积威约之势也。及已至此,言不辱者,所谓强颜耳,
曷足贵乎!⑬且西伯,伯也,拘牖里;李斯,相也,具五刑;⑭淮
阴,王也,受械于陈;⑮彭越、张敖南乡称孤,系狱具罪;⑯绛侯
诛诸吕,权顷五伯,囚于请室;⑰魏其,大将也,衣赭关三木;⑱
季布为朱家钳奴;灌夫受辱居室。此人皆身至王侯将相,声闻
邻国,及罪至罔加,不能引决自财。⑲在尘埃之中,古今一体,
安在其不辱也!由此言之,勇怯,势也;强弱,形也。审矣,曷足
怪乎!且人不能蚤自财绳墨之外,已稍陵夷至于鞭箠之间,乃
欲引节,斯不亦远乎!古人所重施刑于大夫者,殆为此也。⑳夫
人情莫不贪生恶死,念亲戚,顾妻子,至激于义理者不然,㉑乃
有不得已也。今仆不幸,蚤失二亲,无兄弟之亲,独身孤立,少
卿视仆于妻子何如哉?且勇者不必死节,怯夫慕义,何处不免
焉!㉒仆虽怯耎欲苟活,㉓亦颇识去就之分矣,何至自湛溺累
绁之辱哉!㉔且夫臧获婢妾犹能引决,㉕况若仆之不得已乎!

所以隐忍苟活,函粪土之中而不辞者,恨私心有所不尽,鄙没世而文采不表于后也。

①师古曰:"蝼,蝼蛄也。蚁,蚍蜉也。皆虫之微小者。蝼,音楼。"

②师古曰:"与,许也。不许其能死节。"

③师古曰:"趋,读曰趣。趣,向也。"

④师古曰:"箠,杖也,音止蕊反。"

⑤师古曰:"婴,绕也。鬵,吐计反。"

⑥师古曰:"腐刑,解在《景纪》。"

⑦师古曰:"阱,掘地以陷兽也,音才性反。"

⑧文颖曰:"未遇刑自杀,为鲜明也。"

⑨师古曰:"榜,音彭。"

⑩师古曰:"圜墙,狱也,《周礼》谓之圜土。"

⑪师古曰:"枪,千羊反。"

⑫师古曰:"惕,惧也。息,喘息也。"

⑬师古曰:"强,其两反。"

⑭师古曰:"说在《刑法志》。"

⑮师古曰:"高祖伪游云梦,而信至陈上谒,即见囚执。械,谓桎梏之。"

⑯师古曰:"或系于狱,或至大罪也。乡,读曰向。"

⑰师古曰:"伯,读曰霸。"

⑱师古曰:"三木,在颈及手足。"

⑲师古曰:"财,与裁同。古通用字。"

⑳师古曰:"重,难也。"

㉑师古曰:"言激于义理者,则不顾于念亲戚妻子。"

㉒师古曰:"勇敢之人暗于分理,未必能死名节。怯懦之夫心知慕义,则处处皆能免励也。"

㉓师古曰:"奭,柔弱也,音人阮反。"

㉔师古曰:"湛,读曰沈。累,力追反。"

㉕应劭曰:"杨雄《方言》云:'海岱之间,骂奴曰臧,骂婢曰获。燕之北郊,民而婿婢谓之臧,女而妇奴谓之获。'"晋灼曰:"臧获,败敌所被虏获为奴隶者。"师古曰:"应说是也。"

古者富贵而名摩灭,不可胜记,唯俶傥非常之人称焉。盖

西伯拘而演《周易》；仲尼厄而作《春秋》；屈原放逐，乃赋《离
骚》；左丘失明，厥有《国语》；孙子膑脚，《兵法》修列；①不韦迁
蜀，世传《吕览》；②韩非囚秦，《说难》、《孤愤》。③《诗》三百篇，
大氐贤圣发愤之所为作也。④此人皆意有所郁结，不得通其
道，故述往事，思来者。⑤及如左丘无目，孙子断足，终不可用，
退论书策以舒其愤，思垂空文以自见。⑥仆窃不逊，近自托于
无能之辞，网罗天下放失旧闻，考之行事，稽其成败，⑦兴坏之
理，凡百三十篇，亦欲以究天人之际，通古今之变，成一家之
言。草创未就，适会此祸，惜其不成，是以就极刑而无愠色。仆
诚已著此书，藏之名山，传之其人通邑大都，⑧则仆偿前辱之
责，虽万被戮，岂有悔哉！然此可为智者道，难为俗人言也。

① 文颖曰："孙子与庞涓学，而为庞涓所断足。"师古曰："膑，音频忍反。"
② 苏林曰："《吕氏春秋》篇名《八览》、《六论》。"
③ 师古曰："《说难》、《孤愤》，《韩子》之篇名。"
④ 师古曰："氐，归也，音丁礼反。"
⑤ 师古曰："令将来之人，见己志也。"
⑥ 师古曰："见，胡电反。"
⑦ 师古曰："稽，计也。"
⑧ 师古曰："其人，谓能行其书者。"

　　且负下未易居，上流多谤议。仆以口语遇遭此祸，重为乡
党戮笑，污辱先人，亦何面目复上父母之丘墓乎？虽累百世，垢
弥甚耳！是以肠一日而九回，居则忽忽若有所亡，出则不知所
如往。①每念斯耻，汗未尝不发背沾衣也。身直为闺阁之臣，宁
得自引深藏于岩穴邪！故且从俗浮湛，与时俯仰，②通其狂惑。
今少卿乃教以推贤进士，无乃与仆之私指谬乎？③今虽欲自雕
瑑，④曼辞以自解，⑤无益，于俗不信，只取辱耳。⑥要之死日，
然后是非乃定。书不能尽意，故略陈固陋。

① 师古曰："如亦往也。"
② 师古曰："湛，读曰沉。"
③ 师古曰："指，意也。"

④师古曰："璪，刻也，音篆。"

⑤如淳曰："曼，美也。"师古曰："曼，音万。"

⑥师古曰："只，适也。"

迁既死后，其书稍出。宣帝时，迁外孙平通侯杨恽祖述其书，遂宣布焉。王莽时，求封迁后，为史通子。①

①应劭曰："以迁世为史官，通于古今也。"李奇曰："史通国子爵也。"

赞曰：自古书契之作而有史官，其载籍博矣。至孔氏纂之，①上继唐尧，下讫秦缪。唐虞以前虽有遗文，其语不经，②故言黄帝、颛顼之事未可明也。及孔子因鲁史记而作《春秋》，而左丘明论辑其本事是以为之传，③又纂异同为《国语》。又有《世本》，录黄帝以来至春秋时帝王公侯卿大夫祖世所出。春秋之后，七国并争，④秦兼诸侯，有《战国策》。汉兴伐秦定天下，有《楚汉春秋》。故司马迁据《左氏》、《国语》，采《世本》、《战国策》，述《楚汉春秋》，接其后事，讫于大汉。其言秦汉，详矣。至于采经摭传，⑤分散数家之事，甚多疏略，或有抵梧。⑥亦其涉猎者广博，贯穿经传，驰骋古今，上下数千载间，斯以勤矣。又其是非颇缪于圣人，⑦论大道则先黄老而后六经，序游侠则退处士而进奸雄，述货殖则崇势利而羞贱贫，此其所蔽也。然自刘向、杨雄博极群书，皆称迁有良史之材，服其善序事理，辨而不华，质而不俚，⑧其文直，其事核，⑨不虚美，不隐恶，故谓之实录。⑩乌呼！以迁之博物洽闻，而不能以知自全，既陷极刑，幽而发愤，书亦信矣。⑪迹其所以自伤悼，《小雅》巷伯之伦。⑫夫唯《大雅》"既明且哲，以保其身"，难矣哉！⑬

①师古曰："纂，与撰同。"

②师古曰："非经典所说。"

③师古曰："辑，与集同。"

④服虔曰："关东六国，与秦七国。"

⑤师古曰："摭，拾也，音之亦反。"

⑥如淳曰："梧，读曰迕，相触迕也。"师古曰："抵，触也。梧，相支柱不安也。梧，音梧。"

⑦师古曰:"颇,普我反。"

⑧刘德曰:"俚,鄙也。"如淳曰:"言虽质,犹不如闾里之鄙言也。"师古曰:
　"刘说是也。俚,音里。"

⑨师古曰:"核,坚实也。"

⑩应劭曰:"言其录事实。"

⑪师古曰:"言其报任安书,自陈己志,信不谬。"

⑫师古曰:"巷伯,奄官也,遇谗而作诗,列在《小雅》。其诗曰'萋兮菲兮,
　成是贝锦'也。"

⑬师古曰:"尹吉甫作《蒸民》之诗,以美宣王而论仲山甫之德,'既明且
　哲,以保其身'。其诗列于《大雅》,故赞云然。"

汉书卷六三
列传第三三

武五子

戾太子据　齐怀王闳　燕刺王旦
广陵厉王胥　昌邑哀王髆

师古曰："诸帝子传皆言王,而此独云子者,以戾太子在其中也。"

孝武皇帝六男。卫皇后生戾太子,赵婕妤皆生孝昭帝,王夫人生齐怀王闳,①李姬生燕刺王旦、广陵厉王胥,②李夫人生昌邑哀王髆。③

①师古曰："闳,音宏。"

②师古曰："不知官秩,故云李姬。谥法'暴戾无亲曰刺'。刺,音来葛反。"

③师古曰："髆,音博。"

戾太子据,元狩元年立为皇太子,年十岁矣。初,上年二十九乃得太子,甚喜,为立禖,①使东方朔、枚皋作禖祝。②少壮,诏受《公羊春秋》,③又从瑕丘江公受《谷梁》。及冠就宫,上为立博望苑,④使通宾客,从其所好,故多以异端进者。元鼎四年,纳史良娣,⑤产子男进,号曰史皇孙。⑥

①师古曰："禖,求子之神也,解在《枚皋传》。"

②师古曰："祝,禖之祝辞。"

③师古曰："少壮者,言渐长大也。少,读如本字。"

④师古曰："取其广博观望也。"

⑤韦昭曰："良娣,太子之内官也。太子有妃,有良娣,有孺子,凡三等。"师
　　古曰："娣,音弟。"

⑥晋灼曰："皆以舅氏姓为氏,以相别也。"师古曰："进者,皇孙名。"

　　武帝末,卫后宠衰,江充用事。充与太子及卫氏有隙,①恐上晏
驾后为太子所诛,会巫蛊事起,充因此为奸。是时,上春秋高,意多
所恶,以为左右皆为蛊道祝诅,穷治其事。丞相公孙贺父子、阳石、
诸邑公主,②及皇后弟子长平侯卫伉皆坐诛。③语在《公孙贺》、《江
充传》。

①师古曰："充为直指使者,劾太子家车行驰道上,没入车马,太子求充,
　　充不听也。"

②师古曰："两公主。"

③师古曰："伉,音抗,又音刚。"

　　充典治巫蛊,既知上意,白言宫中有蛊气,入宫至省中,坏御座
掘地。上使按道侯韩说、御史章赣、黄门苏文等助充。①充遂至太子
宫掘蛊,得桐木人。时上疾,辟暑甘泉宫,②独皇后、太子在。③太子
召问少傅石德,④德惧为师傅并诛,因谓太子曰："前丞相父子、两
公主及卫氏皆坐此,今巫与使者掘地得征验,不知巫置之邪,将实
有也,无以自明,可矫以节收捕充等系狱,⑤穷治其奸诈。且上疾在
甘泉,皇后及家吏请问皆不报,⑥上存亡未可知,而奸臣如此,太子
将不念秦扶苏事耶?"⑦太子急,然德言。

①师古曰："说,读曰悦。赣,音贡。"

②师古曰："辟,读曰避。"

③师古曰："在京师。"

④师古曰："石庆子。"

⑤师古曰："矫,托也,托诏命也。"

⑥苏林曰："家吏,皇后吏也。"臣瓒曰："太子称家,家吏是太子吏也。"师
　　古曰："既言皇后及家吏,此为皇后吏及太子吏耳,瓒说是也。"

⑦韦昭曰："始皇死,赵高诈杀扶苏而立胡亥也。"

　　征和二年七月壬午,乃使客为使者收捕充等。按道侯说疑使者

有诈，不肯受诏，客格杀说。御史章赣被创突亡，自归甘泉。太子使舍人无且，[1]持节夜入未央宫殿长秋门，因长御倚华[2]具白皇后，发中厩车载射士，[3]出武库兵，发长乐宫卫，告令百官曰江充反。乃斩充以徇，炙胡巫上林中。[4]遂部宾客为将率，与丞相刘屈氂等战。长安中扰乱，言太子反，以故众不附。太子兵败，亡，不得。[5]

[1] 师古曰："且，音子闾反。"

[2] 郑氏曰："长，音长者。"如淳曰："《汉仪注》女长御比侍中，皇后见娙娥以下，长御称谢。倚华，字也。"师古曰："倚，音于绮反。"

[3] 师古曰："中厩，皇后车马所在也。"

[4] 服虔曰："作巫蛊之胡人也。炙，烧也。"师古曰："胡巫受充意指，妄作蛊状，太子特忿，且欲得其情实，故以火炙之，令毒痛耳。"

[5] 师古曰："太子出亡，而吏追捕不得也。"

上怒甚，群下忧惧，不知所出。[1]壶关三老茂上书曰：[2]"臣闻父者犹天，母者犹地，子犹万物也。故天平地安，阴阳和调，物乃茂成；父慈母爱，室家之中，子乃孝顺。阴阳不和则万物夭伤，父子不和则室家丧亡。故父不父则子不子，君不君则臣不臣，虽有粟，吾岂得而食诸！[3]昔者虞舜，孝之至也，而不中于瞽叟；[4]孝己被谤，伯奇放流，[5]骨肉至亲，父子相疑。何者？积毁之所生也。由是观之，子无不孝，而父有不察。今皇太子为汉適嗣，[6]承万世之业，体祖宗之重，亲则皇帝之宗子也。江充，布衣之人，闾阎之隶臣耳，[7]陛下显而用之，衔至尊之命，以迫蹴皇太子，[8]造饰奸诈，群邪错谬，是以亲戚之路隔塞而不通。[9]太子进则不得上见，退则困于乱臣，独冤结而亡告，不忍忿忿之心，起而杀充，恐惧逋逃，[10]子盗父兵以救难自免耳，臣窃以为无邪心。《诗》曰：'营营青蝇，止于藩；恺悌君子，无信谗言；谗言罔极，交乱四国。'[11]往者江充谗杀赵太子，天下莫不闻，其罪固宜。[12]陛下不省察，深过太子，[13]发盛怒，举大兵而求之，三公自将，智者不敢言，辩士不敢说，臣窃痛之。臣闻子胥尽忠而忘其号，[14]比干尽仁而遗其身，[15]忠臣竭诚不顾铁钺之诛，[16]以陈其愚志，在匡君安社稷也。[17]《诗》云：'取彼谮人，投畀豺

虎.'⑱唯陛下宽心慰意,少察所亲,⑲毋患太子之非,亟罢甲兵,无
令太子久亡.⑳臣不胜惓惓,㉑出一旦之命,待罪建章阙下."书奏,
天子感悟.

①师古曰:"计无所出."

②师古曰:"壶关,上党之县也.荀悦《汉纪》云令狐茂,《班史》不载其姓,
　不知于何得也."

③师古曰:"《论语》云齐景公问政于孔子,孔子对曰:'君君,臣臣,父父,
　子子.'公曰:'善哉!信如君不君,臣不臣,父不父,子不子,虽有粟,吾
　岂得而食诸!'言父子君臣之道不立,则国必危亡,仓廪虽多,吾不得食
　也."

④师古曰:"中,当也.瞽叟,舜父也.言不当其意也.中,音竹仲反."

⑤师古曰:"孝己、伯奇,并己解于上."

⑥师古曰:"適,读曰嫡."

⑦师古曰:"隶,贱也."

⑧师古曰:"蹴,音千六反."

⑨师古曰:"鬲,与隔同."

⑩师古曰:"遁,亡也."

⑪师古曰:"《小雅·青绳》之诗也.营营,往来之貌也.藩,篱也.恺,乐;
　悌,易也.言青蝇来往,止于藩篱,变白作黑,谗人构毁,间亲令疏,乐易
　之君子不当信用.若谗言无极,则四国亦以交乱,宜深察也."

⑫师古曰:"充宜得罪也."

⑬师古曰:"以太子为罪过而深责之."

⑭师古曰:"忘,亡也.吴王杀之,被以恶名,失其善称号."

⑮师古曰:"比干,殷之贤臣,以道谏纣,纣怒,杀之,而剖其心也."

⑯师古曰:"铁,所以斫人,如今莝刃也,音肤."

⑰师古曰:"匡,正也.正其失也."

⑱师古曰:"《小雅·巷伯》之诗也.言谮谗之人,诚可疾恶,愿投与猛兽食
　之.畀,音必寐反."

⑲师古曰:"父子之道,天性之亲也."

⑳师古曰:"亟,急也,音居力反."

㉑师古曰:"惓,读曰拳,解在《刘向传》."

太子之亡也,东至湖,①臧匿泉鸠里。②主人家贫,常卖屦以给太子。太子有故人在湖,闻其富赡,使人呼之③而发觉。吏围捕太子,太子自度不得脱,④即入室距户自经。山阳男子张富昌为卒,足蹴开户,新安令史李寿趋抱解太子,主人公遂格斗死,皇孙二人皆并遇害。上既伤太子,乃下诏曰:"盖行疑赏,所以申信也。其封李寿为邘侯,⑤张富昌为题侯。"⑥

①师古曰:"湖,县名,今虢州阌乡、湖城二县皆其地也。"
②师古曰:"泉鸠水今在阌乡县东南十五里,见有戾太子冢,冢在涧东也。"
③师古曰:"赡,足也。"
④师古曰:"度,音大各反。"
⑤韦昭曰:"邘在河内。"师古曰:"为其解救太子也。邘,音于。"
⑥孟康曰:"县名也。"晋灼曰:"《地理志》无也。《功臣表》食邑巨鹿。"师古曰:"晋说是也。"

久之,巫蛊事多不信。上知太子惶恐无他意,而车千秋复讼太子冤,上遂擢千秋为丞相,而族灭江充家,焚苏文于横桥上,①及泉鸠里加兵刃于太子者,初为北地太守,后族。上怜太子无辜,乃作思子宫,为归来望思之台于湖。②天下闻而悲之。

①孟康曰:"横,音光。"师古曰:"即横门渭桥也。"
②师古曰:"言己望而思之,庶太子之魂归来也。其台在今湖城县之西,阌乡之东,基趾犹存。"

初,太子有三男一女,女者平舆侯嗣子尚焉。及太子败,皆同时遇害。卫后、史良娣葬长安城南。史皇孙、皇孙妃王夫人及皇女孙葬广明。①皇孙二人随太子者,与太子并葬湖。②

①苏林曰:"苑名也。"
②师古曰:"今太子冢北有二冢相次,则二皇孙也。"

太子有遗孙一人,史皇孙子,王夫人男,年十八即尊位,是为孝宣帝。帝初即位,下诏曰:"故皇太子在湖,未有号谥,岁时祠,其议谥,置园邑。"有司奏请:"《礼》'为人后者,为之子也',故降其父母不得祭,①尊祖之义也。陛下为孝昭帝后,承祖宗之祀,制礼不逾

闲。②谨行视孝昭帝所为故皇太子起位在湖,③史良娣冢在博望苑
北,亲史皇孙位在广明郭北。④谥法曰'谥者,行之迹也'。愚以为亲
谥宜曰悼,母曰悼后,比诸侯王园,置奉邑三百家。故皇太子谥曰
戾,置奉邑二百家。史良娣曰戾夫人,置守冢三十家。园置长丞,周
卫奉守如法。"以湖阌乡邪里聚为戾园,⑤长安白亭东为戾后园,广
明成乡为悼园。皆改葬焉。

①师古曰:"谓本生之父母也。"
②师古曰:"闲犹限也。"
③文颖曰:"位,冢位也。"师古曰:"行,音下更反。"
④如淳曰:"亲,谓父也。"
⑤孟康曰:"阌,古阌字,从门中夏。建安中正作阌。"师古曰:"夏,举目使
　　人也。夏,音许密反。阌字本从夏,其后转讹误,遂作门,中受耳。而郭
　　璞乃音汝授反,盖失理远耳。"

后八岁,有司复言:"礼,'父为士,子为天子,祭以天子。'悼园
宜称尊号曰皇考,立庙,因园为寝,以时荐享焉。益奉园民满千六百
家,以为奉明县。尊戾夫人曰戾后,置园奉邑,及益戾园各满三百
家。"

齐怀王闳与燕王旦、广陵王胥同日立,皆赐策,各以国土风俗
申戒焉,曰:"惟元狩六年四月乙巳,皇帝使御史大夫汤,①庙立子
闳为齐王,②曰:呜呼! 小子闳,受兹青社。③朕承天序,惟稽古,建
尔国家,④封于东土,世为汉藩辅。乌呼! 念哉,共朕之诏。⑤惟命于
不常,⑥人之好德,克明显光,义之不图,俾君子怠。⑦悉尔心,允执
其中,天禄永终;⑧厥有愆不臧,乃凶于乃国,而害于尔躬。⑨呜呼!
保国乂民,可不敬与! 王其戒之!"⑩闳母王夫人有宠,闳尤爱幸,立
八年,薨,无子,国除。

①师古曰:"张汤。"
②师古曰:"于庙授策也。"
③张晏曰:"王者以五色土为太社,封四方诸侯,各以其方色土与之,苴以
　　白毛,归以立社。"

④师古曰："言考于古道而立子为王。"

⑤师古曰："共,读曰恭。言敬听我诏。"

⑥师古曰："言皇天无亲,惟德是辅,善则得之,恶则失之。"

⑦师古曰："言人若好德,则能明显有光辉;若不图于义,则君子懈怠,无
　归附之者。图,谋也。俾,使也。"

⑧师古曰："能尽尔心,信执中和之德,则能终天禄者也。"

⑨师古曰："臧,善也。乃,汝也。"

⑩师古曰："保,安也。乂,治也。与,读曰欤。"

　　燕刺王旦赐策曰："呜呼!小子旦,受兹玄社,建尔国家,封于北
土,世为汉藩辅。呜呼!荤鬻氏虐老兽心,以奸巧边氓。①朕命将率,
徂征厥罪。②万夫长,千夫长,三十有二帅,③降旗奔师。④荤鬻徙
域,⑤北州以妥。⑥悉尔心,毋作怨,毋作棐德,⑦毋乃废备。⑧非教
士不得从征。⑨王其戒之!"

①服虔曰："荤鬻,尧时匈奴号也。"孟康曰："氓,音萌。"师古曰："虐老,谓
　贵少壮而食甘肥,贱耆老而与粗恶也。兽心,言贪暴而无仁义也。氓,庶
　人。荤,音勋。鬻,音育。"

②师古曰："徂,往也。"

③张晏曰："时所获三十二帅也。"

④如淳曰："昆邪王偃其旗鼓而来降也。"

⑤张晏曰："匈奴徙东。"

⑥孟康曰："古绥字也。"臣瓒曰："妥,安也。"师古曰："瓒说是也。妥,音他
　果反。"

⑦服虔曰："棐,薄也。"师古曰："棐,古匪字也。匪,非也。"

⑧师古曰："御边之备不可废。"

⑨张晏曰："士不素习,不得应召。"

　　旦壮大就国,为人辩略,博学经书杂说,好星历数术倡优射猎
之事,招致游士。及卫太子败,齐怀王又薨,旦自以次第当立,上书
求入宿卫。上怒,下其使狱。后坐臧匿亡命,削良乡、安次、文安三
县。武帝由是恶旦,后遂立少子为太子。

　　帝崩,太子立,是为孝昭帝。赐诸侯王玺书。旦得书,不肯哭,

曰："玺书封小，①京师疑有变。"遣幸臣寿西长、孙纵之、王孺等之
长安，②以问礼仪为名。王孺见执金吾广义，③问帝崩所病，④立者
谁子，年几岁。广意言待诏五莋宫，⑤宫中谨言帝崩，诸将军共立太
子为帝，年八九岁，葬时不出临。⑥归以报王，王曰："上弃群臣，无
语言，盖主又不得见，甚可怪也。"复遣中大夫至京师上书言："窃见
孝武皇帝躬圣道，孝宗庙，慈爱骨肉，和集兆民，德配天地，明并日
月，威武洋溢，⑦远方执宝而朝，增郡数十，斥地且倍，⑧封泰山，禅
梁父，巡狩天下，远方珍物陈于太庙，德甚休盛，⑨请立庙郡国。"奏
报闻。时大将军霍光秉政，褒赐燕王钱三千万，益封万三千户。且
怒曰："我当为帝，何赐也！"遂与宗室中山哀王子刘长、齐孝王孙刘
泽等结谋，诈言以武帝时受诏，得职吏事，修武备，备非常。⑩

　①张晏曰："文少则封小。"
　②师古曰："之，往也。"
　③师古曰："郭广意。"
　④师古曰："因何疾而崩。"
　⑤师古曰："莋，读与柞同。"
　⑥师古曰："临，音力禁反。"
　⑦师古曰："洋溢，言盛多也。洋，音羊。"
　⑧师古曰："斥，开也。"
　⑨师古曰："休，美也。"
　⑩如淳曰："诸侯不得治民与职事，是以为诈言受诏，得知职事，发兵为备
　　也。"

　　长于是为旦命令群臣曰："寡人赖先帝休德，①获奉北藩，亲受
明诏，职吏事，领库兵，饬武备，②任重职大，夙夜兢兢，子大夫将何
以规佐寡人？且燕国虽小，成周之建国也，③上自召公，下及昭、
襄，④于今千载，岂可谓无贤哉？寡人束带听朝三十余年，曾无闻
焉。其者寡人之不及与？⑤意亦子大夫之思有所不至乎？其咎安在？
方今寡人欲拼邪防非，章闻扬和，⑥抚慰百姓，移风易俗，厥路何
由？子大夫其各悉心以对，寡人将察焉。"

　①师古曰："休，美也。"

②师古曰:"忿,读与敕同。忿,整也。"

③师古曰:"自周以来即为燕国,言以久远。"

④师古曰:"召公,谓召公奭也。昭、襄,六国时燕之二王也。召,读曰邵。"

⑤师古曰:"与,读曰欤。"

⑥师古曰:"挢,正也。章,表也。挢,与矫同,其字从手也。"

群臣皆免冠谢。郎中成轸谓旦曰:"大王失职,独可起而索,不可坐而得也。①大王壹起,国中虽女子皆奋臂随大王。"旦曰:"前高后时,伪立子弘为皇帝,诸侯交手事之八年。②吕太后崩,大臣诛诸吕,迎立文帝,天下乃知非孝惠子也。我亲武帝长子,反不得立,上书请立庙,又不听。立者疑非刘氏。"

①师古曰:"失职,谓当为汉嗣而不被用也。索,求也。"

②师古曰:"交手,谓拱手也。"

即与刘泽谋为奸书,言少帝非武帝子,大臣所共立,天下宜共伐之。使人传行郡国,以摇动百姓。泽谋归发兵临淄,与燕王俱起。旦遂招来郡国奸人,赋敛铜铁,作甲兵,数阅其车骑材官卒,建旌旗鼓车,旄头先驱,①郎中侍从者著貂羽,黄金附蝉,②皆号侍中。旦从相、中尉以下,勒车骑,发民会围,大猎文安县,以讲士马,须期曰。③郎中韩义等数谏旦,旦杀义等凡十五人。会瓶侯刘成知泽等谋,④告之青州刺史隽不疑,不疑收捕泽以闻。天子遣大鸿胪丞治,连引燕王。有诏勿治,而刘泽等皆伏诛。益封瓶侯。

①师古曰:"驱,与驱同。"

②晋灼曰:"以翠羽饰冠也。"师古曰:"貂羽,以貂尾为冠之羽也。附蝉,为金蝉以附冠前也。凡此旄头先驱,皆天子之制。而貂羽附蝉,又天子侍中之饰,王僭为之。"

③师古曰:"讲,习也。须,待也。"

④师古曰:"瓶侯,菑川靖王子也。瓶,步丁反。"

久之,旦姊鄂邑盖长公主、①左将军上官桀父子与霍光争权有隙,皆知旦怨光,即私与燕交通。旦遣孙纵之等前后十余辈,多赍金宝走马,②赂遗盖主。上官桀及御史大夫桑弘羊等皆与交通,数记疏光过失与旦,令上疏告之。桀欲从中下其章。③旦闻之,喜,上疏曰："昔秦据南面之位，制一世之命，威服四夷，轻弱骨肉，显重异族，废道任刑，无恩宗室。其后尉佗入南夷，陈涉呼楚泽，④近狎作乱，内外俱发，⑤赵氏无炊火焉。⑥高皇帝览踪迹，观得失，见秦建本非是，故改其路，规土连城，布王子孙，⑦是以支叶扶疏，异姓不得间也。⑧今陛下承明继成，⑨委任公卿，群臣连与成朋，非毁宗室，⑩朕受之诉，日骋于廷，恶吏废法立威，主恩不下究。⑪臣闻武帝使中郎将苏武使匈奴，见留二十年不降，还膏为典属国。⑫今大将军长史敞无劳，为搜粟都尉。⑬又将军都郎羽林，⑭道上移跸，⑮太官先置，⑯臣旦愿归符玺，入宿卫，察奸臣之变。"

①张晏曰："食邑鄂，盖侯王信妻也。"师古曰："为盖侯妻是也，非王信。信者，武帝之舅耳，不取鄂邑主为妻，当是信子顷侯充耳。"

②师古曰："走马，马之善走者。"

③师古曰："下，音胡稼反。"

④师古曰："呼，音火故反。"

⑤师古曰："狎，习也。近习之人，谓赵高也。"

⑥韦昭曰："赵，秦之别氏也。"师古曰："无炊火，言绝祀也。"

⑦师古曰："规，画也。"

⑧师古曰："间，音工苋反。"

⑨师古曰："承圣明之后，继已成之业。"

⑩师古曰："与，谓党与也。"

⑪师古曰："究，竟也。言不终竟于下。"

⑫师古曰："膏，音但。"

⑬师古曰："杨敞也。"

⑭张晏曰："都试郎、羽林也。"师古曰："都，大也。谓大会试之。汉光禄挈令'诸当试者，不会都所，免之'。"

⑮如淳曰："移犹传也。"

⑯师古曰："《昭纪》云'诈令人为燕王旦上书'，又云上曰：'朕知此书诈也。将军都郎属耳，燕王何以得知之？'而此传乃云旦自上疏，此下又云帝觉有诈，遂亲信光，参错不同，疑此传为误。"

　　是时昭帝年十四，觉其有诈，遂亲信霍光，而疏上官桀等。桀等因谋共杀光，废帝，迎立燕王为天子。旦置驿书，往来相报，许立桀为王，外连郡国豪桀以千数。且以语相平，平曰："大王前与刘泽结谋，事未成而发觉者，以刘泽素夸，好侵陵也。平闻左将军素轻易，车骑将军少而骄，臣恐其如刘泽时不能成，又恐既成，反大王也。"且曰："前日一男子诣阙，自谓故太子，长安中民趣乡之，①正谨不可止，②大将军恐，出兵陈之，以自备耳。我帝长子，天下所信，何忧见反？"后谓群臣："盖主报言，独患大将军与右将军王莽。③今右将军物故，④丞相病，幸事必成，征不久。"令群臣皆装。

①师古曰："乡，读曰向。"

②师古曰："人众既多，故谨哗也。"

③张晏曰："天水人也，字稚叔。"

④师古曰："谓死也。"

是时天雨，虹下属宫中，①饮井水，井水竭。厕中豕群出，坏大官灶。②乌鹊斗死。鼠舞殿端门中。③殿上户自闭，不可开。天火烧城门。大风坏宫城楼，折拔树木。流星下堕，后姬以下皆恐。王惊病，使人祠葭水、台水。④王客吕广等知星，为王言："当有兵围城，期在九月十月，汉当有大臣戮死者。"语具在《五行志》。

①师古曰："属犹注也，音之欲反。"

②师古曰："厕，养豕圂也。圂，音胡困反。"

③师古曰："端门，正门也。"

④晋灼曰："《地理志》葭水在广平南和，台水在雁门。"师古曰："葭，音家。台，音怡。"

王愈忧恐，谓广等曰："谋事不成，妖祥数见，兵气且至，奈何？"会盖主舍人父燕仓知其谋，告之，由是发觉。丞相赐玺书，部中二千石逐捕孙纵之及左将军桀等，皆伏诛。旦闻之，召相平曰："事败，遂发兵乎？"平曰："左将军已死，百姓皆知之，不可发也。"王忧懑，①置酒万载宫，会宾客群臣妃妾坐饮。王自歌曰："归空城兮，狗不吠，鸡不鸣，横术何广广兮，固知国中之无人！"②华容夫人起舞曰："发纷纷兮寊渠，③骨籍籍兮亡居，④母求死子兮，妻求死夫。裴回两渠间兮，君子独安居！"⑤坐者皆泣。

①师古曰："懑，音满，又音闷，解在《司马迁传》。"

②苏林曰："广,音旷。"臣瓒曰："术,道路也。"师古曰："广,读如本字。此
　歌意,言身死之后,国当空也。"

③孟康曰："窴,音窴。发历窴挂岸也。"臣瓒曰："窴塞沟渠。"师古曰："瓒
　说是也。窴,音徒千反。"

④师古曰："籍籍,从横貌也。居,处也。"

⑤师古曰："置酒之宫,池沼所在,其间有渠,故即其所见以为歌辞也。"

　　有赦令到,王读之,曰:"嗟乎!独赦吏民,不赦我。"因迎后姬诸
夫人之明光殿,王曰:"老虏曹为事当族!"①欲自杀。左右曰:"党得
削国,②幸不死。"后姬夫人共啼泣止王。会天子使使者赐燕王玺书
曰:"昔高皇帝王天下,建立子弟以藩屏社稷。先日诸吕阴谋大逆,
刘氏不绝若发,赖绛侯等诛讨贼乱,尊立孝文,以安宗庙,非以中外
有人,表里相应故邪?樊、郦、曹、灌携剑推锋,③从高皇帝垦菑除
害,耘锄海内,④当此之时,头如蓬葆,⑤勤苦至矣,然其赏不过封
侯。今宗室子孙曾无暴衣露冠之劳,裂地而王之,分财而赐之,父死
子继,兄终弟及。今王骨肉至亲,敌吾一体,⑥乃与佗姓异族谋害社
稷,亲其所疏,疏其所亲,有逆勃之心,无忠爱之义。如使古人有知,
当何面目复奉齐酎见高祖之庙乎!"⑦

①师古曰："曹,辈也。"

②师古曰："党,音他朗反。"

③师古曰："樊哙、郦商、曹参、灌婴等。"

④师古曰："菑,古灾字也。"

⑤"头久不理,如蓬草羽葆也。"师古曰："草丛生曰葆,音保。"

⑥师古曰："言若四支之一也。"

⑦师古曰："古人,谓先人。"

　　旦得书,以符玺属医工长,①谢相二千石:"奉事不谨,死矣。"
即以绶自绞。后夫人随旦自杀者二十余人。天子加恩,赦王太子建
为庶人,赐旦谥曰刺王。旦立三十八年而诛,国除。

①师古曰："属,委也。医工长,王官之主医者也。属,音之欲反。"

　　后六年,宣帝即位,封旦两子,庆为新昌侯,贤为安定侯,又立
故太子建,是为广阳顷王,二十九年薨。子穆王舜嗣,二十一年薨。

子思王璜嗣,二十年薨。子嘉嗣,王莽时,皆废汉藩王家人,嘉独以献符命封扶美侯,赐姓王氏。

广陵厉王胥赐策曰:"呜呼!小子胥,受兹赤社,建尔国家,封于南土,世世为汉藩辅。古人有言曰:'大江之南,五湖之间,其人轻心。扬州保强,①三代要服,不及以正。'②呜呼!悉尔心,祗祗兢兢,乃惠乃顺,③毋桐好逸,毋迩宵人,④惟法惟则!⑤《书》云'臣不作福,不作威',⑥靡有后羞。王其戒之!"⑦

①李奇曰:"保,恃也。"

②师古曰:"要服,次荒服之内者也。正,政也。要,音一遥反。"

③师古曰:"祗祗,敬也。兢兢,慎也。言当慈惠于下,忠顺于上也。"

④应劭曰:"无好逸游之事,迩近小人也。"张晏曰:"桐,音同。"师古曰:"桐,音通。桐,轻脱之貌也。"

⑤师古曰:"言当依法则。"

⑥师古曰:"《周书·洪范》云:'臣无有作威作福也'。"

⑦师古曰:"言宜戒慎,勿令后有羞辱之事也。"

胥壮大,好倡乐逸游,力扛鼎,①空手搏熊彘猛兽。动作无法度,故终不得为汉嗣。

①师古曰:"扛,举也,音江。"

昭帝初立,益封胥万三千户,元凤中入朝,复益万户,赐钱二千万,黄金二千斤,安车驷马宝剑。及宣帝即位,封胥四子圣、曾、宝、昌皆为列侯,又立胥小子弘为高密王。所以褒赏甚厚。

始,昭帝时,胥见上年少无子,有觊欲心。①而楚地巫鬼,②胥迎女巫李女须,使下神祝诅。③女须泣曰:"孝武帝下我。"左右皆伏。④言"吾必令胥为天子。"胥多赐女须钱,使祷巫山。⑤会昭帝崩,胥曰:"女须良巫也!"杀牛塞祷。⑥及昌邑王征,复使巫祝诅之。后王废,胥寝信女须等,⑦数赐予钱物。宣帝即位,胥曰:"太子孙何以反得立?"复令女须祝诅如前。又胥女为楚王延寿后弟妇,数相馈遗,通私书。⑧后延寿坐谋反诛,辞连及胥。有诏勿治,赐胥黄金前后五千斤,它器物甚众。胥又闻汉立太子,谓姬南等曰:"我终不得立矣。"乃止不诅。后胥子南利侯宝坐杀人夺爵,还归广陵,与胥姬左修奸。事发觉,系狱,弃市。相胜之奏夺王射陂草田以赋贫民,⑨奏可。胥复使巫祝诅如前。

①师古曰:"觊,音翼。"

②师古曰:"言其土俗尊尚巫鬼之事。"

③师古曰:"女须者,巫之名也。"

④师古曰:"见女须云武帝神下,故伏而听之。"

⑤师古曰:"即楚地之巫山也。"

⑥师古曰:"以为因祷祝诅而崩也。塞,音先代反。"

⑦师古曰:"寖,古浸字也。寖,渐也,益也。"

⑧师古曰:"馈,亦馈字。"

⑨张晏曰:"射水之陂,在射阳县。"

胥宫园中枣树生十余茎,茎正赤,叶白如素。池水变赤,鱼死。有鼠昼立舞王后廷中。胥谓姬南等曰:"枣水鱼鼠之怪甚可恶也。"居数月,祝诅事发觉,有司按验,胥惶恐,药杀巫及宫人二十余人以绝口。公卿请诛胥,天子遣廷尉、大鸿胪即讯。①胥谢曰:"罪死有余,诚皆有之。②事久远,请归思念具对。"胥既见使者还,置酒显阳殿,召太子霸及子女董訾、胡生等夜饮,③使所幸八子郭昭君、家人子赵左君等鼓瑟歌舞。④王自歌曰:"欲久生兮无终,长不乐兮安穷!⑤奉天期兮不得须臾,⑥千里马兮驻待路。⑦黄泉下兮幽深,人生要死,何为苦心!⑧何用为乐心所喜,出入无惊为乐亟。⑨蒿里召兮郭门阅,⑩死不得取代庸,身自逝。"⑪左右悉更涕泣奏酒,⑫至鸡鸣时罢。胥谓太子霸曰:"上遇我厚,今负之甚。我死,骸骨当暴。幸而得葬,薄之,无厚也。"即以绶自绞死。及八子郭昭君等二人皆自杀。天子加恩,赦王诸子皆为庶人,赐谥曰厉王。立六十四年而诛,国除。

①师古曰:"就问也。"

②师古曰:"诚,实也。"

③师古曰:"董訾、胡生,皆女名也。"

④师古曰:"八子,姬妾之秩也。家人子,无官秩者也。"

⑤师古曰："人所以欲久生者,贵其安豫无有终极,而我在生,长不欢乐,焉用穷尽年寿也。"

⑥张晏曰："奉天子期,当死,不得复延年。"

⑦张晏曰："二卿亭驿待以答诏命。"

⑧师古曰："言人生必当有死,无假劳心怀悲戚。"

⑨韦昭曰："慷亦乐也,音裁宗反。亟,数,亦疾也,谓不久也。言人生以何为乐,但以心志所喜好耳。今我出入皆无欢怡,不得久长也。喜,音许吏反。亟,音丘吏反。"

⑩师古曰："蒿里,死人里。"

⑪师古曰："言死当自去,不如他徭役得顾庸自代也。逝,合韵音上列反。"

⑫师古曰："更,互也。奏,进也。更,音工衡反。"

后七年,元帝复立胥太子霸,是为孝王,十三年薨。子共王意嗣,①三年薨。子哀王护嗣,十六年薨。无子,绝。后六年,成帝复立孝王子守,是为靖王,立二十年薨。子宏嗣,王莽时绝。

①师古曰："共,读曰恭。"

初,高密哀王弘本始元年以广陵王胥少子立,九年薨。子顷王章嗣,三十三年薨。子怀王宽嗣,十一年薨。子慎嗣,王莽时绝。

昌邑哀王髆,天汉四年立,十一年薨,子贺嗣。立十三年,昭帝崩,无嗣,大将军霍光征王贺典丧。①玺书曰："制诏昌邑王:②使行大鸿胪事少府乐成、③宗正德、光禄大夫吉、④中郎将利汉⑤征王,乘七乘传诣长安邸。"夜漏未尽一刻,以火发书。其日中,贺发,铺时至定陶,行百三十五里,侍从者马死相望于道。郎中令龚遂谏王,令还郎谒者五十余人。贺到济阳,求长鸣鸡,⑥道买积竹杖。⑦过弘农,使大奴善以衣车载女子。⑧至湖,⑨使者以让相安乐。⑩安乐告遂,遂入问贺,贺曰："无有。"遂曰："即无有,何爱一善以毁行义!请收属吏,⑪以湔洒大王。"⑫即捽善,属卫士长行法。⑬

①师古曰："令为丧主。"

②师古曰："太后玺书。"

③师古曰："史乐成。"

④师古曰："丙吉也。"

⑤师古曰："不知姓。"

⑥师古曰："鸣声长者也。"

⑦文颖曰："合竹作杖也。"

⑧师古曰："凡言大奴者,谓奴之尤长大者也。"

⑨师古曰："即湖县。"

⑩张晏曰："使者,长安使人也。"师古曰："让,责也。"

⑪师古曰："以善付吏也。属,音之欲反。其下亦同。"

⑫师古曰："湔,浣也。洒,濯也。湔,子颠反。洒,先礼反。"

⑬师古曰："捽,持头也。卫士长,主卫之官。捽,音才兀反。"

　　贺至霸上,大鸿胪郊迎,驷奉乘舆车。王使仆寿成御,郎中令遂参乘。旦至广明东都门,遂曰："礼,奔丧望见国都哭。此长安东郭门也。"贺曰："我嗌痛,不能哭。"①至城门,遂复言,贺曰："城门与郭门等耳。"且至未央宫东阙,遂曰："昌邑帐在是阙外驰道北,②未至帐所,有南北行道,马足未至数步,大王宜下车,乡阙西面伏,哭尽哀止。"③王曰："诺。"到,哭如仪。

　　①师古曰："嗌,喉咽也,音益。"

　　②文颖曰："吊哭帐也。"师古曰："是谓此。"

　　③师古曰："乡,读曰向。"

　　王受皇帝玺绶,袭尊号。即位二十七日,行淫乱。大将军光与群臣议,白孝昭皇后,废贺归故国,赐汤沐邑二千户,故王家财物皆与贺。及哀王女四人各赐汤沐邑千户。语在《霍光传》。国除,为山阳郡。

　　初,贺在国时,数有怪。尝见白犬,高三尺,无头,其颈以下似人,而冠方山冠。后见熊,左右皆莫见。又大鸟飞集宫中。王知,恶之,辄以问郎中令遂。遂为言其故,语在《五行志》。王卬天叹曰："不祥何为数来!"①遂叩头曰："臣不敢隐忠,数言危亡之戒,大王不说。②夫国之存亡,岂在臣言哉?愿王内自揆度。③大王诵《诗》三百五篇,人事浃,彻道备,④王之所行中《诗》一篇何等也?⑤大王位为诸侯王,行污于庶人,⑥以存难,以亡易,宜深察之。"后又血污王坐席,王问遂,遂叫然号曰:"宫空不久,妖祥数至。血者,阴忧象也。
宜畏慎自省。"贺终不改节。居无何,征。既即位,后王梦青蝇之矢
积西阶东,可五六石,以屋版瓦覆,⑦发视之,青蝇矢也。以问遂,遂
曰:"陛下之《诗》不云乎?⑧'营营青蝇,至于藩;恺悌君子,毋信谗
言。'⑨陛下左侧谗人众,多如是青蝇恶矣。⑩宜进先帝大臣子孙亲
近以为左右。如不忍昌邑故人,⑪信用谗谀,必有凶咎。愿诡祸为
福,皆放逐之。⑫臣当先逐矣。"贺不用其言,卒致于废。

　①师古曰:"卬,读曰仰。"

　②师古曰:"说,读曰悦。"

　③师古曰:"度,音徒各反。"

　④师古曰:"泆,彻也,音子牒反。"

　⑤师古曰:"言王所行,皆不合法度。王自谓当于何《诗》之文也。中,音竹
　　仲反。"

　⑥师古曰:"污,浊秽。"

　⑦师古曰:"版瓦,大瓦也。"

　⑧苏林曰:"犹言陛下所读之《诗》也。"

　⑨师古曰:"已解于上。"

　⑩师古曰:"恶即矢也。越王句践为吴王尝恶,亦其义也。"

　⑪师古曰:"如,若也。不忍,谓不能疏远也。"

　⑫师古曰:"诡犹反。"

　大将军光更尊立武帝曾孙,是为孝宣帝。即位,心内忌贺。元
康二年,遣使者赐山阳太守张敞玺书曰:"制诏山阳太守:其谨备盗
贼,察往来过客。毋下所赐书!"①敞于是条奏贺居处,著其废亡之
效,②曰:"臣敞地节三年五月视事,故昌邑王居故宫,奴婢在中者
百八十三人,闭大门,开小门,廉吏一人为领钱物市买,朝内食
物,③它不得出入。④督盗一人别主徼循,察往来者。以王家钱取
卒,迥宫清中备盗贼。⑤臣敞数遣丞吏行察。⑥四年九月中,臣敞入
视居处状,故王年二十六七,为人青黑色,小目,鼻末锐卑,少须眉,
身体长大,疾痿,行步不便。⑦衣短衣大绔,冠惠文冠,⑧佩玉环,簪
笔持牍趋谒。⑨臣敞与坐语,中庭阅妻子奴婢。臣敞欲动观其意,即

以恶鸟感之，曰：'昌邑多枭。'故王应曰：'然。前贺西至长安，殊无
枭。复来，东至济阳，乃复闻枭声。'臣敞阅至子女持辔，⑩故王跪
曰：'持辔母，严长孙女也。'臣敞故知执金吾严延年字长孙，女罗
绀，⑪前为故王妻。察故王衣服言语跪起，清狂不惠。⑫妻十六人，
子二十二人，其十一人男，十一人女。昧死奏名籍及奴婢财物簿。臣
敞前书言：'昌邑哀王歌舞者张修等十人，无子，又非姬，但良人，无
官名，王薨当罢归。太傅豹等擅留，以为哀王园中人，所不当得
为，⑬请罢归。'故王闻之曰：'中人守园，疾者当勿治，相杀伤者当
勿法，欲令亟死，太守奈何而欲罢之？'⑭其天资喜由乱亡，终不见
仁义如此。⑮后丞相御史以臣敞书闻，奏可。皆以遣。"上由此知贺
不足忌。

①师古曰："密令警察，不欲宣露也。"

②师古曰："著，明也。"

③师古曰："每旦一内之。"

④师古曰："食物之外，皆不得妄有出入。"

⑤李奇曰："迾，遮也。"邓展曰："令其清靖，不得妄有异人也。"师古曰：
　"以王家钱顾人为卒也。"

⑥师古曰："行，音下更反。"

⑦师古曰："痿，风痹疾也。音人佳反。"

⑧苏林曰："治狱法冠也。"孟康曰："今侍中所著也。"服虔曰："武冠也，或
　曰，赵惠文王所服，故曰惠文。"晋灼曰："柱后惠文，法冠也。但言惠文，
　侍中冠。孟说是也。"

⑨师古曰："簪笔，插笔于首也。牍，木简也。"

⑩师古曰："贺之子女，名持辔。"

⑪师古曰："罗绀，其名也。绀，音敷。"

⑫苏林曰："凡狂者，阴阳脉尽浊。今此人不狂似狂者，故言清狂也。或曰，
　色理清徐而心不慧曰清狂。清狂，如今白痴也。"

⑬师古曰："于法不当然。"

⑭师古曰："亟，急也，音居力反。"

⑮师古曰："喜，好也。由，从也。喜，音许吏反。"

其明年春,乃下诏曰:"盖闻象有罪,舜封之,骨肉之亲,析而不殊。①其封故昌邑王贺为海昏侯,食邑四千户。"②侍中卫尉金安上上书言:"贺天之所弃,陛下至仁,复封为列侯。贺嚚顽放废之人,不宜得奉宗庙朝聘之礼。"奏可。贺就国豫章。

①师古曰:"析,分也。殊,绝也。"

②师古曰:"海昏,豫章之县。"

数年,杨州刺史柯奏贺①与故太守卒史孙万世交通,万世问贺:"前见废时,何不坚守毋出宫,斩大将军,而听人夺玺绶乎?"贺曰:"然。失之。"万世又以贺且王豫章,不久为列侯。贺曰:"且然,②非所宜言。"有司案验,请逮捕。制曰:"削户三千。"后薨。

①师古曰:"柯者,刺史之名也。"

②师古曰:"谓亦将如此。"

豫章太守廖奏言:"舜封象于有鼻,①死不为置后,以为暴乱之人不宜为太祖。②海昏侯贺死,上当为后者子充国;③充国死,复上弟奉亲;奉亲复死,是天绝之也。陛下圣仁,于贺甚厚,虽舜于象无以加也。宜以礼绝贺,以奉天意。愿下有司议。"议皆以为不宜为立嗣,国除。

①师古曰:"廖,太守名也。有鼻在零陵,今鼻亭是也。廖,音聊。"

②师古曰:"谓一国之始祖。"

③师古曰:"上,谓由上其名于有司。"

元帝即位,复封贺子代宗为海昏侯,传子至孙,今见为侯。

赞曰:巫蛊之祸,岂不哀哉!此不唯一江充之辜,亦有天时,非人力所致焉。建元六年,蚩尤之旗见,其长竟天。后遂命将出征,略取河南,建置朔方。其春,戾太子生。自是之后,师行三十年,兵所诛屠夷灭死者不可胜数。及巫蛊事起,京师流血,僵尸数万,①太子子父皆败。故太子生长于兵,与之终始,何独一嬖臣哉!秦始皇即位三十九年,内平六国,外攘四夷,死人如乱麻,暴骨长城之下,头卢相属于道,②不一日而无兵。由是山东之难兴,四方溃而逆秦。秦

将吏外畔,贼臣内发,乱作萧墙,祸成二世。③故曰“兵犹火也,弗戢
必自焚”,④信矣。是以仓颉作书,“止”“戈”为“武”。⑤圣人以武禁
暴整乱,止息兵戈,非以为残而兴纵之也。《易》曰:“天之所助者顺
也,人之所助者信也;君子履信思顺,自天佑之,吉无不利也。”⑥故
车千秋指明蛊情,章太子之冤。千秋材知未必能过人也,以其销恶
运,遏乱原,⑦因衰激极,道迎善气,⑧传得天人之佑助云。⑨

①师古曰:“僵,偃也,音居羊反。”
②师古曰:“卢,额骨也。属,连也,音之欲反。”
③师古曰:“萧墙,谓屏墙也,解在《五行志》。”
④师古曰:“《左传》隐四年卫有州吁之乱,公问于众仲曰:‘州吁其成乎?’
　　对曰:‘兵犹火也,不戢将自焚也。’言兵不可妄动,久而不戢,则自焚
　　烧。戢,敛也。”
⑤师古曰:“武字从止,从戈,所谓会意。”
⑥师古曰:“《易·上系》辞也。”
⑦师古曰:“遏,止也,音一曷反。”
⑧师古曰:“激去至极之灾,引致福善之气也。道,读曰导。”
⑨师古曰:“传,引也。”

汉书卷六四上
列传第三四上

严助　朱买臣　吾丘寿王
主父偃　徐乐

师古曰:"分严安以后为下卷。"

严助,会稽吴人,严夫子子也,①或言族家子也。②郡举贤良,对策百余人,武帝善助对,繇是独擢助为中大夫。后得朱买臣、吾丘寿王、司马相如、主父偃、徐乐、严安、东方朔、枚皋、胶仓,终军、严葱奇等,并在左右。是时征伐四夷,开置边郡,军旅数发,内改制度,朝廷多事,娄举贤良文学之士。③公孙弘起徒步,数年至丞相,开东阁,延贤人与谋议,朝觐奏事,因言国家便宜。上令助等与大臣辩论,中外相应以义理之文,④大臣数诎。⑤其尤亲幸者,东方朔、枚皋、严助、吾丘寿王、司马相如。相如常称疾避事,朔、皋不根持论,上颇俳优畜之。⑥唯助与寿王见任用,而助最先进。

①张晏曰:"夫子,严忌也。"
②师古曰:"亦云夫子之族子也。"
③师古曰:"娄,古屡字。"
④师古曰:"中,谓天子之宾客,若严助之辈也。外,谓公卿大夫也。"
⑤师古曰:"谓计议不如助等,每诎服也,音丘勿反。"
⑥师古曰:"论议委随,不能持正,如树木之无根抵也。"

建元三年,闽越举兵围东瓯,东瓯告急于汉。时武帝年未二十,以问太尉田蚡。蚡以为越人相攻击,其常事,又数反覆,不足烦中国往救也,自秦时弃不属。①于是助诘蚡曰:"特患力不能救,德不能覆,诚能,何故弃之? 且秦举咸阳而弃之,何但越也!②今小国以穷困来告急,天子不振,尚安所诉,③又何以子万国乎?④上曰:"太尉不足与计。吾新即位,不欲出虎符发兵郡国。"乃遣助以节发兵会稽。会稽守欲距法,不为发。⑤助乃斩一司马,谕意指,⑥遂发兵浮海救东瓯。未至,闽越引兵罢。

①师古曰:"言不臣属于中华。"

②师古曰:"举,总也。言总天下乃至京师皆弃也。"

③师古曰:"振,举也,起也。安,焉也。"

④师古曰:"子,谓畜为臣子也。"

⑤师古曰:"以法距之,为无符验也。"

⑥师古曰:"以天子意指晓告之。"

后三岁,闽越复兴兵击南越。南越守天子约,不敢擅发兵,而上书以闻。上多其义,①大为发兴,遣两将军将兵诛闽越。淮南王安上书谏曰:

①师古曰:"多犹重也。"

　　陛下临天下,布德施惠,缓刑罚,薄赋敛,哀鳏寡,恤孤独,养耆老,振匮乏,盛德上隆,和泽下洽,近者亲附,远者怀德,天下摄然,①人安其生,自以没身不见兵革。今闻有司举兵将以诛越,臣安窃为陛下重之。②越,方外之地,劗发文身之民也。③不可以冠带之国法度理也。自三代之盛,胡越不与受正朔,④非强弗能服,威弗能制也,以为不居之地,不牧之民,不足以烦中国也。⑤故古者封内甸服,⑥封外侯服,⑦侯卫宾服,⑧蛮夷要服,⑨戎狄荒服,⑩远近势异也。自汉初定已来七十二年,吴越人相攻击者不可胜数,然天子未尝举兵而入其地也。

①孟康曰:"摄,安也,音奴协反。"

②师古曰:"重,难也。"

③晋灼曰:"《淮南》云'越人劗发',张揖以为古翦字也。"师古曰:"劗,与

鞠同。张说是也。"

④师古曰:"与,读曰豫。"

⑤师古曰:"地不可居,而民不可牧养也。"

⑥师古曰:"封内,谓封圻千里之内也。甸服,主治王田以供祭祀也。"

⑦师古曰:"封外,千里之外也。侯,候也,为王者斥候。"

⑧服虔曰:"侯服之外,又有卫服。宾,宾见于王也。侯卫二服同为宾也。"

⑨师古曰:"又在侯卫之外而居九州之内也。要,言以文德要来之耳,音一遥反。"

⑩师古曰:"此在九州之外者也。荒,言其荒忽绝远,来去无常也。"

　　臣闻越非有城邑里也,处溪谷之间,篁竹之中,①习于水斗,便于用舟,地深昧而多水险,②中国之人不知其势阻而而入其地,虽百不当其一。得其地,不可郡县也;攻之,不可暴取也。以地图察其山川要塞,相去不过寸数,而间独数百千里,③阻险林丛,弗能尽著。④视之若易,行之甚难。天下赖宗庙之灵,方内大宁,戴白之老不见兵革,⑤民得夫妇相守,父子相保,陛下之德也。越人名为藩臣,贡酎之奉,不输大内,⑥一卒之用不给上事。⑦自相攻击而陛下以兵救之,是反以中国而劳蛮夷也。⑧且越人愚戆轻薄,负约反覆,其不用天子之法度,非一日之积也。⑨壹不奉诏,举兵诛之,臣恐后兵革无时得息也。

①服虔曰:"竹丛也,音皇。"师古曰:"竹田曰篁。"

②师古曰:"昧,暗也。言多草木。"

③师古曰:"间,中间也。或八九百里,或千里也。"

④师古曰:"不可尽载于图也。著,音竹助反。"

⑤师古曰:"戴白,言白发在首。"

⑥应劭曰:"国僻远,珍怪之贡,宗庙之祭皆不与也。大内,都内也,国家宝藏也。"师古曰:"《百官公卿表》云治粟属官有都内令丞也。"

⑦师古曰:"给,供也。"

⑧师古曰:"疲劳中国之人于蛮夷之地。"

⑨师古曰:"积,久也。"

　　间者,数年岁比不登,民待卖爵赘子以接衣食,①赖陛下德泽振救之,得毋转死沟壑。四年不登,五年复蝗,民生未复②

今发兵行数千里,资衣粮,入越地,③舆轿而隃领,④拖舟而入
水,⑤行数百千里,夹以深林丛竹,水道上下击石,⑥林中多蝮
蛇猛兽,⑦夏月暑时,欧泄霍乱之病相随属也,⑧曾未施兵接
刃,死伤者必众矣。前时南海王反,陛下先臣使将军间忌将兵
击之,⑨以其军降,处之上淦。⑩后复反,会天暑多雨,楼船卒
水居击棹,⑪未战而疾死者过半。亲老涕泣,孤子谪号,⑫破家
散业,迎尸千里之外,裹骸骨而归。悲哀之气数年不息,长老至
今以为记。曾未入其地而祸已至此矣。

① 如淳曰:"淮南俗卖子与人作奴婢,名为赘子,三年不能赎,遂为奴婢。"
　师古曰:"赘,质也。一说,云赘子者,谓令子出就妇家为赘婿耳。赘婿,
　解在《贾谊传》。"

② 师古曰:"生,谓生业。复,音扶目反。"

③ 师古曰:"资犹赍。"

④ 服虔曰:"轿,音桥梁,谓隘道舆车也。"臣瓒曰:"今竹舆车也,江表作竹
　舆以行是也。"项昭曰:"陵绝水曰轿,音旗庙反。领,山领也。不通船车,
　运转皆担舆也。"师古曰:"服音、瓒说是也。项氏谬矣。此直言以轿过领
　耳,何云陵绝水乎!又旗庙之音无所依据。隃,与逾同。"

⑤ 师古曰:"拖,曳也,音它。"

⑥ 师古曰:"谓船触石,难以行也。"

⑦ 师古曰:"蝮,恶蛇也,音敷福反,解在《田儋传》。"

⑧ 师古曰:"泄,吐也,弋制反。属,音之欲反。"

⑨ 文颖曰:"先臣,淮南厉王长也。间忌,人姓名。"师古曰:"《淮南王传》作
　简忌,此本间,转写字误省耳。"

⑩ 苏林曰:"淦,音耿弇之弇。"师古曰:"音工含反。"

⑪ 师古曰:"言常居舟中水上,而又有击棹行舟之役,故多死也。棹,音直
　孝反。"

⑫ 师古曰:"谪,古啼字。"

　　臣闻军旅之后必有凶年,言民之各以其愁苦之气薄阴阳
之和,感天地之精,①而灾气为之生也。陛下德配天地,明象日
月,恩至禽兽,泽及草木,一人有饥寒不终其天年而死者,为之

凄怆于心。今方内无狗吠之警，②而使陛下甲卒死亡，暴露中原，沾渍山谷，边境之民为之早闭晏开，③晁不及夕，④臣安窃为陛下重之。⑤

①师古曰："薄，迫也。"

②师古曰："方内，中国四方之内也。"

③师古曰："晏，晚也。言有兵难，故边城早闭而晚开也。"

④师古曰："晁，古朝字也。言忧危亡不自保也。"

⑤师古曰："重，难也。"

　　不习南方地形者，多以越为人众兵强，能难边城。①淮南全国之时，多为边吏，②臣窃闻之，与中国异。③限以高山，人迹绝，车道不通，天地所以隔外内也。其入中国必下领水，之山峭峻，漂石破舟，④不可以大船载食粮下也。越人欲为变，必先田余干界中，⑤积食粮，乃入伐材治船。边城守候诚谨，越人有入伐材者，辄收捕，焚其积聚，虽百越，奈边城何！且越人绵力薄材，⑥不能陆战，又无车骑弓弩之用，然而不可入者，以保地险，而中国之人不能其水土也。⑦臣闻越甲卒不下数十万，所以入之，五倍乃足，⑧挽车奉饟者，不在其中。⑨南方暑湿，近夏瘅热，⑩暴露水居，蝮蛇蠚生，⑪疾疠多作，兵未血刃而病死者什二三，虽举越国而虏之，不足以偿所亡。⑫

①服虔曰："为边城作难也。"

②师古曰："全国，谓未分为三之时地。淮南人于边为吏，与越接境，故知其地形也。"

③师古曰："言其风土不同。"

④师古曰："言水流湍急，石为之漂转，触破舟船也。漂，音匹遥反。"

⑤韦昭曰："越邑，今鄱阳县也。"

⑥孟康曰："绵，音灭，薄力也。"师古曰："绵，弱也，言其柔弱如绵，读如本字。孟说非也。"

⑦师古曰："能，堪也。"

⑧师古曰："不下，言不减也。汉军多之五倍，然后可入其地也。"

⑨师古曰："挽，引也，音晚。饟亦饷字也。"

⑩师古曰:"瘅,黄病,音丁干反。"

⑪师古曰:"蠚,毒也,音壑。"

⑫师古曰:"举,谓总取也。"

　　臣闻道路言,闽越王弟甲弑而杀之,①甲以诛死,其民未有所属。陛下若欲来内,处之中国,使重臣临存,②施德垂赏以招致之,此必携幼扶老以归圣德。若陛下无所用之,则继其绝世,存其亡国,建其王侯,以为畜越,③此必委质为藩臣,世共贡职。④陛下以方寸之印,丈二之组,填抚方外,⑤不劳一卒,不顿一戟,⑥而威德并行。今以兵入其地,此必震恐,以有司为欲屠灭之也,必雉兔逃入山林险阻。⑦背而去之,则复相群聚;留而守之,历岁经年,则士卒罢劵,食粮乏绝。⑧男子不得耕稼树种,妇人不得纺绩织纴,⑨丁壮从军,老弱转饷,⑩居者无食,行者无粮。民苦兵事,亡逃者必众,随而诛之,不可胜尽,盗贼必起。

①师古曰:"甲者,闽王弟之名。"

②师古曰:"存,谓省问之。"

③李奇曰:"如人畜养六畜也。"师古曰:"直谓畜养之耳,非六畜也。"

④师古曰:"共,读曰供。"

⑤师古曰:"组者,印之绶。"

⑥师古曰:"顿,坏也。一曰,顿,读曰钝。"

⑦师古曰:"如雉兔之逃窜而入山林险阻之中。"

⑧师古曰:"罢,读曰疲。劵亦倦字。"

⑨师古曰:"树,植也。机缕曰纴。纴,音人禁反。"

⑩师古曰:"饷亦饟字。"

　　臣闻长老言,秦之时尝使尉屠睢击越,①又使监禄凿渠通道。②越人逃入深山林丛,不可得攻。留军屯守空地,旷日引久,士卒劳倦,越出击之。秦兵大破,乃发適戍以备之。③当此之时,外内骚动,百姓靡敝,④行者不还,往者莫反,皆不聊生,亡逃相从,群为盗贼,于是山东之难始兴。此老子所谓"师之所处,荆棘生之"者也。⑤兵者凶事,一方有急,四面皆从。臣恐变故之生,奸邪之作,由此始也。《周易》曰:"高宗伐鬼方,三年而克之。"⑥鬼方,小蛮夷;高宗,殷之盛天子也。以盛天子伐小蛮夷,三年而后克,言用兵之不可不重也。

①张晏曰:"郡都尉,姓屠名睢也。"

②张晏曰:"监郡御史也,名禄。"

③师古曰:"適,读曰谪。"

④师古曰:"靡,散也,音糜。"

⑤师古曰:"老子《道经》之言也。师旅行,必杀伤士众,侵暴田亩,故致荒残而生荆棘也。"

⑥师古曰:"《既济》九三爻辞。"

　　臣闻天子之兵有征而无战,言莫敢校也。①如使越人蒙徼幸以逆执事之颜行,②厮舆之卒有一不备而归者,③虽得越王之首,臣犹窃为大汉羞之。陛下以四海为境,九州为家,八薮为圃,江汉为池,④生民之属皆为臣妾。人徒之众足以奉千官之共,⑤租税之收足以给乘舆之御。玩心神明,秉执圣道,负黼依,⑥冯玉几,⑦南面而听断,号令天下,四海之内莫不嚮应。⑧陛下垂德惠以覆露之,⑨使元元之民安生乐业,则泽被万世,传之子孙,施之无穷。天下之安犹泰山而四维之也,⑩夷狄之地何足以为一日之闲,⑪而烦汗马之劳乎!《诗》云:"王犹允塞,徐方既来。"⑫言王道甚大,而远方怀之也。臣闻之,农夫劳而君子养焉,⑬愚者言而智者择焉。臣安幸得为陛下守藩,以身为鄣蔽,人臣之任也。边境有警,爱身之死而不毕其愚,非忠臣也。⑭臣安窃恐将吏之以十万之师为一使之任也!⑮

①师古曰:"校,计也。不敢与计强弱曲直。"

②文颖曰:"颜行犹雁行,在前行,故曰颜也。"师古曰:"蒙,犯也。行,音胡郎反。"

③张晏曰:"厮,微。舆,众也。"师古曰:"厮,析薪者。舆,主驾车者。此皆言贱役之人。"

④师古曰:"八薮,谓鲁有大野,晋有大陆,秦有杨污,宋有孟诸,楚有云梦,吴越之间有具区,齐有海隅,郑有圃田。"

⑤师古曰:"千官犹百官也,多言之耳。共,读曰供。"

⑥师古曰:"负,背也。白与黑画为斧文,谓之黼也。依,读曰扆。扆形如屏风而曲之,画以黼文,张于户牖间。"

⑦师古曰:"冯,读曰凭。"

⑧师古曰:"䛀,读曰响。"

⑨师古曰:"露,谓使之沾润泽也。或露或覆,言养育也。"

⑩师古曰:"维,谓联系之。"

⑪如淳曰:"得其地物,不足为一日闲暇之虞也。"

⑫师古曰:"《大雅·常武》之诗也。犹,道也。允,信也。允塞,满也。既,尽也。言王道信充满于天下,则徐方淮夷尽来服也。"

⑬师古曰:"言农夫勤力于耕稼,所得五谷以养君子也。"

⑭师古曰:"毕,尽也。尽言其意也。"

⑮师古曰:"言汉发一使镇抚之,则越人宾服,不烦兵往。"

是时,汉兵遂出,逾领,适会闽越王弟余善杀王以降。汉兵罢。上嘉淮南之意,美将卒之功,乃令严助谕意风指于南越。①南越王顿首曰:"天子乃幸兴兵诛闽越,死无以报!"即遣太子随助入侍。

①师古曰:"风,读曰讽,以天子之意指讽告也。"

助还,又谕淮南曰:"皇帝问淮南王:使中大夫玉上书言事,闻之。朕奉先帝之休德,夙兴夜寐,明不能烛,①重以不德,②是以比年凶畜害众。③夫以眇眇之身,托于王侯之上,内有饥寒之民,南夷相攘,④使边骚然不安,朕甚惧焉。今王深惟重虑,⑤明太平以弼朕失,称三代至盛,际天接地,人迹所及,咸尽宾报,藐然甚惭。⑥嘉王之意,靡有所终,⑦使中大夫助谕朕意,告王越事。"

①师古曰:"烛,照也。"

②师古曰:"重,音直用反。"

③师古曰:"畜,古灾字。"

④师古曰:"攘,谓相侵夺也,音人羊反。"

⑤师古曰:"惟,思也。虑,计也。"

⑥如淳曰:"王之所言藐然,闻之甚惭也。"师古曰:"藐,远也。言不可及也。藐,音武卓反。"

⑦师古曰:"靡,无也。终,极也。"

　　助谕意曰："今者大王以发屯临越事上书，陛下故遣臣助告王其事。王居远，事薄遽，不与王同其计。①朝有阙政，遗王之忧，②陛下甚恨之。夫兵固凶器，明主之所重出也，③然自五帝三王禁暴止乱，非兵，未之闻也。汉为天下宗，操杀生之柄，④以制海内之命，危者望安，乱者卬治。⑤今越闽王狼戾不仁，⑥杀其骨肉，离其亲戚，所为甚多不义，又数举兵侵陵百越，并兼邻国，以为暴强，阴计奇策，入燔寻阳楼船，⑦欲招会稽之地，以践句践之迹。⑧今者，边又言闽王率两国击南越。陛下为万民安危久远之计，使人谕告之曰：'天下安宁，各继世抚民，禁毋敢相并。'有司疑其以虎狼之心，贪据百越之利，或于逆顺，不奉明诏，则会稽、豫章必有长患。且天子诛而不伐，焉有劳百姓苦士卒乎？⑨故遣两将屯于境上，震威武，扬声乡。⑩屯曾未会，⑪天诱其衷，闽王陨命，辄遣使者罢屯，毋后农时。⑫南越王甚嘉被惠泽，蒙休德，愿革心易行，身从使者入谢。⑬有狗马之病，不能胜服，⑭故遣太子婴齐入侍；病有瘳，愿伏北阙，望大廷，以报盛德。闽王以八月举兵于冶南，⑮士卒罢倦，⑯三王之众相与攻之，因其弱弟余善以成其谋。至今国空虚，遣使者上符节，请所立，不敢自立，以待天子之明诏。此一举，不挫一兵之锋，不用一卒之死，而闽王伏辜，南越被泽，威震暴王，义存危国，比则陛下深计远虑之所出也。事效见前，⑰故使臣助来谕王意。"

　①如淳曰："薄，迫也。言事迫，不暇得先与王共议之。或曰，薄，语助也。"
　　师古曰："薄，迫，是也。遽，速也，音其据反。"
　②师古曰："言朝政有阙，乃使王有忧也。遗犹与也。"
　③师古曰："重，难也。"
　④师古曰："操，执持也，音千高反。"
　⑤师古曰："卬，读曰仰，谓仰而望之。"
　⑥师古曰："狼性贪戾，凡言狼戾者，谓贪而戾。"
　⑦师古曰："汉有楼船贮在寻阳也。"
　⑧师古曰："先是越王句践称霸中国，今越王欲慕之。句，音功侯反。"
　⑨师古曰："王者之兵，但行诛耳，无有战斗，故云不伐也。"
　⑩师古曰："乡，读曰响也。"

⑪师古曰:"言兵未尽集。"

⑫师古曰:"令及农时,不待后也。"

⑬师古曰:"革,改也。"

⑭师古曰:"服,谓朝服也。"

⑮苏林曰:"山名也,今名东冶,属会稽。"

⑯师古曰:"罢,读曰疲。"

⑰师古曰:"见,显也。前,谓目前。"

　于是王谢曰:"虽汤伐桀,文王伐崇,诚不过此。臣安妄以愚意狂言,陛下不忍加诛,使使者临诏臣安以所不闻,①诚不胜厚幸!"助由是与淮南王相结而还。上大说。②

①师古曰:"先未闻者,今得闻也。"

②师古曰:"说,读曰悦。"

　助侍燕从容,①上问助居乡里时,助对曰:"家贫,为友婿富人所辱。"②上问所欲,对愿为会稽太守。于是拜为会稽太守。数年,不闻问。③赐书曰:"制诏会稽太守:君厌承明之庐,④劳侍从之事,怀故土,⑤出为郡吏。会稽东接于海,南近诸越,⑥北枕大江。⑦间者,阔焉久不闻问,具以《春秋》对,毋以苏秦从横。"⑧助恐,上书谢称:"《春秋》天王出居于郑,不以事母,故绝之。⑨臣事君,犹子事父母也,臣助当伏诛。陛下不忍加诛,愿奉三年计最。"⑩诏许,因留侍中。有奇异,辄使为文,⑪及作赋颂数十篇。

①师古曰:"从容,闲语也。从,音千容反。"

②师古曰:"友婿,同门之婿。"

③师古曰:"无善声。"

④张晏曰:"承明庐在石渠阁外。直宿所止曰庐。"

⑤师古曰:"怀,思也。"

⑥师古曰:"越种非一,故言诸。"

⑦师古曰:"枕,临也。"

⑧师古曰:"从,音子容反。"

⑨师古曰:"周惠王之子襄王也。弟叔带有宠于惠后,欲立之,故襄王避难而出奔也。僖二十四年经书:'天王出居于郑。'《公羊传》曰:'王者无外,此其言出何? 不能乎母也。'"

⑩如淳曰:"旧法,当使丞奉岁计,今躬自欲入奉也。"晋灼曰:"最,凡要也。"

⑪师古曰:"谓非常之文。"

后淮南王来朝,厚赂遗助,交私论议。及淮南王反,事与助相连,上薄其罪,欲勿诛。①廷尉张汤争,以为助出入禁门,腹心之臣,而外与诸侯交私如此,不诛,后不可治。助竟弃市。

①师古曰:"以其过为轻小。"

朱买臣字翁子,吴人也。家贫,好读书,不治产业,常艾薪樵,卖以给食,①担束薪,行且诵书。其妻亦负戴相随,数止买臣毋歌呕道中。②买臣愈益疾歌,妻羞之,求去。买臣笑曰:"我年五十当贵,今已四十余矣。女苦日久,待我富贵报女功。"③妻恚怒曰:"如公等,终饿死沟中耳,何能富贵?"买臣不能留,即听去。其后,买臣独行歌道中,负薪墓间。故妻与夫家俱上冢,见买臣饥寒,呼饭饮之。④

①师古曰:"艾,读曰刈。给,供也。"

②师古曰:"呕,读曰讴,音一侯反。"

③师古曰:"女,皆读曰汝。"

④师古曰:"饭,谓饲之,音扶晚反。饮,音于禁反。"

后数岁,买臣随上计吏为卒,将重车至长安,①诣阙上书,书久不报。待诏公车,粮用乏,上计吏卒更乞丐之。②会邑子严助贵幸,荐买臣。召见,说《春秋》,言《楚词》,帝甚说之,③拜买臣为中大夫,与严助俱侍中。是时方筑朔方,公孙弘谏以为罢敝中国。④上使买臣难诎弘,语在弘传。后买臣坐事免,久之,召待诏。

①师古曰:"买臣身自充卒,而与计吏将重车也。载衣食具曰重车。重,音直用反。"

②师古曰:"更,音工衡反。乞,音气。丐,音工大反。"

③师古曰:"说,读曰悦。"

④师古曰:"罢,读曰疲。"

是时,东越数反覆,买臣因言:"故东越王居保泉山,①一人守险,千人不得上。今闻东越王更徙处南行,去泉山五百里,居大泽中。今以发兵浮海,直指泉山,陈舟列兵,席卷南行,可破灭也。"上拜买臣会稽太守。上谓买臣曰:"富贵不归故乡,如衣绣夜行,今子何如?"买臣顿首辞谢。诏买臣至郡,治楼船,备粮食、水战具,须诏书,军到与俱进。②

①师古曰:"泉山即今泉州之山也。临海,去海十余里。保者,保守之以自固。说者乃云保是地名,失之矣。"

②师古曰:"须,待也。"

初,买臣免,待诏,常从会稽守邸者寄居饭食。①拜为太守,买臣衣故衣,怀其印绶,步归郡邸。直上计时,会稽吏方相与群饮,②不视买臣。买臣入室中,守邸与共食,食且饱,少见其绶。③守邸怪之,前引其绶,视其印,会稽太守章也。守邸惊,出语上计掾吏。皆醉,大呼曰:"妄诞耳!"④守邸曰:"试来视之。"其故人素轻买臣者入内视之,还走,疾呼曰:"实然!"坐中惊骇,白守丞,⑤相推排陈列中庭拜谒。买臣徐出户。有顷,长安厩吏乘驷马车来迎,⑥买臣遂乘传去。⑦会稽闻太守且至,发民除道,县长吏并送迎,车百余乘。入吴界,见其故妻、妻夫治道。买臣驻车,呼令后车载其夫妻,到太守舍,置园中,给食之。⑧居一月,妻自经死。买臣乞其夫钱,令葬。⑨悉召见故人与饮食诸尝有恩者,皆报复焉。⑩

①师古曰:"饭,音扶晚反。"

②师古曰:"直,读曰值。"

③师古曰:"见,显示也。"

④师古曰:"诞,大言也。呼,音火故反。次下亦同。"

⑤服虔曰:"守邸丞也。"张晏曰:"汉旧郡国丞长吏与计吏俱送计也。"师古曰:"张说是也。谓之守丞者,系太守而言也。守,音式授反。"

⑥张晏曰:"故事,大夫乘官车驾驷,如今州牧刺史矣。"

⑦师古曰:"传,音张恋反。"

⑧师古曰:"食,读曰饲。"

⑨师古曰:"乞,音气。"

⑩师古曰:"复,音扶目反。"

居岁余,买臣受诏将兵,与横海将军韩说等俱击破东越,①有功。征入为主爵都尉,列于九卿。①

> ①师古曰:"说,读曰悦。"

数年,坐法免官,复为丞相长史。张汤为御史大夫。始买臣与严助俱侍中,贵用事,汤尚为小吏,趋走买臣等前。后汤以廷尉治淮南狱,排陷严助,买臣怨汤。及买臣为长史,汤数行丞相事,知买臣素贵,故陵折之。买臣见汤,坐床上弗为礼。①买臣怨,常欲死之。②后遂告汤阴事,汤自杀,上亦诛买臣。买臣子山拊③官至郡守,右扶风。

> ①师古曰:"言不动容以礼之也。为,音于伪反。"
>
> ②师古曰:"致死以害之。"
>
> ③如淳曰:"拊,音夫。"

吾丘寿王字子赣,赵人也。年少,以善格五召待诏。①诏使从中大夫董仲舒受《春秋》,高材通明,迁为侍中中郎,坐法免。上书谢罪,愿养马黄门,上不许;②后愿守塞捍寇难,复不许。久之,上疏愿击匈奴,诏问状,寿王对良善,复召为郎。

> ①苏林曰:"博之类,不用箭,但行枭散。"孟康曰:"格,音各。行伍相各,故言各。"刘德曰:"格五,棋行。《簺法》曰塞白乘五,至五格不得行,故云格五。"师古曰:"即今戏之簺也。音先代反。"
>
> ②师古曰:"请于黄门供养马之事。"

稍迁,会东郡盗贼起,拜东郡都尉。上以寿王为都尉,不复置太守。是时,军旅数发,年岁不孰,多盗贼。诏赐寿王玺书曰:"子在朕前之时,知略辐凑,①以为天下少双,海内寡二。及至连十余城之守,任四千石之重,②职事并废,盗贼从横,③甚不称在前时,何也?"寿王谢罪,因言其状。

> ①师古曰:"言其无方而至,若车轮之归于毂。"
>
> ②师古曰:"郡守、都尉皆二千石,以寿王为都尉,不置太守,兼总二任,故云四千石也。"
>
> ③师古曰:"从,音子庸反。"

后征入为光禄大夫侍中。丞相公孙弘奏言:"民不得挟弓弩,十

贼弲弩,百吏不敢前,①盗贼不辄伏辜,免脱者众,害寡而利多,此
盗贼所以蕃也。②禁民不得挟弓弩,则盗贼执短兵,短兵接,则众者
胜。以众吏捕寡贼,其势必得。盗贼有害无利,则莫犯法,刑错之道
也。臣愚以为禁民毋得挟弓弩便。"上下其议。寿王对曰:

①张晏曰:"弲,音郭。"师古曰:"引满曰弲。"

②师古曰:"蕃亦多也,音扶无反。"

　　臣闻古者作五兵,非以相害,以禁暴讨邪也。①安居则以
制猛兽而备非常,有事则以设守卫而施行阵。及至周室衰微,
上无明王,诸侯力政,强侵弱,众暴寡,海内抏敝,②巧诈并生。
是以知者陷愚,勇者威怯,苟以得胜为务,不顾义理。故机变械
饰,所以相贼害之具不可胜数。于是秦兼天下,废王道,立私
议,灭《诗》《书》而首法令,③去仁恩而任刑戮,④堕名城,杀豪
桀,⑤销甲兵,折锋刃。其后民以耰锄棰梃相挞击,⑥犯法滋
众,盗贼不胜,⑦至于赭衣塞路,群盗满山,卒以乱亡。故圣王
务教化而省禁防,知其不足恃也。

①师古曰:"五兵,谓矛、戟、弓、剑、戈。"

②师古曰:"抏,讹尽也,音五官反。"

③师古曰:"以法令为首。"

④师古曰:"去,除也。"

⑤师古曰:"堕,毁也,音火规反。"

⑥师古曰:"耰,摩田之器也。棰马箠也。梃,大杖也。耰,音忧。棰,音之
　　累反。梃,音大鼎反。"

⑦师古曰:"滋,益也。不胜,言不可胜也。"

　　今陛下昭明德,建太平,举俊材,兴学官,三公有司或由穷
巷,起白屋,裂地而封,①宇内日化,方外乡风,②然而盗贼犹
有者,郡国二千石之罪,非挟弓弩之过也。《礼》曰:"男子生,桑
弧蓬矢以举之,明示有事也。③孔子曰:"吾何执?执射乎?"④
大射之礼,自天子降及庶人,三代之道也。《诗》云"大侯既抗,
弓矢斯张,射夫既同,献尔发功",⑤言贵中也。⑥愚闻圣王合
射以明教矣,未闻弓矢之为禁也。且所为禁者,为盗贼之以攻

夺也。攻夺之罪死,然而不止者,大奸之于重诛固不避也。臣
恐邪人挟之而吏不能止,良民以自备而抵法禁,⑦是擅贼威而
夺民救也。⑧窃以为无益于禁奸,而废先王之典,使学者不得
习行其礼,大不便。

①师古曰:"白屋,以白茅覆屋也。寿王言此者,并以讥公孙弘。"

②师古曰:"乡,读曰向。"

③师古曰:"有四方捍御之事。"

④师古曰:"《论语》载孔子之言。"

⑤师古曰:"《小雅·宾之初筵》之诗也。侯,所以居的,以皮为之。天子射
　　豹侯,诸侯射熊侯,卿大夫射麋侯,士射鹿豕侯。抗,举也。射夫,众射者
　　也。同,同耦也。言既举大侯,又张弓矢,分耦而射,则献其发矢中之
　　功也。"

⑥师古曰:"中,音竹仲反。"

⑦师古曰:"抵,触也。"

⑧师古曰:"擅,专也。"

书奏,上以难丞相弘。弘诎服焉。

　　及汾阴得宝鼎,武帝嘉之,荐见宗庙,臧于甘泉宫。郡臣皆上寿
贺曰:"陛下得周鼎。"寿王独曰非周鼎。上闻之,召而问之,曰:"今
朕得周鼎,群臣皆以为然,寿王独以为非,何也?有说则可,无说则
死。"寿王对曰:"臣安敢无说!臣闻周德始乎后稷,长于公刘,大于
大王,①成于文武,显于周公,德泽上昭,天下漏泉,②无所不通,上
天报应,鼎为周出,故名曰周鼎。今汉自高祖继周,亦昭德显行,布
恩施惠,六合和同。至于陛下,恢廓祖业,功德愈盛,天瑞并至,珍祥
毕见。昔秦始皇亲出鼎于彭城而不能得,天祚有德而宝鼎自出,此
天之所以与汉,乃汉宝,非周宝也。"上曰:"善。"群臣皆称万岁。是
日,赐寿王黄金十斤。后坐事诛。

①师古曰:"公刘,后稷曾孙也。大王,文王之祖,则古公亶甫也。"

②师古曰:"昭,明也。漏,言润泽下沾如屋之漏。"

　　主父偃,齐国临菑人也。学长短纵横术,①晚乃学《易》、《春

秋》，百家之言。游齐诸子间，②诸儒生相与排傧，不容于齐。家贫，假贷无所得，③北游燕、赵、中山，皆莫能厚，客甚困。以诸侯莫足游者，元光元年，乃入关见卫将军。④卫将军数言上，上不省。资用乏，留久，诸侯宾客多厌之，乃上书阙下。朝奏，暮召入见。所言九事，其八事为律令，一事谏伐匈奴，曰：

①服虔曰："苏秦法百家书说也。"师古曰："长短，解在《张汤传》。纵横，说在《艺文志》。"

②师古曰："诸子，诸侯王子。"

③师古曰："贷，音土得反。"

④师古曰："卫青。"

臣闻明主不恶切谏以博观，忠臣不避重诛以直谏，是故事无遗策而功流万世。今臣不敢隐忠避死，以效愚计，愿陛下幸赦而少察之。

《司马法》曰："国虽大，好战必亡；天下虽平，忘战必危。"①天下既平，天子大恺，②春蒐秋狝，诸侯春振旅，秋治兵，所以不忘战也。③且怒者逆德也，兵者凶器也，争者末节也。古之人君一怒必伏尸流血，故圣王重行之。④夫务战胜，穷武事，未有不悔者也。

①师古曰："司马穰苴善用兵，著书言兵法，谓之《司马法》。一说，司马，古主兵之官，有军陈用兵之法。"

②应劭曰："大恺，周礼还师，振旅之乐也。"

③师古曰："春为阳中，其行木也；秋为阴中，其行金也。金、木，兵器所资，故于此时蒐狝治兵也。蒐，搜索也，取不孕者。狝，应杀气也。振，整旅众也。狝，音先浅反。"

④师古曰："重，难也。"

昔秦皇帝任战胜之威，蚕食天下，并吞战国，海内为一，功齐三代。务胜不休，欲攻匈奴，李斯谏曰："不可。夫匈奴无城郭之居，委积之守，迁徙鸟举，难得而制。轻兵深入，粮食必绝；运粮以行，重不及事。得其地，不足以为利；得其民，不可调而守也。①胜必弃之，非民父母。靡敝中国，甘心匈奴，②非完计也。"秦皇帝不听，遂使蒙恬将兵而攻胡，却地千里，以河为境。地固泽卤，不生五谷，③然后发天下丁男以守北河。暴兵露师十有余年，死者不可胜数，终不能逾河而北。是岂人众之不足，兵革之不备哉？其势不可也。又使天下飞刍挽粟，④起于黄、腄、琅邪，负海之郡，转输北河，⑤率三十钟而致一石。⑥男子疾耕不足于粮饷，⑦女子纺绩不足于帷幕。百姓靡敝，孤寡老弱不能相养，道死者相望，⑧盖天下始叛也。

①李奇曰："不可和调也。"

②师古曰："靡，散也，音糜。其下类此。"

③师古曰："地多沮泽而咸卤。"

④师古曰："运载刍稿，令其疾至，故曰飞刍也。挽，谓引车船也，音晚。"

⑤师古曰："黄、腄，二县名也，并在东莱。言自东莱及琅邪缘海诸郡，皆令转输至北河也。腄，音直瑞反，又音谁。"

⑥师古曰："六斛四斗为钟，计其道路所费，凡用百九十二斛，乃得一石至。"

⑦师古曰："饷，亦馕字。"

⑧师古曰："道死，谓死于路也。"

及至高皇帝定天下，略地于边，闻匈奴聚代谷之外而欲击之。御史成谏曰："不可。夫匈奴，兽聚而鸟散，从之如搏景。①今以陛下盛德攻匈奴，臣窃危之。"高帝不听，遂至代谷，果有平城之围。高帝悔之，乃使刘敬往结和亲，然后天下亡干戈之事。

①师古曰："搏，击也。搏人之阴景，言不可得也。"

故兵法曰："兴师十万，日费千金。"秦常积众数十万人，虽有覆军杀将，系虏单于，①适足以结怨深仇，不足以偿天下之费。夫匈奴行盗侵敺，所以为业，天性固然。②上自虞夏殷周，固不程督，③禽兽畜之，不比为人。夫不上观虞夏殷周之统，而下循近世之失，此臣之所大恐，百姓所疾苦也。且夫兵久则变生，事苦则虑易。④使边境之民靡敝愁苦，将吏相疑而外市，⑤故尉佗、章邯得成其私，⑥而秦政不行，权分二子，此得失之效也。故《周书》曰："安危在出令，存亡在所用。"⑦愿陛下执计之而加察焉。

　①师古曰："覆,音芳目反。"

　②师古曰："来侵边境而敺略人畜也。敺与驱同,其字从攴,音普木反。"

　③师古曰："程,课也。督,视责也。"

　④师古曰："言思虑变易,失其常也。"

　⑤张晏曰："与外国交求己利,若章邯之比也。"

　⑥师古曰："佗,音徒何反。"

　⑦师古曰："此《周书》者,本《尚书》之余。"

　是时,徐乐、严安亦俱上书言世务。书奏,上召见三人,谓曰:"公皆安在?何相见之晚也!"①乃拜偃、乐、安皆为郎中。偃数上疏书言事,迁谒者,中郎,中大夫。岁中四迁。

　①师古曰："言皆者,各在何处。"

　偃说上曰:"古者诸侯地不过百里,强弱之形易制。今诸侯或连城数十,地方千里,缓则骄奢易为淫乱,急则阻其强而合从,①以逆京师。今以法割削,则逆节萌起,②前日朝错是也。今诸侯子弟或十数,而適嗣代立,③余虽骨肉,无尺地之封,则仁孝之道不宣。愿陛下令诸侯得推恩分子弟,以地侯之。彼人人喜得所愿,上以德施,实分其国,必稍自销弱矣。"于是上从其计。又说上曰:"茂陵初立,天下豪桀兼并之家,乱众民,皆可徙茂陵,内实京师,外销奸猾,此所谓不诛而害除。"上又从之。

　①师古曰："从,音子容反。"

　②师古曰："萌,谓事之始生,如草木之萌芽也。"

　③师古曰："適,读曰嫡。"

　尊立卫皇后及发燕王定国阴事,偃有功焉。大臣皆畏其口,赂遗累千金。或说偃曰:"大横!"①偃曰:"臣结发游学四十余年,身不得遂,②亲不以为子,昆弟不收,宾客弃我,我戹日久矣。丈夫生不五鼎食,死则五鼎亨耳!③吾日暮,故倒行逆施之。"④

　①师古曰："横,音胡孟反。"

　②师古曰："遂犹达也。"

　③张晏曰："五鼎食,牛、羊、豕、鱼、麋也。诸侯五,卿大夫三。"师古曰:"五

鼎亨之,谓被镬亨之诛。"

④师古曰:"暮,言年齿老也。倒行逆施,谓不遵常理。此语本出五子胥,偃述而称之。"

偃盛言朔方地肥饶,外阻河,蒙恬城以逐匈奴,内省转输戍漕,广中国,灭胡之本也。上览其说,下公卿议,皆言不便。公孙弘曰:"秦时尝发三十万众筑北河,终不可就。①已而弃之。"朱买臣难诎弘,遂置朔方,本偃计也。

①师古曰:"就,成也。"

元朔中,偃言齐王内有淫失之行,①上拜偃为齐相。至齐,遍召昆弟宾客,散五百金予之,数曰:②"始吾贫时,昆弟不我衣食,宾客不我内门。③今吾相齐,诸君迎我或千里。吾与诸君绝矣,毋复入偃之门!"乃使人以王与姊奸事动王。王以为终不得脱,恐效燕王论死,乃自杀。

①师古曰:"失,读曰佚,音尹一反。"

②师古曰:"数,责也。数,音所具反。"

③师古曰:"衣,音于既反。食,读曰饲。内门,谓内之于门中也。"

偃始为布衣时,尝游燕、赵,及其贵,发燕事。赵王恐其为国患,欲上书言其阴事,为居中,不敢发。及其为齐相,出关,即使人上书,告偃受诸侯金,以故诸侯子多以得封者。及齐王以自杀闻,上大怒,以为偃劫其王令自杀,乃征下吏治。偃服受诸侯之金,实不劫齐王令自杀。上欲勿诛,公孙弘争曰:"齐王自杀无后,国除为郡,入汉,偃本首恶,非诛偃无以谢天下。"乃遂族偃。

偃方贵幸时,客以千数,及族死,无一人视,独孔车收葬焉。上闻之,以车为长者。

徐乐,燕无终人也。上书曰:

臣闻天下之患,在于土崩,不在瓦解,古今一也。

何谓土崩?秦之末世是也。陈涉无千乘之尊,疆土之地,身非王公大人名族之后,乡曲之誉,非有孔、曾、墨子之贤,陶

朱、猗顿之富也。然起穷巷,奋棘矜,①偏袒大呼,天下从风,②
此其故何也?由民困而主不恤,下怨而上不知,俗已乱而政不
修,此三者陈涉之所以为资也。此之谓土崩。故曰天下之患在
乎土崩。

①师古曰:"棘,戟也。矜者,戟之把也。时秦销兵器,故但有戟之把耳。矜,
　音巨巾反。此下亦同。"
②师古曰:"呼,音火故反。"

　　何谓瓦解?吴、楚、齐、赵之兵是也。七国谋为大逆,号皆
称万乘之君,带甲数十万,威足以严其境内,财足以劝其士民,
然不能西攘尺寸之地,①而身为禽于中原者,此其故何也?非
权轻于匹夫而兵弱于陈涉也。当是之时,先帝之德未衰,而安
土乐俗之民众,故诸侯无竟外之助。②此之谓瓦解。故曰天下
之患不在瓦解。

①师古曰:"攘,谓侵取汉地。"
②师古曰:"竟,读曰境。其下同。"

　　由此观之,天下诚有土崩之势,虽布衣穷处之士或首难而
危海内,①陈涉是也,况三晋之君或存乎?②天下虽未治也,诚
能无土崩之势,虽有强国劲兵,不得还踵而身为禽,③吴楚是
也,况群臣百姓,能为乱乎?此二体者,安危之明要,贤主之所
留意而深察也。

①师古曰:"首难,谓首唱而作难也。"
②师古曰:"韩、魏、赵三国本共分晋,故称三晋。"
③师古曰:"还,读曰旋。"

　　间者,关东五谷数不登,年岁未复,①民多穷困,重之以边
境之事,②推数循理而观之,民宜有不安其处者矣。不安故易
动,易动者,土崩之势也。故贤主独观万化之原,明于安危之
机,修之庙堂之上,而销未形之患也。其要期使天下无土崩之
势而已矣。故虽有强国劲兵,陛下逐走兽,射飞鸟,弘游燕之
囿,淫从恣之观,极驰骋之乐自若。③金石丝竹之声不绝于耳,
帷幄之私俳优朱儒之笑不乏于前,而天下无宿忧。④名何必

夏、子,俗何必成、康!⑤虽然,臣窃以陛下天然之质,宽仁之
资,而诚以天下为务,则汤、文不难侔,而成、康之俗未必不复
兴也。⑥此二体者立,然后处尊安之实,扬广誉于当世,亲天下
而服四夷,余恩遗德为数世隆,南面背依摄袂而揖王公,⑦此
陛下之所服也。⑧臣闻图王不成,其敝足以安。⑨安则陛下何
求而不得,何威而不成,奚征而不服哉?⑩

①师古曰:"复,音扶目反。"

②师古曰:"重,音直用反。"

③师古曰:"自若者,言如其常,无所废损也。从,读曰纵。"

④师古曰:"宿,久也。"

⑤服虔曰:"夏,禹也。子,汤也。汤,子姓。"

⑥师古曰:"侔,等也。"

⑦师古曰:"依,读曰扆。已解于上。"

⑧师古曰:"服,事也。"

⑨师古曰:"言其敝末之法,犹足自安也。"

⑩师古曰:"奚,何也。"

汉书卷六四下
列传第三四下

严安　终军　王褒　贾捐之

师古曰:"此卷首尚载严、朱、吾丘、主父、徐者,存其本书题目,以示不变易也。"

严安者,临菑人也。以故丞相史上书,曰:

臣闻《邹子》曰:① "政教文质者,所以云救也,②当时则用,过则舍之,③有易则易之,④故守一而不变者,未睹治之至也。"今天下人民用财侈靡,车马衣裘宫室皆竞修饰,调五声使有节族,⑤杂五色使有文章,重五味方丈于前,以观欲天下。⑥彼民之情,见美则愿之,是教民以侈也。侈而无节,则不可赡,⑦民离本而徼末矣。⑧末不可徒得,⑨故搢绅者不惮为诈,带剑者夸杀人以矫夺,⑩而世不知愧,故奸轨浸长。⑪夫佳丽珍怪固顺于耳目,故养失而泰,乐失而淫,礼失而采,⑫教失而伪。伪、采、淫、泰,非所以范民之道也。⑬是以天下人民逐利无已,犯法者众。臣愿为民制度以防其淫,使贫富不相耀以和其心。心既和平,其性恬安。恬安不营,则盗贼销;盗贼销,则刑罚少;刑罚少,则阴阳和,四时正,风雨时,草木畅茂,五谷蕃孰,六畜遂字,⑭民不夭厉,和之至也。⑮

①师古曰:"邹衍之书也。"
②师古曰:"以救敝。"
③师古曰:"非其时则废置也。"
④师古曰:"可变易者则易也。"

⑤苏林曰:"族,音奏。"师古曰:"节,止也。奏,进也。"

⑥孟康曰:"观犹显也。欲,音慜。"师古曰:"显示之,使其慕欲也。"

⑦师古曰:"赡,足也。"

⑧师古曰:"徼,要求也,音工尧反。"

⑨师古曰:"徒,空也。"

⑩师古曰:"夸,大也,竞也。矫,伪也。"

⑪师古曰:"浸,渐也。"

⑫如淳曰:"采,饰也。"师古曰:"采者,文过其实也。"

⑬师古曰:"范,谓为之立法也。"

⑭师古曰:"蕃,多也。遂,成也。字,生也。蕃,音扶元反。"

⑮师古曰:"厉,病也。"

　　臣闻周有天下,其治三百余岁,成康其隆也,刑错四十余年而不用。乃其衰,亦三百余年,故五伯更起。①伯者,常佐天子兴利除害,诛暴禁邪,匡正海内,以尊天子。五伯既没,贤圣莫续,天子孤弱,号令不行。诸侯恣行,强陵弱,众暴寡。田常篡齐,六卿分晋,并为战国,此民之始苦也。于是强国务攻,弱国修守,合从连衡,驰车毂击,②介胄生虮虱,民无所告诉。

①师古曰:"伯,读曰霸。更,音工衡反。以下并同。"

②师古曰:"车毂相击,言其众多也。从,音子容反。"

　　乃至秦王,蚕食天下,并吞战国,称号皇帝,一海内之政,坏诸侯之城,销其兵,铸以为钟虡,①示不复用。元元黎民得免于战国,逢明天子,人人自以为更生。②乡使秦缓刑罚,薄赋敛,③省繇役,贵仁义,贱权利,上笃厚,下佞巧,变风易俗,化于海内,则世世必安矣。秦不行是风,循其故俗,为知巧权利者进,笃厚忠正者退,法严令苛,谄谀者众,④日闻其美,意广心逸。欲威海外,使蒙恬将兵以北攻强胡,辟地进境,⑤戍于北河,飞刍挽粟以随其后。又使尉屠睢将楼船之士攻越,使监禄凿渠运粮,深入越地,越人遁逃。旷日持久,粮食乏绝,越人击之,秦兵大败。秦乃使尉佗将卒以戍越。当是时,秦祸北构于胡,南挂于越,⑥宿兵于无用之地,⑦进而不得退。行十余年,

丁男被甲，丁女转输，苦不聊生，自经于道树，死者相望。及秦
皇帝崩，天下大畔。陈胜、吴广举陈，⑧武臣、张耳举赵，项梁举
吴，田儋举齐，景驹举郢，周市举魏，韩广举燕，穷山通谷，豪士
并起，不可胜载也。然本皆非公侯之后，非长官之吏，⑨无尺寸
之势，起闾巷，杖棘矜，应时而动，不谋而俱起，不约而同会，壤
长地进，至乎伯王，⑩时教使然也。秦贵为天子，富有天下，灭
世绝祀，穷兵之祸也。故周失之弱，秦失之强，不变之患也。

①师古曰："虡，悬钟者也。解在《贾山》、《司马相如传》。"
②师古曰："言天下既免战国之苦，若逢明圣之主，则可以更生，而秦皇反
　　为虐政以残害也。"
③师古曰："乡，读曰向。"
④师古曰："调，古谄字。"
⑤师古曰："辟，读曰闢。"
⑥师古曰："挂，县也。"
⑦师古曰："宿，留也。"
⑧师古曰："举，谓起兵也。"
⑨师古曰："长官，谓一官之长也。"
⑩张晏曰："长，进益也。"师古曰："言其稍稍攻伐，进益土境，以至强大
　　也。长，音竹两反。伯，读曰霸。"

今徇南夷，朝夜郎，降羌僰略薉州，建城邑，①深入匈奴，燔其
龙城，②议者美之。此人臣之利，非天下之长策也。今中国无狗吠之
警，而外累于远方之备，靡敝国家，③非所以子民也。④行无穷之
欲，甘心快意，结怨于匈奴，非所以安边也。祸挐而不解，兵休而复
起，⑤近者愁苦，远者惊骇，非所以持久也。今天下锻甲摩剑，矫箭
控弦，⑥转输军粮，未见休时，此天下所共忧也。夫兵久而变起，事
烦而虑生。今外郡之地或几千里，⑦列城数十，形束壤制，⑧带胁诸
侯，⑨非宗室之利也。上观齐晋所以亡，公室卑削，六卿大盛也；下
览秦之所以灭，刑严文刻，欲大无穷也。今郡守之权非特六卿之重
也，地几千里非特闾巷之资也，甲兵器械非特棘矜之用也，以逢万
世之变，则不可胜讳也。⑩

①张晏曰："茢,貉也。"师古曰："茢,与秽同。"

②师古曰："燔,烧也。龙城,匈奴祭天处。燔,音扶元反。"

③师古曰："累,音力瑞反。"

④师古曰："子,谓养之如子也。"

⑤师古曰："挈,相连引也,音女居反。"

⑥师古曰："矫,正曲使直也。控,引也。"

⑦师古曰："几,音巨依反。次下亦同。"

⑧孟康曰："言其土地形势,足以束制其民。"

⑨师古曰："带者,言诸侯之于郡守,譬若佩带,谓轻小也。胁,谓其威力足以胁之也。一曰,带在胁旁,附著之义也。"

⑩师古曰："言不可尽讳者,言必灭亡也。"

后以安为骑马令。①

①师古曰："主天子之骑马也。骑,音其寄反。"

　　终军字子云,济南人也。少好学,以辩博能属文闻于郡中。①年十八,选为博士弟子。至府受遣。②太守闻其有异材,召见军,甚奇之,与交结。军揖太守而去,至长安上书言事。武帝异其文,拜军为谒者给事中。

①师古曰："属,音之欲反。"

②师古曰："博士弟子属太常。受遣者,由郡遣诣京师。"

　　从上幸雍祠五畤,获白麟,一角而五蹄。①时又得奇木,其枝旁出,辄复合于木上。上异此二物,博谋群臣。②军上对曰:

①师古曰："每一足有五蹄也。"

②师古曰："访其征应也。"

　　臣闻《诗》颂君德,《乐》舞后功,异经而同指,明盛德之所隆也。南越窜屏葭苇,与鸟鱼群,①正朔不及其俗。有司临境,而东瓯内附,闽王伏辜,南越赖救。北胡随畜薦居,②禽兽行,虎狼心,上古未能摄。大将军秉钺,单于犇幕,③票骑抗旌,昆邪右衽。④是泽南洽而威北畅也。⑤若罚不阿近,举不遗远,设官竢贤,县赏待功,⑥能者进以保禄,罢者退而劳力,⑦刑于宇内矣。⑧履众美而不足,怀圣明而不专,⑨建三宫之文质,章厥职之所宜,⑩封禅之君无闻焉。⑪

①师古曰:"葭,芦也,成长则曰苇。葭,音加。"

②苏林曰:"薦,草也。"师古曰:"苏说非也。薦,读曰荐。荐,屡也。言随畜牧屡易故居,不安往也。《左传》'戎狄荐居'者也。"

③师古曰:"犇,古奔字。"

④师古曰:"抗,举也。右衽,从中国化也。昆,音下门反。"

⑤师古曰:"洽,溥也。畅,达也。"

⑥师古曰:"埃,古俟字。次下亦同。"

⑦师古曰:"罷,读曰疲。谓不堪职任者也。劳力,归农亩也。"

⑧师古曰:"刑,法也。谓成法于宇内也。一曰,刑,见之。"

⑨师古曰:"言自谦也。"

⑩服虔曰:"三宫,明堂、辟雍、灵台也。"郑氏曰:"于三宫班政教,有文质者也。"

⑪张晏曰:"前世封禅之君不闻若斯之美也。"

　　夫天命初定,万事草创,①及臻六合同风,九州共贯,必待明圣润色,祖业传于无穷。②故周至成王,然后制定,而休征之应见。③陛下盛日月之光,垂圣思于勒成,专神明之敬,奉燔瘗于郊宫,④献享之精交神,积和之气塞明,⑤而异兽来获,宜矣。昔武王中流未济,白鱼入于王舟,俯取以燎,群公咸曰:"休哉!"⑥今郊祀未见于神祇,而获兽以馈,⑦此天之所以示飨,而上通之符合也。宜因昭时令日,改定告元,⑧苴以白茅于江淮,发嘉号于营丘,以应缉熙,⑨使著事者有纪焉。⑩

①师古曰:"谓始受命之君也。"

②师古曰:"润色,谓光饰之。"

③师古曰:"休,美也。征,证也。"

④师古曰:"燔,祭天也。瘗,祭地也。祭天则烧之,祭地则埋之。郊宫,谓秦時及后土也。"

⑤师古曰:"塞,答也。明者,明灵,亦谓神也。"

⑥师古曰:"谓伐纣时。解在《董仲舒传》。"

⑦师古曰:"以馈,谓充祭俎也。"

⑧张晏曰:"改元年以告神祇也。"师古曰:"昭,明也。令,善也。"

⑨服虔曰:"苴,作席也。"张晏曰:"江淮职贡三脊茅为籍也。"孟康曰:"嘉
　号,封禅也。泰山在齐分野,故曰营丘也。或曰,登封泰山以明姓号也。"
　师古曰:"苴,音祖,又音子豫反。非苞苴之苴也。"

⑩师古曰:"谓史官也。纪,记也。"

　　盖六鹢退飞,逆也;①白鱼登舟,顺也。②夫明暗之征,上
乱飞鸟,下动渊鱼,③各以类推。今野兽并角,明同本也;④众
支内附,示无外也。若此之应,殆将有解编发,削左衽,袭冠带,
要衣裳,而蒙化者焉。⑤斯拱而俟之耳!⑥

①张晏曰:"六鹢退飞,象诸侯畔逆,宋襄公伯道退也。"

②张晏曰:"周,木德也。舟,木也。殷,水德。鱼,水物。鱼跃登舟,象诸侯
　顺周,以纣界武王也。"臣瓒曰:"时论者未以周为木殷为水也。谓武王
　伐殷而鱼入王舟,象征而必获,故曰顺也。"师古曰:"瓒说是也。"

③师古曰:"乱,变也。"

④师古曰:"并,合也。兽皆两角,今此独一,故云并也。"

⑤师古曰:"要衣裳,谓著中国之衣裳也。编,读曰辫。要,音一遥反。"

⑥师古曰:"拱手而待之,言其即至。"

　　对奏,上甚异之,由是改元为元狩。后数月,越地及匈奴名王有
率众来降者,时皆以军言为中。①

①师古曰:"中,音竹仲反。"

　　元鼎中,博士徐偃使行风俗。①偃矫制,②使胶东、鲁国鼓铸盐
铁。③还,奏事,徙为太常丞。御史大夫张汤劾偃矫制大害,法至死。
偃以为《春秋》之义,大夫出疆,有可以安社稷,存万民,颛之可
也。④汤以致其法,不能诎其义。有诏下军问状,军诘偃曰:"古者诸
侯国异俗分,百里不通,时有聘会之事,安危之势,呼吸成变,故有
不受辞造命颛己之宜。今天下为一,万里同风,故《春秋》'王者无
外'。偃巡封域之中,称以出疆,何也?且盐铁,郡有余臧,⑤正二国
废,国家不足以为利害,而以安社稷存万民为辞,何也?"又诘偃:
"胶东南近琅邪,北接北海,鲁国西枕泰山,东有东海,受其盐铁。偃
度四郡口数田地,⑥率其用器食监,不足以并给二郡邪?将势宜有

余,而吏不能也？何以言之？偡矫制而鼓铸者,欲及春耕种赡民器也。⑦今鲁国之鼓,当先具其备,⑧至秋乃能举火。此言与实反者非？⑨偡已前三奏,无诏,⑩不惟所为不许,⑪而直矫作威福,以从民望,干名采誉,⑫此明圣所必加诛也。'枉尺直寻',孟子称其不可。⑬今所犯罪重,所就者小,⑭偡自予必死而为之邪?⑮将幸诛不加,欲以采名也?"⑯偡穷诎,服罪当死。军奏:"偡矫制颛行,非奉使体,请下御史征偡即罪。"⑰奏可。上善其诘,有诏示御史大夫。

①师古曰:"行,音下更反。"

②师古曰:"矫,托也。托言受诏也。"

③如淳曰:"铸铜铁,扇炽火,谓之鼓。"

④师古曰:"颛,与专同。下亦类此。"

⑤师古曰:"先有畜积。"

⑥师古曰:"度,计也,音大各反。"

⑦师古曰:"赡,足也。"

⑧师古曰:"备者犹今言调度。"

⑨师古曰:"重问之。"

⑩师古曰:"不报听也。"

⑪师古曰:"惟,思也。"

⑫师古曰:"干,求也。采,取也。"

⑬师古曰:"孟子,孟轲也。八尺曰寻。《孟子》之书曰陈代问于孟子曰:'枉尺直寻,若可为也。'孟子曰:'子过矣。枉己者未有能直人者也。'寻长而尺短。故陈代言所直者多,而所曲者少,则可为之。孟子以为苟有少曲,则害于大直,故不可也。"

⑭师古曰:"就,成也。"

⑮师古曰:"予,许也。"

⑯师古曰:"幸,冀也。"

⑰师古曰:"征,召也。即,就也。"

初,军从济南当诣博士,步入关,关吏予军繻。①军问:"以此何为?"吏曰:"为复传,②还当以合符。"军曰:"丈夫西游,终不复传还。"弃繻而去。军为谒者,使行郡国,③建节东出关,关吏识之,曰:

"此使者乃前弃繻生也。"军行郡国,所见便宜以闻。还奏事,上甚
说。④

> ①张晏曰:"繻,音须。繻,符也,书帛裂而分之。若券契矣,"苏林曰:"繻,
> 帛边也。旧关出入皆以传。传烦,因裂繻头合以为符信也。"师古曰:"苏
> 说是也。"
>
> ②师古曰:"复,返也。谓返出关更以为传。复,音扶福反。传,音张恋反。
> 次下亦同。"
>
> ③师古曰:"行,音下更反。其后亦同。"
>
> ④师古曰:"说,读曰悦。"

　　当发使匈奴,①军自请曰:"军无横草之功,②得列宿卫,食禄
五年。边境时有风尘之警,臣宜被坚执锐,当矢石,启前行。③驽下
不习金革之事,今闻将遣匈奴使者,臣愿尽精厉气,奉佐明使,画吉
凶于单于之前。臣年少材下,孤于外官,④不足以亢一方之任,⑤窃
不胜愤懑。"诏问画吉凶之状,上奇军对,擢为谏大夫。

> ①师古曰:"汉朝欲遣人为使于匈奴也。"
>
> ②师古曰:"言行草中,使草偃卧,故云横草也。"
>
> ③师古曰:"行,音下郎反。"
>
> ④师古曰:"孤,远也。外官,谓非侍卫之臣也。"
>
> ⑤师古曰:"亢,当也,音抗。"

　　南越与汉和亲,乃遣军使南越,说其王,欲令入朝,比内诸侯。
军自请:"愿受长缨,必羁南越王而致之阙下。"①军遂往说越王,越
王听许,请举国内属。天子大说,②赐南越大臣印绶,壹用汉法,以
新改其俗,令使者留填抚之。③越相吕嘉不欲内属,发兵攻杀其王,
及汉使者皆死。语在《南越传》。军死时年二十余,故世谓之"终
童"。

> ①师古曰:"言如马羁也。"
>
> ②师古曰:"说,读曰悦。"
>
> ③师古曰:"填,音竹刃反。"

　　王褒字子渊,蜀人也。宣帝时修武帝故事,讲论六艺群书,博尽

奇异之好,征能为《楚辞》九江被公,①召见诵读,益召高材刘向、张子侨、华、龙、柳褒等待诏金马门。②神爵、五凤之间,天下殷富,数有嘉应。上颇作歌诗,欲兴协律之事,丞相魏相奏言知音善鼓雅琴者渤海赵定、梁国龚德,皆召见待诏。于是益州刺史王襄欲宣风化于众庶,闻王褒有俊材,请与相见,使褒作《中和》、《乐职》、《宣布诗》,③选好事者令依《鹿鸣》之声习而歌之。时氾,乡侯何武为僮子,选在歌中。④久之,武等学长安,歌太学下,转而上闻。宣帝召见武等观之,皆赐帛,谓曰:"此盛德之事,吾何足以当之!"

①师古曰:"被,姓也,音皮义反。"

②师古曰:"华,音户化反。"

③师古曰:"中和者,言政治和平也。乐职者,言百官各得其职也。宣布者,风化普洽,无所不被。"

④师古曰:"氾,音凡。"

褒既为刺史作颂,①又作其传,②益州刺史因奏褒有轶材。③上乃征褒。既至,诏褒为圣主得贤臣颂其意。褒对曰:

①师古曰:"即上《中和》、《乐职》、《宣布诗》也。以美盛德,故谓之颂也。"

②师古曰:"解释颂歌之义及作者之意。"

③师古曰:"轶,与逸同。"

　　夫荷旃被毳者,难与道纯绵之丽密;①羹藜唅糗者,不足与论大牢之滋味。②今臣辟在西蜀,③生于穷巷之中,长于蓬茨之下,④无有游观广览之知,顾有至愚极陋之累,⑤不足以塞厚望,应明指。⑥虽然,敢不略陈愚而抒情素!⑦

①师古曰:"纯,丝也。谓织为缯帛之丽,丝纩之密也。一说,纯绵,不杂绵也。"

②服虔曰:"唅,音含。"师古曰:"糗即今之熬米麦所为者,音丘九反,又音昌少反。"

③师古曰:"辟,读曰僻。"

④师古曰:"蓬茨,以蓬盖屋也。茨,音才私反。"

⑤师古曰:"顾犹反也。累,音力瑞反。"

⑥师古曰:"塞,当也。"

⑦师古曰:"抒犹泄也,音食汝反。"

记曰:共惟《春秋》法五始之要,①在乎审己正统而已。夫贤者,国家之器用也。所任贤,则趋舍省而功施普;②器用利,则用力少而就效众。故工人之用钝器也,劳筋苦骨,终日矻矻,③及至巧冶铸干将之朴,清水淬其锋,④越砥敛其咢,⑤水断蛟龙,陆剸犀革,⑥忽若彗泛画涂。⑦如此,则使离娄督绳,公输削墨,⑧虽崇台五增,延袤百丈,而不溷者,工用相得也。⑨庸人之御骀马,亦伤吻敝策而不进于行,⑩匈喘肤汗,人极马倦。及至驾啮膝,骖乘旦,⑪王良执靶,⑫韩衰附舆,⑬纵驰骋骛,忽如景靡,⑭过都越国,蹶如历块;⑮追奔电,逐遗风,⑯周流八极,万里壹息。何其辽哉?人马相得也。⑰故服缔绤之凉者,不苦盛暑之郁燠;⑱袭貂狐之暖者,不忧至寒之凄怆。⑲何则?有其具者易其备。贤人君子,亦圣王之所以易海内也。是以呕喻受之,⑳开宽裕之路,以延天下英俊也。㉑夫竭知附贤者,必建仁策,索人求士者,必树伯迹。㉒昔周公躬吐捉之劳,故有圉空之隆;㉓齐桓设庭燎之礼,故有匡合之功。㉔由此观之,君人者勤于求贤而逸于得人。㉕

①服虔曰:"共,敬也。"张晏曰:"要,《春秋》称'元年春王正月',此五始也。"师古曰:"元者气之始,春者四时之始,王者受命之始,正月者政教之始,公即位者一国之始,是为五始。共,读曰恭。"

②师古曰:"趋,读曰趣。普,博也。"

③应劭曰:"矻矻,劳极貌,"如淳曰:"健作貌也。"师古曰:"如说是也。矻,音口骨反。"

④师古曰:"淬,谓烧而内水中以坚之也。锋,刃芒端也。淬,音千内反。"

⑤晋灼曰:"砥石出南昌,故曰越也。"师古曰:"咢,刃旁也,音五各反。"

⑥师古曰:"剸,截也,音之兖反,又音徒官反。"

⑦师古曰:"彗,帚也。泛,泛洒地也。涂,泥也。如以帚埽泛,泛洒之地,以刀画泥中,言其易。"

⑧张晏曰:"离娄,黄帝时明目者也。"应劭曰:"公输,鲁般,性巧者也。"师古曰:"督,察视也。"

⑨师古曰：“溷，乱也，音胡顿反。”

⑩师古曰：“吻，口角也。策，所以击马也。”

⑪孟康曰：“良马低头口至膝，故曰啮膝。”张晏曰：“驾则旦至，故曰乘旦。”师古曰：“乘，音食证反。”

⑫张晏曰：“王良，邮无恤，字伯乐。”晋灼曰：“靷，音霸，谓辔也。”师古曰：“参验《左氏传》及《国语》、《孟子》，邮无恤、邮良、刘无止、王良，总一人也。《楚辞》云‘骥踌躇于敝輂遇孙阳而得代’。王逸云孙阳，伯乐姓名也。《列子》云伯乐，秦穆公时人。考其年代不相当，张说云良字伯乐，斯失之矣。”

⑬应劭曰：“《世本》‘韩哀作御’。”师古曰：“宋衷云韩哀，韩文侯也。时已有御，此复言作者，加其精巧也。然则善御者耳，非始作也。”

⑭师古曰：“乱驰曰骛。景靡者，如光景之徙靡也。”

⑮师古曰：“如经历一块，言其速疾之甚。块，音口内反。”

⑯师古曰：“《吕氏春秋》云‘遗风之乘’，言马行尤疾，每在风前，故遗风于后。今此言逐遗风，则是风之遗逸在后者，马能逐及也。”

⑰师古曰：“辽，谓所行远。”

⑱师古曰：“郁，热气也。燠，温也，音于六反。”

⑲师古曰：“凄怆，寒冷也。暖，音乃短反。”

⑳应劭曰：“呕喻，和悦貌。”师古曰：“呕，音于付反。”

㉑师古曰：“裕，饶也。”

㉒师古曰：“伯，读曰霸。”

㉓师古曰：“一饭三吐食，一沐三捉发，以宾贤士，故能成太平之化，刑措不用，图圄空虚也。”

㉔应劭曰：“有以九九求见桓公，桓公不纳。其人曰：‘九九小术，而君不纳之，况大于九九者乎！’于是桓公设庭燎之礼而见之。居无几，隰朋自远而至，齐桓遂以霸。”师古曰：“九九，计数之书，若今算经也。匡，谓一匡天下也。合，谓九合诸侯。”

㉕师古曰：“逸，闲也。”

　　人臣亦然。昔贤者之未遭遇也，图事揆策则君不用其谋，陈见悃诚则上不然其信，①进仕不得施效，斥逐又非其衍。是故伊尹勤于鼎俎，太公困于鼓刀，②百里自鬻，宁子饭牛，③离此患也。④及其遇明君遭圣主也，运筹合上意，谏诤即见听，进退得关其忠，任职得行其术，去卑辱奥渫而升本朝，⑤离疏释蹻而享膏粱，⑥剖符锡壤而光祖考，传之子孙，以资说士。⑦故世必有圣知之君，而后有贤明之臣。故虎啸而风洌，⑧龙兴而致云，蟋蟀俟秋吟，蜉蝤出以阴。⑨《易》曰：“飞龙在天，利见大人。”⑩《诗》曰：“思皇多士，生此王国。”⑪故世平主圣，俊艾将自至，⑫若尧、舜、禹、汤、文、武之君，获稷、契、皋陶、伊尹、吕望，⑬明明在朝，穆穆列布，⑭聚精会神，相得益章。⑮虽伯牙操递钟，⑯逢门子弯乌号，⑰犹未足以喻其意也。

①师古曰：“悃，至也。音口本反。”

②师古曰：“勤于鼎俎，谓负鼎俎以干汤也。鼓刀，谓屠牛于朝歌也。”

③师古曰：“鬻，卖也。《吕氏春秋》云百里奚之未遇时也，虞亡而虏缚，鬻以五羊之皮。公孙枝得而悦之，献诸穆公。饭牛，解在《邹阳传》。鬻，音弋六反。”

④师古曰：“离，遭也。”

⑤张晏曰：“奥，幽也。渫，狎也，污也。言散奥渫污，不章显也。”师古曰：“渫，音先列反。”

⑥应劭曰：“离此疏食，释此木蹻也。”臣瓒曰：“以绳为蹻也。”师古曰：“蹻即今之鞋耳。瓒说是也。蹻，音居略反。”

⑦师古曰：“谈说之士传以为资也。”

⑧师古曰：“洌洌，风貌也，音列。”

⑨孟康曰：“蜉蝤，渠略也。”师古曰：“蟋蟀，今之促织也。蜉蝤，甲虫也。好丛聚而生也，朝生而夕死。蝤，音由，字亦作蝣，其音同也。”

⑩师古曰：“《乾卦》九五爻辞也。言王者居正阳之位，贤才见之则利用也。”

⑪师古曰：“《大雅·文王》之诗也。思，语辞也。皇，美也。言美哉，此众多贤士，生此周王之国也。”

⑫师古曰：“艾，读曰乂。”

⑬师古曰：“契，读与卨同，字作本偰，后从省耳。”

⑭师古曰：“明明，察也。穆穆，美也。”

⑮师古曰：“章，明也。”

⑯晋灼曰："递,音递送之递。二十四钟各有节奏,击之不常,故曰递。"臣
　　瓒曰："《楚辞》云'奏伯牙之号钟'。号钟,琴名也。马融《笛赋》曰'号钟
　　高调'。伯牙以善鼓琴,不闻说能击钟也。"师古曰："琴名是也,字既作
　　递,则与《楚辞》不同,不得即读为号,当依晋音耳。"

⑰师古曰："逢门,善射者,即逢蒙也。乌号,弓名也。并解在前也。"

　　故圣主必待贤臣而弘功业,俊士亦俟明主以显其德。上下
俱欲,欢然交欣,千载壹合,论说无疑,翼乎如鸿毛过顺风,沛
乎如巨鱼纵大壑。①其得意若此,则胡禁不止,曷令不行?②化
溢四表,横被无穷,遐夷贡献,万祥异漾。③是以圣王不遍窥望
而视已明,不单顷耳而听已聪④;恩从祥风翶,德与和气游,⑤
太平之责塞,优游之望得;⑥遵游自然之势,恬淡无为之场,休
征自至,寿考无疆,雍容垂拱,永永万年,何必偃卬诎信若彭
祖,呴嘘呼吸如侨、松,⑦眇然绝俗离世哉!⑧《诗》云"济济多
士。文王以宁",⑨盖信乎其以宁也!

①师古曰："巨亦大也。沛,音普大反。"

②师古曰："胡、曷,皆何也。"

③师古曰："漾字与臻同。"

④师古曰："单,尽极也。顷,读曰倾。"

⑤师古曰："翶,翔也。"

⑥师古曰："塞,满也。"

⑦如淳曰："《五帝纪》彭祖,尧舜时人。《列仙传》彭祖,殷大夫也,历夏至
　　商末,号年七百。"师古曰："信,读曰伸。呴嘘,皆开口出气也。侨,王侨,
　　松,赤松子,皆仙人也。呴,音许于反。嘘,音虚。"

⑧师古曰："眇然,高远之意也。"

⑨师古曰："亦《文王》之诗也。济济,盛貌也。言文王能多用贤人,故邦国
　　得以安宁也。"

是时,上颇好神仙,故褒对及之。

　　上令褒与张子侨等并等诏,①数从褒等放猎,所幸宫馆,辄为
歌颂,第其高下,以差赐帛。议者多以为淫靡不急,上曰:"'不有博
弈者乎,为之犹贤乎已!'②辞赋大者与古诗同义,小者辩丽可

喜。③辟如女工有绮縠,音乐有郑卫,④今世俗犹皆以此虞说耳目,⑤辞赋比之,尚有仁义风谕,⑥鸟兽草木多闻之观,贤于倡优博弈远矣。"顷之,擢褒为谏大夫。

①师古曰:"放士众大猎也。一曰,游放及田猎。"

②师古曰:"此《论语》载孔子之词也。言博弈虽非道艺,无事为之,犹贤也。弈,今之围棋也。"

③师古曰:"喜,好也,音许吏反。"

④师古曰:"辟,读曰譬。"

⑤师古曰:"虞,与娱同。说,读曰悦。"

⑥师古曰:"风,读曰讽。"

其后太子体不安,苦忽忽善忘,不乐。诏使褒等皆之太子宫虞侍太子,①朝夕诵读奇文及所自造作。疾平复,乃归。②太子喜褒所为《甘泉》及《洞萧颂》,③令后宫贵人左右皆诵读之。

①师古曰:"之,往也。"

②师古曰:"复,音扶目反。"

③师古曰:"喜,音许吏反。

后方士言益州有金马碧鸡之宝,可祭祀致也,宣帝使褒往祀焉。褒于道病死,上闵惜之。

贾捐之字君房,贾谊之曾孙也。元帝初即位,上疏言得失,召待诏金马门。

初,武帝征南越,元封元年立儋耳、珠崖郡,皆在南方海中洲居,①广袤可千里,②合十六县,户二万三千余。其民暴恶,自以阻绝,数犯吏禁,吏亦酷之,率数年壹反,杀吏,汉辄发兵击定之。自初为郡至昭帝始元元年,二十余年间,凡六反叛,至其五年,罢儋耳郡并属珠崖。至宣帝神爵三年,珠崖三县复反。反后七年,甘露元年,九县反,辄发兵击定之。元帝初元元年,珠崖又反,发兵击之。诸县更叛,连年不定。③上与有司议大发军,捐之建议,以为不当击。上使侍中驸马都尉乐昌侯王商诘问捐之曰:"珠崖内属为郡久矣,今

背畔逆节,而云不当击,长蛮夷之乱,亏先帝功德,经义何以处
之?"④捐之对曰:

①师古曰:"居海中之洲也。水中可居者曰洲。"

②师古曰:"衰,长也。"

③师古曰:"更,音工衡反。"

④师古曰:"于六经之内,当何者之科条也。"

臣幸得遭明盛之朝,蒙危言之策,无忌讳之患,①敢昧死
竭卷卷。②

①师古曰:"危言,直言也。言出而身危,故云危言。《论语》称孔子曰'邦有
道,危言行危'。"

②师古曰:"卷,读与拳同。"

臣闻尧舜,圣之盛也,禹入圣域而不优,①故孔子称尧曰
"大哉",《韶》曰:"尽善",禹曰'无间'。②以三圣之德,地方不
过数千里,西被流沙,东渐于海,朔南暨声教,迄于四海诤③欲
与声教则治之,不欲与者不强治也。④故君臣歌德,⑤含气之
物,各得其宜。武丁、成王,殷、周之大仁也,⑥然地东不过江、
黄,西不过氐、羌,南不过蛮荆,北不过朔方。是以颂声并作,视
听之类咸乐其生,越裳氏重九译而献,⑦此非兵革之所能致。
及其衰也,南征不还,⑧齐桓救其难,⑨孔子定其文。⑩以至乎
秦,兴兵远攻,贪外虚内,务欲广地,不虑其害。然地南不过闽
越,北不过太原,而天下溃畔,祸卒在于二世之末,⑪《长城之
歌》至今未绝。

①臣瓒曰:"禹之功德,裁入圣人区域,但不能优泰耳。"

②师古曰:"《论语》称孔子曰:'大哉,尧之为君也',又曰:'《韶》,尽美矣,
又尽善也',又曰'禹吾无间然矣'。《韶》,舜乐名。间,音工苋反。"

③师古曰:"此引《禹贡》之辞。渐,入也。一曰,浸也。朔,北方也。暨,及
也,迄,至也。"

④师古曰:"与,读曰豫。"

⑤师古曰:"言皆有德可歌颂。"

⑥师古曰:"武丁,殷之高宗。"

⑦晋灼曰："远国使来,因九译言语乃通也。"张晏曰："越不著衣裳,慕中国化,遣译来著衣裳也,故曰越裳也。"师古曰："张说非也。越裳自是国名,非以袭衣裳始为称号。王充《论衡》作越尝,此则不作衣裳之字明矣。"

⑧师古曰："谓昭王也。为楚所溺也。"

⑨师古曰："谓襄王也。初为太子,而惠王欲立王子带,齐恒公为首止之盟,以定太子之位。事在《左传》僖九年。"

⑩张晏曰："孔子作《春秋》,夷狄之国虽大,自称王者皆贬为子。"

⑪师古曰："辛,终也。"

　　赖圣汉初兴,为百姓请命,平定天下。至孝文皇帝,闵中国未安,偃武行文,则断狱数百,民赋四十,丁男三年而一事。①时有献千里马者,诏曰："鸾旗在前,属车在后,②吉行日五十里,师行三十里,朕乘千里之马,独先安之?"③于是还马,与道里费,而下诏曰："朕不受献也,其令四方毋求来献。"当此之时,逸游之乐绝,奇丽之赂塞,郑卫之倡微矣。夫后宫盛色则贤者隐处,佞人用事则诤臣杜口,而文帝不行,故谥为孝文,庙称太宗。至孝武皇帝元狩六年,太仓之粟红腐而不可食,④都内之钱贯朽而不可校。⑤乃探平城之事,⑥录冒顿以来数为边害,厉兵马,因富民以攘服之。⑦西连诸国至于安息,东过碣石以玄菟、乐浪为郡。⑧北却匈奴万里,更起营塞,制南海以为八郡,则天下断狱万数,民赋数百,造盐铁酒榷之利以佐用度,犹不能足。当此之时,寇贼并起,军旅数发,父战死于前,子斗伤于后,女子乘亭鄣,孤儿号于道,老母寡妇饮泣巷哭,⑨遥设虚祭,想魂乎万里之外。淮南王盗写虎符,阴聘名士,关东公孙勇等诈为使者,是皆廓地泰大,征伐不休之故也。

①如淳曰："常赋岁百二十,岁一事。时天下民多,故出赋四十,三岁而一事。"

②师古曰："鸾旗,编以羽毛,列系橦旁,载于车上,大驾出,则陈于道而先行。属车,相连属而陈于后也。属,音之欲反。"

③师古曰："安之,言何所适往。"

④师古曰:"粟久腐坏,则色红赤也。"

⑤师古曰:"校,谓数计也。"

⑥师古曰:"追计其事,故言探。"

⑦师古曰:"攘,却也。"

⑧师古曰:"乐,音洛。浪,音郎。"

⑨师古曰:"泪流被面以入于口,故言饮泣也。"

　　今天下独有关东,关东大者独有齐楚,民众久困,连年流离,离其城郭,相枕席于道路。①人情莫亲父母,莫乐夫妇,至妻卖子,法不能禁,义不能止,此社稷之忧也。今陛下不忍悁悁之忿,欲驱士众挤之大海之中,②快心幽冥之地,非所以救助饥馑,保全元元也。《诗》云"蠢尔蛮荆,大邦为仇",③言圣人起则后服,中国衰则先畔,动为国家难,自古而患之久矣,何况乃复其南方万里之蛮乎!骆越之人父子同川而浴,相习以鼻饮,与禽兽无异,本不足郡县置也。颛颛独居一海之中,④雾露气湿,多毒草虫蛇水土之害,人未见房,战士自死。又非独珠崖有珠犀玳瑁也,⑤弃之不足惜,不击不损威。其民譬犹鱼鳖,何足贪也!

①如淳曰:"席,音藉。"师古曰:"席即藉也,不劳借音。"

②师古曰:"挤,坠也,音子诣反,又子奚反。"

③师古曰:"《诗·小雅·采芑》之诗也。蠢,动貌也。蛮荆,荆州之蛮也。言敢与大国为仇敌也。"

④师古曰:"颛,与专同。专专,犹区区也。一曰,圜貌也。"

⑤师古曰:"玳瑁,文甲也。玳,音代。瑁,音妹。"

　　臣窃以往者羌军言之,暴师曾未一年,兵出不逾千里,费四十余万万,大司农钱尽,乃以少府禁钱续之。①夫一隅为不善,费尚如此,况于劳师远攻,亡士毋功乎!求之往古则不合,施之当今又不便。臣愚以为非冠带之国,《禹贡》所及,《春秋》所治,皆可且无以为。②愿遂弃珠崖,专用恤关东为忧。

①师古曰:"少府钱主供天子,故曰禁钱。"

②师古曰:"为犹用也。"

对奏，上以问丞相御史。御史大夫陈万年以为当击，丞相于定国以为"前日兴兵击之连年，护军都尉、校尉及丞凡十一人，还者二人，卒士及转输死者万人以上，费用三万万余，尚未能尽降。今关东困乏，民难摇动，捐之议是。"上乃从之。遂下诏曰："珠崖虏杀吏民，背畔为逆，今廷议者或言可击，或言可守，或欲弃之，其指各殊。朕日夜惟思议者之言，羞威不行，则欲诛之；狐疑辟难，则守屯田；①通于时变，则忧万民。夫万民之饥饿，与远蛮之不讨，危孰大焉？且宗庙之祭，凶年不备，况乎辟不嫌之辱哉！今关东大困，仓库空虚，无以相赡，又以动兵，非特劳民，凶年随之。其罢珠崖郡。民有慕义欲内属，便处之；②不欲，勿强。"珠崖由是罢。

①师古曰："辟，读曰避。次下亦同。"

②师古曰："欲有来入内郡者，所至之处，即安置也。"

捐之数召见，言多纳用。时中书令石显用事，捐之数短显，①以故不得官，后稀复见。而长安令杨兴新以材能得幸，与捐之相善。捐之欲得召见，谓兴曰："京兆尹缺，使我得见，言君兰，②京兆尹可立得。"兴曰："县官尝言兴瘉薛大夫③，我易助也。君房下笔，言语妙天下，④使君房为尚书令，胜五鹿充宗远甚。"捐之曰："令我得代充宗，君兰为京兆，京兆郡国首，尚书百官本，天下真大治，士则不隔矣。捐之前言平恩侯可为将军，⑤期思侯并可为诸曹，⑥皆如言；又荐谒者满宣，立为冀州刺史；言中谒者不宜受事，宦者不宜入宗庙，立止。相荐之信，不当如是乎！"⑦兴曰："我复见，言君房也。"捐之复短石显。兴曰："显鼎贵，⑧上信用之。今欲进，弟从我计，⑨且与合意，即得入矣。"

①师古曰："谈说其长短。"

②张晏曰："杨兴字。"

③张晏曰："瘉，胜也。薛广德为御史大夫。"师古曰："瘉，与愈同。"

④师古曰："于天下最为精妙耳。"

⑤张晏曰："许嘉也。"

⑥师古曰："期思侯，当是贲赫之后嗣也，而表不载。"

⑦师古曰："冀相荐之效，当如前所言诸事见纳用。"

⑧如淳曰："鼎,音钉。言方且欲贵矣。"师古曰："方且,是也。读如今字。"

⑨师古曰："弟,但也。"

捐之即与兴共为荐显奏,曰："窃见石显本山东名族,有礼义之家也。持正六年,未尝有过,明习于事,敏而疾见,出公门,入私门。①宜赐爵关内侯,引其兄弟以为诸曹。"又共为荐兴奏,曰："窃见长安令兴,幸得以知名数召见。兴事父母有曾氏之孝,②事师有颜,闵之材,③荣名闻于四方。明诏举茂材,列侯以为首。为长安令,吏民敬乡,④道路皆称能。观其下笔属文,则董仲舒;进谈动辞,则东方生;置之争臣,则汲直;⑤用之介胄,则冠军侯;施之治民,则赵广汉;抱公绝私,则尹翁归。兴兼此六人而有之,守道坚固,执义不回,⑥临大节而不可夺,国之良臣也,可试守京兆尹。"

①师古曰："言自公庭出,即归其家,不妄交游。"

②师古曰："曾参也。"

③师古曰："颜回、闵子骞。"

④师古曰："乡,读曰向。"

⑤张晏曰："汲黯方直,故世谓之汲直。"

⑥师古曰："回,邪也。"

石显闻知,白之上。乃下兴、捐之狱,令皇后父阳平侯禁与显共杂治,奏"兴、捐之怀诈伪,以上语,相风,更相荐誉,①欲得大位,漏泄省中语,罔上不道。《书》曰:'谗说殄行,震惊朕师。'②《王制》:'顺非而泽,不听而诛。'③请论如法。"

①师古曰："风,读曰讽。更,音工衡反。"

②师古曰："《虞书·舜典》之辞也。言谗巧之说,殄绝君子之行,震惊我众。"

③师古曰："《礼记·王制》云:'行伪而坚,言伪而辩,学非而博,顺非而泽,以疑众,杀。'谓人有坚为辩言,不以诚质,学于非道,虽博无用,饰非文过,辞语顺泽,不听教命,有如此者,皆诛杀也。"

捐之竟坐弃市。兴减死罪一等,髡钳为城旦。成帝时,至部刺史。

赞曰:《诗》称"戎狄是膺,荆舒是惩",①久矣其为诸夏患也。汉兴,征伐胡越,于是为盛。究观淮南、捐之、主父、严安之义,深切著明,②故备论其语。世称公孙弘排主父,张汤陷严助,石显谮捐之,察其行迹,主父求欲鼎亨而得族,严、贾出入禁门招权利,死皆其所也,亦何排陷之恨哉!

①师古曰:"《鲁颂·闷官》之诗也。膺,当也。惩,创刈也。言鲁僖公与齐桓举义兵,北当戎狄,南创荆蛮,与群舒以靖难。"

②师古曰:"究,极也。"

汉书卷六五
列传第三五

东方朔

　　东方朔字曼倩,①平原厌次人也。②武帝初即位,征天下举方正贤良文学材力之士,待以不次之位。③四方士多上书言得失,自炫鬻者以千数,④其不足采者辄报闻罢。⑤朔初来,上书曰:"臣朔少失父母,长养兄嫂,年十三学,三冬文史足用。⑥十五学击剑。十六学《诗》《书》,⑦诵二十二万言。十九学孙吴兵法,战阵之具,钲鼓之教,⑧亦诵二十二万言。凡臣朔固已诵四十四万言。又常服子路之言。⑨臣朔年二十二,长九尺三寸,目若悬珠,齿若编贝,⑩勇若孟贲,⑪捷若庆忌,⑫廉若鲍叔,⑬信若尾生。⑭若此,可以为天子大臣矣。臣朔昧死再拜以闻。"

　　①师古曰:"倩,音千见反。"
　　②师古曰:"《高祖功臣表》有厌次侯爰类,是则厌次之名也其来久矣,而说者乃云后汉始为县,于此致疑,斯未通也。厌,音一涉反,又音一琰反。"
　　③师古曰:"不拘常次,言超擢也。"
　　④师古曰:"炫,行卖也。鬻,亦卖也。炫,音州县之县,又音工县反。"
　　⑤师古曰:"报云天子已闻其所上之书,而罢之令归。"
　　⑥如淳曰:"贫子冬日乃得学书,言文史之事足可用也。"
　　⑦师古曰:"击剑,遥击而中之,非斩刺之。"
　　⑧师古曰:"钲鼓,所以为进退士众之节也。钲,音正。"
　　⑨服虔曰:"无宿诺。"

⑩师古曰:"编,列次也,音鞭。"

⑪师古曰:"孟贲,卫人,古之勇士也。《尸子》说云:'人谓孟贲生乎?曰勇。贵乎?曰勇。富乎?曰勇。三者人之所难,而皆不足以易勇,故能揖三军,服猛兽也。'"

⑫师古曰:"王子庆忌也。射之,矢满把不能中;驷马追之不能及也。"

⑬师古曰:"齐大夫也,与管仲分财,自取其少。而说者乃妄解云鲍焦,非也。焦自介士耳。"

⑭师古曰:"尾生,古之信士,与女子期于梁下,待之不至,遇水而死。一曰,即微生高也。"

　　朔文辞不逊,高自称誉,上伟之,①令待诏公车,②奉禄薄,未得省见。③

①师古曰:"以为大奇也。"

②师古曰:"公车令属卫尉,上书者所诣也。"

③师古曰:"不被省纳,不得见于天子也,奉,音扶用反,其下并同。"

　　久之,朔绐骖朱儒,①曰:"上以若曹无益于县官,②耕田力作固不及人,临众处官不能治民,从军击虏不任兵事,无益于国用,徒索衣食,③今欲尽杀若曹。"朱儒大恐,啼泣。朔教曰:"上即过,叩头请罪。"居有顷,闻上过,朱儒皆号泣顿首。上问:"何为?"对曰:"东方朔言上欲尽诛臣等。"上知朔多端,召问朔:"何恐朱儒为?"对曰:"臣朔生亦言,死亦言。朱儒长三尺余,奉一囊粟,钱二百四十。臣朔长九尺余,亦奉一囊粟,钱二百四十。朱儒饱欲死,臣朔饥欲死,臣言可用,幸异其礼;不可用,罢之,无令但索长安米。"上大笑,因使待诏金马门,稍得亲近。

①文颖曰:"朱儒之为骖者也。"师古曰:"朱儒,短人也。骖本厩之御骖也,后人以为骑,谓之骖骑。"

②师古曰:"若,汝也。曹,辈也。"

③如淳曰:"索,尽也。"师古曰:"音先各反。下云索长安米亦同也。"

　　上尝使诸数家射覆,①置守宫盂下,射之,皆不能中。②朔自赞曰:"臣尝受《易》,请射之。"③乃别蓍布卦而对曰:④"臣以为龙又无角,谓之为蛇又有足,跂跂脉脉善缘壁,是非守宫即蜥蜴。"⑤上曰:"善。"赐帛十匹。复使射他物,连中,辄赐帛。⑥

①师古曰:"数家,术数之家也。于覆器之下而置诸物,令暗射之,故云射
　覆。数,音所具反。覆,音芳目反。"

②师古曰:"守宫,虫名也。术家云以器养之,食以丹沙,满七斤,捣治万
　杵,以点女人体,终身不灭,若有房室之事,则灭矣。言可以防闲淫逸,
　故谓之守宫也。今俗呼为辟宫,辟亦御捍之义耳。盂,食器也,若钵而
　大,今之所谓钵盂也。钵,音拨。"

③师古曰:"赞,进也。"

④师古曰:"别,分也,音彼列反。"

⑤师古曰:"跂跂,行貌也。脉脉,视貌也。《尔雅》云'蝾螈,蜥蜴;蜥蜴,螻
　蚖,守宫'。是则一类耳。扬雄《方言》云其在泽中者谓之晰蜴,故朔曰是
　非守宫则蜥蜴也。蜥,音先历反。蜴,音余赤反。蝾,音荣。螈,音原。螻
　音乌典反。蚖,音务。"

⑥师古曰:"中,音竹仲反。其下并同。"

时有幸倡郭舍人,滑稽不穷,①常侍左右,曰:"朔狂,幸中耳,
非至数也。②臣愿令朔复射,朔中之,臣榜百,不能中,臣赐帛。"③
乃覆树上寄生,令朔射之。朔曰:"是窶薮也。"④舍人曰:"果知朔不
能中也。"朔曰:"生肉为脍,干肉为脯;著树为寄生,盆下为窶薮。"
上令倡监榜舍人,舍人不胜痛,呼謈。⑤朔笑之曰:"咄!口无毛,声
謷謷尻益高。"⑥舍人恚曰:"朔擅诋欺天子从官,当弃市。"⑦上问
朔:"何故诋之?"对曰:"臣非敢诋之,乃与为隐耳。"⑧上曰:"隐云
何?"朔曰:"夫口无毛者,狗窦也;声謷謷者,乌哺鷇也;⑨尻益高
者,鹤俛啄也。"⑩舍人不服,因曰:"臣愿复问朔隐语,不知亦当
榜。"即妄为谐语曰:⑪"令壶龃,老柏涂,伊优亚,㹠吽牙,何谓
也?"⑫朔曰:"令者,命也。壶者,所以盛也。⑬龃者,齿不正也。老
者,人所敬也。柏者,鬼之廷也。⑭涂者,渐洳径也。⑮伊优亚者,辞
未定也,㹠吽牙者,两犬争也。"舍人所问,朔应声辄对,变诈锋出,
莫能穷者,左右大惊。上以朔为常侍郎,遂得爱幸。

①师古曰:"幸倡,倡优之见幸遇者也。滑,音骨。滑稽,解在《公孙弘传》。"

②师古曰:"至,实也。"

③师古曰："榜,击也,音步行反。"

④苏林曰："窭,音贫窭之窭。薮,音数钱之数。窭薮,钩灌,四股钩也。"师古曰："窭薮,戴器也,以盆盛物载于头者,则以窭薮荐之,今卖白团饼人所用者是也。寄生者,芝菌之类,淋潦之日,著树而生,形有周围象窭薮者,今关中俗亦呼为寄生。非为茑之寄生寓木宛童有枝叶者也。故朔云'著树为寄生,盆下为窭薮。'明其常在盆下。今读书者不晓其意,谓射覆之物覆在盆下,辄改前'覆守宫盂下'为盆字,失之远矣。《杨恽传》云'鼠不容穴,衔窭薮也'。盆下之物有饮食气,故鼠衔之,四般铁钩,非所衔也。"

⑤服虔曰："暑,音暴。"邓展曰："呼,音骹箭之骹。暑,音瓜骹之骹。"师古曰："邓音是也。痛切而叫呼也,与《田蚡传》'呼服'义皆同。一曰,邓音近之,暑,自冤痛之声也。舍人榜痛,乃呼云暑。今人痛甚,则称阿暑,音步高反。是故朔逐韵而嘲之云'口无毛,声謷謷'也。"

⑥邓展曰："呭,音貀裘之貀也。"师古曰："呭,叱呭之声也,音丁骨反。邓说非也。謷,音敖。"

⑦师古曰："诋,毁辱也,音丁礼反。"

⑧师古曰："隐,谓隐语也。"

⑨项昭曰："凡鸟哺子而活者为彀,生而自啄曰雏。"师古曰："彀,音口豆反。"

⑩师古曰："俛即俯字也。俯,低也。啄,鸟觜也。俛,又音俯。啄,音竹救反。"

⑪师古曰："谐者,和韵之言也。"

⑫张晏曰："龃,音楂梨之楂。"应劭曰："狋,音银。"师古曰："龃,音侧加反,又壮加反。涂,音丈加反。优,音一侯反。亚,音乌加反。狋,音五伊反。吽,音五侯反。"

⑬师古曰："盛,受物,音时政反。"

⑭师古曰："言鬼神尚幽暗,故以松柏之树为廷府。"

⑮师古曰："渐洳,浸湿也。渐,音子廉反。洳,音人庶反。"

　　久之,伏日,①诏赐从官肉。大官丞日晏不来,②朔独拔剑割肉,谓其同官曰："伏日当蚤归,③请受赐。"即怀肉去。大官奏之。朔入,上曰："昨赐肉,不待诏以剑割肉而去之,何也?"朔免冠谢,上

曰:"先生起自责也。"朔再拜曰:"朔来!朔来!受赐不待诏,何无礼
也!拔剑割肉,壹何壮也!割之不多,又何廉也!归遗细君,又何仁
也!"④上笑曰:"使生自责,乃反自誉!"复赐酒一石,肉百斤,归遗
细君。

　　①师古曰:"三伏之日也,解在《郊祀志》。"

　　②师古曰:"晏,晚也。"

　　③师古曰:"蚤,古早字。"

　　④师古曰:"细君,朔妻之名。一说,细,小也,朔自比于诸侯,谓其妻曰小
　　　君。"

　　初,建元三年,微行始出,北至池阳,西至黄山,①南猎长杨,东
游宜春,②微行常用饮酎已。③八九月中,与侍中常侍武骑及待诏
陇西北地良家子能骑射者期诸殿门,故有"期门"之号自此始。微行
以夜漏下十刻乃出,常称平阳侯。④旦明,入山下驰射鹿豕狐兔,手
格熊罴,驰骛禾稼稻粳之地。⑤民皆号呼骂詈,⑥相聚会,自言鄠杜
令。令往,欲谒平阳侯,诸骑欲击鞭之。令大怒,使吏呵止,猎者数
骑见留,乃示以乘舆物,久之乃得去。时夜出夕还,后赍五日粮,会
朝长信宫,⑦上大欢乐之。是后,南山下乃知微行数出也,然尚迫于
太后,未敢远出。丞相御史知指,⑧乃使右辅都尉徼循长杨以东,⑨
右内史发小民共待会所。⑩后乃私置更衣,⑪从宣曲以南十二所,
中休更衣,⑫投宿诸宫,⑬长杨、五柞、倍阳、宣曲尤幸,⑭于是上以
为道远劳苦,又为百姓所患,乃使太中大夫吾丘寿王与待诏能用算
者二人,举籍阿城以南,⑮盩厔以东,宜春以西,提封顷亩,及其贾
直,⑯欲除以为上林苑,属之南山。⑰又诏中尉、左右内史表属县草
田,欲以偿鄠杜之民。⑱吾丘寿王奏事,上大说称善。⑲时朔在傍,
进谏曰:

　　①晋灼曰:"宫名,在槐里。"

　　②师古曰:"宜春,宫也,在长安城东南。说者乃以为在鄠,非也。在鄠者,
　　　自是宜春观耳,在长安城西,岂得言东游也?"

　　③师古曰:"酎,酒新孰以祭宗庙也。酎,音纣。解在《景纪》。"

④如淳曰:"平阳侯曹寿尚帝姊,时见尊宠,故称之。"

⑤师古曰:"稻,有芒之谷总称也。粳,其不黏者也,音庚。"

⑥师古曰:"呼,音火故反。"

⑦师古曰:"五日一朝长信宫,故赍五日粮也。长信,太后之宫也。"

⑧师古曰:"指,谓天子之意也。"

⑨师古曰:"徼,遮绕也。循,行视也。戒备非常也。徼,音工钓反。"

⑩师古曰:"共,读曰供。"

⑪师古曰:"为休息易衣之处,亦置宫人。"

⑫师古曰:"宣曲,宫名,在昆明池西。"

⑬师古曰:"昼休更衣,夜则别宿于诸宫。"

⑭师古曰:"倍阳,即黄阳也,其音同耳,宫名,在鄠县也。"

⑮师古曰:"举计其数而为簿籍也。阿城,本秦阿房宫也,以其墙壁崇广,故俗呼为阿城。"

⑯师古曰:"提封,亦谓提举四封之内,总计其数也。贾,读曰价。"

⑰师古曰:"属,连也,音之欲反。"

⑱师古曰:"时未为京兆、冯翊,扶风,故云中尉及左右内史也。草田,谓荒田未耕垦也。"

⑲师古曰:"说,读曰悦。"

　　臣闻谦逊静悫,天表之应,应之以福;①骄溢靡丽,天表之应,应之以异。今陛下累郎台,恐其不高也;②弋猎之处,恐其不广。如天不为变,则三辅之地尽可以为苑,何必盩厔、鄠、杜乎!③奢侈越制,天为之变,上林虽小,臣尚以为大也。

①师古曰:"悫,谨也,音口角反。"

②师古曰:"郎,堂下周屋。"

③师古曰:"中尉及左右内史则为三辅矣,非必谓京兆、冯翊、扶风也。学者疑此言为后人所增,斯未达也。"

　　夫南山,天下之阻也,南有江淮,北有河渭,其地从汧陇以东,商雒以西,①厥壤肥饶。汉兴,去三河之地,止霸产以西,都泾渭之南,此所谓天下陆海之地,②秦之所以虏西戎兼山东者也。其山出玉石,金、银、铜、铁,豫章、檀、柘,异类之物,不可胜原,③此百工所取给,万民所卬足也。④又有粳稻梨栗桑麻竹

箭之饶,土宜姜芋,水多鼃鱼,⑤贫者得以人给家足,无饥寒之
忧。故鄠镐之间号为土膏,其贾亩一金。⑥今规以为苑,绝陂池
水泽之利,而取民膏腴之地,上乏国家之用,下夺农桑之业,弃
成功,就败事,损耗五谷,⑦是其不可一也。且盛荆棘之林,而
长养麋鹿,广狐菟之苑,大虎狼之虚,⑧又坏人冢墓,发人室
庐,令幼弱怀土而思,耆老泣涕而悲,是其不可二也。斥而营
之,垣而囿之,⑨骑驰东西,车骛南北,⑩又有深沟大渠,夫一
日之乐不足以危无堤之舆,⑪是其不可三也,故务苑囿之大,
不恤农时,非所以强国富人也。

①服虔曰:"商与上雒二县也。"师古曰:"汧,汧水也。陇,陇坻也。"

②师古曰:"高平曰陆,关中地高故称耳。海者,万物所出。言关中山川物
　产饶富,是以谓之陆海也。"

③师古曰:"原,本也。言说不能尽其根本。"

④师古曰:"卬,音牛向反。"

⑤师古曰:"芋,草名,其叶似藕荷而长,不圆,其根正白可食。鼃即蛙字
　也,似虾蟆而小,长脚,盖人亦取食之。"

⑥师古曰:"贾,读曰价。"

⑦师古曰:"耗,减也,音呼到反。"

⑧师古曰:"虚,读曰墟。"

⑨师古曰:"斥,却也。"

⑩师古曰:"乱驰曰骛。"

⑪苏林曰:"堤,限也。舆,乘舆也。无限,若言不訾也,不敢斥天子,故言舆
　也。"张晏曰:"一日之乐,谓田猎。无堤之舆,谓天子富贵无堤限也。"
　师古曰:"张说是也。音丁奚反。"

　　夫殷作九市之宫而诸侯畔,①灵王起章华之台而楚民
散,②秦兴阿房之殿而天下乱。粪土愚臣,忘生触死,③逆盛
意,犯隆指,罪当万死,不胜大愿,愿陈《泰阶六符》,④以观天
变,不可不省。

①应劭曰:"纣于宫中设九市。"

②师古曰:"楚灵王作章华之台,纳亡人以实之,卒有乾溪之祸也。章华台

在华容城也。"

③师古曰:"忽忘其生而触死罪也。"

④孟康曰:"泰阶,三台也。每合二星,凡六星。符,六星之符验也。"应劭曰:"黄帝泰阶六符经曰:'太阶者,天之三阶也。上阶为天子,中阶为诸侯公卿大夫,下阶为士庶人。上阶上星为男主,下星为女主。中阶上星为诸侯三公,下星为卿大夫。下阶上星为元士,下星为庶人。三阶平则阴阳和,风雨时,社稷神祇咸获其宜,天下大安,是为太平。三阶不平,则五神乏祀,日有食之,水润不浸,稼穑不成,冬雷夏霜,百姓不宁,故治道倾。天子行暴令,好兴甲兵,修宫榭,广苑囿,则上阶为之奄奄疏阔也。'以孝武皆有此事,故朔为陈之。"

是日,因奏《泰阶》之事,上乃拜朔为太中大夫给事中,赐黄金百斤。然遂起上林苑,如寿王所奏云。

久之,隆虑公主子昭平君,①尚帝女夷安公主,隆虑主病困,以金千斤钱千万为昭平君豫赎死罪,上许之。隆虑主卒,昭平君日骄,醉杀主傅,狱系内官。②以公主子,廷尉上请请论。③左右人人为言:"前又入赎,陛下许之。"上曰:"吾弟老有是一子,死以属我。"④于是为之垂涕叹息,良久曰:"法令者,先帝所造也,用弟故而诬先帝之法,吾何面目入高庙乎!又下负万民。"乃可其奏,哀不能自止,左右尽悲。朔前上寿,曰:"臣闻圣王为政,赏不避仇雠,诛不择骨肉。《书》曰:'不偏不党,王道荡荡'。⑤此二者,五帝所重,三王所难也。陛下行之,是以四海之内元元之民各得其所,天下幸甚!臣朔奉觞,昧死再拜上万岁寿。"上乃起,入省中,夕时召让朔,⑥曰:"传曰'时然后言,人不厌其言'。⑦今先生上寿,时乎?"⑧朔免冠顿首曰:"臣闻乐太甚则阳溢,哀太甚则阴损,阴阳变则心气动,心气动则精神散而邪气及。销忧者莫若酒,臣朔所以上寿者,明陛下正而不阿,因以止哀也。愚不知忌讳,当死。"先是,朔尝醉入殿中,小遗殿上,⑨劾不敬。有诏免为庶人,待诏宦者署,因此时复为中郎,赐帛百匹。

①师古曰:"虑,音庐。"

②服虔曰:"主傅,主之官也。"如淳曰:"礼有傅姆。说者又曰傅者老大夫

也,汉使中行说傅翁主也。"师古曰:"傅姆是也。服说失之。内官,署名,解在《律历志》。"

③师古曰:"论决其罪也。"

④师古曰:"老乃有子,言其晚孕育也。属,音之欲反。"

⑤师古曰:"《周书·洪范》之辞也。荡荡,平垣之貌。"

⑥师古曰:"让,责也。"

⑦师古曰:"《论语》称孔子问公叔文子于公明贾曰:'信乎夫子不言不笑不取乎?'对曰:'夫子时然后言,人不厌其言;乐然后笑,人不厌其笑;义然后取,人不厌其取。'"

⑧师古曰:"言所上寿岂谓时乎?"

⑨师古曰:"小遗者,小便也。"

初,帝姑馆陶公主号窦太主,①堂邑侯陈午尚之。午死,主寡居,年五十余矣,近幸董偃。始偃与母以卖珠为事,偃年十三,随母出入主家。左右言其姣好,②主召见,曰:"吾为母养之。"因留第中,教书计相马御射,③颇读传记。至年十八而冠,出则执辔,入则侍内。为人温柔爱人,以主故,诸公接之,名称城中,号曰董君。主因推令散财交士,令中府曰:④"董君所发,一日金满百斤,钱满百万,帛满千匹,乃白之。"⑤安陵爰叔者,爰盎兄子也,与偃善,谓偃曰:"足下私侍汉主,挟不测之罪,将欲安处乎?"⑥偃惧曰:"忧之久矣,不知所以。"⑦爰叔曰:"顾城庙远无宿宫,又有荻竹籍田,⑧足下何不白主献长门园?⑨此上所欲也。如是,上知计出于足下也,则安枕而卧,长无惨怛之忧。久之不然,上且请之,于足下何如?"偃顿首曰:"敬奉教。"入言之主,主立奏书献之。上大说,⑩更名窦太主园为长门宫。主大喜,使偃以黄金百斤为爰叔寿。

①如淳曰:"窦太后之女也,故曰窦太主也。"

②师古曰:"姣,美丽也。音炎。"

③师古曰:"计,谓用算也。"

④师古曰:"中府,掌金帛之臧者也。"

⑤师古曰:"言不满此数者,皆恣与之。"

⑥师古曰:"不测者,言其深也。安处,何以自安处也。一曰,身挟大罪,乃

欲自安而居处者乎?"

⑦师古曰:"以,用也。不知用何计。"

⑧如淳曰:"其间虽有地,皆有荻竹籍田,无可作宿观也。"师古曰:"如说非也。荻即楸字也。言有楸树及竹林可游玩,而籍田所在,上又须躬亲行事,当有宿宫,故宜献此园。"

⑨如淳曰:"窦太主园在长门。长门在长安城东南。园可以为宿馆处所,故献之也。"

⑩师古曰:"说,读曰悦。"

叔因是为董君画求见上之策,令主称疾不朝。上往临疾,问所欲,主辞射曰:"妾幸蒙陛下厚恩,先帝遗德,奉朝请之礼,备臣妾之仪,①列为公主,赏赐邑入,②隆天重地,死无以塞责。③一日卒有不胜洒扫之职。④先狗马填沟壑,窃有所恨,不胜大愿,愿陛下时忘万事,养精游神,从中掖庭回舆,枉路临妾山林,⑤得献觞上寿,娱乐左右。如是而死,何恨之有!"上曰:"主何忧?幸得愈。恐群臣从官多,大为主费。"上还。有顷,主疾愈,起谒,上以钱千万从主饮。后数日,上临山林,主自执宰敝膝,⑥道入登阶就坐。坐未定,上曰:"愿谒主人翁。"主乃下殿,去簪珥,⑦徒跣顿首谢曰:"妾无状,⑧负陛下,身当伏诛。陛下不致之法,顿首死罪。"有诏谢。主簪履起,之东箱自引董君,⑨董君绿帻傅韝,⑩随主前,伏殿下,主乃赞:⑪"馆陶公主胞人臣偃昧死再拜谒。"⑫因叩头谢,上为之起。有诏赐衣冠上。⑬偃起,走就衣冠。主自奉食进觞。当是时,董君见尊不名,称为"主人翁",饮大欢乐。主乃请赐将军列侯从官金钱杂缯各有数。于是董君贵宠,天下莫不闻。郡国狗马蹴鞠剑客辐凑⑭董氏。常从游戏北宫,驰逐平乐,观鸡鞠之会,角狗马之足,⑮上大欢乐之。于是上为窦太主置酒宣室,使谒者引内董君。

①师古曰:"请,音才姓反。"

②师古曰:"既列得赏赐,又所食之邑入其租赋也。"

③师古曰:"塞,补也。"

④师古曰:"卒,读曰猝。洒,音信,又音山豉反。"

⑤应劭曰:"公主园中有山,谦不敢称第,故托山林也。"服虔曰:"主所豫

作庙陵，故曰山林。"师古曰："山林，应说是也。不当请帝临其冢墓也。"

⑥师古曰："为贱者之服。"

⑦师古曰："珥，珠玉饰耳者也，音饵。"

⑧师古曰："状，形貌也。无状，犹言无颜面以见人也。一曰，自言所行丑恶无善状。"

⑨师古曰："之，往也。"

⑩应劭曰："宰人服也。"韦昭曰："韝形如射韝，以缚左右手，于事便也。"
师古曰："绿帻，贱人之服也。傅，著也。韝即今之臂韝也。傅，读曰附。韝，音工侯反。"

⑪师古曰："赞，进也。进传谒辞。"

⑫师古曰："胞，与庖同。"

⑬师古曰："上，上坐。"

⑭师古曰："蹴，音千六反。鞠，音巨六反。解在《艺文志》。"

⑮师古曰："角犹校也。"

　　是时，朔陛戟殿下，①辟戟而前曰：②"董偃有斩罪三，安得入乎？"上曰："何谓也？"朔曰："偃以人臣私侍公主，其罪一也。败男女之化，而乱婚姻之礼，伤王制，其罪二也。陛下富于春秋，方积思于六经，留神于王事，驰骛于唐虞，折节于三代，偃不遵经劝学，反以靡丽为右，奢侈为务，③尽狗马之乐，极耳目之欲，行邪枉之道，径淫辟之路，④是乃国家之大贼，人主之大蜮，⑤偃为淫首，其罪三也。昔伯姬燔而诸侯惮，⑥奈何乎陛下？"上默然不应，良久曰："吾业以设饮，后而自改。"朔曰："不可。夫宣室者，先帝之正处也，非法度之政不得入焉。故淫乱之渐，其变为篡，是以竖貂为淫而易牙作患，⑦庆父死而鲁国全，⑧管蔡诛而周室安。"上曰："善。"有诏止，更置酒北宫，引董君从东司马门。东司马门更名东交门。⑨赐朔黄金三十斤。董君之宠由是日衰，至年三十而终。后数岁，窦太主卒，与董君会葬于霸陵。是后，公主贵人多逾礼制，自董偃始。

①师古曰："持戟列陛侧。"

②师古曰："辟，音频亦反。"

③师古曰："右，尊也。"

④师古曰："径,由也。辟,读曰僻。"

⑤师古曰："蜮,魅也,音或。说者以为短狐,非也。短狐,射工耳,于此不当其义。今俗犹云魅蜮也。"

⑥应劭曰："惮,敬也。敬其节直也。"师古曰："伯姬,宋恭姬也。遇火灾,待姆不出而死也。"

⑦师古曰："竖貂、易牙皆齐桓公臣也。管仲有病,桓公往问之曰:'将何以教寡人?'管仲曰:'愿君之远易牙、竖貂。'君公曰:'易牙亨其子以快寡人,尚可疑邪?'对曰:'人之情非不爱其子,其子之忍,又将何有于君?'公曰:'竖貂自宫以近寡人,犹可疑邪?'对曰:'人之情非不爱其身也,其身之忍,又将何有于君?'公曰:'诺。'管仲死,尽逐之,而公食不甘,宫不治。居三年,公曰:'仲父不亦过乎?'于是皆复召,即反之。明年,公有病,易牙、竖貂相与作乱,塞宫门,筑高墙,不通人。有一妇人逾垣入,至公所。公曰:'我欲食。'妇人曰:'吾无所得。'又曰:'我欲饮。'妇人曰:'吾无所得。'公曰:'何故?'对曰:'易牙、竖貂相与作乱,塞宫门,筑高墙,不通人,故无所得。'公慨然叹涕出,曰'嗟呼!圣人所见岂不远哉?若死者有知,我将何面目见仲父乎!'蒙衣袂而绝乎寿宫,虫流出于户,盖以杨门之扇,三月不葬。"

⑧师古曰："庆父,鲁桓公子,庄公弟也。庄公薨,庆父杀庄公之子闵公而欲作乱,不克,奔莒。其后僖公立,以赂求之于莒,莒人归之,及密乃缢而死。僖公乃定其位。"

⑨苏林曰："以偃从此门入,交会于内,故以名焉。"

时天下侈靡趋末,①百姓多离农亩。上从容问朔:"吾欲化民,岂有道乎?"②朔对曰:"尧舜禹汤文武成康上古之事,经历数千载,尚难言也,臣不敢陈。愿近述孝文皇帝之时,当世耆老皆闻见之。贵为天子,富有四海,身衣弋绨,③足履革舄,④以韦带剑,⑤莞蒲为席,⑥兵木无刃,⑦衣缊无文,⑧集上书囊以为殿帷;⑨以道德为丽,以仁义为准。⑩于是天下望风成俗,昭然化之。今陛下以城中为小,图起建章,左凤阙,右神明,⑪号称千门万户;木土衣绮绣,狗马被缋罽,⑫宫人簪玳瑁,垂珠玑;⑬设戏车,教驰逐,饰文采,丛珍怪;⑭撞万石之钟,击雷霆之鼓,⑮作俳优,舞郑女。上为淫侈如此,而欲使民独不奢侈失农,事之难者也。⑯陛下诚能用臣朔之计,推甲乙之帐燔之于四通之衢,⑰却走马示不复用,⑱则尧舜之隆宜可与比治矣。《易》曰:'正其本,万事理;失之豪氂,差以千里。'⑲愿陛下留意察之。"

①师古曰:"趋,读曰趣。末,谓工商之业。"

②师古曰:"从,音千容反。"

③师古曰:"弋,黑色也。绨,厚缯,音徒奚反。"

④师古曰:"革,生皮也。不用柔韦,言俭率也。"

⑤师古曰:"但空用韦,不加饰。"

⑥师古曰:"莞,夫离也,今谓之葱蒲。以莞及蒲为席,亦尚质也。莞,音桓,又音官。"

⑦服虔曰:"兵器如木而无刃,言不大治兵器也。"

⑧师古曰:"缊,乱絮也。言内有乱絮,上无文采也。缊,音于粉反。"

⑨师古曰:"集,谓合聚也。"

⑩师古曰:"丽,美也。准,平法也。"

⑪如淳曰:"阙名也。"师古曰:"凤阙,阙名。神明,台名也。"

⑫师古曰:"缋,五采也。罽,织毛也,即氍毹之属。"

⑬师古曰:"玳瑁,文申也。玑,珠之不圜者。玳,音代。瑁,音昧。玑,音居依反,又音巨依反。"

⑭师古曰:"丛,古藂字。"

⑮师古曰:"言其声震大也。"

⑯师古曰:"失农,谓失农业也。"

⑰应劭曰:"帐多故以甲乙第之耳。"孟康曰:"《西域传》赞云'兴造甲乙之帐,络以随珠和璧,天子袭翠被,冯玉几,而处其中'也。"师古曰:"谓推而去之。燔,焚烧也。"

⑱师古曰:"却,退也。走马,善走之。"

⑲师古曰:"今《易》无此文,已解于上也。"

朔虽诙笑,①然时观察颜色,直言切谏,上常用之。自公卿在位,朔皆敖弄,无所为屈。②

①师古曰:"诙,嘲戏也。诙笑,谓嘲谑,发言可笑也。诙,音恢。其下诙啁、诙谐并同。"

②师古曰:"敖,读曰傲。为,音于伪反。"

上以朔口谐辞给,①好作问之。②尝问朔曰:"先生视朕何如主也?"朔对曰:"自唐虞之隆,成康之际,未足以谕当世。臣伏观陛下功德,陈五帝之上,在三王之右。③非若此而已,诚得天下贤士,公卿在位咸得其人矣。譬若以周邵为丞相,④孔丘为御史大夫,⑤太公为将军,⑥毕公高拾遗于后,⑦弁严子为卫尉,⑧皋陶为大理,⑨后稷为司农,⑩伊尹为少府,⑪子赣使外国,⑫颜闵为博士,⑬子夏为太常,⑭益为右扶风,⑮季路为执金吾,⑯契为鸿胪,⑰龙逢为宗正,⑱伯夷为京兆,⑲管仲为冯翊,⑳鲁般为将作,㉑仲山为光禄,㉒申伯为太仆,㉓延陵季子为水衡,㉔百里奚为典属国,㉕柳下惠为大长秋,㉖史鱼为司直,㉗蘧伯玉为太傅,㉘孔父为詹事,㉙孙叔敖为诸侯相,子产为郡守,㉚王庆忌为期门,㉛夏育为鼎官,㉜羿为旄头,㉝宋万为式道候。"㉞上乃大笑。

①师古曰:"给,捷也。"

②师古曰:"故动作之而问以言辞也。"

③师古曰:"右亦高上也。"

④师古曰:"周公旦、邵公奭二人也。"

⑤应劭曰:"御史大夫职典制度文章。"

⑥师古曰:"太公,吕望也。知战陈征伐之事,故云为将军。"

⑦师古曰:"毕公高,文王之子也,为周太师,故云拾遗也。"

⑧师古曰:"以其有勇。"

⑨师古曰:"以其作士,士亦理官。"

⑩师古曰:"主播种。"

⑪应劭曰:"伊尹善亨割,太官属少府,故令作之。"

⑫师古曰:"以其有辩说。"

⑬师古曰:"颜回、闵子骞皆有德行也。"

⑭师古曰:"以有文学故为太常也。而应劭以子夏两字总合为夔,解云夔知乐,故可以为太常,此说非也。"

⑮应劭曰:"益作舜虞,掌山泽之官也。诸苑多在右扶风,故令作之。"

⑯师古曰:"亦以有勇力也。"

⑰应劭曰："卨作司徒,敬敷五教。是时诸侯王治民,鸿胪主诸侯王也。"师
　古曰："契,读与卨同,字本作偰,盖后从省耳。"

⑱师古曰："关龙逄,桀之臣也,忠谏而死也。以其直,无所阿私。"

⑲应劭曰："帝曰'伯夷,汝作秩宗。'秩宗,主郊庙。京兆与太常同典斋祀,
　故令为之。"

⑳应劭曰："管仲定民之居,寄军令于内政,终令匡霸,故令为冯翊也。"

㉑师古曰："以其巧也。般,与班同。"

㉒晋灼曰："光禄,主三大夫谏正之官,取其柔亦不茹,刚亦不吐。"

㉓应劭曰："申伯,周宣王之舅也。太仆主大驾亲御,职又密近,故用亲亲
　也。"

㉔应劭曰："水衡主池苑。季子,吴人,故使为之。"师古曰："季子即吴公子
　札。"

㉕应劭曰："奰,秦人。秦近西戎,晓其风俗,故令为之。"

㉖师古曰："惠,鲁大夫展禽也。食菜柳下,谥曰惠。以其贞洁,故为大长
　秋。"

㉗师古曰："史鱼,卫大夫史鳅也。《论语》称孔子曰'直哉史鱼,邦有道如
　矢,邦无道如矢。'"

㉘如淳曰："太傅傅人主使无过。伯玉欲寡其过,故令为之。"师古曰："蘧
　伯玉,卫大夫也,名瑗。蘧,音渠。"

㉙应劭曰："孔父正色而立于朝,则莫敢过而致难乎其君,故为詹事。"师
　古曰："孔父,宋大夫也。父,读曰甫。"

㉚师古曰："善治邦邑也。"

㉛应劭曰："以其劲捷,可为期门郎也。"师古曰："王庆忌即王子庆忌也。"

㉜或曰："夏育,卫人,力举千钧。鼎官,今殿前举鼎者也。"

㉝应劭曰："羿善射,故令为旄头。今以羽林为之,发正上向而长衣绣衣,
　在乘舆车前。"师古曰："羿,音诣。"

㉞师古曰："万,宋闵公臣,亦有勇力也。式,表也。表道之候,若今之武候
　引驾。"

　　是时朝廷多贤材,上复问朔："方今公孙丞相、倪大夫、①董仲
舒、夏侯始昌、司马相如、吾丘寿王、主父偃、朱买臣、严助、汲黯、胶
仓、终军、严安、徐乐、司马迁之伦,皆辩知闳达,溢于文辞,②先生

自视，何与比哉？"③朔对曰："臣观其臿齿牙，树颊胲，④吐唇吻，擢项颐，⑤结股脚，连脽尻，⑥遗蛇其迹，行步偶旅，⑦臣朔虽不肖，尚兼此数子者。"朔之进对澹辞，皆此类也。⑧

①师古曰："公孙弘及兒宽也。兒，音五奚反。"

②师古曰："溢者，言其有余也。"

③师古曰："何与，犹言何如也。"

④师古曰："颊肉曰胲，音改。"

⑤师古曰："颐，颔下也，音怡。"

⑥师古曰："脽，臀也，音谁。"

⑦师古曰："遗蛇，犹逶迤也。偶旅，曲躬貌也。蛇，音移。偶，音禹。"

⑧师古曰："澹，古赡字也。赡，给也。"

　　武帝既招英俊，程其器能，用之如不及。①时方外事胡越，内兴制度，国家多事，自公孙弘以下至司马迁皆奉使方外，或为郡国守相至公卿，而朔尝至太中大夫，后常为郎，与枚皋、郭舍人俱在左右，诙啁而已。②久之，朔上书陈农战强国之计，因自讼独不得大官，欲求试用。其言专商鞅、韩非之语也，指意放荡，颇复诙谐，辞数万言，终不见用。朔因著论，设客难己，用位卑以自慰谕。其辞曰：

①师古曰："程，谓量计之也。如不及者，恐失之也。"

②师古曰："啁，与嘲同，音竹交反。"

　　客难东方朔曰："苏秦、张仪一当万乘之主，而都卿相之位，①泽及后世。今子大夫修先王之术，慕圣人之义，讽诵《诗》《书》百家之言，不可胜数，著于竹帛，唇腐齿落，服膺而不释②，好学乐道之效，明白甚矣；自以智能海内无双，则可谓博闻辩智矣。然悉力尽忠以事圣帝，旷日持久，官不过侍郎，位不过执戟，意者尚有遗行邪？③同胞之徒无所容居，其故何也？"④

①如淳曰："都，居也。"

②师古曰："服膺，俯其胸臆也。释，废置也。"

③师古曰："可遗之行，言不尽善也。"

④苏林曰："胞，音胞胎之胞也，言亲兄弟。"

东方先生喟然长息,仰而应之曰:"是固非子之所能备也。彼一时也,此一时也,岂可同哉?夫苏秦、张仪之时,周室大坏,诸侯不朝,力政争权,相禽以兵,并为十二国,未有雌雄,①得士者强,失士者亡,故谈说行焉。身处尊位,珍宝充内,外有廪仓,泽及后世,子孙长享。今则不然。圣帝流德,天下震慑,诸侯宾服,②连四海之外以为带,③安于覆盂,④动犹运之掌,⑤贤不肖何以异哉?尊天之道,顺地之理,物无不得其所;故绥之则安,动之则苦;尊之则为将,卑之则为虏;抗之则在青云之上,抑之则在深泉之下;用之则为虎,不用则为鼠;虽欲尽节效情,安知前后? 夫天地之大,士民之众,竭精谈说,并进辐凑者不可胜数,悉力募之,困于衣食,或失门户,⑥使苏秦、张仪与仆并生于今之世,曾不得掌故,安敢望常侍郎乎! 故曰时异事异。

①师古曰:"十二国,谓鲁、卫、齐、楚、宋、郑、魏、燕、赵、中山、秦、韩也。"
②师古曰:"慑,恐也,音之涉反。"
③师古曰:"言如带之相连也。"
④师古曰:"言不可倾摇。"
⑤师古曰:"言至易。"
⑥师古曰:"言不得所由入也。一曰,谓被诛戮,丧其家室也。"

"虽然,安可以不务修身乎哉!《诗》云:'鼓钟于宫,声闻于外。'①'鹤鸣于九皋,声闻于天。'②苟有修身,何患不荣! 太公体行仁义,七十有二乃设用于文武,得信厥说,③封于齐,七百岁而不绝。此士所以日夜孳孳,敏行而不敢怠也。④辟若鹡鸰飞且鸣矣。⑤传曰:'天不为人之恶寒而辍其冬,⑥地不为人之恶险而辍其广,君子不为小人之匈匈而易其行。'⑦'天有常度,地有常形,君子有常行;君子道其常,小人计其功'。⑧《诗》云:'礼义之不愆,何恤人之言'?⑨故曰:'水至清则无鱼,人至察则无徒。⑩冕而前旒,所以蔽明;黈纩充耳,所以塞聪。'⑪明有所不见,聪有所不闻,举大德,赦小过,无求备于一人之义也。⑫枉而直之，使自得之；优而柔之，使自求之；揆而度之，使自索之。"⑬盖圣人教化如此，欲自得之；自得之，则敏且广矣。⑭

①师古曰："《小雅·白华》之诗也。言苟有于中，必形于外也。"

②师古曰："《小雅·鹤鸣》之诗也。言处卑而声彻其高远。"

③师古曰："设，施也。信，读曰伸。"

④师古曰："孳，与孜同。敏，勉也。"

⑤师古曰："鹡鸰，雍渠，小青雀也，飞则鸣，行则摇，言其勤苦也。辟，读曰譬。鹡，音脊。鸰，音零。"

⑥师古曰："辍，止也。"

⑦师古曰："訚訚，谨议之声。"

⑧师古曰："道，由也。"

⑨师古曰："《逸诗》也。愆，过也。恤，忧也。"

⑩师古曰："徒，众也。"

⑪如淳曰："黈，音土苟反。谓以玉为瑱，用纩纊县之也。"师古曰："如说非也。黈，黄色也。纩，绵也。以黄绵为丸，用组悬之于冕，垂两耳旁，示不外听，非玉瑱之县也。"

⑫师古曰："《论语》仲弓问政于孔子，孔子曰：'赦小过，举贤才。'周公谓鲁公曰：'故旧无大故，则不弃也，毋求备于一人。'故朔引此言也。士有百行，功过相除，不可求备也。"

⑬师古曰："枉，曲也。索亦求也。度，音徒各反。"

⑭师古曰："敏，疾也。"

　　"今世之处士，魁然无徒，廓然独居，①上观许由，下察接舆，计同范蠡，忠合子胥，②天下和平，与义相扶，寡耦少徒，固其宜也。③子何疑于我哉？若夫燕之用乐毅，秦之任李斯，郦食其之下齐，说行如流，曲从如环，所欲必得，功若丘山，海内定，国家安，是遇其时也，子又何怪之邪！语曰'以筦窥天，以蠡测海，④以莛撞钟'，⑤岂能通其条贯，考其文理，发其音声哉！⑥繇是观之，譬犹鼱鼩，之袭狗，⑦孤豚之咋虎，⑧至则靡耳，何功之有？⑨今以下愚而非处士，虽欲勿困，固不得已，此适足以明其不知权变而终或于大道也。"

①师古曰:"魁,读曰块。"

②师古曰:"许由,尧让以天下而耻闻之。楚狂接舆阳狂匿迹。范蠡佐句践,功成而退。子胥忠谏,至死不易。"

③师古曰:"耦,合也。徒,众也。"

④服虔曰:"筦,音管。"张晏曰:"蠡,瓠瓢也。"师古曰:"筦,古管字。蠡,音来奚反。瓢,音频遥反。"

⑤文颖曰:"谓槁莛也。"师古曰:"音徒丁反。"

⑥师古曰:"考,究也。"

⑦服虔曰:"音踪劬。"如淳曰:"鼱鼩,小鼠也,音精劬。"

⑧师古曰:"孤豚,孤特之豚也。咋,啮也,音仕客反。"

⑨师古曰:"靡,碎灭也。耳,语辞。"

又设非有先生之论,其辞曰:

非有先生仕于吴,进不称往古以厉主意,退不能扬君美以显其功,默然无言者三年矣。吴王怪而问之,曰:"寡人获先人之功,寄于众贤之上,夙兴夜寐,未尝敢怠也。今先生率然高举,远集吴地,①将以辅治寡人,诚窃嘉之,体不安席,食不甘味,目不视靡曼之色,耳不听钟鼓之音,虚心定志欲闻流议者三年于兹矣,②今先生进无以辅治,退不扬主誉,窃不为先生取之也。盖怀能而不见,是不忠也;见而不行,主不明也。③意者寡人殆不明乎?"非有先生伏而唯唯。④吴王曰:"可以谈矣,寡人将竦意而览焉。"⑤先生曰:"於戏!⑥可乎哉?可乎哉?⑦谈何容易!⑧夫谈有悖于目拂于耳谬于心而便于身者,⑨或有说于目顺于耳快于心而毁于行者,⑩非有明王圣主,孰能听之?"吴王曰:"何为其然也?'中人已上可以语上也。'⑪先生试言,寡人将听焉。"

①师古曰:"率然犹飒然。"

②师古曰:"流,末流也,犹言余论也。"

③师古曰:"见,显也。"

④师古曰:"唯唯,恭应也,音弋癸反。"

⑤师古曰:"悚,企待也。"

⑥师古曰:"於,读曰乌。戏,读曰呼。"

⑦师古曰:"言不可。"

⑧师古曰:"不见宽容,则事不易,故曰何容易也。易,音弋豉反。"

⑨师古曰:"悖,逆也。拂,违戾也。悖,音布内反。拂,音佛。"

⑩师古曰:"说,读曰悦。"

⑪师古曰:"引《论语》载孔子之言。中品之人则可以与言上道也。"

　　先生对曰:"昔者关龙逢深谏于桀,而王子比干直言于纣,此二臣者,皆极虑尽忠,闵主泽不下流,而万民骚动,①故直言其失,切谏其邪者,将以为君之荣,除主之祸也。今则不然,反以为诽谤君之行,无人臣之礼,②果纷然伤于身,蒙不辜之名,③戮及先人,为天下笑,故曰谈何容易!是以辅弼之臣瓦解,而邪谄之人并进,遂及蜚廉、恶来革等。④二人皆诈伪,巧言利口以进其身,阴奉雕瑑刻镂之好以纳其心。⑤务快耳目之欲,以苟容为度。遂往不戒,身没被戮,宗庙崩阤,国家为虚,⑥放戮圣贤,亲近谗夫。《诗》不云乎?'谗人罔极,交乱四国',⑦此之谓也。故卑身贱体,说色微辞,⑧愉愉呴呴,终无益于主上之治,⑨则志士仁人不忍为也。将俨然作矜严之色,深言直谏,上以拂主之邪,下以损百姓之害,⑩则忤于邪主之心,历于衰世之法。⑪故养寿命之士莫肯进也,遂居深山之间,积土为室,编蓬为户,弹琴其中,以咏先王之风,亦可以乐而忘死矣。是以伯夷、叔齐避周,饿于首阳之下,后世称其仁。如是,邪主之行固足畏也,故曰谈何容易!"

①师古曰:"闵,病也。"

②师古曰:"不省其忠而被以此罪也。"

③师古曰:"蒙,被也。"

④苏林曰:"二人皆纣时邪佞人也。"孟康曰:"蜚廉善走。"师古曰:"蜚,古飞字。"

⑤师古曰:"雕,与彫同,画也。瑑,谓刻为文也,音篆。"

⑥师古曰:"阤,颓也,音直氏反。虚,读曰墟。"

⑦师古曰:"《小雅·青蝇》之诗也。解在《戾太子传》。"

⑧师古曰:"说,读曰悦。"

⑨师古曰:"愉愉,颜色和也。呴呴,言语顺也。呴,音许于反。"

⑩师古曰:"拂,与弼同。损,灭也。"

⑪师古曰:"忤,逆也。历犹经也,离也。"

　　于是吴王惧然易容,①捐荐去几,危坐而听。②先生曰:"接舆避世,箕子被发阳狂,③此二人者,皆避浊世以全其身者也。使遇明王圣主,得清燕之间,宽和之色,④发愤毕诚,⑤图画安危,揆度得失,⑥上以安主体,下以便万民,则五帝三王之道可几而见也,⑦故伊尹蒙耻辱负鼎俎和五味以干汤,⑧太公钓于渭之阳以见文王。心合意同,谋无不成,计无不从,诚得其君也。深念远虑,引义以正其身,推恩以广其下,有仁祖义,⑨褒有德,禄贤能,诛恶乱,总远方,一统类,美风俗,此帝王所由昌也。上不变天性,下不夺人伦,则天地和洽,远方怀之,故号圣王。臣子职既加矣,于是裂地定封,爵为公侯,传国子孙,名显后世,民到于今称之,以遇汤与文王也。太公、伊尹以如此,龙逢、比干独如彼,岂不哀哉!故曰谈何容易!"

①师古曰:"惧然,失守之貌也。惧,音居具反。"

②师古曰:"捐荐席而去冯几,自贬损也。"

③师古曰:"解并在《邹阳传》。"

④师古曰:"间,读曰闲。闲,暇也。"

⑤师古曰:"毕,尽也。"

⑥师古曰:"图,谋。画,计也。"

⑦师古曰:"几,庶几。"

⑧师古曰:"蒙,冒也,犯也。"

⑨师古曰:"以仁为本,以义为始。"

　　于是吴王穆然,①俯而深惟,仰而泣下交颐,曰:"嗟乎!余国之不亡也,绵绵连连,殆哉,世之不绝也!"②于是正明堂之朝,齐君臣之位,举贤材,布德惠,施仁义,赏有功;躬节俭,减后宫之费,损车马之用;放郑声,远佞人,③省庖厨,去伎靡,卑

宫馆,坏苑囿,填池堑,以子贫民无产业者;开内臧,振贫穷,存
耆老,恤孤独,薄赋敛,省刑辟。行此三年,海内晏然,天下大
治,阴阳和调,万物咸得其宜;国无灾害之变,民无饥寒之色,
家给人足,畜积有余,囹圄空虚;④凰凤来集,麒麟在郊,甘露
既降,朱草萌牙;远方异俗之人乡风慕义,⑤各奉其职而来朝
贺。故治乱之道,存亡之端,若此易见,而君人者莫肯为也,臣
愚窃以为过。故《诗》云:"王国克生,惟周之桢济济多士,文王
以宁。"⑥此之谓也。

①张晏曰:"穆,音默。师古曰:"穆然,静思貌。"

②师古曰:"殆,危也。"

③师古曰:"远,离也,音于万反。"

④师古曰:"畜,读曰蓄。"

⑤师古曰:"乡,读曰向。"

⑥师古曰:"《大雅·文王》之诗也。言文王之国生此多士为周室桢干之
臣,所以安宁也。"

　　朔之文辞,此二篇最善。其余有《封泰山》、《责和氏璧》及《皇太
子生禖》、《屏风》、《殿上柏柱》、《平乐观赋猎》,八言、七言上下,①
《从公孙弘借车》,凡刘向所录朔书具是矣,②世所传他事皆非
也。③

①晋灼曰:"八言、七言诗,各有上下篇。"

②师古曰:"刘向《别录》所载。"

③师古曰:"谓如《东文朔别传》及俗用五行时日之书,皆非实事也。"

　　赞曰:刘向言少时数问长老贤人通于事及朔时者,①皆曰朔口
谐倡辩,不能持论,喜为庸人诵说,②故令后世多传闻者。而杨雄亦
以为朔言不纯师,行不纯德,其流风遗书蔑如也。③然朔名过实者,
以其诙达多端,不名一行,应谐似优,不穷似智,正谏似直,秽德似
隐。非夷齐而是柳下惠,戒其子以上容:④"首阳为拙,⑤柱下为
工;⑥饱食安步,以仕易农;依隐玩世,诡时不逢。"⑦其滑稽之雄

乎！⑧朔之诙谐，逢占射覆，⑨其事浮浅，行于众庶，童儿牧竖莫不眩耀。而后世好事者因取奇言怪语附著之朔，故详录焉。⑩

①师古曰："与朔同时也。"

②师古曰："喜，音许吏反。为，音于伪反。"

③师古曰："言辞义浅薄，不足称也。"

④师古曰："容身避害也。"

⑤应劭曰："伯夷、叔齐不食周粟，饿死首阳山，为拙。"

⑥应劭曰："老子为周柱下史，朝隐，故终身无患，是为工也。"

⑦如淳曰："依违朝隐，乐玩其身于一世也。反时直言正谏，则与富贵不相逢矣。"臣瓒曰："行与时诡而不逢祸害也。"师古曰："瓒说是也。诡，违也。"

⑧师古曰："雄，谓为之长帅也。"

⑨如淳曰："逢占，逢人所问而占之也。"师古曰："此说非也。逢占，逆占事，犹云逆刺也。"

⑩师古曰："言此传所以详录朔之辞语者，为俗人多以奇异妄附于朔故耳。欲明传所不记，皆非其实也。而今之为《汉书》学者，犹更取他书杂说，假合东方朔之事以博异闻，良可叹矣。他皆类此。著，音直略反。"

《东方朔传》云"一日卒有不胜洒埽之职"，颜师古注云："卒，读曰猝。洒，音信，又音山豉反。"捡诸本及前所校过并如此。臣伱按："许慎《说文》洒字解云音先礼反，'古又为灑埽字'。其灑字解云'汛也'。汛，音信。今校定此注合云：'洒，音先礼反，古文为灑埽字。灑，汛也，所蟹反。汛，音信。'盖传写脱误，少一十七字，多'又音山豉反'五字。"

汉书卷六六
列传第三六

公孙贺 子敬声　刘屈氂
车千秋　王讦　杨敞 子恽
蔡义　陈万年 子咸　郑弘

公孙贺字子叔，北地义渠人也。贺祖父昆邪，①景帝时为陇西守，以将军击吴楚有功。封平曲侯，著书十余篇。②

①师古曰："昆，音户门反。"

②师古曰："《艺文志》阴阳家有《公孙浑邪》十五篇是也。"

贺少为骑士，从军数有功。自武帝为太子时，贺为舍人，及武帝即位，迁至太仆。贺夫人君孺，卫皇后姊也，贺由是有宠。元光中为轻车将军，军马邑。后四岁，出云中。后五岁，以车骑将军从大将军青出，有功，封南奅侯，①后再以左将军出定襄，无功，坐酎金，失侯。复以浮沮将军出五原二千余里，无功。②后八岁，遂代石庆为丞相，封葛绎侯。时朝庭多事，督责大臣，③自公孙弘后，丞相李蔡、严青翟、赵周三人比坐事死。④石庆虽以谨得终，然数被谴。初，贺引拜为丞相，不受印绶，顿首涕泣，曰："臣本边鄙，以鞍马骑射为官，材诚不任宰相。"上与左右见贺悲哀，感动下泣，曰："扶起丞相。"贺不肯起，上乃起去，贺不得已拜。出，左右问其故，贺曰："主上贤明，臣不足以称，恐负重责，从是殆矣。"⑤

①臣瓒曰："《茂陵中书》贺封南奅侯，表亦作奅。"师古曰："奅、奅二字同

　　耳,音普教反。"

②师古曰:"沮,音子间反。"

③师古曰:"督,谓察视也。"

④师古曰:"比,频也。"

⑤师古曰:"殆,危也。"

　　贺子敬声,代贺为太仆,父子并居公卿位。敬声以皇后姊子,骄奢不奉法,征和中擅用北军钱千九百万,发觉,下狱。是时,诏捕阳陵朱安世不能得,上求之急。贺自请逐捕安世以赎敬声罪。上许之。后果得安世。安世者,京师大侠也,闻贺欲以赎子,笑曰:"丞相祸及宗矣。南山之竹不足受我辞,斜谷之木不足为我械。"①安世遂从狱中上书,告敬声与阳石公主私通,②及使人巫祭祠诅上,且上甘泉当驰道埋偶人,③祝诅有恶言。下有司案验贺,穷治所犯,遂父子死狱中,家族。

　　①师古曰:"斜,谷名也,其中多木。械,谓桎梏也。言我方欲告丞相事,狱辞且多,械系方久,故云然也。斜,音弋奢反。"

　　②师古曰:"武帝女。"

　　③师古曰:"甘泉宫在北山,故欲往皆言上也。刻木为人,象人之形,谓之偶人。偶,并也,对也。"

　　巫蛊之祸起自朱安世,成于江充,遂及公主、皇后、太子,皆败。语在《江充》、《戾园传》。①

　　①师古曰:"《武五子传》叙戾太子谥戾,而置园邑,故云戾园也。"

　　刘屈氂,武帝庶兄中山靖王子也,①不知其始所以进。

　　①师古曰:"屈,音丘勿反,又音其勿反。"

　　征和二年春,制诏御史:"故丞相贺倚旧故乘高势而为邪,①兴美田以利子弟宾客,不顾元元,无益边谷,②货赂上流,③朕忍之之久矣。终不自革,④乃以边为援,⑤使内郡自省作车,⑥又令耕者自转,⑦以困农烦扰畜者,重马伤秏,武备衰减;⑧下吏妄赋,百姓流亡,又诈为诏书,以奸传朱安世。⑨狱已正于理。其以涿郡太守屈氂为左丞相,分丞相长史为两府,以待天下远方之选⑩。夫亲亲任贤,周唐之道也。以澎户二千二百封左丞相为澎侯。"⑪

　①师古曰:"帝为太子,贺已为舍人,故云旧故。"

　②如淳曰:"戍边卒粮乏,不能为方计以益之也。"

　③师古曰:"丞相贪冒,受赂于下,故使众庶货贿上流执事者也。"

　④师古曰:"革,改也。"

　⑤如淳曰:"使内郡自作车,耕者自转,所以饶边,饶边所以行恩施,为己
　　名援也。或曰,以胡为援也。"

　⑥服虔曰:"诈令内郡自省作车转输也。边屯无事之时,宜自治作车,以给
　　军用。"师古曰:"令郡自省减诸余功用而作车也。省,音所领反。"

　⑦文颖曰:"自输谷于边。"

　⑧师古曰:"重,谓怀孕也。言转运之劳,畜产疲困,故反使怀孕者为之
　　伤耗,以减武备也。耗,音呼到反。"

　⑨师古曰:"传,逮捕也。"

　⑩师古曰:"待得贤人当拜为右丞相。"

　⑪服虔曰:"澎,音彭。"晋灼曰:"东海县。"

　其秋,戾太子为江充所潜,杀充,发兵入丞相府,屈氂挺身逃,
亡其印绶。①是时,上避暑在甘泉宫,丞相长史乘疾置以闻。②上
问:"丞相何为?"对曰:"丞相秘之,未敢发兵。"上怒曰:"事籍籍如
此,何谓秘也?③丞相无周公之风矣。周公不诛管蔡乎?"乃赐丞相
玺书曰:"捕斩反者,自有赏罚。以牛车为橹,④毋接短兵,多杀伤士
众。⑤坚闭城门,毋令反者得出。"

　①师古曰:"挺,引也。独引身而逃难,故失印绶也。"

　②师古曰:"置,谓所置驿也。"

　③师古曰:"籍籍,犹纷纷也。"

　④师古曰:"橹,盾也。远与敌战,故以车为橹,用自蔽也。一说,橹,望敌之
　　楼也。"

　⑤师古曰:"用短兵则士众多死伤。"

　太子既诛充发兵,宣言帝在甘泉病困,疑有变,奸臣欲作乱。上
于是从甘泉来,幸城西建章宫,诏发三辅近县兵,部中二千石以下,
丞相兼将。太子亦遣使者拆制,①赦长安中都官囚徒,②发武库兵,
命少傅石德及宾客张光等分将,使长安囚如侯持节发长水及宣曲

胡骑,③皆以装会。侍朗莽通使长安,因追捕如侯,告胡人曰:"节有诈,勿听也。"遂斩如侯,引骑入长安,又发辑濯士,以予大鸿胪商丘成。④初,汉节纯赤,以太子持赤节,故更为黄旄加上以相别。太子召监北军使者任安发北军兵,安受节已,闭军门不肯应太子。太子引兵去,敺四市人,⑤凡数万众,至长乐西阙下,逢丞相军,合战五日,死者数万人,血流入沟中。⑥丞相附兵浸多,⑦太子军败,南奔覆盎城门,得出。⑧会夜司直田仁部闭城门,坐令太子得出,丞相欲斩仁。御史大夫暴胜之谓丞相曰:"司直,吏二千石,当先请,奈何擅斩之。"丞相释仁。⑨上闻而大怒,下吏责问御史大夫曰:"司直纵反者,丞相斩之,法也,大夫何以擅止之?"胜之惶恐,自杀。及北军使者任安,坐受太子节,怀二心,司直田仁纵太子,皆要斩。上曰:"侍郎莽通获反将如侯,长安男子景建从通获少傅石德,可谓元功矣。大鸿胪商丘成力战获反将张光。其封通为重合侯,建为德侯,成为秺侯,⑩诸太子宾客,尝出入宫门,皆坐诛。其随太子发兵,以反法族。吏士劫略者,皆徙敦煌郡。⑪以太子在外,始置屯兵长安诸城门。后二十余日,太子得于湖。语在《太子传》。⑫

①师古曰:"挢,与矫同。其字从手。挢制,托称诏命也。"

②师古曰:"京师诸官府。"

③师古曰:"长水,校名。宣曲,宫也,并胡骑所屯。今鄠县东长水乡即旧营校之地。"

④师古曰:"辑濯士,主用辑及濯行船者也。短曰辑,长曰濯。辑,音集,字本从木,其音同耳。濯字本亦作櫂,并音直孝反。"

⑤师古曰:"敺,与驱同。"

⑥师古曰:"沟,街衢之旁通水者也。"

⑦师古曰:"浸,渐也。"

⑧师古曰:"长安城南出东头第一门曰覆盎城门,一号杜门。"

⑨师古曰:"释,放也。"

⑩孟康曰:"秺音妒,在济阴城武,今有亭。"

⑪师古曰:"非其本心,然被太子劫略,故徙之也。"

⑫师古曰:"湖,县名。"

其明年,贰师将军李广利将兵出击匈奴,丞相为祖道,送至渭桥,①与广利辞决。广利曰:"愿君侯早请昌邑王为太子。②如立为帝,君侯长何忧乎?③屈氂许诺。昌邑王者,贰师将军女弟李夫人子也。贰师女为屈氂子妻,故共欲立焉。是时治巫蛊狱急,内者令郭穰告丞相夫人以丞相数有谴,使巫祠社,祝诅主上,有恶言,及与贰师共祷祠,欲令昌邑王为帝。有司奏请按验,罪至大逆不道。有诏载屈氂厨车以徇,④要斩东市,妻子枭首华阳街。贰师将军妻子亦收。贰师闻之,降匈奴,宗族遂灭。

①师古曰:"祖者,送行之祭,因设宴饮焉。"

②如淳曰:"《汉仪注》列侯为丞相,称君侯。"师古曰:"《杨恽传》丘常谓恽为君侯,是则通呼列侯之尊称耳,非必在于丞相也。如氏之说,不为通矣。"

③师古曰:"如,若也。"

④师古曰:"厨车,载食之车也。徇,行示也。"

车千秋,本姓田氏,其先齐诸田徙长陵。①千秋为高寝郎,②会卫太子为江充所谮败,久之,千秋上急变讼太子冤,③曰:"子弄父兵,罪当笞;天子之子过误杀人,当何罪哉!臣尝梦见一白头翁教臣言。"是时,上颇知太子惶恐无他意,乃大感寤,召见千秋。至前,千秋长八尺余,体貌甚丽,武帝见而说之,④谓曰:"父子之间,人所难言也,公独明其不然。此高庙神灵使公教我,公当遂为吾辅佐。"立拜千秋为大鸿胪。⑤数月,遂代刘屈氂为丞相,封富民侯。千秋无他材能术学,又无伐阅功劳,⑥特以一言寤意,旬月取宰相封侯,世未尝有也。后汉使者至匈奴,单于问曰:"闻汉新拜丞相,何用得之?⑦使者曰:"以上书言事故。"单于曰:"如是,汉置丞相,非用贤也,妄一男子上书即得之矣。"使者还,道单于语。武帝以为辱命,欲下之吏。良久,乃贳之。"⑧

①师古曰:"刘敬所言徙关东九族者。"

②师古曰:"高庙卫寝之郎。"

③师古曰："所告非常,故云急变也。"

④师古曰："说,读曰悦。"

⑤师古曰："当其立见而即拜之,言不移时也。"

⑥古曰："伐,积功也。阅,经历也。"

⑦师古曰："言此人何以得为相也。"

⑧师古曰："贳,宽纵也。谓释放之也。其下亦同。"

　　然千秋为人敦厚有智,居位自称,逾于前后数公。①初,千秋始视事,见上连年治太子狱,诛罚尤多,群下恐惧,思欲宽广上意,尉安众庶。②乃与御史、中二千石共上寿颂德美,劝上施恩惠,缓刑罚,玩听音乐,养志和神,为天下自虞乐。③上报曰："朕之不德,自左丞相与贰师阴谋逆乱,巫蛊之祸流及士大夫。④朕日一食者累月,乃何乐之听?痛士大夫常在心,既事不咎。⑤虽然,巫蛊始发,诏丞相、御史督二千石求捕,⑥廷尉治,未闻九卿廷尉有所鞫也。⑦曩者,江充先治甘泉宫人,转至未央椒房,⑧以及敬声之畴、李禹之属谋入匈奴,有司无所发,今丞相亲掘兰台蛊验,所明知也。至今余巫颇脱不止,⑨阴贼侵身,远近为蛊,朕愧之甚,何寿之有?敬不举君之觞!谨谢丞相、二千石各就馆。⑩《书》曰:'毋偏毋党,王道荡荡。'⑪毋有复言。"⑫

①师古曰："言称其职也。"

②师古曰："尉安之字,本无心也,是以《汉书》往往存右体字焉。"

③师古曰："虞,与娱同。"

④师古曰："谓与太子战死者也。"

⑤师古曰："言既往之事,不可追咎。"

⑥师古曰："督,察视也。"

⑦师古曰："鞫,问也。"

⑧师古曰："椒房,殿名,皇后所居也。以椒和泥涂壁,取其温而芳也。"

⑨师古曰："言往往尚为蛊也。"

⑩师古曰："谢,告也。馆,官舍也。"

⑪师古曰："《周书·洪范》之辞也。"

⑫师古曰："不许其更请。"

后岁余,武帝疾,立皇子钩弋夫人男为太子,①拜大将军霍光、车骑将军金日磾、御史大夫桑弘羊及丞相千秋,并受遗诏,辅道少主。②武帝崩,昭帝初即位,未任听政,③政事壹决大将军光。千秋居丞相位,谨厚有重德。每公卿朝会,光谓千秋曰:"始与君侯俱受先帝遗诏,今光治内,君侯治外,宜有以教督,使光毋负天下。"④千秋曰:"唯将军留意,即天下幸甚。"终不肯有所言。光以此重之。每有吉祥嘉应,数褒赏丞相。讫昭帝世,国家少事,百姓稍益充实。始元六年,诏郡国举贤衣良文学士,问以民所疾苦,于是盐铁之议起焉。⑤

①师古曰:"钩弋,宫名也,昭帝母赵婕妤居之,故号钩弋夫人也。"
②师古曰:"道,读曰导。"
③师古曰:"年幼,故未堪听政。"
④师古曰:"督,视也。"
⑤师古曰:"议罢盐铁之官,令百姓皆得煮盐铸铁,因总论政治得失也。"

千秋为相十二年,薨,谥曰定侯。初,千秋年老,上优之,朝见,得乘小车入宫殿中,故因号曰"车丞相"。子顺嗣侯,官至云中太守,宣帝时以虎牙将军击匈奴,坐盗增卤获自杀,国除。

桑弘羊为御史大夫八年,自以为国家兴榷筦之利,伐其功,①欲为子弟得官,怨望霍光,与上官桀等谋反,遂诛灭。

①师古曰:"榷,谓专其利使入官也。筦,即管字也,义与干同,皆谓主也。榷,解在《昭纪》。"

王䜣,济南人也。①以郡县吏积功,稍迁为被阳令。②武帝末,军旅数发,郡国盗贼群起,绣衣御史暴胜之使持斧逐捕盗贼,以军兴从事,诛二千石以下。胜之过被阳,欲斩䜣,䜣已解衣伏质,③仰言曰:"使君颛杀生之柄,威震郡国,④今复斩一䜣,不足以增威,不如时有所宽,以明恩贷,⑤令尽死力。"胜之壮其言,贳不诛,因与䜣相结厚。

①师古曰:"䜣字与欣同。"

②孟康曰："故千乘县也。被，音罢。"师古曰："音皮彼反。"

③师古曰："质，锧也，欲斩人皆伏于锧上也。锧，音竹林反。"

④师古曰："为使者，故谓之使君。使，音所吏反。颛，与专同。"

⑤师古曰："贷，犹假也，言饶假之。贷，音土戴反。"

　　胜之使还，荐诉，征为右辅都尉，守右扶风。上数出幸安定、北地，过扶风，宫馆驰道修治，供张辨。①武帝嘉之，驻车拜诉为真，视事十余年。昭帝时为御史大夫，代车千秋为丞相，封宜春侯。明年薨，谥曰敬侯。

　　①师古曰："供，音居用反。张，音竹亮反。"

　　子谭嗣，以列侯与谋废昌邑王，立宣帝，①益封三百户。薨，子咸嗣。王莽妻即咸女，莽篡位，宜春氏以外戚宠。②自诉传国至玄孙，莽败，乃绝。

　　①师古曰："与，读曰豫。"

　　②张晏曰："莽讳取同姓，故氏侯邑也。"师古曰："此说非也。若云王氏则与莽族相涉，故以侯号称之耳。莽本以与谭得姓不同，祖系各别，故为婚娶，既非私窃，不须避讳，讳亦不可掩也。"

　　杨敞，华阴人也。给事大将军莫府，为军司马，霍光爱厚之，稍迁至大司农。元凤中，稻田使者燕苍知上官桀等反谋，以告敞。敞素谨畏事，不敢言，乃移病卧。①以告谏大夫杜延年，延年以闻。苍、延年皆封，敞以九卿不辄言，故不得侯。②后迁御史大夫，代王诉为丞相，封安平侯。

　　①师古曰："移病，谓移书言病。一曰，以病而移居也。"

　　②师古曰："闻之不即告言也。"

　　明年，昭帝崩。昌邑王征即位，淫乱，大将军光与车骑将军张安世谋欲废王更立。议既定，使大司农田延年报敞。敞惊惧，不知所言，汗出洽背，徒唯唯而已。①延年起至更衣，②敞夫人遽从东箱③谓敞曰："此国大事，今大将军议已定，使九卿来报君侯。君侯不疾应，与大将军同心，犹与无决，先事诛矣。"④延年从更衣还，敞、夫人与延年参语许诺，⑤请奉大将军教令，遂共废昌邑王，立宣帝。宣帝即位月余,敞薨,谥曰敬侯。子忠嗣,以敞居位定策安宗庙,益封三千五百户。

①师古曰:"唯唯,恭应之辞也,音弋癸反。"

②师古曰:"古者延宾,必有更衣之处也。"

③师古曰:"遽,速也。"

④师古曰:"与,读曰豫。"

⑤师古曰:"三人共言,故云参语。"

忠弟恽,字子幼,①以忠任为郎,补常侍骑。②恽母,司马迁女也。恽始读外祖《太史公记》,颇为《春秋》。以材能称。好交英俊诸儒,名显朝庭,擢为左曹。霍氏谋反,恽先闻知,因侍中金安上以闻,召见言状,霍氏伏诛,恽等五人皆封,恽为平通侯,迁中郎将。

①师古曰:"恽,音于粉反。"

②师古曰:"为骑郎而常侍,故谓之常侍骑也。"

郎官故事,令郎出钱市财用,给文书,乃得出,名曰"山郎"。①移病尽一日,辄偿一沐,②或至岁余不得沐。其豪富郎,日出游戏,或行钱得善部。③货赂流行,传相放效。④恽为中郎将,罢山郎,移长度大司农,以给财用。⑤其疾病休谒洗沐,皆以法令从事郎、谒者有罪过,辄奏免,荐举其高弟有行能者,至郡守九卿。郎官化之,莫不自厉,绝请谒货赂之端,令行禁止,宫殿之内翕然同声。由是擢为诸吏光禄勋,亲近用事。

①张晏曰:"山,财用之所出,故取名焉。"

②晋灼曰:"五日一洗沐也。"师古曰:"言出财用者,虽非休沐,常得在外也。贫者实病,皆以沐假偿之也。"

③师古曰:"郎官之职,各有主部,故行钱财而择其善,以招权也。"

④师古曰:"放,音斧往反。"

⑤应劭曰:"长,久也。一岁之调度也"。苏林曰:"簿书余缣之长也。"师古曰:"应说是也。言总计一岁所须财用及文书之调度,而移大司农,以官钱供给之,更不取于郎也。"

初,恽受父财五百万,及身封侯,皆以分宗族。后母无子,财亦数百万,死皆予恽,恽尽复分后母昆弟。再受訾千余万,皆以分施,其轻财好义如此。

　　恽居殿中,廉洁无私,郎官称公平。然恽伐其行治,①又性刻害,好发人阴伏,同位有忤己者,必欲害之,以其能高人。由是多怨于朝廷,与太仆戴长乐相失,卒以是败。②

　　①师古曰:"自矜其节行及政治之能也。"

　　②师古曰:"卒,终也。"

　　长乐者,宣帝在民间时与相知,及即位,拔擢亲近。长乐尝使行事斄宗庙,①还,谓掾史曰:"我亲面见受诏,副帝斄,秅侯御。"②人有上书告长乐非所宜言,事下廷尉。长乐疑恽教人告之,亦上书告恽罪:"高昌侯车犇入北掖门,③恽语富平侯张延寿曰:'闻前曾有奔车抵殿门,④门关折,马死,而昭帝崩。今复如此,天时,非人力也。'左冯翊韩延寿有罪下狱,恽上书讼延寿。郎中丘常谓恽曰:'闻君侯讼韩冯翊,当得活乎?'恽曰:'事何容易! 胫胫者未必全也,⑤我不能自保,⑥真人所谓鼠不容穴衔窭数者也。'⑦又中书谒者令宣持单于使者语,视诸将军、中朝二千石。⑧恽曰:'冒顿单于得汉美食好物,谓之殠恶,单于不来明甚。'⑨恽上观西阁上画人,指桀纣画谓乐昌侯王武曰:'天子过此,一二问其过,可以得师矣。'⑩画人有尧舜禹汤不称,而举桀纣。恽闻匈奴降者道单于见杀,恽曰:'得不肖君,大臣为画善计不用,自令身无处所。⑪若秦时但任小臣,诛杀忠良,竟以灭亡;令亲任大臣,即至今耳。⑫古与今如一丘之貉。'⑬恽妄引亡国以诽谤当世,无人臣礼。又语长乐曰:'正月以来,天阴不雨,此《春秋》所记,夏侯君所言。⑭行必不至河东矣。'⑮以上主为戏语,尤悖逆绝理。"

　　①服虔曰:"兼行天子事,先斄习威仪也。"师古曰:"斄,音弋二反。"

　　②师古曰:"我副帝斄而秅侯乃为御耳。御,谓御车也。秅,音丁故反。"

　　③师古曰:"犇,古奔字也。"

　　④师古曰:"抵,触也,音丁礼反。"

　　⑤师古曰:"胫胫,直貌也。"

　　⑥师古曰:"言我尚不能自保,讼人何以得活。"

　　⑦李奇曰:"真人,正人也。"如淳曰:"所以不容穴,坐衔窭数自妨,故不得

入穴。"师古曰："篓数,戴器也。篓,音其羽反。数,音山羽反。解在《东方朔传》。恽自云今之讼人,亦于己有妨。"

⑧师古曰："谓译者所录也。视,读曰示。"

⑨师古曰："时使者云单于欲来朝,故恽云不来。"

⑩师古曰："过此,谓经过此也。问其过,谓桀纣之过恶。"

⑪师古曰："无处所,谓死灭也。"

⑫师古曰："言国祚长远,可以至今犹不亡也。"

⑬师古曰："言其同类也。貉、兽名,似狐而善睡,音胡各反。"

⑭张晏曰："夏侯胜谏昌邑王曰:'天久阴不雨,臣下必有谋上者。'《春秋》无久阴不雨之异也。汉史记胜所言,故曰'《春秋》所记',谓说《春秋》灾异者耳。"师古曰："《春秋》有不雨事,说者因论久阴,附著之也。张谓汉史为《春秋》,失之矣。"

⑮张晏曰："后土祠在河东,天子岁祠之。"

事下廷尉。廷尉定国考问,左验明白,①奏："恽不服罪,而召户将尊,②欲令戒饬富平侯延寿,③曰:'太仆定有死罪数事,朝暮人也。④恽幸与富平侯婚姻,今独三人坐语,侯言"时不闻恽语",自与太仆相触也。'⑤尊曰:'不可。'恽怒,持大刀,曰:'蒙富平侯力得族罪!⑥毋泄恽语,令太仆闻之乱余事。'⑦恽幸得列九卿诸吏,宿卫近臣,上所信任,与闻政事,⑧不竭忠爱,尽臣子义,而妄怨望,称引为訞恶言,⑨大逆不道,请逮捕治。"上不忍加诛,有诏皆免恽、长乐为庶人。

①师古曰："定国,于定国也。左,证左也。言当时在其左右见此事者也。"

②苏林曰："直主门户者也。"师古曰："户将,官名,主户卫,属光禄也。"

③师古曰："饬,与敕同。富平侯张延寿也。"

④师古曰："言不久活也。"

⑤师古曰："令延寿证云恽无此语,长乐诬之也。"

⑥师古曰："恽言富平侯依太仆言而证之,则我得罪至于族灭,深怨之辞也。"

⑦文颖曰："勿使太仆闻恽此语。"师古曰："乱余事者,恐长乐心忿,更加增其余罪状也。"

⑧师古曰："与,读曰豫。"

⑨师古曰："讹,与妖同。"

恽既失爵位,家居治产业,起室宅,以财自娱。岁余,其友人安定太守西河孙会宗,知略士也,与恽书谏戒之,为言大臣废退,当阖门惶惧,为可怜之意,①不当治产业,通宾客,有称誉。恽宰相子,少显朝廷,一朝晻昧语言见废,②内怀不服,报会宗书曰:

①师古曰："阖,闭也。"
②师古曰："晻,与暗同。"

恽材朽行秽,文质无所厎,①幸赖先人余业得备宿卫,遭遇时变,以获爵位,终非其任,卒与祸会。②足下哀其愚,蒙赐书,教督以所不及,③殷勤甚厚。然窃恨足下不深惟其终始,④而猥随俗之毁誉也。⑤言鄙陋之愚心,若逆指而文过,⑥默而息乎,恐违孔氏"各言尔志"之义,⑦故敢略陈其愚,唯君子察焉!

①师古曰："厎,致也,音之履反。"
②师古曰："卒亦终也。"
③师古曰："蒙,蔽。督,视也。"
④师古曰："惟,思也。"
⑤师古曰："猥,曲也。"
⑥师古曰："逆足下之意指,而自文饰其过。"
⑦师古曰："《论语》云颜回、季路侍,子曰'盍各言尔志',故恽引之。"

恽家方隆盛时,乘朱轮者十人,位在列卿,爵为通侯,总领从官,与闻政事,①曾不能以此时有所建明,以宣德化,又不能与群僚同心并力,陪辅朝廷之遗忘,已负窃位素餐之责久矣。②怀禄贪势,不能自退,遭遇变故,横被口语,③身幽北阙,妻子满狱,当此之时,自以夷灭不足以塞责,④岂意得全首领,复奉先人之丘墓乎?伏惟圣主之恩,不可胜量。君子游道,乐以忘忧;小人全躯,说以忘罪。⑤窃自思念,过已大矣,行已亏矣,长为农夫以没世矣。是故身率妻子,戮力耕桑,灌园治产,以给公上,⑥不意当复用此为讥议也。

①师古曰："与，读曰豫。"

②师古曰："素，空也。不称其职，空食禄也。"

③师古曰："横，音胡孟反。"

④师古曰："塞，补也。"

⑤师古曰："说，读曰悦。"

⑥师古曰："充县官之赋敛也。"

　　夫人情所不能止者，圣人弗禁，故君父至尊亲，①送其终也，有时而既。②臣之得罪，已三年矣。田家作苦，岁时伏腊，亨羊炰羔，斗酒自劳。③家本秦也，能为秦声。妇，赵女也，雅善鼓瑟。奴婢歌者数人，酒后耳热，仰天拊缶④而呼乌乌。⑤其诗曰：'田彼南山，芜秽不治，种一顷豆，落而为萁，人生行乐耳，须富贵何时！'⑥是日也，拂衣而喜，奋袖低卬，⑦顿足起舞。诚淫荒无度，不知其不可也。⑧恽幸有余禄，方籴贱贩贵，逐什一之利，此贾竖之事，污辱之处，恽亲行之。下流之人，众毁所归，不寒而栗。⑨虽雅知恽者，犹随风而靡。⑩尚何称誉之有！董生不云乎？"明明求仁义，常恐不能化民者，卿大夫意也；明明求财利，常恐困乏者，庶人之事也。"⑪故"道不同，不相为谋。"⑫今子尚安得以卿大夫之制而责仆哉！

①师古曰："父至亲，君至尊。"

②张晏曰："丧不过三年，臣见放逐，降居三月，复初。"师古曰："既，已也。"

③师古曰："炰，毛炙肉也，即今所谓煲也。炰，音步交反。羔，音一高反。劳，音来到反。"

④应劭曰："缶，瓦器也。秦人击之以节歌。"师古曰："缶即今之盆类也。"

⑤师古曰："李斯上书云：'击瓮叩缶，弹筝搏髀，而呼乌乌快耳者，真秦声也。'是关中旧有此曲也。"

⑥张晏曰："山高而在阳，人君之象也。芜秽不治，言朝廷之荒乱也。一顷百亩，以喻百官也。言豆者，贞实之物，当在困仓，零落在野，喻已见放弃也。其曲而不直，言朝臣皆诌谀也。"师古曰："萁，豆茎也，音其。须，待也。"

⑦师古曰:"褰,古衣袖字。"

⑧师古曰:"自谓为可也。"

⑨师古曰:"栗,竦缩也。"

⑩师古曰:"言逐众议,皆相毁也。"

⑪师古曰:"引董仲舒之辞也。《仲舒传》作皇皇也。"

⑫师古曰:"《论语》载孔子之辞,恽又引之。为,音于伪反。"

夫西河魏土,文侯所兴,有段干木、田子方之遗风,①漂然皆有节概,知去就之分。②顷者,足下离旧土,临安定,安定山谷之间,昆戎旧壤,③子弟贪鄙,岂习俗之移人哉?于今乃睹子之志矣。④方当盛汉之隆,愿勉旃,毋多谈。⑤

①应邵曰:"段干木、田子方,魏贤人也。"

②师古曰:"漂然,高远意。概,度量也。漂,音匹遥反。概,音工代反。分,音扶问反。"

③文颖曰:"昆夷之地也。"

④师古曰:"言岂随安定贪鄙之俗而易其操乎?平生谓子为达道,今乃见子之志与我不同者也。"

⑤师古曰:"旃,之也。言子当自勉厉以立功名,不须多与我言也。"

又恽兄子安平侯谭为典属国,谓恽曰:"西河太守建平杜侯,①前以罪过出,今征为御史大夫。侯罪薄,又有功,且复用。"恽曰:"有功何益?县官不足为尽力。"恽素与盖宽饶、韩延寿善,谭即曰:"县官实然,盖司隶、韩冯翊皆尽力吏也,俱坐事诛。"会有日食变,驺马猥佐成上书告恽②"骄奢不悔过,日食之咎,此人所致"。章下廷尉按验,得所予会宗书,宣帝见而恶之。廷尉当恽大逆无道,③要斩。妻子徙酒泉郡。谭坐不谏正恽,与相应,有怨望语,免为庶人。召拜成为郎。诸在位与恽厚善者,未央卫尉韦玄成、京兆尹张敞及孙会宗等,皆免官。

①师古曰:"杜延年。"

②如淳曰:"驺马,以给驺使乘之。佐,主猥马吏也。有吏有佐名成者。"

③师古曰:"当,谓处断其罪。"

蔡义,河内温人也。以明经给事大将军莫府。家贫,常步行,资礼不逮众门下,好事者相合①为义买犊车,令乘之。数岁,迁补覆盎城门候。②

①师古曰:"言众敛钱物。"

②师古曰:"门候,主候时而开闭也。"

久之,诏求能为《韩诗》者,征义待诏,久不进见。义上疏曰:"臣山东草莱之人,行能亡所比,容貌不及众,然而不弃人伦者,窃以闻道于先师,自托于经术也。愿赐清闲之燕,①得尽精思于前。"上召见义,说《诗》,甚说之,②擢为光禄大夫给事中,进授昭帝。数岁,拜为少府,迁御史大夫,代杨敞为丞相,封阳平侯。又以定策安宗庙益封,加赐黄金二百斤。

①师古曰:"燕,安息也。闲,读曰闲。"

②师古曰:"下说,读曰悦。"

义为丞相时年八十余,短小无须眉,貌似老妪,行步俛偻,①常两吏扶夹乃能行。时大将军光秉政,议者或言光置宰相不选贤,苟用可颛制者。②光闻之,谓侍中左右及官属曰:"以为人主师当为宰相,何谓云云?③此语不可使天下闻也。"

①师古曰:"俛即俯字也。偻,曲背也。偻,音力主反。"

②师古曰:"颛,与专同。其后类此。"

③师古曰:"云云,众语,谓有不选贤之言也。"

义为相四岁,薨,谥曰节侯。无子,国除。

陈万年字幼公,沛郡相人也。为郡吏,察举,至县令,迁广陵太守,①以高弟入为右扶风,迁太仆。

①师古曰:"屡被察廉及举荐,故得迁之也。"

万年廉平,内行修,然善事人,赂遗外戚许、史,倾家自尽,尤事乐陵侯史高。丞相丙吉病,中二千石上谒问疾。①遣家丞出谢,谢已皆去,万年独留,昏夜乃归。及吉病甚,上自临,问以大臣行能。吉荐于定国、杜延年及万年。万年竟代定国为御史大夫,八岁病卒,

①师古曰:"上谒,若今通名也。"

子咸,字子康,年十八,以万年任为郎。有异材,抗直,数言事,刺讥近臣,书数十上,迁为左曹。万年尝病,召咸教戒于床下,语至夜半,咸睡,头触屏风,万年大怒,欲杖之,曰:"乃公教戒汝,汝反睡,不听吾言,何也?"咸叩头谢曰:"具晓所言,大要教咸谄也。"①万年乃不复言。

　　①师古曰:"大要,大归也。谄,古谄字也。"

万年死后,元帝擢咸为御史中丞,总领州郡奏事,课第诸刺史,内执法殿中,公卿以下皆敬惮之。是时,中书令石显用事颛权,咸颇言显短,显等恨之。时槐里令朱云残酷杀不辜,有司举奏,未下。①咸素善云,云从刺候,教令上书自讼。②于是石显微伺知之,白奏咸漏泄省中语,下狱掠治,③减死,髡为城旦,因废。

　　①师古曰:"天子未下其章也。"

　　②晋灼曰:"云从咸刺探伺候事之轻重,咸因教令上书。"

　　③师古曰:"掠,笞击也,音力向反。"

成帝初即位,大将军王凤以咸前指言石显,有忠直节,奏请咸补长史。迁冀州刺史,奉使称意,征为谏大夫。复出为楚内史,北海、东郡太守。坐为京兆尹王章所荐,章诛,咸免官。起家复为南阳太守。所居以杀伐立威,豪猾吏及大姓犯法,辄论输府,①以律程作司空,②为地白木杵,舂不中程,或私解脱钳钛,衣服不如法,③辄加罪笞。督作剧,不胜痛,④自绞死,岁数百千人,久者虫出腐烂,家不得收。其治放严延年,其廉不如。所居调发属县所出食物以自奉养,⑤奢侈玉食。⑥然操持橼史,⑦郡中长吏皆令闭门自敛,不得逾法。公移敕书曰:⑧"即各欲求索自快,是一郡百太守也,何得然哉!"下吏畏之,豪强执服,⑨令行禁止,然亦以此见废。咸,三公子,少显名于朝廷,而薛宣、朱博、翟方进、孔光等仕宦绝在咸后,皆以廉俭先至公卿,而咸滞于郡守。

　　①师古曰:"府,谓郡之府。"

　　②师古曰:"司空,主行役之官。"

　　③师古曰:"钳在颈,钛在足,皆以铁为之。钳,音其炎反。钛,音弟。"

④师古曰："作程剧苦,又被督察,笞罚既多,故不胜痛也。"

⑤师古曰："调,徒钓反。"

⑥师古曰："玉食,美食如玉也。"

⑦师古曰："操,执也,音千高反。"

⑧师古曰："公然移书以约敕也。"

⑨师古曰："执,读曰慹,音之涉反。"

时车骑将军王音辅政,信用陈汤。咸数赂遗汤,予书曰:"即蒙子公力,得入帝城,死不恨。"①后竟征入为少府。少府多宝物属官,咸皆钩校,发其奸臧,②没入辜榷财物。③官属及诸中宫黄门、钩盾、掖庭官吏,举奏按论,畏咸,皆失气。为少府三岁,与翟方进有隙。方进为丞相,奏:"咸前为郡守,所在残酷,毒螫加于吏民。主守盗,受所监。④而官媚邪臣陈汤以求荐举。苟得无耻,不宜处位。"咸坐免。顷之,红阳侯立举咸方正为光禄大夫给事中,方进复奏免之。后数年,立有罪就国,方进奏归咸故郡,以忧死。

①师古曰："子公,汤之字。"

②师古曰："钩,音工候反。"

③师古曰："辜,罪也。榷,专固也。"

④如淳曰："律,主守而盗直十金,弃市。"师古曰："受所监法,解在《景纪》也。"

郑弘字稚卿,泰山刚人也。①兄昌字次卿,亦好学,皆明经,通法律政事。次卿为太原、涿郡太守,弘为南阳太守,皆著治迹,条教法度,为后所述。次卿用刑罚深,不如弘平。迁淮阳相,以高第入为右扶风,京师称之。代韦玄成为御史大夫。六岁,坐与京房论议免。语在《房传》。

①师古曰："稺,古稚字。"

赞曰:所谓盐铁议者,起始元中,征文学贤良问以治乱,皆对愿罢郡国盐铁酒榷均输,①务本抑末,毋与天下争利,然后教化可兴。御史大夫弘羊以为此乃所以安边竟,制四夷,②国家大业,不可废也。当时相诘难，颇有其议文。至宣帝时，汝南桓宽次公③治《公羊春秋》，举为郎，至庐江太守丞，博通善属文，推衍监铁之议，增广条目，极其论难，著数万言，④亦欲以究治乱，成一家之法焉。其辞曰：⑤"观公卿贤良文学之议，'异乎吾所闻'。⑥闻汝南朱生言，当此之时，英俊并进，贤良茂陵唐生、文学鲁国万生之徒六十有余人咸聚阙庭，舒六艺之风，陈治平之原，知者赞其虑，仁者明其施，勇者见其断，⑦辩者骋其辞，断断焉，行行焉，⑧虽未详备，斯可略观矣。中山刘子推言王道，挢当世，反诸正，⑨彬彬然弘博君子也。⑩九江祝生奋史鱼之节，发愤懑，讥公卿，⑪介然直而不挠，⑫可谓不畏强圉矣。桑大夫据当世，合时变，上权利之略，虽非正法，巨儒宿学不能自解，⑬博物通达之士也。然摄公卿之柄，不师古始，放于末利，⑭处非其位，行非其道，果陨其性，以及厥宗。⑮车丞相履伊吕之列，当轴处中，括囊不言，容身而去，⑯彼哉！彼哉！⑰若夫丞相、御史两府之士，不能正义以辅宰相，成同类，长同行，阿意苟合，以说其上，⑱'斗筲之徒，何足选也！'"⑲

①师古曰："酒榷均输，解在《武纪》及《食货志》。"

②师古曰："竟，读曰境。"

③师古曰："次公者，宽之字。"

④师古曰："即今之所行《盐铁论》十卷是也。"

⑤师古曰："谓桓宽总评议其善恶。"

⑥师古曰："《论语》载子张之言。言不与己志同也，故宽引之。"

⑦师古曰："断，音丁唤反。"

⑧师古曰："断断，辩争之貌。行行，刚强之貌也。断，音牛斤反。行，音胡浪反。"

⑨师古曰："正曲曰挢。诸，之也。挢，读与矫同，其字从手。"

⑩师古曰："彬彬，文章貌也，音彼昃反。"

⑪师古曰："懑，音满，又莫本反。"

⑫师古曰："挠，曲也，音女教反。"

⑬师古曰："解，释也。言理不出于弘羊也。"

⑭师古曰："放，纵也。谓纵心于利也。一说，放，依也，音方往反。《论语》

　　称孔子曰'放于利而行,多怨'也。"

⑮师古曰:"性,生也。谓与上官桀谋反诛也。"

⑯师古曰:"括,结也。《易·坤卦》六四爻辞曰'括囊,无咎无誉',言自闭慎如囊之括结也。"

⑰师古曰:"《论语》云或问子西,孔子曰:'彼哉!彼哉!'言彼人哉,无足称也。"

⑱师古曰:"说,读曰悦。"

⑲师古曰:"筲,竹器也,容一斗。选,数也。《论语》云子贡问曰:'今之从政者何如?'孔子曰:'噫,斗筲之人,何足选也!'言其材器小劣,不足数也。筲,音所交反。选,音先坑反。噫,叹声也。噫,音于其反。"

汉书卷六七
列传第三七

杨王孙　胡建　朱云　梅福
云敞

　　杨王孙者,孝武时人也。学黄老之术,家业千金,厚自奉养生,亡所不致。① 及病且终,先令其子,② 曰:"吾欲裸葬,以反吾真,③必亡易吾意。④ 死则为布囊盛尸,入地七尺,既下,从足引脱其囊,以身亲土。"其子欲默而不从,重废父命,⑤ 欲从之,心又不忍,乃往见王孙友人祁侯。⑥

　　①师古曰:"致,至也。"

　　②师古曰:"先令,为遗令。"

　　③师古曰:"裸者,不为衣衾棺椁者也。反,归也。真者,自然之道也。裸,音郎果反。"

　　④师古曰:"易,改也。"

　　⑤师古曰:"重,难也。"

　　⑥师古曰:"祁侯缯贺之孙承嗣者,名它。"

　　祁侯与王孙书曰:"王孙苦疾,仆迫从上祠雍,未得诣前。① 愿存精神,省思虑,进医药,厚自持。窃闻王孙先令裸葬,令死者亡知则已,若其有知,是戮尸地下,将裸见先人,窃为王孙不取也。且《孝经》曰'为之棺椁衣衾',是亦圣人之遗制,何必区区独守所闻?② 愿王孙察焉。"

　　①师古曰:"诣,至也。至前,言来见也。"

②师古曰："区区，小意也。"

王孙报曰："盖闻古之圣王，缘人情不忍其亲，故为制礼，今则越之，①吾是以裸葬，将以矫世也。②夫厚葬诚亡益于死者，而俗人竞以相高，靡财单币，腐之地下。③或乃今日入而明日发，④此真与暴骸于中野何异！且夫死者，终生之化，而物之归者也。归者得至，化者得变，是物各反其真也。反真冥冥，亡形亡声，乃合道情。夫饰外以华众，厚葬以鬲真，⑤使归者不得至，化者不得变，是使物各失其所也。且吾闻之，精神者天之有也，形骸者地之有也。⑥精神离形，各归其真，故谓之鬼，鬼之为言归也。其尸块然独处，岂有知哉？⑦裹以币帛，鬲以棺椁，支体络束，口含玉石，欲化不得，郁为枯腊，千载之后，棺椁朽腐，乃得归土，就其真宅。繇是言之，焉用久客！⑧昔帝尧之葬也，窾木为匮，葛蔂为缄，⑨其穿下不乱泉，上不泄殠。⑩故圣王生易尚，死易葬也。⑪不加功于亡用，不捐财于亡谓。⑫今费财厚葬，留归鬲至，死者不知，生者不得，是谓重惑。於戏！吾不为也。"⑬

①师古曰："言逾礼而厚葬也。"

②师古曰："正曲曰矫。"

③师古曰："靡，散也。单，尽也。"

④师古曰："言见发掘也。"

⑤师古曰："鬲。与隔同。其后并类此。"

⑥师古曰："文子称天气为魂。延陵季子云：'骨肉下归于土'，是以云然。"

⑦师古曰："块，音口对反。"

⑧师古曰："言不用久为客也。繇，读与由同。"

⑨服虔曰："窾音款。款，空也。空木为匮。"师古曰："匮即椟字也。椟，小棺也。蔂，葛蔓也。一曰，蔂亦草名，葛之类也。缄，束也。蔂，音力水反。缄，音工咸反。"

⑩师古曰："乱，绝也。"

⑪师古曰："尚，崇也。言生死皆俭约也。"

⑫师古曰："谓者，名称也，亦指趣也。"

⑬师古曰："於，读曰乌。戏，读曰呼。"

祁侯曰:"善。"遂裸葬。

胡建字子孟,河东人也。孝武天汉中,守军正丞,①贫亡车马,常步与走卒起居,所以尉荐走卒,甚得其心。②时监军御史为奸,穿北军垒垣以为贾区,③建欲诛之,乃约其走卒④曰:"我欲与公有所诛,吾言取之则取,斩之则斩。"于是当选士马日,监御史与护军诸校列坐堂皇上,⑤建从走卒趋至堂皇下拜谒,因上堂,走卒皆上。建指监御史曰:"取彼。"走卒前曳下堂皇。建曰:"斩之。"遂斩御史。护军诸校皆愕惊,不知所以。建亦已有成奏在其怀中,遂上奏曰:"臣闻军法,立武以威众,诛恶以禁邪。今监御史公穿军垣以求贾利,⑥私买卖以与士市,不立刚毅之心,勇猛之节,亡以师先士大夫,尤失理不公。用文吏议,不至重法。《黄帝李法》曰:⑦'壁垒已定,穿窬不繇路,是谓奸人,奸人者杀。'⑧臣谨案军法曰:'正亡属将军,将军有罪以闻,⑨二千石以下行法焉。'⑩丞于用法疑,⑪执事不诿上,⑫臣谨以斩,昧死以闻。"制曰:"《司马法》曰'国容不入军,军容不入国',何文吏也?⑬三王或誓于军中,欲民先成其虑也;或誓于军门之外,欲民先意以待事也;⑭或将交刃而誓,致民志也。⑮建又何疑焉?"建繇是显名。

①师古曰:"南北军各有正,正又置丞,而建未得真官,兼守之。"

②师古曰:"尉者,自上安之也。荐者,举籍也。"

③师古曰:"坐卖曰贾,为卖物之区也。区者,小室之名,若今小庵屋之类耳。故卫士之屋谓之区庐宿,卫宫外士称为区士也。贾,音古。其下亦同。"

④师古曰:"约,束也。"

⑤师古曰:"校者,军之诸部校也。室无四壁曰皇。"

⑥师古曰:"公,谓显然为之。"

⑦苏林曰:"狱官名也。《天文志》'左角李,右角将'。"孟康曰:"兵书之法也。"师古曰:"李者,法官之号也,总主征伐刑戮之事也,故称其书曰《李法》。苏说近之。"

⑧师古曰:"窬,小窦也,音逾。繇,读与由同。下皆类此。"

⑨师古曰："言军正不属将军。将军有罪过,得表奏之。"

⑩孟康曰："二千石,谓军中校尉、都尉之属。"

⑪孟康曰："丞属军正,斩御史于法有疑。"

⑫师古曰："诿,累也。言执事者,当见法即行,不可以事累于上也。诿,音女瑞反。累,音力瑞反。"

⑬师古曰："《司马法》亦兵书之名也,解在《主父偃传》。诏言在于军中,何用文吏议也。"

⑭师古曰："虑,谓计念也。先意,谓先为之意也。"

⑮师古曰："欲致民勇志,使不奔北。"

后为渭城令,治甚有声。值昭帝幼,皇后父上官将军安与帝姊盖主私夫丁外人相善。外人骄恣,怨故京兆尹樊福,使客射杀之。客臧公主庐,吏不敢捕。渭城令建将吏卒围捕。盖主闻之,与外人、上官将军多从奴客往,犇射追吏,①吏散走。主使仆射劾渭城令游徼伤主家奴。建报亡它坐。②盖主怒,使人上书告建侵辱长公主,射甲舍门。③知吏贼伤奴,辟报故不穷审。④大将军霍光寝其奏。后光病,上官氏代听事,下吏捕建,建自杀。吏民称冤,至今渭城立其祠。

①师古曰："犇,古奔字也。奔走赴之而射也。"

②服虔曰："言游徼奉公,无它坐也。"

③师古曰："甲舍即甲第,公主之宅。"

④苏林曰："辟,回也。报,论也。断狱为报。故言有故也。不穷审,穷尽其事也。"师古曰："苏说非也。言为游徼避罪而妄报文书,故不穷治也。辟,读曰避。"

朱云字游,鲁人也,徙平陵。少时通轻侠,借客报仇。①长八尺余,容貌甚壮,以勇力闻。年四十,乃变节从博士白子友受《易》,又事前将军萧望之受《论语》,皆能传其业。好倜傥大节,②当世以是高之。

①师古曰："借,助也,音子夜反。"

②师古曰："倜,音吐历反。"

元帝时,琅邪贡禹为御史大夫,而华阴守丞嘉上封事,①言"治道在于得贤，御史之官，宰相之副，九卿之右，②不可不选。平陵朱云，兼资文武，忠正有智略，可使以六百石秩试守御史大夫，以尽其能。”上乃下其事问公卿。太子少傅匡衡对，以为“大臣者，国家之股肱，万姓所瞻仰，明王所慎择也。传曰下轻其上爵，贱人图柄臣，则国家摇动而民不静矣。③今嘉从守丞而图大臣之位，欲以匹夫徒步之人而超九卿之右，非所以重国家而尊社稷也。自尧之用舜，文王于太公，犹试然后爵之，又况朱云者乎？云素好勇，数犯法亡命，受《易》颇有师道，其行义未有以异。今御史大夫禹洁白廉正，经术通明，有伯夷、史鱼之风，海内莫不闻知，而嘉猥称云，④欲令为御史大夫，妄相称举，疑有奸心，渐不可长，宜下有司案验，以明好恶。”嘉竟坐之。

　　①师古曰：“守华阴县丞者，其人名嘉。”
　　②师古曰：“右言在上也。”
　　③师古曰：“上爵，大官也。图，谋也。柄臣，执权之臣。”
　　④师古曰：“猥，曲也。”

　　是时，少府五鹿充宗贵幸，为《梁丘易》。自宣帝时善梁丘氏说，元帝好之，欲考其异同，令充宗与诸《易》家论。充宗乘贵辩口，①诸儒莫能与抗，皆称疾不敢会。有荐云者，召入，摄齐登堂，②抗首而请，音动左右。③既论难，连拄五鹿君，④故诸儒为之语曰：“五鹿岳岳，朱云折其角。”⑤繇是为博士。

　　①师古曰：“乘，因也。言因藉尊贵之权也。”
　　②师古曰：“齐，衣下之裳，音子私反。”
　　③师古曰：“抗，举也。”
　　④师古曰：“拄，刺也，距也，音竹庾反。”
　　⑤师古曰：“岳岳，长角之貌。”

　　迁杜陵令，坐故纵亡命，会赦，举方正，为槐里令。时中书令石显用事，与充宗为党，百僚畏之。唯御史中丞陈咸年少抗节，不附显等，而与云相结。云数上疏，言丞相韦玄成容身保位，亡能往来，①而咸数毁石显。久之，有司考云，疑风吏杀人。②群臣朝见，上问丞相以云治行。丞相玄成言云暴虐亡状。③时陈咸在前，闻之，以语云。云上书自讼，咸为定奏草，求下御史中丞。事下丞相，丞相部吏考立其杀人罪。④云亡入长安，复与咸计议。丞相具发其事，奏"咸宿卫执法之臣，幸得进见，漏泄所闻，以私语云，为定奏草，欲令自下治，⑤后知云亡命罪人，而与交通，云以故不得。"⑥上于是下咸、云狱，减死为城旦。咸、云遂废锢，终元帝世。

① 李奇曰："不能有所前却也。"师古曰："《周书·君奭》之篇称周公曰：'惟文王尚克修和有夏，有若虢叔、闳夭、散宜生、泰颠、南宫括。'又曰'亡能往来'。故云引此以为言也。"

② 师古曰："风，读曰讽。"

③ 师古曰："无善状也。"

④ 师古曰："立，成也。"

⑤ 师古曰："咸为御史中丞，而奏请下中丞，故云自下治。"

⑥ 师古曰："吏捕之不得。"

至成帝时，丞相故安昌侯张禹以帝师位特进，甚尊重。云上书求见，公卿在前。云曰："今朝廷大臣上不能匡主，下亡以益民，皆尸位素餐，①孔子所谓'鄙夫不可与事君'，'苟患失之，亡所不至'者也。②臣愿赐尚方斩马剑，断佞臣一人，以厉其余。"③上问："谁也？"对曰："安昌侯张禹。"上大怒，曰："小臣居下讪上，廷辱师傅，④罪死不赦。"御史将云下，云攀殿槛，槛折。⑤云呼曰：⑥"臣得下从龙逢、比干游于地下，足矣！⑦未知圣朝何如耳？"⑧御史遂将云去。于是左将军辛庆忌免冠解印绶，叩头殿下曰："此臣素著狂直于世。⑨使其言是，不可诛；其言非，固当容之。臣敢以死争。"庆忌叩头流血。上意解，然后得已。及后当治槛，上曰："勿易！因而辑之，以旌直臣。"⑩

① 师古曰："尸，主也。素，空也。尸位者，不举其事，但主其位而已。素餐者，德不称官，空当食禄。"

② 师古曰："皆《论语》所载孔子之言也。苟患失其宠禄，则言行僻邪，无所不至也。"

③ 师古曰："尚方，少府之属官也，作供御器物，故有斩马剑，剑利可以斩马也。"

④师古曰："讪，谤也，音所谏反，又音删。"

⑤师古曰："槛，轩前栏也。"

⑥师古曰："呼，叫也，音火故反。"

⑦师古曰："关龙逢，桀臣，王子比干，纣之诸父，皆以谏而死，故云然。"

⑧师古曰："言杀直臣其声恶。"

⑨师古曰："著，表也。言此名久彰表。"

⑩师古曰："辑，与集同，谓补合之也。旌，表也。"

　　云自是之后不复仕，常居鄠田，时出乘牛车从诸生，所过皆敬事焉。薛宣为丞相，云往见之。宣备宾主礼，因留云宿，从容谓云曰：①"在田野亡事，且留我东阁，可以观四方奇士。"云曰："小生，乃欲相吏邪？"②宣不敢复言。

①师古曰："从，音七庸反。"

②师古曰："小生，谓其新学后进。言欲以我为吏乎？"

　　其教授，择诸生，然后为弟子。九江严望及望兄子元，字仲，能传云学，皆为博士。望至泰山太守。

　　云年七十余，终于家。病不呼医饮药，遗言以身服敛，棺周于身，土周于椁，①为丈五坟，葬平陵东郭外。

①师古曰："棺周于身，小棺裁容身也。土周于椁，冢圹裁容椁也。"

　　梅福字子真，九江寿春人也。少学长安，明《尚书》、《谷梁春秋》，为郡文学，补南昌尉。①后去官归寿春，数因县道上言变事，②求假轺传，③诣行在所条对急政，④辄报罢。

①师古曰："豫章之县。"

②师古曰："附县道之使而封奏也。变，谓非常之事。"

③师古曰："小车之传也。轺，音遥。传，音张恋反。"

④师古曰："条对者，一一条录而对之。"

　　是时，成帝委任大将军王凤，凤专势擅朝，而京兆尹王章素忠直，讥刺凤，为凤所诛。王氏浸盛，①灾异数见，群下莫敢正言。福复上书曰：

①师古曰："浸，渐也。"

　　臣闻箕子佯狂于殷，而为周陈《洪范》；叔孙通遁秦归汉，制作仪品。①夫叔孙先非不忠也，②箕子非疏其家而畔亲也，③不可为言也。昔高祖纳善若不及，从谏若转圜，④听言不求其能，举功不考其素。⑤陈平起于亡命而为谋主，韩信拔于行陈而建上将。⑥故天下之士云合归汉，⑦争进奇异，知者竭其策，愚者尽其虑，勇士极其节，怯夫勉其死。合天下之知，并天下之威，是以举秦如鸿毛，取楚若拾遗，⑧此高祖所以亡敌于天下也。⑨孝文皇帝起于代谷，⑩非有周召之师，伊吕之佐也，⑪循高祖之法，加以恭俭。当此之时，天下几平。⑫繇是言之，循高祖之法则治，不循则乱。何者？秦为亡道，削仲尼之迹，灭周公之轨，⑬坏井田，除五等，礼废乐崩，王道不通，故欲行王道者莫能致其功也。孝武皇帝好忠谏，说至言，⑭出爵不待廉茂，庆赐不须显功，⑮是以天下布衣各厉志竭精以赴阙廷自炫鬻者不可胜数。汉家得贤，于此为盛。使孝武皇帝听用其计，升平可致。⑯于是积尸暴骨，快心胡越，故淮南王安缘间而起。所以计虑不成而谋议泄者，以众贤聚于本朝，⑰故其大臣势陵不敢和从也。⑱方今布衣乃窥国家之隙，见间而起者，蜀郡是也。⑲及山阳亡徒苏令之群，蹈藉名都大郡，求党与，索随和，⑳而亡逃匿之意。此皆轻量大臣，亡所畏忌；国家权之轻，故匹夫欲与上争衡也。

①师古曰："遁，逃也。"

②师古曰："先，犹言先生也。一曰，先，谓在秦时。"

③师古曰："箕子，纣之诸父，故言疏家畔亲也。"

④师古曰："不及，恐失之也。转圜，言其顺也。"

⑤师古曰："直取其功，不论其旧行及所从来也。"

⑥师古曰："立为大将军。"

⑦师古曰："言四面而至。"

⑧师古曰："鸿毛喻轻。拾遗，言其易也。"

⑨师古曰："亡，读曰无。"

⑩师古曰："从代而来即帝位。"

⑪师古曰："召,读曰邵。"

⑫师古曰："几,音巨依反。"

⑬师古曰："轨,法也。"

⑭师古曰："说,读曰悦。"

⑮师古曰："谓谏争合意即得官爵,不由荐举及军功也。廉,廉吏也。茂,茂材也。"

⑯张晏曰："民有三年之储曰升平。"

⑰师古曰："本朝,汉朝也。"

⑱服虔曰："臣势陵君也。"师古曰："谓淮南大臣相内史之属也。"

⑲孟康曰："成帝鸿嘉中,广汉男子郑躬等反是也。"

⑳李奇曰："求索与己和及随己者。"

　　士者,国之重器;得士则重,失士则轻。《诗》云:"济济多士,文王以宁。"①庙堂之议,非草茅所当言也。臣诚恐身涂野草,尸并卒伍,故数上书求见,辄报罢。臣闻齐桓之时有以九九见者,桓公不逆,欲以致大也。②今臣所言非特九九也,陛下距臣者三矣,此天下士所以不至也。昔秦武王好力,任鄙叩关自鬻;③缪公行伯,繇余归德。④今欲致天下之士,民有上书求见者,辄使诣尚书问其所言,言可采取者,秩以升斗之禄,赐以一束之帛。若此,则天下之士发愤懑,吐忠言,⑤嘉谋日闻于上,天下条贯,国家表里,烂然可睹矣。⑥夫以四海之广,士民之数,能言之类至众多也。然其俊桀指世陈政,言成文章,质之先圣而不缪,施之当世合时务,⑦若此者,亦亡几人。⑧故爵禄束帛者,天下之底石,高祖所以厉世摩钝也。⑨孔子曰:"工欲善其事,必先利其器。"⑩至秦则不然,张诽谤之罔,以为汉驱除,倒持泰阿,授楚其柄。⑪故诚能勿失其柄,天下虽有不顺,莫敢触其锋,此孝武皇帝所以辟地建功为汉世宗也。⑫今不循伯者之道,⑬乃欲以三代选举之法取当世之士,犹察伯乐之图,求骐骥于市,而不可得,亦已明矣。故高祖弃陈平之过而获其谋,⑭晋文召天王,齐桓用其仇,⑮亡益于时,不顾逆顺,此所谓伯道者也。一色体谓之醇,白黑杂合谓之驳。欲以承平之法治暴秦之绪,⑯犹以乡饮酒之礼理军市也。

①师古曰:"《大雅·文王》之诗也。已解于上。"

②师古曰:"九九,算术,若今《九章》、《五曹》之辈。"

③师古曰:"秦武王即孝公之孙,惠文王之子也。任鄙,力士也。"

④师古曰:"即秦穆公也。伯,读曰霸。繇,读曰由。"

⑤师古曰:"懑,音满。"

⑥师古曰:"烂然,分明之貌。"

⑦师古曰:"质,正也。"

⑧师古曰:"无几,言不多也。几,音居岂反。"

⑨师古曰:"砥,细石也,音之履反,又音只。"

⑩师古曰:"《论语》载孔子之言也。工以喻国政,利器喻贤材。"

⑪师古曰:"太阿,剑名。欧冶所铸也。言秦无道,令陈涉、项羽乘间而发,譬倒持剑而以把授与人也。"

⑫师古曰:"辟,读曰闢。"

⑬师古曰:"伯,读曰霸。次下亦同。"

⑭师古曰:"盗嫂受金之事。"

⑮师古曰:"召天王,谓狩于河阳也。用其仇,谓以管仲为相。并解于上。"

⑯师古曰:"绪,谓余业也。"

　　今陛下既不纳天下之言,又加戮焉。夫鹝鹊遭害,则仁鸟增逝;①愚者蒙戮,则知士深退。②间者愚民上疏,多触不急之法,或下廷尉,而死者众。③自阳朔以来,天下以言为讳,朝廷尤甚,④群臣皆承顺上指,莫有执正。何以明其然也?取民所上书,陛下之所善,试下之廷尉,廷尉必曰:'非所宜言,大不敬。'以此卜之,一矣。故京兆尹王章资质忠直,敢面引廷争,孝元皇帝擢之,以厉具臣而矫曲朝。⑤及至陛下,戮及妻子。且恶恶止其身,王章非有反畔之辜,而殃及家。折直士之节,结谏臣之舌,群臣皆知其非,然不敢争,天下以言为戒,最国家之大患也。愿陛下循高祖之轨,杜亡秦之路,⑥数御《十月》之歌,⑦留意《亡逸》之戒,⑧除不急之法,下亡讳之诏,博览兼听,谋及疏

贱，令深者不隐，远者不塞，所谓"辟四门，明四目"也。⑨且不
急之法，诽谤之微者也。"往者不可及，来者犹可追。"方今君命
犯而主威夺，⑩外戚之权日以益隆，陛下不见其形，愿察其景。
建始以来，日食地震，以率言之，三倍春秋，水灾亡与比数。⑪
阴盛阳微，金铁为飞，此何景也！⑫汉兴以来，社稷二危。吕、
霍、上官皆母后之家也，亲亲之道，全之为右，⑬当与之贤师良
傅，教以忠孝之道。今乃尊宠其位，授以魁柄，⑭使之骄逆，至
于夷灭，⑮此失亲亲之大者也。自霍光之贤，不能为子孙虑，故
权臣易世则危。《书》曰："毋若火，始庸庸。"⑯势陵于君，权隆
于主，然后防之，亦亡及已。⑰

①师古曰："载，鸱也。仁鸟，鸾凤也。载，音缘。"

②师古曰："蒙，被也。"

③师古曰：'以其所言为不急而罪之也。'"

④师古曰："防人之口，法楚严切。"

⑤师古曰："具臣，具位之臣无益者也。矫，正也。"

⑥师古曰："杜，塞也。"

⑦孟康曰："福讥切王氏。《十月》之诗，刺后族太盛也。"师古曰："《诗·小
　　雅·十月之交》篇也。"

⑧师古曰："《周书》篇名也。周公作之，以戒成王。"

⑨师古曰："《虞书·舜典》曰'辟四门，明四目'，言开四门以致众贤，则明
　　视于四方也。"

⑩师古曰："君命犯者，谓大臣犯君之命。"

⑪师古曰："言其极多，不可比校而数也。"

⑫张晏曰："河平二年，沛郡铁官铸铁如星飞上去，权臣用事之异也。"苏
　　林曰："'言之不从，是谓不艾，则金不从革。'景，象也。何象，言将危亡
　　也。"

⑬师古曰："务全安之，此为上。"

⑭师古曰："以斗为喻也，斗身为魁。"

⑮师古曰："夷，平也，谓平除之。"

⑯师古曰："《周书·洛诰》之辞也。庸庸，微小貌也。言火始微小，不早扑
　　灭则至炽盛。大臣贵擅，亦当图黜其权也。"

⑰师古曰："已,语终辞。"

上遂不纳?

　　成帝久亡继嗣,福以为宜建三统,封孔子之世以为殷后,复上书曰:

　　　臣闻"不在其位,不谋其政"。政者职也,位卑而言高者罪也。越职触罪,危言世患,虽伏质横分,臣之愿也。①守职不言,没齿身全,死之日,尸未腐而名灭,虽有景公之位,伏历千驷,臣不贪也。②故愿壹登文石之陛,涉赤墀之涂,③当户牖之法坐,④尽平生之愚虑。亡益于时,有遗于世,⑤此臣寝所以不安,食所以忘味也。愿陛下深省臣言。⑥

①师古曰："伏质,斩刑也。横分,谓身首分离也。"

②师古曰："景公,齐景公也。《论语》云:'齐景公有马千驷,死之日,人无得而称焉。'故引之也。"

③应劭曰："以丹淹泥涂殿上也。"

④师古曰："户牖之间谓之扆,言负扆也。法坐,正坐也,听朝之处,犹言法官、法驾也。坐,音才卧反。"

⑤师古曰："遗,留也。"

⑥师古曰："省,察也。"

　　　臣闻存人所以自立也,壅人所以自塞也。善恶之报,各如其事。昔者秦灭二周,夷六国,①隐士不显,佚民不举,②绝三统,灭天道,是以身危子杀,厥孙不嗣,③所谓壅人以自塞者也。故武王克殷,未下车,存五帝之后,封殷于宋,绍夏于杞,④明著三统,示不独有也。是以姬姓半天下,迁庙之主,流出于户,⑤所谓存人以自立者也。今成汤不祀,殷人亡后,陛下继嗣久微,殆为此也。《春秋》经曰:"宋杀其大夫。"《谷梁传》曰:"其不称名姓,以其在祖位,尊之也。"⑥此言孔子故殷后也,虽不正统,封其子孙以为殷后,礼亦宜之。何者?诸侯夺宗,圣庶夺適。⑦传曰"贤者子孙宜有土"。而况圣人,又殷之后哉!昔成王以诸侯礼葬周公,而皇天动威,雷风著灾。⑧今仲尼之庙不出阙里，⑨孔氏子孙不免编户，⑩以圣人而歆匹夫之祀，非皇天之意也。今陛下诚能据仲尼之素功，以封其子孙，⑪则国家必获其福，又陛下之名与天亡极。何者？追圣人素功，封其子孙，未有法也，后圣必以为则。不灭之名，可不勉哉！

①师古曰："二周，东周、西周君也。六国，齐、楚、韩、魏、赵、燕。"

②师古曰："佚，与逸同也。"

③张晏曰："身为燕丹、张良所谋，子二世见杀。孙，谓子婴。"

④师古曰："谓封黄帝之后于蓟，帝尧之后于祝，帝舜之后于陈，并杞、宋，是为五帝。"

⑤李奇曰："言其多。"

⑥师古曰："事在僖二十五年。《谷梁》所云'在祖位'者，谓孔子本宋孔父之后，防叔奔鲁，遂为鲁人。今宋所杀者亦孔父之后留在宋者，于孔子为祖列，故尊而不名也。"

⑦如淳曰："夺宗，始封之君尊为诸侯，则夺其旧为宗子之事也。夺適，文王舍伯邑考而立武王是也。孔子虽庶，可为殷后。"师古曰"適，读曰嫡。"

⑧师古曰："《尚书大传》云：'周公疾，曰："吾死必葬于成周，示天下臣于成王也。"周公死，天乃雷雨以风，禾尽偃，大木斯拔。国恐，王与大夫开金縢之书，执书以泣曰："周公勤劳王家，予幼人弗及知。"乃不葬之于成周而葬之于毕，示天下不敢臣。'"

⑨师古曰："阙里，孔子旧里也。言除此之外，更无祭祀孔子者。"

⑩师古曰："列为庶人也。"

⑪师古曰："素功，素王之功也。《谷梁传》曰'孔子素王'。"

福孤远，又讥切王氏，故终不见纳。

武帝时，始封周后姬嘉为周子南君，至元帝时，尊周子南君为周承休侯，位次诸侯王。使诸大夫博士求殷后，分散为十余姓，郡国往往得其大家，推求子孙，绝不能纪。①时匡衡议，以为"王者存二王后，所以尊其先王而通三统也。其犯诛绝之罪者绝，而更封他亲为始封君，上承其王者之始祖。《春秋》之义，诸侯不能守其社稷者绝。今宋国已不守其统而失国矣，则宜更立殷后为始封君，而上承汤统，非当继宋之绝侯也，宜明得殷后而已。今之故宋，推求其嫡，久远不可得；虽得其嫡，嫡之先已绝，不当得立。《礼记》孔子曰：'丘，殷人也。'先师所共传，宜以孔子世为汤后。"上以其语不经，②遂见寝。至成帝时，梅福复言宜封孔子后以奉汤祀。绥和元年，立二王后，推迹古文，以《左氏》《谷梁》《世本》《礼记》相明，遂下诏封孔子世为殷绍嘉公。语在《成纪》。是时，福居家，常以读书养性为事。

①师古曰："不自知其昭穆之数也。"

②师古曰："不合于经也。"

至元始中，王莽颛政，①福一朝弃妻子，去九江，至今传以为仙。其后人有见福于会稽者，变名姓，为吴市门卒云。②

①师古曰："颛，读与专同。"

②师古曰："其后，谓弃妻子去之后。"

云敞字幼孺，平陵人也。师事同县吴章，章治《尚书》经为博士。平帝以中山王即帝位，年幼，莽秉政，自号安汉公。以平帝为成帝后，不得顾私亲，帝母及外家卫氏皆留中山，不得至京师。莽长子宇，非莽鬲绝卫氏，①恐帝长大后见怨。宇与吴章谋夜以血涂莽门，若鬼神之戒，冀以惧莽。章欲因对其咎。事发觉，莽杀宇，诛灭卫氏，谋所联及，死者百余人。章坐要斩，磔尸东市门。初，章为当世名儒，教授尤盛，弟子千余人，莽以为恶人党，皆当禁锢，不得仕宦。门人尽更名他师。②敞时为大司徒掾，自劾吴章弟子，收抱章尸归，棺敛葬之，③京师称焉。车骑将军王舜高其志节，比之栾布，表奏以为掾，荐为中郎谏大夫。莽篡位，王舜为太师，复荐敞可辅职。④以病免。唐林言敞可典郡，擢为鲁郡大尹。更始时，安车征敞为御史大夫，复病免去，卒于家。

①师古曰："鬲，读与隔同。"

②师古曰："更以他人为师，讳不言是章弟子。"

③师古曰："棺，音工唤反。敛，音力赡反。"

④师古曰："为辅弼之任。"

赞曰：昔仲尼称不得中行，则思狂狷。①观杨王孙之志，贤于秦始皇远矣。世称朱云多过其实，故曰："盖有不知而作之者，我亡是也。"②胡建临敌敢断，武昭于外。③斩伐奸隙，军旅不队。梅福之辞，合于《大雅》，虽无老成，尚有典刑；殷监不远，夏后所闻。④遂从所好，全性市门。云敞之义，著于吴章，为仁由己，再入大府，⑤清则濯缨，何远之有？⑥

①师古曰："《论语》载孔子曰：'不得中行而与之，必也狂狷乎！狂者进取，狷者有所不为。'中行，中庸也。狷，介也。言必不得中庸之人与之论道，则思狂狷，犹愈于顽嚚无识者也。狷，音工掾反。"

②师古曰："《论语》称孔子之言也。疾时人妄有述作，非有实也。"

③师古曰："昭，明也。"

④师古曰："《大雅·荡》之诗曰'虽无老成人，尚有典刑'，言今虽无其人，尚有故法可案用也。又曰'殷监不远，在夏后之时'，言殷视夏桀之亡，可为戒也。赞引此者，谓梅福请封孔子后，是案武王克商之法而行之。又视秦灭二周，夷六国，不为立后，自取丧亡，可为戒也。"

⑤师古曰："《论语》称孔子曰：'为仁由己，而由人乎哉！'故此赞引之。再入大府，谓初为大司徒掾，后为车骑将军掾也。"

⑥师古曰："《楚辞·渔父》之歌曰：'沧浪之水清，可以濯我缨；沧浪之水浊，可以濯我足。'遇治则仕，遇乱则隐。云敞谢病去职，近于此义也。"

汉书卷六八
列传第三八

霍光　金日磾 子安上

霍光字子孟,票骑将军去病弟也。父中孺,河东平阳人也,①以县吏给事平阳侯家,②与侍者卫少儿私通而生去病。中孺吏毕归家,娶妇生光,因绝不相闻。久之,少儿女弟子夫得幸于武帝,立为皇后,去病以皇后姊子贵幸。既壮大,乃自知父为霍中孺,未及求问。会为票骑将军击匈奴,道出河东,河东太守郊迎,负弩矢先驱,③至平阳传舍,遣吏迎霍中孺。中孺趋入拜谒,将军迎拜,因跪曰:"去病不早自知为大人遗体也。"中孺扶服叩头,④曰:"老臣得托命将军,此天力也。"去病大为中孺贾田宅奴婢而去。还,复过焉,乃将光西至长安,时年十余岁,任光为郎,稍迁诸曹侍中。去病死后,光为奉车都尉光禄大夫,出则奉车,入侍左右,出入禁闼二十余年,⑤小心谨慎,未尝有过,甚见亲信。

①师古曰:"中,读曰仲。"

②师古曰:"县遣吏于侯家供事也。"

③师古曰:"郊迎,迎于郊界之上也。先驱者,导其路也。"

④师古曰:"服,音蒲北反。"

⑤师古曰:"宫中小门谓之闼。"

征和二年,卫太子为江充所败,而燕王旦、广陵王胥皆多过失。是时上年老,宠姬钩弋弋赵婕妤有男,①上心欲以为嗣,命大臣辅之。察群臣唯光任大重,可属社稷。②上乃使黄门画者画周公负成王朝诸侯以赐光。③后元二年春，上游五柞宫，病笃，光涕泣问曰：
"如有不讳，谁当嗣者？"④上曰："君未谕前画意邪？⑤立少子，君行
周公之事。"光顿首让曰："臣不如金日磾。"日磾亦曰："臣外国人，
不如光。"上以光为大司马大将军，日磾为车骑将军，及太仆上官桀
为左将军，搜粟都尉桑弘羊为御史大夫，皆拜卧内床下，⑥受遗诏
辅少主。明日，武帝崩，太子袭尊号，是为孝昭皇帝。帝年八岁，政
事壹决于光。

①师古曰："婕妤居钩弋宫，故称之。"

②师古曰："任，堪也。属，委也。任，音壬。属，音之欲反。"

③师古曰："黄门之署，职任亲近，以供天子，百物在焉，故亦有画工。"

④师古曰："不讳，言不可讳也。"

⑤师古曰："谕，晓也。"

⑥师古曰："于天子所卧床前拜职。"

　　先是，后元年，侍中仆射莽何罗与弟重合侯通谋为逆，①时光
与金日磾、上官桀等共诛之，功未录。武帝病，封玺书曰："帝崩发书
以从事。"遗诏封金日磾为秺侯，上官桀为安阳侯，光为博陆侯，②
皆以前捕反者功封。时卫尉王莽子男忽侍中，③扬语曰：④"帝崩，
忽常在左右，安得遗诏封三子事！⑤群儿自相贵耳。"光闻之，切让
王莽，⑥莽鸩杀忽。

①师古曰："莽，音莫户反。"

②文颖曰："博，大。陆，平。取其嘉名，无此县也，食邑北海、河东城。"师古
　　曰："盖亦取乡聚之名以为国号，非必县也，公孙弘平津乡则是矣。"

③师古曰："即右将军王莽也，其子名忽。"

④师古曰："扬，谓宣唱之。"

⑤师古曰："安犹焉。"

⑥师古曰："切，深也。让，责也。"

　　光为人沈静详审，长财七尺三寸，①白皙，疏眉目，美须髯。②
每出入下殿门，止进有常处，郎仆射窃识视之，不失尺寸，③其资性
端正如此。初辅幼主，政自己出，④天下想闻其风采。⑤殿中尝有
怪，一夜群臣相惊，光召尚符玺郎，⑥郎不肯授光。光欲夺之，郎按

剑曰:"臣头可得,玺不可得也!"光甚谊之。明日,诏增此郎秩二等。众庶莫不多光。⑦

①师古曰:"财,与才同。"

②师古曰:"皙,洁白也。鬋,颊毛也。皙,音先历反,鬋,音人占反。"

③师古曰:"识,记也,音式志反。"

④师古曰:"自,从也。"

⑤师古曰:"采,文采。"

⑥师古曰:"恐有变难,故欲收取玺。"

⑦师古曰:"多犹重也。以此事为多足重也。"

光与左将军桀结婚相亲,光长女为桀子安妻。有女,年与帝相配,①桀因帝姊鄂邑盖主内安女后宫为婕妤,②数月立为皇后。父安为票骑将军,封桑乐侯。光时休沐出,桀辄入代光决事。桀父子既尊盛,而德长公主。③公主内行不修,近幸河间丁外人。桀、安欲为外人求封,幸依国家故事以列侯尚公主者,光不许。又为外人求光禄大夫,欲令得召见,又不许。长主大以是怨光。而桀、安数为外人求官爵弗能得,亦惭。自先帝时,桀已为九卿,位在光右。④及父子并为将军,有椒房中宫之重,⑤皇后亲安女,光乃其外祖,而顾专制朝事,⑥繇是与光争权。⑦

①晋灼曰:"《汉语》光嫡妻东闾氏生安夫人,昭后之母也。"

②师古曰:"鄂邑,所食邑,为盖侯所尚,故云盖主也。"

③师古曰:"怀其恩德也。"

④师古曰:"右,上也。"

⑤师古曰:"椒房殿,皇后所居。"

⑥师古曰:"顾犹反也。"

⑦师古曰:"繇,读与由同。"

燕王旦自以昭帝兄,常怀怨望。及御史大夫桑弘羊建造酒榷盐铁,为国兴利,伐其功,①欲为子弟得官,亦怨恨光。于是盖主、上官桀、安及弘羊皆与燕王旦通谋,诈令人为燕王上书,言"光出都肄郎羽林,道上称跸,②太官先置。③又引苏武前使匈奴,拘留二十年不降,还乃为典属国,而大将军长史敞亡功为搜粟都尉。④又擅调益

莫府校尉。⑤光专权自恣,疑有非常。臣旦愿归符玺,入宿卫,察奸
臣变。"候司光出沐日奏之。桀欲从中下其事,⑥桑弘羊当与诸大臣
共执退光。书奏,帝不肯下。

①师古曰:"伐,矜也。"

②孟康曰:"都,试也。肄,习也。"师古曰:"谓总阅试习武备也。"

③师古曰:"供饮食之具。"

④师古曰:"杨敞也。"

⑤师古曰:"调,选也。莫府,大将军府也。调,音徒钓反。"

⑥师古曰:"下,谓下有司也,音胡稼反。"

　明旦,光闻之,止画室中不入。①上问:"大将军安在?"左将军
桀对曰:"以燕王告其罪,故不敢入。"有诏召大将军。光入,免冠顿
首谢,上曰:"将军冠。②朕知是书诈也,将军亡罪。"光曰:"陛下何
以知之?"上曰:"将军之广明都郎,属耳;③调校尉以来未能十日,
燕王何以得知之? 且将军为非,不须校尉。"④是时帝年十四,尚书
左右皆惊,而上书者果亡,捕之甚急。桀等惧,白上小事不足遂,⑤
上不听。

①如淳曰:"近臣所止计画之室也。或曰,雕画之室。"师古曰:"雕画是
　也。"

②师古曰:"令复著冠也。"

③师古曰:"之,往也。广明,亭名也。属耳,近耳也。属,音之欲反。"

④文颖曰:"帝云将军欲反,不由一校尉。"

⑤师古曰:"遂犹竟也。不须穷竟也。"

　后桀党与有谮光者,上辄怒曰:"大将军忠臣,先帝所属以辅朕
身,①敢有毁者坐之。"自是桀等不敢复言,乃谋令长公主置酒请
光,伏兵格杀之,因废帝,迎立燕王为天子。事发觉,光尽诛桀、安、
弘羊、外人宗族。燕王、盖主皆自杀。光威震海内。昭帝既冠,遂委
任光,讫十三年,百姓充实,四夷宾服。

①师古曰:"属,委也,音之欲反。共下亦同。"

　元平元年,昭帝崩,亡嗣。武帝六男独有广陵王胥在,群臣议所
立,咸持广陵王。王本以行失道,先帝所不用。光内不自安。郎有

上书言："周太王废太伯立王季，文王舍伯邑考立武王，唯在所宜，①虽废长立少可也。广陵王不可以承宗庙。"言合光意。光以其书视丞相敞等，②擢郎为九江太守，即日承皇太后诏，遣行大鸿胪事少府乐成、宗正德、光禄大夫吉、中郎将利汉迎昌邑王贺。

①师古曰："太伯者，王季之兄。伯邑考，文王长子也。"

②师古曰："视，读曰示。敞即杨敞也。"

　　贺者，武帝孙，昌邑哀王子也。既至，即位，行淫乱。光忧懑，①独以问所亲故吏大司农田延年。延年曰："将军为国柱石，②审此人不可，何不建白太后，③更选贤而立之？"光曰："今欲如是，于古尝有此不？"④延年曰："伊尹相殷，废太甲以安宗庙，后世称其忠。⑤将军若能行此，亦汉之伊尹也。"光乃引延年给事中，阴与车骑将军张安世图计，⑥遂召丞相、御史、将军、列侯、中二千石、大夫、博士会议未央宫。光曰："昌邑王行昏乱，恐危社稷，如何？"群臣皆惊鄂失色，⑦莫敢发言，但唯唯而已。田延年前，离席按剑曰："先帝属将军以幼孤，寄将军以天下，以将军忠贤，能安刘氏也。今群下鼎沸，社稷将倾，且汉之传谥常为孝者，以长有天下，令宗庙血食也。如令汉家绝祀，⑧将军虽死，何面目见先帝于地下乎？今日之议，不得旋踵。⑨群臣后应者，臣请剑斩之。"光谢曰："九卿责光是也。天下匈匈不安，光当受难。"⑩于是议者皆叩头，曰："万姓之命在于将军，唯大将军令。"⑪

①师古曰："懑，音满，又音闷字。"

②师古曰："柱者，梁下之柱；石，承柱之础也。言大臣负国重任，如屋之柱及其石也。"

③师古曰："立议而白之。"

④师古曰："光不涉学，故有此问也。"

⑤师古曰："《商书·太甲篇》曰'太甲既立，弗明，伊尹放诸桐'是也。"

⑥师古曰："圆，谋也。"

⑦师古曰："凡言鄂者，皆谓阻碍不依顺也，后字作愕，其义亦同。"

⑧师古曰："如，若也。"

⑨师古曰："宜速决。"

⑩师古曰："受其忧责也。"

⑪师古曰："言一听之也。"

　　光即与群臣俱见白太后，具陈昌邑王不可以承宗庙状。皇太后乃车驾幸未央承明殿，诏诸禁门毋内昌邑群臣。王入朝太后还，乘辇欲归温室，中黄门宦者各持门扇，王入，门闭，昌邑群臣不得入。王曰："何为？"大将军跪曰："有皇太后诏，毋内昌邑群臣。"王曰："徐之，何乃惊人如是！"光使尽驱出昌邑群臣，置金马门外。车骑将军安世将羽林骑收缚二百余人，皆送廷尉诏狱。令故昭帝侍中中臣侍守王。光敕左右："谨宿卫，卒有物故自裁，令我负天下，有杀主名。"①王尚未自知当废，谓左右："我故群臣从官安得罪，而大将军尽系之乎。"②顷之，有太后诏召王。王闻召，意恐，乃曰："我安得罪而召我哉！"太后被珠襦，③盛服坐武帐中，侍御数百人皆持兵，期门武士陛戟，陈列殿下。④群臣以次上殿，召昌邑王伏前听诏。光与群臣连名奏王，尚书令读奏曰：

①师古曰："卒，读曰猝。物故，死也。自裁，自杀也。"

②师古曰："安，焉也。"

③如淳曰："以珠饰襦也。"晋灼曰："贯珠以为襦，形若今革襦矣。"师古曰："晋说是也。"

④师古曰："陛戟，谓执戟以卫陛下也。"

　　丞相臣敞、①大司马大将军臣光、车骑将军臣安世、②度辽将军臣明友、③前将军臣增、④后将军臣充国、⑤御史大夫臣谊、⑥宜春侯臣谭、⑦当涂侯臣圣、⑧随桃侯臣昌乐、⑨杜侯臣屠耆堂、⑩太仆臣延年、⑪太常臣昌、⑫大司农臣延年、⑬宗正臣德、⑭少府臣乐成、⑮廷尉臣光、⑯执金吾臣延寿、⑰大鸿胪臣贤、⑱左冯翊臣广明、⑲右扶风臣德、⑳长信少府臣嘉、㉑典属国臣武、㉒京辅都尉臣广汉、㉓司隶校尉臣辟兵、㉔诸吏文学光禄大夫臣迁、㉕臣畸、㉖臣吉、㉗臣赐、臣管、臣胜、臣梁、臣长幸、㉘臣夏侯胜、㉙太中大夫臣德、㉚臣卬㉛昧死言皇太后陛下：臣敞等顿首死罪。天子所以永保宗庙总壹海内者，以慈孝礼谊赏罚为本。孝昭皇帝早弃天下，亡嗣，臣敞等议，礼曰"为人后者为之子也"，昌邑王宜嗣后，遣宗正、大鸿胪、光禄大夫奉节使征昌邑王典丧。服斩缞，㉜亡悲哀之心，废礼谊，居道上不素食，㉝使从官略女子载衣车，内所居传舍。始至谒见，立为皇太子，常私买鸡豚以食。受皇帝信玺、行玺大行前，㉞就次发玺不封。㉟从官更持节，㊱引内昌邑从官驺宰官奴二百余人，常与居禁闼内敖戏。自之符玺取节十六，㊲朝暮临，㊳令从官更持节从。㊴为书曰："皇帝问侍中君卿，㊵使中御府令高昌奉黄金千斤，赐君卿取十妻。"大行在前殿，发乐府乐器，引内昌邑乐人，击鼓歌吹作俳倡。㊶会下还，上前殿，㊷击钟磬，召内泰壹宗庙乐人辇道牟首，㊸鼓吹歌舞，悉奏众乐。发长安厨三太牢具祠阁室中，㊹祀已，与从官饮啖，㊺驾法驾，皮轩鸾旗，驱驰北宫、桂宫，弄彘斗虎。㊻召皇太后御小马车，㊼使官奴骑乘，游戏掖庭中。与孝昭皇帝宫人蒙等淫乱，诏掖庭令敢泄言要斩。

① 师古曰："杨敞也。"
② 师古曰："张子孺。"
③ 师古曰："范明友。"
④ 师古曰："韩增。"
⑤ 师古曰："赵充国。"
⑥ 师古曰："蔡谊。"
⑦ 师古曰："王䜣子。"
⑧ 师古曰："姓魏也。"
⑨ 师古曰："姓赵，故苍梧王赵光子。"
⑩ 师古曰："故胡人。"
⑪ 师古曰："杜延年。"
⑫ 师古曰："蒲侯苏昌。"
⑬ 师古曰："田延年。"
⑭ 师古曰："刘向父。"
⑮ 师古曰："姓史也。"

⑯师古曰："李光。"

⑰师古曰："李延寿。"

⑱师古曰："韦贤。"

⑲师古曰："田广明。"

⑳师古曰："周德。"

㉑师古曰："不知姓。"

㉒师古曰："苏武。"

㉓师古曰："赵广汉。"

㉔师古曰："不知姓。"

㉕师古曰："王迁。"

㉖师古曰："宋畸。"

㉗师古曰："景吉。"

㉘师古曰："并不知姓也。"

㉙李奇曰："同官同名，故以姓别也。"

㉚师古曰："不知姓。"

㉛师古曰："赵充国子也。"

㉜师古曰："典丧服，言为丧主也。斩缞，谓缞裳下不缉，直斩割之而已。缉，音步千反。"

㉝师古曰："素食，菜食无肉也。言王在道常肉食，非居丧之制也。而郑康成解《丧服》素食云'平常之食'，失之远矣。素食，议亦见《王莽传》。"

㉞孟康曰："汉初有三玺，天子之玺自佩，行玺、信玺在符节台。大行前，昭帝枢前也。"韦昭曰："大行，不反之辞也。"

㉟师古曰："玺既国器，常当缄封，而王于大行前受之，退还所次，遂尔发漏，更不封之，得令凡人皆见，言不重慎。"

㊱师古曰："更，音工衡反。次下亦同。"

㊲师古曰："之，往也。自往至署取节也。"

㊳师古曰："临，哭临也，音力禁反。"

㊴师古曰："更互执节，从至哭临之所。"

㊵师古曰："昌邑之侍中名君卿也。"

㊶师古曰："俳优，诸戏也。倡，乐人也。俳，音排。"

㊷如淳曰："下，谓枢之入冢。葬还不居丧位，便处前殿也。"师古曰："下，音胡稼反。"

㊸郑氏曰:"祭泰壹神乐人也。"孟康曰:"牟首,地名,上有观。"如淳曰:
"辇道,阁道也。牟首,屏面也。以屏面自隔,无哀戚也。"臣瓒曰:"牟
首,池名也,在上林苑中。方在衰绖而辇游于池,言无哀戚也。"师古
曰:"召泰壹乐人,内之于辇道牟首而鼓吹歌舞也。牟首,瓒说是也。屏
面之言,失之远矣。又左思《吴都赋》云'长涂牟首',刘逵以为牟首阁
道有室屋也,此说更无所出。或者思及逵据此'辇道牟首'便误用之
乎?"

㊹如淳曰:"《黄图》北出中门有长安厨,故谓之厨城门。阁室,阁道之有室
者。不知祷何淫祀。"

㊺师古曰:"唉,食也,音徒敢反。"

㊻师古曰:"皮轩鸾旗皆法驾所陈也。北宫、桂宫并在未央宫北。"

㊼张晏曰:"皇太后所驾游宫中辇车也。汉厩有果下马,高三尺,以驾辇。"
　师古曰:"小马可于果树下乘之,故号果下马。"

太后曰:"止!①为人臣子当悖乱如是邪!"②王离席伏。尚书令复读
曰:

①师古曰:"令且止读奏。"

②师古曰:"责王也。悖,乖也,音布内反。"

　　取诸侯王、列侯、二千石绶及墨绶、黄绶以并佩昌邑郎官
者免奴。①变易节上黄旄以赤。②发御府金钱刀剑玉器采缯,
赏赐所与游戏者。与从官官奴夜饮,湛沔于酒。③诏太官上乘
舆食如故。食监奏未释服未可御故食,④复诏太官趣具,无关
食监。⑤太官不敢具,即使从官出卖鸡豚,诏殿门内,以为
常。⑥独夜设九宾温室,⑦延见姊夫昌邑关内侯。祖宗庙祠未
举,为玺书使使者持节,以三太牢祠昌邑哀王园庙,称嗣子皇
帝。⑧受玺以来二十七日,使者旁午,⑨持节诏诸官署征发,凡
一千一百二十七事。文学光禄大夫夏侯胜等及侍中傅嘉数进
谏以过失,使人簿责胜,⑩缚嘉系狱。荒淫迷惑,失帝王礼谊,
乱汉制度。臣敞等数进谏,不变更,⑪日以益甚,恐危社稷,天
下不安。

①师古曰:"免奴,谓免放为良人者。"

②师古曰:"以刘屈氂与戾太子战,加节上黄旄,遂以为常。贺今辄改之。"

③师古曰:"湛,读曰沈,又读曰耽。沈沔,荒迷也。"

④师古曰:"释,谓解脱也。"

⑤师古曰:"趣,读曰促。关,由也。"

⑥师古曰:"内,入也。令每日常入鸡豚也。"

⑦师古曰:"于温室中设九宾之礼也。九宾,解在《叔孙通传》。"

⑧师古曰:"时在丧服,故未祠宗庙而私祭昌邑哀王也。"

⑨如淳曰:"旁午,分布也。"师古曰:"一从一横为旁午,犹言交横也。"

⑩师古曰:"簿,音步户反。簿责,以文簿具责之。"

⑪师古曰:"更,改也。"

　　臣敞等谨与博士臣霸、臣俊舍、①臣德、臣虞舍、臣射、臣仓议,皆曰:"高皇帝建功业为汉太祖,孝文皇帝慈仁节俭为太宗,今陛下嗣孝昭皇帝后,行淫辟不轨。②《诗》云:'籍曰未知,亦既抱子。'③五辟之属,莫大不孝。④周襄王不能事母,《春秋》曰'天王出居于郑',繇不孝出之,绝之于天下也。⑤宗庙重于君,陛下未见命高庙,不可以承天序,奉祖宗庙,子万姓,当废。"臣请有司御史大夫臣谊、宗正臣德、太常臣昌与太祝以一太牢具,告祠高庙。臣敞等昧死以闻。

①晋灼曰:"隽姓,舍名也。下有臣虞舍,故以姓别之。"师古曰:"隽,音辞阮反,又音字阮反。"

②师古曰:"轨,法也。辟,读曰僻。"

③师古曰:"《大雅·抑》之诗。卫武公刺厉王。籍,假也。此言假令人云王尚幼少,未有所知,亦已长大而抱子矣,实不幼少也。"

④师古曰:"五辟,即五刑也。辟,音频亦反。"

⑤师古曰:"襄王,惠王子也。僖二十四年经书'天王出居于郑'。《公羊传》曰:'王者无外,此其言出何?不能乎母也。'繇,读与由同。"

　　皇太后诏曰:"可。"光令王起拜受诏,王曰:"闻天子有争臣七人,虽亡道不失天下。"①光曰:"皇太后诏废,安得天子!"乃即持其手,②解脱其玺组,奉上太后,扶王下殿,出金马门,群臣随送。王西面拜,曰:"愚戆不任汉事。"起就乘舆副车。大将军光送至昌邑邸,光谢曰："王行自绝于天,臣等驽怯,不能杀身报德。臣宁负王,不敢负社稷。愿王自爱,臣长不复见左右。"③光涕泣而去。群臣奏言："古者废放之人屏于远方,不及以政。④请徙王贺汉中房陵县。"太后诏归贺昌邑,赐汤沐邑二千户。昌邑群臣坐亡辅导之谊,陷王于恶,光悉诛杀二百余人。出死,号呼市中,⑤曰："当断不断,反受其乱。"⑥

①师古曰："引《孝经》之言。"
②师古曰："即,就也。"
③师古曰："言不复得侍见于左右。"
④师古曰："言不豫政令。"
⑤师古曰："呼,音火故反。"
⑥师古曰："悔不早杀光等也。"

光坐庭中,会丞相以下议定所立。广陵王已前不用,及燕刺王反诛,其子不在议中。近亲唯有卫太子孙号皇曾孙在民间,咸称述焉。光遂复与丞相敞等上奏曰："《礼》曰:'人道亲亲故尊祖,尊祖故敬宗。'太宗亡嗣,择支子孙贤者为嗣。孝武皇帝曾孙病已,武帝时有诏掖庭养视,至今年十八,师受《诗》、《论语》、《孝经》,躬行节俭,慈仁爱人,可以嗣孝昭皇帝后,奉承祖宗庙,子万姓。臣昧死以闻。"皇太后诏曰："可。"光遣宗正刘德至曾孙家尚冠里,洗沐,赐御衣,太仆以軨猎车迎曾孙,就斋宗正府。入未央宫,见皇太后,封为阳武侯。①已而光奉上皇帝玺绶,谒于高庙,是为孝宣皇帝。

①师古曰："解并在《宣纪》。軨,音零。"

明年,下诏曰："夫褒有德,赏元功,古今通谊也。大司马大将军光宿卫忠正,宣德明恩,守节秉谊,以安宗庙。其以河北、东武阳益封光万七千户。"与故所食凡二万户。赏赐前后黄金七千斤,钱六千万,杂缯三万匹,奴婢百七十人,马二千匹,甲第一区。

自昭帝时,光子禹及兄孙云皆中郎将,云弟山奉车都尉侍中,领胡越兵。光两女婿为东西宫卫尉,昆弟诸婿外孙皆奉朝请,为诸曹大夫,骑都尉,给事中。党亲连体,根据于朝廷。光自后元秉持万机,及上即位,乃归政。上谦让不受,诸事皆先关白光,然后奏御天子。光每朝见,上虚已敛容,礼下之已甚。①

①师古曰:"下,音胡稼反。"

光秉政前后二十年,地节二年春病笃,车驾自临问光病,上为之涕泣。光上书谢恩曰:"愿分国邑三千户,以封兄孙奉车都尉山为列侯,奉兄票骑将军去病祀。"事下丞相御史,即日拜光子禹为右将军。

光薨,上及皇太后亲临光丧。太中大夫任宣与侍御史五人持节护丧事。中二千石治莫府冢上。①赐金钱、缯絮、绣被百领,衣五十箧,璧珠玑玉衣,②梓宫、③便房、黄肠题凑各一具,④枞木外臧椁十五具。⑤东园温明,⑥皆如乘舆制度。载光尸枢以辒辌车,⑦黄屋左纛,⑧发材官轻车北军五校士军陈至茂陵,以送其葬,谥曰宣成侯,发三河卒穿复土,起冢祠堂,置园邑三百家,长丞奉守如旧法。

①如淳曰:"典为冢者。"

②师古曰:"《汉仪注》以玉为襦,如铠状连缀之,以黄金为缕,要已下玉为札,长尺,广二寸半为甲,下至足,亦缀以黄金缕。"

③服虔曰:"棺也。"师古曰:"以梓木为之,亲身之棺也。为天子制,故亦称梓宫。"

④服虔曰:"便房,藏中便坐也。"苏林曰:"以柏木黄心致累棺外,故曰黄肠;木头皆内向,故曰题凑。"如淳曰:"《汉仪注》天子陵中明中高丈二尺四寸,周二丈,内梓宫,次楩椁,柏黄肠题凑。"师古曰:"便房,小曲室也。如氏以为楩木名,非也。"

⑤服虔曰:"在正臧外,婢妾臧也。或曰,厨厩之属也。"苏林曰:"枞木,柏叶松身。"师古曰:"《尔雅》及《毛诗传》并云枞木松叶柏身,桧木乃柏叶松身耳。苏说非也。枞,音七庸反。桧,音工阔反,字亦作栝。"

⑥服虔曰:"东园处此器,形如方漆桶,开一面,漆画之,以镜置其中,以悬尸上,大敛并盖之。"师古曰:"东园,署名也,属少府。其署主作此器也。"

⑦文颖曰:"辒辌车,如今丧輼车也。"孟康曰:"如衣车有窗牖,闭之则温,开之则凉,故名之辒辌车也。"臣瓒曰:"秦始皇道崩,秘其事,载以辒辌车,百官奏事如故,此不得是輼车类也。案杜延年奏,载霍光枢以辌车,

驾大厩白虎驷，以辒车驾大厩白鹿驷为倅。"师古曰："辒辌本安车也，可以卧息。后因载丧，饰以柳翣，故遂为丧车耳。辒者密闭，辌者旁开窗牖，各别一乘，随事为名。后人既专以载丧，又去其一，总为藩饰，而合二名呼之耳。倅，副也，千内反。"

⑧师古曰："解在《高纪》也。"

　　既葬，封山为乐平侯，以奉车都尉领尚书事。天子思光功德，下诏曰："故大司马大将军博陆侯宿卫孝武皇帝三十有余年，辅孝昭皇帝十余年，遭大难，躬秉谊，率三公九卿大夫定万世册以安社稷，天下蒸庶咸以康宁。功德茂盛，朕甚嘉之。复其后世，畴其爵邑，①世世无有所与，功如萧相国。"②明年夏，封太子外祖父许广汉为平恩侯。复下诏曰："宣成侯光宿卫忠正，勤劳国家。善善及后世，③其封光兄孙中郎将云为冠阳侯。"

　　①应劭曰："畴，等也。"师古曰："复，音方目反。"

　　②师古曰："与，读曰豫。"

　　③师古曰："善善者，谓襃宠善人也。"

　　禹既嗣为博陆侯，太夫人显改光时所自造茔制而侈大之。①起三出阙，筑神道，北临昭灵，南出承恩，②盛饰祠室，辇阁通属永巷，而幽良人婢妾守之。③广治第室，作乘舆辇，加画绣绚冯，黄金涂，④韦絮荐轮，⑤侍婢以五采丝挽显，游戏第中。⑥初，光爱幸监奴冯子都，常与计事，及显寡居，与子都乱。⑦而禹、山亦并缮治第宅，走马驰逐平乐馆。云当朝请，数称病私出，⑧多从宾客，张围猎黄山苑中，使仓头奴上朝谒，⑨莫敢谴者。而显及诸女，昼夜出入长信宫殿中，亡期度。⑩

　　①师古曰："茔，墓域也，音营。"

　　②服虔曰："昭灵、承恩，皆馆名也。"李奇曰："昭灵，高祖母冢园也。"文颖曰："承恩，宣平侯冢园也。"师古曰："服说是也，文、李并失之。"

　　③晋灼曰："阁道乃通属至永巷中也。"师古曰："此亦其冢上作辇阁之道及永巷也，非谓掖庭之永巷也。"

　　④如淳曰："绚亦茵。冯，谓所冯者也，以黄金涂饰之。"师古曰："茵，蓐也，以绣为茵冯而黄金涂舆辇也。"

⑤晋灼曰："御輂以韦缘纶，著之以絮。"师古曰："取其行安，不摇动也。
　著，音张吕反。"

⑥师古曰："挽，谓牵引车輂也，音晚。"

⑦晋灼曰："《汉语》东闾氏亡，显以婢代立，素与冯殷奸也。"师古曰："监
　奴，谓奴之监知家务者也。殷者，子都之名。"

⑧师古曰："请，音才姓反。"

⑨文颖曰："朝当用谒，不自行而令奴上谒者也。"师古曰："上谒，若今参
　见尊贵而通名也。"

⑩师古曰："长信宫，上官太后所居。"

　　宣帝自在民间，闻知霍氏尊盛日久，内不能善。光薨，上始躬亲
朝政，御史大夫魏相给事中。显谓禹、云、山："女曹不务奉大将军余
业，①今大夫给事中，他人壹间，女能复自救邪？"②后两家奴争
道，③霍氏奴入御史府，欲蹋大夫门，御史为叩头谢，乃去。人以谓
霍氏，④显等始知忧。

①师古曰："女，音汝。曹，辈也。"

②师古曰："间，音居苋反。"

③师古曰："谓霍氏及御史家。"

④师古曰："告语也。"

　　会魏大夫为丞相，数燕见言事。平恩侯与侍中金安上等径出入
省中。时霍山自若领尚书，①上令吏民得奏封事，不关尚书，群臣进
见独往来，②于是霍氏甚恶之。

①师古曰："自若，犹言如故也。"

②师古曰："谓各各得尽言于上也。"

　　宣帝始立，立微时许妃为皇后。显爱小女成君，欲贵之，私使乳
医淳于衍行毒药杀许后，①因劝光内成君，代立为后。语在《外戚
传》。始许后暴崩，吏捕诸医，劾衍侍疾亡状不道，下狱。吏簿问
急，②显恐事败，即具以实语光。光大惊，欲自发举，不忍，犹与。③
会奏上，因署衍勿论。④光薨后，语稍泄。于是上始闻之而未察，⑤
乃徙光女婿度辽将军未央卫尉平陵侯范明友为光禄勋，次婿诸吏
中郎将羽林监任胜出为安定太守。数月，复出光姊婿给事中光禄大

夫张朔为蜀郡太守,群孙婿中郎将王汉为武威太守。顷之,复徙光
长女婿长乐卫尉邓广汉为少府。更以禹为大司马,冠小冠,亡印绶,
罢其右将军屯兵官属,特使禹官名与光俱大司马者。⑥又收范明友
度辽将军印绶,但为光禄勋。及光中女婿赵平为散骑骑都尉光禄大
夫将屯兵,又收平骑都尉印绶。诸领胡越骑、羽林及两宫卫将屯兵,
悉易以所亲信许、史子弟代之。

①师古曰:"乳医,视产乳之疾者。乳,音而树反。"

②师古曰:"簿,音步户反。"

③师古曰:"犹与,不决也。与,读曰豫。"

④师古曰:"署者,题其奏后也。"

⑤师古曰:"未知其虚实。"

⑥苏林曰:"特,但也。"

　　禹为大司马,称病。禹故长史任宣侯问,禹曰:"我何病？县官
非我家将军不得至是,①今将军坟墓未干,尽外我家,②反任许、
史,夺我印绶,令人不省死。"③宣见禹恨望深,④乃谓曰:"大将军
时何可复行！⑤持国权柄,杀生在手中。廷尉李种、王平、⑥左冯翊
贾胜胡及车丞相女婿少府徐仁皆坐逆将军意下狱死。使乐成小家
子得幸将军,至九卿封侯。⑦百官以下但事冯子都、王子方等,⑧视
丞相亡如也。⑨各自有时,今许、史自天子骨肉,贵正宜耳。大司马
欲用是怨恨,愚以为不可。"禹默然。数日,起视事。

①如淳曰:"县官,谓天子。"

②师古曰:"外,谓疏斥之。"

③师古曰:"不自省有过也。"

④师古曰:"望,怨也。"

⑤师古曰:"言今何得复如此也。"

⑥师古曰:"种,音冲。"

⑦师古曰:"即上所云少府乐成者也。使者,其姓也,字或作史。"

⑧服虔曰:"皆光奴。"

⑨师古曰:"无如,犹言无所象似也。"

　　显及禹、山、云自见日侵削,数相对啼泣,自怨。山曰:"今丞相

用事,县官信之,尽变易大将军时法令,以公田赋与贫民,发扬大将军过失。又诸儒生多窭人子,①远客饥寒,喜妄说狂言,②不避忌讳,大将军常仇之。③今陛下好与诸儒生语,人人自使书对事,多言我家者。尝有上书言大将军时主弱臣强,专制擅权,今其子孙用事,昆弟益骄恣,恐危宗庙,灾异数见,尽为是也。其言绝痛,山屏不奏其书。后上书者益黠,尽奏封事,辄下中书令出取之,不关尚书,益不信人。"显曰:"丞相数言我家,独亡罪乎?"山曰:"丞相廉正,安得罪?我家昆弟诸婿多不谨。又闻民间谨言霍氏毒杀许皇后,④宁有是邪?"显恐急,即具以实告山、云、禹。山、云、禹惊曰:"如是,何不早告禹等!县官离散斥逐诸婿,用是故也。此大事,诛罚不小,奈何?"于是始有邪谋矣。

①师古曰:"窭,贫而无礼,音其羽反。"

②师古曰:"喜,音许吏反。"

③师古曰:"言嫉之如仇雠也。"

④师古曰:"谨,众声也,音许爱反。"

初,赵平客石夏善为天官,①语平曰:"荧惑守御星,御星,太仆奉车都尉也,不黜则死。"平内忧山等。云舅李竟所善张赦见云家卒卒,②谓竟曰:"今丞相与平恩侯用事,可令太夫人言太后,先诛此两人,移徙陛下,在太后耳。"长安男子张章告之,事下廷尉。执金吾捕张赦、石夏等,后有诏止勿捕。山等愈恐,相谓曰:"此县官重太后,故不竟也。③然恶端已见,又有弑许后事,陛下虽宽仁,恐左右不听,久之犹发,发即族矣,不如先也。"④遂令诸女各归报其夫,皆曰:"安所相避?"⑤

①师古曰:"晓星文者。"

②师古曰:"卒,读曰猝,忽遽之貌也。"

③师古曰:"重,难也。竟,穷竟其事也。"

④师古曰:"言先反。"

⑤师古曰:"言无处相避,当受祸也。"

会李竟坐与诸侯王交通,辞语及霍氏,有诏云、山不宜宿卫,免就第。光诸女遇太后无礼，①冯子都数犯法，上并以为让，②山、禹等甚恐。显梦第中井水溢流庭下，灶居树上，又梦大将军谓显曰："知捕儿不？③亟下捕之。"④第中鼠暴多，与人相触，以尾画地。鸮数鸣殿前树上。⑤第门自坏。云尚冠里宅中门亦坏。巷端人共见有人居云屋上，彻瓦投地，就视，亡有，大怪。禹梦车骑声正讙来捕禹，举家忧愁。山曰："丞相擅减宗庙羔、菟、蛙，⑥可以此罪也。"谋令太后为博平君置酒，⑦召丞相、平恩侯以下，使范明友、邓广汉承太后制引斩之，因废天子而立禹。约定未发，云拜玄菟太守，太中大夫任宣为代郡太守。山又坐写秘书，显为上书献城西第，入马千匹，以赎山罪。书报闻。⑧会事发觉，云、山、明友自杀，显、禹、广汉等捕得。禹要斩，显及诸女昆弟皆弃市。唯独霍后废处昭台宫。与霍氏相连坐诛灭者数千家。

①服虔曰："光诸女自以于上官太后为姨母，遇之无礼。"

②师古曰："总以此事责之也。"

③师古曰："知儿见捕不？"

④苏林曰："且疾下捕之。"师古曰："亟，音居力反。"

⑤师古曰："鸮，恶声之鸟也。古者室屋高大，则通呼为殿耳，非止天子宫中。其语亦见《黄霸传》。鸮音羽骄反。"

⑥如淳曰："高后时定令，敢有擅议宗庙者，弃市。"师古曰："羔、菟、蛙，所以供祭也。"

⑦文颖曰："宣帝外祖母也。"

⑧师古曰："不许之。"

上乃下诏曰："乃者，东织室令史张赦使魏郡豪李竟报冠阳侯云谋为大逆，①朕以大将军故，抑而不扬，冀其自新。今大司马博陆侯禹与母宣成侯夫人显及从昆弟子冠阳侯云、乐平侯山诸姊妹婿谋为大逆，欲诖误百姓。赖宗庙神灵，先发得，咸伏其辜，②朕甚悼之。诸为霍氏所诖误，事在丙申前，未发觉在吏者，皆赦除之。男子张章先发觉，以语期门董忠，忠告左曹杨恽，恽告侍中金安上。恽召见对状，后章上书以闻。侍中史高与金安上建发其事，③言无入霍氏禁闼，卒不得遂其谋，④皆雠有功。⑤封章为博城侯，忠高昌侯，恽平通侯,安上都成侯,高乐陵侯。"

①师古曰:"解在《宣纪》也。"

②师古曰:"事发而捕得。"

③师古曰:"言共立意发之也。"

④师古曰:"遂,成也。"

⑤晋灼曰:"儕,等也。"师古曰:"言其功相等类也。"

　　初,霍氏奢侈,茂陵徐生曰:"霍氏必亡。夫奢则不逊,不逊必侮上。侮上者,逆道也。在人之右,众必害之。①霍氏秉权日久,害之者多矣。天下害之,而又以逆道,不亡何待!"乃上疏言:"霍氏泰盛,陛下即爱厚之,宜以时抑制,无使至亡。"书三上,辄报闻。其后霍氏诛灭,而告霍氏者皆封。人为徐生上书曰:"臣闻客有过主人者,见其灶直突,傍有积薪,客谓主人,更为曲突,远徙其薪,不者且有火患。主人默然不应。俄而家果失火,邻里共救之,幸而得息。于是杀牛置酒,谢其邻人,灼烂者在于上行,②余各以功次坐,而不录言曲突者。人谓主人曰:'乡使听客之言,不费牛酒,终亡火患。③今论功而请宾,曲突徙薪亡恩泽,燋头烂额为上客耶?'主人乃寤而请之。今茂陵徐福数上书言霍氏且有变,宜防绝之。乡使福说得行,则国亡裂土出爵之费,臣亡逆乱诛灭之败。往事既已,而福独不蒙其功,唯陛下察之,贵徙薪曲突之策,使居焦发灼烂之右。"④上乃赐福帛十匹,后以为郎。

①师古曰:"右,上也。"

②师古曰:"灼,谓被烧炙者也。行,音胡郎反。"

③师古曰:"乡,读曰向。次下亦同也。"

④师古曰:"右,上也。"

　　宣帝始立,谒见高庙,大将军光从骖乘,上内严惮之,若有芒刺在背。后车骑将军张安世代光骖乘,天子从容肆体,甚安近焉。①及光身死而宗族竟诛,故俗传之曰:"威震主者不畜,霍氏之祸萌于骖乘。"②

①师古曰:"肆,放也,展也。近,音巨靳反。"

②师古曰:"萌,谓始生也。"

至成帝时，为光置守冢百家，吏卒奉祠焉。元始二年，封光从父昆弟曾孙阳为博陆侯，千户。

金日磾字翁叔，①本匈奴休屠王太子也。②武帝元狩中，票骑将军霍去病将兵击匈奴右地，多斩首，虏获休屠王祭天金人。其夏，票骑复西过居延，攻祁连山，大克获。于是单于怨昆邪、休屠居西方多为汉所破，③召其王欲诛之。昆邪、休屠恐，谋降汉。休屠王后悔，昆邪王杀之，并将其众降汉。封昆邪王为列侯。日磾以父不降见杀，与母阏氏、弟伦俱没入官，输黄门养马，时年十四矣。

①师古曰："磾，音丁奚反。"
②师古曰："休，音许虬反。屠，音储。"
③师古曰："昆，音下门反。"

久之，武帝游宴见马，①后宫满侧。日磾等数十人牵马过殿下，莫不窃视，②至日磾独不敢。日磾长八尺二寸，容貌甚严，马又肥好，上异而问之，具以本状对。上奇焉，即日赐汤沐衣冠，拜为马监，迁侍中驸马都尉光禄大夫。日磾既亲近，未尝有过失，上甚信爱之，赏赐累千金，出则骖乘，入侍左右。贵戚多窃怨，曰："陛下妄得一胡儿，反贵重之！"上闻，愈厚焉。

①师古曰："方于宴游之时，而召阅诸马。"
②师古曰："视宫人。"

日磾母教诲两子，甚有法度，上闻而嘉之。病死，诏图画于甘泉宫，署曰"休屠王阏氏。"①日磾每见画常拜，乡之涕泣，然后乃去。②日磾子二人皆爱，为帝弄儿，常在旁侧。弄儿或自后拥上项，③日磾在前，见而目之。④弄儿走且啼曰："翁怒。"上谓日磾："何怒吾儿为？"其后弄儿壮大，不谨，自殿下与宫人戏，日磾适见之，恶其淫乱，遂杀弄儿。弄儿即日磾长子也。上闻之大怒，日磾顿首谢，具言所以杀弄儿状。上甚哀，为之泣，已而心敬日磾。

①师古曰："题其画。"
②师古曰："乡，读曰向。"

③师古曰："拥，抱也。"

④师古曰："目，视怒也。"

　　初，莽何罗与江充相善，及充败卫太子，何罗弟通用诛太子时力战得封。后上知太子冤，乃夷灭充宗族党与。何罗兄弟惧及，①遂谋为逆。日磾视其志意有非常，心疑之，阴独察其动静，与俱上下。②何罗亦觉日磾意，以故久不得发。是时，上行幸林光宫，③日磾小疾卧庐。④何罗与通及小弟安成矫制夜出，共杀使者，发兵。明旦，上未起，何罗亡何从外入。⑤日磾奏厕，心动，⑥立入坐内户下。须臾，何罗褏白刃从东箱上，⑦见日磾，色变，走趋卧内，欲入，⑧行触宝瑟，僵。日磾得抱何罗，因传曰："莽何罗反！"⑨上惊起，左右拔刃欲格之，上恐并中日磾，⑩止勿格。日磾捽胡投何罗殿下，⑪得禽缚之，穷治，皆伏辜。繇是著忠孝节。⑫

①师古曰："及，谓及于祸也。"

②师古曰："上下于殿也。"

③服虔曰："甘泉一名林光。"师古曰："秦之林光宫，胡亥所造，汉又于其旁起甘泉宫。"

④师古曰："殿中所止曰庐。"

⑤师古曰："无何，犹言无故也。"

⑥师古曰："奏，向也。日磾方向厕而心动。"

⑦师古曰："置刃于衣袖中也。褏，古袖字。"

⑧师古曰："趋，读曰趣，乡也。卧内，天子卧处。"

⑨师古曰："传，谓传声而唱之。"

⑩师古曰："中，音竹仲反。"

⑪孟康曰："胡，音互。捽胡，若今相僻卧轮之类也。"晋灼曰："胡，颈也，捽其颈而投殿下也。"师古曰："晋说是也。捽，音才乞反。"

⑫师古曰："繇，读与由同。"

　　日磾自在左右，目不忤视者数十年。①赐出宫女，不敢近。上欲内其女后宫，不肯。其笃慎如此，上尤奇异之。②及上病，属霍光以辅少主，③光让日磾。日磾曰："臣外国人，且使匈奴轻汉。"于是遂为光副。光以女妻日磾嗣子赏。初，武帝遗诏以讨莽何罗功封日磾为秺侯,④日磾以帝少不受封。辅政岁余,病困,大将军光白封日磾,卧授印绶。一日,薨,赐葬具冢地,送以轻车介士,军陈至茂陵,谥曰敬侯。

①师古曰:"忤,逆也。"

②师古曰:"笃,厚也。"

③师古曰:"属,音之欲反。"

④师古曰:"秺,音丁故反。"

日磾两子,赏、建,俱侍中,与昭帝略同年,共卧起。赏为奉车、建驸马都尉。及赏嗣侯,佩两绶,上谓霍将军曰:"金氏兄弟两人不可使俱两绶邪?"霍光对曰:"赏自嗣父为侯耳。"上笑曰:"侯不在我与将军乎?"光曰:"先帝之约,有功乃得封侯。"时年俱八九岁。宣帝即位,赏为太仆,霍氏有事萌牙,上书去妻。①上亦自哀之,独得不坐。元帝时为光禄勋,薨,亡子,国除。元始中,继绝世,封建孙当为秺侯,奉日磾后。

①师古曰:"萌牙者,言始有端绪,若草之始生。"

初,日磾所将俱降弟伦,字少卿,为黄门郎,早卒。日磾两子贵,及孙则衰矣,而伦后嗣遂盛,子安上始贵显封侯。

安上字子侯,少为侍中,惇笃有智,宣帝爱之。颇与发举楚王延寿反谋,①赐爵关内侯,食邑三百户。后霍氏反,安上传禁门闼,无内霍氏亲属,②封为都成侯。至建章卫尉,薨,赐冢茔杜陵,谥曰敬侯。四子,常、敞、岑、明。

①师古曰:"与,读曰豫。"

②师古曰:"禁,止也。门闼,宫中大小之门也。传声而止诸门闼也。"

岑、明皆为诸曹中郎将,常光禄大夫。元帝为太子时,敞为中庶子,幸有宠。帝即位,为骑都尉光禄大夫,中郎将侍中。元帝崩,故事,近臣皆随陵为园郎,敞以世名忠孝,太后诏留侍成帝,为奉车水衡都尉,至卫尉。敞为人正直,敢犯颜色,左右惮之,唯上亦难焉。①病甚,上使使者问所欲,以弟岑为托。上召岑,拜为使主客。②敞子涉本为左曹,上拜涉为侍中,使待幸绿车载送卫尉舍。③须臾卒。敞三子,涉、参、饶。

　①师古曰:"臣下皆敬惮,唯有天子一人,亦难之。"

　②服虔曰:"官名,属鸿胪,主胡客也。"

　③李奇曰:"辇绿车,常设以待幸也。临敞病困,拜子为侍中,以此车送,欲敞见其荣宠也。"如淳曰:"幸绿车尝置左右以待召载皇孙,令遣涉归,以皇孙车载之,宠之也。"晋灼曰:"《汉注》绿车名皇孙车,太子有子乘以从。"师古曰:"如、晋二说是也。"

　　涉明经俭节,诸儒称之。成帝时为侍中骑都尉,领三辅胡越骑。①哀帝即位,为奉车都尉,至长信少府。而参使匈奴,匈奴中郎将,②越骑校尉,关内都尉,安定、东海太守。饶为越骑校尉。

　①师古曰:"胡越骑之在三辅者,若长水、长杨、宣曲之属是也。"

　②师古曰:"以其出使匈奴,故拜为匈奴中郎将也。"

　　涉两子,汤、融,皆侍中诸曹将大夫。①而涉之从父弟钦举明经,为太子门大夫。哀帝即位,为太中大夫给事中,钦从父弟迁为尚书令,兄弟用事。帝祖母傅太后崩,钦使护作。②职办,擢为泰山、弘农太守,著威名。平帝即位,征为大司马司直、京兆尹。帝年幼,选置师友,大司徒孔光以明经高行为孔氏师,京兆尹金钦以家世忠孝为金氏友。徙光禄大夫侍中,秩中二千石,封都成侯。

　①师古曰:"将亦谓中郎将也。"

　②师古曰:"监主葬送之事也。"

　　时王莽新诛平帝外家卫氏,召明礼少府宗伯凤①入说为人后之谊,白令公卿、将军、侍中、朝臣并听,②欲以内厉平帝而外塞百姓之议。③钦与族昆弟秺侯当俱封。初,当曾祖父日磾传子节侯赏,而钦祖父安上传子夷侯常,皆亡子,国绝,故莽封钦、当奉其后。当母南即莽母功显君同产弟也。当上南大行为太夫人。④钦因缘谓当:"诏书陈日磾功,亡有赏语。当名为以孙继祖也,自当为父、祖父立庙。⑤赏故国君,使大夫主其祭。"⑥时甄邯在旁,庭叱钦,⑦因劾奏曰:"钦幸得以通经术,超擢侍帷幄,重蒙厚恩,封袭爵号,⑧知圣朝以世有为人后之谊。前遭故定陶太后背本逆天,孝哀不获厥福,乃者吕宽、卫宝复造奸谋,至于反逆,咸伏厥辜。太皇太后惩艾悼惧,⑨逆天之咎,非圣诬法,大乱之殃,诚欲奉承天心,遵明圣制,专壹为后之谊,以安天下之命,数临正殿,延见群臣,讲习《礼经》。孙继祖者,谓亡正统持重者也。赏见嗣日磾,后成为君,持大宗重,则《礼》所谓'尊祖故敬宗',大宗不可以绝者也。钦自知与当俱拜同谊,即数扬言殿省中,教当云云。⑩当即如其言,则钦亦欲为父明立庙而不入夷侯常庙矣。进退异言,颇惑众心,乱国大纲,开祸乱原,诬祖不孝,罪莫大焉。尤非大臣所宜,大不敬。程侯当上母南为太夫人,失礼不敬。"莽白太后,下四辅、公卿、大夫、博士、议郎,皆曰:"钦宜以时即罪。"⑪谒者召钦诣诏狱,钦自杀。邯以纲纪国体,亡所阿私,忠孝尤著,益封千户。更封长信少府涉子右曹汤为都成侯。汤受封日,不敢还归家,以明为人后之谊。益封之后,莽复用钦弟尊,封侯,历九卿位。

①如淳曰:"宗伯,姓。"

②师古曰:"白令皆听之。"

③师古曰:"塞止也。"

④文颖曰:"南,名也。大行,官名也。当上名状于大行也。"邓展曰:"当上南为太夫人,恃莽姨母故耳。为父立庙,非也。"

⑤晋灼曰:"当是赏弟建之孙,此言自当为其父及祖父建立庙也。"

⑥如淳曰:"以赏故国君,使大夫掌其祭事。"臣瓒曰:"当是支庶上继大宗,不得顾其外亲也。而钦见当南为太夫人,遂尊其父祖以续日磾,不复为后赏,而令大夫主赏祭事。"师古曰:"瓒说是也。"

⑦师古曰:"于朝庭中讪之也。"

⑧师古曰:"重,音直用反。"

⑨师古曰:"艾读曰乂。乂,创也。"

⑩师古曰:"云云者,多言也,谓上所陈以孙继祖也。"

⑪师古曰:"即,就也。"

赞曰:霍光以结发内侍,起于阶闼之间,确然秉志,谊形于主。①受襁褓之托,任汉室之寄,当庙堂,拥幼君,摧燕王,仆上

官,②因权制敌,以成其忠。处废置之祭,临大节而不可夺,遂匡国
家,安社稷,拥昭立宣,光为师保,虽周公、阿衡,何以加此!③然光
不学亡术,暗于大理,阴妻邪谋,④立女为后,湛溺盈溢之欲,以增
颠覆之祸,⑤死财三年,宗族诛夷,⑥哀哉!昔霍叔封于晋,⑦晋即
河东,光岂其苗裔乎?金日䃅夷狄亡国,羁虏汉庭,而以笃敬寤主,
忠信自著,勒功上将,传国后嗣,世名忠孝,七世内侍,何其盛也!本
以休屠作金人为祭天主,故因赐姓金氏云。

　　①师古曰:"形,见也。"
　　②师古曰:"仆,顿也,音赴。"
　　③师古曰:"阿衡,伊尹官号也。阿,倚也。衡,平也。言天子所倚,群下取
　　　平也。"
　　④晋灼曰:"不扬其过也。"
　　⑤师古曰:"湛,读曰沈。"
　　⑥师古曰:"财,与才同。"
　　⑦师古曰:"霍叔,文王之子,武王之弟也。"

汉书卷六九
列传第三九

赵充国　辛庆忌

　　赵充国字翁孙，陇西上邽人也，①后徙金城令居。②始为骑士，以六郡良家子③善骑射补羽林。为人沉勇有大略，少好将帅之节，而学兵法，通知四夷事。④

　　①师古曰："邽，音圭。"

　　②师古曰："令，音零。"

　　③服虔曰："金城、陇西、天水、安定、北地、上郡是也。"师古曰："陇西、天水、安定、北地、上郡、西河是也。昭帝分陇西、天水置金城。充国武帝时已为假司马，则初以六郡良家子者非金城也。此名数正与《地理志》同也。"

　　④师古曰："通知者，明晓也。"

　　武帝时，以假司马从贰师将军击匈奴，大为虏所围。汉军乏食数日，死伤者多，充国乃与壮士百余人溃围陷陈，贰师引兵随之，遂得解。身被二十余创，贰师奏状，诏征充国诣行在所，武帝亲见视其创，嗟叹之，拜为中郎，迁车骑将军长史。

　　昭帝时，武都氐人反，①充国以大将军护军都尉将兵击定之，迁中郎将，将屯上谷，②还为水衡都尉。击匈奴，获西祁王，③擢为后将军，兼水衡如故。

　　①师古曰："氐，音丁奚反。"

　　②师古曰："领兵屯于上谷也。将，音子亮反。"

　　③文颖曰："匈奴王也。"

　　与大将军霍光定册尊立宣帝,封营平侯。本始中,为蒲类将军征匈奴,斩虏数百级,还为后将军、少府。匈奴大发十余万骑,南旁塞,至符奚庐山,①欲入为寇。亡者题除渠堂降汉言之,遣充国将四万骑屯缘边九郡。②单于闻之,引去。

　　①师古曰:“旁,依也,音步浪反。”

　　②文颖曰:“五原、朔方之属也。”师古曰:“九郡者,五原、朔方、云中、代郡、雁门、定襄、北平、上谷、渔阳也。四万骑分屯之,而充国总统领之。”

　　是时,光禄大夫义渠安国使行诸羌,①先零豪言愿时度湟水北,②逐民所不田处畜牧。安国以闻。充国劾安国奉使不敬。是后,羌人旁缘前言,抵冒度湟水,③郡县不能禁。元康三年,先零遂与诸羌种豪二百余人解仇交质盟诅。④上闻之,以问充国,对曰:“羌人所以易制者,以其种自有豪,数相攻击,势不壹也。往三十余岁,西羌反时,亦先解仇,合约攻令居,⑤与汉相距,五六年乃定。至征和五年,先零豪封煎等通使匈奴,⑥匈奴使人至小月氏,⑦传告诸羌曰:‘汉贰师将军众十余万人降匈奴,羌人为汉事苦。⑧张掖、酒泉本我地,地肥美,可共击居之。’以此观匈奴欲与羌合,非一世也。间者匈奴困于西方,闻乌桓来保塞,恐兵复从东方起,数使使尉黎、危须诸国,设以子女貂裘,欲沮解之。⑨其计不合。疑匈奴更遣使至羌中,道从沙阴地,出盐泽,过长坑,入穷水塞,南抵属国,与先零相直。⑩臣恐羌变未止此,且复结联他种,宜及未然为之备。”⑪后月余,羌侯狼何果遣使至匈奴藉兵,⑫欲击鄯善、敦煌以绝汉道。⑬充国以为“狼何,小月氏种,在阳关西南,势不能独造此计,疑匈奴使已至羌中,先零、罕、开乃解仇作约。⑭到秋马肥,变必起矣。宜遣使者行边兵豫为备,敕视诸羌,毋令解仇,⑮以发觉其谋。”于是两府复白遣义渠安国行视诸羌,分别善恶。安国至,召先零诸豪三十余人,以尤桀黠,皆斩之。⑯纵兵击其种人,斩首千余级。于是诸降羌及归义羌侯杨玉等恐怒,亡所信乡,⑰遂劫略小种,背畔犯塞,攻城邑,杀长吏。安国以骑都尉将骑三千屯备羌,至浩亹,⑱为虏所击,失亡车重兵器甚众。⑲安国引还，至令居，以闻。是岁，神爵元年春也。

①师古曰："行，音下更反。"

②郑氏曰："零，音怜。"孟康曰："豪帅，长也。"师古曰："湟水出金城临羌塞外，东入河。湟水之北是汉地。湟，音皇。"

③师古曰："旁，依也。抵冒，犯突而前。旁，音步浪反。冒，音莫北反。"

④师古曰："羌人无大君长，而诸种豪递相杀伐，故每有仇雠，往来相报。今解仇交质者，自相亲结，欲入汉为寇也。"

⑤师古曰："合约，共为要契也。"

⑥师古曰："煎，读曰甄。"

⑦师古曰："氏，音支。"

⑧师古曰："事，使役。"

⑨师古曰："设，谓开许之也。沮，坏也。欲坏其计，令解散之。沮，音才汝反。"

⑩师古曰："直，当也。"

⑪师古曰："未然者，其计未成。"

⑫师古曰："籍，借也。"

⑬师古曰："鄯，音善。"

⑭苏林曰："罕、开在金城南。"师古曰："罕、开，羌之别种也。此下言'遣开豪雕库宣天子至德。罕、开之属皆闻知明诏'，其下又云'河南大开、小开'，则罕羌、开羌姓族殊矣。开，音口坚反。而《地理志》天水有罕开县，盖以此二种羌来降，处之此地，因以名县也。而今之羌姓有罕开者，总是罕开之类，合而言之，因为姓耳。变开为井，字之讹也。"

⑮师古曰："行，音下更反。视，读曰示。示，语之也。其下并同。"

⑯师古曰："桀，坚也，言不顺从也。黠，恶也，为恶坚也。"

⑰师古曰："恐中国泛怒，不信其心，而纳向之。乡，读曰向。"

⑱师古曰："浩，音诰。亹，音门。水名也，解在《地理志》。"

⑲师古曰："重，音直用反。"

时充国年七十余，上老之，使御史大夫丙吉问谁可将者，充国对曰："亡逾于老臣者矣。"上遣问焉，曰："将军度羌虏何如，当用几人？"①充国曰："百闻不如一见。兵难隃度，②臣愿驰至金城，图上方略。③然羌戎小夷，逆天背畔，灭亡不久，愿陛下以属老臣，勿以为忧。"④上笑曰："诺。"

①师古曰："度，计也，音大各反。其下亦同。"

②郑氏曰："隃，遥也，三辅言也。"师古曰："隃，读曰遥。"

③师古曰："图其地形，并为攻讨方略，俱奏上也。"

④师古曰："属，委也，音之欲反。"

充国至金城，须兵满万骑，①欲度河，恐为虏所遮，即夜遣三校衔枚先度，②度辄营陈，会明，毕，遂以次尽度。虏数十百骑来，出入军傍。充国曰："吾士马新倦，不可驰逐。此皆骁骑难制，又恐其为诱兵也。击虏以殄灭为期，小利不足贪。"令军勿击。遣骑候四望陿中，亡虏。③夜引兵上至落都，④召诸校司马，谓曰："吾知羌虏不能为兵矣。使虏发数千人守杜四望狭中，兵岂得入哉！"⑤充国常以远斥候为务，行必为战备，止必坚营壁，尤能持重，爱士卒，先计而后战。遂西至西部都尉府，⑥日飨军士，⑦士皆欲为用。虏数挑战，充国坚守。捕得生口，言羌豪相数责曰："语汝亡反，今天子遣赵将军来，年八九十矣，善为兵。今请欲壹斗而死，可得邪！"

①师古曰："须，待也。"

②师古曰："衔枚者，欲其无声，使虏不觉。"

③文颖曰："金城有三陿，在南六百里。"师古曰："山峭而夹水曰陿。四望者，陿名也。陿音，狭。"

④服虔曰："山名也。"

⑤师古曰："杜，塞也。"

⑥孟康曰："在金城。"

⑦师古曰："日飨，饲之。"

充国子右曹中郎将卬，将期门佽飞、羽林孤儿、胡越骑为支兵，至令居，虏并出绝转道，①卬以闻。有诏将八校尉与骁骑都尉、金城太守合疏捕山间虏，②通转道津度。

①师古曰："并犹且也。转道，运粮之道也。并，读如字，又音步朗反。"

②苏林曰："疏，搜索。"师古曰："疏字本作迹，言寻迹而捕之也。"

初，罕、开豪靡当儿使弟雕库来告都尉曰先零欲反，后数日果反。雕库种人颇在先零中，都尉即留雕库为质。充国以为亡罪，乃遣归告种豪："大兵诛有罪者，明白自别，毋取并灭。①天子告诸羌人，犯法者能相捕斩，除罪。斩大豪有罪者一人，赐钱四十万，中豪十五万，下豪二万，大男三千，女子及老小千钱，又以其所捕妻子财物尽与之。"充国计欲以威信招降罕开及劫略者，解散虏谋，徼极乃击之。②

①师古曰："言勿相和，同自取灭亡。"

②师古曰："徼，要也。要其倦极者也。徼，音工尧反。"

时上已发三辅、太常徒弛刑，①三河、颍川、沛郡、淮阳、汝南材官，金城、陇西、天水、安定、北地、上郡骑士、羌骑与武威、张掖、酒泉太守各屯其郡者，合六万人矣。酒泉太守辛武贤奏言："郡兵皆屯备南山，北边空虚，势不可久。或曰至秋冬乃进兵，此虏在竟外之册。②今虏朝夕为寇，土地寒苦，汉马不能冬，③屯兵在武威、张掖、酒泉万骑以上，皆多羸瘦。可益马食，以七月上旬赍三十日粮，分兵并出张掖、酒泉，合击罕、开在鲜水上者。虏以畜产为命，今皆离散，兵即分出，虽不能尽诛，亶夺其畜产，虏其妻子。④复引兵还，冬复击之，大兵仍出，虏必震坏。"⑤

①师古曰："弛刑，谓不加钳钛者也。弛之言解也，音式尔反。"

②师古曰："竟，读曰境。"

③师古曰："能，读曰耐。"

④师古曰："亶，读曰但。"

⑤师古曰"仍，频也。"

天子下其书充国，令与校尉以下吏士知羌事者博议。充国及长史董通年以为"武贤欲轻引万骑，分为两道出张掖，回远千里。①以一马自佗负三十日食，②为米二斛四斗，麦八斛，又有衣装兵器，难以追逐。勤劳而至，虏必商军进退，稍引去，③逐水中，入山林，④随而深入，虏即据前险，守后阨，以绝粮道，必有伤危之忧，为夷狄笑，千载不可复。⑤而武贤以为可夺其畜产，虏其妻子，此殆空言，非至计也。⑥又武威县、张掖日勒皆当北塞，有通谷水草。⑦臣恐匈奴与羌有谋,且欲大入,幸能要杜张掖、酒泉以绝西域,⑧其郡兵尤不可发。先零首为畔逆,它种劫略,⑨故臣愚册,欲捐罕、开暗昧之过,隐而勿章,先行先零之诛以震动之,宜悔过反善,因赦其罪,选择良吏知其俗者,抚循和辑,⑩此全师保胜安边之册。"天子下其书。公卿议者咸以为先零兵盛,而负罕、开之助,⑪不先破罕、开,则先零未可图也。

①师古曰:"回,谓路纡曲也,音胡悔反。"

②师古曰:"佗,音徒何反。凡以畜产载负物者皆为佗。"

③师古曰:"商,计度也。"

④师古曰:"屮,古草字。"

⑤师古曰:"复,音扶目反。"

⑥师古曰:"殆,仅也。"

⑦师古曰:"日勒,张掖之县。"

⑧师古曰:"要,遮也。杜,塞也。"

⑨师古曰:"言被劫略而反叛,非其本心。"

⑩师古曰:"抚,古抚字。辑,与集同。"

⑪师古曰:"负,恃也。"

上乃拜侍中乐成侯许延寿为强弩将军,即拜酒泉太守武贤为破羌将军,①赐玺书嘉纳其册。以书敕让充国曰:②

①师古曰:"即,就也,就其郡而拜之。"

②师古曰:"让,责也。"

皇帝问后将军,甚苦暴露。将军计欲至正月乃击罕羌,羌人当获麦,已远其妻子,①精兵万人欲为酒泉、敦煌寇。边兵少,民守保不得田作。今张掖以东,粟石百余,刍槀束数十。②转输并起,百姓烦扰。将军将万余之众,不早及秋共水草之利,争其畜食,③欲至冬,虏皆当畜食,④多藏匿山中,依险阻,将军士寒,手足皲瘃,⑤宁有利哉?将军不念中国之费,欲以岁数而胜微,⑥将军谁不乐此者!⑦

①师古曰:"徙其妻子令远居,而身来为寇也。"

②师曰:"皆谓钱直之数,言其贵。"

③师古曰："此畜,谓畜产牛羊之属也。食,谓谷麦之属也。一曰,畜食,畜之所食,即谓草也。"

④师古曰："此畜读曰蓄。蓄,聚积也。"

⑤文颖曰："皲坼裂也。瘃,寒创也。"师古曰："皲,音军。瘃,音竹足反。"

⑥师古曰："久历年岁,乃胜小敌也。数,音所据反。"

⑦师古曰："言凡为将军者,皆乐此。"

今诏破羌将军武贤将兵六千一百人,敦煌太守快将二千人,长水校尉富昌、酒泉侯奉世将婼、月氏兵四千人,①亡虑万二千人。②赍三十日食,以七月二十二日击罕羌,入鲜水北句廉上,③去酒泉八百里,去将军可千二百里。将军其引兵便道西并进,虽不相及,使虏闻东方北方兵并来,分散其心意,离其党与,虽不能殄灭,当有瓦解者。已诏中郎将卬将胡越伂飞射士、步兵二校尉,益将军兵。

①服虔曰："婼,音兒,羌名也。"苏林曰："婼,音兒遮反。"师古曰："苏音是也。"

②师古曰："亡虑,大计也,解在《食货志》。"

③服虔曰："句,音钩。"师古曰："句廉,谓水岸曲而有廉棱也。"

今五星出东方,中国大利,蛮夷大败。①太白出高,用兵深入敢战者吉,弗敢战者凶。将军急装,因天时,诛不义,万下必全,勿复有疑。

①张晏曰："五星所聚,其下胜。羌人在西,星在东,则为汉。"

充国既得让,以为将任兵在外,便宜有守,以安国家。①乃上书谢罪,因陈兵利害,曰:

①师古曰："言为将之道,受任行兵于外,虽受诏命,若有便宜,则当固守以取安利也。"

臣窃见骑都尉安国前幸赐书,择羌人可使使罕,谕告以大军当至,汉不诛罕,以解其谋。恩泽甚厚,非臣下所能及。臣独私美陛下盛德至计亡已,故遣开豪雕库宣天子至德,罕、开之属皆闻知明诏。今先零羌杨玉将骑四千及煎巩骑五千,阻石山木,候便为寇,①罕羌未有所犯。今置先零,先击罕,释有罪,诛亡辜，②起壹难，就两害，诚非陛下本计也。

①师古曰："谓依阻山之木石以自保固。"

②师古曰："释，置也，放也。"

臣闻兵法"攻不足者守有余"，又曰"善战者致人，不致于人"。①今罕羌欲为敦煌、酒泉寇，宜饬兵马，练战士，以须其至，②坐得致敌之术，以逸击劳，取胜之道也。今恐二郡兵少不足以守，而发之行攻，释致虏之术而从为虏所致之道，③臣愚以为不便。先零羌虏欲为背畔，故与罕、开解仇结约，然其私心不能亡恐汉兵至而罕、开背之也。臣愚以为其计常欲先赴罕、开之急，以坚其约，先击罕羌，先零必助之。今虏马肥，粮食方饶，击之恐不能伤害，适使先零得施德于罕羌，坚其约，合其党。④虏交坚党合，精兵二万余人，迫胁诸小种，附著者稍众，莫须之属不轻得离也。⑤如是，虏兵浸多，⑥诛之用力数倍，臣恐国家忧累繇十年数，不二三岁而已。⑦

①师古曰："皆兵法之辞也。致人，引致而取之也。致于人，为人所引也。"

②师古曰："饬，整也。须，待也。饬，与敕同。"

③师古曰："释，废弃。"

④师古曰："施德，自树恩德也。"

⑤服虔曰："莫须，小种羌名也。"

⑥师古曰："浸，渐也。"

⑦师古曰："累，音力瑞反。繇，与由同。"

臣得蒙天子厚恩，父子俱为显列。臣位至上卿，爵为列侯，犬马之齿七十六，为明诏填沟壑，死骨不朽，亡所顾念。独思惟兵利害至孰悉也，于臣之计，先诛先零已，则罕、开之属不烦兵而服矣。先零已诛，而罕、开不服，涉正月击之，得计之理，又其时也。以今进兵，诚不见其利，唯陛下裁察。

六月戊申奏，七月甲寅玺书报，从充国计焉。

充国引兵至先零在所。虏久屯聚，解弛，①望见大军，弃车重，欲度湟水，②道阸狭，充国徐行驱之。或曰逐利行迟，③充国曰："此

穷寇,不可迫也。缓之则走不顾,急之则还致死。"④诸校皆曰:
"善。"虏赴水溺死者数百,降及斩首五百余人,卤马牛羊十万余头,
车四千余两。兵至罕地,令军毋燔聚落刍牧田中。⑤罕羌闻之,喜
曰:"汉果不击我矣!"豪靡忘使人来言:"愿得还复故地。"⑥充国以
闻,未报。靡忘来自归,充国赐饮食,遣还谕种人。护军以下皆争之,
曰:"此反虏,不可擅遣。"充国曰:"诸君但欲便文自营,⑦非为公家
忠计也。"⑧语未卒,玺书报,令靡忘以赎论。后罕竟不烦兵而下。

①师古曰:"解,读曰懈。弛,放也。"
②师古曰:"重,音直用反。"
③师古曰:"逐利宜疾,今行太迟。"
④师古曰:"谓更回还尽力而死战。"
⑤师古曰:"不得燔烧人居,及于田亩之中刈刍放牧也。"
⑥服虔曰:"靡忘,羌帅名也。"
⑦师古曰:"苟取文墨之便而自营卫。便,音频面反。"
⑧师古曰:"为,音于伪反。"

其秋,充国病,上赐书曰:"制诏后将军:闻苦脚胫、寒泄,①将
军年老加疾,一朝之变不可讳,②朕甚忧之。今诏破羌将军诣屯所,
为将军副,急因天时大利,吏士锐气,以十二月击先零羌。即疾剧,
留屯毋行,独遣破羌、强弩将军。"时羌降者万余人矣。充国度其必
坏,欲罢骑兵屯田,以待其敝,作奏未上,会得进兵玺书,中郎将印
惧,使客谏充国曰:"诚令兵出,破军杀将,以倾国家,将军守之可
也。即利与病,又何足争?一旦不合上意,遣绣衣来责将军,将军之
身不能自保,③何国家之安?"充国叹曰:"是何言之不忠也!本用吾
言,羌虏得至是邪?④往者,举可先行羌者,吾举辛武贤,⑤丞相御
史复白遣义渠安国,竟沮败羌。⑥金城、湟中谷斛八钱,吾谓耿中
丞,⑦籴三百万斛谷,羌人不敢动矣。⑧耿中丞请籴百万斛,乃得四
十万斛耳。义渠再使,且费其半。失此二册,羌人故敢为逆。失之
豪氂,差以千里,是既然矣。今兵久不决,四夷卒有动摇,相因而
起,⑨虽有知者不能善其后,羌独足忧邪!⑩吾固以死守之,明主可

为忠言。"遂上屯田奏曰：

①师古曰："胫，膝以下骨也。寒泄，下利也。言其患足胫又苦下利。胫，音
　下定反。泄，音息列反。"

②师古曰："恐其死。"

③师古曰："绣衣，谓御史。"

④师古曰："言豫防之，可无今日之寇也。"

⑤师古曰："行，音下更反。"

⑥师古曰："沮，坏也，音才汝反。"

⑦服虔曰："耿寿昌也，为司农中丞。"

⑧师古曰："言豫储粮食，可以制敌。"

⑨师古曰："卒，读曰猝。"

⑩师古曰："言傥如此，则所忧不独在羌。"

　　臣闻兵者，所以明德除害也，故举得于外，则福生于内，不
可不慎。臣所将吏士马牛食，月用粮谷十九万九千六百三十
斛，盐千六百九十三斛，荄槁二十五万二百八十六石。①难久
不解，繇役不息，又恐它夷卒有不虞之变，②相因并起，为明主
忧，诚非素定庙胜之册。③且羌虏易以计破，难用兵碎也。故臣
愚以为击之不便。

①师古曰："荄，干刍也。槁，禾秆也。石，百二十斤。秆，音工早反。"

②师古曰："卒，读曰猝。"

③师古曰："庙胜，谓谋于庙堂而胜敌也。"

　　计度临羌东至浩亹，①羌虏故田及公田，民所未垦，可二
千顷以上，其间邮亭多坏败者。臣前部士入山，伐材木大小六
万余枚，皆在水次。愿罢骑兵，留弛刑应募，及淮阳、汝南步兵
与吏私从者，合凡万二百八十一人，用谷月二万七千三百六十
三斛，盐三百八斛，分屯要害处。冰解漕下，缮乡亭，浚沟渠，②
治湟狭以西道桥七十所，令可至鲜水左右。田事出，赋人二十
晦。③至四月草生，发郡骑及属国胡骑伉健各千，倅马什二，就
草，④为田者游兵。以充入金城郡，益积畜，省大费。⑤今大司
农所转谷至者，足支万人一岁食。谨上田处及器用簿，⑥唯陛

下裁许。

①师古曰:"度,音大各反。"

②师古曰:"漕下,以水运木而下也。缮,补也。浚,深治也。"

③师古曰:"田事出,谓至春人出营田也。赋,谓班与之也。晦,古亩字也。"

④师古曰:"倅,副也。什二者,千骑则与副马二百匹也。倅,音口浪反。"

⑤师古曰:"畜,读曰蓄。"

⑥师古曰:"簿,音步户反。"

上报曰:"皇帝问后将军,言欲罢骑兵万人留田,即如将军之计,虏当何时伏诛,兵当何时得决?熟计其便,复奏。"充国上状曰:

臣闻帝王之兵,以全取胜,是以贵谋而贱战。战而百胜,非善之善者也,故先为不可胜以待敌之可胜。①蛮夷习俗虽殊于礼义之国,然其欲避害就利,爱亲戚,畏死亡,一也。今虏亡其美地荐草,②愁于寄托远遁,骨肉离心,人有畔志,而明主般师罢兵,③万人留田,顺天时,因地利,以待可胜之虏,虽未即伏辜,兵决可期月而望。羌虏瓦解,前后降者万七百余人,及受言去者凡七十辈,④此坐支解羌虏之具也。

①师古曰:"此兵法之辞也。言先自完坚,令敌不能胜我,乃可以胜敌也。"

②师古曰:"荐,稠草。"

③邓展曰:"般,音班。班,还也。"

④如淳曰:"羌胡言欲降,受其言遣去者。"师古曰:"如说非也。谓羌受充国之言,归相告喻者也。羌虏即羌贼耳,无豫于胡也。"

臣谨条不出兵留田便宜十二事:步兵九校,①吏士万人,留屯以为武备,因田致谷,威德并行,一也。又因排折羌虏,令不得归肥饶之塍,②贫破其众,以成羌虏相畔之渐,二也。居民得并田作,不失农业,三也。③军马一月之食,度支田士一岁,④罢骑兵以省大费,四也。至春省甲士卒,循河湟漕谷至临羌,以际羌虏,⑤扬威武,传世折冲之具,五也。以闲暇时下所伐材,⑥缮治邮亭,充入金城,六也。兵出,乘危徼幸,⑦不出,令反畔之虏窜于风寒之地,离霜露疾疫瘃堕之患,⑧坐得必胜之道,七也。亡经阻远追死伤之害,八也。内不损威武之重,外不令虏得乘间之势，九也。⑨又亡惊动河南大开、小开⑩使生它变之忧，十也。治湟狭中道桥，令可至鲜水，以制西域，信威千里，⑪从枕席上过师，十一也。⑫大费既省，繇役豫息，以戒不虞，十二也。留屯田得十二便，出兵失十二利。臣充国材下，犬马齿衰，不识长册，唯明诏博详公卿议臣采择。

①师古曰："一部为一校也。"

②师古曰："坠，古地字也。"

③师古曰："并，且也，读如本字，又音步浪反。"

④师古曰："度，音大各反。"

⑤师古曰："眹亦示字。"

⑥师古曰："闲，读曰闲。"

⑦师古曰："言不可必胜。"

⑧师古曰："离，遭也。堕，谓因寒瘃而堕指者也。"

⑨师古曰："间，谓军之间隙者也。"

⑩服虔曰："皆羌种，在河西之河南也。"

⑪师古曰："信，读曰申。"

⑫郑氏曰："桥成军行安易，若于枕席上过也。"

上复册报曰："皇帝问后将军，言十二便，闻之。虏虽未伏诛，兵决可期月而望，期月而望者，谓今冬邪，谓何时也？将军独不计虏闻兵颇罢，且丁壮相聚，攻扰田者及道上屯兵，复杀略人民，将何以止之？又大开、小开前言曰：'我告汉军先零所在，兵不往击，久留，得亡效五年时不分别人而并击我？'①其意常恐。今兵不出，得亡变生，与先零为一？将军孰计复奏。"充国奏曰：

①如淳曰："此语谓本始五年伐先零，不分别大小开本意，是以大小开有此言也。"

　　臣闻兵以计为本，故多算胜少算。先零羌精兵今余不过七八千人，失地远客，分散饥冻。罕、开、莫须又颇暴略其羸弱畜产，畔还者不绝，皆闻天子明令相捕斩之赏。臣愚以为虏破坏可日月冀，远在来春，故曰兵决可期月而望。窃见北边自敦煌至辽东万一千五百余里，乘塞列隧有吏卒数千人，虏数大众攻之而不能害。今留步士万人屯田，地势平易，多高山远望之便，部曲相保，为堑垒木樵，①校联不绝，②便兵弩，饬斗具。③烽火幸通，势及并力，以逸待劳，兵之利者也。臣愚以为屯田内有亡费之利，外有守御之备。骑兵虽罢，虏见万人留田为必禽之具，其土崩归德，宜不久矣。从今尽三月，虏马羸瘦，必不敢捐其妻子于他种中，远涉河山而来为寇。又见屯田之士精兵万人，终不敢复将其累重还故地。④是臣之愚计，所以度虏且必瓦解其处，⑤不战而自破之册也。至于虏小寇盗，时杀人民，其原未可卒禁。⑥臣闻战不必胜，不苟接刃；攻不必取，不苟劳众。诚令兵出，虽不能灭先零，亶能令虏绝不为小寇，则出兵可也。⑦即今同是，⑧而释坐胜之道，从乘危之势，往终不见利，空内自罢敝，⑨贬重而自损，非所以视蛮夷也。⑩又大兵一出，还不可复留，湟中亦未可空，如是，羌役复发也。且匈奴不可不备，乌桓不可不忧。今久转运烦费，倾我不虞之用以澹一隅，⑪臣愚以为不便。校尉临众幸得承威德，奉厚币，拊循众羌，谕以明诏，宜皆乡风。⑫虽其前辞尝曰"得亡效五年"，宜亡它心，不足以故出兵。

①师古曰："樵。与谯同，谓为高楼以望敌也，音才消反。"

②如淳曰："播校相连也。"师古曰："此校谓用木自相贯穿以为固者，亦犹《周易》'荷校灭耳'也。《周礼》'校人掌王马之政'，'六厩成校'，盖用关械阑养马也。《说文解字》云'校，木囚也'，亦谓以木相贯，遮阑禽兽也。今云校联不绝，言营垒相次。"

③师古曰："便，利也。饬，整也，其字从力。"

④师古曰："累重，谓妻子也。累，音力瑞反。重，音直用反。"

⑤师古曰："各于其处自瓦解。"

⑥师古曰："卒，读曰猝。"

⑦师古曰："亶，读曰但。"

⑧师古曰："俱不能止小寇盗。"

⑨师古曰："罢，读曰疲。"

⑩师古曰："视，读曰示。"

⑪师古曰："澹,古赡字。赡,给也。"

⑫师古曰："谕,晓告之。乡,读曰向。"

　　臣窃自惟念,奉诏出塞,引军远击,穷天子之精兵,散车甲
于山野,虽亡尺寸之功,偷得避慊之便,①而亡后咎余责,此人
臣不忠之利,非明主社稷之福也。臣幸得奋精兵,讨不义,久留
天诛,②罪当万死。陛下宽仁,未忍加诛,令臣数得孰计。③愚
臣伏计孰甚,不敢避斧钺之诛,昧死陈愚,唯陛下省察。

①师古曰："偷,苟且也。慊亦嫌字。"

②师古曰："言不早殄灭贼也。"

③师古曰："数,音所角反。其下亦同。"

　　充国奏每上,辄下公卿议臣。初是充国计者什三,中什五,最后
什八。有诏诘前言不便者,皆顿首服。丞相魏相曰："臣愚不习兵事
利害。后将军数画军册,其言常是,臣任其计可必用也。"①上于是
报充国曰："皇帝问后将军,上书言羌虏可胜之道,今听将军,将军
计善。其上留屯田及当罢者人马数。将军强食,慎兵事,自爱!"上
以破羌、强弩将军数言当击,又用充国屯田处离散,恐虏犯之,于是
两从其计,诏两将军与中郎将卬出击。强弩出,降四千余人,破羌斩
首二千级,中郎将卬斩首降者亦二千余级,而充国所降复得五千余
人。诏罢兵,独充国留屯田。

①师古曰："任,保也。"

　　明年五月,充国奏言："羌本可五万人军,凡斩首七千六百级,
降者三万一千二百人,溺河湟饥饿死者五六千人,定计遗脱与煎
巩、黄羝俱亡者不过四千人。羌靡忘等自诡必得,①请罢屯兵。"奏
可,充国振旅而还。

①师古曰："诡,责也。自以为忧,责言必能得之。"

　　所善浩星赐迎说充国,①曰："众人皆以破羌、强弩出击,多斩
首获降,虏以破坏。然有识者以为虏势穷困,兵虽不出,必自服矣。
将军即见,宜归功于二将军出击,非愚臣所及。如此,将军计未失
也。"充国曰："吾年老矣,爵位已极,岂嫌伐一时事以欺明主哉! 兵

势,国之大事,当为后法。老臣不以余命壹为陛下明言兵之利害,卒死,谁当复言之者?②卒以其意对。③上然其计,罢遣辛武贤归酒泉太守官,充国复为后将军卫尉。

①郑展曰:"浩星,姓;赐,名也。"

②师古曰:"卒,读曰猝。"

③师古曰:"卒,终也。"

其秋,羌若零、离留,且种、儿库①共斩先零大豪犹非、杨玉首,②及诸豪弟泽、阳雕、良儿、靡忘皆帅煎巩、黄羝属四千余人降汉。封若零、弟泽二人为帅众王,离留、且种二人为侯,儿库为君,阳雕为言兵侯,良儿为君,靡忘为献牛君。初置金城属国以处降羌。

①师古曰:"且,音子间反。"

②文颖曰:"犹非,人名也。"师古曰:"犹非及杨玉,二人也。《宣纪》作酋非,而此传作犹字,疑纪误。"

诏举可护羌校尉者,时充国病,四府举辛武贤小弟汤。充国遽起奏:"汤使酒,不可典蛮夷。①不如汤兄临众。"时汤已拜受节,有诏更用临众。后临众病免,五府复举汤,汤数醉酗羌人,②羌人反畔,卒如充国之言。

①师古曰:"使酒,因酒以使气,若今言恶酒者。"

②师古曰:"酗,音况务反。"师古曰:"即酗字也。醉怒曰酗。"

初,破羌将军武贤在军中时与中郎将卬宴语,①卬道:"车骑将军张安世始尝不快上,②上欲诛之,卬家将军以为安世本持橐簪笔,③事孝武帝数十年,见谓忠谨,宜全度之。④安世用是得免。"及充国还言兵事,武贤罢归故官,深恨,上书告卬泄省中语。卬坐禁止而入至充国莫府司马中乱屯兵,⑤下吏,自杀。

①师古曰:"闲宴时共语也。"

②如淳曰:"所为行不可上意。"

③张晏曰:"橐,絜囊也。近臣负囊簪笔,从备顾问,或有所纪也。"师古曰:"囊,所以盛书也。有底曰囊,无底曰橐。簪笔者,插毛于首。橐,音汀各反,又音托。"

④师古曰:"全安而免度之,不令丧败也。"

⑤如淳曰："方见禁止而入至充国莫府司马中。司马中，律所谓菅军司马
　　中也。"

　　充国乞骸骨，赐安车驷马，黄金六十斤，罢就第。朝庭每有四夷
大议，常与参兵谋，问筹策焉。①年八十六，甘露二年薨，谥曰壮侯。
传子至孙钦，钦尚敬武公主。主亡子，主教钦良人习诈有身，名它人
子。钦薨，子岑嗣侯，习为太夫人。岑父母求钱财亡已，忿恨相告。
岑坐非子免，国除。元始中，修功臣后，复封充国曾孙伋为营平
侯。②

①师古曰："与，读曰豫。"

②师古曰："伋，音汲。"

　　初，充国以功德与霍光等列，画无央宫。成帝时，西羌尝有警，
上思将帅之臣，追美充国，乃召黄门郎杨雄即充国图画而颂之，①
曰：

①师古曰："即，就也。于画侧而书颂。"

　　　　明灵惟宣，戎有先零。先零昌狂，侵汉西疆。汉命虎臣，惟
　　后将军，整我六师，是讨是震。①既临其域，谕以威德，有守矜
　　功，谓之弗克。请奋其旅，于罕之羌，天子命我，从之鲜阳。②营
　　平守节，娄奏封章，③料敌制胜，威谋靡亢。④遂克西戎，还师
　　于京，鬼方宾服，罔有不庭。⑤昔周之宣，有方有虎，⑥诗人歌
　　功，乃列于《雅》。⑦在汉中兴，充国作武，赳赳桓桓，亦绍厥
　　后。⑧

①师古曰："震，合韵音真。"

②应劭曰："酒泉太守辛武贤自将万骑出张掖击羌。宣帝使充国共武贤讨
　　罕、开于鲜水之阳也。"

③师古曰："娄，古屡字。"

④师古曰："料，量也。亢，当也。合韵音康。"

⑤师古曰："鬼方，言其幽昧也。庭，来帝庭也。一说，庭，直也。"

⑥张晏曰："方叔、邵虎也。"

⑦师古曰："《大雅》、《小雅》之诗也。"

⑧师古曰："赳赳，劲也。桓桓，威也。绍厥后，谓继周之方、邵也。"

　　充国为后将军,徙杜陵。辛武贤自羌军还后七年,复为破羌将军,征乌孙至敦煌,后不出,征未到,病卒。子庆忌至大官。

　　辛庆忌字子真,少以父任为右校丞,随长罗侯常惠屯田乌孙赤谷城,与歙侯战,①陷陈却敌。惠奏其功,拜为侍郎,迁校尉,将吏士屯焉耆国。还为谒者,尚未知名。元帝初,补金城长史,举茂材,迁郎中车骑将军,朝庭多重之者。转为校尉,迁张掖太守。徙酒泉,所在著名。

　　①师古曰:"歙即翕字也。歙侯,乌孙官名。"

　　成帝初,征为光禄大夫,迁左曹中郎将,至执金吾。始武贤与赵充国有隙,后充国家杀,辛氏至庆忌为执金吾,坐子杀赵氏,左迁酒泉太守。岁余,大将军王凤荐庆忌"前在两郡著功迹,征入,历位朝庭,莫不信乡。①质行正直,仁勇得众心,通于兵事,明略威重,任国柱石。②父破羌将军武贤显名前世,有威西夷。臣凤不宜久处庆忌之右。"③乃复征为光禄大夫、执金吾。数年,坐小法左迁云中太守,复征为光禄勋。

　　①师古曰:"乡,读曰向。"

　　②师古曰:"任,堪也。"

　　③师古曰:"右,上也。"

　　时数有灾异,丞相司直何武上封事曰:"虞有宫之奇,晋献不寐;①卫青在位,淮南寝谋。故贤人立朝,折冲厌难,胜于亡形。②《司马法》曰:'天下虽安,忘战必危。'夫将不豫设,则亡以应卒;③士不素厉,则难使死敌。是以先帝建列将之官,近戚主内,异姓距外,故奸轨不得萌动而破灭,④诚万世之长册也。光禄勋庆忌行义修正,柔毅敦厚,⑤谋虑深远。前在边郡,数破敌获虏,外夷莫不闻。乃者大异并见,未有其应。加以兵革久寝。《春秋》大灾未至而豫御之,⑥庆忌宜在爪牙官以备不虞。"⑦其后拜为右将军诸吏散骑给事中,岁余徙为左将军。

　　①应劭曰:"晋献公欲伐虞,以宫之奇在,寝不寐。"

②师古曰："厌,抑也,未有祸难之形,豫胜之也。厌,音一叶反。"

③师古曰："辛,读曰狋,谓暴也。"

④师古曰："始生曰萌。"

⑤师古曰："和柔而能沉毅也。《尚书·咎繇谟》曰'扰而毅'。扰亦柔也。今流俗书本柔字作果者,妄改之。"

⑥师古曰："庄十六年'公追戎于济西'。《公羊传》曰:'此未有伐中国者,言追何?大其未至而豫御也。'"

⑦师古曰："虞,度也。言有寇难非意所度也。"

庆忌居处恭俭,食饮被服尤节约,然性好舆马,号为鲜明,唯是为奢。为国虎臣,遭世承平,匈奴、西域亲附,敬其威信。年老卒官。长子通为护羌校尉,中子遵函谷关都尉,少子茂水衡都尉出为郡守,皆有将帅之风。宗族支属至二千石者十余人。

元始中,安汉公王莽秉政,见庆忌本大将军凤所成。三子皆能,欲亲厚之。是时莽方立威柄,用甄丰、甄邯以自助,丰、邯新贵,威震朝廷。水衡都尉茂自见名臣子孙,兄弟并列,不甚诎事两甄。时平帝幼,外家卫氏不得在京师,而护羌校尉通长子次兄素与帝从舅卫子伯相善,①两人俱游侠,宾客甚盛。及吕宽事起,莽诛卫氏。两甄构言诸辛阴与卫子伯为心腹,有背恩不说安汉公之谋。②于是司直陈崇举奏其宗亲陇西辛兴等侵陵百姓,威行州郡。莽遂按通父子、尊、茂兄弟及南郡太守辛伯等,皆诛杀之。辛氏繇是废。③庆忌本狄道人,为将军,徙昌陵。昌陵罢,留长安。

①师古曰："次兄,其字也。兄读如本字,亦读曰况。"

②师古曰："说,读曰悦。"

③师古曰："繇,读与由同。"

赞曰:秦汉已来,山东出相,山西出将。秦将军白起,郿人;①王翦,频阳人。汉兴,郁郅王围、甘延寿,②义渠公孙贺、傅介子,成纪李广、李蔡、杜陵苏建、苏武、上邽上官桀、赵充国、襄武廉褒、狄道辛武贤、庆忌,皆以勇武显闻。苏、辛父子著节,此其可称列者也,其余不可胜数。何则?山西、天水、陇西、安定、北地处势迫近羌胡,民俗修习战备,高上勇力鞍马骑射。故《秦诗》曰:"王于兴师,修我甲兵,与子皆行。"③其风声气俗自古而然,今之歌谣慷慨,风流犹存耳。

①师古曰:"郿,扶风之县也,音媚。"

②师古曰:"围为强弩将军,见《艺文志》。郁,音于六反。郅,音质。"

③师古曰:"《小戎》之诗也,解在《地理志》。"

汉书卷七〇
列传第四〇

傅介子　　常惠　　郑吉
甘延寿　　陈汤　　段会宗

　　傅介子,北地人也,①以从军为官。先是,龟兹、楼兰皆尝杀汉使者,②语在《西域传》。至元凤中,介子以骏马监求使大宛,因诏令责楼兰、龟兹国。

　　①师古曰:"《赵充国传》赞云'义渠公孙贺、傅介子',然则介子北地义渠人也。"
　　②服虔曰:"龟兹,音丘慈反。"

　　介子至楼兰,责其王教匈奴遮杀汉使:"大兵方至,王苟不教匈奴,匈奴使过至诸国,何为不言?"王谢服,言"匈奴使属过,①当至乌孙,道过龟兹。"介子至龟兹,复责其王,王亦服罪。介子从大宛还到龟兹,龟兹言"匈奴使从乌孙还,在此。"介子因率其吏士共诛斩匈奴使者。还奏事,诏拜介子为中郎,迁平乐监。

　　①师古曰:"属,近也。近始过去。属,音之欲反。"

　　介子谓大将军霍光曰:"楼兰、龟兹数反覆而不诛,无所惩艾。①介子过龟兹时,其王近就人,易得也,②愿往刺之,以威示诸国。"大将军曰:"龟兹道远,且验之于楼兰。"于是白遣之。

　　①师古曰:"艾,读曰乂。"
　　②师古曰:"附近而亲就,言不相猜阻也。"

　　介子与士卒俱赍金币,扬言以赐外国为名。至楼兰,楼兰王意不亲介子，介子阳引去，至其西界，使译谓曰："汉使者持黄金锦绣行赐诸国，①王不来受我，去之西国矣。"即出金币以示译。译还报王，王贪汉物，来见使者。介子与坐饮，陈物示之。饮酒皆醉，介子谓王曰："天子使我私报王。"②王起，随介子入帐中，屏语，③壮士二人从后刺之，刃交匈，立死。其贵人、左右皆散走。介子告谕以"王负汉罪，天子遣我来诛王，当更立前太子质在汉者。汉兵方至，毋敢动，动，灭国矣！"遂持王首还诣阙，公卿将军议者咸嘉其功。上乃下诏曰："楼兰王安归常为匈奴间，候庶汉使者，④发兵杀略卫司马安乐、光禄大夫忠、期门郎遂成等三辈，及安息、大宛使，盗取节印献物，⑤甚逆天理。平乐监傅介子持节使诛斩楼兰王安归首，悬之北阙，以直报怨，⑥不烦师众。其封介子为义阳侯，食邑七百户。士刺王者皆补侍郎。"

①师古曰："遍往赐之。"

②师古曰："谓密有所论。"

③师古曰："屏人而独共语也。"

④师古曰："言为匈奴之间而候伺。"

⑤晋灼曰："此安息、大宛远遣使献汉，而楼兰王使人盗取所献之物也。"
师古曰："节及印，汉使者所赍也。献物，大宛等使所献也。楼兰既杀汉使，又杀诸国使者。"

⑥师古曰："《论语》载孔子言曰'以直报怨，以德报德'，言怨于我者则直道而报之。故诏引之也。"

　　介子薨，子敞有罪不得嗣，国除。元始中，继功臣世，复封介子曾孙长为义阳侯，王莽败，乃绝。

　　常惠，太原人也。少时家贫，自奋应募随杅中监苏武使匈奴，①并见拘留十余年，昭帝时乃还。汉嘉其勤劳，拜为光禄大夫。

①师古曰："杅中，厩名也，音移。解在《昭纪》。"

　　是时，乌孙公主上书言："匈奴发骑田车师，①车师与匈奴为一，共侵乌孙，唯天子救之！"汉养士马，议欲击匈奴。会昭帝崩，宣帝初即位，本始二年，遣惠使乌孙。公主及昆弥皆遣使，因惠言："匈奴连发大兵击乌孙,取车延、恶师地,收其人民去,使使胁求公主,②欲隔绝汉。昆弥愿发国半精兵,自给人马五万骑,尽力击匈奴。唯天子出兵以救公主、昆弥!"于是汉大发十五万骑,五将军分道出。③语在《匈奴传》。

①师古曰:"车师,西域国名也。"

②师古曰:"胁,谓以威迫之也。"

③师古曰:"祁连将军田广明、蒲类将军赵充国、武牙将军田顺、度辽将军范明友、前将军韩增。"

以惠为校尉,持节护乌孙兵。昆弥自将翕侯以下五万余骑,①从西方入至右谷蠡庭,②获单于父行及嫂居次,③名王骑将以下三万九千人,得马牛驴蠃橐佗五万余匹,羊六十余万头,乌孙皆自取卤获。惠从吏卒十余人随昆弥还,未至乌孙,乌孙人盗惠印绶节。惠还,自以当诛。④时汉五将皆无功,天子以惠奉使克获,遂封惠为长罗侯。复遣惠持金币还赐乌孙贵人有功者,惠因奏请龟兹国尝杀校尉赖丹,未伏诛,请便道击之,宣帝不许。大将军霍光风惠以便宜从事。⑤惠与吏士五百人俱至乌孙,还过,发西国兵二万人,令副使发龟兹东国二万人,乌孙兵七千人,从三面攻龟兹,兵未合,先遣人责其王以前杀汉使状。王谢曰:"乃我先王时为贵人姑翼所误耳,我无罪。"惠曰:"即如此,缚姑翼来,吾置王。"⑥王执姑翼诣惠,惠斩之而还。

①师古曰:"翕即翕字也。翕侯,乌孙官号也。"

②师古曰:"谷,音鹿。蠡,音黎。"

③晋灼曰:"匈奴女号,若言公主也。"师古曰:"行,胡浪反。"

④师古曰:"谓失印绶及节为辱命。"

⑤师古曰:"言至前所专命而行也。风,读曰讽。"

⑥师古曰:"置犹放。"

后代苏武为典属国,明习外国事,勤劳数有功。甘露中,后将军赵充国薨,天子遂以惠为右将军,典属国如故。宣帝崩,惠事元帝,三岁薨,谥曰壮武侯。传国至曾孙,建武中乃绝。

郑吉,会稽人也,以卒伍从军,数出西域,由是为郎。吉为人强执,习外国事。①自张骞通西域,李广利征伐之后,初置校尉,屯田渠黎。至宣帝时,吉以侍郎田渠黎,积谷,因发诸国兵攻破车师,迁卫司马,使护鄯善以西南道。②

①师古曰:"强力而有执志者。"

②师古曰:"鄯,音善。"

神爵中,匈奴乖乱,日逐王先贤掸欲降汉,①使人与吉相闻。吉发渠黎、龟兹诸国五万人迎日逐王,口万二千人、小王将十二人随吉至河曲,颇有亡者,吉追斩之,遂将诣京师。汉封日逐王为归德侯。

①师古曰:"掸,音缠。"

吉既破车师,降日逐,威震西域,遂并护车师以西北道,故号都护。①都护之置自吉始焉。

①师古曰:"并护南北二道,故谓之都。都犹大也,总也。"

上嘉其功效,乃下诏曰:"都护西域骑都尉郑吉,拊循外蛮,宣明威信,①迎匈奴单于从兄日逐王众,击破车师兜訾城,②功效茂著。其封吉为安远侯,食邑千户。"吉于是中西域而立莫府,③治乌垒城,镇抚诸国,诛伐怀集之。汉之号令班西域矣,④始自张骞而成于郑吉。语在《西域传》。

①师古曰:"《礼》云东夷、北狄、西戎、南蛮,然夷蛮戎狄亦四方之总称耳,故史传又云百蛮也。"

②师古曰:"訾,音子移反。"

③师古曰:"中西域者,言最处诸国之中,近远均也。中,竹仲反。"

④师古曰:"班,布也。"

吉薨,谥曰缪侯。子光嗣,薨,无子,国除。元始中,录功臣不以罪绝者,封吉曾孙永为安远侯。

甘延寿字君况,北地郁郅人也。少以良家子善骑射为羽林,投石拔距绝于等伦,①尝超逾羽林亭楼,由是迁为郎。试弁,为期

门。②以材力爱幸。稍迁至辽东太守，免官。车骑将军许嘉荐延寿为
郎中谏大夫，使西域都护骑都尉，与副校尉陈汤共诛斩郅支单于，
封义成侯。薨，谥曰壮侯。传国至曾孙，王莽败，乃绝。

①应劭曰："投石，以石投人也。拔距，即下超逾羽林亭楼是也。"张晏曰：
"《范蠡兵法》飞石重十二斤，为机发，行二百步。延寿有力，能以手投
之。拔距，超距也。"师古曰："投石，应说是也。拔距者，有人连坐相把据
地，距以为坚而能拔取之，皆言其有手擘之力。超逾亭楼，又言其趫捷
耳，非拔距也。今人犹有拔爪之戏，盖拔距之遗法。"
②孟康曰："弁，手搏。"

　　陈汤字子公，山阳瑕丘人也。少好书，博达善属文。①家贫丐贷
无节，不为州里所称。②西至长安求官，得太官献食丞。数岁，富平
侯张勃与汤交，高其能。初元二年，元帝诏列侯举茂材，勃举汤。汤
待迁，父死不犇丧，③司隶奏汤无循行，勃选举故不以实，坐削户二
百，会薨，因赐谥曰缪侯。④汤下狱论。后复以荐为郎，数求使外国。
久之，迁西域副校尉，与甘延寿俱出。

①师古曰："属，音之欲反。"
②师古曰："丐乞也。贷，音吐得反。"
③师古曰："犇，古奔字。"
④师古曰："以其缪举人也。"

　　先是，宣帝时匈奴乖乱，五单于争立，呼韩邪单于与郅支单于
俱遣子入侍，汉两受之。后呼韩邪单于身入称臣朝见，郅支以为呼
韩邪破弱降汉，不能自还，即西收右地。会汉发兵送呼韩邪单于，郅
支由是遂西破呼偈、坚昆、丁令，①兼三国而都之。怨汉拥护呼韩邪
而不助己，困辱汉使者江乃始等。初元四年，遣使奉献，因求侍子，
愿为内附。汉议遣卫司马谷吉送之。御史大夫贡禹、博士匡衡以为
《春秋》之义"许夷狄者不壹而足"，②今郅支单于乡化未醇，③所在
绝远，宜令使者送其子至塞而还。吉上书言："中国与夷狄有羁縻不
绝之义，今既养全其子十年，德泽甚厚，空绝而不送，近从塞还，示
弃捐不畜，④使无乡从之心。⑤弃前恩，立后怨，不便。议者见前江

乃始无应敌之数,知勇俱困,以致耻辱。即豫为臣忧。臣幸得建强汉之节,承明圣之诏,宣谕厚恩,不宜敢桀。⑥若怀禽兽,加无道于臣,则单于长婴大罪,⑦必遁逃远舍,不敢近边。⑧没一使以安百姓,国之计,臣之愿也。愿送至庭。”⑨上以示朝者,禹复争,以为吉往必为国取悔生事,不可许。右将军冯奉世以为可遣,上许焉。既至,郅支单于怒,竟杀吉等。自知负汉,又闻呼韩邪益强,遂西奔康居。康居王以女妻郅支,郅支亦以女予康居王。康居甚尊敬郅支,欲倚其威以胁诸国。⑩郅支数借兵击乌孙,深入至赤谷城,杀略民人,敺畜产,⑪乌孙不敢追,西边空虚,不居者且千里。郅支单于自以大国,威名尊重,又乘胜骄,不为康居王礼,怒杀康居王女及贵人、人民数百,或支解投都赖水中。⑫发民作城,日作五百人,二岁乃已。又遣使责阖苏、大宛诸国岁遗,⑬不敢不予。汉遣使三辈至康居,求谷吉等死,⑭郅支困辱使者,不肯奉诏,而因都护上书言:“居困厄,愿归计强汉,遣子入侍。”⑮其骄嫚如此。

①服虔曰:“呼偈,小国名,在匈奴北。”师古曰:“偈,起厉反。今,与零同。”

②师古曰:“言节制之,不皆称其所求也。”

③师古曰:“乡,读曰向。不杂曰醇。醇,壹也,厚也。”

④师古曰:“畜,谓爱养也。”

⑤师古曰:“乡,读曰向。向从,谓向化而从命也。”

⑥师古曰:“言郅支畏威,当不敢桀黠也。”

⑦师古曰:“婴犹带也。”

⑧师古曰:“舍,止也。”

⑨师古曰:“单于庭。”

⑩师古曰:“倚,音于绮反。”

⑪师古曰:“敺,与驱同。下皆类此。”

⑫师古曰:“支解,谓解截其四支也。都赖,郅支水名。”

⑬师古曰:“胡广云康居北可一千里有国名奄蔡,一名阖苏。然则阖苏即
　　奄蔡也。岁遗者,年常所献遗之物。遗,弋季反。”

⑭师古曰:“死,尸也。”

⑮师古曰:“故为此言以调戏也。归计,谓归附而受计策也。”

　　建昭三年，汤与延寿出西域。汤为人沉勇有大虑，多策谋，喜奇功，①每过城邑山川，常登望。既领外国，与延寿谋曰："夷狄畏服大种，其天性也。西域本属匈奴，今郅支单于威名远闻，侵陵乌孙、大宛，常为康居画计，欲降服之。如得此二国，北击伊列，西取安息，南排月氏、山离乌弋，数年之间，城郭诸国危矣。②且其人剽悍，③好战伐，数取胜，久畜之，必为西域患。郅支单于虽所在绝远，蛮夷无金城强弩之守，如发屯田吏士，驱从乌孙众兵，④直指其城下，彼亡则无所之，守则不足自保，⑤千载之功可一朝而成也。"延寿亦以为然，欲奏请之。汤曰："国家与公卿议，大策非凡所见，事必不从。"⑥延寿犹与不听。⑦会其久病，汤独矫制发城郭诸国兵、车师戊己校尉屯田吏士。延寿闻之，惊起，欲止焉。汤怒，按剑叱延寿曰："大众已集会，竖子欲沮众邪？"⑧延寿遂从之，部勒行陈，益置扬威、白虎、合骑之校，⑨汉兵胡兵合四万余人，延寿、汤上疏自劾奏矫制，陈言兵状。

　　①师古曰："喜，许吏反。"
　　②服虔曰："山离乌弋，不在三十六国中，去中国二万里。"师古曰："谓西域国为城郭者言，不随畜牧迁徙，以别于匈奴也。"
　　③师古曰："剽，轻也。悍，勇也。剽，频妙反，又匹妙反。悍，胡干反。"
　　④师古曰："驱帅之令随从也。"
　　⑤师古曰："之，往。保，安也。"
　　⑥师古曰："言凡庸之人，不能远见，故坏其事也。"
　　⑦师古曰："与，读曰豫。"
　　⑧师古曰："沮，止也，坏也，音才汝反。"
　　⑨张晏曰："西域陈法之名也。"师古曰："张说非也。一校则别为一部军，故称校耳。汤特新置此等诸校名，以为威声也。"

　　即日引军分行，别为六校，其三校从南道逾葱领，径大宛；其三校都护自将，发温宿国，从北道入赤谷，过乌孙，涉康居界，至阗池西。而康居副王抱阗将数千骑，寇赤谷城东，①杀略大昆弥千余人，欧畜产甚多。从后与汉军相及，颇寇盗后重。②汤纵胡兵击之，杀四百六十人，得其所略民四百七十人，还付大昆弥，其马牛羊以给军食。又捕得抱阗贵人伊奴毒。

①文颖曰："阗,音填。"

②师古曰："重,谓辎重也,音直用反。"

入康居东界,令军不得为寇。①间呼其贵人屠墨见之,②谕以威信,与饮盟遣去。径引行,未至单于城可六十里,止营。复捕得康居贵人贝色子男开牟以为导。贝色子即屠墨母之弟,③皆怨单于,由是具知郅支情。

①师古曰："勿抄掠。"

②师古曰："间,谓密呼也。"

③师古曰："母之弟,即谓舅者。"

明日引行,未至城三十里,止营。单于遣使问汉兵何以来,应曰："单于上书言居困陀,愿归计强汉,身入朝见。天子哀闵单于弃大国,屈意康居,故使都护将军来迎单于妻子,恐左右惊动,故未敢至城下。"使数往来相答报。延寿、汤因让之:①"我为单于远来,而至今无名王、大人见将军受事者,②何单于忽大计,失客主之礼也!③兵来道远,人畜罢极,食度且尽,④恐无以自还,愿单于与大臣审计策。"

①师古曰："让,责也。"

②师古曰："名王,诸王之贵者。受事,受教命而供事也。"

③师古曰："忽,忘也。"

④师古曰："罢,读曰疲。度,大各反。"

明日,前至郅支城都赖水上,离城三里,止营傅陈。①望见单于城上立五采幡织,②数百人披甲乘城,③又出百余骑往来驰城下,步兵百余人夹门鱼鳞陈,④讲习用兵。城上人更招汉军曰"斗来!"⑤百余骑驰赴营,营皆张弩持满指之,骑引却。颇遣吏士射城门骑步兵,骑步兵皆入。延寿、汤令军闻鼓音皆薄城下,⑥四面围城,各有所守,穿堑,塞门户,卤楯为前戟,弩为后,卬射城中楼上人,⑦楼上人下走。土城外有重木城,从木城中射,颇杀伤外人。外人发薪烧木城。夜,数百骑欲出外,迎射杀之。

①师古曰:"傅,读曰敷。敷,布也。"

②师古曰:"织,读曰帜,音式志反。"

③师古曰:"乘,谓登之备守也。"

④师古曰:"言其相接次形若鱼鳞。"

⑤师古曰:"更,互也,音工行反。"

⑥师古曰:"薄,迫也。"

⑦师古曰:"卬,读曰仰。"

初,单于闻汉兵至,欲去,疑康居怨己,为汉内应,又闻乌孙诸国兵皆发,自以无所之。①郅支已出,复还曰:"不如坚守。汉兵远来,不能久攻。"单于乃被甲在楼上,诸阏氏夫人数十皆以弓射外人。外人射中单于鼻,诸夫人颇死。单于下骑,传战大内。②夜过半,木城穿,中人却入土城,乘城呼。③时康居兵万余骑分为十余处,四面环城,亦与相应和。④夜,数犇营,不利,辄却。平明,四面火起,⑤吏士喜,大呼乘之,⑥钲鼓声动地。康居兵引却。汉兵四面推卤楯,并入土城中。单于男女百余人走入大内。汉兵纵火,吏士争入,单于被创死。军候假丞杜勋斩单于首,得汉节使二及谷吉等所赍帛书。诸卤获以畀得者。⑦凡斩阏氏、太子、名王以下千五百一十八级,生虏百四十五人,降虏千余人,赋予城郭诸国所发十五王。⑧

①师古曰:"之,往也。"

②师古曰:"下骑,谓下楼而骑马也。传战,转战也。大内,单于之内室也。言且战且行而入内室。"

③师古曰:"乘,登也。呼,火故反。次下亦同。"

④师古曰:"环,绕也,音患。和,胡卧反。"

⑤师古曰:"犇,古奔字也。"

⑥师古曰:"乘,逐也。"

⑦师古曰:"畀,予也。各以与所得人。畀,必寐反。"

⑧师古曰:"赋,谓班与之也。所发十五王,谓所发诸国之兵,共围郅支王者也。"

于是延寿、汤上书曰:"臣闻天下之大义,当混为一,①昔有唐虞,今有强汉。匈奴呼韩邪单于已称北藩,唯郅支单于叛逆,未伏其

辜,大夏之西,以为强汉不能臣也。②郅支单于惨毒行于民,大恶通
于天。臣延寿、臣汤将义兵,行天诛,赖陛下神灵,阴阳并应,天气精
明,陷陈克敌,斩郅支首及名王以下。宜县头槀街蛮夷邸间,③以示
万里,明犯强汉者,虽远必诛。"事下有司。丞相匡衡、御史大夫繁延
寿④以为"郅支及名王首更历诸国,蛮夷莫不闻知。⑤《月令》春'掩
骼埋胔'之时,⑥宜勿县。"车骑将军许嘉、右将军王商以为"春秋夹
谷之会,优施笑君,孔子诛之,⑦方盛夏,首足异门而出。宜县十日
乃埋之。"有诏将军议是。

①师古曰:"混,同也,音胡本反。"

②师古曰:"谓汉为不能使郅支臣服也。"

③晋灼曰:"《黄图》在长安城门内。"师古曰:"槀街,街名,蛮夷邸在此街
　也。邸,若今鸿胪客馆也。崔浩以为槀,当为櫜街,即铜驼街也。此说失
　之。铜驼街在雒阳,西京无也。"

④师古曰:"繁,蒲何反。"

⑤师古曰:"更,工衡反。"

⑥应劭曰:"禽兽之骨曰骼。骼,大也。鸟鼠之骨曰胔。胔,可恶也。"臣瓒
　曰:"枯骨曰骼,有肉曰胔。"师古曰:"瓒说是也。骼,工客反。胔,才赐
　反。"

⑦师古曰:"夹谷,地名,即祝其也。定十年'公会齐侯于夹谷,孔子摄相
　事,齐侯奏宫中之乐,俳优侏儒戏于前,孔子历阶而上曰:"匹夫侮诸侯
　者,罪应诛。"于是斩侏儒,首足异处,齐侯惧,有惭色。'施者,优人之
　名。夹,音颊。"

　　初,中书令石显尝欲以姊妻延寿,延寿不取。及丞相、御史亦恶
其矫制,皆不与汤。①汤素贪,所卤获财物入塞多不法。②司隶校尉
移书道上,系吏士按验之。汤上疏言:"臣与吏士共诛郅支单于,幸
得禽灭,万里振旅,③宜有使者迎劳道路。④今司隶反逆,收系按
验,是为郅支报仇也!"上立出吏士,令县道具酒食以过军。既至,论
功,石显、匡衡以为"延寿、汤擅兴师矫制,幸得不诛,如复加爵土,
则后奉使者争欲乘危徼幸,生事于蛮夷,⑤为国招难,渐不可开。"
元帝内嘉延寿、汤功,而重违衡,显之议,⑥议久不决。

①师古曰："与犹许。"
②师古曰："不法者,私自取之,不依军法。"
③师古曰："师入曰振旅。振,整也。旅,众也。"
④师古曰："劳,内到反。"
⑤师古曰："如,若也。"
⑥师古曰："重,难也。"

　　故宗正刘向上疏曰:"郅支单于囚杀使者吏士以百数,事暴扬外国,伤威毁重,群臣皆闵焉。①陛下赫然欲诛之,意未尝有忘。西域都护延寿,副校尉汤承圣指,倚神灵,总百蛮之君,揽城郭之兵,②出百死,入绝域,遂蹈康居,屠五重城,搴歙侯之旗,③斩郅支之首,县旌万里之外,扬威昆山之西,埽谷吉之耻,立昭明之功,万夷慑伏,莫不惧震。④呼韩邪单于见郅支已诛,且喜且惧,乡风驰义,稽首来宾,⑤愿守北藩,累世称臣。立千载之功,建万世之安,群臣之勋莫大焉。昔周大夫方叔、吉甫为宣王诛猃狁而百蛮从,其《诗》曰:'啴啴焞焞,如霆如雷,显允方叔,征伐猃狁,蛮荆来威。'⑥《易》曰:'有嘉折首,获匪其丑。'⑦言美诛首恶之人,而诸不顺者皆来从也。今延寿、汤所诛震,虽《易》之折首、《诗》之雷霆,不能及也。论大功者不录小过,举大美者不疵细瑕。《司马法》曰'军赏不逾月',欲民速得为善之利也。盖急武功,重用人也。吉甫之归,周厚赐之,其《诗》曰:'吉甫宴喜,既多受祉,来归自镐,我行永久。'⑧千里之镐犹以为远,况万里之外,其勤至矣!延寿、汤既未获受祉之报,反屈捐命之功,久挫于刀笔之前,⑨非所以劝有功厉戎士也。昔齐桓前有尊周之功,⑩后有灭项之罪,⑪君子以功覆过而为之讳行事。⑫贰师将军李广利捐五万之师,靡亿万之费,经四年之劳,⑬而仅获骏马三十匹,⑭虽斩宛王毋鼓之首,⑮犹不足以复费,⑯其私罪恶甚多。孝武以为万里征伐,不录其过,遂封拜两侯、三卿、二千石百有余人。今康居国强于大宛,郅支之号重于宛王,杀使者罪甚于留马,而延寿、汤不烦汉士,不费斗粮,比于贰师,功德百之。⑰且常惠随欲击之乌孙,郑吉迎自来之日逐,犹皆裂土受爵。故言威武勤劳则大于方叔、吉甫,列功覆过则优于齐桓、贰师,近事之功则高于安远、长罗,⑱而大功未著,小恶数布,臣窃痛之! 宜以时解县通籍,⑲除过勿治,尊宠爵位,以劝有功。"

①师古曰:"闵,病也。"

②师古曰:"揔,总持也。其字从手。"

③师古曰:"搴,拔也,音骞。"

④师古曰:"慑,恐也,音之涉反。"

⑤师古曰:"驰义,慕义驱驰而来也。乡,读曰向。"

⑥师古曰:"《小雅·采芑》之诗也。啴啴,众也。焞焞,盛也。言车徒既众且盛,有如雷霆,故能克定猃狁而令荆土之蛮亦畏威而来也。啴,他丹反。焞,他回反。"

⑦师古曰:"《离》上九爻辞也。嘉,善也。丑,类也。言王者出征,克胜斩首,多获非类,故以为善。"

⑧师古曰:"《小雅·六月》之诗也。镐,地名,非丰镐之镐。此镐及方皆在周之北。时猃狁侵镐及方,至于泾阳。吉甫薄伐,自镐而还。王以燕礼乐之,多受福赐,以其行役有功,日月长久故也。"

⑨师古曰:"捐弃其躯命,命言无所顾也。挫,屈折也。刀笔谓吏。"

⑩师古曰:"谓伐楚责苞茅,及会王太子于首山。"

⑪师古曰:"项,国名也。《春秋》僖十七年夏,灭项。《公羊传》曰:'齐灭之也。不言齐,为桓公讳也。桓常有继绝存亡之功,故君子为之讳。'"

⑫师古曰:"行事,谓灭项之事也。"

⑬师古曰:"靡,散也,音縻。"

⑭师古曰:"廑,与仅同。仅,少也。"

⑮师古曰:"《西域传》作毋寡,而此云毋鼓,鼓、寡声相近,盖戎狄之言不甚谛也。"

⑯师古曰:"复,偿也,音扶目反。"

⑰师古曰:"百倍胜之。"

⑱师古曰:"安远侯郑吉,长罗侯常惠也。"

⑲孟康曰:"县,罪未竟也,如言县罚也。通籍,不禁止,令得出入也。"

于是天子下诏曰:"匈奴郅支单于背畔礼义,留杀汉使者、吏士,甚逆道理,朕岂忘之哉! 所以优游而不征者,重动师众,劳将

率,①故隐忍而未有云也。今延寿、汤睹便宜,乘时利,结城郭诸国,
擅兴师矫制而征之,赖天地宗庙之灵,诛讨郅支单于,斩获其首,及
阏氏贵人名王以下千数。虽逾义干法,②内不烦一夫之役,不开府
库之臧,因敌之粮以赡军用,立功万里之外,威震百蛮,名显四海,
为国除残,兵革之原息,边竟得以安。③然犹不免死亡之患,罪当在
于奉宪,朕甚闵之! 其赦延寿、汤罪,勿治。"诏公卿议封焉。议者皆
以为宜如军法捕斩单于令。匡衡、石显以为"郅支本亡逃失国,窃号
绝域,非真单于。"元帝取安远侯郑吉故事,封千户,衡、显复争。乃
封延寿为义成侯,赐汤爵关内侯,食邑各三百户,加赐黄金百斤。告
上帝、宗庙,大赦天下。拜延寿为长水校尉,汤为射声校尉。

　　①师古曰:"重,难也。"
　　②师古曰:"干,犯也。"
　　③师古曰:"竟,读曰境。"

　　延寿迁城门校尉,护军都尉,薨于官。成帝初即位,丞相衡复奏
"汤以吏二千石奉使,颛命蛮夷中,①不正身以先下,而盗所收康居
财物,戒官属曰绝域事不覆校。虽在赦前,不宜处位。"汤坐免。

　　①师古曰:"颛,与专同。"

　　后汤上书言康居王侍子非王子也。按验,实王子也。汤下狱当
死。太中大夫谷永上疏讼汤曰:"臣闻楚有子玉得臣,文公为之仄席
而坐;①赵有廉颇、马服,强秦不敢窥兵井陉;②近汉有郅都、魏尚,
匈奴不敢南乡沙幕。③由是言之,战克之将,国之爪牙,不可不重
也。盖'君子闻鼓鼙之声,则思将率之臣'。④窃见关内侯陈汤,前使
副西域都护,忿郅支之无道,闵王诛之不加,⑤策虑愊亿,义勇奋
发,⑥卒兴师奔逝,横厉乌孙,逾集都赖,⑦屠三重城,斩郅支首,报
十年之逋诛,雪边吏之宿耻,⑧威震百蛮,武畅西海,汉元以来,征
伐方外之将,未尝有也。今汤坐言事非是,幽囚久系,历时不决,执
宪之吏欲致之大辟。昔白起为秦将,南拔郢都,北坑赵括,以纤介之
过,赐死杜邮,⑨秦民怜之,莫不陨涕。今汤亲秉钺,席卷喋血万里
之外,⑩荐功祖庙,告类上帝,⑪介胄之士,靡不慕义。以言事为罪,

无赫赫之恶。《周书》曰:'记人之功,忘人之过,宜为君者也。'⑫夫犬马有劳于人,尚加帷盖之报,⑬况国之功臣者哉!窃恐陛下忽于鼙鼓之声,不察《周书》之意,而忘帷盖之施,庸臣遇汤,卒从吏议,⑭使百姓介然有秦民之恨,⑮非所以厉死难之臣也。"书奏,天子出汤,夺爵为士伍。

①师古曰:"子玉,楚大夫也,得臣其名也。《春秋》僖二十八年,子玉帅师与晋文公战于城濮,楚师败绩。晋师三日馆谷,而文公犹有忧色,曰:'得臣犹在,忧未歇也。'及楚杀子玉,公喜而后可知也。《礼记》曰'有忧者仄席而坐',盖皆贬也。仄,古侧字也。"

②师古曰:"廉颇,赵将也。马服君赵奢亦赵将也。井陉之口,赵之西界山险道也。"

③师古曰:"乡,读曰向。"

④师古曰:"《礼》之《乐记》曰'鼓鼙之声谨,谨以立动,动以进众。君子听鼓鼙之声,则思将率之臣'也。"

⑤师古曰:"闵,忧也。"

⑥师古曰:"愊亿,愤怒之貌也。愊,皮逼反。"

⑦如淳曰:"逾,远也。远集郅支都赖水上也。"师古曰:"卒,读曰猝。厉,度也。逾,读曰遥。"

⑧师古曰:"逋,亡也。"

⑨师古曰:"地名也,在咸阳西也。"

⑩师古曰:"如席之卷,言其疾也。喋血,解在《文纪》。"

⑪张晏曰:"谓以所征之国事类告天也。"

⑫师古曰:"《尚书》之外《周书》也。"

⑬师古曰:"《礼记》称孔子云:'敝帷弗弃,为埋马也;敝盖弗弃,为埋狗也。'"

⑭师古曰:"以庸臣之礼待遇之也。卒,终也。"

⑮师古曰:"介然犹耿耿。"

　　后数岁,西域都护段会宗为乌孙兵所围,驿骑上书,愿发城郭敦煌兵以自救。①丞相王商、大将军王凤及百僚议数日不决。凤言:"汤多筹策,习外国事,可问。"上召汤见宣室。汤击郅支时中寒病,两臂不诎申。汤入见,有诏毋拜,示以会宗奏。汤辞谢,曰:"将相九

卿皆贤材通明,小臣罢癃,不足以策大事。"②上曰:"国家有急,君
其毋让,"对曰:"臣以为此必无可忧也。"上曰:"何以言之?"汤曰:
"夫胡兵五而当汉兵一,何者?兵刃朴钝,弓弩不利。今闻颇得汉巧,
然犹三而当一。又兵法曰'客倍而主人半然后敌',今围会宗者人众
不足以胜会宗,唯陛下勿忧!且兵轻行五十里,重行三十里,今会宗
欲发城郭敦煌,历时乃至,所谓报仇之兵,非救急之用也。"上曰:
"奈何?其解可必乎?度何时解?"③汤知乌孙瓦合,不能久攻,④故
事不过数日,⑤因对曰:"已解矣!"诎指计算其且,曰:"不出五日,
当有吉语闻。"⑥居四日,军书到,言已解。大将军凤奏以为从事中
郎,莫府事壹决于汤。汤明法令,善因事为势,纳说多从。常受人金
钱作章奏,卒以此败。

①师古曰:"西域城郭诸国及敦煌兵也。"
②师古曰:"罢,读曰疲。"
③师古曰:"度,徒各反。"
④师古曰:"瓦合,谓碎瓦之杂居不齐同。"
⑤师古曰:"故事,谓以旧事测之。"
⑥师古曰:"吉,善也。善,谓兵解之事。"

　　初,汤与将作大匠解万年相善。自元帝时,渭陵不复徙民起邑。
成起初陵,数年后,乐霸陵曲亭南,更营之。万年与汤议,以为"武帝
时工杨光以所作数可意①自致将作大匠,及大司农中丞耿寿昌造
杜陵赐爵关内侯,将作大匠乘马延年以劳苦秩中二千石;②今作初
陵而营起邑居,成大功,万年亦当重赏。子公妻家在长安,儿子生长
长安,不乐东方,宜求徙,可得赐田宅,俱善。"汤心利之,即上封事
言:"初陵,京师之地,最为肥美,可立一县。天下民不徙诸陵三十余
岁矣,关东富人益众,多规良田,役使贫民,③可徙初陵,以强京师,
衰弱诸侯,又使中家以下得均贫富。汤愿与妻子家属徙初陵,为天
下先。"于是天子从其计,果起昌陵邑,后徙内郡国民。万年自诡三
年可成,④后卒不就,⑤群臣多言其不便者。下有司议,皆曰:"昌陵
因卑为高,积土为山,度便房犹在平地上,⑥客土之中不保幽冥之

灵,浅外不固,卒徒工庸以巨万数,至爨脂火夜作,⑦取土东山,且
与谷同贾。⑧作治数年,天下遍被其劳,国家罢敝,府臧空虚,⑨下
至众庶,熬熬苦之。⑩故陵因天性,据真土,处势高敞,旁近祖考,前
又已有十年功绪,⑪宜还复故陵,勿徙民。"上乃下诏罢昌陵,语在
《成纪》。丞相御史请废昌陵邑中室,⑫奏未下,人以问汤:"第宅不
彻,得毋复发徙?"⑬汤曰:"县官且顺听群臣言,犹且复发徙之也。"

①师古曰:"可天子之意。"

②师古曰:"姓乘马,名延年。乘,食孕反。"

③师古曰:"规,画也,自占为疆界也。"

④师古曰:"诡,责也,自以为忧责也。"

⑤师古曰:"卒,终也。就亦成也。"

⑥师古曰:"度,徒各反。"

⑦师古曰:"爨古然字也。"

⑧师古曰:"贾,读曰价。"

⑨师古曰:"罢,读曰疲。"

⑩师古曰:"熬熬,众愁声。"

⑪师古曰:"绪,谓端次也。"

⑫师古曰:"徙人新所起室居。"

⑬师古曰:"问其不被发彻,更移徙邪?"

　　时成都侯商新为大司马卫将军辅政,素不善汤。商闻此语,白
汤惑众,下狱治,按验诸所犯。汤前为骑都尉王莽上书言:"父早死,
独不封,母明君共养皇太后,尤劳苦,①宜封。"竟为新都侯。后皇太
后同母弟苟参为水衡都尉,死,子伋为侍中,②参妻欲为伋求封,汤
受其金五十斤,许为求比上奏。③弘农太守张匡坐臧百万以上,狡
猾不道,有诏即讯,④恐下狱,使人报汤。汤为讼罪,得逾冬月,许谢
钱二百万,皆此类也。事在赦前。后东莱郡黑龙冬出,人以问汤,曰:
"是所谓玄门开。微行数出,出入不时,故龙以非时出也。"又言当复
发徙,传相语者十余人。丞相御史奏"汤惑众不道,妄称诈归异于
上,非所宜言,大不敬。"廷尉增寿议,以为"不道无正法,⑤以所犯
剧易为罪,⑥臣下承用失其中,故移狱廷尉,⑦无比者先以闻,⑧所

以正刑罚,重人命也。明主哀悯百姓,下制书罢昌陵勿徙吏民,已申
布。汤妄以意相谓且复发徙,虽颇惊动,所流行者少,百姓不为变,
不可谓惑众。汤称诈,虚设不然之事,非所宜言,大不敬也。"制曰:
"廷尉增寿当是。⑨汤前有讨郅支单于功,其免汤为庶人,徙边。"又
曰:"故将作大匠万年佞邪不忠,妄为巧诈,多赋敛,烦蹂役,兴卒暴
之作,⑩卒徒蒙辜,死者连属,⑪毒流众庶,海内怨望。虽蒙赦令,不
宜居京师。"于是汤与万年俱徙敦煌。

①师古曰:"《莽传》言莽母渠,今此云明君,则明君者字也。"
②师古曰:"伋,音汲。"
③师古曰:"比,例也,音必寐反。"
④师古曰:"就其所居考问之。"
⑤晋灼曰:"增寿,姓赵也。"
⑥师古曰:"易,弋豉反。"
⑦如淳曰:"如今谳罪轻重。"
⑧师古曰:"比,谓相比附也。"
⑨师古曰:"当,谓处正其罪也。"
⑩师古曰:"卒,读曰猝。"
⑪师古曰:"蒙,被也。属,之欲反。"

久之,敦煌太守奏"汤前亲诛郅支单于,威行外国,不宜近边
塞。"诏徙安定。

议郎耿育上书言便宜,因冤讼汤曰:"延寿、汤为圣汉扬钩深致
远之威,雪国家累年之耻,讨绝域不羁之君,系万里难制之虏,岂有
比哉!先帝嘉之,仍下明诏,宣著其功,①改年垂历,传之无穷。②应
是,南郡献白虎,边垂无警备。会先帝寝疾,然犹垂意不忘,数使尚
书责问丞相,趣立其功。③独丞相匡衡排而不予,封延寿、汤数百
户,此功臣战士所以失望也。孝成皇帝承建业之基,乘征伐之威,兵
革不动,国家无事,而大臣倾邪,谗佞在朝,曾不深惟本末之难,以
防未然之戒,欲专主威,排妒有功,使汤块然,④被冤拘囚,不能自
明,卒以无罪,老弃敦煌,正当西域通道,令威名折冲之臣旋踵及
身,复为郅支遗虏所笑,诚可悲也!至今奉使外蛮者,未尝不陈郅支

之诛以扬汉国之盛。夫援人之功以惧敌,弃人之身以快谗,⑤岂不
痛哉! 且安不忘危,盛必虑衰,今国家素无文帝累年节俭富饶之
畜,⑥又无武帝荐延⑦枭俊禽敌之臣,独有一陈汤耳!⑧假使异世
不及陛下,尚望国家追录其功,封表其墓,以劝后进也。汤幸得身当
圣世,功曾未久,反听邪臣鞭逐斥远,使亡逃分窜,死无处所。⑨远
览之士,莫不计度,⑩以为汤功累世不可及,而汤过人情所有,⑪汤
尚如此,虽复破绝筋骨,暴露形骸,犹复制于唇舌,为嫉妒之臣所系
虏耳。此臣所以为国家尤戚戚也。"书奏,天子还汤,卒于长安。

①师古曰:"仍,频也。"

②师古曰:"谓改年为竟宁也。不以此事,盖当其年,上书者附著耳。"

③师古曰:"趣,读曰促。"

④师古曰:"块然,独处之意,如土块也。音口内反。"

⑤师古曰:"援,引也,音爰。"

⑥师古曰:"畜,读曰蓄,谓府库也。"

⑦如淳曰:"荐延,使群臣荐士而延纳之。"

⑧师古曰:"枭,谓斩其首而县之也。俊,谓敌之魁率,郅支是也。《春秋左
　　氏传》曰'得俊曰克'。"

⑨师古曰:"分,谓散离也。《虞书·舜典》曰'分北三苗'。"

⑩师古曰:"度,大各反。"

⑪师古曰:"言汤所犯之罪过,人情共有此事耳,非特诡异深可诛责也。"

死后数年,王莽为安汉公秉政,既内德汤旧恩,又欲方诐皇太
后,以讨郅支功尊元帝庙称高宗。以汤、延寿前功大赏薄,及候丞杜
勋不赏,乃益封延寿孙迁千六百户,追谥汤曰破胡壮侯,封汤子冯
为破胡侯,勋为讨狄侯。

段会宗字子松,天水上邽人也。竟宁中,以杜陵令五府举为西
域都护、骑都尉光禄大夫,西域敬其威信。三岁,更尽还,①拜为沛
郡太守。以单于当朝,徙为雁门太守。数年,坐法免。西域诸国上
书愿得会宗,阳朔中复为都护。

①如淳曰:"边吏三岁一更,下言终更皆是也。"师古曰:"更,工衡反。其下

并同。"

会宗为人好大节,矜功名,与谷永相友善。谷永闵其老复远出,予书戒曰:"足下以柔远之令德,复典都护之重职,①甚休甚休!②若子之材,可优游都城而取卿相,何必勒功昆山之仄,总领百蛮,怀柔殊俗?子之所长,愚无以喻。③虽然,朋友以言赠行,敢不略意。④方今汉德隆盛,远人宾伏,傅、郑、甘、陈之功没齿不可复见,愿吾子因循旧贯,毋求奇功,⑤终更亟还,亦足以复雁门之踦。⑥万里之外以身为本。愿详思愚言。"

①师古曰:"柔,安也。柔远,言能安远人。《虞书·舜典》曰'柔远能迩'。"

②师古曰:"休,美也。"

③师古曰:"言子思虑深长,当不待已晓告也。"

④师古曰:"赠行,谓将别相赠也。略意,略陈本意也。"

⑤师古曰:"贯,事也。"

⑥应劭曰:"踦,只也。会宗从沛郡下为雁门,又坐法免,为踦只不偶也。"

　师古曰:"亟,急也。复犹补也。亟,居力反。踦,居宜反。"

会宗既出,诸国遣子弟郊迎。小昆弥安日前为会宗所立,德之,①欲往谒,诸翕侯止,不听,遂至龟兹谒。城郭甚亲附。②康居太子保苏匿率众万余人欲降,会宗奏状,汉遣卫司马逢迎。③会宗发戊己校尉兵随司马受降,司马畏其众,欲令降者皆自缚,保苏匿怨望,举众亡去。会宗更尽还,以擅发戊己校尉之兵乏兴,有诏赎论。拜为金城太守,以病免。

①师古曰:"怀会宗之恩德也。"

②师古曰:"谓城郭诸国。"

③师古曰:"迎之于道,随所到而逢之,故曰逢迎也。"

岁余,小昆弥为国民所杀,诸翕侯大乱。征会宗为左曹中郎将光禄大夫,使安辑乌孙,①立小昆弥兄末振将,②定其国而还。

①师古曰:"辑,与集同也。"

②服虔曰:"人姓名也。"师古曰:"其名也。昆弥之兄,不可别举姓也。"

明年,末振将杀大昆弥,会病死,汉恨诛不加。元延中,复遣会宗发戊己校尉诸国兵,即诛末振将太子番丘。①会宗恐大兵入乌

孙，惊番丘，亡逃不可得，即留所发兵垫娄地，②选精兵三十弩，③
径至昆弥所在，召番丘，责以"末振将骨肉相杀，杀汉公主子孙，未
伏诛而死，使者受诏诛番丘。"即手剑击杀番丘。官属以下惊恐。驰
归。小昆弥乌犁靡者，末振将兄子也，勒兵数千骑围会宗。会宗为
言来诛之意："今围守杀我，如取汉牛一毛耳。宛王、郅支头县槀街，
乌孙所知也。"昆弥以下服曰："末振将负汉，诛其子可也，独不可告
我，令饮食之邪？"④会宗曰："豫告昆弥，逃匿之，为大罪。即饮食以
付我，伤骨肉恩，故不先告。"昆弥以下号泣罢去。会宗还奏事，公卿
议会宗权得便宜，以轻兵深入乌孙，即诛番丘，⑤宣明国威，宜加重
赏。天子赐会宗爵关内侯，黄金百斤。

①师古曰："番，步安反。"

②报虔曰："垫，音垫陷之垫。"郑氏曰："垫，音嬴。"师古曰："垫，丁念反。
娄，音楼。"

③李奇曰："三十人，人将一弩。"

④师古曰："饮，于禁反。食，读曰饲。次下亦同。"

⑤师古曰："即，就也。"

　　是时，小昆弥季父卑爰疐，①拥众欲害昆弥，汉复遣会宗使安
辑，与都护孙建并力。明年，会宗病死乌孙中，年七十五矣，城郭诸
国为发丧立祠焉。

①师古曰："疐，竹二反。"

　　赞曰：自元狩之际，张骞始通西域，至于地节，郑吉建都护之
号，讫王莽世，凡十八人，皆以勇略选，然其有功迹者具此。廉褒以
恩信称，郭舜以廉平著，孙建用威重显，其余无称焉。陈汤儻荡，不
自收敛，①卒用困穷，议者闵之，故备列云。

①师古曰："儻荡，无行检也。荡，音荡。"

汉书卷七一
列传第四一

隽不疑　疏广　兄子受　于定国
薛广德　平当　彭宣

　　隽不疑字曼倩，勃海人也。①治《春秋》，为郡文学，进退必以礼，名闻州郡。

　　①师古曰："隽，音徂兖反。"

　　武帝末，郡国盗贼群起，暴胜之为直指使者，衣绣衣，持斧，逐捕盗贼，督课郡国，①东至海，以军兴诛不从命者，②威振州郡。胜之素闻不疑贤，至勃海，遣吏请与相见。不疑冠进贤冠，带櫑具剑，③佩环玦，④褒衣博带，⑤盛服至门上谒。⑥门下欲使解剑，不疑曰："剑者，君子武备，所以卫身，不可解。请退。"吏白胜之。胜之开阁延请，望见不疑容貌尊严，衣冠甚伟，胜之蹑屦起迎。⑦登堂坐定，不疑据地曰："窃伏海濒，闻暴公子旧矣，⑧今乃承颜接辞。凡为吏，太刚则折，太柔则废，威行施之以恩，然后树功扬名，永终天禄。"⑨胜之知不疑非庸人，⑩敬纳其戒，深接以礼意，问当世所施行。门下诸从事皆州郡选吏，⑪侧听不疑，莫不惊骇。至昏夜，罢去。胜之遂表荐不疑，征诣公车，拜为青州刺史。

　　①师古曰："督，谓察视之。"
　　②师古曰："有所追捕及行诛罚，皆依兴军之制。"
　　③应劭曰："櫑具，木枋首之剑，櫑落壮大也。"晋灼曰："古长剑首以玉作井鹿卢形，上刻木作山形，如莲华初生未敷时。今大剑木首，其状似

此。"师古曰:"晋说是也。檑,音磊。标,音匹遥反。"

④师古曰:"环,玉环也。玦即玉佩之玦也。带环而又著玉佩也。《礼记》曰
　'孔子佩象环'也。"

⑤师古曰:"褒,大裾也。言著褒大之衣,广博之带也。而说者乃以为朝服
　垂褒之衣,非也。"

⑥师古曰:"上谒。若今通名也。"

⑦文颖曰:"蹑音缩。"师古曰:"履不著跟曰蹑。蹑谓纳履未正,曳之而行,
　言其遽也。蹑,音山尔反。"

⑧师古曰:"濒,崖也。公子,胜之字也。旧,久也。濒,音频,又音宾。"

⑨师古曰:"树,立也。"

⑩师古曰:"庸,常也。"

⑪师古曰:"选州郡吏之最者乃得为从事。"

久之,武帝崩,昭帝即位,而齐孝王孙刘泽交结郡国豪桀谋反,
欲先杀青州刺史。不疑发觉,收捕,皆伏其辜。擢为京兆尹,赐钱百
万。京师吏民敬其威信。每行县录囚徒还,①其母辄问不疑:"有所
平反,活几何人?"②即不疑多有所平反,母喜笑,为饮食言语异于
他时;或亡所出,母怒,为之不食。故不疑为吏,严而不残。

①师古曰:"省录之,知其情状有冤滞与不也。今云虑囚,本录声之去者
　耳,音力具反。而近俗不晓其意,讹其文遂为思虑之虑,失其源矣。行,
　音下更反。"

②如淳曰:"反,音幡。幡,奏使从轻也。"师古曰:"几,音居起反。"

始元五年,有一男子乘黄犊车,建黄旐,①衣黄襜褕,著黄
冒,②诣北阙,自谓卫太子。③公车以闻,④诏使公卿将军中二千石
杂识视。⑤长安中吏民聚观者数万人。右将军勒兵阙下,以备非常。
丞相、御史、中二千石至者立莫敢发言。京兆尹不疑后到,叱从吏收
缚。或曰:"是非未可知,且安之。"⑥不疑曰:"诸君何患于卫太子!
昔蒯聩违命出奔,辄距而不纳,《春秋》是之。⑦卫太子得罪先帝,亡
不即死,今来自诣,此罪人也。"遂送诏狱。

①师古曰:"旐,旌旗之属,画龟蛇曰旐也。"

②师古曰:"襜褕,直裾禅衣。襜,音昌瞻反。褕,音逾。冒所以覆冒其首,

即今之下裙冒也。"

③师古曰:"戾太子。"

④师古曰:"公车,主受章奏者。"

⑤师古曰:"杂,共也。有素识之者,令视知其是非也。"

⑥师古曰:"安犹徐也。"

⑦师古曰:"蒯聩,卫灵公太子。辄,蒯聩子也。蒯聩得罪于灵公而出奔晋。及灵公卒,使辄嗣位,而晋赵鞅纳蒯聩于戚,欲求入卫。鲁哀公三年春,齐国夏、卫石曼姑帅师围戚。《公羊传》曰:'曼姑受命于灵公而立辄,曼姑之义固可以距蒯聩也。辄之义可以立乎?曰可。奈何不以父命辞王父命也。'"

天子与大将军霍光闻而嘉之,曰:"公卿大臣当用经术明于大谊。"繇是名声重于朝廷,①在位者皆自以不及也。大将军光欲以女妻之,不疑固辞,不肯当。久之,以病免,终于家。京师纪之。后赵广汉为京兆尹,言"我禁奸止邪,行于吏民,至于朝廷事,不及不疑远甚。"廷尉验治何人,竟得奸诈。②本夏阳人,姓成名方遂,居湖,③以卜筮为事。有故太子舍人尝从方遂卜,谓曰:"子状貌甚似卫太子。"方遂心利其言,几得以富贵,④即诈自称诣阙。廷尉逮召乡里识知者张宗禄等,方遂坐诬罔不道,要斩东市。一姓张名延年。⑤

①师古曰:"繇,读与由同。"

②师古曰:"凡不知姓名及所从来者,皆曰何人。他皆类此。"

③师古曰:"湖,县名。"

④师古曰:"几,读曰冀。"

⑤师古曰:"故《昭纪》谓之张延年。"

疏广字仲翁,东海兰陵人也。少好学,明《春秋》,家居教授,学者自远方至。征为博士、太中大夫。地节三年,立皇太子,选丙吉为太傅,广为少傅。数月,吉迁御史大夫,广徙为太傅,广兄子受字公子,亦以贤良举为太子家令。受好礼恭谨,敏而有辞。①宣帝幸太子宫,受迎谒应对,及置酒宴,奉觞上寿,辞礼闲雅,上甚欢说。②顷之,拜受为少傅。

①师古曰:"敏,谓所见捷利。"

②师古曰:"说,读曰悦。"

太子外祖父特进平恩侯许伯以为太子少,白使其弟中郎将舜监护太子家。上以问广,广对曰:"太子国储副君,师友必于天下英俊,不宜独亲外家许氏。且太子自有太傅少傅,官属已备,今复使舜护太子家,视陋,非所以广太子德于天下也。"①上善其言,以语丞相魏相,相免冠谢曰:"此非臣等所能及。"广繇是见器重,数受赏赐。②太子每朝,因进见,太傅在前,少傅在后。父子并为师傅,朝廷以为荣。

①师古曰:"视,读曰示。言独亲外家,示天下以浅陋。"

②师古曰:"繇,读与由同。"

在位五岁,皇太子年十二,通《论语》、《孝经》。广谓受曰:"吾闻'知足不辱,知止不殆','功遂身退,天之道'也。①今仕宦官至二千石,宦成名立,如此不去,惧有后悔,岂如父子相随出关,归老故乡,以寿命终,不亦善乎?"受叩头曰:"从大人议。"即日父子俱移病。②满三月赐告,广遂称笃,上疏乞骸骨。上以其年笃老,皆许之,加赐黄金二十斤,皇太子赠以五十斤。公卿大夫故人邑子设祖道,供张东都门外,③送者车数百两,辞决而去。及道路观者皆曰:"贤哉二大夫!"或叹息为之下泣。

①师古曰:"此皆《老子》之言,广引之。殆,危也。遂,成也。"

②师古曰:"移病,即移书言病也。一曰,以病而移居。"

③苏林曰:"长安东郭门也。"师古曰:"祖道,饯行也,解在《景十三王》及《刘屈氂传》。供,音居共反。张,音竹亮反。"

广既归乡里,日令家共具设酒食,①请族人故旧宾客,与相娱乐。数问其家金余尚有几所,趣卖以共具。②居岁余,广子孙窃谓其昆弟老人广所爱信者曰:"子孙几及君时颇立产业基址,③今日饮食,费且尽。宜从丈人所,劝说君买田宅。"④老人即以閒暇时为广言此计,⑤广曰:"吾岂老悖不念子孙哉?⑥顾自有旧田庐,⑦令子孙勤力其中，足以共衣食，与凡人齐。今复增益之以为赢余，但教子孙怠堕耳。贤而多财，则损其志；愚而多财，则益其过。且夫富者，众人之怨也；吾既亡以教化子孙，不欲益其过而生怨。又此金者，圣主所以惠养老臣也，故乐与乡党宗族共飨其赐，以尽吾余日，不亦可乎！"于是族人说服。⑧皆以寿终。

　　①师古曰："日日设之也。共，读曰供。其他类此。"

　　②师古曰："几所，犹言几许也。趣，读曰促。"

　　③师古曰："几，读曰冀。"

　　④邓展曰："宜令意自从丈人所出，无泄我言也。"师古曰："丈人，严庄之称也，故亲而老者皆称焉。"

　　⑤师古曰："閒即闲字也。"

　　⑥师古曰："悖，惑也，音布内反。"

　　⑦师古曰："顾，思念也。"

　　⑧师古曰："说，读曰悦。"

　　于定国字曼倩，东海郯人也。①其父于公为县狱史，郡决曹，决狱平，罗文法者于公所决皆不恨。②郡中为之生立祠，号曰于公祠。

　　①师古曰："郯，音谈。"

　　②师古曰："罗，罹也，遭也。"

　　东海有孝妇，少寡，亡子，养姑甚谨，姑欲嫁之，终不肯。姑谓邻人曰："孝妇事我勤苦，哀其亡子守寡。我老，久累丁壮，奈何？"①其后姑自经死，②姑女告吏："妇杀我母。"吏捕孝妇，孝妇辞不杀姑。吏验治，孝妇自诬服。具狱上府，③于公以为此妇养姑十余年，以孝闻，必不杀也。太守不听，于公争之，弗能得，乃抱其具狱，哭于府上，④因辞疾去。太守竟论杀孝妇。郡中枯旱三年。后太守至，卜筮其故，于公曰："孝妇不当死，前太守强断之，咎党在是乎？"⑤于是太守杀牛自祭孝妇冢，因表其墓，天立大雨，岁孰。郡中以此大敬重于公。

　　①师古曰："絫，古累字也。音力瑞反。"

　　②师古曰："不欲累妇，故自杀。"

③师古曰："府郡之曹府也。上，音时掌反。"

④师古曰："具狱者，狱案已成，其文备具也。"

⑤师古曰："党，音他朗反。"

　　定国少学法于父，父死，后定国亦为狱史，郡决曹，补廷尉史，以选与御史中丞从事治反者狱，以材高举侍御史，迁御史中丞。会昭帝崩，昌邑王征即位，行淫乱，定国上书谏。后王废，宣帝立，大将军光领尚书事，条奏群臣谏昌邑王者皆超迁。定国繇是为光禄大夫，①平尚书事，甚见任用。数年，迁水衡都尉，超为廷尉。

①师古曰："繇，与由同。"

　　定国乃迎师学《春秋》，身执经，北面备弟子礼。为人谦恭，尤重经术士，虽卑贱徒步往过，定国皆与钧礼，①恩敬甚备，学士咸称焉。其决疑平，法务在哀鳏寡，罪疑从轻，加审慎之心。朝廷称之曰："张释之为廷尉，天下无冤民；②于定国为廷尉，民自以不冤。"③定国食酒至数石不乱，④冬月治请谳，饮酒益精明。⑤为廷尉十八岁，迁御史大夫。

①师古曰："钧礼，犹言亢礼。"

②师古曰："言决罪皆当。"

③师古曰："言知其宽平，皆无冤枉之虑。"

④如淳曰："食酒，犹言喜酒也。"师古曰："若依如氏之说，食字当音嗜，此说非也。下叙定国子永乃言嗜酒耳。食酒者，谓能多欲，费尽其酒，犹云食言焉。今流俗书本辄改食字作饮字，失其真也。"

⑤师古曰："谳，平议也，音鱼列反。"

　　甘露中，代黄霸为丞相，封西平侯。三年，宣帝崩，元帝立，以定国任职旧臣，敬重之。时陈万年为御史大夫，与定国并位八年，论议无所拂。①后贡禹代为御史大夫，数处驳议，②定国明习政事，率常丞相可。③然上始即位，关东连年被灾害，民流入关，言事者归咎于大臣。④上于是数以朝日引见丞相、御史，⑤入受诏，条责以职事，曰："恶吏负贼，妄意良民，⑥至亡辜死。或盗贼发，吏不亟追而反系亡家，⑦后不敢复告，以故浸广。⑧民多冤结，州郡不理，连上书者交于阙廷。二千石选举不实，是以在位多不任职。⑨民田有灾害,吏不肯除,收趣其租,以故重困。⑩关东流民饥寒疾疫,已诏吏转漕,虚仓廪开府臧相振救,赐寒者衣,至春犹恐不赡。⑪今丞相、御史将欲何施以塞此咎?⑫悉意条状,陈朕过失。"⑬定国上书谢罪。

①师古曰:"言不相违戾也。拂,音佛。"
②师古曰:"言与定国不同。"
③师古曰:"天子皆可定国所言。"
④师古曰:"言事者,谓上书陈事也。"
⑤师古曰:"五日一听朝,故云朝日也。"
⑥师古曰:"贼发不得,恐负其殿,故妄疑善人,致其罪也。"
⑦师古曰:"亟,急也。不急追贼,反禁系失物之家。"
⑧师古曰:"浸,渐也。"
⑨师古曰:"谓,令长丞尉。"
⑩师古曰:"趣,读曰促。重,音直用反。"
⑪师古曰:"赡,足也。"
⑫师古曰:"塞,补也。"
⑬师古曰:"悉,尽也。"

永光元年,春霜夏寒,日青亡光,上复以诏条责曰:"郎有从东方来者,言民父子相弃。①丞相、御史案事之吏匿不言邪?将从东方来者加增之也?何以错缪至是?②欲知其实。方今年岁未可预知也,即有水旱,其忧不细。公卿有可以防其未然,救其已然者不? 各以诚对,③毋有所讳。"定国惶恐,上书自劾,归侯印,乞骸骨。上报曰:"君相朕躬,不敢怠息,④万方之事,大录于君。⑤能毋过者,其唯圣人。方今承周秦之敝,俗化陵夷,⑥民寡礼谊,阴阳不调,灾咎之发,不为一端而作,自圣人推类以记,不敢专也,况于非圣者乎!⑦日夜惟思所以,未能尽明。⑧经曰:'万方有罪,罪在朕躬。'⑨君虽任职,何必颛焉?⑩其勉察郡国守相群牧,非其人者毋令久贼民。永执纲纪,务悉聪明,强食慎疾。"⑪定国遂称笃,固辞。上乃赐安车驷马、黄金六十斤,罢就弟。数岁,七十余薨,谥曰安侯。

①师古曰:"以遭饥馑,不能相养。"

②师古曰："错，互也。缪，违也。谓吏及东方人言不相同也。"

③师古曰："言能防救已不，宜各以实对。"

④师古曰："息，谓自休息。"

⑤师古曰："大录，总录也。"

⑥师古曰："言颓替也。"

⑦师古曰："非圣者，谓常人。"

⑧师古曰："所以，所由也。言何由致此灾。"

⑨师古曰："此《论语·尧曰》篇载殷汤伐桀告天之辞。"

⑩师古曰："颛与专同。事不专由君也。"

⑪师古曰："悉，尽也。"

　子永嗣。少时，耆酒多过失，①年且三十，乃折节修行，以父任为侍中中郎将、长水校尉。定国死，居丧如礼，孝行闻，由是以列侯为散骑光禄勋，至御史大夫。尚馆陶公主施。施者，宣帝长女，成帝姑也，贤有行，永以选尚焉。上方欲相之，会永薨。子恬嗣。恬不肖，薄于行。

　①师古曰："耆，读曰嗜。"

　始定国父于公，其闾门坏，父老方共治之。①于公谓曰："少高大闾门，令容驷马高盖车。我治狱多阴德，未尝有所冤，子孙必有兴者。"至定国为丞相，永为御史大夫，封侯传世云。

　①师古曰："闾门，里门也。"

　薛广德字长卿，沛郡相人也。以《鲁诗》教授楚国，龚胜、舍师事焉。萧望之为御史大夫，除广德为属，数与论议，器之，①荐广德经行宜充本朝。②为博士，论石渠，③迁谏大夫，代贡禹为长信少府、御史大夫。

　①师古曰："以为大器也。"

　②师古曰："经明行修，宜于本朝任职也。"

　③张晏曰："石渠，阁名也。"

　广德为人温雅有酝藉。①及为三公，直言谏争。始拜旬日间，上幸甘泉，郊泰畤，礼毕，因留射猎。广德上书曰："窃见关东困极，人

民流离。陛下日撞亡秦之钟,听郑卫之乐,②臣诚悼之。今士卒暴
露,从官劳倦,愿陛下亟反宫,③思与百姓同忧乐,天下幸甚。"上即
日还。其秋,上酎祭宗庙,出便门,④欲御楼船,广德当乘舆车,免冠
顿首曰:"宜从桥。"诏曰:"大夫冠。"广德曰:"陛下不听臣,臣自刭,
以血污车轮,陛下不得入庙矣!"⑤上不说。⑥先毆光禄大夫张猛进
曰:⑦"臣闻主圣臣直。乘船危,就桥安,圣主不乘危。御史大夫言可
听。"上曰:"晓人不当如是邪!"⑧乃从桥。

① 服虔曰:"宽博有余也。"师古曰:"酛言如酛酿也。藉,有所荐藉也。酛,
　音于问反。藉,才夜反。"

② 师古曰:"撞,音丈江反。"

③ 师古曰:"亟,急也。"

④ 师古曰:"长安城南面西头第一门。"

⑤ 师古曰:"言不以理,终不得立庙也。一曰,以见死伤,犯于齐洁,不得入
　庙祠也。"

⑥ 师古曰:"说,读曰悦。"

⑦ 师古曰:"先毆,导乘舆也。毆,与驱同。猛,张骞之孙。"

⑧ 师古曰:"谓谏争之言,当如猛之详善也。"

　　后月余,以岁恶民流,①与丞相定国、大司马车骑将军史高俱
乞骸骨,皆赐安车驷马、黄金六十斤,罢。广德为御史大夫,凡十月
免。东归沛,太守迎之界上。沛以为荣,县其安车传子孙。②

① 师古曰:"岁恶,年谷不熟也。"

② 师古曰:"县其所赐安车以示荣幸也。致仕县车,盖亦古法。韦孟诗云
　'县车之义,以洎小臣'也。"

　　平当字子思,祖父以訾百万,自下邑徙平陵。①当少为大行治
礼丞,功次补大鸿胪文学,察廉为顺阳长,枸邑令,②以明经为博
士,公卿荐当论议通明,给事中。每有灾异,常辄傅经术,言得失。③
文雅虽不能及萧望之、匡衡,然指意略同。

① 师古曰:"下邑,梁国之县也。"

② 师古曰:"枸,音询。"

③师古曰:"傅,读曰附。"

自元帝时,韦玄成为丞相,奏罢太上皇寝庙园,当上书言:"臣闻孔子曰:'如有王者,必世而后仁。'①三十年之间,道德和洽,制礼兴乐,灾害不生,祸乱不作。今圣汉受命而王,继体承业二百余年,孜孜不怠,政令清矣。然风俗未和,阴阳未调,灾害数见,意者大本有不立与?②何德化休征不应之久也!祸福不虚,必有因而至者焉。宜深迹其道而务修其本。③昔者帝尧南面而治,先"克明俊德,以亲九族',而化及万国。④《孝经》曰:'天地之性,人为贵,人之行莫大于孝,孝莫大于严父,严父莫大于配天,则周公其人也。'⑤夫孝子善述人之志,周公既成文武之业而制作礼乐,修严父配天之事,知文王不欲以子临父,故推而序之,上极于后稷而以配天。⑥此圣人之德,亡以加于孝也。高皇帝圣德受命,有天下,尊太上皇,犹周文武之追王太王、王季也。此汉之始祖,后嗣所宜尊奉以广盛德,孝之至也。《书》云:'正稽古建功立事,可以永年,传于亡穷。'"⑦上纳其言,下诏复太上皇寝庙园。

①师古曰:"《论语》载孔子之言也。言治天下者,三十年然后仁道成著也。"

②师古曰:"与,读曰欤。"

③师古曰:"迹,谓求其踪迹也。"

④师古曰:"《虞书·尧典》序尧之德曰:'克明俊德,以亲九族。九族既睦,平章百姓。百姓昭明,协和万邦。'故云然也。"

⑤师古曰:"言严谓尊严。"

⑥师古曰:"言文王始受命,宜为周之始祖。乃追王太王、王季,以及后稷,是不以卑临尊。"

⑦师古曰:"今文《泰誓》之辞。言能正考古道以立功立事,则可长年享国。"

顷之,使行流民幽州,①举奏刺史二千石劳徕有意者,②言勃海盐池可且勿禁,以救民急。③所过见称,奉使者十一人,为最,迁丞相司直。坐法,左迁朔方刺史,④复征入为太中大夫给事中,繇迁长信少府、大鸿胪、光禄勋。⑤

①师古曰："行，音下更反。"

②师古曰："劳俫，谓劝勉也。劳者，恤其勤劳也。俫者，以恩招俫也。劳，
　　音卢到反。俫，音卢代反。"

③师古曰："恣民煮盐，官不专也。"

④师古曰："武帝初置朔方郡，别令剌史监之，不在十三州之限。"

⑤师古曰："絫，古累字。"

先是，太后姊子卫尉淳于长白言昌陵不可成，下有司议。当以
为作治连年，可遂就。①上既罢昌陵，以长首建忠策，复下公卿议封
长。当又以为长虽有善言，不应封爵之科。坐前议不正，左迁巨鹿
太守。②后上遂封长。当以经明《禹贡》，使行河，③为骑都尉，领河
堤。

①师古曰："就亦成也。"

②师古曰："前议，谓罢昌陵。"

③师古曰："《尚书·禹贡》载禹治水次第，山川高下，当明此经，故使行河
　　也。行，音下更反。"

哀帝即位，征当为光禄大夫诸吏散骑，复为光禄勋，御史大夫，
至丞相。以冬月，赐爵关内侯。明年春，上使使者召，欲封当。①当病
笃，不应召。室家或谓当："不可强起受侯印为子孙邪？"当曰："吾居
大位，已负素餐责矣，起受侯印，还卧而死，死有余罪。今不起者，所
以为子孙也。"遂上书乞骸骨。上报曰："朕选于众，以君为相，视事
日寡，辅政未久，阴阳不调，冬无大雪，旱气为灾，朕之不德，何必君
罪？君何疑而上书乞骸骨，归关内侯爵邑？使尚书令谭赐君养牛一，
上尊酒十石。②君其勉致医药以自持。"后月余，卒。子晏以明经历
位大司徒，封防乡侯。汉兴，唯韦、平父子至宰相。③

①如淳曰："《汉仪注》御史大夫为丞相，更春乃封，故先赐爵关内侯也。"
　　李奇曰："以冬月非封侯时，故且先赐爵关内侯也。"师古曰："李说是
　　也。"

②如淳曰："律，稻米一斗得酒一斗为上尊，稷米一斗得酒一斗为中尊，粟
　　米一斗得酒一斗为下尊。"师古曰："稷即粟也。中尊者宜为黍米，不当
　　言稷。且作酒自有浇醇之异为上中下耳，非必系之米。"

③师古曰："韦，谓韦贤也。"

彭宣字子佩，淮阳阳夏人也。①治《易》，事张禹，举为博士，迁东平太傅。禹以帝师见尊信，荐宣经明有威重，可任政事，繇是入为右扶风，②迁廷尉，以王国人出为太原太守。③数年，复入为大司农、光禄勋、右将军。哀帝即位，徙为左将军。岁余，上欲令丁、傅处爪牙官，乃策宣曰："有司数奏言诸国人不得宿卫，将军不宜典兵马，处大位。朕唯将军任汉将之重，而子又前取淮阳王女，婚姻不绝，非国之制。使光禄大夫曼赐将军黄金五十斤、安车驷马，其上左将军印绶，以关内侯归家。"

①师古曰："夏，音假。"

②师古曰："繇，读与由同。"

③李奇曰："初，汉制王国人不得在京师。"

宣罢数岁，谏大夫鲍宣数荐宣。会元寿元年正月朔日蚀，鲍宣复言，上乃召宣为光禄大夫，迁御史大夫，转为大司空，封长平侯。

会哀帝崩，新都侯王莽为大司马，秉政专权。宣上书言："三公鼎足承君，一足不任，则覆乱美实。①臣资性浅薄，年齿老眊，②数伏疾病，昏乱遗忘，愿上大司空、长平侯印绶，乞骸骨归乡里，竢寘沟壑。"③莽白太后，策宣曰："惟君视事日寡，功德未效，迫于老眊昏乱，非所以辅国家，绥海内也。使光禄勋丰册诏君，其上大司空印绶，便就国。"莽恨宣求退，故不赐黄金安车驷马。宣居国数年，薨，谥曰顷侯。传子至孙，王莽败，乃绝。

①师古曰："美实，谓鼎中之实也。《易·鼎卦》九四爻辞曰：'鼎折足，覆公餗。'餗，食也。故宣引以为言。覆，音芳目反。"

②师古曰："眊，与耄同。"

③师古曰："竢，古俟字。"

赞曰：隽不疑学以从政，临事不惑，遂立名迹，终始可述。疏广行止足之计，免辱殆之累，①亦其次也。于定国父子哀鳏哲狱，为任职臣。②薛广德保县车之荣，平当逡遁有耻，彭宣见险而止，③异乎

"苟患失之"者矣。④

①师古曰："累,音力瑞反。"

②应劭曰："哲,智也。"郑氏曰："当言折狱。"师古曰："哀鳏,哀恤鳏寡也。哲狱,知狱情也。"

③师古曰："遁,读与巡同。"

④师古曰："《论语》称孔子曰:'鄙夫不可与事君。其未得之,患得之;既得之,患失之。苟患失之,无所不至矣。'谓其患于失位而为倾邪也。赞言当、宣二人立操有异于此矣。"

汉书卷七二
列传第四二

王吉 子骏 孙崇　　贡禹　　龚胜
龚舍　　鲍宣 唐林 薛方

昔武王伐纣，迁九鼎于雒邑，①伯夷、叔齐薄之，②饿死于首阳，不食其禄，③周犹称盛德焉。然孔子贤此二人，以为"不降其志，不辱其身"也。④而《孟子》亦云："闻伯夷之风者，贪夫廉，懦夫有立志"；⑤奋乎百世之上，百世之下莫不兴起，非贤人而能若是乎！"

①师古曰："九鼎，即夏禹所铸者也。迁，谓从纣都迁之以来。《春秋左氏传》曰：'夏之方有德也，远方图物，贡金九牧以铸鼎象物。桀有昏德，鼎迁于商，载祀六百。商纣暴虐，鼎迁于周。'"

②师古曰："夷、齐以武王父死不葬而用干戈为不孝，以臣伐君为不忠。"

③师古曰："马融云首阳山在河东蒲坂华山之北，河曲之中。高诱则云在洛阳东北。阮籍《咏怀诗》亦以为然。今此二山并有夷齐祠耳。而曹大家注《幽通赋》云陇西首阳县是也。今陇西亦有首阳山。许慎又云首阳山在辽西。诸说不同，致有疑惑，而伯夷歌云'登彼西山'，则当陇西者近为是也。"

④师古曰："事见《论语》。"

⑤师古曰："懦，柔弱也，音乃唤反，又音儒。"

汉兴，有园公、绮里季、夏黄公、甪里先生，①此四人者，当秦之世，避而入商雒深山，②以待天下之定也。自高祖闻而召之，不至。其后吕后用留侯计，使皇太子卑辞束帛致礼，安车迎而致之。四人既至，从太子见，高祖客而敬焉，太子得以为重，遂用自安。语在《留侯传》。

　　①师古曰:"四皓称号,本起于此,更无姓名可称知。此盖隐居之人,匿迹
　　　　远害,不自标显,秘其氏族,故史传无得而详。至于后代皇甫谧、圈称之
　　　　徒,及诸地理书说,竞为四人施安姓字,自相错互,语又不经,班氏不载
　　　　于书。诸家皆臆说,今并弃略,一无取焉。"
　　②师古曰:"即今之商州商雒县山也。"

　　其后谷口有郑子真,蜀有严君平,①皆修身自保,非其服弗服,
非其食弗食。成帝时,元舅大将军王凤以礼聘子真,子真遂不诎而
终。君平卜筮于成都市,以为"卜筮者贱业,而可以惠众人。有邪恶
非正之问,则依蓍龟为言利害。与人子言依于孝,与人弟言依于顺,
与人臣言依于忠,各因势导之以善,从吾言者,已过半矣。"裁日阅
数人,②得百钱足自养,则闭肆下帘而授《老子》。③博览亡不通,依
老子、严周之指著书十余万言。④杨雄少时从游学,从而仕京师显
名,数为朝廷在位贤者称君平德。杜陵李强素善雄,久之为益州牧,
喜谓雄曰:"吾真得严君平矣。"雄曰:"君备礼以待之,彼人可见而
不可得诎也。"强心以为不然。及至蜀,致礼与相见,卒不敢言以为
从事,乃叹曰:"杨子云诚知人!"君平年九十余,遂以其业终,蜀人
爱敬,至今称焉。及雄著书言当世士,称此二人。其论曰:"或问:君
子疾没世而名不称,⑤盍势诸名卿可几?曰:君子德名为几。⑥梁、
齐、楚、赵之君非不富且贵也,⑦恶虖成其名!⑧谷口郑子真不诎其
志,耕于岩石之下,名震于京师,岂其卿?岂其卿?楚两龚之洁,其
清矣乎!蜀严湛冥,⑨不作苟见,不治苟得,⑩久幽而不改其操,虽
随、和何以加诸?⑪举兹以旃,不亦宝乎!"⑫

　　①师古曰:"《地理志》谓君平为严遵。《三辅决录》云子真名朴,君平名尊,
　　　　则君平、子真皆其字也。"
　　②师古曰:"裁,与才同。阅,历也。"
　　③师古曰:"肆者,市也。列所坐之处也。"
　　④师古曰:"严周即庄周。"
　　⑤师古曰:"以身没而无名为病。"
　　⑥孟康曰:"盍,何不也,言何不因名卿之势以求名。"韦昭曰:"言有势之

名卿，庶几可不朽。杨子以为不然，唯有德者可以有名。"师古曰："或人以事有权力之卿，用自表显，则其名可庶几而立。杨雄以为自蓄其德，则有名也。"

⑦师古曰："谓当时诸侯王也。"

⑧师古曰："恶，于何也。恶，音乌。"

⑨孟康曰："蜀郡严君平湛深玄默无欲也。"师古曰："湛，读曰沈。"

⑩师古曰："不为苟显之行，不事苟得之业。"

⑪师古曰："随，随侯珠也。和，和氏璧也。诸，之也。"

⑫师古曰："旃亦之也。言举此人而用之，不亦国之宝乎！自此已上皆杨雄之言也。"

　　自园公、绮里季、夏黄公、甪里先生、郑子真、严君平皆未尝仕，然其风声足以激贪厉俗，近古之逸民也。若王吉、贡禹、两龚之属，皆以礼让进退云。

　　王吉字子阳，琅邪皋虞人也。少好学明经，以郡吏举孝廉为郎，补若卢右丞，①迁云阳令。举贤良为昌邑中尉，而王好游猎，驱驰国中，动作亡节，吉上疏谏，曰：

①师古曰："少府之属官有若卢令丞。《汉旧仪》以为主治库兵者。"

　　　　臣闻古者师日行三十里，吉行五十里。《诗》云："匪风发兮，匪车揭兮，顾瞻周道，中心怛兮。"①说曰：是非古之风也，发发者；是非古之车也，揭揭者。盖伤之也。②今者大王幸方与，③曾不半日而驰二百里，百姓颇废耕桑，治道牵马，臣愚以为民不可数变。④昔召公述职，⑤当民事时，舍于棠下而听断焉。⑥是时人皆得其所，后世思其仁恩，至虖不伐甘棠，《甘棠》之诗是也。⑦

①师古曰："《桧国·匪风》之篇。发发，飘风貌。揭揭，疾驱貌。怛，古恒字，伤也。言见此飘风及疾驱，则顾念哀伤，思周道也。揭，音丘列反。"

②师古曰："今之发发然者非古有道之风也，今之揭揭然者非古有道之车也，故伤之。"

③师古曰："县名也，音房预。"

④师古曰:"数,音所角反。"

⑤师古曰:"召,读曰邵。邵公名奭。自陕以西邵公主之。"

⑥师古曰:"舍,止息。"

⑦师古曰:"《邵南》之诗也。其诗曰:'蔽芾甘棠,勿翦勿伐,邵伯所茇。'蔽
芾,小树貌也。甘棠,杜也。茇,舍也。蔽,音必二反。芾,音方味反。茇,
音步末反。"

　　大王不好书术而乐逸游,冯式撙衔,①驰骋不止,口倦乎
叱咤,②手苦于箠辔,③身劳虖车舆;朝则冒雾露,昼则被尘
埃,④夏则为大暑之所暴炙,冬则为风寒之所匽薄。⑤数以奊
脆之玉体犯勤劳之烦毒,⑥非所以全寿命之宗也,⑦又非所以
进仁义之隆也。⑧

①臣瓒曰:"撙,促也。"师古曰:"撙,挫也,音子本反。"

②师古曰:"咤亦吒字也,音竹驾反。"

③师古曰:"箠,马策,音止蕊反。"

④师古曰:"冒,犯也,音莫克反。"

⑤师古曰:"匽,与偃同。言遇疾风则偃靡也。薄,迫也。"

⑥师古曰:"奊,柔也,音而兖反。"

⑦师古曰:"宗,尊也。"

⑧师古曰:"隆,高也。"

　　夫广夏之下,细旃之上,①明师居前,劝诵在后,上论唐虞
之际,下及殷周之盛,考仁圣之风,习治国之道,䜣䜣焉发愤忘
食,日新厥德,②其乐岂徒衔橛之间哉!③休则俯仰诎信以利
形,④进退步趋以实下,⑤吸新吐故以练藏,专意积精以适
神,⑥于以养生,岂不长哉! 大王诚留意如此,则心有尧舜之
志,体有乔松之寿,⑦美声广誉登而上闻,则福禄其臻而社稷
安矣。⑧

①师古曰:"广夏,大屋也。旃,与毡同。"

②师古曰:"䜣,古欣字。"

③师古曰:"衔,马衔也。橛,车钩心也。张揖以橛为马之长衔,非也。橛,
音其月反。"

④师古曰："形,体也。信,读曰伸。"

⑤如淳曰："今人不行,则膝已下虚弱不实。"

⑥师古曰："臧,五臧也。练,练其气也。适,和也。"

⑦师古曰："乔松,仙人伯乔及赤松子也。"

⑧师古曰："臻,与臻同。臻,至也。"

皇帝仁圣,至今思慕未怠,①于宫馆囿池弋猎之乐未有所幸,大王宜夙夜念此,以承圣意。诸侯骨肉,莫亲大王,大王于属则子也,于位则臣也,一身而二任之责加焉,恩爱行义孅介有不具者,于以上闻,非飨国之福也。臣吉愚戆,愿大王察之。

①师古曰："皇帝,谓昭帝也。言武帝晏驾未久,故尚思慕。"

王贺虽不遵道,然犹知敬礼吉,乃下令曰："寡人造行不能无惰,中尉甚忠,数辅吾过。使谒者千秋赐中尉牛肉五百斤,酒五石,脯五束。"其后复放从自若。①吉辄谏争,甚得辅弼之义,虽不治民,国中莫不敬重焉。

①师古曰："从,音子用反。"

久之,昭帝崩,亡嗣,大将军霍光秉政,遣大鸿胪宗正迎昌邑王。吉即奏书戒王曰："臣闻高宗谅闇,三年不言。①今大王以丧事征,宜日夜哭泣悲哀而已,慎毋有所发。②且何独丧事,凡南面之君何言哉? 天不言,四时行焉,百物生焉,③愿大王察之。大将军仁爱勇智,忠信之德天下莫不闻,事孝武皇帝二十余年未尝有过。先帝弃群臣,属以天下,寄幼孤焉,④大将军抱持幼君襁褓之中,布政施教,海内晏然,虽周公、伊尹亡以加也。今帝崩亡嗣,大将军惟思可以奉宗庙者,攀援而立大王,⑤其仁厚岂有量哉!⑥臣愿大王事之敬之,政事壹听之,大王垂拱南面而已。愿留意,常以为念。"

①师古曰："已解于上。"

②师古曰："发,谓兴举众事。"

③师古曰："《论语》称孔子曰:'天何言哉? 四时行焉,百物生焉。天何言哉?'故吉引之。"

④师古曰："属,音之欲反。"

⑤师古曰："援,引也,音爰。"

⑥师古曰："言其深多也。量，音力向反。"

王既到，即位二十余日，以行淫乱废。昌邑群臣坐在国时不举奏王罪过，令汉朝不闻知，又不能辅道，陷王大恶，①皆下狱诛。唯吉与郎中令龚遂以忠直数谏正得减死，髡为城旦。

①师古曰："道，读曰导。"

起家复为益州刺史，病去官，复征为博士谏大夫。是时，宣帝颇修武帝故事，宫室车服盛于昭帝时。外戚许、史、王氏贵宠，而上躬亲政事，任用能吏。吉上疏言得失，曰：

陛下躬圣质，总万方，帝王图籍日陈于前，惟思世务，将兴太平。诏书每下，民欣然若更生。臣伏而思之，可谓至恩，未可谓本务也。①

①师古曰："言天子如此，虽于百姓为至恩，然未尽政务之本也。"

欲治之主不世出，①公卿幸得遭遇其时，言听谏从，然未有建万世之长策，举明主于三代之隆者也。②其务在于期会簿书，断狱听讼而已，此非太平之基也。

①师古曰："言有时过之不常值。"

②师古曰："三代，夏、殷、周。"

臣闻圣王宣德流化，必自近始。朝廷不备，难以言治；左右不正，难以化远。民者，弱而不可胜，愚而不可欺也。圣主独行于深宫，得则天下称诵之，失则天下咸言之。行发于近，必见于远，故谨选左右，审择所使；左右所以正身也，所使所以宣德也。《诗》云："济济多士，文王以宁。"①此其本也。

①师古曰："《大雅·文王》之诗。"

《春秋》所以大一统者，六合同风，九州共贯也。①今俗吏所以牧民者，非有礼义科指可世世通行者也，独设刑法以守之。其欲治者，不知所繇，②以意穿凿，各取一切，权谲自在，故一变之后不可复修也。③是以百里不同风，千里不同俗，户异政，人殊服，诈伪萌生，刑罚亡极，④质朴日销，恩爱浸薄。⑤孔子曰"安上治民，莫善于礼"，⑥非空言也。王者未制礼之时，引先王礼宜于今者而用之。臣愿陛下承天心,发大业,与公卿大臣延及儒生,述旧礼,明王制,驱一世之民,济之仁寿之域,⑦则俗何以不若成康,寿何以不若高宗?⑧窃见当世趋务不合于道者,谨条奏,⑨唯陛下财择焉。⑩

①师古曰:"解在《董仲舒传》。"

②师古曰:"繇,与由同。"

③师古曰:"言其敝深难久行。"

④师古曰:"萌生,言其争出,如草木之初生。"

⑤师古曰:"浸,渐也。"

⑥师古曰:"《孝经》载孔子之言。"

⑦师古曰:"以仁抚下,则群生安逸而寿考。"

⑧师古曰:"高宗,殷王武丁也,享国百年。"

⑨师古曰:"趋,读曰趣。趣,向也。"

⑩师古曰:"财,与裁同。"

吉意以为"夫妇,人伦大纲,夭寿之萌也。①世俗嫁娶太早,未知为人父母之道而有子,是以教化不明而民多夭。聘妻送女亡节,则贫人不及,故不举子。又汉家列侯尚公主,诸侯则国人承翁主,②使男事女,夫诎于妇,逆阴阳之位,故多女乱。古者衣服车马贵贱有章,以褒有德而别尊卑,今上下僭差,人人自制,③是以贪财诛利,不畏死亡。周之所以能致治,刑措而不用者,以其禁邪于冥冥,绝恶于未萌也。"④又言"舜、汤不用三公九卿之世而举皋陶、伊尹,⑤不仁者远。⑥今使俗吏得任子弟,⑦率多骄骜,不通古今,⑧至于积功治人,亡益于民,此《伐檀》所为作也。⑨宜明选求贤,除任子之令。外家及故人可厚以财,不宜居位。去角抵,减乐府,省尚方,⑩明视天下以俭。⑪古者工不造雕瑑,商不通侈靡,⑫非工商之独贤,政教使之然也。民见俭则归本,本立而末成。"其指如此,上以其言迂阔,不甚宠异也。⑬吉遂谢病归琅邪。

①师古曰:"由之而生,故云萌。"

②晋灼曰:"娶天子女则曰尚公主,国人娶诸侯女曰承翁主。尚、承,皆卑下之名也。"师古曰:"翁主者,言其父自主婚也。解具在《高纪》。"

③师古曰："言无节度。"

④师古曰："冥冥，言未有端绪。"

⑤李奇曰："不继世而爵也。言皋陶、伊尹非三公九卿之世。"

⑥师古曰："任用贤人，放黜谗佞。"

⑦张晏曰："子弟以父兄任为郎。"

⑧师古曰："骜，与傲同。"

⑨师古曰："《伐檀》，诗篇名，刺不用贤也，在《魏国风》也。"

⑩师古曰："尚方主巧作。"

⑪师古曰："视，读曰示。"

⑫师古曰："璪者，刻镂为文。璪，音篆。"

⑬师古曰："迁，远也，音于。"

　　始，吉少时学问，居长安。东家有大枣树垂吉庭中，吉妇取枣以
啖吉。①吉后知之，乃去妇。东家闻而欲伐其树，邻里共止之，因固
请吉令还妇。里中为之语曰："东家有树，王阳妇去；东家枣完，去妇
复还。"其厉志如此。

　　①师古曰："啖，谓使食之，音徒滥反。啖亦啗字耳。此义与《高纪》'啖以
　　　利'同。"

　　吉与贡禹为友，世称"王阳在位，贡公弹冠"，①言其取舍同
也。②元帝初即位，遣使者征贡禹与吉。吉年老，道病卒，上悼之，复
遣使者吊祠云。

　　①师古曰："弹冠者，且入仕也。"

　　②师古曰："取，进趣也。舍，止息也。"

　　初，吉兼通五经，能为驺氏《春秋》，以《诗》、《论语》教授，好梁
丘贺说《易》，令子骏受焉。骏以孝廉为郎。左曹陈咸荐骏贤父子，
经明行修，宜显以厉俗。光禄勋匡衡亦举骏有专对材。①迁谏大夫，
使责淮阳宪王。②迁赵内史。吉坐昌邑王被刑后，戒子孙毋为王国
吏，故骏道病，免官归。起家复为幽州刺史，迁司隶校尉，奏免丞相
匡衡，迁少府。八岁，成帝欲大用之，出骏为京兆尹，试以政事。先
是，京兆有赵广汉、张敞、王尊、王章，至骏皆有能名，故京师称曰：
"前有赵、张，后有三王。"而薛宣从左冯翊代骏为少府，会御史大夫

缺,谷永奏言:"圣王不以名誉加于实效。③考绩用人之法,④薛宣
政事已试。"⑤上然其议。宣为少府月余,遂超御史大夫,至丞相。骏
乃代宣为御史大夫,并居位。六岁病卒,翟方进代骏为大夫。数月,
薛宣免,遂代为丞相。众人为骏恨不得封侯。骏为少府时,妻死,因
不复娶,或问之,骏曰:"德非曾参,子非华、元,⑥亦何敢娶?"

①师古曰:"专对,谓见问即对,无所疑也。《论语》称孔子曰:'使于四方,
　不能专对,虽多亦奚以为?'"

②师古曰:"以其有口辞。"

③师古曰:"言不听虚名。"

④师古曰:"言用人之法,皆须考以功绩。"

⑤师古曰:"言有效也。"

⑥如淳曰:"华与元,曾参之二子也。《韩诗外传》曰曾参丧妻不更娶,人问
　其故,曾子曰:'以华、元善人也。'一曰,曾参之子字华元。"师古曰:"二
　子是也。"

　　骏子崇以父任为郎,历刺史、郡守,治有能名。建平三年,以河
南太守征入为御史大夫数月。是时成帝舅安成恭侯夫人放寡居,共
养长信宫,①坐祝诅下狱,崇奏封事,为放言。放外家解氏与崇为
昏,②哀帝以崇为不忠诚,策诏崇曰:"朕以君有累世之美,故逾列
次。③在位以来,忠诚匡国未闻所繇,④反怀诈谖之辞,⑤欲以攀救
旧姻之家,大逆之辜,举错专恣,⑥不遵法度,亡以示百僚。"左迁为
大司农,后徙卫尉左将军。平帝即位,王莽秉政,大司空彭宣乞骸骨
罢,崇代为大司空,封扶平侯。岁余,崇复谢病乞骸骨,皆避王莽,莽
遣就国。岁余,为傅婢所毒,薨,国除。⑦

①师古曰:"放者,夫人之名也。共,音居用反。养,音弋亮反。"

②师古曰:"婚姻之家。"

③师古曰:"谓自祖及身皆有名也。"

④师古曰:"繇,与由同。由,从也。"

⑤师古曰:"谖,诈言也,音虚袁反。"

⑥师古曰:"错,置也。"

⑦师古曰:"凡言傅婢者,谓傅相其衣服衽席之事。一说,傅曰附,谓近幸

也。"

自吉至崇,世名清廉,然材器名称稍不能及父,而禄位弥隆。皆好车马衣服,其自奉养极为鲜明,而亡金银锦绣之物。及迁徙去处,所载不过囊衣,①不畜积余财。②去位家居,亦布衣疏食。天下服其廉而怪其奢,故俗传"王阳能作黄金"。③

①师古曰:"一囊之衣也。有底曰囊,无底曰橐。"

②师古曰:"畜,读曰蓄。"

③师古曰:"以其无所求取,不营产业而车服鲜明,故谓自作黄金以给用。"

贡禹字少翁,琅邪人也。以明经洁行著闻,征为博士,凉州刺史,病去官。复举贤良为河南令。岁余,以职事为府官所责,①免冠谢。禹曰:"冠壹免,安复可冠也!"遂去官。

①师古曰:"太守之府。"

元帝初即位,征禹为谏大夫,数虚己问以政事。①是时年岁不登,郡国多困,禹奏言:

①师古曰:"虚己,谓听受其言也。"

古者宫室有制,宫女不过九人,秣马不过八匹;①墙涂而不琱,木摩而不刻,②车舆器物皆不文画,苑囿不过数十里,与民共之;任贤使能,什一而税,亡它赋敛繇戍之役,使民岁不过三日,千里之内自给,千里之外各置贡职而已。③故天下家给人足,颂声并作。

①师古曰:"秣,养也,谓以粟米饲也。"

②师古曰:"琱字与雕同。雕,画也。"

③师古曰:"言天子以畿内赋敛自供,千里之外令其以时入贡,不欲烦劳也。"

至高祖、孝文、孝景皇帝,循古节俭,宫女不过十余,厩马百余匹。孝文皇帝衣绨履革,①器亡雕文,金银之饰。后世争为奢侈,转转益甚,臣下亦相放效,②衣服履绔刀剑乱于主上,③主上时临朝入庙,众人不能别异,甚非其宜。然非自知奢僭也,犹鲁昭公曰:"吾何僭矣?"

①师古曰:"绨,厚缯,音徒奚反。"

②师古曰:"放,音甫往反。其下亦同。"

③师古曰:"绔,古袴字。"

　　今大夫僭诸侯,诸侯僭天子,天子过天道,其日久矣。承衰救乱,矫复古化,在于陛下。①臣愚以为尽如太古难,宜少放古以自节焉。《论语》曰:"君子乐节礼乐。"②方今宫室已定,亡可奈何矣,其余尽可减损。故时齐三服官输物不过十笥,③方今齐三服官作工各数千人,一岁费数巨万。蜀广汉主金银器,岁各用五百万。三工官官费五千万,④东西织室亦然。厩马食粟将万匹。臣禹尝从之东宫,⑤见赐杯案,尽文画金银饰,非当所以赐食臣下也。⑥东宫之费亦不可胜计。天下之民所为大饥饿死者,是也。今民大饥而死,死又不葬,为犬猪食。⑦人至相食,而厩马食粟,苦其大肥,气盛怒至,乃日步作之。⑧王者受命于天,为民父母,固当若此乎! 天不见邪? 武帝时,又多取好女至数千人,以填后宫。⑨及弃天下,昭帝幼弱,霍光专事,不知礼正,妄多臧金钱财物,鸟兽鱼鳖牛马虎豹生禽,凡百九十物,尽瘗臧之,又皆以后宫女置于园陵,大失礼,逆天心,又未必称武帝意也。昭帝晏驾,光复行之。至孝宣皇帝时,陛下恶有所言,⑩群臣亦随故事,甚可痛也! 故使天下承化,取女皆大过度,⑪诸侯妻妾或至数百人,豪富吏民畜歌者至数十人,是以内多怨女,外多旷夫。⑫及众庶葬埋,皆虚地上以实地下。其过自上生,⑬皆在大臣循故事之罪也。

①师古曰:"正曲曰矫。复,音方目反。"

②师古曰:"《论语》称孔子曰'益者三乐,乐节礼乐,乐道人之善,乐多贤友'也。"

③师古曰:"三服官主作天子之服,在齐地。笥,盛衣竹器,音先嗣反。"

④如淳曰:"《地理志》河内怀、蜀郡成都、广汉皆有工官。工官,主作漆器物者也。"师古曰:"如说非也。三工官,谓少府之属官,考工室也,右工

室也,东园匠也。上言蜀汉主金银器,是不入三工之数也。"

⑤师古曰:"从天子往太后宫。"

⑥师古曰:"食,读曰饲。"

⑦师古曰:"食人之骸骨。"

⑧师古曰:"日日行步而动作之,以散充溢之气。"

⑨师古曰:"此填字读与窴同"

⑩师古曰:"不能自言减省之事。"

⑪师古曰:"取,读曰娶。"

⑫师古曰:"旷,空也。室家空也。"

⑬师古曰:"自,从也。上,谓天子也。"

　　唯陛下深察古道,从其俭者,大减损乘舆服御器物,三分去二。子产多少有命,审察后宫,择其贤者留二十人,余悉归之。①及诸陵园女亡子者,宜悉遣。独杜陵宫人数百,诚可哀怜也。厩马可亡过数十匹。独舍长安城南苑地以为田猎之囿,②自城西南至山西至鄠皆复其田,以与贫民。③方今天下饥馑,可亡大自损减以救之,称天意乎?天生圣人,盖为万民,非独使自娱乐而已也。故《诗》曰:"天难谌斯,不易惟王";"上帝临女,毋贰尔心。"④"当仁不让",⑤独可以圣心参诸天地,揆之往古,⑥不可与臣下议也。若其阿意顺指,随君上下,⑦臣禹不胜拳拳,不敢不尽愚心。⑧

①师古曰:"言人产子多少自有定命,非由广妾媵也,故请止留二十人。"

②师古曰:"舍,置也。独留置之,其余皆废去。"

③师古曰:"复,音方目反。"

④师古曰:"《大雅·大明》之诗也。谌,诚也。上帝亦天也。言承天之意,此诚难矣。王者之命不妄改易,天常降监,信可畏也,毋贰尔心,机事易失,勿犹豫也。"

⑤师古曰:"《论语》称孔子曰'当仁不让于师',故引之。"

⑥师古曰:"揆,度也。"

⑦师古曰:"上下,犹言高下,谓苟顺从也。上,音时掌反。"

⑧师古曰:"拳拳,解在《刘向传》。下《鲍宣传》惓惓音义亦同。"

天子纳善其忠,乃下诏令太仆减食谷马,水衡减食肉兽,省宜春下苑以与贫民,又罢角抵诸戏及齐三服官。迁禹为光禄大夫。

　　顷之,禹上书曰:"臣禹年老贫穷,家訾不满万钱,妻子糠豆不赡,裋褐不完。①有田百三十亩,陛下过意征臣,②臣卖田百亩以供车马。至,拜为谏大夫,秩八百石,奉钱月九千二百。③廪食太官,④又蒙赏赐四时杂缯绵絮衣服酒肉诸果物,德厚甚深。疾病侍医临治,⑤赖陛下神灵,不死而活。又拜为光禄大夫,秩二千石,奉钱月万二千。禄赐愈多,家日以益富,身日以益尊,诚非中茅愚臣所当蒙也。⑥伏自念终亡以报厚德,日夜惭愧而已。臣禹犬马之齿八十一,血气衰竭,耳目不聪明,非复能有补益,所谓素餐尸禄洿朝之臣也。⑦自痛去家三千里,凡有一子,年十二,非有在家为臣具棺椁者也。诚恐一日蹎仆气竭,不复自还,⑧洿席荐于官室,骸骨弃捐,孤魂不归。不胜私愿,愿乞骸骨,及身生归乡里,⑨死亡所恨。"

①师古曰:"裋者,谓僮竖所著布长襦也。褐,毛布之衣也。裋,音竖。"

②师古曰:"过犹误也。"

③师古曰:"奉,音扶用反。其下亦同。"

④师古曰:"谓太官给其食。"

⑤师古曰:"侍医,天子之医也。"

⑥师古曰:"屮,古草字。"

⑦师古曰:"洿与污同,音一故反。"

⑧师古曰:"蹎,音颠。蹷,踬也。仆,音赴,顿也。不自还者,遂死也。还,读曰旋。"

⑨师古曰:"及身生,谓及未死之前也。"

　　天子报曰:"朕以生有伯夷之廉,史鱼之直,①守经据古,不阿当世,孳孳于民,俗之所寡,②故亲近生,几参国政。③今未得久闻生之奇论也,而云欲退,意岂有所恨与?④将在位者与生殊乎?⑤往者尝令金敝语生,欲及生时禄生之子,既已谕矣,今复云子少。夫以王命辨护生家,虽百子何以加?传曰亡怀土,⑥何必思故乡!生其强饭,慎疾以自辅。"后月余,以禹为长信少府。会御史大夫陈万年卒,禹代为御史大夫,列于三公。

　　①师古曰:"生,谓先生也。史鱼,卫大夫史鳅也。《论语》称孔子曰'直哉史
　　　鱼,邦有道如矢,邦无道如矢',言其壹志。"

　　②师古曰:"孳,与孜同。孜孜,不怠也。寡,少也,言少有此人。"

　　③师古曰:"几,读曰冀。"

　　④师古曰:"与,读曰欤。"

　　⑤师古曰:"言志趣不同。"

　　⑥师古曰:"《论语》孔子曰:'君子怀德,小人怀土。'"

　　自禹在位,数言得失,书数十上。禹以为古民亡赋算口钱,起武
帝征伐四夷,重赋于民,民产子三岁则出口钱,故民重困,①至于生
子辄杀,甚可悲痛。宜令儿七岁去齿乃出口钱,年二十乃算。

　　①师古曰:"重,音直用反。"

　　又言古者不以金钱为币,专意于农,故一夫不耕,必有受其饥
者。今汉家铸钱,及诸铁官皆置吏卒徒,攻山取铜铁,一岁功十万人
已上,中农食七人,是七十万人常受其饥也。凿地数百丈,销阴气之
精,地臧空虚,不能含气出云,斩伐林木,亡有时禁,水旱之灾,未必
不繇此也。①自五铢钱起已来七十余年,民坐盗铸钱被刑者众,富
人积钱满室,犹亡厌足。民心动摇,商贾求利,东西南北,各用智巧,
好衣美食,岁有十二之利,②而不出租税。农夫父子暴露中野,不避
寒暑,捽屮杷土,手足胼胝,③已奉谷租,又出稿税,④乡部私求,不
可胜供。⑤故民弃本逐末,耕者不能半。贫民虽赐之田,犹贱卖以
贾,⑥穷则起为盗贼。何者?末利深而惑于钱也。是以奸邪不可禁,
其原皆起于钱也。疾其末者绝其本,宜罢采珠玉金银铸钱之官,亡
复以为币。市井勿得贩卖,⑦除其租铢之律,⑧租税禄赐皆以布帛
及谷。使百姓壹归于农,复古道便。⑨

　　①师古曰:"繇,读与由同。"

　　②师古曰:"若有万钱为贾,则获二千之利。"

　　③师古曰:"捽,拔取也。屮,古草字也。杷,手掊之也。胼,并也。胝,茧也。
　　　捽,音才兀反。杷,音蒲巴反,其字从木。胼,音步千反。胝,音竹尸反。
　　　掊,音蒲交反。"

④师古曰:"稿,禾秆也。"

⑤师古曰:"言乡部之吏又私有所求,不能供之。"

⑥师古曰:"卖田与人而更为商贾之业。"

⑦师古曰:"贱买贵卖曰贩。"

⑧师古曰:"租税之法皆依田亩,不得杂计百物之铢两。"

⑨师古曰:"追遵古法,于事便也。复,音扶目反。"

又言诸离宫及长乐宫卫可减其太半,以宽繇役。①又诸官奴婢十万余人戏游亡事,税良民以给之,岁费五六巨万,宜免为庶人,廪食,②令代关东戍卒,乘北边亭塞候望③

①师古:"繇,读曰徭。"

②师古曰:"给其食。"

③师古曰:"乘,登也。"

又欲令近臣自诸曹侍中以上,家亡得私贩卖,与民争利,犯者辄免官削爵,不得仕宦。禹又言:

孝文皇帝时,贵廉洁,贱贪污,贾人、赘婿及吏坐臧者皆禁锢不得为吏,赏善罚恶,不阿亲戚,罪白者伏其诛,①疑者以与民,②亡赎罪之法,故令行禁止,海内大化,天下断狱四百,与刑错亡异。武帝始临天下,尊贤用士,辟地广境数千里,自见功大威行,遂从耆欲,③用度不足,乃行一切之变,使犯法者赎罪,入谷者补吏,是以天下奢侈,官乱民贫,盗贼并起,亡命者众。郡国恐伏其诛,则择便巧史书习于计簿能欺上府者,以为右职;④奸轨不胜,则取勇猛能操切百姓者,以苛暴威服下者,使居大位。⑤故亡义而有财者显于世,欺谩而善书者尊于朝,⑥悖逆而勇猛者贵于官。⑦故俗皆曰:"何以孝弟为?财多而光荣。何以礼义为?史书而仕宦。何以谨慎为?勇猛而临官。"故黥劓而髡钳者犹复攘臂为政于世,行虽犬彘,家富势足,目指气使,是为贤耳。⑧故谓居官而置富者为雄桀,处奸而得利者为壮士,兄劝其弟,父勉其子,俗之坏败,乃至于是!察其所以然者,皆以犯法得赎罪,求士不得真贤,相守崇财利,⑨

诛不行之所致也。

①师古曰:"白,明也。"

②师古曰:"罪疑从轻也。"

③师古曰:"从,读曰纵。耆,读曰嗜。"

④师古曰:"上府,谓所属之府。右职,高职也。"

⑤师古曰:"操,持也。切,刻也。操,音千高反。"

⑥师古曰:"谩,诳也。谩,音慢,又武连反。"

⑦师古曰:"悖,乱也,音布内反。"

⑧师古曰:"动目以指物,出气以使人。"

⑨师古曰:"相,诸侯相也。守,郡守也。崇,尚也。"

今欲兴至治,致太平,宜除赎罪之法。相守选举不以实,及有臧者,辄行其诛,亡但免官,①则争尽力为善,贵孝弟,贱贾人,进真贤,举实廉,而天下治矣。孔子,匹夫之人耳,以乐道正身不解之故,②四海之内,天下之君,微孔子之言亡所折中。③况乎以汉地之广,陛下之德,处南面之尊,秉万乘之权,因天地之助,其于变世易俗,调和阴阳,陶冶万物,化正天下,易于决流抑队。④自成康以来,几且千岁,⑤欲为治者甚众,然而太平不复兴者,何也? 以其舍法度而任私意,奢侈行而仁义废也。

①师古曰:"不止免官而已。"

②师古曰:"解,读曰懈。"

③师古曰:"微亦无也。折,断也。非孔子之言,则无以为中也,音竹仲反。断,音丁焕反。"

④师古曰:"决欲流之水,抑将队之物,言其便易。"

⑤师古曰:"几,音巨依反。"

陛下诚深念高祖之苦,①醇法太宗之治,正己以先下,选贤以自辅,开进忠正,致诛奸臣,远放谄佞,②赦出园陵之女,罢倡乐,绝郑声,去甲乙之帐,退伪薄之物,修节俭之化,驱天下之民皆归于农,如此不解,③则三王可侔,五帝可及。唯陛下留意省察,天下幸甚。

①师古曰:"言取天下艰难也。"

②师古曰:"远,离也,音于万反。调,古诣字。"

③师古曰:"解,读曰懈也。"

天子下其议,令民产子七岁乃出口钱,自此始。又罢上林宫馆希幸御者,及省建章、甘泉宫卫卒,减诸侯王庙卫卒省其半。余虽未尽从,然嘉其质直之意。禹又奏欲罢郡国庙,定汉宗庙迭毁之礼,皆未施行。①

①师古曰:"迭,互也。亲尽则毁,故曰迭毁。迭,音大结反。"

为御史大夫数月卒,天子赐钱百万,以其子为郎,官至东郡都尉。禹卒后,上追思其议,竟下诏罢郡国庙,定迭毁之礼。然通儒或非之,语在《韦玄成传》。

两龚皆楚人也,胜字君宾,舍字君倩。①二人相友,并著名节,故世谓之楚两龚。少皆好学明经,胜为郡吏,舍不仕。

①师古曰:"倩,音千见反。"

久之,楚王入朝,闻舍高名,聘舍为常侍,不得已随王,归国固辞,愿卒学,复至长安。①而胜为郡吏,三举孝廉,以王国人不得宿卫。补吏,再为尉,壹为丞,胜辄至官乃去。州举茂材,为重泉令,②病去官。大司空何武、执金吾阎崇荐胜,哀帝自为定陶王固已闻其名,征为谏大夫。引见,胜荐龚舍及亢父宁寿、济阴侯嘉,③有诏皆征。胜曰:"窃见国家征医巫,常为驾,征贤者宜驾。"上曰:"大夫乘私车来邪?"胜曰:"唯唯。"④有诏为驾。龚舍、侯嘉至,皆为谏大夫。宁寿称疾不至。

①师古曰:"卒,终也,终其经业。"

②师古曰:"重泉,左冯翊县也。"

③师古曰:"亢,音抗。父,音甫。"

④师古曰:"唯唯,恭应之词也,音弋癸反。"

胜居谏官,数上书求见,言百姓贫,盗贼多,吏不良,风俗薄,灾异数见,不可不忧。制度泰奢,刑罚泰深,赋敛泰重,宜以俭约先下。其言祖述王吉、贡禹之意。为大夫二岁余,迁丞相司直,徙光禄大夫,守右扶风。数月,上知胜非拨烦吏,乃复还胜光禄大夫①诸吏给事中。胜言董贤乱制度,繇是逆上指。②

①师古曰:"依旧官。"

②师古曰:"繇,读与由同。

后岁余,丞相王嘉上书荐故廷尉梁相等,尚书劾奏嘉"言事恣意,迷国罔上,不道。"下将军中朝者议,左将军公孙禄、司隶鲍宣、光禄大夫孔光等十四人皆以为嘉应迷国不道法。胜独书议曰:"嘉资性邪僻,所举多贪残吏。位列三公,阴阳不和,诸事并废,咎皆繇嘉,①迷国不疑,②今举相等,过微薄。"日暮议者罢。明旦复会,左将军禄问胜:"君议亡所据,今奏当上,宜何从?"③胜曰:"将军以胜议不可者,通劾之。"④博士夏侯常见胜应禄不和,起至胜前谓曰:"宜如奏所言。"⑤胜以手推常曰:"去!"

①师古曰:"繇,读与由同。"

②文颖曰:"信必迷国,不疑也。"

③师古曰:"今欲奏此事,君定从何议也?"

④师古曰:"并劾胜。"

⑤师古曰:"谓如尚书所劾奏也。"

后数日,复会议可复孝惠、孝景庙不,议者皆曰宜复。胜曰:"当如礼。"常复谓胜:"礼有变。"胜疾言曰:"去!是时之变。"①常恚,谓胜曰:"我视君何若,②君欲小与众异,外以采名,君乃申徒狄属耳!"③

①师古曰:"疾,急也。言时人意自变耳,礼不变也。"

②师古曰:"何若,言无所似也。"

③服虔曰:"殷之末世介士也,自沉于河者。"

先是,常又为胜道高陵有子杀母者。胜白之,尚书问:"谁受?"①对曰:"受夏侯常。"尚书使胜问常,常连恨胜,②即应曰:"闻之白衣,戒君勿言也。③奏事不详,妄作触罪。"④胜穷,亡以对尚书,即自劾奏与争言,洿辱朝廷。事下御史中丞,召诘问,劾奏:"胜吏二千石,常位大夫,皆幸得给事中,与论议,⑤不崇礼义,而居公门下相非恨,疾言辩讼,婿谩亡状,⑥皆不敬。"制曰:"贬秩各一

等。"胜谢罪，乞骸骨。上乃复加赏赐，以子博为侍郎，出胜为渤海太
守。胜谢病不任之官，积六月免归。

①师古曰："言于谁闻之也。"

②师古曰："连恨，谓再被谓去。"

③服虔曰："闻之白衣耳，戒君勿言之，如何便上之邪？"师古曰："白衣，给
　官府趋走贱人，若今诸司亭长掌固之属。"

④师古曰："言奏事不审，妄有发作自触罪。"

⑤师古曰："与，读曰豫。"

⑥师古曰："疾，急也。惰，古惰字。谩，读与慢同。亡状，无善状也。"

　　上复征为光禄大夫。胜常称疾卧，数使子上书乞骸骨，会哀帝
崩。

　　初，琅邪邴汉亦以清行征用，至京兆尹，后为太中大夫。王莽秉
政，胜与汉俱乞骸骨。自昭帝时，汲郡韩福以德行征至京师，赐策书
束帛遣归。诏曰："朕闵劳以官职之事，其务修孝弟以教乡里。行道
舍传舍，①县次具酒肉，食从者及马。②长吏以时存问，常以岁八月
赐羊壹头，酒二斛。不幸死者，赐复衾一，祠以中牢。"于是王莽依故
事，白遣胜、汉。策曰："惟元始二年六月庚寅，光禄大夫、太中大夫
耆艾二人以老病罢。太皇太后使谒者仆射策诏之曰：盖闻古者有司
年至则致仕，所以恭让而不尽其力也。今大夫年至矣，朕愍以官职
之事烦大夫，其上子若孙若同产、同产子一人。③大夫其修身守道，
以终高年。赐帛及行道舍宿，岁时羊酒衣衾，皆如韩福故事。所上
子男皆除为郎。"于是胜、汉遂归老于乡里。汉兄子曼容亦养志自
修，为官不肯过六百石，辄自免去，其名过出于汉。

①师古曰："于传舍止宿，若今官人行得过驿也。"

②师古曰："道次给酒肉，并饲其从者及马也。食，读曰饲。"

③师古曰："同产，兄弟也。同产子，即兄弟子也。"

　　初，龚舍以龚胜荐，征为谏大夫，病免。复征为博士，又病去。顷
之，哀帝遣使者即楚拜舍为太山太守。①舍家居在武原，使者至县
请舍，欲令至廷拜授印绶。②舍曰："王者以天下为家，何必县官？"
遂于家受诏，便道之官。既至数月，上书乞骸骨。上征舍，至京兆东

湖界，③固称病笃。天子使使者收印绶，拜舍为光禄大夫。数赐告，舍终不肯起，乃遣归。

①师古曰："即犹就也。"

②师古曰："廷，谓县之庭内。"

③师古曰："湖，县也，时属京兆。"

舍亦通五经，以《鲁诗》教授。舍、胜既归乡里，郡二千石长吏初到官皆至其家，如师弟子之礼。舍年六十八，王莽居摄中卒。

莽既篡国，遣五威将帅行天下风俗，将帅亲奉羊酒存问胜。明年，莽遣使者即拜胜为讲学祭酒，①胜称疾不应征。后二年，莽复遣使者奉玺书，太子师友祭酒印绶，安车驷马迎胜，即拜，②秩上卿，先赐六月禄直以办装，使者与郡太守、县长吏、三老官属、行义诸生千人以上入胜里致诏。③使者欲令胜起迎，久立门外。胜称病笃，为床室中户西南牖下，④东首加朝服拖绅。⑤使者入户，西行南面立，致诏付玺书，迁延再拜奉印绶，内安车驷马，进谓胜曰："圣朝未尝忘君，制作未定，待君为政，思闻所欲施行，以安海内。"胜对曰："素愚，加以年老被病，命在朝夕，随使君上道，必死道路，⑥无益万分。"使者要说，⑦至以印绶就加胜身，胜辄推不受。使者即上言："方盛夏暑热，胜病少气，可须秋凉乃发。"⑧有诏许。使者五日壹与太守俱问起居，为胜两子及门人高晖等言："朝廷虚心待君以茅土之封，虽疾病，宜动移至传舍，示有行意，必为子孙遗大业。"晖等白使者语，胜自知不见听，即谓晖等："吾受汉家厚恩，亡以报，今年老矣，且暮入地，谊岂以一身事二姓，下见故主哉？"胜因敕以棺敛丧事；⑨"衣周于身，棺周于衣。勿随俗动吾冢，种柏，作祠堂。"⑩语毕，遂不复开口饮食，积十四日死，死时七十九矣。使者、太守临敛赐，复衾祭祠如法。门人衰绖治丧者百数。有老父来吊，哭甚哀，既而曰："嗟虖！薰以香自烧，膏以明自销。⑪龚生竟夭天年，非吾徒也。"遂趋而出，莫知其谁。胜居彭城廉里，后世刻石表其里门。

①师古曰："即，就也。就其家而拜之。"

②师古曰："就家迎之，因拜官。"

③师古曰："行义,谓乡邑有行义之人也。诸生,谓学徒也。行,音下更反。"

④师古曰："牖,窗也。于户之西室之南牖下也。"

⑤师古曰："拖,引也。卧著朝衣,故云加引大带于体也。《论语》称孔子'疾,君视之,东首加朝服拖绅',故放之也。拖,音土贺反。"

⑥师古曰："示若尊敬使者,故谓之使君。"

⑦师古曰："要,音一遥反。说,音式锐反。"

⑧师古曰："须,待也。"

⑨师古曰："棺,音工焕反。敛,音力赡反。"

⑩师古曰："若葬多设器备,则恐被掘,故云动吾冢也。亦不得种柏及作祠堂,皆不随俗。"

⑪师古曰："薰,芳草。"

　　鲍宣字子都,渤海高城人也。好学明经,为县乡啬夫,守东州丞。①后为都尉太守功曹,举孝廉为郎,病去官,复为州从事。大司马卫将军王商辟宣,荐为议郎,后以病去。哀帝初,大司空何武除宣为西曹掾,甚敬重焉,荐宣为谏大夫,迁豫州牧。岁余,丞相司直郭钦奏"宣举错烦苛,代二千石署吏听讼,所察过诏条。②行部乘传去法驾,③驾一马,④舍宿乡亭,为众所非。"宣坐免。归家数月,复征为谏大夫。

①师古曰："东州,渤海之县也。"

②师古曰："出六条之外。"

③师古曰："行,音下更反。传,音张恋反。"

④师古曰："言其单率不依典制也。"

　　宣每居位,常上书谏争,其言少文多实。是时帝祖母傅太后欲与成帝母俱称尊号,封爵亲属,丞相孔光、大司空师丹、何武、大司马傅喜始执正议,失傅太后指,皆免官。丁、傅子弟并进,董贤贵幸,宣以谏大夫从其后,上书谏曰:

　　　　窃见孝成皇帝时,外亲持权,人人牵引所私以充塞朝廷,①妨贤人路,浊乱天下,奢泰亡度,穷困百姓,是以日蚀且十,彗星四起。危亡之征,陛下所亲见也,今奈何反覆剧于前乎！朝臣亡有大儒骨鲠，白首耆艾，魁垒之士；^②论议通古今，喟然动众心，^③忧国如饥渴者，臣未见也。敦外亲小童及幸臣董贤等在公门省户下，^④陛下欲与此共承天地，安海内，甚难。^⑤今世俗谓不智者为能，谓智者为不能。昔尧放四罪而天下服，^⑥今除一吏而众皆惑；古刑人尚服，今赏人反惑。^⑦请寄为奸，^⑧群小日进。国家空虚，用度不足。民流亡，去城郭，盗贼并起，吏为残贼，岁增于前。

①师古曰："塞，满也。"

②服虔曰："魁垒，壮貌也。"师古曰："魁，音口贿反。垒，音磊。"

③师古曰："喟然，叹息貌，音丘位反。"

④师古曰："敦，谓厚重也。"

⑤师古曰："共，读曰恭。"

⑥师古曰："四罪，流共工于幽州，放驩兜于崇山，窜三苗于三危，殛鲧于羽山也。"

⑦邓展曰："不得其人使之，天下惑也。"

⑧师古曰："请寄，谓以事私相托也。"

凡民有七亡：^①阴阳不和，水旱为灾，一亡也；县官重责更赋租税，二亡也；^②贪吏并公，受取不已，三亡也；^③豪强大姓，蚕食亡厌，四亡也；苛吏徭役，失农桑时，五亡也；部落鼓鸣，男女遮迣，六亡也；^④盗贼劫略，取民财物，七亡也。七亡尚可，又有七死：酷吏殴杀，一死也；^⑤治狱深刻，二死也；冤陷亡辜，三死也；盗贼横发，四死也；^⑥怨仇相残，五死也；岁恶饥饿，六死也；时气疾疫，七死也。民有七亡而无一得，欲望国安，诚难；民有七死而无一生，欲望刑措，诚难。此非公卿守相贪残成化之所致邪？^⑦群臣幸得居尊官，食重禄，岂有肯加恻隐于细民，助陛下流教化者邪？^⑧志但在营私家，称宾客，为奸利而已。^⑨以苟容曲从为贤，以拱默尸禄为智，^⑩谓如臣宣等为愚。陛下擢臣岩穴，诚冀有益豪毛，岂徒欲使臣美食大官，重高门之地哉！^⑪

①师古曰:"亡,谓失其作业也。"

②师古曰:"更,谓为更卒也,音工行反。"

③师古曰:"并,依也,音步浪反。"

④晋灼曰:"迣,古列字也。"师古曰:"言闻桴鼓之声以为有盗贼,皆当遮列而追捕。"

⑤师古曰:"殴,击也,音一口反。"

⑥师古曰:"横,音胡孟反。"

⑦师古曰:"守,郡守也。相,诸侯相也。"

⑧师古曰:"恻隐,皆痛也。"

⑨师古曰:"务称宾客所求也。称,音尺孕反。"

⑩师古曰:"尸,主也。不忧其职,但主食禄而已。"

⑪晋灼曰:"高门,殿名也。"师古曰:"在未央宫中。"

　　天下乃皇天之天下也,陛下上为皇天子,下为黎庶父母,为天牧养元元,视之当如一,合《尸鸠》之诗。①今贫民菜食不厌,衣又穿空,②父子夫妇不能相保,诚可为酸鼻。陛下不救,将安所归命乎?③奈何独私养外亲与幸臣董贤,多赏赐以大万数,使奴从宾客浆酒霍肉,④苍头庐儿皆用致富!非天意也。⑤及汝昌侯傅商亡功而封。夫官爵非陛下之官爵,乃天下之官爵也。陛下取非其官,官非其人,⑥而望天说民服,岂不难哉!⑦

①师古曰:"《尸鸠》,《曹国风》之篇也。其诗云:'尸鸠在桑,其子七兮;淑人君子,其仪一兮。'言尸鸠之鸟养其子七,平均如一;善人君子布德施惠,亦当然也。尸鸠,拮鞠也。拮,音居黠反。"

②师古曰:"厌,饱足也。空,孔也。"

③师古曰:"安,焉也。"

④刘德曰:"视酒如浆,视肉如霍也。"师古曰:"霍,豆叶也。贫人茹之也。"

⑤孟康曰:"黎民、黔首,黎、黔皆黑也。下民阴类,故以黑为号。汉名奴为苍头,非纯黑,以别于良人也。诸给殿中者所居为庐,苍头侍从因呼为庐儿。"臣瓒曰:"《汉仪注》官奴给书计,从侍中已下为苍头青帻。"

⑥师古曰:"此官不当加于此人,此人不当受于此官也。"

⑦师古曰:"说,读曰悦。"

　　方阳侯孙宠、宜陵侯息夫躬辩足以移众,强可用独立,奸

人之雄，或世尤剧者也，宜以时罢退。及外亲幼童未通经术者，
皆宜令休就师傅。急征故大司马傅喜，使领外亲。故大司空何
武、师丹、故丞相孔光、故左将军彭宣，经皆更博士位，皆历三
公，①智谋威信，可与建教化，图安危。②龚胜为司直，郡国皆
慎选举，三辅委输官不敢为奸，③可大委任也。陛下前以小不
忍退武等，海内失望。④陛下尚能容亡功德者甚众，曾不能忍
武等邪！治天下者当用天下之心为心，不得自专快意而已也。
上之皇天见谴，下之黎庶怨恨，次有谏争之臣，陛下苟欲自薄
而厚恶臣，天下犹不听也。

①师古曰："更亦历也，音工衡反。"

②师古曰："建，立也。图，谋也。"

③师古曰："委输，谓输委积者也。委，音迂伪反。输，音式喻反。"

④师古曰："小有不快于心，不能忍之也。"

　　臣虽愚戆，独不知多受禄赐，美食大官，广田宅，厚妻子，
不与恶人结仇怨安身邪？诚迫大义，官以谏争为职，不敢不竭
愚。惟陛下少留神明，览五经之文，原圣人之至意，深思天地之
戒。臣宣呐钝于辞，①不胜惓惓，尽死节而已。

①师古曰："呐亦讷字也。"

上以宣名儒，优容之。

是时郡国地震，民讹言行筹，明年正月朔日蚀，上乃征孔光，免
孙宠、息夫躬，罢侍中诸曹黄门郎数十人。宣复上书言：

　　陛下父事天，母事地，子养黎民，即位已来，父亏明，母震
动，子讹言相惊恐。今日蚀于三始，①诚可畏惧。小民正月朔日
尚恐毁败器物，何况于日亏乎！陛下深内自责，避正殿，举直
言，求过失，罢退外亲及旁仄素餐之人，②征拜孔光为光禄大
夫，发觉孙宠、息夫躬过恶，免官遣就国，众庶歙然，莫不说
喜。③天人同心，人心说则天意解矣。乃二月丙戌，白虹虹日，
连阴不雨，④此天有忧结未解，民有怨望未塞者也。

①如淳曰："正月一日为岁之朝，月之朝，日之朝。始由朝也。"

②师古曰:"厃,古侧字。"

③师古曰:"歓,音翕。说,音悦。次亦同也。"

④师古曰:"虷,音干。"

　　侍中驸马都尉董贤本无葭莩之亲,①但以令色谀言自进,②赏赐亡度,竭尽府藏,并合三第尚以为小,复坏暴室。③贤父子坐使天子使者将作治第,行夜吏卒皆得赏赐。④上冢有会,辄太官为供。海内贡献当养一君,今反尽之贤家,岂天意与民意邪!天不可久负,厚之如此,反所以害之也。诚欲哀贤,宜为谢过天地,解仇海内,免遣就国,收乘舆器物,还之县官。如此,可以父子终其性命;不者,海内之所仇,未有得久安者也。

①师古曰:"葭,音工遐反。莩,音孚。葭莩,喻轻薄而附著也,解在《景十三王传》。"

②师古曰:"令,善也。谀,谄也。"

③师古曰:"时以三第总为一第赐贤,犹嫌狭小,复取暴室之地以增益之也。"

④师古曰:"为贤第上持时行夜者。音下更反。"

　　孙宠、息夫躬不宜居国,可皆免以视天下。①复征何武、师丹、彭宣、傅喜,旷然使民易视,以应天心,建立大政,以兴太平之端。②

①师古曰:"视,读曰示。"

②师古曰:"易。改也。"

　　高门去省户数十步,求见出入,二年未省,①欲使海濒厃陋自通,远矣!②愿赐数刻之间,③极竭罢罢之思,④退入三泉,死亡所恨。⑤

①师古曰:"不被省视也。"

②师古曰:"濒,涯也,音频,又音宾。"

③师古曰:"刻,漏刻也。间,空隙。"

④师古曰:"罢,音沐。沐犹蒙蒙也。"如淳曰:"谨愿之貌也。"

⑤师古曰:"三重之泉,言其深也。"

上感大异,纳宣言,征何武、彭宣,旬月皆复为三公。拜宣为司隶。时哀帝改司隶校尉但为司隶，官比司直。

丞相孔光四时行园陵，①官属以令行驰道中，②宣出逢之，使吏钩止丞相掾史，③没入其车马，摧辱宰相。事下御史中丞，侍御史至司隶官，欲捕从事，闭门不肯内。④宣坐距闭使者，亡人臣礼，大不敬，不道，下廷尉狱。博士弟子济南王咸举幡太学下，曰："欲救鲍司隶者会此下。"诸生会者千余人。朝日，遮丞相孔光自言，⑤丞相车不得行，又守阙上书。上遂抵宣罪减死一等，髡钳。宣既被刑，乃徙之上党，以为其地宜田牧，又少豪俊，易长雄，⑥遂家于长子。⑦

①师古曰："行，音下更反。"

②如淳曰："令诸使有制得行驰道中者，行旁道，无得行中央三丈也。"

③师古曰："钩，留也。"

④师古曰："御史欲捕从事，而司隶闭门不得入也。"

⑤师古曰："朝日，谓早旦欲入朝也。"

⑥师古曰："长，为之长帅也。雄，为之雄豪也。"

⑦师古曰："上党之县也。长，读如本字。"

平帝即位，王莽秉政，阴有篡国之心，乃风州郡以罪法案诛诸豪桀，①及汉忠直臣不附己者，宣及何武等皆死。时名捕陇西辛兴，②兴与宣女婿许绀俱过宣，一饭去，③宣不知情，坐系狱，自杀。

①师古曰："风，读曰讽。"

②师古曰："诏显其名而捕之。"

③师古曰："饭，音扶晚反。"

自成帝至王莽时，清名之士，琅邪又有纪逡、王思，齐则薛方子容，太原则郇越臣仲、郇相稚宾，沛郡则唐林子高、唐尊伯高，①皆以明经饬行显名于世。②

①师古曰："并列其人本土及姓名字也。后皆类此。逡，音千旬反。郇，音荀，又音胡顽反。今荀、郇二姓并有之，俱称周武王之后也。"

②师古曰："饬，谨也，读与敕同。"

纪逡、两唐皆仕王莽，封侯贵重，历公卿位。唐林数上疏谏正，有忠直节。唐尊衣敝履空，①以瓦器饮食，又以历遗公卿，②被虚伪名。③

①服虔曰："履犹屦也。"师古曰："衣，音于既反。著散衣蹑空履也。空，穿
也。"

②服虔曰："以瓦器遗之。"

③师古曰："被，音皮义反。"

郇越、相，同族昆弟也，并举州郡孝廉茂材，数病，去官。越散其
先人訾千余万，以分施九族州里，志节尤高。相王莽时征为太子四
友，病死，莽太子遣使祠以衣衾，①其子攀棺不听，曰："死父遗言，
师友之送勿有所受，今于皇太子得托友官，故不受也。"京师称之。

①师古曰："赠丧衣服曰祠。祠，音式芮反，其字从衣。"

薛方尝为郡掾祭酒，尝征不至，及莽以安车迎方，方因使者辞
谢曰："尧舜在上，下有巢由，今明主方隆唐虞之德，小臣欲守箕山
之节也。"①使者以闻，莽说其言，不强致。②方居家以经教授，喜属
文，③著诗赋数十篇。

①张晏曰："许由隐于箕山，在阳城，有许由祠。"

②师古曰："说，读曰悦。"

③师古曰："喜，音许吏反。属，音之欲反。"

始隃麋郭钦，哀帝时为丞相司直，①奏免豫州牧鲍宣、京兆尹
薛修等，又奏董贤，左迁卢奴令，平帝时迁南郡太守。而杜陵蒋诩元
卿为兖州刺史，亦以廉直为名。王莽居摄，钦、诩皆以病免官，归乡
里，卧不出户，卒于家。

①师古曰："隃麋，扶风之县也。隃，音逾。"

齐栗融客卿、北海禽庆子夏、苏章游卿、山阳曹竟子期皆儒生，
去官不仕于莽。莽死，汉更始征竟以为丞相，封侯，欲视致贤人，销
寇贼。①竟不受侯爵。会赤眉入长安，欲降竟，竟手剑格死。

①师古曰："视，读曰示。"

世祖即位，征薛方，道病卒。两龚、鲍宣子孙皆见褒表，至大官。

赞曰：《易》称"君子之道也，或出或处，或默或语"，①言其各得

道之一节,譬诸草木,区以别矣。②故曰山林之士往而不能反,朝廷
之士入而不能出,二者各有所短。春秋列国卿大夫及至汉兴将相名
臣,怀禄耽宠以失其世者多矣!③是故清节之士于是为贵。然大率
多能自治而不能治人。王、贡之材,优于龚、鲍。守死善道,胜实蹈
焉。④贞而不谅,薛方近之。⑤郭钦、蒋诩好遁不污,绝纪、唐矣!⑥

　　①师古曰:"《上系》辞也。谓发迹虽异,同归于道。"
　　②师古曰:"言兰桂异类而各芬馨也。"
　　③师古曰:"怀,思也,言不能去。"
　　④师古曰:"《论语》称孔子曰:'笃信好学,守死善道,危邦不入,乱邦不
　　　居。'今龚胜不受莽官,蹈斯之迹也。"
　　⑤师古曰:"《论语》称孔子曰'君子贞而不谅',谓君子之人正其道耳,言
　　　不必信也。薛方志避乱朝,诡引巢许为喻,近此义也。"
　　⑥师古曰:"钦、诩不仕于莽,遁逃浊乱,不污其节,殊于纪逡及两唐。"